林存光

1966 年生，山东济宁人，山东省泰山学者，尼山世界儒学中心孔子研究院特聘专家，中国政法大学政治与公共管理学院教授、博士生导师，主要从事孔子与儒学、儒家政治哲学与政治文化、中国政治思想史等方面的教学与研究工作，出版有《孔子新论》《儒教中国的形成——早期儒学与中国政治文化的演进》《历史上的孔子形象——政治与文化语境下的孔子和儒学》《政治的境界——中国古典政治哲学研究》《中国古典和谐政治理念与治国方略研究》《中国政治思想通史·秦汉卷》《“文明以止”：中华民族的人文精神与文明特性研究》《天下为公与民惟邦本——儒家两大核心政治理念的历史考察与义理阐释》《论儒教作为一种文教——孔子、儒学与儒教问题评论集》《道义、权力与政治——儒家政治哲学与政治文化论集》《儒学的多维诠释》《中国人的政治智慧》等。

山东省泰山学者人才工程专项经费资助项目

林存光
儒学著作集

历史上的孔子形象

林存光 著

山东友谊出版社·济南

图书在版编目（CIP）数据

历史上的孔子形象 / 林存光著. -- 济南 : 山东友谊出版社, 2025. 9. -- ISBN 978-7-5516-3687-2

Ⅰ. B222.25

中国国家版本馆CIP数据核字第202556TQ73号

历史上的孔子形象

LISHI SHANG DE KONGZI XINGXIANG

责任编辑：赵　锐
装帧设计：刘一凡

主管单位：山东出版传媒股份有限公司
出版发行：山东友谊出版社
地址：济南市英雄山路 189 号　邮政编码：250002
电话：出版管理部（0531）82098756
发行综合部（0531）82705187
网址：www.sdyouyi.com.cn
印　　刷：济南精致印务有限公司

开本：710 mm×1000 mm　1/16
印张：31　**字数：**510 千字
版次：2025 年 9 月第 1 版　**印次：**2025 年 9 月第 1 次印刷
定价：142.00 元

总序：理解儒学

回顾本人30多年所走过的学术历程，大体言之，盖始终围绕孔子和儒学、“儒教”中国以及儒家政治哲学与政治文化诸论题而不断开展研究和思考，当然，亦不仅仅局限于此而已。以对孔子生平与学思的考察和探求立基，进而对两千多年来中国历史上的种种孔子观念与历史形象作系统的现象学梳理，揭示其背后的各种意蕴及不同动机和诉求；从文化与政治整合互动之综合性的关系视角，并运用意识形态的理论立场、观点和方法，深入考察和探究儒学的意识形态化问题，进而审视和反思“儒教”中国亦即与帝制相结合的儒家建制或“儒教”传统的形成与演化、成长与衰落、重兴与解体的历史过程及相关问题；立足于主体性的精神境界视角，系统阐释中国古典四大思想流派（儒、墨、道、法）之政治哲学的理论意蕴及其思想范式意义，进而指导学生共同协作而全面地对中国人的政治思想传统特别是儒家政治哲学与政治文化开展历时性考察与理论反思。所有这些学术努力与理论尝试无疑都需要穿越两千多年的时空隧道与历史迷雾，探本溯源地对孔子与古典儒家以及先秦诸子百家学术的思想和理念往复重新地作深切体究与同情理解，乃至立足思想比较的视角并借鉴和运用各种理论资源，以期彻底领悟和把握其真精神、真面目、真血脉。学术研究需要付出艰辛的努力，我们的努力虽然微不足道，但对于理解孔子和儒学、讲好孔子和儒家的故事，相信绝不是毫无意义的。而借着撰写此自序的机会，笔者愿意就如何更好理解孔子和儒学或讲好孔子和儒家故事的问题，再略陈一己之浅见，以求教于学界贤达。

自孔子开宗立派以来，儒家之学经历无数代的传习承继而不断演化发展已有两千五百多年之久，对这一历时久远而内涵丰富的学术思想流派和人文精神传统，究竟应如何来理解和诠释、传承与弘扬，迄今依然是摆在我们面前的一道富有挑战而亟须应答的难题，需要认真而理性地加以对待和思考。要言之，漠视和盲信乃是理解的大敌，反之，唯有在同情理解的基础上，才能更好地讲好孔子和儒家的故事。

为此，在我看来，今日亟宜表出之的仍是梁漱溟先生那对待儒家所抱持的客观而理性的立场与态度。熊十力先生曾著有《原儒》的名作，对此，梁先生作过一番极其耐人寻味的评论——“假若今天我来写《原儒》”，他在评论中说：“熊著《原儒》直从赞扬儒家发端，所谓‘原学统’也，‘原外王’也，‘原内圣’也，无非站在儒家立场而说话。若使在我，则断断不出于此途。”为何这样讲呢？因为“说话非同诗歌之比”，“诗歌多从自家情怀出发，可以只顾我歌唱我的，不计其他”，而“说话或著书，原在以我所明了的某事某理晓喻于人”，故“当从彼此共同承认的一些事理入手，慢慢讲到他初时不曾懂得的事理上来，引导他接受”，尤其是，面对“当前思想界既为外来学术思想所统治，而儒学早失其传统地位的情势”，如果一味站在赞扬儒家的立场而“只顾自己说自己的话，自己肯定自己的话”，那是起不了什么作用的。因此，依梁先生之见，“应当不忙去赞扬儒家（这是既为外来的学术思想占统治地位的当前思想界所不能接受的），而先要人们从客观上认识得它”，而且，“今天写《原儒》正宜从世界各地不同文化和学术来作种种比较对照功夫”，正如俗语所说“不怕不识货，只怕货比货”，“一事一物必有其特征，而特征皆从比较对照中认识出来”。[①]

梁先生的上述立场与态度，真可谓先得我心。尽管当下儒学的热闹场景与梁先生所处的冷落遭遇难以同日语，但就对儒家的客观认识和理解来讲，梁先生所言仍极富教益而不失其深刻的启示意义，甚或可作为我们原儒时的箴规。因为“说话非同诗歌之比”，吾人今日也正不必“直从赞扬儒家发端”或忙着站在“去赞扬儒家”的立场说话。因为徒以狂热或冷漠的乖戾之气去作弘扬或贬低，都无益于我们认识儒家的真价值、理解儒学的真意义，借用徐复观先生的一句话说就是，“不仅是枉费精神，而且也会麻痹真实地努力，迷误前进的方向”[②]。正唯如此，依余浅见，我们要想认识儒家和理解儒学，依然需要拥有冷静而清明、客观而理性的心智，需要“作种种比较对照功夫”来切实把握儒家和儒学的根本特征，需要以刚大之气和虚灵不昧之心对历史上的儒学所蕴含的真价值及其内在的阴暗面加以充分而深切的认识和理解、作出客观而公允的反思和评价。即使是在今日亟欲要表彰、尊崇孔孟儒家之道而发明光大之，亦不可不兼通世界学术或兼究外国之学说，诚如王国维先生所说：“至周秦诸子之说，虽若时与儒家相反对，然欲知儒家之价值，亦非尽知其反对诸家之说不可，况乎其各言之有故，持之成理者哉！今日之时代，已入研究自由之时代，而非教权专制之时代。苟儒家之说而有价值也，则因研究诸子之学而益明；其无价值也，虽罢斥百家，适足滋世人之疑惑耳。……若夫西洋哲学之于中国哲学，其关系亦与诸子哲学之于儒教哲学等。今即不论西洋哲学自己之价值，而欲完全

① 中国文化书院学术委员会编：《梁漱溟全集》第七卷，山东人民出版社2005年版，第752页。
② 徐复观：《中国艺术精神》，春风文艺出版社1987年版，自叙，第2页。

知此土之哲学，势不可不研究彼土之哲学。异日发明光大我国之学术者，必在兼通世界学术之人，而不在一孔之陋儒，固可决也。”“夫尊孔孟之道，莫若发明光大之；而发明光大之之道，又莫若兼究外国之学说。”①

另如明儒吕坤所言：“天地间真滋味，惟静者能尝得出；天地间真机括，惟静者能看得透；天地间真情景，惟静者能题得破。作热闹人，说孟浪语，岂无一得？皆偶合也。”（《呻吟语·存心》）故吾人今日要想真切地认识和体知、全面理解和系统诠释，乃至富有意义地传承和弘扬、创新和发展儒学，都须首先静心以思之，孔子儒家所为之学、所求之道、所认之理，究竟是一种什么性质的学问和道理。如此而思之不切、体之不真，便着急忙慌地“作热闹人，说孟浪语”，在自家书斋中杜撰和制造出种种既时髦又廉价而且即时就变成明日黄花的“某某儒学”的名称与标签，不仅“枉费精神”，也实在可惜了这些“儒学”之名！

历史地讲，两千四五百年前，正当古老的中华文明向轴心时代的“精神觉醒”转生蜕变之际，孔孟降生，相距百余年，先后相继，讲学兴教，开宗立派，确立和奠定了儒家思想学说的基本范式与核心教义。孔孟之道带给世人的无疑是一种高度自觉的道德良知和修齐治平的深刻智慧，而在过去的两千四五百年的岁月中，在孔孟之道的思想之光的浸润和形塑下，确乎形成了一种悠久深厚的德性、智识和文明的儒学传统，一种对于中国人的心灵或民情世道有着深远历史影响的道德人文精神传统。对孔孟之道的思想内涵与历史地形成的儒家精神与儒学传统，我们理应本着极具温情和敬意的态度来加以系统的领会和深刻的理解。

任何对儒学的理解都不可能不回归反求之于孔孟之道的儒家思想源头，就此古典思想源头而言，我们似可以探本溯源或正本清源地讲，所谓儒学，实可

① 王国维：《奏定经学科大学文学科大学章程书后》，见彭华选编：《王国维儒学论集》，四川大学出版社2010年版，第95—97页。

从三个层面来对其思想义涵获得某种实质性的理解。第一，作为人类自我反思的一种特殊思想形式，孔孟古典儒家对于人的全面反思，亦即对于人之为人或人何以为人的自我反省与思考奠立了儒学之为儒学的理论根本，人是一种文化性和礼义性的存在，其生存须扎根于礼义化的文化传统的血脉之中，同时人亦是一种道德性和伦理性的存在，其天赋的孝悌亲亲和仁恕忠信之德最能体现其优异灵秀而独特的人类品质或美好的伦理德性。第二，作为修己安民或修齐治平的一种圣贤学问，孔孟古典儒家之“学”可以说关乎三个紧密相关的重要的意义维度或思想主题，一是个体生命之德性修养，二是人与人相与相交的关系性或伦理性，三是社会民生之福祉安乐。因为人生活在家—国—天下的多层级共同体的秩序连续体中，唯有人人以“修身为本”，乃至层层递进而以合乎人道或仁义道德的方式来齐家、治国和平天下，才能实现家齐、国治、天下太平和民生安乐的根本目标。在此过程中，当然需要发挥修德立教之士人君子或作为先知先觉者的圣贤人物的领袖作用或领导职责。第三，作为应乎人生需要或人类共同体生活需要而来[①]、富有人道主义意义的一种人生学问或思想学说，孔孟儒家之讲学立教，亦即儒之为学或儒之为教，乃意在引领人类去创建、追寻一种人道且文明的良善社会或美好的共同体生活，在其中，人们遵循“彼此互以人相待”[②]的“关系理性”或“伦理本位”理念而生活在一起，由亲亲而仁民，

① 如梁漱溟先生所说：“人世间不拘何物，要皆应于需要而有”，学术如此，宗教如此，文化如此，而莫不“应乎人生何种需要而来”（《儒佛异同论》，见《梁漱溟先生论儒佛道》，广西师范大学出版社2004年版，第82页）；“言乎学术所由产生以至其发展流播广远，似端在其应付人类生活需要；即是说：人生有什么问题便产生什么学术”（《东方学术概观》，见《梁漱溟先生论儒佛道》，广西师范大学出版社2004年版，第26页）。另如谢扶雅先生所言：中国人的思想“着重于人世的实际生活”，“‘儒’底思想即为应此需要而生。儒字从人从需，言其为适应人的需要”（《中国政治思想史纲》，台湾正中书局1954年版，第180页）。

② 梁漱溟：《东方学术概观》，见《梁漱溟先生论儒佛道》，广西师范大学出版社2004年版，第65页。

由仁民而爱物，乃至怀抱着“民胞物与”的仁道信念，而与天地万物一体共生。

然而，任何美好的愿望、深刻的思想见解或充满理想的义理信念，都不是凭空而生的，亦不能徒托之于空言，而是必有其发生之历史渊源与时代背景，也唯有力行实践才能将之转化为现实。然而，面对现实的具体生存处境，任何美好的愿望、深刻的思想见解或充满理想的义理信念，也都不是可以轻易实现的，甚至常常被歪曲利用乃至蜕变异化。即使从人生需要或人类实际生活需要的角度来讲，无疑也存在着各种不同的学术立场、理论视野和实践进路，故如何认识、理解和评价孔孟儒家应乎人的需要而来的人道且文明的生活理念，迄今恐怕都不免会见仁见智、异见丛生而莫衷一是。

那么，今天，我们又究竟应如何来认识、理解和评价历史上的儒学呢？在此，只能粗浅而简略地谈一点自己不成熟的体会和看法。在我看来，借用墨子关于“三表”即本之、原之和用之的说法（参见《墨子·非命上》），也许可以从不同层面更好地来认识、理解和论述儒学在历史上的演生、发展及其如何落于实践的问题。要之，所谓本之、原之和用之，即本之于社会历史语境，原之于儒家经典文本，用之于身心修养和生活实践。

试分别言之。孔孟儒家之学术或思想，无疑是在一定社会状况或历史语境下发生并发展演化的，故欲了解其学术的价值和思想的意义，必先考察其所处的社会状况或将其置于特定的历史语境下来加以理解和审视，诚如梁启超先生所说：“凡思想皆应时代之要求而发生，不察其过去及当时之社会状况，则无以见思想之来源。凡一思想之传播，影响必及于社会，不察其后此之社会状况，则无以定思想之评价。”[①] 孔孟生活在礼崩乐坏、列国纷争的东周衰乱之世，华夏民族已积累和拥有的数千年的悠久深厚的文明根脉与源远流长的文化传统面临着变乱丧坠、存亡续绝的深刻危机。面对文明根脉崩坏、文化传统失坠中绝

① 梁启超：《先秦政治思想史》，东方出版社2012年版，第12—13页。

的深刻危机和道德困境，面对动荡不安而充满敌意的严酷现实境遇和时代生存环境，在自身内在良知和使命担当意识的召唤与激励下，孔孟奋然兴作，自觉地担负起传承斯文、担当道义的历史使命和社会责任。具体而言，孔子生活于周制崩解、王权式微、天下失序的春秋乱世，故“修成、康之道，述周公之训，以教七十子，使服其衣冠，修其篇籍”（《淮南子·要略》），乃至贵仁尚义，崇尚礼乐，“设为以德致位之教，传弟子以治平之术”①，诚不愧为中国历史上最卓越而伟大的教育家和思想家。孟子继起，更生当诸侯争雄、战争频仍而“民之憔悴于虐政，未有甚于此时者也”（《孟子·公孙丑上》）的战国之世，汲汲于呼唤良心善性，探寻王道仁政，发为以德抗位、民贵君轻、独夫民贼之论，诚不愧为针对暴君虐政之思想上的“永久抗议”②。而孔子所修之篇籍为五经六艺（《诗》《书》《礼》《乐》《易》《春秋》），载录孔孟言行的《论语》《孟子》以及《大学》《中庸》《孝经》等儒家诸经传，亦遂成为后世儒家学者奉持尊信并不断加以训诂、注释和诠解的神圣经典文本，乃至形成了此后源远流长的儒家经典学问，并在历史上演生出经学和理学两种儒家学术和思想形态，即汉唐儒者注重文本章句和名物制度的训诂注疏之学，宋明儒者诉之于身心体验和成圣成贤的心性修养、重视而不局限于经典文本之思想内涵的义理诠释和天理良知之学。更进而言之，历史上的儒者亦非徒寻章摘句、解字注经和体认天道性理、发明本心良知而已，其根本追求乃在于通经而致用，求道以救世，修己而安人，经世以济民。说到底，孔孟儒家之道或孔孟儒家意义上的学术、思想与学问，乃是一种修齐治平之道，故务须真实笃切地用之于身心德性修养、社会伦理生活和政治生活实践，方能实现其自身的价值与意义。

然而，反过来讲，孔孟儒学之价值与意义又须于具体的社会历史境遇之中

① 萧公权：《中国政治思想史》，新星出版社 2005 年版，第 48 页。

② 萧公权：《中国政治思想史》，新星出版社 2005 年版，第 62 页。

并根据历代儒者对于孔孟之道的思想内涵和儒家经典的文本含义之各自不同的理解与诠释来加以应用，才能得以实现。正唯如此，这样一种应用与实现究竟是一种什么意义上的应用与实现，亦是非常值得我们作进一步深入探讨和研究的。似乎无须什么深思熟虑，我们就能明白这样一层道理，孔孟儒家之道在历史上的应用与实现未必就是合乎孔孟儒家之道的本真含义的应用与实现，否则的话，我们恐怕也就不免于要受天真幼稚之讥了。换言之，在孔孟之道和儒家经典文本的基础上而历史地形成的儒家学术与儒学传统及其思想教义的实践应用与具体实现，在具体的社会历史境遇中，实则常常伴随着家国天下的治乱兴亡而时盛时衰，并在一次次的浴火重生中，不是因被创造性转化和创新性发展而获得蜕变新生，就是因被歪曲性利用和教条性僵化而趋向腐化变质。譬如，在经历过焚坑之祸、秦火厄运之后，汉儒董仲舒们发愤兴起，“推明孔氏，抑黜百家”（《汉书·董仲舒传》），促使汉武帝实行“罢黜百家，表章‘六经’”的文教政策，乃至获得通经为学、入仕致用的制度化的合法途径，似乎成功地在帝制与“儒教”之间建立起了一种长期而稳定的相维互系的政教关系，然而，成功的背后，儒家学者也与儒术、儒学、“儒教”自身陷入了受帝制王权支配与规制的政治命运，而儒生士人也不得不在功名利禄的诱引下被通经入仕制度所驯化并屈从而服务于帝制王权的统治需要，故汉儒欲借帝王权势以推行圣人孔子之道，但现实情况却可能是“儒之途（仕途）通而其道亡矣”（方苞《望溪文集·又书儒林传后》）。不仅如此，魏晋以后，佛老二教兴起而日渐盛行，更导致儒学、“儒教”的浸微衰颓之势，隋唐大一统帝国建立后虽然重新将“儒教”确立为统治思想，科举取士制度亦得以建立并在后世不断被完善，从而使儒生士人进一步获得进入仕途而从政治民的制度化保障，但这似乎并没有使后世儒家从根本上摆脱“科举盛而儒术微”（《明史·儒林列传》序说）的政治困境。正唯如此，唐之韩（愈）、李（翱），宋之周（敦颐）、程（颢、颐）、张（载）、邵（雍）、朱（熹）、陆（九渊）和明之陈（献章）、湛（若水）、王（守仁）等诸大儒先后相继，奋然兴起，虽然其学术立场和思想见解不尽相同，但大抵皆以兴起斯文为己任，以接续孔孟之道统绝学为志业，以辨异端、辟邪说而昌明圣学为学的指归，但他们辟佛老异端而又不能不出入佛老、泛滥于诸家，立志求道、厌科举之业而又不得不通过科举仕进而求取功名以实现造福人群的政治理想，以圣贤自期而致力于以道抗势而又只能面对拥有至尊之权力势位的帝制王权并在官僚政治的制度框架下来进行思考并采取行动，虽亟欲致君尧舜或得君行道，却只会遭遇难以“格君心之非”的无奈。无论是汉唐之正统经学，还是宋明之程朱理学，不管其在学术上和思想上有何创造性的贡献和创新性的发展，虽然都被立于官方学术的权威地位，但事实上最终都难以逃脱被帝制王权缘饰而歪曲利用为统治思想之工具的命运。

时过而境迁，世异则事异。晚清以来儒学因不断遭遇外来西方强势文化与各种学术思潮一波又一波的激烈冲击，乃至历经五四新文化运动之思想启蒙和彻底反传统的批判洗礼，而陷入了生死存亡的文化困境之中。遭此困境与厄运，其间亦不断有学者尝试吸纳、融合和会通西学以重新激活儒学的思想资源，特别是现代新儒家亟欲返本以开新，试图在儒家内圣心性之学的思想资源的本源和根基之上接续、开显出民主和科学的新外王事业。毋庸置疑，作为近现代特殊时代背景下的产物，现代新儒家之“返本开新”的中西会通之学，亦不外是对其所处时代之中西大交通与时代性急剧变革的社会生活环境和历史文化语境所作出的意识反应。当然，其意识反应亦不能不立基于对儒家经典文本的经义诠解以及对孔孟儒学和宋明理学之思想内涵的义理阐释，而且着重于从中西文化比较与哲学会通的视野来拓展和深化对儒学之哲理价值和文化意义的理解和诠释。现代新儒家在促使儒学实现创造性转化和创新性发展上所作出的重要学术贡献是不容轻忽的，诚如方克立先生所说，他们“在中西文化冲突中，能够以比较健康的心态”，一方面充分肯定民族文化的主体性，与此同时又“尽量吸收西方文化之优长，以补中国文化之不足”①，其融合、会通中西哲学的努力“确实体现了儒家学说不断吸收外来营养、自求完善、更新发展的开放性的一面”②。

开放固然开放，但真正给中华民族带来生机，从而使之最终走出危亡境地的却是马克思主义和中国共产党人。中国共产党领导的新民主主义革命和新中国的建立真正改变了中国人民和中华民族的命运，正如美国汉学家费正清所言，“1949年没有一个人能否认中国共产党在毛泽东领导下公公正正地征服了中国”③。不宁唯是，对中国文化和中华文明而言，马克思主义的传入及其在思想意识形态领域之主导地位的确立，不仅使中国文化走出困境和摆脱危机，甚至“给伟大中华文明的复兴带来了生机”④。那么，如何才能使源远流长的儒学传统与当今占据主导地位的马克思主义实现有机结合，既使儒学的优秀传统得以实现创造性转化和创新性发展，又使马克思主义的魂脉能够扎根于以儒学为主流的中华优秀传统文化的根脉当中，乃至焕发出推动和引领中国式现代化、实现中华民族伟大复兴事业的蓬勃生机与无限活力，这正是我们当今所面临而亟需探求和解决的时代性重大课题。

综上所述，我们不难发现，儒学在历史上已然发展出的不外乎这样几种学术思想的型态，即原生型态的孔孟古典儒学，次生型态的“依经演绎”和通经致用式的汉唐经学，续生型态的身心体验和义理证悟式的宋明理学，以及新生型

① 方克立：《现代新儒学与中国现代化》，见《现代新儒学与中国现代化》，天津人民出版社1997年版，第76页。

② 方克立：《现代新儒学与中国现代化》，见《现代新儒学与中国现代化》，天津人民出版社1997年版，第74页。

③［美］费正清：《伟大的中国革命》，刘尊棋译，世界知识出版社2000年版，第321页。

④ 方克立：《略论现代新儒学之得失》，见《现代新儒学与中国现代化》，天津人民出版社1997年版，第48页。

态的返本开新和会通中西式的现代新儒学。这也许是老生常谈，但追本溯源地讲，孔孟古典儒学毋庸置疑是后世儒学在历史上不断演生和复兴而生生不息的源头活水，反之，儒学在历史上不断演生和复兴而生生不息的生命活力，亦正源自后世儒家学者对于孔孟古典儒学思想学说及其经典教义的深切领悟和独到诠释，并将个人性的生命体验和时代性的生活感悟注入对儒学的理解与诠释当中，从而在当下时刻重新激活其回应时代境遇之问题意识的思想活力。总之，真正的儒学创新必定植根于在真实生命体悟和生活实践的基础上对儒学的深刻理解与独到诠释，反之，在真实生命体悟和生活实践的基础上对儒学的深刻理解与独到诠释也必定具有儒学创新的真正价值与意义。

林存光

2024 年 2 月 20 日

目 录

导　论

孔子本是一个温良、平实、谦逊的学者，然而他却成了人们心中的偶像与神话；照理讲，他的温良与平实本不应使他成为一个传奇式的人物，但他卓然站在中国轴心时代的转折点上，这使他不仅生前历尽了磨难，而且死后更是命运多舛。有时人们对他尊崇过甚，有时又对他误解太深，以至在中国2500多年的历史长河中，他竟成了一个不是被人尊奉为神明至圣就是被人贬斥为乡愿恶魔而最具争议性的历史人物之一。但是，不管人们是把他捧上九天，还是把他贬入九地，他在人们的争议中又确乎成了中国历史上最具统制力的思想家。

一、“看”的方式

在中国历史上，可以说没有哪一个人能像孔子那样被人评头论足，竟然津津有味地被评说了2500多年。在这2500多年中，不是被人尊为神圣、捧上九天，就是被人骂为妖魔、贬入九地，人们捧得痛快，骂得也淋漓，沉沉浮浮，祸福荣辱，孔子生前死后所遭遇的所有这一切都不是一般人所能想望的。迄今为止，一家家王朝的兴衰更替早已烟消云散，孔子却依然是我们心中一道挥之不去的难题。回望历史上的孔子形象，不难发现它正犹如一张可以从两种角度观看的“格式塔”脸谱，随人选择的角度或“看”的方式不同而改变，这样“看”孔子是神明至圣，那样“看”孔子则又成了乡愿恶魔。

然而，这绝不是说人们回头“看”孔子时在玩一种轻松无聊的观念游戏，相反，对于历史上乃至今天的中国人来说，这实在是一项极严肃而直接关系着其生存路向抉择的大课题，来不得丝毫的含糊。我们不妨说，当人们认真地“看”或“读”孔子时，孔子也使人们无以逃避他的“轨迹”。

正如美国境遇伦理学家约瑟夫·弗莱彻所说：“爱的真正对立面其实不是恨，而是冷淡。恨尽管是恶，但毕竟视世人为‘你’，而冷淡却把世人变成了‘它’——物。”① 事实上，我们也可以说，尊孔子为圣人的反面其实并不是诅咒他是恶魔，因为咒他是恶魔也还是把孔子当作一个权威性的偶像看待。而如果我们对孔子的历史命运作一番历史的反省与考察的话，亦不难发现：孔子正是在诋毁与赞誉的夹缝中逐渐深入人心的，每一次的重压和挫折不但没有消除孔学的影响，反而引发了更为广泛而深入持久的儒家思想文化的复兴运动，这在传统“儒教中国”的历史上可以说是一个不断持续展开的动态过程。

直至今天，现代新儒家所从事的所谓“儒学第三期发展”的文化事业，仍然主要是针对现代新文化运动对儒家象征符号系统的掊击与批判所作的回应。这一运动迄今仍是一项未竟的事业，还在发展之中。而在中国文化的现代化与世界化这一共同课题下，现代新儒家与中国马克思主义学者已尝试开展良性的对话，并正在努力寻求“建立可以与世界各种文化对话与会谈的共同基础”（杜维明先生语），某种无压制的共识似乎正在形成。

不管“儒学第三期发展”的前景如何，基于一种多元开放的心态，我们可以

① ［美］约瑟夫·弗莱彻：《境遇伦理学》，程立显译，中国社会科学出版社1989年版，第50页。

断言：现代新儒家致力于传统儒学内在意义的“创造性转化”无疑是富有建设性和启示意义的。然而，孔子及其学说无论在古代中国还是在现代中国的命运如何，并不因其自身的意向而定，而是取决于现实社会中的人们接受它或“看”它的方式。而圣人死了，孔学在现代所面临的真正的深刻危机是什么呢？我认为，危机并非来自外部对它的“阴暗面”的清理和批判。诚如杜维明先生所说：

> 半个多世纪以来，西方研究中国的学者和大部分中国的知识分子都注重所谓的儒家文化的“阴暗面”。作为一个思想史学者，我当然敏锐地注意到了儒家对传统和现代中国所起的负面作用（如专制政治、老人政治以及男性为取向的实质等）。在我看来，最近几十年间多次的反孔运动高潮（“文化大革命”中的批林批孔可能是例外）是20世纪中国最优秀的思想对一种业已过时的生活方式进行严肃的思想批判的组成部分。①
>
> 西化知识分子对儒家传统的迎头痛击虽是今天儒门淡泊的原因之一，但使得孔孟之道一蹶不振的杀伤力不是来自学术文化的批判，而是来自非学术、非文化的腐蚀。确实，假借孔孟之名而行复辟之实的军阀和政客，才是儒家遭受奚落的罪人。这里存在着一个发人深省的悖论。西化知识分子对儒家传统进行学术文化的批判，其结果对孔孟之道的精义不无厘清的积极作用。相反地，企图利用先圣先贤以维护既得利益的军阀政客，不仅没有达到推行孔教的目标，反而把儒家的象征符号污染了。②

杜先生的这两段话是十分耐人寻味的，而且可以相互发明，都暗示了这样一个观点：真正造成“儒教”传统之危机的，并不是对儒家文化的负面影响的学

---

① ［美］杜维明：《仁与修身：儒家思想论集》，胡军、于民雄初译，生活·读书·新知三联书店2013年版，导言，第1页。

② 杜维明：《儒学第三期发展的前景问题》，见罗义俊编著：《评新儒家》，上海人民出版社1989年版，第102页。

术性清理工作，相反，这项工作实际上构成了“儒学第三期发展”的逻辑前提。儒家传统真正的深刻危机不是来自“学术文化的批判”，而是来自“非学术、非文化的腐蚀”，来自对儒家价值符号或文化象征系统的工具性利用，这种利用毋宁说是对其内在意义的“冷淡”或“漠不关心”。毋庸讳言，这种“漠不关心”在今天的最新表达形式，最引人注目的莫过于“祭孔乐舞”的象征性表演活动了，“古乐舞”纯粹表演性的展示旨在满足人们的游览观赏心理，从而也就失去了礼教三祭（祭天地、祭祖先、祭圣贤）之一的“祭圣贤”所具有的真正精神文化意义[①]，甚至带给观众的只能是一种圣人确乎早已“死了”（作古）的疏离感和冷淡感。

那么，今天我们究竟应如何来“看”孔学的历史命运、阐发它的现代价值与意义呢？我认为，我们首先必须跳出对孔子和儒家的尊崇与批判、盲信与诅咒的情绪化的评价怪圈，并应以一种富有建设性意义的明确的未来文化意象或广泛的目的性意识为导向。而且，如胡适先生所说，我们需要树立这样一种信心：“我们的前途在我们自己的手里。我们的信心应该望在我们的将来。”[②]我们因这信心而反对对“文化传统”的任何简单化的否定与肯定。如果说一味的简单化的否定会腐蚀、削弱我们文化建设的传统根基的话，那么，简单化的肯定或不加鉴别的古为今用则“容易混淆古今，反而会使我们陷入传统的泥潭中而难以自拔”[③]。杜维明先生尝言：“正是因为我们能够复活旧的东西，我们才有希望获得新的东西。”[④]杜先生的说法无疑有一定的道理，但是，我们更坚信“现在只有处于过去和未来的张力之中才会充满活力”[⑤]，而当我们试图将理论的

---

① 参见蔡仁厚：《新儒家的精神方向》，台湾学生书局1984年版，第55—56页。

② 胡适：《信心与反省》，见姜义华主编：《胡适学术文集·哲学与文化》，中华书局2001年版，第270页。

③ 刘泽华主编：《中国传统政治思维》，吉林教育出版社1991年版，前言，第4页。

④ ［美］杜维明：《仁与修身：儒家思想论集》，胡军、于民雄初译，生活·读书·新知三联书店2013年版，导言，第7页。

⑤ ［美］保罗·蒂里希：《政治期望》，徐钧尧译，四川人民出版社1989年版，第215—216页。

反思置于过去传统与未来目标的张力之中时，我们思考的深度和广度也就取决于我们富有建设性地提出和解决现实中存在的问题的能力。

不管我们愿不愿意，是建立一个新的价值符号世界，还是复活一个旧的价值符号世界，这已是我们这个时代所面临的一个无法逃避的极富挑战性意义的生存难题。如果说复活一个旧的价值符号世界是必要的话，那也绝不是一种直接的恢复或简单的复古，并将其用以直接解决现实的问题。更准确地说，我们阅读和理解历史文本绝不是要去发现包含在其中的僵死意义，或是对人所共知的内容作一种简单解释，而必须尝试“理解我们从中看到的我们自己的问题的那些叙述”①。

因此，尽管从表面上看，有多少种“看”的方式就有多少种孔子形象，孔子好似一个恭顺的任人装扮的“婢女”，然而正如李泽厚先生所说，“孔子在世界上成为中国文化的代名词，并非偶然”②，世人“看”孔子的方式也绝不是主观随意的，而是“个个人心有仲尼”③的个人视野与历史视野的融合。一种“看”的方式，就是一种孔子观，它是一组信念、一种规范的解说、一个新的观察方式，与之相应的是各自不同的对儒家经典的阅读与解释的态度和方法以及践行儒家信念的方式。不过，孔子也正是在“看”他的人们都辩称自己才真正读懂了他的争论中被完完全全地悬挂在了半空。人们辩称自己才真正是读懂孔子者的那份自信也许只是一种历史的误会，然而我们恰恰要从这“误会”中再读出些什么，就是要从“看”中“看”（反思）一下这样一种误会：孔子是怎样“眼睁睁地”从“一个最诚实的学者”走上政治偶像的圣坛而成为专制君主之护符的？

---

① [德]伽达默尔：《科学时代的理性》，薛华、高地、李河等译，国际文化出版公司1988年版，第96页。

② 李泽厚：《美的历程》，文物出版社1989年版，第49页。

③ 明儒王阳明《咏良知四首示诸生》第一首云：“个个人心有仲尼，自将闻见苦遮迷。而今指与真头面，只是良知更莫疑。”此处所引“个个人心有仲尼”一句，只取其字面意思，而与阳明诗本义不尽相同。

这是孔老夫子“一不留神”的错，还是诠释夫子的人“太敏感而富有洞察力”的历史虚构？他作为一个偶像究竟具有什么样的政治文化意义呢？这些问题直叫人“欲说还休”，但，还是让我们来作进一步的思考吧。

二、更进一步的思考

当孔子在诋毁与赞誉的夹缝中日益深入人心之际，不管孔子作为一个人及其学说的“本来面目”是什么，其影响毕竟是实实在在的，而且正是因为人们看或读他时接受视界的不同而使其对人们的思想与行为的影响也各异，譬如，孔子作为一个伟大的思想家对17—18世纪西方启蒙思想家的影响，与他作为一个政治文化偶像对其后的普通中国人的影响，便显然有着天壤之别。

依我之见，从总的方法论的意义上讲，古今中外大体存在如下几种对孔子其人及其学说的“读法”或“阅读范式”。

一是理性批判或知性分析的读法。这一读法关注的是孔子在人类普遍的理性认识意义上的地位问题，争议的主要焦点是：孔子是不是一位哲学家？在这一问题上，给予否定性回答的典型代表是德国大哲学家黑格尔，他认为中国人虽然在文化方面有很高的声名，却没有什么真正的哲学，被中国人奉为神圣经典的“圣书”——《论语》不过是一部道理浅显的“道德格言集”，孔子所谈论的不过是一种“常识道德”，而“这种常识道德我们在哪里都找得到，在哪一个民族里都找得到，可能还要好些”，所以，孔子“只是一个实际的世间智者，在他那里思辨的哲学是一点也没有的——只有一些善良的、老练的、道德的教训，从里面我们不能获得什么特殊的东西”①。虽然，这不免是一种对中国哲学带有很深偏见的说法，但是，从中国人喜欢引经据典的传统习惯上讲，孔圣人的一言一行乃至片言只语的字面意义，作为人们决策、行动的指南而构成社会乃

① ［德］黑格尔：《哲学史讲演录》第一卷，贺麟、王太庆译，商务印书馆1959年版，第119页。

至个人存在的合法性或权威性的基础，以至竟然有一位宋朝开国元勋赵普宣称什么“半部《论语》治天下”的神话，这些实在是显示了中国人缺乏理性反思精神的不争的历史事实，黑格尔将孔子的思想贬斥为一种“常识道德”也似乎恰好反映了历来中国人遵奉、践行孔学的一般态度。

与黑格尔截然相反而更富有启发意义的，是另一位德国著名哲学家雅斯贝尔斯的“读法”。雅斯贝尔斯认为，人类文明发展的第三阶段是“以公元前500年为中心，约在800年至200年之间，人类精神的基础同时独立地奠定于中国、印度、波斯、巴勒斯坦和希腊”，这是人类“精神觉醒”的一个非常重要的时期，直至今天，人类仍然依托于这个时期所奠定的精神基础，雅斯贝尔斯把这个时期称作人类历史的“轴心时代”，“非凡的事件都集中发生在这个时期。中国出现了孔夫子和老子，中国哲学中的全部流派都产生于此，接着是墨子、庄子以及诸子百家”[①]。雅斯贝尔斯亦曾把孔子和苏格拉底、佛陀及耶稣四位大哲学家放在一起进行比较研究，认为“他们的本质所在，就是哲学的本质所在。他们的实在性和思维模式是人类历史长河中的一个本质性的因素”；他们作为人，各自具有自己特定的性格和局限性；尽管“他们之所思，不可能是我们之所思”，但是，“他们中的每一个人对我们都不是无关紧要的，相反，每个人都是摆在我们面前的一道难题，使我们不得安宁”[②]。

二是“文化决定论”的读法。无论是对孔子持肯定还是否定的态度，这种读法都是把孔子视为一个权威性的存在或政治、文化的偶像，或者把孔子说成文化中国的命脉所系，或者把孔子说成“历代帝王专制之护符”（李大钊语）。前者视孔子为中国文化的活的灵魂，孔学构成中国历史与文化的主体，因此，复活“他”是理所当然的（如现代新儒家所主张）；后者强调“孔子者，数千年

① [德]卡尔·雅斯贝尔斯：《智慧之路》，柯锦华、范进译，中国国际广播出版社1988年版，第69—70页。

② [德]卡尔·雅斯贝尔斯：《苏格拉底　佛陀　孔子和耶稣》，李瑜青、胡学东译，安徽文艺出版社1991年版，第184页。

之残骸枯骨也”（李大钊语），“孔教本失灵之偶像，过去之化石”（陈独秀语），所以，埋葬“他”亦势所必至。这无非是说孔子作为权威性的存在决定了中国历史与文化的方向和特性。这种“决定论”的读法有积极和消极两方面的影响。就积极方面讲，五四新文化运动对“劫持吾人之思想自由”（李大钊语）的圣人偶像的彻底掊击，以及现代新儒家对儒家人文传统进行“创造性转化”的积极态度，在其特定意义上都是很值得肯定的；就消极方面讲，上述“决定论”读法又极易误导人们陷于绝对简单化的肯定与否定的态度取向或认识误区，譬如简单肯定论者对于“孔子之道，亘古常新，与天无极”“天不生仲尼，万古长如夜”的崇信会直接孳生出复古主义的逆流，同时缺乏理性批判精神的简单肯定论者也会随意地附会混淆古今及各个时代面临的不同问题，他们都把孔子视如人们心中永恒不落的太阳，而简单否定论者则可能采取割断今天与昨天的历史连续性的认识态度，将孔子诅为千古罪人，不批倒批臭他便誓不罢休。

发人深思的是，上述态度从其内在深层的心理根源上讲，都来自这样一种共同的基本假设：对孔子个人或“孔子主义”的态度，以及孔子作为超历史、跨时代的权威性存在，决定了中国社会历史文化的命运与走向。这实际上颠倒了下面这种关系而不过是一种倒置的神话，即孔子在中国历史上的命运或影响，以及世人对于孔子及其学说的接受态度，是直接受到个人视野与历史视野的限制的，而且，人们的社会存在及其看待世界的方式最终决定着人们对作为一个历史人物的孔子的认识与接受态度，而不是相反。

三是“历史还原论”的读法。这主要是将孔子还原为一个历史人物来加以评价，试图通过还孔子一个历史的“本来真面目”、还他一个“真价值”，从而淡化乃至截断对圣人孔子的偶像化崇拜传统对于现实的影响。也就是说，“把历来圣人和经典的偶像打破，拿他当作平常人和平常著作一样看，照他的本来面目，给他一个相当的位置”，而“只要把他的圣人袍子脱掉了”，他也就不能“在无形中作怪”了。譬如，陈独秀批评“孔子之道不适于现代生活”“不适于今世”，认为“孔子生长封建时代，所提倡之道德，封建时代之道德也；所垂示之礼教，即生活状态，封建时代之礼教，封建时代之生活状态也；所主张之政治，封建时代之政治也”（《孔子之道与现代生活》），我们不应拿孔学、“孔教”来“支配现代人的思想行为”，但其“在孔子立教的当时，也有它相当的价值”（《孔子与中国》）。李大钊则明确将“实在的孔子”“历史的孔子”和“作为专制护符的孔子”区分开来加以评价，力主掊击“作为专制护符的孔子”，认为“掊击孔子为历代君主所雕塑之偶像的权威”“掊击专制政治之灵魂”，并非“掊击孔子之本身”；对“历史的孔子”，即历史上衍生出来的各种不同的孔子观念和人们对孔子的解释，需要作历史的分析和研究；而作为“实在的孔子”，孔子虽然不愧为中国历史上的伟大人物，但他也只能是他那个时代的“一代哲人”，“孔子于其生存时代之社会，确足为其社会之中枢，确足为其时代之圣哲，其说亦确足以代表其社会其时代之道德”。（参见《自然的伦理观与孔子》《史学要论》等）总之，承认孔学、“孔教”在其“立教”的当时自有其相当的价值，但已不适于今世和现代的生活；承认孔子为一代伟人或一代哲人，但也只能是他生存时代的中枢、圣哲和代表。陈、李二人持有的这样一种观点和看法，说到底其实只是要还原孔子在他那个时代的历史的“本来面目”，从而把孔子完全还给他自己所生活、所生存的时代，而不再与现代人发生什么关系，也不再对现代人的生活产生什么影响，一句话，孔子理应是一个完全成为过去完成式的历史人物。另如“文化大革命”期间的“批孔”运动，之所以对孔子本人进行无情的批判，也来自同样的理由，即孔子只是他所代表的阶级利益的代言人，他的复古保守代表了他所生活时代的没落奴隶主贵族阶级的落后意识，因此，作为一个“拉历史倒车”的历史人物，他在追求“进步”的“革命”年代也就“理所当然地”应受到人们的批判和诅咒了，目的就是使他永远地成为一个不再对当代人与现时代产生任何影响和作用的历史人物。

四是人格主义的读法。这种读法旨在从心理、人格的意义上对孔子进行评价。人们也许会认为孔学作为一种历史形态的东西，只是代表着已经过时的价值观念或生活方式，但仍然可能对孔子足可为“万世师表”的可敬可爱的人格表达其敬意。从人格上褒扬孔子者，有各种不同的说法，诸如："他是一个最诚实的学者"（顾颉刚语），他是"一多情人""能喜能怒能悲能乐之大丈夫"（林语堂语），"从心理学的角度来看，他们（指苏格拉底、佛陀、孔子和耶稣）都是十足的男子汉"（德国哲学家雅斯贝尔斯语），他是一个"神圣的凡夫"（美国学者赫伯特·芬格莱特语），他"通体是仁心德慧"、是"人格世界"中之"范型"（牟宗三语）。相反，从人格意义上批评孔子者亦不乏其人其说，如谓孔子是"鲁国之巧伪人"（《庄子·盗跖》）。另如，章太炎曾描绘孔子有三副面孔："有商订历史之孔子""有从事教育之孔子"，还有醉心于富贵利禄的"国愿"孔子。在他看来，作《春秋》而成为史学宗师的孔子，办私学而成为平民先师的孔子，都已成为过去；只有那个"湛心荣利"而热衷于一心向上爬的孔子，那个"道德不必求其是，理想亦不必求其是，惟期便于行事则可"的孔子，仍然对后世后人产生着难以估量的影响，使人们不能脱离"富贵利禄"的思想（参见章氏《订孔》《论诸子学》等文）。这可以说是现代学者对孔子和儒家在人格上的一种最严厉的批评了。

综观以上诸种读法，仍然是一种极其粗略的分类，而且只是就其"理想类型"而言的。事实上，在个人视野与历史视野融合而成的对孔子或肯定或否定的两极态度之间的认知与评价的弧线上，每种读法都不是纯粹和单一的。有的读法与读法之间是密切相关的，甚至具有一体两面的相关性，譬如对于陈独秀和李大钊而言，文化决定论的读法与历史还原论的读法便是相辅相成而一体相关的，而对于现代新儒家而言，文化决定论的读法与人格主义的读法也是相辅相成而一体相关的。就同一种读法而言，内部亦存在着这样那样的差异与分歧，甚至观点和立场的截然相反，如黑格尔与雅斯贝尔斯。另外，我用来阐述每一种读法所举的例子，也许不尽合适，或不能完全代表这一读法的观点，之所以援引这些例子，只是因为其具有一定的代表性，或者我们可以从这些例子的观点中推论出合乎某一读法的基本含义来。

然而，不管怎样，我认为，每种读法从其"效果历史"的意义上讲，都具有某种程度的“真”的价值。而且，最终的核心问题：是让孔子永久地活在人们心中，还是把孔子从人们心中永远地抹去呢？事实上，无论是让孔子永久地活在人们心中，还是把孔子从人们心中永远地抹去，人们所采取的方式及其效果都是相当不同的。

如果说“实在的孔子死了，不能复生了，他的生涯，境遇，行为，丝毫不能变动了；可是那历史的孔子，自从实在的孔子死去的那一天，便已活现于吾人的想象中，潜藏于吾人记忆中，今尚生存于人类历史中，将经万劫而不灭”①，那么，在吾人的想象中，孔子究竟是人还是神？是孔子本人还是孔子的招牌在作祟？是还他本来面目，还是再给他换上一件现代的时装、偶像的新衣？历史的孔子与孔子的历史真是迷障重重。然而，我们必须清除掉笼罩在孔子头上的层层雾霾，才能真正看清孔子本人及其历史形象的真实面目，为此，“我们必须自我决定，进行推论，否则，一切都将存在于假象中”②。

三、走向人文时代

（一）文化转型：一个时代性的课题

在系统梳理与考察历史上的孔子形象之前，首先来辨析一下孔子所处时代的社会政治与历史文化的境遇，是十分必要的。

就孔子生活于其中的时代境遇而言，孔子的所思所行并不是一种天纵圣人的奇异现象。孔子生活在有哭有笑、满怀希望和忧惧、敢爱敢恨、有血有肉的具体的人群当中，只有认清了这一点，我们才可能真正理解孔子所思所行的“具体性”究竟展现出了一种什么样的存在方式及其可能性的意义境域。

“春秋”这一时代的人们（主要指贵族阶级），身处“礼崩乐坏”的危时乱世，

---

① 李守常：《史学要论》，商务印书馆1999年版，第80页。

② ［德］卡尔·雅斯贝尔斯：《苏格拉底　佛陀　孔子和耶稣》，李瑜青、胡学东译，安徽文艺出版社1991年版，第184页。

究竟是以什么样的生存姿态把握个体命运的呢？也就是说，当我们试图认识春秋时代的人的历史生存时，我们能够首先体认到的是什么？那就是：春秋人处于社会文化的转型期。我这里所说的“转型”，主要指价值观念系统的转型，即西周春秋之际的宗教道德观念的急剧变革。对此，我拟从如下两方面作一些尝试性的分析。

1. 有关神人关系的信念转向

在神人关系上，是先神而后人，还是先人而后神，其意义是根本不同的。这是说，以神为中心还是以人为中心的价值信念，决定着神本文化价值系统与人本文化价值系统之间的异质性。

夏、商、西周基本上属于神本世界观信仰主导的时代。当然，三代相损益沿革，特别是商周之际在宗教神学观念上曾发生过剧烈变革，这主要表现在：“殷人尊神，率民以事神”（《礼记·表记》）以至无事不用卜筮；而周人原隶属于“大邦商”，虽然在宗教信仰上仍然信奉“上帝”或“天”为至高无上神，然而周人对殷商时期的“上帝观”却作了重要的修正和补充，即认为“惟命不于常”（《尚书·康诰》），“上帝”择善而降命，惟德是辅。这样，周人虽然没有完全放弃用卜筮的手段测知神意，但主要转向了以民情和人德来审知、洞察天命，这使西周时期的天具有了强烈的人文义理化的价值意蕴。尽管如此，神本观念仍处于其文化价值系统的核心地位，或者说是其文化意义架构的终极性根源，而人（王者）之德虽然被用来说明或诠释天的意向，但作为神性的派生物仍然依附在天的意志和权威之下，并不纯粹意指人自身所具有的主体性的独立道德品格。所以，周人仍诚惶诚恐、满怀着虔信之情敬畏“上帝”、孝祀祖先、典祭百神以祈福求寿。

降至西周末年，由《诗经》所见诸多对天、祖、王的怨詈之声，已经预示了其神性地位的动摇及宗教文化的根本转向。而面对时世的动荡不安和个体命运的险恶叵测，春秋人对天与神的信仰已不再像西周人那样虔敬、坚定而明确了，甚至采取了一种假设性的认知态度。其主要特征表现如下：

第一，以人为目的、为中心的神性的“人文”化。神本文化的价值信念要求人们必须听从“天命”或“神意”。如上所言，西周时期，虽然对殷商的“上帝观”作了重要的修正和补充，然而周人仍对“上帝”满怀敬畏之情，并诚惶诚恐地孝祀祖先、典祭百神以祈福求寿；“天道福善祸淫”（《尚书·汤诰》）的神学正义论是支配人们意识与行为的一种普遍信念，而且天（神）人关系问题集中体现在王者“以德配天”的政治观念上，天命有德的宗教信仰也主要是为天子受命而统治的政治合法性提供意义支撑的。至春秋时期，神人关系成了一个更具普遍性意义的信念问题，诸如神“依人而行”（《左传·庄公三十二年》）、“惟德是依”（《左传·僖公五年》）、“祭祀以为人”（《左传·僖公十九年》）的观念出现并逐渐流行起来，神人之间先后、轻重和主次的关系发生了一种微妙的变化，春秋时期人们的观念转向了主要以人为目的、为中心来构想宗教信仰的目的与意义，即神性的价值是依人德、人性、人情而被设定的，神性乃人本文化价值信念的直接呈现或投射。其典型表现，一是神在族类情结上与人的一致性，所谓“神不歆非类，民不祀非族”（《左传·僖公十年》）、“鬼神非其族类，不歆其祀”（《左传·僖公三十一年》），这是人的族类意识在神性上的具体而直接的投射。二是神权的完全世俗人文化，这表现为春秋人的政治权威观念乃径直以君、君命为天，所谓“君，天也”（《左传·宣公四年》）、“君命，天也”（《左传·定公四年》），这种直接将君、君命视为天的绝对君权观念实则是天的“人化”，而与商周时期王权的神化或神权化，即帝王或天子“一人”性的至尊权威乃是“上帝”“天命”的派生物，它们体现的无疑是基于相反价值取向的两种性质不同的政治意识与王权观念。

第二，神性价值信念的个人主观属性。春秋时期，神性价值信念的另一重要特征是，将神性置于人的个体主观性的统摄之下，即神性的价值是依从个人主观之心并由其裁度其宜的，如“谚曰：‘高下在心。’”（《左传·宣公十五年》）春秋人的习语“天诱其衷”“天舍其衷”，皆天心在我之意；而“以诱天衷”“以奖天衷”，亦是乞天心向我。由此可知，春秋人的天神信念所表达的仅仅是一般个人性的主观愿望，而不只关涉着集体的、政治的命运或王者统治的天命合法性。因此，对春秋人来讲，祭祀也就相应地只涉及祭祀者个人的福祉，如或梦天使谓己曰："祭余，余福女。"(《左传·成公五年》)或者梦河神谓己曰："畀余！余赐女孟诸之麋。"(《左传·僖公二十八年》)又或者曰："吾享祀丰洁，神必据我。"(《左传·僖公五年》)这都说明，春秋人的神性价值信念已经开始趋于个体化了。而个人主观之心对神性价值的裁度，也就决定了春秋时代神的观念必然是因人而异的，这种现象本身也正是作为社会集体生活之合法性根基的神本文化在春秋时期走向衰落的象征。

第三，对鬼神是否存在的假设性认知。除了仍然有人坚持"天命不谄(疑)"(《左传·哀公十七年》)的传统信念外，更能体现春秋时期人们宗教信念之变化趋向的是那种基于假设性认知态度的鬼神观念，如谓："犹有鬼神，吾有馁而已，不来食矣。"(《左传·襄公二十年》)"无神，何告？若有，不可诬也。"(《左传·襄公十四年》)由此可见，春秋人的鬼神信念已不是那么确凿无疑了，而所谓"敬奉德义以事神人"(《左传·宣公十五年》)，也说明春秋时期的人们开始强调人自身德义的根本重要性，在看待和处理人与神和人与人之间的关系问题时将自身的德义置于优先考虑的位置。

由以上分析可知，在春秋人的观念中，"神意"决定一切的传统宗教信念已大大削弱，甚至被摈弃了。"神意"，作为神本文化价值系统或意义架构的根基，提供的是一种超验而抽象的绝对价值原则，它使人的存在价值和意义处于派生的地位。而在根本态度上对"神意"决定一切的否定和摈弃，使春秋人转而依据个体自我的主观愿望和假设性的认知态度来把握和设定神性的价值与意义，这就决定了神本文化的必然衰落和倾覆。正是在此基础之上，先秦诸子才能够获得精神上的彻底解放，乃至进一步从理论上对天的纯粹自然的和义理的含义以及鬼神是否存在的问题进行系统而深刻的哲学反思和讨论。

2. 德、礼成为春秋时期人本文化的价值根基

春秋人摈弃了"神意"决定一切的宿命论信念，认识到"天道远，人道迩"

（《左传·昭公十八年》），于是便直接从“人道”自身中寻找存在的意义根基，并主动“自为”地进行践礼修德的道德生活实践。由此，春秋人的道德观念展现出了一种崭新的意义维度，德、礼成了春秋时代价值信念系统的核心理念，对春秋人社会生活的各个层面具有着普遍规范的文化意义。也就是说，随着神性作为文化意义架构的终极根源观念的根本动摇，德、礼构成了支撑春秋人社会生活的一种普遍价值规范和根本理念。

在西周时期，德、礼已是支撑周人生活的两个重要的基点。“明德”是周公所发布的一系列诰命的思想支柱，但德作为一个融信仰、道德与政治为一体的综合概念，主要是指统治者之德，且被用来诠释“天”或“天命”的意向；至于礼，其历史发生学的意义主要体现在祭神求福的活动，即《说文解字》所谓“礼，履也，所以事神致福也”。而至周公“制礼作乐”，为西周的封建体制和宗法政治制定、建立了一整套系统而完备的制度架构和行为规范，所谓礼已不再仅限于“事神致福”了，而主要是指封建宗法政治的那套制度架构以及用于调节、规范宗法贵族阶级各种行为的礼仪规定，当然也包括祭祀的仪节在内。

时至春秋，一方面西周时期“礼不下庶人，刑不上大夫”（《礼记·曲礼上》）的制度框架渐趋于崩坏；另一方面因为春秋人“犹尊礼重信”“犹严祭祀、重聘享”（顾炎武《日知录》卷十三“周末风俗”），所以德、礼仍然构成春秋时期各诸侯国贵族阶级政治行为的正当性基础以及国事活动[①]的中枢和根基，所谓“礼，国之干也”（《左传·僖公十一年》），“政以礼成”（《左传·成公十二年》），“德，国家之基也”（《左传·襄公二十四年》）。然而，在文化转型的意义上，最值得我们注意的是，德、礼在春秋时期并不局限于其政治行为、国事活动与治国理政方面的含义，而是被赋予了一种更具普适性意义的道德行为规范含义，乃至对个体的人来说，其行为是否符合德、礼的要求，成了判断一个人是不是人的普遍准则，因此，在此意义上，德、礼具有了一种人之为人的本质规定

①《左传·成公十三年》曰：“国之大事，在祀与戎。”

性的本体论含义。也就是说，德、礼作为春秋人生活中的核心理念，一方面被赋予了一种普遍性的行为规范意义，如郑大夫子产曰："夫礼，天之经也，地之义也，民之行也。天地之经，而民实则之。"（《左传·昭公二十五年》）这是说，礼作为自然宇宙的根本法则，乃是天地间一切事物存在与秩序的终极根源或价值基础，对人类行为及其社会政治生活具有统摄一切的普遍规范意义。另一方面，在个体生存的意义上，对春秋人来讲，德、礼的规范意义在于它们构成了"人之为人"的本质规定性，一个人的行为是否符合德、礼的要求决定了一个人是人还是非人，因此，德、礼的规范要求形成了一种在人与非人之间进行道德抉择的生存压力。德、礼的这两方面的人文含义在后来均由孔子创立的儒学和"儒教"所发扬蹈厉，而且在孔子和儒家那里，这两种意义彼此密切相关。在前一种意义上，孔子和儒家极力推进周代尊礼文化的社会下移或普及化运动，以构造整合社会各阶层生活方式的共同文化；而在后一种意义上，则明确形成了"凡人之所以为人者，礼义也"（《礼记·冠义》）的人的概念，这一人的概念或理念显然是对德、礼的前一种意义的深化，或为其奠定了一种更具普遍人文意义的人类学理念基础。

对春秋人来讲，德、礼不仅规范着人们的世俗生活，而且规范着人们的宗教祭祀活动；不仅是政治的凭依，而且是战争的根据；是立国为政之本，更是个人安身立命的依据。特别是面对社会生活的动荡不安与时世的险恶，春秋人深切地认识到，个体的人完全处于一种孤立无助的在世状态，"何以为人"或如何"安身立命"的问题遂进入了春秋人个体生存意识的核心地带。而在个体生存的意义上，德、礼不仅是对人的行为举止的外在社会性规范，而且被赋予了作为"人之干"的"庇身""定命"的生命价值，乃至更具有了一个人作为"人"最本己的内在反身要求的本体论意义。正所谓"礼，人之干也。无礼，无以立"（《左传·昭公七年》）；"信以守礼，礼以庇身"（《左传·成公十五年》）；"民受天地之中以生，所谓命也。是以有动作礼义威仪之则，以定命也"（《左传·成公十三年》）。除了以礼立身的生命承诺之外，春秋人还基于个体吉凶祸福之生存命运的焦虑感而发展出了一种“惧以增德”、以道德自救的生存信念。所谓“汰侈已甚，身之灾也，焉能及人”（《左传·昭公五年》）；“善败由己，而由人乎哉”（《左传·僖公二十年》）；“苟非德义，则必有祸”（《左传·昭公二十八年》）；“夫德，福之基也”（《国语·晋语六》）。这就是说，真正决定个体命运的，是个人的德性，个体福祸乃自我德性的“自取”或“自弃”，德性作为人之吉凶祸福的根基仅仅关涉或只对个体自我的生存命运负责，由此而对个体行为构成内在的驱动与规范。那么，推而言之，一个人最切己的成就或他最本体的呈现也就是他的德性了。

总之，春秋时期，德、礼的文化价值含义是由人的自身规定性而被认知的，德、礼的规范构成了人之为人的最本质的规定性。因此，德与不德、礼与非礼的品评构造的是一种人与非人的文化生存张力，正所谓“人之能自曲直以赴礼者，谓之成人”（《左传·昭公二十五年》），而“教（德礼之教）备而不从者，非人也”（《国语·楚语上》）。那么，春秋人依德、礼而安顿人生的承诺，进而把握个体吉凶祸福的生存命运，作为当时社会内部关注的兴趣所在，从根本上构成了春秋人本文化的内驱力。因此，可以说，春秋人本文化的前提就是践礼修德而实现“为人”的价值本身，故而我们称之为“人”文化。

综上分析，春秋“礼崩乐坏”的时世内在地隐含着走向新时代的契机：德、礼对春秋人生活的各个层面构成一种普遍性的价值规范，而个体的人也必须为自己的行为抉择负责。抉择，是新生的开始，而责任感则为社会文化的整合提供了根基。而春秋人对德、礼的人之为人的本体论意义的自觉意识，既决定了由商周“神”文化向春秋“人”文化意义架构的根本转型，也使中华民族的历史自春秋时期而真正迈入了“人”的时代。

（二）孔子对时代课题的回应

从神本世界走向人文时代，这是一场深刻的文化转型，而与之相伴而生的则是重整世界秩序、复兴礼乐文明秩序的时代性课题。孔子正是站在这一时代文化精神的转折点上，他对这一时代性的课题又是怎样作出回应的呢？换句话说，在对孔子的形象进行具体的历史的描述之前，我们还有必要再来了解一下孔子的思想倾向，有必要对他思想的基本意义架构首先作一些阐述。这一阐述是以我们对《论语》的解释学阅读为基础的。这要求我们不应把《论语》看作一本简单而随意地堆积在一起的孔子言行及其弟子之间对话的“流水账”，而是要把它视作一个哲学解释学的文本、一个能指的言语符号系统。那么，我们要尝试理解它，便“不是要去发现包含在其中的僵死意义，而是展示被本文所指出的存在的可能性”①。或者说，我们需要“在理解本文中”尝试“读者的能动性显现”②。

的确，孔子站在了由神本世界到人文时代的世纪转折点上，这本身也足以使他对时代课题的回应具有某种典范的启示性意义。然而，孔子本人并不喜欢故作深沉惊人之语，他作为一个具体的人，只是想要“知生”“事人”，这暗示着：一个人活在“世间”，其最本质的呈现，不是别的什么，而就是要与“人”打交道，成为“共同人性的见证”者。因此，可以说，孔子思想的意义架构的核心也就是雅斯贝尔斯曾经说过的一句话：“作为一个人，就是去成为一个人！”③这绝不是一句同义反复的话，在孔子和儒家的人学意义架构下，前“一个人”指的是一个自然的、具体的个体之人，而后“一个人”则是指一个大写的、充分实现了理想人格与普遍人性价值的道德之人。孔子正是围绕人的这一本体论意义的自觉而试图从理论上建构一个富有道德理性的人文世界，以此来回应、整顿“无道”的现实世界秩序。在这一理论建构中，人与人的积极互动及人的道德人格的健康成长便受到了最深切的关注。

---

① [法]保罗·利科尔：《解释学与人文科学》，陶远华、袁耀东、冯俊等译，河北人民出版社1987年版，第56页。

② [德]H·R.姚斯、[美]R·C.霍拉勃：《接受美学与接受理论》，周宁、金元浦译，辽宁人民出版社1987年版，第445页。

③ [德]卡尔·雅斯贝尔斯：《智慧之路》，柯锦华、范进译，中国国际广播出版社1988年版，第50页。

在孔子的理论建构中，存在着三种不同的“人化”样态，即圣、仁人君子与小人的品分。儒家文化的圣人，意指的是一种理想的“人化”的极致状态，是“人之至”者。在孔子那里，所谓圣即指“博施于民而能济众”（《论语·雍也》）者，而且是一般人难以企及的，并只存在于过去文教昌盛的理想时代，理想的圣者也就是他所心向往之的古圣先王，如尧、舜、文王、周公，他们是法天合德的卓越人类代表和理想统治者，子曰：“大哉尧之为君也！巍巍乎！唯天为大，唯尧则之。”（《论语·泰伯》）只是到了孟子和荀子那里，“人皆可以为尧舜”（《孟子·告子下》）或“涂之人可以为禹”（《荀子·性恶》），作为一种理论的设想，意味着圣人的理念在内在心性修养的意义上被赋予了一种激励人不断自我超越以提升上达于最高人格理想的思想意义，而且在外王的事功意义上圣之为圣亦肩负着化育众生的政治“天职”与人道使命。

但孔子讲：“圣人吾不得而见之矣，得见君子者斯可矣。”（《论语·述而》）正是基于这一想法，孔子在他对人文世界的理想建构中，主要赋予了仁人君子以一种主导的社会主体地位或自主性的角色期待，即君子的天职在于践行、弘扬、播化“人道”。相反，“困而不学”（《论语·季氏》）且溺于利欲而无所忌惮的小人或民，则相应地被孔子赋予了一种应受他人教导或被他人（主要是道德君子）塑造的被动性的社会地位或消极性的角色期待。因此，在孔子人学思想的意义架构中，君子、小人的品分实具有核心的意义。而所谓君子或“君子之道”，既是孔子所追求的人生理想境界，亦深具夫子自道的意味，下面就着重对孔子的这一追求作一些阐释。

首先，作为一个人，要有成为“人”的道德勇气。所谓“子不语怪、力、乱、神”（《论语·述而》），就是说孔子不相信现实世界之上或之外存在某种神秘怪异的决定性力量，也不赞同暴力叛乱的行为，而是深信人应该成为拥有自觉和自主意识的自我治理者，应该成为一种不断自我完善的道德存在物。而走向人性自我完善的第一步便是需要人立志：志于学、志于道。子曰：“三军可夺帅也，匹夫不可夺志也”（《论语·子罕》），这话暗示了：作为一个人，他的存在的勇气或独立意志正是其自身的内在属性，除非他自我放弃，否则别人是无法从他身上剥夺走的。而就孔子本人来讲，他那“知其不可而为之”（《论语·宪问》）的坚毅性格及其“朝闻道，夕死可矣”（《论语·里仁》）的人生追求，更证成或表达了他的这一“人”的信念：一个人在对“人道”真理的追求中肯定他自己的存在的勇气，这是那种将厄运和死亡置之度外而肯定自己的道德勇气。因此，君子之为人“不怨天，不尤人”（《论语·宪问》），他所忧、所谋的只是“道”而已（参见《论语·卫灵公》）。

正是在上述存在的道德勇气的意义上，君子作为一个人的内在价值或人生意义的体验就是“不忧不惧”，就是“乐”。子曰：“君子道者三，我无能焉：仁者不忧，知者不惑，勇者不惧。”（《论语·宪问》）而“君子不忧不惧”者，因其“内省不疚”（《论语·颜渊》）。孔子继而又将“志于道”提升到“乐”的境界，这是一种直面现实而努力求道修德意义上的内心愉悦，而不是那种逃避社会现实的退隐的精神陶醉。夫子曰：“若圣与仁则吾岂敢，抑为之不厌，诲人不倦，则可谓云尔已矣”（《论语·述而》）；“其为人也，发愤忘食，乐以忘忧，不知老之将至云尔”（《论语·述而》）；“见贤思齐焉，见不贤而内自省也”（《论语·里仁》）；“见善如不及”（《论语·季氏》）。可见，孔子所追求和向往的是一种胸怀坦荡并愿意为成圣成贤、修仁行善作出不懈努力的道德理想和人生境界，而且乐此不疲，所谓“君子坦荡荡”（《论语·述而》），所谓“知之者不如好之者，好之者不如乐之者”（《论语·雍也》），其义皆在于此。

其次，天命的觉解与行动的介入。在孔子赋予君子的期望中，君子之为君子，还必须具备一种深刻的限制性意识，也就是说君子之“勇”并不是无所忌惮或为所欲为的。这首先便表现在对“天”的主宰性及“命”的限定性的觉解。孔子所说的“天”，究其义，有时是指能生成万物的自然之天，如子曰：“天何言哉！四时行焉，百物生焉，天何言哉！”（《论语·阳货》）有时是指可以为圣王效法的世界精神原则之天，如子曰：“巍巍乎！唯天为大，唯尧则之。”（《论语·泰伯》）但更主要的是指主宰义（包括义理与命运而言）的天。歧义也发生在这后一种“天”的意义上。子曰：

吾谁欺，欺天乎！（《论语·子罕》）

获罪于天，无所祷也。（《论语·八佾》）

予所否者，天厌之！天厌之！（《论语·雍也》）

天生德于予，桓魋其如予何？（《论语·述而》）

不怨天，不尤人。下学而上达，知我者，其天乎！（《论语·宪问》）

天之将丧斯文也，后死者不得与于斯文也；天之未丧斯文也，匡人其如予何？（《论语·子罕》）

噫，天丧予！天丧予！（《论语·先进》）

显然，孔子所说的“天”的主宰义蕴含着一个深刻的矛盾与悖论：天是明察而不可欺诬的，但天命既具有主持正义的伦理意向，而又与人的德行缺乏必然的正相关性。

但是，“命”或“天命”最终构成了作为自我实现者的君子意识与行动的限界。子曰：“道之将行也与，命也；道之将废也与，命也”（《论语·宪问》）；“君子有三畏：畏天命、畏大人、畏圣人之言”（《论语·季氏》）。然而，“命”作为成为君子的限界与前提并不意指纯粹消极的意义。子曰：“不知命，无以为君子也。”（《论语·尧曰》）而天命的觉解或“知命”作为成为君子的前提条件，旨在唤醒的是作为一个现世行动者的下述“天职观”：以行动介入世界、改善世界乃是其生命内在的“绝对命令”，作为一个人不得不面对这一道德的“绝对命令”而作出个人负责任的决断和抉择。这便是一个道德君子所应担负起的天命或天职。所谓“知天命”“畏天命”，说到底都不过是对自己“天职”的一种充分觉解，孔子明知“道之不行”（《论语·微子》）而又始终坚持“知其不可而为之”（《论语·宪问》）的入世态度和行动信念，也正是由于他对自己应担负的追求道义、兴起斯文的“天职”具备了充分觉解的自觉意识。为此，孔子将神学的信仰抛在了身后，而生活在由伦理性的“应然”和“必然性”的主宰之间的张力所塑造的现实世界，他不得不给自己和他心目中的道德君子赋予这样一种悲壮性的角色期望和个人命运，即应以自己的灵魂为努力促使“人道”理想在现实世界的实现而下一种注定无望的人生赌注，这意味着必须将个人的生死、得失、福祸和成败等都置之度外。正所谓“君子固穷”（《论语·卫灵公》），正所谓“君子之学，非为通也，为穷而不困，忧而意不衰也，知祸福终始而心不惑也”（《荀子·宥坐》）。因此，世俗的穷达祸福以及成功与失败，不足以动摇君子修德求道的决心及其以行动救世的责任担当意识和历史使命感，反之，正是“君子固穷”的现实遭遇与生存困境，才更加凸显出了君子之学的道德理想含义。

再次，遵循礼义的规范，这是一个人走向自身人性完善而成为君子的必由之路或根本标志。子曰：

非礼勿视，非礼勿听，非礼勿言，非礼勿动。（《论语·颜渊》）

不学礼，无以立。（《论语·季氏》）

不知礼，无以立也。（《论语·尧曰》）

君子之于天下也，无适也，无莫也，义之与比。（《论语·里仁》）

君子喻于义，小人喻于利。（《论语·里仁》）

君子义以为质，礼以行之，孙以出之，信以成之。君子哉！（《论语·卫灵公》）

君子义以为上，君子有勇而无义为乱，小人有勇而无义为盗。（《论语·阳货》）

由上述引文可知，在孔子看来，作为一个社会化的道德的人即君子或成人，必须循礼行义。礼义的规范既是一个人成就其道德理想人格必须遵循的人性化的行为模式与价值依据，同时也构成了人之所以为人的本质规定性的实质内涵。故曰：“凡人之所以为人者，礼义也。”（《礼记·冠义》）这样一种关于人之为人的道德定义，不可避免地使人之为人的本质属性最终归属、落实在与人的社会政治伦理之身份地位相应的道德角色期望之上。正如《礼记》所谓：

成人之者，将责成人礼焉也。责成人礼焉者，将责为人子为人弟为人臣为人少者之礼行焉。将责四者之行于人，其礼可不重与？故孝弟忠顺之行立，而后可以为人。（《冠义》）

父慈、子孝、兄良、弟弟、夫义、妇听、长惠、幼顺、君仁、臣忠。十者谓之人义。（《礼运》）

亲亲、尊尊、长长、男女之有别，人道之大者也。（《丧服小记》）

因此，所谓礼乐文明或“礼义之邦”，除了明确意指具有一整套完备的外在形式的典章制度或礼仪规范外，而且它们作为人们应该遵循的某种“正当的”生活形式，更内含着一种“为之人也，舍之禽兽也”（《荀子·劝学》）的道德要求，从而使以礼义为中心的文化生活内含着一种人与非人的内在张力，对人践礼行义的行为构成一种强有力的道德促动力。如《礼记·郊特牲》：“无别无义，禽兽之道也。”孟子亦曰：“夫义，路也；礼，门也。惟君子能由是路，出入是门也。”（《孟子·万章下》）“无恻隐之心，非人也；无羞恶之心，非人也；无辞让之心，非人也；无是非之心，非人也。”（《孟子·公孙丑上》）“无父无君，是禽兽也。”（《孟子·滕文公下》）

最后，“礼义”所具有的使人成为一个道德之人的意义，并不仅仅是要求人消极地遵从外在的社会规范或道德准则，而是意味着成为一个真正富有仁德的君子，而且成为君子需要首先具备“为仁由己”和“克己复礼”的充分的内在主体自觉，并努力在推己及人的成长过程中不断丰富自己的人性和完善自己的人格。孔子之所以“贵仁”及其所说的忠恕之道，其根本意旨正在于此。

“仁”的观念在孔子之前已被提出，且有多种不同的含义，其中一种含义便是遵礼为仁，所谓“克己复礼，仁也”（《左传·昭公十二年》），这是把礼作为仁的客观标志，礼是社会秩序的规定，而仁是对礼的追求和遵从。孔子不仅继承了“仁”的这一理念，更赋予了“仁”以主体自觉与主体间性的意义内涵。具体言之，一方面孔子强调“为仁由己”，认为践行仁道乃是个人的责任，必须首先反求诸己，故曰：“君子求诸己。”（《论语·卫灵公》）“仁远乎哉？我欲仁，斯仁至矣。”（《论语·述而》）“为仁由己，而由人乎哉？”（《论语·颜渊》）显然，孔子所标举的“仁”要求仁人君子首先必须具有一种“作为一个人，就是去成为一个人”的内在主体自觉。另一方面践行“仁”道还主要意指一种“由己及人”的实践过程，它要求人必须把他人看作和自己一样的人，必须在一种仁道推及或以人道待人的富于主体间性的意义关系中追求和实现自身的人生价值和意义。孔子所说的“仁者爱人”便集中表达了这一点，而“爱人”的具体实践方式就是忠恕之道。忠是从积极方面讲的，子曰：“夫仁者，己欲立而立人，己欲达而达人。”（《论语·雍也》）而恕则是从消极方面讲的，也就是：“己所不欲，勿施于人。”（《论语·颜渊》）从孔子思想的整个意义架构来看，他所讲的“爱人”绝非强调一种基于他人与自己的某种特殊关系的纯粹情感化的态度，而表达的是一种道德理性精神与原则，旨在突出和彰显一种“由己及人”的主体间性意识。

据《中庸》，子曰：“仁者人也。”孟子亦曰：“仁也者人也。”（《孟子·尽心下》）其“人”字皆“人之”“人人”之意，即“以人意相存问”（郑玄注）或以忠恕之道待人事人。孟子又说：“仁，人心也。”（《孟子·告子上》）且称仁为“人之安宅”（《孟子·公孙丑上》）。可见，以忠恕之道相及的主体之“仁心”，对孔孟来说，乃是一个道德主体最本己的呈现，是人性最根本的自我肯定性力量，所谓“成己，仁也”（《中庸》）。因此，仁构成了衡量人之为人的根本道德标准，人们只有具备仁的美德，礼乐才具有构建和谐社会生活秩序的实质意义，故曰：“人而不仁，如礼何？人而不仁，如乐何？”（《论语·八佾》）可以说，孔子所说的仁道，其根本含义即寓于他对礼乐文明社会之“共同人性”的深切关怀之中，而他所坚持的不外是这样一种人类观：成为一个真正的人必然要面临一股强烈的道德抉择的内在驱动力；人的真实存在就存在于人与人的社会人伦关系（五伦）之中；真实的生命被视为道德在各种可能的社会伦理政治关系中的充分展示和实现，如《大学》所谓“为人君，止于仁；为人臣，止于敬；为人子，止于孝；为人父，止于慈；与国人交，止于信”。

然而，孔子不仅不轻以“仁”许人，而且也不轻以之自许。夫子自道曰：“若圣与仁则吾岂敢，抑为之不厌，诲人不倦，则可谓云尔已矣。”（《论语·述而》）“为之不厌”而追求仁圣的过程，事实上也就是一个不断朝向人性化的行为模式与道德理想目标而努力，乃至成为一个人潜在所是的人的过程。不过，这一追求或践行仁道的过程又必然要受到两方面的限定：其一，建立一种积极建设性的人际互动关系，对于一个人的成长是至关重要的，如子贡问仁，子曰：“工欲善其事，必先利其器。居是邦也，事其大夫之贤者，友其士之仁者。”（《论语·卫灵公》）在人际的交往互动中，践行仁道或修养仁德绝不只是为了洁身自好，而是要求一个人必须介入现实的人际关系甚至是矛盾，并能正确地表达对他人的爱与憎，正所谓“唯仁者能好人，能恶人”（《论语·里仁》）。其二，既然仁道的践行最终只能诉诸“为仁由己”的个人责任，那么现实生活中的政治伦理关系的互动原则也只能是“不可则止”。子曰：“所谓大臣者，以道事君，不可则止。”（《论语·先进》）另如子贡问友，子曰：“忠告而善道之，不可则止，毋自辱焉。”（《论语·颜渊》）正是由于仁道的践行受到这两方面的限定，特别是无所忌惮的小人与自我实现的君子之间对抗与教化关系的永恒存在，一个人人充分人性化的世界或“天下归仁”的理想社会便可能会无限期地推迟到来。

但是，在孔子的理论建构中，一个人文的世界，作为生命主体成为自觉的世界，已不再承受神的意志的引导，而是人应该也能够依靠自身道德理性的力量拯救自己，也能够通过人与人之间积极能动的互动使世界有可能变成一个人人都充分人性化或实现人性价值的世界。这就是孔子对他所处文化转型时代重整世界秩序的课题的回答，而且，他特别对于仁人君子寄予了厚望。故子张问仁，孔子答曰：“能行五者于天下为仁矣。”所谓“五者”，即“恭、宽、信、敏、惠”五种美德，孔子认为具备这五种美德，就可以构建一种良好的人际关系和和谐的社会秩序，正所谓“恭则不侮，宽则得众，信则人任焉，敏则有功，惠则足以使人”（《论语·阳货》）。孔子又曰：“君子和而不同，小人同而不和。”

(《论语·子路》)亦是旨在说明：能否参与共同体富有仁道意义的秩序与和谐的生活方式的塑造，正是衡量一个人是否真正具备君子的道德品格的重要尺度。而所谓仁人君子，也正寄托着孔子本人用以激励自己奋发有为的道德信念与人格理想，因此，面对“礼崩乐坏”的时代难题，正如杜维明先生所说：“作为一个学者，孔子严肃地将自己视为处于转换过程中的具体生活着的人。他以真诚的态度和批判的自我意识把自己的责任看成对共同人性的见证。”[①]因此，他才敢于作为一个个体而依赖自身力量挺立，使他的本性与整个世界对立。[②]这就是“知其不可而为之”的富有道德理想和殉道精神的孔子！

总之，依我之见，孔子建构了一个充满内在张力性而又富于解释性的以人为本的理论架构：他既重视以内省意识为核心的自我修身，而又推崇以忠恕为原则的人际交往理性；既向往那种智仁勇三德兼备、具有健全人格的道德理想和君子品格，而又清醒地意识到君子在现世中行动的可能限界与穷困境遇；既崇尚古圣先王之道，而又关注现实民生；既尊君而又重民；既尊德性而又道问学。而且，孔子不仅是一个思想家，更是一个以行动诠释其理念的行动家，从夫子的自述中我们更能真切地体会和理解其学思、其道术的真实意义。

---

① [美]杜维明：《儒家思想新论》，曹幼华、单丁译，江苏人民出版社1991年版，第57页。

② 参见[德]卡尔·雅斯贝尔斯：《智慧之路》，柯锦华、范进译，中国国际广播出版社1988年版。

第一章　孔子：从学者到偶像

好运或厄运不能衡量一个人的价值。邪恶并不总是坏的，它可成为“试金石”。

——卡尔·雅斯贝尔斯

总而言之，孔夫子之在中国，是权势者们捧起来的，是那些权势者或想做权势者们的圣人，和一般的民众并无什么关系。

——鲁迅

一、夫子自述

孔子是一位终生都郁郁不得志却极富超凡魅力的孤独的思想者。他是没落贵族的后裔，但先辈显赫的贵族血统没有给他提供跻身贵族上流社会的台阶与捷径，所以他转而追求成为道德君子——一种精神贵族式的人物。童年的卑贱凄苦生活没有埋没他的好学上进之心，他靠自身矢志不渝的努力和艰苦卓绝的奋斗挺身而立，终于成为一位博学多能而颇富声望的一代文化伟人。而当孔子卓然站在他那个世纪的转折点上，决意以开放的心灵去面对世界，决意以行动诠释自己而刻意介入并把自己抛入现实世界的时候，他的命运实已不属于他自己，他的形象也因之而得以充分地敞开。

（一）“述而不作”：一个诚实的学者

作为一个人，一个具体的实实在在的人，孔子自有孔子的希望、理想及其烦恼、忧患，而且他的烦恼和忧患正寓于他的希望和理想之中。子曰：

君子道者三，我无能焉。（《论语·宪问》）

文，莫吾犹人也。躬行君子，则吾未之有得。（《论语·述而》）

若圣与仁，则吾岂敢？（《论语·述而》）

德之不修，学之不讲，闻义不能徙，不善不能改，是吾忧也。（《论语·述而》）

在理想与忧虑之间，夫子毫不讳言“我无能”，这正是夫子的可爱之处。这绝非矫情造作的说法，而且不仅是自谦，更是出自一种内心的理性自觉与为人的诚实。正唯有此一诚实与自觉，夫子“好学”的自信及谦恭愤发之情操才是可以理解的。子曰：

十室之邑，必有忠信如丘者焉，不如丘之好学也。（《论语·公冶长》）

三人行，必有我师焉。择其善者而从之，其不善者而改之。（《论语·述而》）

其为人也，学道不倦，诲人不厌，发愤忘食，乐以忘忧，不知老之将至。（《史记·孔子世家》）

抑为之不厌，诲人不倦，则可谓云尔已矣。（《论语·述而》）

因此，我们可以说，诚实构成了孔子作为一个学者的整个人生实践的基础。子所不语者“怪、力、乱、神”（《论语·述而》），他还说过“未知生，焉知死”（《论语·先进》）的话，而且夫子又自述曰：

知之为知之，不知为不知，是知也。（《论语·为政》）

吾有知乎哉？无知也。（《论语·子罕》）

吾尝终日不食，终夜不寝，以思，无益，不如学也。（《论语·卫灵公》）

这些话都可以说是出自一个诚实学者的切实的良知与信念。因此，顾颉刚先生说："孔子是一个很切实的人。……他是一个最诚实的学者，不说一句玄妙的话，他决不是一个宗教家。"[①] 这一评语是中肯信实的，正因为中肯信实，才不没孔子"学而不厌，诲人不倦"（《论语·述而》）的可爱与伟大。事实上，孔子临终遗言亦自称："太山坏乎！梁柱摧乎！哲人萎乎！"夫子亦歌亦叹，谓："天下无道久矣，莫能宗予。"孔子自称"哲人"与其同时代人赞他"善哉圣人"（《史记·孔子世家》）之意同，是对一位博学者的称誉，指具有广博知识或渊博学识者。而孔子作为一个诚实的学者自有学者的自信与痴情，故而其感伤"道之不行"之情溢于言表。

孔子正是基于一种学者的痴情与自信而赋予自己这样的角色期待："述而不作，信而好古。"（《论语·述而》）他视自己为古文化的承载或传述者。庞朴先生对"文化传统"和"传统文化"的区分，对我们理解孔子的这一角色期待是很有帮助的。所谓"文化传统"是指活在现实中的文化，是一个动态的流向；而"传统文化"应是指已经过去的文化，是一个静态的凝固体。我认为，孔子所"述"者无疑主要是仍有其影响而构成现实生活一部分的"文化传统"，而表达了一种深刻的承载文化使命的"天职"观，并由此而自认具有某种天赋的神圣权力或超凡魅力。如子曰：

天生德于予，桓魋其如予何？（《论语·述而》）

子畏于匡，曰："文王既没，文不在兹乎？天之将丧斯文也，后死者不得与于斯文也，天之未丧斯文也，匡人其如予何？"（《论语·子罕》）

---

① 顾颉刚：《春秋时的孔子和汉代的孔子》，见《古史辨》第二册，上海古籍出版社1982年版，第136页。

孔子所以能够栖栖遑遑而不悔、"知其不可而为之"，正因这一角色自觉。孔子那一份为"道"献身的热诚正依这一自觉的深刻程度而定；如果说在以行动诠释自己的意义上孔子是一个悲剧式的人物，那么悲剧的性质也依他的这一角色自觉的深刻程度而定。当子贡阐明"仲尼焉学"的问题，而说"文武之道，未坠于地，在人。贤者识其大者，不贤者识其小者"（《论语·子张》）时，子贡的意思也正是要说明孔子之为孔子，他的伟大正是"依他通过听取而获得的引导的深度而定"①。孔子所听取者乃"文武之道"。

可以说，孔子自称"述而不作"者，也正是他的追随者认定他为伟大的圣人者，均基于他"祖述尧舜，宪章文武"（《礼记·中庸》）的文化自觉与角色定位。今天人们对孔子的批评也多来自此，并据此而把孔子视为一个保守的复古主义者。

我们究竟应如何认识孔子"述而不作，信而好古"这一自我角色定位呢？我们不妨先把对孔子的贴标签式的定性问题搁置一边，而站在孔子的角度与立场去看问题。

首先，作为一个诚实的学者，他的知识特别是有关古代文化的知识来自他广泛的学习。子曰："我非生而知之者，好古，敏以求之者也。"（《论语·述而》）"好古"只是就知识的来源（知有所本）而言的。子曰："吾尝终日不食，终夜不寝，以思，无益，不如学也。"（《论语·卫灵公》）夫子不仅好学，而且学无常师，以至他自己学有所成，被视为"博学"者的代表和象征，他教弟子亦"博学于文"，子曰："君子博学于文，约之以礼，亦可以弗畔矣夫。"（《论语·雍也》）而孔子自称："周监于二代，郁郁乎文哉！吾从周。"（《论语·八佾》）所谓"从周"，意在不凭空妄作，所以他说："盖有不知而作之者，我无是也。多闻，择其善者而从之，多见而识之，知之次也。"（《论语·述而》）而且，

① ［德］卡尔·雅斯贝尔斯：《智慧之路》，柯锦华、范进译，中国国际广播出版社 1988 年版，第 50 页。

所谓从周之“文”绝非指对古代文化外在形式的简单重复或复述，而主要是指基于对历史文化的批判性反思而对其内在意义的完善性的认同。作为一个诚实的学者，孔子不得不承认由于“文献”的不足而造成以今证古的不可能性。如子曰：“夏礼，吾能言之，杞不足征也；殷礼，吾能言之，宋不足征也。文献不足故也。足，则吾能征之矣。”（《论语·八佾》）又曰：“君子于其所不知，盖阙如也。”（《论语·子路》）那么，由此我们也许可以断言，孔子“多闻阙疑”（《论语·为政》）的谨慎态度实难以使他提出“复古”的即简单地效仿过去的主张。据《中庸》，孔子曾明确表达过他对“反古”的看法：“愚而好自用，贱而好自专；生乎今之世，反古之道；如此者，灾及其身者也。”总之，诚如雅斯贝尔斯对孔子所作的评价那样：“他所提倡的不是简单地效仿过去，而是重复具有恒久性的真理。”①

其次，孔子所崇尚者为周代礼文，然而春秋人身处乱世，虽然自觉到“天子式微”，但还不具有后世那种改朝换代的意识。事实上，他们仍自认为是周天子的臣民，所谓“礼崩乐坏”者，主要是指周代的礼乐制度遭到了破坏或僭越，并非被完全废止了。子曰：“殷因于夏礼，所损益，可知也；周因于殷礼，所损益，可知也。其或继周者，虽百世，可知也。”（《论语·为政》）“其或继周者”，这话不仅暗示着“尚未有能继周者”，而且也说明“周”对于春秋人在情感取向上仍是十分切近的。另据《中庸》，子曰：“吾说夏礼，杞不足征也；吾学殷礼，有宋存焉；吾学周礼，今用之，吾从周。”此话语义甚明，是说周礼是“今用之”的，也就是说是“现在通行的”②。因此，孔子崇尚周礼并不发生任何情感上的障碍，他所受到的他的同时代人的批评也并非因其“复古”。当时，也不仅是孔子倡导要践行礼，许多改革人物如著名的政治家管子和子产等人，也都还打着礼的旗帜，并对礼作了新的解释。直到东汉，王充还认孔子为“周世多力之人”

① [德]卡尔·雅斯贝尔斯：《苏格拉底　佛陀　孔子和耶稣》，李瑜青、胡学东译，安徽文艺出版社1991年版，第79页。

② 林语堂：《中国哲人的智慧》，中国广播电视出版社1991年版，第91页。

（《论衡·效力》），这种说法是颇耐人寻味的，孔子既为周世之人，其推崇周礼又何为“复古”呢?！依我之见，孔子面对的更主要的是遵循还是僭越、维护还是背离的时代难题。

最后，我们也认为孔子并不只是单纯地传述，而是“述”中有“作”[①]。子曰：“温故而知新，可以为师矣。”（《论语·为政》）《中庸》亦言君子应“温故而知新，敦厚以崇礼”。作为人师，这显然亦可视作孔子对自己提出的一种角色期望。正如《礼记·学记》所谓：“记问之学，不足以为人师。”作为人师，孔子不是简单地传授关于古代文化遗产的知识，而是必然在传述中又赋予其新义或新的解释。这主要表现在如下几个方面：一是，对具体的礼制有所损益，如子曰：“麻冕，礼也；今也纯，俭，吾从众。拜下，礼也；今拜乎上，泰也。虽违众，吾从下。”（《论语·子罕》）二是，孔子主张遵循礼义，但其所谓“礼”，如其同时代的人对礼与仪所作的区分，已非单纯指一种行为规范的外在形式或揖让周旋的仪节，而是更注重“礼之本”或礼的精神实质，如林放问礼之本，子曰：“大哉问！礼，与其奢也，宁俭；丧，与其易也，宁戚。”（《论语·八佾》）另外，孔子强调礼的精神实质还具体表现在“让”“中”“和”“情”“仁”等方面。三是，孔子不仅对三代之礼损益沿革的文明史作了深入系统的历史考察与比较研究，而且还对以礼立身、以礼治国的功效作出了全面深刻的反思，如仅就礼对于人格修养的意义来说，孔子曰：“恭而无礼则劳，慎而无礼则葸，勇而无礼则乱，直而无礼则绞。”（《论语·泰伯》）因此，可以说孔子是中国历史上承上启下的第一位真正的礼学大师。四是，孔子在中国文化史上的特殊地位，最集中地体现在他对古代历史文化典籍的整理与删述，以及对三代历史文化传统的系统反思与总结上。他“编次”散乱的《诗》《书》，“修起”废坏的礼乐，晚年更序《易传》而作《春秋》。由此而创设的“六艺”之教，培育了中国人源远流长的文化意识、正名主义的历史叙事理念、“极深而研几”的卓越智慧、温柔敦厚

① 冯友兰：《中国哲学简史》，涂又光译，北京大学出版社1985年版，第51页。

的人格风范、尊礼尚义的文明观念。“六艺”经孔子删述和整理而成，其意义绝不仅仅限于他用以设教授徒的方面，这乃是孔子所做的一项具有深远历史意义的系统文化工程。正是这项文化工程，使古代中国人对自身的历史与文明系统具备了一种充分自觉的意识。

综上所述，我认为，从孔子“述而不作，信而好古”的自我角色定位，并不能直接推导出孔子是一个纯粹为守旧而守旧的复古主义者。“事情不可能通过直接恢复得到解决”①，这话对孔子也是适用的。他的确有着强烈的“怀旧”情结，然而他所“怀”者并不是仅仅因为其“旧”，主要是因为过去的文化传统中蕴含着人们从中可以汲取的、对人的成长有益和必要的知识，而且经由对以前一直坚持为有效的东西即礼加以不断改进与完善，可以为人们提供一种正确的或合理的社会生活形式。对此，我们没必要对孔子作一种“现代诠释”而为其辩护，但需要说明：孔子尊崇周礼，讥评当时的僭礼行为，不必是出自纯粹为复古而复古、为保守而保守的意愿，同样“僭礼弑君”或对礼的破坏行为亦不必是一种革命的行为；孔子也许不能得到他的同时代人的理解，然而他“个人的真理”终究被公认为是“大家的真理”，却绝不是偶然的；他作为一个诚实的学者，自觉地在一个文化转型的时代担负起承上启下的文化使命，并执着地向世人公开表达自己思想的真实，他的“同志”在对“道”的追询中自会找到他，子曰“德不孤，必有邻”（《论语·里仁》），此话足可为夫子本人的命运作证！

（二）旷野呼告：一个失意的政治家

作为一个“疾固”的诚实的学者，孔子并不惮从古代文化中汲取他认为“有益的”东西。正是在“温故而知新”的文化意义上，孔子提出了正名、礼治、德政的政治主张。子曰：

为政以德，譬如北辰居其所而众星共之。（《论语·为政》）

---

① ［德］伽达默尔：《科学时代的理性》，薛华、高地、李河等译，国际文化出版公司1988年版，第141页。

君子之德风，小人之德草，草上之风必偃。(《论语·颜渊》)

为国以礼。(《论语·先进》)

君君，臣臣，父父，子子。(《论语·颜渊》)

对此，我在这里只想指出如下几点：

第一，尊礼尚德，这是周人政治生活与文化传统中的一贯之义。降至春秋，仍不乏政治家极力提倡，如单穆公对周景王曰："令之不从，上之患也，故圣人树德于民以除之。"(《国语·周语下》)女叔齐曰："礼所以守其国，行其政令，无失其民者也。"(《左传·昭公五年》)子产曰："夫礼，天之经也，地之义也，民之行也。"(《左传·昭公二十五年》)至如夫子所言"君君臣臣"，实亦前有所本。据《国语·周语中》，刘康公曾对周定王曰："臣闻之：为臣必臣，为君必君。宽肃宣惠，君也；敬恪恭俭，臣也。"由此足证，孔子的政治主张具有鲜明的"温故"之义。

第二，孔子由"温故"而"知新"者，在于将政治实施过程视为一个由正己而正人的道德感化过程，所谓"政者，正也"(《论语·颜渊》)，"其身正，不令而行；其身不正，虽令不从""上好礼，则民莫敢不敬；上好义，则民莫敢不服；上好信，则民莫敢不用情"(《论语·子路》)，皆意在强调此义。而从更为内在的意义上讲，孔子实将政治的根本问题看作人与非人的冲突与调适的问题。因此，孔子强调"德政"和"礼治"重在使民"有耻且格"(《论语·为政》)，"有耻"乃是一种对人性的规范性要求或期望。所谓"君君，臣臣，父父，子子"，也不仅是政治的伦理化或伦理的政治化，不是单纯地强调外在的强制性的权威—服从关系，而是从根本上将政治与伦理的"尊尊、亲亲"的秩序共同置于一种内在人性或人道期望的规范之下，所以孟子更继起而倡言"无父无君，是禽兽也"(《孟子·滕文公下》)。

第三，基于其"知新"之义，孔子终身栖栖遑遑致力于"有道之世"的实现或礼乐文明秩序的复兴，主要有三个途径：其一，说服君主推行"德政""礼治"；其二，学修君子之道而直接从政"正名"。如子路尝问其师："卫君待子而为政，子将奚先？”子曰：“必也正名乎！”（《论语·子路》）其三，参政不必入仕，自己德行的影响力所及，即等于是参与政治了。如人谓孔子曰：“子奚不为政？”孔子回答说：“《书》云：‘孝乎惟孝，友于兄弟，施于有政。’是亦为政，奚其为为政？”（《论语·为政》）很明显，前二途皆意在借助现实政权组织性的强制力量推行其“道”，然而，君子之“畏大人”实又决定了孔子在推行其政治理想上的无能与无奈，也就是说，当权者的权力意志以及他自身所处的地位也构成了他实现其愿望的限界。子曰：“不在其位，不谋其政。”（《论语·泰伯》）曾子曰：“君子思不出其位。”（《论语·宪问》）在一个“礼崩乐坏”的时代，对“道之不行”，孔子师徒是直言不讳的，太史公曰：“世以混浊莫能用，是以仲尼干七十余君无所遇，曰：‘苟有用我者，期月而已矣。’西狩获麟，曰：‘吾道穷矣。’”（《史记·儒林列传》）所以孔子十五志于学，一生颠沛流离，穷途奔波，日暮穷途之际也只能去从事学者的事业：教徒授道、整理故籍。

第四，夫子称述尧、舜、禹、文、武、周公者多矣，按《中庸》的说法就是“仲尼祖述尧舜，宪章文武”，也许我们因此可以说孔子将其政道理想寄寓于过去的时代，孔子更评论时政说：“天下有道，则礼乐征伐自天子出；天下无道，则礼乐征伐自诸侯出。”（《论语·季氏》）那么，面对“陪臣执国命”的时局，他是否就简单地主张直接的“反古之道”呢？如果是的话，则“知新”便失去了其应有之义，或者如鲁迅先生所说，孔子也就成了一个“现在的屠杀者”。但是，我们宁信雅斯贝尔斯的话：“反思过去会改变对过去的看法。把传统的思想、习惯变成自觉原则将导致与古文化相一致的新哲学的产生。”[①] 孔子虽然自称“述而不作，信而好古”，但他又明明在向弟子传达他自己一以贯之的“道”。孔子自称“吾道”“君子之道”“君子之学”，他的弟子则称之为“子之道”或“夫子之道”。据《论语·卫灵公》，子曰：“赐也，女以予为多学而识之者与？”对

① ［德］卡尔·雅斯贝尔斯：《苏格拉底　佛陀　孔子和耶稣》，李瑜青、胡学东译，安徽文艺出版社1991年版，第78页。

曰："然，非与？"曰："非也，予一以贯之。"另据《论语·里仁》，子曰："参乎！吾道一以贯之。"这两句"一以贯之"的话是颇具深意而耐人寻味的。显然，孔子虽然自许"好学"，却无意于仅仅做一个"多学而识之者"，而是刻意要以他倡导的君子之道介入世事、救治时政之弊。

然而，正如太史公所说："孔子循道弥久，温温无所试，莫能己用。"（《史记·孔子世家》）遭遇如斯，作为一个失意的政治家，所以孔子不时发出悲叹："知我者，其天乎！"（《论语·宪问》）并深有感触地喟叹道："苟有用我者，期月而已可也，三年有成。"（《论语·子路》）引天为知己，这不过是一个绝望者的希望。孔子、子贡师徒曾就此有过一番晤对，子贡问其师："有美玉于斯，韫椟而藏诸？求善贾而沽诸？"子曰："沽之哉！沽之哉！我待贾者也。"（《论语·子罕》）这虽是戏言，但戏言中却饱含着悲凉凄切之情。孔子终究没有找到一个愿出好价的君主推销出自己，于是，绝粮于陈蔡之际，他在旷野中大声呼告：

> 《诗》云："匪兕匪虎，率彼旷野。"吾道非邪？吾何为于此？（《史记·孔子世家》）

诚如雅斯贝尔斯所说，"他（孔子）的局限性在于：面对邪恶和失败，他只是庄严地悲叹和忍受，而没有从痛苦的深渊中得到任何促动力。这一局限性说明了他为什么没能实现自己的理想"①。信哉斯言！

（三）"学者为己"：孔门"道问学"的道德含义

孔子不一定是第一个兴办私学的人，但他是第一个因办私学而获得巨大成功并赢得崇高声誉的人。他的成功无疑得益于他以"学而不厌，诲人不倦"的无限热忱切实实施了"有教无类"及"因材施教"的教学原则，从而培养出了一大批品学兼优的弟子。不仅如此，孔子教学活动的特异之处，还在于他贯彻了

① [德]卡尔·雅斯贝尔斯：《苏格拉底　佛陀　孔子和耶稣》，李瑜青、胡学东译，安徽文艺出版社1991年版，第178—179页。

培养人或教人如何做人的宗旨和目标，正所谓“学者为己”（《论语·宪问》），学习的根本目的是修养自己的学问道德、完善自己的人格品行。在孔子看来，也唯有“学”才真正可以使一个人拥有一种健全的道德人格。反之，“好仁不好学，其蔽也愚；好知不好学，其蔽也荡；好信不好学，其蔽也贼；好直不好学，其蔽也绞；好勇不好学，其蔽也乱；好刚不好学，其蔽也狂”（《论语·阳货》）。

《中庸》曰：“君子尊德性而道问学。”这话也最适于用来概括孔子的教学活动，即在“道问学”中寓含着“尊德性”的目的，寓含着对人的道德人格成长与自我实现的深切关注。不过，就孔子“因材施教”的教学方法而言，孔门“道问学”的教学活动则是以此时此地的、具有不同个性特征的具体的人为出发点的。从《论语》所见，孔门弟子“问学”于孔子者，有仁、礼、道、知、孝、政、君子、士、成人、干禄、学稼等，不一而足，而孔子则“问同而答异”或因人而设教。可以说，“因材施教”是以尊重具体的人的积极个性特征为前提的，所以孔子在教学中乐于鼓励他的学生“各言其志”，也乐于激赏他的学生充分发挥他们各自的材性。史载孔门弟子三千，其材性志向自然是各不相同，孔子在其教学活动中却能贯彻“因材施教”的方法，这不仅显示了孔子“循循然善诱人”（《论语·子罕》）的教人的智慧，而且其中更蕴含着一种深刻的道德含义：人的成长或道德的践行必须遵循具体化的实践原则，所以孔子教人绝不只是向所有弟子无差别地灌输某种不具具体实践理由的抽象的道德说教。当然，这并不是说孔子的教学内容没有核心，其教学的核心，再借用雅斯贝尔斯的那句话说，就是“作为一个人，就是去成为一个人”①。而在孔学的意义架构下，前“一个人”应指具体的人，这是孔子“因材施教”所认真对待的人，而后“一个人”则应指已具备了健全的道德人格而充分人性化了的人，这是为人的共同理想。

---

①［德］卡尔·雅斯贝尔斯：《智慧之路》，柯锦华、范进译，中国国际广播出版社1988年版，第50页。

因此，我认为，孔子的深刻并不在于他在“道问学”中给予人某种抽象的道德说教，而在于他在其教学实践中贯彻了具体化原则，即从人的具体性出发，通过与他人建立一种真诚的对话关系（“问学”），激励人走向共同的人性理想。但是，孔子教学实践的具体性，既是孔子人道主义智慧的精义与深刻之处，也正是他的局限性所在。正因为孔子之“教”是对前“一个人”的具体训导，所以其弟子只能是各有所闻、所记、所得，这种局限性无疑人为地增加了后人对其“教义”理解的分歧与难度。但让人颇感诧异的是，这不仅没有使人们在理解孔学时增强一种审慎的限制性意识，反而为人们为孔子营造无限放大而为“万世取信”的“至圣”光环提供了方便：以为“孔子之道”不是“具体而微”，而是“大而能博”或博大精深的，而孔门弟子只能“有圣人之一体”或“得其性之所近”。不过，也正是他教学实践的具体性，恰恰事实上为其后学的分化、深入及理论的新开展提供了各种可能性，孔学在后世的广大影响端赖乎此，这又是孔子作为一个学者教学成功的真正奥秘所在！

二、夫子行状：东西南北之人

在春秋“不得其死然”的社会性咒语的生存氛围中，孔夫子却得以七十有三而寿终正寝。虽然他的人生孤旅一波三折，颇给人回肠荡气之感，但是这人生的句号画得毕竟还算圆满。如果您有兴趣仔细品味太史公优美的文笔而读读《史记·孔子世家》的话，您或许会像我一样若有所悟：太史公有意无意地把夫子一生的行状置于了嬉戏与逍遥之间。夫子的形象也会因这一发现而变得豁然洞开，栩栩如生，令人喜不自禁或者哑然失笑。这样的感觉是奇妙的，我想这或许正如子夏言“君子有三变：望之俨然，即之也温，听其言也厉”（《论语·子张》）时一样感觉奇妙。

太史公记述夫子一生行状可谓有始有终，始者谓：“孔子为儿嬉戏，常陈俎豆，设礼容。”而终者曰：“孔子病，子贡请见。孔子方负杖逍遥于门。”（《史记·孔子世家》）那么，夫子出生入死，在这嬉戏与逍遥之间的一生行状究竟是怎样的呢？夫子自道曰："丘，东西南北之人也。"（《汉书·楚元王传》）

（一）昙花一现的喜色

我们说孔子是一位失意的政治家，既不是说孔子作为一位政治家、政治活动家或政治思想家从未成功过，也绝无意于暗示孔子的失意来自他本人的政治能力低下。单就他的身世而言，他就必须经过艰难的努力才能获得社会或政治声望。鲁大夫孟釐子曾诫其嗣子懿子曰："孔丘，圣人之后……吾闻圣人之后，虽不当世，必有达者。今孔丘年少好礼，其达者欤？吾即没，若必师之。"（《史记·孔子世家》）祖荫所能给孔子带来的好处，仅此而已，使他招收到第一位弟子。即使如此，这也仍然主要是由于他本人的志学好礼。

孔子生当乱世，然而也正是在这一时代，社会领域和政治领域对精英人物角色的评价或录用标准，已由基于非常严格的出身和血缘而逐渐转向注重对一个人的实际才能与作为的要求。而孔子所以能够步入当时社会精英人物行列，也正是完全凭借他自身的努力、学识及其实际的才能。据太史公曰："孔子贫且贱。及长，尝为季氏史，料量平；尝为司职吏而畜蕃息。由是为司空。"（《史记·孔子世家》）孔子亦自称："吾少也贱，故多能鄙事。"又说，"吾不试，故艺。"（《论语·子罕》）这都告诉我们，在孔子真正步入仕途、担任较高级的政治角色之前，他已具备多方面的实际的才能，并担任过季氏家臣之类的低级职事。然而，直到入仕担任较高级的政治角色，孔子忍耐了一段贫居不仕的相当长的岁月，所谓"孔子循道弥久，温温无所试，莫能己用"（《史记·孔子世家》）。这也是他学业有成、思想渐趋成熟并因此而赢得了一定的社会声望的人生阶段。据《史记·孔子世家》：

（孔子适周问礼）自周反于鲁，弟子稍益进焉。

（孔子适齐）与齐太师语乐，闻《韶》音，学之，三月不知肉味，齐人称之。

吴伐越，堕会稽，得骨节专车。吴使使问仲尼……吴客曰："善哉圣人！”

陪臣执国政，是以鲁自大夫以下皆僭离于正道。故孔子不仕，退而修诗书礼乐，弟子弥众，至自远方，莫不受业焉。

孔子自述“五十而知天命”。就在他已届知天命之年的第二年，便开始正式涉身政途，初仕任中都宰（地方长官），任职一年而“四方皆则之”。继之，“由中都宰为司空，由司空为大司寇”。后又“由大司寇行摄相事”，并在齐鲁夹谷之会上表现不凡，使鲁国赢得了一次外交上的重大胜利。孔子仕鲁，以其实际的政治才能与卓著的政绩赢得了广泛的政治声望，并很快被赏识而担任了高级政治角色，“与闻国政三月，粥羔豚者弗饰贾；男女行者别于途；途不拾遗；四方之客至乎邑者，不求有司，皆予之以归”（《史记·孔子世家》），这是孔子政治作为中的“得意之笔”，无疑也是他政治生涯中最值得回味的政绩。

然而，不久孔子便不得不在他政治生涯的巅峰状态极不情愿地退下阵来。一方面是由于毗邻的齐国担心“孔子为政必霸”（《史记·孔子世家》）而威胁到齐国的安全利益，于是以女乐贿赂鲁国权贵，溺陷其志以搅乱孔子振作鲁政之局；另一方面则是由于孔子“堕三都”而尊公室的政治行动最后以失败告终，并因此而遭到鲁国当权贵族的疑忌。于是，五十五岁的孔子不得不带着一班弟子背井离乡，周游列国。孔子在由大司寇行摄相事之际，曾经面露“喜色”，而这“喜色”却只不过是倏忽昙花一现而已，此后等待他的是“面有菜色”而长达十四年之久的颠沛流离的漂泊羁旅生涯，一路上饱受冷遇、诋毁、谗害、困辱、奚落，甚至是弟子的愠色。“丘，东西南北之人也。”此言最是形象生动地道破了夫子一生的行状。

孔子“去鲁，斥乎齐，逐乎宋、卫，困于陈蔡之间，于是反鲁”（《史记·孔子世家》）。孔子从嬉戏之地出发，满怀谋道救世的激情，栖栖遑遑一生，晚年回归父母之邦，虽被尊为“国老”却仍得不到信用，最后逍遥喟叹而逝，怅怅然画了一个人生的圆圈，是幸还是不幸？据汉刘向《说苑·杂言》，孔子曾自谓：“夫陈、蔡之间，丘之幸也，二三子从丘者，皆幸人也。吾闻人君不困不成王，列士不困不成行。”不管是幸也罢，不幸也罢，孔子生前的政治遭遇的的确确富有一种“传奇式”的悲剧色彩。

（二）孔子贤者：双向选择的结果

孔子没能推行、实现自己的社会政治理想于当世，除了世事难为和他自身的局限性即“只是庄严地悲叹和忍受”之外，再就是：世主有时不是不愿而是“不能”用他为政，而这又主要是因为为人君者的怠于政事而不思振作以及各国用事大夫对孔子的排挤。

但是，耐人寻味的是，无论孔子“只是庄严地悲叹和忍受”，还是各国执政用事者对他的斥逐，都并非出于对孔子形象的一种消极无能定向，而是恰恰相反，不仅孔子本人对自己抱持一种充分自信的积极的定向，斥逐他的人认取的更主要是一种明确的积极能干的孔子形象。

孔子尝喟然叹曰：“苟有用我者，期月而已，三年有成。”（《史记·孔子世家》）他本人实际的政治才能与作为也让他的同时代人感到他身上有一股王霸之气。如孔子仕鲁，与闻国政三月，齐人闻而惧，曰：“孔子为政必霸，霸则吾地近焉，我之为先并矣。”鲁执政季桓子亦尝叹：“昔此国几兴矣，以吾获罪于孔子，故不兴也。”（《史记·孔子世家》）另如陈蔡大夫与楚令尹子西在其窃自对孔子的评价中，亦正道出了他们拒斥孔子的真正理由。据《史记·孔子世家》：

陈蔡大夫谋曰：“孔子贤者，所刺讥皆中诸侯之疾。今者久留陈蔡之间，诸大夫所设行皆非仲尼之意。今楚，大国也，来聘孔子。孔子用于楚，则陈蔡用事大夫危矣。”于是乃相与发徒役围孔子于野。不得行，绝粮。

（楚）昭王将以书社地七百里封孔子。楚令尹子西曰：“王之使使诸侯有如子贡者乎？”曰：“无有。”“王之辅相有如颜回者乎？”曰：“无有。”“王之将率有如子路者乎？”曰：“无有。”“王之官尹有如宰予者乎？”曰：“无有。”“且楚之祖封于周，号为子男五十里。今孔丘述三五之法，明周召之业，王若用之，则楚安得世世堂堂方数千里乎？夫文王在丰，武王在镐，百里之君卒王天下。今孔丘得据土壤，贤弟子为佐，非楚之福也。”昭王乃止。

由上述引文可知，“孔子贤者”可以说是孔子生前赢得的一个真正切实的形象，说它“切实”，是因为它是一种双向选择或认取的结果，不仅孔子本人对自己的政治才能颇为自信，他的学生更是对他推崇备至，而就是在时人特别是他的敌人心目中，“孔子贤者”的社会与政治声望也似乎成了一种共识。

在这里，我们有必要辨析一下孔子的另外一种形象，即：孔子是一位迂夫子吗？他的弟子、率性直言的子路曾在孔子提出他“正名”的政治主张时，毫不讳言地扔给其师一个评语：“子之迂也！”（《论语·子路》）推而言之，这无疑是说孔子不能实现其政治理想或主张乃是因其思想不合时宜的迂腐疏阔。我认为，这“子之迂”的说法极易引人陷入这样一种误解，即认为孔子提出的解决时代问题的命题滞后于时代而毫无意义，由此我们便无法理解后世当权者何以找到了孔子并不遗余力地大力推崇他的“名教”。当然，在一个“臣弑其君，子弑其父”的无道至极的时代，孔子要推行他的“正名”主张，重整“君君，臣臣，父父，子子”的伦常秩序，谈何容易，他难行其道实属必然。但是，孔子生前的厄运及其思想的不合时宜也不足以衡量他的理论的价值和意义，作为一位“贤者”，他对他所处时代的社会整合问题确有相当深刻的理解，所以他所发政见每每能切中时政之弊；他那“正名”的政治期望及其所致力的秩序重建或道德重整运动，或许不适宜于革故鼎新、动荡不安的过渡性时代的需求，但是能满足安平之际社会对稳定与秩序的需要，甚而能为之注入文化建构的活力，孔子在汉代的被尊便充分说明了这一点。

（三）君子之学的固有义

孔子适周问礼于老聃，老子临别赠夫子以言，曰：“聪明深察而近于死者，好议人者也。博辩广大危其身者，发人之恶者也。”（《史记·孔子世家》）这是一位深于世故的老练的长者对孔子的训诫，然而唯愿生活于现世人群当中而力求入世的孔子却要以行动介入这现实世界，那他就不可能不议论他人，尤其是那些掌握着时局动向的当权者。子曰："天下有道，则政不在大夫；天下有道，则庶人不议。"（《论语·季氏》）偏偏孔子又生活在一个"无道"的时代，如果他不对用事大夫们的所作所为有所议论和讥评，那也就不成其为孔子了。子贡问："今之从政者何如？"子曰："噫！斗筲之人，何足算也？"（《论语·子路》）反之，他受到他所鄙弃的用事大夫们的诋毁、斥逐也是在所难免的，不过在欲加害他的人的口中他也竟博得了"贤者"的声名。更令人惊奇的是，世主对孔子的冷遇或者是敬见而弗能用，以及用事大夫对他的加害，不仅没有使孔子气馁而放弃他追求的理想，反而使他更倍增了一份"君子固穷"的自信。

据《史记·孔子世家》，孔子直面厄运时坦然无畏的情状如下：

> 匡人……止孔子……拘焉五日。颜渊后，子曰："吾以汝为死矣。"颜渊曰："子在，回何敢死！"匡人拘孔子益急，弟子惧。孔子曰："文王既没，文不在兹乎？天之将丧斯文也，后死者不得与于斯文也；天之未丧斯文也，匡人其如予何！"
>
> 孔子去曹适宋，与弟子习礼大树下。宋司马桓魋欲杀孔子，拔其树。孔子去。弟子曰："可以速矣。"孔子曰："天生德于予，桓魋其如予何！"（据《汉书·楚元王传》：宋桓司马为石椁，仲尼曰："不如速朽。"）
>
> 陈蔡大夫……相与发徒役围孔子于野。不得行，绝粮。从者病，莫能兴。孔子讲诵弦歌不衰。子路愠见曰："君子亦有穷乎？"孔子曰："君子固穷，小人穷斯滥矣。"

孔子所遭受的困厄，多是事出有因，或因人嫉贤，或为私怨，而唯有匡人拘孔子乃事出偶然：孔子师徒途经匡邑时，因孔子状类阳虎，而阳虎尝凌暴匡人，匡人误以孔子为阳虎，故而拘之五日。但是，无论是面对事出有因的厄运，还是遭受无端的突发性困辱，孔子都是坦然如一：厄运既为命中注定，何惮乎讲诵弦歌？无端的困辱又奈我何！而孔子弟子则情态各异，或坦然如夫子者如颜渊在困境中仍不忘与其师幽默一下，或与夫子罹难之际“宁斗而死”，或惧或愠。

不过，最富意味的却是孔子把他所遭遇的困境与厄运看作君子生命历程中的必然之事，因之而处之泰然。子曰：

> 君子固穷，小人穷斯滥矣。（《论语·卫灵公》）
>
> 人不知而不愠，不亦君子乎？（《论语·学而》）
>
> 士而怀居，不足以为士矣。（《论语·宪问》）

可见，孔子难以推行其道、无法遂其平生之志，虽然有时不得不无奈地仰天而呼：“知我者，其天乎！”或者悲叹：“吾道穷矣！”然而，夫子仍能矢志不渝、不求苟用于世而“不怨天，不尤人”，这不仅因为他那“知其不可而为之”的坚毅性格，更由于夫子拥有坦然直面厄运的生存勇气，这生存的勇气又正是他的“君子之学”题中应然的固有之义。而我们从其“君子之学”题中应然的固有之义所能体认到的，不全是他的消极的“局限性”，还有他的富有积极意义的人生观，一种无怨无悔的“天职”观，一种直面现实世界的困顿而生的士人强烈的社会责任感或道义感。正是因此，孔子也才能将他一生所遭的困辱厄运坦然视为内在于自身生命意义之中的固有应然之事。

同时，也正是由于上述“君子之学”题中应然的固有之义，我们说，来自隐者的奚落实不足以动摇孔子的信念。孔子与隐者的遭遇情状，主要体现为孔子常常受到隐者的奚落，如荷蓧丈人曰：“四体不勤，五谷不分。孰为夫子？”（《论语·微子》）或者是不屑与夫子言。这些隐者主要是以守门人、农夫、劳力或“狂人”等面目隐藏自己的“遁世者”，胡适先生称他们为“愤世嫉俗者”，“即面对社会的极端腐败而消沉的人”，并从正面的意义上对他们作了下述肯定性的评价：

> 在我们看来，这些人是消极的和隐逸的，然而，他们表现了当时的时代精神——（对现实的）批评和反抗。他们通过逃避当时可悲的社会环境而表明了他们的反抗。以他们所过的如此简单、朴素和避免斗

争的生活，他们缄默地示范地提出了对这罪恶的世界的治疗药方。[①]

事实上，孔子与隐者在对春秋时代特征的价值定向上是一致的：一是认为这是一个混浊的世界，二是认为世事不可为或不能为。他们的根本分歧在于对这一问题的认识，即：作为一个个体的人，应以什么样的生存方式面对这一世界？隐者桀溺曰："滔滔者天下皆是也，而谁以易之？"夫子怃然曰："鸟兽不可与同群，吾非斯人之徒与而谁与？天下有道，丘不与易也。"（《论语·微子》）这种针锋相对的自白最足以反映他们各自的处世态度和人生立场，尽管孔子本人偶尔也表达过一种遁世的情绪，在其后学中也不乏隐者，但是孔子毕竟是一个以行动诠释自己的现世中的人。隐者只是因为世事不可为而不为，重在洁身自好；而儒家人物中的隐者则主要是因为不愿"食污君之禄"（《史记·仲尼弟子列传》），他们在根本意向上并不是、也不愿舍弃这现世中的"长幼之节""君臣之义"。孔儒命中注定要与这现世中的"人"打交道，他们知"道之不行"，既能"遁世不见知而不悔"（《中庸》），更乐于对世人"忠告而善导之"（《论语·颜渊》），他们不怨天、不尤人。孔子正是在注定要与"人"、与他的同类打交道的信念鼓舞和激励下"知其不可而为之"的，他无疑判了自己终身精神流放的"伟大的罪"，这"罪"是他精神生命中的一柄双刃剑：使他"无家可归"而"累累若丧家之狗"，而又成就了他圣人的伟名。在他生命的临终岁月，他最后抛给世人一个谜样的诱人追询的疑问："后世知丘者以《春秋》，而罪丘者亦以《春秋》。"（《史记·孔子世家》）

（四）孔门：一个亚文化群体

孔子生前，有关他的方方面面都成了人们关注评论的对象，如他的身世、体貌、人格、能力、学识和思想主张，乃至他所遭遇的种种困境与厄运也广泛地成为人们说三道四的谈资，正所谓："遭遇不幸也是出人头地的一种方法！"[②]

---

① 胡适：《先秦名学史》，学林出版社1983年版，第17—18页。

② ［奥］艾·阿德勒：《理解人性》，陈刚、陈旭译，贵州人民出版社1991年版，第192页。

孔子本人也特别自信他的命运是由某种超自然的力量造成的，而当他声称人们必将因关注他的著述《春秋》一书而或知他或罪他时，无疑话中又透露出另外一种自信：他的同时代的人不能理解他，但他将属于未来的时代。若从心理学的意义上理解孔子的这份自信的话，正如著名心理学家阿德勒所说：我们“在这些倒霉的人身上发现一种为自己的厄运而骄傲的倾向，就好像这种厄运是由某种超自然的力量造成似的”，而“只有把自己视为一切事件之中心的人才会如此地夸大事实”①。然而，孔子的自信却在他的同时代人那里得到了印证，如仪封人之言：“天下之无道也久矣，天将以夫子为木铎。”（《论语·八佾》）这话的意思正是将孔子作为他那个时代精神转换中的核心人物，而在古代中国最具影响力的也正是这样一种孔子观。

然而，究其实，孔子的声名在孔子死后的最初年代里得以广泛传播于诸侯各国，主要由于孔门弟子特别是散游诸侯的七十子之徒对其师的颂扬之力。据太史公《史记·儒林列传》：

> 自孔子卒后，七十子之徒散游诸侯，大者为师傅卿相，小者友教士大夫。或隐而不见。故子路居卫，子张居陈，澹台子羽居楚，子夏居西河，子贡终于齐。如田子方、段干木、吴起、禽滑釐之属，皆受业于子夏之伦，为王者师。

太史公又说：

> 子赣既学于仲尼，退而仕于卫，废著鬻财于曹、鲁之间，七十子之徒，赐最为饶益。原宪不厌糟糠，匿于穷巷。子贡结驷连骑，束帛之币以聘享诸侯，所至，国君无不分庭与之抗礼。夫使孔子名布扬于天下者，子贡先后之也。此所谓得势而益彰者乎？（《史记·货殖列传》）

太史公话说得十分简洁明快，“得势而益彰”一语实道破了孔子声名广播的秘义。而就孔门“宗师仲尼”、以孔子为核心或精神领袖的群体特征而言，尽管

---

① ［奥］艾·阿德勒：《理解人性》，陈刚、陈旭译，贵州人民出版社1991年版，第191、192页。

孔门学分四科（德行、言语、政事、文学），材性各异，而且缺乏如墨者集团那样的严格的组织性与纪律性，但孔门仍可说是作为具有某种明显而强烈的共同特殊信念与行为倾向的亚文化群体而发挥其影响力的。

孔子不轻许其弟子以“仁”，他对弟子的批评有时也是很严厉的，但他有着难能可贵的宽容精神，他更乐于鼓励弟子们能够各自发挥其积极的个性，乐于肯定他们表现出的各有所长的才能。如：“闵子侍侧，訚訚如也。子路，行行如也。冉有、子贡，侃侃如也。子乐。”（《论语·先进》）孔子所乐者乃“乐各尽其性”。可以说，孔门作为一个亚文化群体，他们的根本信念，一如“君子和而不同”的话所标示的那样，即在一种彼此尊重而坦诚的对话关系中携手走向共同人性的理想境域。正是基于这一信念，他们以孔子为核心而在共同人性理想的激励与引导下形成了一种组织疏散但凝聚力极强的共同学习的社团。孔子师徒真诚相待，互勉互励，相濡以沫，既直言诘难而又率性交流。他们“各言其志”时神气活现的个性，他们“当仁不让”时鲜明可爱的情态，都能给人留下极其深刻的印象。而孔门弟子对孔子心悦诚服而极尽颂扬之能事，则更在后世产生了极为深远广泛的社会历史影响。据《孟子·公孙丑上》：

以德服人者，中心悦而诚服也，如七十子之服孔子也。

子贡曰：“学不厌，智也；教不倦，仁也。仁且智，夫子既圣矣。”

宰我曰：“以予观于夫子，贤于尧、舜远矣。”

子贡曰：“见其礼而知其政，闻其乐而知其德，由百世之后，等百世之王，莫之能违也。自生民以来，未有夫子也。”

有若曰：“圣人之于民，亦类也。出于其类，拔乎其萃，自生民以来，未有盛于孔子也。”

其中，利口善辩的子贡更有言：夫子之贤，可比之“日月”；夫子之不可企及，“犹天之不可阶而升”；夫子乃“天纵”之圣人，是绝不可毁谤的，凡毁夫子者只能是显示其自身的“不知量”（《论语·子张》《论语·子罕》）。

综上所述，如果说孔门作为一个亚文化群体，其主要的特征是“宗师仲尼”

的话，那么这特征的首要之义便是：颂扬孔子的伟大，并使其声名广布之于天下后世。而在孔门之徒的心目中，孔子之为孔子已卓然成了一个仪范百世之王而亘古未有的大圣人，他出于其类、拔乎其萃，天下古今一人而已。由此可见，如果说“偶像”是一种“先入为主之偏见妄想”[①]的话，那么孔子之于孔门弟子便已经是这样的一种“偶像”了。

（五）老子：孔子的第一个真正论敌

孔子生前对时人多有讥议与批评，反之他也遭到了同时代人种种的诋毁与奚落，正所谓“道不同不相为谋”（《论语·卫灵公》）。不过，在其同时代的人中，对孔学构成了真正理论上挑战的则是老子。尽管新出土的郭店楚墓简本《老子》，为我们澄清了一些孔老之学的异同问题，如简本中没有出现尖锐批评和否定孔儒所倡导的仁、义、孝、慈、忠、礼等伦理观念的激烈言辞，因此，我们应依据简本《老子》对孔老之学在理论上自始便存在着尖锐的分歧与对立的看法而有所修正，但是，老子其人其书仍然存在着诸多疑案，事实上我们也不能因简本《老子》的发现就可以轻易抹平孔老之学在思想取向或理论视野上的实质性差异。大体说来，孔老开创了两种旨趣截然不同的思想取向，如老子顺应自然的理念，绝学无忧、见素抱朴、少私寡欲、自隐无名的人生价值取向，贵柔弱、尚无为的政治哲学，与孔子重人事、尊礼贵仁的社会伦理观，乐学忧世、道义担当、刚健有为的人生价值取向，修身治国而以教为政的德治主义的政治哲学，等等，便大为不同。

诚如郭沂先生所言：“儒道关系有一个演变过程。”[②]然而，不可否认，孔老后学之间的尖锐对立，所谓“世之学老子者则绌儒学，儒学亦绌老子”（《史记·老子韩非列传》），乃至儒道在历史上长期形成的此消彼长甚至是互补性关系的思想文化格局，可以说都是根于孔老之学在根本倾向性上的分歧与对立。

① 李大钊：《李大钊全集》（修订本）第一卷，人民出版社2013年版，第350页。

② 郭沂：《楚简〈老子〉与老子公案》，见《郭店楚简研究》（《中国哲学》第二十辑），辽宁教育出版社1999年版，第144页。

今本《老子》中很可能是晚出的否定仁、义、礼的激烈言辞，正可作如是观。

而值得一辨的是，据史载，孔子曾经适周问礼于老子，从老子对古代礼制特别是丧葬之礼的精通程度，而孔子正以相礼为职业并对周礼推崇备至，似乎很难理解何以会发展出今本《老子》中对礼仪虚文造成的人类道德上的伪诈所作的极其深刻而尖锐的批评态度，如谓："失道而后德，失德而后仁，失仁而后义，失义而后礼。夫礼者，忠信之薄而乱之首。"（《老子·第38章》）对此疑点，我们本可以存而不论，不过问题是无法回避的，故不妨在此尝试辨析一二。

在周游列国途中，孔子在与"愤世嫉俗"的隐者的遭遇中，不论是被给以同情的忠告，还是被讥讽与奚落，都不足以动摇孔子积极救世的立场而使其放弃自己的道德理想，似乎也没有对孔子造成多大的心灵震撼。但是，耐人寻味的是，老子竟然赢得了孔子无限的崇敬，他甚至将老子比作高深莫测的龙，老子显然不是一般遗世独立的隐者。我想，仅仅因为老子对古代礼制十分精通，也很难对老子何以会赢得孔子如此崇高的敬意作出圆满合理的解释，因为春秋时人"犹尊礼重信"，仅仅是精通古代礼制似乎也很难对孔子造成心灵的极大震撼。在我看来，事实上孔子对老子的崇敬之情也许更主要的是基于他们之间思想取向的不同。虽然，两位哲人之间并未发生面对面激烈的论争，但在平静友好的会谈对话中却存在着思想倾向性上的根本不同与对立。当时是孔子作为一个虚心好学的青年学者去拜访并向老子请教，而老子作为施与忠告而富有智慧的哲人则给予了孔子诸多的训诫。据《史记·老子韩非列传》：

> 孔子适周，将问礼于老子。老子曰："子所言者，其人与骨皆已朽矣，独其言在耳。且君子得其时则驾，不得其时则蓬累而行。吾闻之，良贾深藏若虚，君子盛德，容貌若愚。去子之骄气与多欲，态色与淫志，是皆无益于子之身。吾所以告子，若是而已。"

从老子施与孔子的忠告来看，老子尽管没有对古代的礼制提出直接的尖锐批评，但是，老子显然对孔子对古代礼文化的学习与推崇颇不以为然，并以他那“大智若愚”、深于世故的智慧来劝导孔子明哲保身。虽然孔子并未听从老子的劝告，而终身致力于力行救世，但他对老子深表无比的崇敬之情。依我之见，从孔子对老子的崇敬之情，可以说明老子除了给予了孔子诸多古代礼制方面的教导之外，更让孔子心仪的是老子还深具超乎孔子关注现世的人文理性之上的另一种哲学慧识。因此，由老子对古代礼制的精通也许并不能直接得出这样一种结论，即他持有与孔子完全相同的对礼的充分肯定的态度与主张，而只能说明，作为同时代的人，老子较之孔子更精通古代的礼制文化传统，而孔子欲学之以救世，但老子未必作如是想，也就是说，孔老之间在礼学上同样可能存在着价值认知取向上的内在分歧。因此，我们也就不难理解今本《老子》中何以会出现上述激烈批评礼的言辞了，尽管那可能只是出于老子后学之口。

总之，老子可以说是中国历史上第一位在思想取向上对孔学构成了真正挑战的哲学家。尽管还有诸多的疑案未解，即使孔子真的曾学礼于老子，但孔子之所愿学未必就是老子之所主张，他们对自然、社会、人伦道德、治国之道各自进行着独立的思考，虽然没有展开直接针锋相对的论辩，但他们思想倾向性上的根本分歧与对立可以说又使他们彼此构成对方真正的论敌。而且，他们根本倾向性上的分歧与对立，不久便在他们各自的后学那里演化为一种思想领域公开的党派性的激烈对抗、论辩与斗争，甚至是诋毁与攻击。老子后学极力排诋圣人人为造作的仁义礼法，认为它们是破坏人类恬淡淳朴的自然本性与自然和谐的社会政治秩序的罪魁祸首；而孔子后学则不遗余力地维护圣人的仁义礼法之教，以安顿人生、培植道德文明教养、重整失序的社会政治秩序。

另外，值得一提的是，孔子同时代的人对他的尊礼的行为及其礼学也确有极严厉的批评。如，孔子“入太庙，每事问”，有人便认为孔子之知礼是徒有虚名（参见《论语 · 八佾》）；而子曰：“事君尽礼，人以为谄也”（《论语 · 八佾》），孔子此言似也是指时人对他本人的批评。这是时人对孔子是否知礼或践礼行为的讥评。而齐相晏婴则对孔子的礼学提出了如下批评，他说：

夫儒者滑稽而不可轨法；倨傲自顺，不可以为下；崇丧遂哀，破产厚葬，不可以为俗；游说乞贷，不可以为国。自大贤之息，周室既衰，礼乐缺有间。今孔子盛容饰，繁登降之礼，趋详之节。累世不能殚其学，当年不能究其礼。君欲用之以移齐俗，非所以先细民也。（《史记・孔子世家》）

上述晏婴的批评如果可信的话，当属时人对孔儒礼学最激烈的批评了。不过，晏婴的批评显然仅是就一般人难以在短期内掌握其礼教学说的外在形式而言的，并未从其内在思维理路或学理的层面上抓住、切中孔子礼学的要义或实质。不过，就齐国自立国之初便一向采取简礼尚功的治国策略来说，晏婴以孔子礼学的繁文缛节不适于齐俗为说辞或理由，是相当有说服力的，因而很容易就劝止、打消了齐景公欲封赏、任用孔子的念头，但其批评并未在学理上构成对孔学的真正挑战。至如对儒者的诸种批评，则不是有些牵强而夸大其词，就是以偏概全以至似是而非，甚至带有个人强烈的偏见色彩。如说儒者“倨傲自顺，不可以为下”，诚然儒者崇尚个体独立的道德人格与意志，所谓“匹夫不可夺志”，且不说这一点是否该受批评，而就另一方面讲，儒者极力倡导孝悌之行正是为了防止人去犯上作乱，另如战国大儒荀子所言：儒者实则是很注重“谨乎臣子”之礼节而“致贵其上者”（《荀子・儒效》）的，这怎么能说儒者“倨傲自顺，不可以为下”呢？因此，可以说晏婴对孔子礼学的批评实不足以构成其真正的对立面。

三、战国诸子多维视野中的孔子

孔子生前命运多舛，死后不久即在战国之世，更成了一个备受人注目而最具争议的历史人物。可以说，战国诸子学的崛起，不仅是“各以其道相胜”，而且更对孔学构成了共同的挑战，“孔子”因此而在诋毁与赞誉的夹缝中成了一个似乎是任人掷来抛去的五色彩球。鲁迅先生曾说：一部《红楼梦》，“经学家看见《易》，道学家看见淫，才子看见缠绵，革命家看见排满，流言家看见宫闱秘事”(《绛洞花主》小引)。我也不妨在这里说:在战国诸子的多维视野中,同一个孔子,墨子看见无用的奢淫,庄生看见大盗的祸首,盗跖看见道德的伪善,圣徒看见人性的光辉,法家人物看见社会的毒素。

(一)繁饰礼乐而崇尚无用的孔某

墨子是继孔老之后创立了先秦诸子中另一重要思想流派的思想家,他所开创的墨家学派于战国初期崛起,并在战国之世成为与儒家并称的一大显学,所谓“世之显学,儒墨也”(《韩非子·显学》)。不过,墨子本人尝“学儒者之业,受孔子之术”(《淮南子·要略》),但他后来走向了儒家的反对面,对孔儒进行了猛烈的抨击,“以为其礼烦扰而不悦,厚葬靡财而贫民,久服伤生而害事”(《淮南子·要略》)。

如果稍加比较,我们便不难发现儒墨两家的思想主张之间其实不乏相通之处,正如萧公权先生所言:“吾人以为就大体言之,墨子乃一平民化之孔子,墨学乃平民化之孔学。二者之言行,尽有程度上之差异,而其根本精神则每可相通。”① 但是,我们认为,他们之间的对立与分歧,在春秋战国之际“百家争鸣”的意义上,更能凸显出当时哲学思想分化发展的深层理论意蕴。也就是说,儒墨在战国之世并称显学,两家之间理论上的是是非非,虽然在其他诸子学派看来并无实质性的差异,但我们认为就其各自的理论取向的内在理路而言,他们之间实质上存在着根本性的分歧。质言之,他们之间最根本的分歧就在于孔儒的人文道德或人道理念与墨家的功利实用主义观点之间的对立与分歧,它们分别构成了儒墨两家哲学理念的基本的理论内核或思想特质,使他们在观察、思考种种社会、政治、伦理和经济问题时各具独特的视角,并从整体上赋予了儒墨两家各自不同的鲜明的理论特色。

如果说儒家的人道理念强调人格修养的内省意识而赋予人一种道德的定义的话,那么,与孔儒一样,墨子虽然也是在人禽之别的意义上辨析“人”的社会

① 萧公权:《中国政治思想史》,新星出版社2005年版,第86页。

性类本质的，但他得出了与孔儒完全不同的结论。墨子曰：

> 今人固与禽兽麋鹿、蜚（通“飞”）鸟、贞虫异者也。今之禽兽麋鹿、蜚鸟、贞虫，因其羽毛，以为衣裘，因其蹄蚤，以为绔屦……衣食之财，固已具矣。今人与此异者也，赖其力者生，不赖其力者不生。（《墨子·非乐上》）

显然，墨子是用“力”即劳动或智能作为区分人与动物的根本标志的，也就是说，在墨子看来，禽兽是靠自然本能生活的，而人则是靠“力”即自己的劳动或智能生活的，这可以说是墨子最有价值的理论贡献之一。

正是基于上述对人类本质的界定，墨子提出了他的“分事”论，其言曰：

> 君子不强听治，即刑政乱；贱人不强从事，即财用不足。今天下之士君子，以吾言不然，然即姑尝数天下分事，而观乐之害。王公大人，蚤朝晏退，听狱治政，此其分事也。士君子竭股肱之力，亶其思虑之智，内治官府，外收敛关市山林泽梁之利，以实仓廪府库，此其分事也。农夫蚤出暮入，耕稼树艺，多聚叔（通“菽”）粟，此其分事也。妇人夙兴夜寐，纺绩织纴，多治麻丝葛绪捆布縿（当作“缲”，即细绢），此其分事也。（《墨子·非乐上》）

墨子的上述“分事”论的主旨，主要在于强调从王公大人以至匹夫匹妇皆有其“分事”或所“从事”，每个人都应各尽其所能以完成其“分事”。墨子的这种“分事”论与儒家以人伦道德为本位的人道理念显然是极为不同的。尽管儒家的“名分”观对人提出的“安分守己”的要求与墨子的“分事”论对人提出的“使各从事其所能”（《墨子·节用中》）的要求并无实质性的差异，都是旨在维系社会等级制的“上下调和”，但是从其思维方式或价值取向的意义上来讲，他们之间却存在着根本的分歧，儒家思考问题的出发点和归宿是对人的行为进行一种道德的是非评判，而墨子思考问题的出发点和归宿是对人的行为进行一种功利的利害权衡。因此，如果说儒家人之为人的人道理念对人构成的是一种以人伦道德为本位的理性规约，那么墨子的“人”的概念及其“分事”论则对人构成的是一种以功利实用为本位的理智裁制，这是儒墨两家之间对立与分歧的最集中的体现。正是由于这种思维方式和价值取向上的差异和不同，墨子在对孔儒之学进行全面而激烈的批评的同时，提出了他一系列不同于儒家的理论主张，而墨子也受到了来自儒家方面的同样激烈的理论反击。

墨子主要从四个方面来批评儒家，其言曰：

儒之道足以丧天下者四政焉：儒以天为不明，以鬼为不神，天鬼不说，此足以丧天下。又厚葬久丧，重为棺椁，多为衣衾，送死若徙，三年哭泣，扶后起，杖后行，耳无闻，目无见，此足以丧天下。又弦歌鼓舞，习为声乐，此足以丧天下。又以命为有，贫富寿夭，治乱安危有极矣，不可损益也，为上者行之，必不听治矣，为下者行之，必不从事矣，此足以丧天下。(《墨子·公孟》)

然而，墨子不是一个理论上的空头批评家，他认为要批评和否定一个东西，就应该用另一个东西来代替它，否则光批评而想不出新办法只会于事无补，正所谓："非人者必有以易之。若非人而无以易之，譬之犹以水(当为'火')救火也，其说将必无可焉。"(《墨子·兼爱下》)所以，墨子在反对儒家的同时，自创新说，不仅如此，而且"上无君上之事，下无耕农之难"(《墨子·贵义》)的墨子更以上说下教为己任，并以"日夜不休，以自苦为极"(《庄子·天下》)而富有自我牺牲和利他主义的宗教家的精神积极从事热心救世的伟业，所到之处亦"必择务而从事焉"。故墨子自道曰：

凡入国，必择务而从事焉。国家昏乱，则语之尚贤、尚同；国家贫，则语之节用、节葬；国家憙(同"喜")音湛(通"沉")湎，则语之非乐、非命；国家淫僻无礼，则语之尊天、事鬼；国家务夺侵凌，即语之兼爱、非攻。(《墨子·鲁问》)

与"知其不可而为之"的孔夫子相比，墨子坚毅自苦而"强聒不舍"的力行救世精神实有过之而无不及，可以说是古今无双的。然而，孔子贵仁尚义而罕言利，而墨子虽亦标举仁义，但他提出的各项社会政治主张无不贯注之以功利实用主义的价值准则。如：孔子讲仁者“爱人”（《论语·颜渊》）、“君子义以为上”（《论语·阳货》）、“君子喻于义，小人喻于利”（《论语·里仁》），主张“为国以礼”（《论语·先进》）以及“修己以敬”“修己以安人”“修己以安百姓”（《论语·宪问》），《孟子》更开篇即讲：“王！何必曰利？亦有仁义而已矣。……上下交征利而国危矣。”（《孟子·梁惠王上》）而墨子则言“仁人之所以为事者，必兴天下之利，除去天下之害，以此为事者也”（《墨子·兼爱中》），主张以“兼相爱、交相利”之法拯世济民，所以要求“天下之士君子”于行事之际首先需“识其利，辩其故”（《墨子·兼爱中》），并应做到“利人乎即为，不利人乎即止”（《墨子·非乐上》）。事实上，儒墨都反对纯粹利己主义的自私行为，而推崇爱人利他的仁义行为，那么儒墨的分歧究竟何在呢？概言之，孔孟认为一个人的仁义行为正是人之所以为人的内在本质规定性的外化体现，而墨子则以“利”释“义”，将人的仁义行为植根于人对行为利害后果的理智权衡的基础之上。由此，儒家主要是站在道义的原则立场上谴责“春秋无义战”，而墨子则倾向于从对战争行为的后果的得失估价来“非攻”，所谓“计其所得，反不如所丧者之多”（《墨子·非攻中》）。因此，如果说孔儒所坚持的是一种高调的人道主义信念的话，那么墨子所标榜的则是一种每个人皆应“各尽其所能”的纯粹事务性的功利实用主义观念，正所谓“能谈辩者谈辩，能说书者说书，能从事者从事，然后义事成也”（《墨子·耕柱》）。

正是基于上述根本性的分歧，才导致了儒墨两家思想主张的种种具体差异。如：孔儒虽讲爱民、利民和富民，但他们认为施行德礼教化、教以人伦才是政治的根本要务。而墨子则格外强调民生实用，认为“衣食者，人之生利也”（《墨子·节葬下》），然而他所处的时代恰恰使众多的劳动人民丧失了起码的衣食之利，“饥者不得食，寒者不得衣，劳者不得息”（《墨子·非乐上》）正是当时人民所遭受的三大巨患，墨子为此而大声疾呼，不遗余力地抨击统治者奢华浪费、“厚作敛于百姓”（《墨子·辞过》）的行为，强烈要求统治者应给人民以衣、食、息的条件，极力主张统治者应节用、节葬。墨子认为，凡是财物都应尽其功用，不可糟蹋和浪费，每个人都应遵守珍惜财物、尽其所用的原则，而且还要从实际效用出发，用财、用物都应获得实际利益，收效应超过支出，即统治者取之于民者，还应用之于民、“反中民之利”（《墨子·非乐上》），一切支出都必须考虑到效果如何和对民是否有利；否则，就是有害的，应加以制止。另外，墨子还主张一切器物都应只要求质朴耐用，而不务华丽，否则也应加以禁止，即《墨子·节用中》所说：“凡足以奉给民用则止，诸加费，不加于民利者，圣王弗为。”

此外，由于儒家的乐教、命定论和厚葬主张与功利实用主义的原则相悖离，所以均遭到了墨子的激烈反对。在墨子看来，儒家的乐教使人们皆“说乐而听之”，那么每个人所应做的“分事”或“从事”就会被荒废掉（参见《墨子·非乐上》）；命定论亦然，人们一切听由命运的安排，必然“惰于从事”，以至“上不听治，则刑政乱；下不从事，则财用不足”（《墨子·非命上》）；而厚葬久丧之风亦将贻害无穷，使“国家必贫，人民必寡，刑政必乱”（《墨子·节葬下》）。

总之，墨子是在与孔儒的争鸣论辩中并通过争鸣论辩而申论其思想主张的，可以说他是站在功利实用主义的原则立场之上对孔儒之学的理论缺陷进行了全面系统批评的第一位思想家。基于他们之间在哲学的原则立场上的根本对立与分歧，儒家一方将一切问题置诸人道价值或道德本身的意义基础之上加以估量，而墨子则将一切问题乃至信仰、道德问题最后均诉诸功利的评判，以至儒墨两家各持己说，而展开了一场水火不容、颇值得我们予以认真反思的“是非利害之辨”（《墨子·非命上》）。

就孔墨而言，他们无疑都是热心救世而力行其学的思想家，但比较而言，墨子的力行精神尤其强烈而彻底，而孔子的力行精神就不免捉襟见肘了。这主要是因为孔学本身有着诸多的限制性意识，如“君子思不出其位”“用之则行，舍之则藏”“不可则止”“我不欲人之加诸我也，吾亦欲无加诸人”等。《孟子·尽心上》：“墨子兼爱，摩顶放踵利天下，为之。”《庄子·天下》更言墨者“必自苦以腓无胈胫无毛”“日夜不休，以自苦为极”“将求之不得也，虽枯槁不舍也”。《淮南子 · 泰族训》亦曰：“墨子服役者百八十人，皆可使赴火蹈刃，死不旋踵。”因此，站在墨子坚执自苦而“强聒不舍”的力行立场上，孔儒那种“死生有命，富贵在天”（《论语 · 颜渊》）的消极宿命观念及其“君子若钟，击之则鸣，弗击不鸣”的君子之学，自不免要受到猛烈抨击了，而孔子那种“穷于陈、蔡之间”而“苟生”“苟义”之“学而无行”的人格更受到了墨子不遗余力的攻击与诋毁。墨子是这样指斥“孔某”的：“夫肌约，则不辞妄取以活身；赢饱，则伪行以自饰。污邪诈伪，孰大于此。”（《墨子 · 非儒下》）对立的双方要想击败对方，自然应抓住对方的弱点，但也往往歪曲失实而难以为信，墨子由孔子“穷于陈、蔡之间”的“苟且”行状而去排诋其人格的伪诈，恐亦不免有些夸张，这自在情理之中。

而就墨子的力行精神而言，《庄子 · 天下》的作者有一极富意味的评语：墨子不失为一位救世的“才士”，但他“为之太过”，“使人忧，使人悲，其行难为也，恐其不可以为圣人之道，反天下之心，天下不堪。墨子虽独能任，奈天下何”！这一评语极精湛地道出了墨学不世而中绝的历史命运的部分真实原因，墨学力行的优点也正是他的局限性所在。反之，“中道而行”的孔学历战国秦汉而最终得以复兴亦自有其因，因为“中道而行”的局限性也正是孔学得以顺应社会现实的优势所在。譬如，孔子的“以道事君，不可则止”，虽然不能使他按照自己的理想完全改造现实政治，但他所追求的“道”毕竟符合君主政治的根本利益，因此他最终还是能够赢得世主人君的优渥尊崇并因此得势而益彰。

再者，由于孔墨各自问题意识的不同，所以他们分别提出了极为不同的救世方案。为解决“礼崩乐坏”的时代问题，孔子期望“喻于义”的仁人君子以礼乐教化之道引导“喻于利”的小人或民走向“有道”之世的社会理想境域。而来自墨子的批评也正是针对孔子的这一根本主张。《墨子 · 非儒下》曰：

> 孔某盛容修饰以蛊世，弦歌鼓舞以聚徒，繁登降之礼以示仪，务趋翔之节以观众，博学不可使议世，劳思不可以补民，累寿不能尽其学，当年不能行其礼，积财不能赡其乐，繁饰邪术以营世君，盛为声乐以淫

遇民，其道不可以期世，其学不可以导众。

上文名为引证晏婴之言，实表达了墨子批评孔学的理论旨趣，而且较之隐者对孔子“四体不勤，五谷不分，孰为夫子”的奚落，也更具有理论的说服力与深刻性，因为墨子是站在他那功利实用主义的哲学原则与立场上批评孔儒“繁饰礼乐”“惰于作务”“立命缓贫而高浩居”“倍本弃事而安怠傲”（《墨子·非儒下》），或“厚葬靡财而贫民，久服伤生而害事”（《淮南子·要略》）的，在墨子看来，“孔某”不过是一繁饰礼乐而崇尚无用的学者。因此，虽然墨子也像孔儒那样倡言仁义，但他讲求的只是一种实际的功利效果，所谓“仁人之事者，必务求兴天下之利，除天下之害”（《墨子·兼爱下》），“义，利也”（《墨子·经上》）。所以，如果说孔墨俱道尧舜、倡行仁义是在共同的概念框架下的思想运作，那么墨子从“学儒者之业，受孔子之术”而走向孔儒的反对面，实是在对孔子的仁义学说进行全新诠释的基础上创立墨学的，而这种诠释同时也是在对儒家思想的内在缺陷进行批判性反思的基础上展开的。

最后，如所周知，孔墨之学皆主“爱人”，但其根本分歧点在于，一则主“别”，一则主“兼”。“别”者，分别人我，于亲疏尊卑之间，爱是有等序差次的，旨在维系地位分化与等级秩序的和谐；“兼”者，不分人我，不分亲疏远近，不分等序差次，视人如己，“爱人若爱其身”（《墨子·兼爱上》），但这并不是要破除身份地位的差别，而只是强调心意上的“廓然大公”，旨在以“兼相爱、交相利”的互惠原则保障“王公大人之所以安也，万民衣食之所以足也”（《墨子·兼爱下》），为此具有不同身份地位的人各有“分事”则是绝对必要的。正因为儒墨有上述分歧，所以墨子依“兼”之义非议儒者主张的“亲亲有术，尊贤有等”的原则，而孟子则极力攻击“墨氏兼爱，是无父也”，一如“杨氏为我，是无君也”，而“无父无君，是禽兽也”（《孟子·滕文公下》）。

但是，墨子讲“兼爱”与儒家阐扬的仁爱之旨实又有诸多贯通之义：其一，爱人基于理性或明智的自爱动机。如孟子曰：“仁者爱人，有礼者敬人。爱人者人恒爱之，敬人者人恒敬之。”（《孟子·离娄下》）墨子亦有言：“夫爱人者，人必从而爱之；利人者，人必从而利之。恶人者，人必从而恶之；害人者，人必从而害之。”（《墨子·兼爱中》）从中不难看出，孟墨之意都是要告诉人们，爱人与否直接关切着自身的利害，因此他们所讲的爱人也可以说都是出于自爱的动机或基于自爱的考虑。其二，人际关系亲和力的道德要求或规范也就是基于不同身份地位之上的角色期待。如《大学》曰：“为人君，止于仁。为人臣，止于敬。为人子，止于孝。为人父，止于慈。与国人交，止于信。”墨子亦如是阐明“兼”之义：“兼者，圣王之道也，王公大人之所以安也，万民衣食之所以足也，故君子莫若审兼而务行之：为人君必惠，为人臣必忠，为人父必慈，为人子必孝，为人兄必友，为人弟必悌。”（《墨子·兼爱下》）可见，他们也都认为，人际关系亲和力的道德要求或规范适足以保证或维系人们身份地位分化而有序地各安其位。因此，我认为，就墨子以“兼”排诋“别士”而言，墨学并没有从根本倾向性上构成孔学“仁者爱人”的真正对立面，而毋宁说墨子发挥了孔学的意犹未尽之旨，这就难怪墨子虽然决意“非儒”，但也不得不承认孔子亦有“当而不可易者”，以至有时仍“称于孔子”（《墨子·公孟》）了。

总之，墨学从其诞生的那天起，便作为孔学的反对面而极力排诋孔儒。然而，耐人寻味的是，尽管儒墨两家争吵得很是激烈，甚至势同水火，但在他人看来，孔墨之学其实却更具思维理路的内在一致性，所以在时人的称述中多兼举并论之，特别是法家与庄学更把孔墨两家之间的是非取舍视作同一思想范畴而一并加以掊击。由此推言，在战国诸子学的本来意义上，墨子实际上可以说既是孔学的反对面而又是孔子的思想同道，而且他们都因设教授徒、追随者甚众而名满天下，显荣于战国之世，如《吕氏春秋·当染》所言：“此二士（指孔、墨）者，无爵位以显人，无赏禄以利人，举天下之显荣者必称此二士也。皆死久矣，从属弥众，弟子弥丰，充满天下，王公大人从而显之，有爱子弟者随而学焉，无时乏绝。……孔、墨之后学显荣于天下者众矣，不可胜数。”因此，也可以说，作为战国之世的两大“显学”，儒墨之间的对抗又是具有学派性的广泛基础的，而并非仅限于是孔墨之间个人性质的思想见解的相左。

（二）明乎礼义而陋于知人心的君子

时至战国之世，孔老根本倾向性上的分歧在庄子及其后学那里得到了更为详尽而深刻的阐明，以及充分的理论上的深化发展。可以说，在《庄子》一书中，给人印象最深刻的莫过于：孔子是一个得到了深切关注且最具争议的特殊历史人物。据林语堂先生估计，“在《庄子》这本书里，孔子以不同的会谈方式出现了有四五十次之多，其中还包括了孔子的弟子——颜回和子贡——与道家圣者邂逅的趣闻”[①]。或许是因为《庄子》一书并非出自庄子一人之手，庄学中的孔子形象也最是飘忽不定。大体而言，在据信出自庄子本人手笔的《庄子》内篇诸文中，有关孔子的评价态度还算是比较温和的；但在庄子后学那里，孔子则成了一个被极力抨击的主要对象，正如《史记·老子韩非列传》所言：“（庄子）作《渔父》《盗跖》《胠箧》，以诋訾孔子之徒，以明老子之术。”

现将《庄子》一书中的孔子形象论次如下。

1. 作为庄学的代言人

据《庄子》书中阐明全书文体的《寓言》篇，《庄子》一书，其中“重言”即借重先哲时贤的言论便占了十分之七，而孔子便是其所借重的先哲时贤之一，而且，当孔子作为先哲时贤被庄子借重时，实际是以庄学代言人的身份或面目出现的。如《人间世》篇中扬言“德荡乎名，知出乎争”及“虚者，心斋也”的仲尼；《德充符》篇中评议“才全而德不形者”的仲尼；《大宗师》篇中谈论“坐忘”境界的孔颜师徒。庄子是一位有着莲花妙舌的哲人，但他绝口不提“我庄子本人”要给予世人一种什么教训，而是乐于通过形象生动的寓言形式向世人传达一种“先哲时贤如是说”的信息，庄子认为这是适合一般世人口味的。也许正是出于这一策略性的考虑，他才借重孔子及其弟子之口宣讲了极其重要的庄学教义。因此，我们可以说，庄子是有意将孔子塑造成一个道家人物的，但这与存心不良而随意地扭曲孔子的形象是大有区别的，这不仅因为庄子有言在

① 林语堂：《中国哲人的智慧》，中国广播电视出版社 1991 年版，第 407 页。

先，而且其所“借重”之义更暗示了对孔子作为一位众所周知的“贤哲”的肯定和认可。

2. 作为圣俗之间即“明乎礼义而陋于知人心”的君子人物

《庄子》一书描绘了许多孔子与道家圣者，尤其是与老子之间遭遇、晤谈的场面。在这种语境中，孔子只是一个接受劝告而不是给予劝告的“学者”，而且在服膺道家圣者的意义（倾心于自然大道）上，孔子的“好学”得到了充分的肯定，如以渔父面目出现的道家圣者便曾对孔子赞叹说：“嘻！甚矣子之好学也！”（《庄子·渔父》）同时，在这种语境中，孔子更有一种颇富深意的“冠冕堂皇”的称号，即“北方之贤者”（《庄子·天运》）、“中国之君子”（《庄子·田子方》）、“鲁之君子”（《庄子·渔父》）。面对无功、无名、无己而“法天贵真”的道家圣者，孔子的上述称号意味着：他不过是一个未悟大道的世俗之“贤人”“君子”，亦即“明乎礼义而陋于知人心”（《庄子·田子方》）的人物。而道家圣者对虚心向道的孔子，有时是不屑于见他一面，有时则出于怜惜同情之心对他施以谆谆教诲。

总之，站在道家的立场、观点或视野上，老庄“至道”自是博大精深、渊深似海，而孔子孜孜以求的“君子之道”则只是些皮相之见而已。由此而言，孔子实不过是一个道家意义上的圣人之徒似的人物。这是站在道家的理论立场上审视“躬行君子”的孔子所得的一种颇具典型意义的孔子形象，这一形象既不像直接将孔子改造为庄学的代言人那样一厢情愿，也不像庄子后学的那些激进主义者极力掊击和诅咒孔子那样愤激，或者可以说，这一形象正介乎二者之间而最近于老子眼中的孔子。

3. 作为现世中最大的盗贼

庄子的后学可以说是孔子的真正的诅咒者，而且是在学理上极尽诅咒谩骂之能事。在庄子后学的眼里，容不得任何的滥用聪明、虚伪矫饰或刻意高而尚之的行为。他们认为，世俗是非的明辨、仁义的劝勉一如劓墨之刑同是人性的藩篱、桎梏。贤圣帝王推行什么仁义礼法，使得人的内在的真性或道德的本然状态日趋沦丧，以至世人竞相奔趋于圣知仁义、身劳神疲而不得安宁。“天下大骇，儒墨皆起”（《庄子·天运》），孔墨又恰是他们在“当代”的余绪，是现世中以其是是非非扰乱天下人之性的罪魁祸首，正因庄子的后学们对儒墨采取如是看法，自然也就免不了要对孔墨口诛笔伐了！

庄学掊击排诋孔子者，主要有如下数端。

其一，孔子以仁义为人之本性，故而汲汲于标举仁义，犹如敲锣打鼓去寻找失迷的孩子，其实正是他在扰乱人的本性。孔子宣讲什么“博爱”不过是一种世俗浮华、迂腐的言论，其所谓“无私焉，乃私也”（《庄子·天道》）。《庄子》更为万世鸣不平，痛感孔子“视若营四海”而以仁义救世，实不过是“不忍一世之伤而骜万世之患”（《庄子·外物》）。

其二，特别发人深省的是，将孔子视作一个复古主义者，始自《庄子》。在《庄子·天运》的作者看来，如“丘治《诗》《书》《礼》《乐》《易》《春秋》六经……以奸者七十二君，论先王之道而明周召之迹，一君无所钩用”，孔子不遇治世之君，这实在是一大幸事！《天运》篇作者认为，“六经”只是“先王之陈迹”，仁义也不过是“先王之蘧庐（旅舍）”，礼义法度唯期于“应时而变”，三皇五帝的礼义法度也正是贵在能使天下得到治理。古今之不同犹如水和陆，周与鲁之异亦如船与车，而孔子企求将周朝的制度推行于鲁国，正像把船推到陆地上行走；古今之不同亦犹猿猴异于周公，现在让猿猴穿上周公的礼服，它一定咬破撕裂以至脱光而后快。一言以蔽之，孔子主张“复古”即恢复周礼，无异于“东施效颦”。这一评语精辟绝伦，非阅世至深者不能言，照理循此思路应该推求出一个积极建设性的结论，但其结论却是：自然大道无往而不在，但道的实现非人力所能为，唯期于人心自化。这虽然一反孔子“人能弘道”的淑世主义，可是，在现世中，孔学的势力不会因庄学的诅咒而自行泯没、消亡。

其三，在《庄子·盗跖》的作者看来，孔子更是一个道德不必求其是而唯期“侥幸于封侯富贵”的家伙。作者假借盗跖之口，恣意大骂孔子，怒斥孔子之道“狂狂伋伋，诈巧虚伪”。孔子假言伪行，迷惑天下的君主；他不耕而食，不织而衣，使天下学士迷而不知返本；他无端制造是非，“妄作孝弟而侥幸于封侯富贵者也”；用他治理人民，只能使人民喜欢雕琢文饰，脱离朴实而学虚伪。作者并借盗跖之口愤愤不平地质问孔子：“天下何故不谓子为盗丘，而乃谓我为盗跖？”

4. 孔子生前遭遇的种种不幸与厄运也受到庄学的格外关注，而且在认识上庄学内部存在着极大的分歧

一种观点是，从正面肯认孔子那种直面不幸与厄运而坦然无畏的人格，并赋予了它一种庄学的寓意。如孔子之说“才全”“圣人之勇”及君子之穷通（文见《庄子》书《秋水》《让王》等篇），俨然就是一位“喜怒哀乐不入于胸次”（《庄子·田子方》）的道家至人、圣人。

另一种观点则认为，孔子所以屡遭凌辱、厄患，究其因，是因为他不明古今之不同，而欲“东施效颦”般地推行“复古”主张，“惜乎，而夫子其穷哉”（《庄子·天运》）；孔子罹患而“亲交益疏，徒友益散”者，是因为“以利合者，迫穷祸患害相弃也”（《庄子·山木》）；孔子罹患亦犹“人有畏影恶迹而去之走者”，是由修己而求责于人招致的（参见《庄子·渔父》）；庄学要人“行贤而去自贤之心”，而孔子偏偏“饰知以惊愚，修身以明污，昭昭乎如揭日月而行”，所以难免身罹祸患了（参见《庄子·山木》）。《庄子》历数了上述种种孔子罹患的缘由，虽说对孔子多舛的命运不吝同情、怜惜，但总的意思是：孔子“咎由自取”。

总括上述，庄学对孔子的认识很不一致，甚而相互抵牾，或将他作为庄学的代言人，或对他采取极力抨击、轻蔑的态度。但非常有趣的是：当庄学对孔子骂得最凶最烈的时候，他们显然也正是把孔子作为一个在现世中最具影响力的权威人物看待的。可以说，作为偶像的破坏者，他们正是看到了孔子在世间的实实在在的声名与影响，所以才诅咒孔子。

（三）既仁且知而通体德慧的圣人

战国之世的两大儒学宗师孟子和荀子均尊奉孔子为既仁且知而通体德慧的圣人，并以孔学的真正传人自居，其著述亦有一共同的、明确的意向，借用汉儒的说法就是：他们以“推明孔氏”为能事。当然，他们“推明孔氏”的具体方式与旨趣有所不同，但他们作为圣徒，都赋予自己一个根本性的自我角色期望，也就是：排诋异说而彰明孔学。不过，他们的著述却并不仅仅是注释或阐述孔圣的观点，而更主要的是创造性地借用孔圣的基本观点或理念作为表达自己新思想的工具。

孔子生前所面对的主要是来自现实政治的挑战，对孔子的毁誉也集中在对孔子作为一个现世中人所特有的学识、能力及其人格的具体评价。时至战国，随着诸子学的蜂拥崛起，一种围绕着孔学而引发的挑战与应战的时代性理论课题，便历史地摆在了圣徒孟荀的面前，并进入其理论视野的核心。在挑战与应战中，对孔子的评价被置于整个社会历史发展前景的视野之下，孔子的历史命运也不再是一种个人性的悲喜剧，而成了一个具有普遍性意义的、与中国社会历史进程和文化路向密切相关的问题。

下面，我们就来审视一下孟荀作为圣人之徒，在其著述中是如何具体捍卫孔子之道的。

1. 作为圣人之徒，他们都以捍卫孔子之至道、推明孔子之圣意为己任

孟子所面临的挑战主要有二：一方面，是来自现实政治的挑战，据《史记·孟子荀卿列传》载：“当是之时，秦用商君，富国强兵；楚、魏用吴起，战胜弱敌；齐威王、宣王用孙子、田忌之徒，而诸侯东面朝齐。天下方务于合从连横，以攻伐为贤，而孟轲乃述唐、虞、三代之德，是以所如者不合。退而与万章之徒序《诗》《书》，述仲尼之意，作《孟子》七篇。”由此可知，现实政治的实际功利考虑导致统治者对孔学的冷落，正是孟子发愤著述的内在驱动力。另一方面，是来自其他学派的挑战，孟子特别以排击杨朱“为我”、墨翟“兼爱”之说为圣徒的内在使命或“天职”。孟子曰：“圣王不作，诸侯放恣，处士横议，杨朱、墨翟之言盈天下。天下之言不归杨，则归墨。杨氏为我，是无君也；墨氏兼爱，是无父也。无父无君，是禽兽也。……杨墨之道不息，孔子之道不著，是邪说诬民，充塞仁义也。……能言距杨墨者，圣人之徒也。”（《孟子·滕文公下》）显然，圣徒之为圣徒，有所“不得已”者，必须以拒斥“异端邪说”、彰著孔子之道为能事。

荀子作为圣徒，更对诸子学（包括道、法、墨、名、思孟等）展开了全面的反击，其所著《非十二子》与《解蔽》之文，指斥十二子之说皆“蔽于一曲，而暗于大理”，而“足以欺惑愚众”；唯有孔子“仁知且不蔽”，“故德与周公齐，名与三王并”；而“上则法舜禹之制，下则法仲尼子弓之义，以务息十二子之说”，正是当今仁人之要务。

2. 作为圣人之徒，他们亦都以深得孔学真谛、以孔学的真正传人自居

编撰圣王之道的传承谱系，始自孟子。孟子曰：“五百年必有王者兴”（《孟子·公孙丑下》），“由尧舜至于汤，五百有余岁……由汤至于文王，五百有余岁……由文王至于孔子，五百有余岁”（《孟子·尽心下》）。道统圣火的传递一脉相承，这种儒家的“道统论”，至唐代韩愈、李翱师徒完备其说以别于老佛之教而自成一系。被后儒讥为“杂而不纯”的圣徒荀子，另有其说，自以为真传得自孔子、子弓一系，而认思孟为必须加以排诋的“鄙儒”。

可以说，孔孟一脉相传的“道统论”在儒家人物中间具有广泛的影响力，旨在“所以树道外之防”；而荀子非议思孟也是颇耐人寻味的，正是由荀子非议本学派中人而发展出了一种特别的辩护论，即孔子确是值得尊崇的圣人，孔圣之道也是绝对完美的，不过不幸的是夫子的声名与义理被陋儒浅见之徒败坏了，这种“存孔子之真，所以剔道中之蠹”（《庄子约解·自序》）的辩护论，后人亦大有其说。

3. 作为圣人之徒，他们更苦心孤诣地极力鼓吹孔子儒家的政治功业与社会作用

尽管他们都明知孔子并不拥有号令天下的权势，即“仲尼不有天下”（《孟子·万章上》）或是“圣人之不得势者”（《荀子·非十二子》），但他们确信孔子的德行、作为与功业足以“当圣王”“为天子”！

孟子据其“五百年必有王者兴”的历史认识推断说，孔子正是担当天降大任的当然“人选”，孔子作《春秋》而使乱臣贼子惧，其功业可比之禹抑洪水、周公兼夷狄。孟子如是说：“尧舜既没，圣人之道衰，暴君代作……世衰道微，邪说暴行有作，臣弑其君者有之，子弑其父者有之。孔子惧，作《春秋》。《春秋》，天子之事也……昔者禹抑洪水而天下平，周公兼夷狄、驱猛兽而百姓宁，孔子成《春秋》而乱臣贼子惧。”（《孟子·滕文公下》）又说：“王者之迹熄而《诗》亡，《诗》亡然后《春秋》作。”（《孟子·离娄下》）显然，孟子极力要彰显的是：孔子的所作所为其实正如同天子之事、王者义迹一样。

荀子对于秦昭王“儒无益于人之国”的观点更痛加驳斥，而极言阐论儒者之功、大儒之效。据《荀子·儒效》，其言曰：

> 儒者在本朝则美政，在下位则美俗。
>
> 人主用俗人，则万乘之国亡；用俗儒，则万乘之国存；用雅儒，则千乘之国安；用大儒，则百里之地久，而后三年，天下为一，诸侯为臣，用万乘之国，则举错而定，一朝而伯。
>
> 彼大儒者，虽隐于穷阎漏屋，无置锥之地，而王公不能与之争名，在一大夫之位，则一君不能独畜，一国不能独容，成名况乎诸侯，莫不愿得以为臣；用百里之地，而千里之国莫能与之争胜；笞棰暴国，齐一天下，而莫能倾也。是大儒之征也。其言有类，其行有礼，其举事无悔，其持险、应变曲当；与时迁徙，与世偃仰，千举万变，其道一也。是大儒之稽也。其穷也，俗儒笑之；其通也，英杰化之，嵬琐逃之，邪说畏之，众人愧之；通，则一天下；穷，则独立贵名。天不能死，地不能埋，桀跖之世不能污。非大儒莫之能立，仲尼、子弓是也。

荀子在阐论、推崇儒者功效的同时，也为孔子的穷厄困顿作了辩护。盗跖不是说孔子的困厄足证孔子之道不足贵吗，而荀子则反论之：正唯其“穷”，方得以“独立贵名”。正唯“孔子拘匡”，反证“昭昭乎其知之明也，郁郁乎其遇时之不祥也；拂乎其欲礼义之大行也，暗乎天下之晦盲也”（《荀子·赋》）。

孟、荀等圣人之徒有一个根本的信念在支持着他们，那就是：作为圣人，孔子之为孔子，绝非浪得虚名！

4. 作为圣人之徒，孟荀更从孔子身上看见了人性的光辉与人生向善的希望

孟荀所称扬的“圣人”，已非对见多识广的博学君子的美誉，而是指道德人格之范型。孟子曰：“圣人，人伦之至也。”（《孟子·离娄上》）荀子亦曰：“圣也者，尽伦者也。”（《荀子·解蔽》）而且，孟荀都认为人人皆可以走上成圣之路，即“人皆可以为尧舜”（《孟子·告子下》），或者“涂之人可以为禹”（《荀子·性恶》）。虽然他们并不相信会出现后儒所说的那种“圣人满街走”的情景，圣人只是充实光辉、化育众生、导人向善的典范，但他们劝告世人“圣人，与我同类者”（《孟子·告子上》）或“圣可积而致”（《荀子·性恶》）时，却期望世人必须拥有一种成圣向善的信心。不过，他们更深信，孔子正是那足以为“天下仪表”、为“百世之师”、“仁知且不蔽”的圣人。

韩非对圣徒曾有一中肯的评语：“取舍相反不同，而皆自谓真孔。”（《韩非子·显学》）的确，圣徒皆“宗师仲尼”，虽然“取舍相反不同”，但他们都自居为真孔传人，当然也自有借以“重其言”的意思。但是，作为圣徒，其著述以述仲尼之意为宗旨也并非矫情虚言，他们不惮成为“没有情节的人”而献祭出自己的才思与灵魂，以为孔子的圣性作见证。作为圣徒，他们“不得已”而昭示孔子“何以为孔子”于世人：孔子不再是一个历史上具体的个体性存在，他超越时空、纯粹至善、通体透着德慧或人性的光辉，一个真正的圣徒必须以献身圣道的热诚去诠释“何以为孔子”的历久而弥新的、永恒的普遍意义。作为圣徒，他们“宗师仲尼”，但绝不仅仅将孔子看作其学派的创始人，而是视孔子为“圣之时者也”，或是称“孔子之谓集大成”者，正如韩非所说：“儒之所至，孔丘也。”（《韩非子·显学》）这要求圣徒最终只能是作为孔子的“注脚”而发言，所以，对孔学超越时代的永恒的普遍意义的崇信，与对所处时代的现实问题或特殊课题的反思，常常交织在一起而引发出一代又一代圣徒儒者关切、谈论的话题。于是，孔子便成了每一时代的“梦魇”，使人们相信世之治乃是崇兴圣教之功效，而世之乱则因自弃于夫子所致。那么，孔子作为至圣，也就不仅控制住了历史的进程，同时更是对人的一种精神掠夺，正所谓“万世取信者，夫子一人而已”（章学诚《文史通义·内篇·辨似》）。

最后，尤其令人叹为观止的，是孔儒的那份治世的自信。孔子与孟、荀等圣徒们都表现出一种愈绌于时世而愈是自信的人生姿态，子曰“苟有用我者”云云，孟子虽“见以为迂远而阔于事情”（《史记·孟子荀卿列传》），但亦信心十足地说：“如欲平治天下，当今之世，舍我其谁也？”（《孟子·公孙丑下》）荀子也不遇其时，而其弟子却盛赞荀子之贤“宜为帝王”，或者是“今之学者，得孙卿之遗言余教，足以为天下法式表仪。所存者神，所过者化。观其善行，孔子弗过”（《荀子·尧问》）。由此推言，孔子的影响力、儒学强劲的生命力难道不正与儒者的这份自信有着至深的关系吗！

（四）已逝而谬种流传的贤人

如果说儒家期望有一个具有道德超凡魅力的圣王出世主宰、统治天下，那么法家则完全站在一种足以使中人庸主也能得天下而治之的政治立场上为统治者出谋划策。他们认为，君主作为一个具体的、个体的人，他的智能毕竟是有限的，出于这一理智的考虑，所以法家人物绝不劝人主下一种没有把握的“赌注”：期望人们能够自觉向善，并通过自我修身和道德感召的方式来使天下人心悦诚服地归服。他们极力鼓动、强化人主占有权势的欲望及其任法术而治的权力意志，人主的贤明就是只要那些为其尽死力于耕战而没有头脑的农夫与士兵，还有就是除了自己手中的权势之外什么也不要相信。与此相关，他们对孔学和儒家采取了激烈批判的态度。

大体而言，儒法两家的理论分歧，主要表现在如下几方面：

第一，在人性论上，儒家以善恶来界定人性，不过，无论是道性善的孟子还是主性恶的荀子，他们都对人之向善的能力与资质持一种共同的基本信任态度，即认为人能够凭着自身的力量克服人性中的惰性与弱点，从而实现儒家文化意义上的道德理想人格，荀子“涂之人可以为禹”的思想命题正是在其《性恶》篇中明确提出来的。而法家则认定人性好利自为，好利自为无所谓善恶，但正因为人性好利自为，统治者才可以借着人的好利自为或趋利避害之性情而依恃手中的权势力量设置、运用赏罚的办法，以随心所欲地操纵世人。综观先秦诸子各家的人性论，由韩非最后提出的人性观可说是极为不同凡响的，在我看来，正是他使有关人性问题的理论思维发生了一种根本转向，因为他不仅主张人性的好利自为为政治赏罚的设置提供了人性的根据，而且更进一步明确提出了这样一种政治理论的设想："夫圣人之治国，不恃人之为吾善也，而用其不得为非也。"（《韩非子·显学》）也就是说：治国理民不能靠人民自觉向善，而应使之不能为非。由此，韩非主张"法治"而反对儒家的"仁政"和"德治"，而说到底，赏罚的设置或法治的推行实则是基于对人性向善的绝对不信任的心理与态度的。

第二，有关社会历史的认识，儒法的分歧在于：孔子和儒家认为理想的"有道之世"存在于过去的时代，历史运行轨迹是"一治一乱"的循环往复，而古今一道，仁而已；法家则站稳"当今"时代的立场，认为历史的轨迹是一种阶段性的断裂式演进，"世异则事异"（《韩非子·五蠹》）。法家讲古今之不同，只是出于着眼于现实的观点，即他们只是根据各个时代急需解决的现实课题，而认为一个时代自有自己时代合乎"必然之理"的特定行为准则或价值取向，如商鞅曰："上世亲亲而爱私，中世上贤而说仁，下世贵贵而尊官。"（《商君书·开塞》）韩非曰："古人亟于德，中世逐于智，当今争于力"（《韩非子·八说》），或"上古竞于道德，中世逐于智谋，当今争于气力"（《韩非子·五蠹》）。显然，法家人物并不承认存在贯通古今而不易的某种具有普遍性意义的治国之"道"。因此，韩非站在"世异则事异"的立场上认为：仁义之政虽曾被施行于古代，却并不适用于今世；而"今欲以先王之政，治当世之民，皆守株之类也"（《韩非子·五蠹》）。庄子讥孔子"东施效颦"在先，韩非继之而更斥之为"守株待兔"之类，他们对守旧之孔儒的讥评可谓英雄所见略同而一样的尖刻！

第三，在对政治实施过程的认识上，儒家主张任贤以推行"德政""礼治"，声称唯有贤人在位方能有效地导民向善、移风易俗；而法家则倡言"法治"，因为“法治”自有其独到的妙用，所谓“圣人为法，必使之明白易知，名正愚知遍能知之”（《商君书·定分》），或“明主言法，则境内卑贱莫不闻知也”（《韩非子·难三》）。法家所竭力推崇和阐扬的“法”与“法治”，旨在达到民众皆能“明白易知”的社会效果，但所谓“知”并非要人懂得“法律面前人人平等”的道理，而只是令民众无论是智是愚、是贤是不肖以至妇孺都能够“知所避就”，知“避祸就福”，知避刑就赏，因此，通晓法令、禁罚、刑赏的结果也就使人最终落入了人主好恶的窠臼，即使是一位中材之君、平庸之主，也能因这“法治”而轻易地“御民之志而立所欲焉”（《商君书·错法》）。

对法家人物来说，没必要故作深沉状而为微妙难知之言，治国的道理其实非常简单：治国就是治国，不必仁慈，绝不要姑息养“奸”，人君只需要用赏罚设民欲恶，“利出一孔”（仅为臣民保留一条获利的生路）而使之疾务于耕战，这样，“庸主”“愚民”就可上下打成一片，那么国富兵强也便指日可待。韩非有言：“夫以身为苦而后化民者，尧、舜之所难也；处势而矫下者，庸主之所易也。将治天下，释庸主之所易，道尧、舜之所难，未可与为政也。”（《韩非子·难一》）在他看来，孔儒汲汲于劝说人君世主们正己而后正人或推行德礼教化，实在是要人君世主舍易而求难。可以说，在先秦政治思想领域，韩非是一位以简易实效为说的最为雄辩的思想家，而简易实效也就是他的雄辩所在。较之韩非力主简易实效的政治观，儒者的“大言不惭”自然不免要受到讥讽了，所以韩非又评道：

> 今世儒者之说人主，不言今之所以为治，而语已治之功；不审官法之事，不察奸邪之情，而皆道上古之传、誉先王之成功。儒者饰辞曰：“听吾言，则可以霸王。”此说者之巫祝，有度之主不受也。故明主举实事，去无用，不道仁义者故，不听学者之言。（《韩非子·显学》）

韩非讥儒者妄说人主譬犹巫祝，批评美誉古圣先王的儒者“不言今之所以为治，而语已治之功”，实击中了其要害。荀子尝畅谈儒者之功效，而韩非出其门下，正所谓入其室而操其戈！儒者“言必称尧舜”、倡行仁义，不仅徒辩而无验，而且行之今世，不仅不能强人之国，反而使之弱乱削亡，如“偃王仁义而徐亡，子贡辩智而鲁削”（《韩非子·五蠹》），以及“夫慕仁义而弱乱者，三晋也；不慕而治强者，秦也”（《韩非子·外储说左上》）。因此，韩非更指斥孔墨“俱道尧、舜”是既愚蠢又诬妄的。其说如下：

> 孔子、墨子俱道尧、舜，而取舍不同，皆自谓真尧、舜；尧、舜不复生，将谁使定儒、墨之诚乎？殷、周七百余岁，虞、夏二千余岁，而不能定儒、墨之真，今乃欲审尧、舜之道于三千岁之前，意者其不可必乎！无参验而必之者，愚也；弗能必而据之者，诬也。故明据先王，必定尧、舜者，非愚则诬也。（《韩非子·显学》）

在韩非眼中，儒墨作为战国之世的两大“显学”，实则不过是两大“愚诬之学”而已。

总之，从不破不立的原则出发，法家人物是绝意要将“愚诬之学”及“学者”们特别是孔学和儒家人物置之死地而后快的。商鞅批评说：学者溺于所闻，说者烦言饰辞，高言伪议，妄逞虚词而一无实用，谈说者纷纷，不仅无用，而且徒使人们舍农事而务谈说游食，“学者成俗”则“其民农者寡而游食者众”（《商君书·农战》），这必将导致国贫兵弱。正是基于这种认识，所以商鞅将诗、书、礼、乐、修善、贞廉、仁义、诚信、孝悌、辩慧、非兵、羞战等这些主要由儒家学说所宣传的东西，直接斥为“六虱”“八害”“十害”或“十二害”。当孟子退而潜心著述，“序《诗》《书》，述仲尼之意”之际，商鞅却正在秦国掀起一场埋葬孔学的变法改革运动。如韩非曰：“商君教秦孝公……燔《诗》《书》而明法令。”（《韩非子·和氏》）“燔《诗》《书》”首先作为一种地域性的文化政策而成了秦国实施改革的一项重要措施。另外，商君更有一招别出心裁的主意：既然“六虱”足以削弱一个国家，那就让“六虱”污染、演变敌国的精神生活去吧，这就叫“输毒”——以文化演变的战略削弱敌国，正所谓“毒输于敌，国无礼乐虱官，必强”（《商君书·去强》）。

至如口吃而才思锐利冷峻的韩非，他对商君燔灭《诗》《书》的文化政策，不仅心悦诚服、欢欣鼓舞，而且更进一步倡导和鼓吹“禁绝百家”的文化政策。“禁绝”者，焚书灭学外加肉体的残害灭绝。《韩非子·五蠹》曰：

明主之国，无书简之文，以法为教；无先王之语，以吏为师。

另如《显学》篇亦曰：

杂反之学不两立而治。今兼听杂学缪行同异之辞，安得无乱乎？

国平则养儒侠，难至则用介士。所养者非所用，所用者非所养，此所以乱也。且夫人主于听学也，若是其言，宜布之官而用其身；若非其言，宜去其身而息其端。

韩非切切告诫人主的是：邦有“乱国之俗”的“五蠹”——学者（主要指儒家）、言谈者、带剑者、患（习）御者、商工之民，人主若不铲除这“五蠹”之民，国家就必将因他们的侵蚀而破败削亡。而“儒以文乱法”（《韩非子·五蠹》），属“奸伪无益之民”（《韩非子·六反》），且为“五蠹”之首，首当其冲，自应首加铲除。而依韩非之见，“学者”所以必加铲除者，一是把国家的贫弱混乱归罪于“学者”们的游手好闲、搬弄口舌；二是认为今之治政所急务者在“民间之事”，而贤智的微妙之言实非“民务”。故韩非曰：

世之所谓贤者，贞信之行也；所谓智者，微妙之言也。微妙之言，上智之所难知也。……夫治世之事，急者不得，则缓者非所务也。今所治之政，民间之事，夫妇所明知者不用，而慕上知之论，则其于治反矣。故微妙之言，非民务也。（《韩非子·五蠹》）

这无异于说：“学者”的高谈阔论、“微妙之言”或“微妙意志之言”，并不适合民间的人情、事务。而根据其“古人亟于德，中世逐于智，当今争于力”的历史观，那么，韩非鼓动人君世主铲除那些不合时宜世用的过时或过剩的贤智，也就更有了一种再合理不过的历史的“正当理由”了。

综上所述，从法家极言厉色、一针见血地攻击儒者的说辞上看，我们可以说他们是决意要掘墓埋葬孔学的。但是，奇怪的是，他们却不像庄子后学那样怀着深恶痛绝之情诅咒孔子本人。《商君书》对孔子绝口不提，而据《史记·商君列传》载，甚至还有人敢以“孔丘有言”与《诗》《书》之语进言劝说商君。而韩非虽对孔子多有尖锐的批评，如他说“仲尼不知善赏”（《韩非子・难一》），“仲尼之对（指‘政在悦近而来远’‘政在选贤’‘政在节财’），亡国之言也”（《韩非子・难三》），“孔子本未知孝悌忠顺之道也”（《韩非子・忠孝》）等，但是，韩非主要批评和斥责的是孔子的思想主张，特别是他的“仁义”之说，韩非认为孔子所倡导的仁义道德并不足以用来治理国家和“当今”之世。即使是在猛烈抨击儒者的《五蠹》篇中，韩非亦有明言：孔子是一位世所罕见的仁义圣贤人物。其言曰：“仲尼，天下圣人也，修行明道以游海内，海内说其仁、美其义而为服役者七十人。盖贵仁者寡，能义者难也。故以天下之大，而为服役者七十人，而仁义者一人。”韩非之意，旨在彰明“仁义爱惠之不足用，而严刑重罚之可以治国”（《韩非子・奸劫弑臣》），但他并不否认：天下之大虽少但也还是有这么一位“仁义者”孔子，也就是说，孔子的学说虽然不合时宜，但孔子本人毕竟还是他那个时代的一位圣贤人物。因此，我们可以说，韩非对于孔子总的来讲只是非难其说而并不诋毁其人，不过他对追随孔子的守旧的儒者却是毫不留情的。这与墨子、庄子后学和荀子对孔儒的评价都是很不同的，墨子既批评孔子的说教及儒者“倍（背）本弃事而安怠傲，贪于饮食，惰于作务”（《墨子・非儒下》），又指斥孔子人格的奸伪巧诈，庄子后学更是如此；荀子也掊击“子游氏之贱儒”及“偷儒惮事，无廉耻而耆饮食，必曰：‘君子固不用力’”（《荀子・非十二子》），但他极力张扬孔子思想与人格的伟大。而就韩非还有他的同门师弟李斯等人来说，他们的确可称得上是孔学的真正的掘墓人，但他们主要是非难其说，却无意于诋毁、声讨早已泯然逝去的孔子，而且将矛头直指在现世中颇具影响力的守旧的儒者。不过，对他们而言，即使说孔子是一位仁义圣贤人物，但他也只是一位已逝而谬种流传的贤人而已。

（五）小结

在战国诸子学的多维视野下，孔子的人格与命运、孔子的《诗》《书》之教、孔子的礼治主张，特别是孔子的仁义说教等，都得到了广泛的关注和深入的讨论，“复古”守旧的儒者更遭到集中而猛烈的抨击。而我们对诸子多维理论视野下的孔子观的分疏与论析，究竟能带来一些什么启示呢?

西班牙哲学家乌纳穆诺说：“什么是真理? 真理有两种形式——一种是逻辑的或客观的，而它的反面就是错误，另外一种是道德的或主观的，它的反面就是虚假。而且……错误是虚假的果实。”① 那么，当人们崇信孔子为圣人即真理的化身时，孔子又属于哪一种真理的形式呢? 或言真理不辩不明，然而真理真的就愈辩愈明吗? 当是是非非者都自说自话，是其所是，非其所非，谁又能担保这世界不是错上加错的结果? 当诸子为求真理而争辩说孔子不是圣人就是魔鬼时，难道不是愈辩愈走向了他们求真意志的反面了吗? 个中既有逻辑的错误，更有主观的虚假，而且，孔子不仅在把他奉若神明至圣的儒者们中间赢得了伟大的声名，更在诅咒他为恶魔和抨击其学说迂腐无用的人们中间获得了颇值得广泛关注的“市场”效应与价值。因此，我们不仅可以从儒家人物对孔子的赞誉中，更可以从反对者对他激切的声讨、掊击声中，体味出孔学与“孔教”的势力在战国时期已经拥有了不可低估的广泛的影响力。

四、一个历史性的反题

儒家倡仁义之说，崇先王之道，称誉文王行仁义、地方百里而王天下。所以，面对战国兼并一统的时代课题，所谓“天下恶乎定?”“孰能一之?”的问题时，儒学宗师孟子的回答是：“定于一”，“不嗜杀人者能一之”（《孟子·梁惠王上》）。换句话说，即“仁者王天下”! 而被称作“天下不信人”者的纵横家苏秦则认为：“夫信行者，所以自为也，非所以为人也。皆（指孝、廉、信——引者注）自覆之术，非进取之道也。”其兄弟苏代亦说：“孝如曾参、孝己，则不过养其亲耳。信如尾生高，则不过不欺人耳。廉如鲍焦、史鳝，则不过不窃人之财耳。……仁义者，自完之道也，非进取之术也。”（《战国策·燕策一》）苏

① ［西班牙］乌纳穆诺：《生命的悲剧意识》，北方文艺出版社 1987 年版，第 115 页。

氏兄弟一反儒家之信念，认为仁义道德的意义或效用仅限于“自覆”“自完”，即保持自身的清白而已，若仅就诸侯力政、兼并争雄的战国之世而言，苏氏兄弟之言“进取”显然是最能切合当时的时代精神和时势要求的。

因此，与孟子的愿望正好相反，“天下一统”或曰中国的实际统一进程是由被时人称作“虎狼之国”的秦国完成的。争雄兼并战争的根本法则就是弱肉强食，随着一顶顶王冠落地，一批批贵族败落，以及一个个战争英雄的突起和成千上万士卒的阵亡，秦王嬴政于公元前221年终于统一天下，建立了中国历史上第一个“大一统”的王朝帝国。而儒学及圣徒们则在“大一统”帝国始皇帝的“独断”权杖之下横遭燔灭坑杀的旷世之灾。

秦王嬴政曾经怀着极大的热诚阅读韩非阐述其历史观的著名文章——《五蠹》，而他实现中国的一统而当上“大一统”帝国的始皇帝，也正可以说是韩非“当今争于力”的历史观的胜利，这一胜利又首先构成了对孔儒厚古薄今的历史观及其仁义之说的真正挑战，并最终造成了他们的政治厄运。因为儒者“称先王之道，以籍仁义，盛容服，而饰辩说，以疑当世之法，而贰人主之心”（《韩非子・五蠹》），所以韩非为击垮如斯“蠹民”的影响力而高扬尚“力”的大旗，鼓动人君世主“执柄以处势”而收“令行禁止”之效，所谓“柄者，杀生之制也；势者，胜众之资也”（《韩非子・八经》）。

从商鞅开创秦国“法治”的政治传统，到秦始皇统一中国后任李斯为相而将韩非的学说严酷地付诸实践，为了施行对儒者“焚书灭学”的毁灭性打击，他们将“燔《诗》《书》而明法令”（《韩非子・和氏》）或“息文学而明法度”（《韩非子・八说》）作为一项“著明切实”的文化政策来加以贯彻。这种自上而下的文化政策的不容争辩的粗暴性，较之先秦诸子单纯从学理上对孔学的抨击更具摧毁力，而没有给孔学留下任何应战的机会。韩非和李斯，这两位于孔学润色传衍颇具伟功的圣徒荀子的门生，一个在学理上而另一个在行动上都堪称孔儒之学真正的“天敌”。

那么，打击孔学与儒者的粗暴性的文化政策何以能够得以断然实施呢？若仅从思想史的理路上论究，我认为那正是法家历史观反对儒家称述先王之道富于感召力的自然结果。有学者称道法家的历史观是一种进步的历史观、具有历史进化论的意味，显然暗示了法家的历史观天然地具有某种理论的优越性，认为它最符合或最能反映历史实际运行轨迹的内在规律。的确，韩非对时代特征的定性，所谓“当今争于力”的话头，最直截了当地揭示或抓住了战国争雄力政的时代脉搏。但是，我们还是禁不住要问：韩非历史观的胜利与感召力真的是基于它的进化论意味的理论优越性吗？其实不然。依我之见，所谓“古人亟于德，中世逐于智，当今争于力”，只不过是依据每个时代外在的行为标准或价值取向，对历史所作的一种阶段性的粗糙而直观的说明与描述。这一历史认识的僵化，极易导致人为地造成历史的断裂和停顿。具体讲，法家提出这一历史观，旨在论证“法治”的有效性，“一断于法”务在著明切实，使贤愚妇孺都能晓畅明白而知所避就，以至最能整齐广大民众的力量为人主效命。因此，如果说“在一个复杂世界中能够说明问题，并提供简单的解释和行动纲领的意识形态是明显具有感召力的”①话，我认为，法家历史观的全部理论意义也不过如此，不是它的深刻性，而是它的粗糙性及“法治”作为一种政策的著明切实性，为法家的理论赢得了切于时用而富有成效的感召力。

然而，这种感召力却并没有为统一之后的秦王朝提供任何更加广泛的社会目的性、政治理想性的意识引导或理论说明，相反，“世智，则力可以胜之”(《商君书·算地》)的“智”与“力”的势不两立观，只是鼓噪起始皇帝对权势的贪欲而公然肆意摧残士人的学术活动，凭借权势的外力剥夺其思想的自由及其公开运用自己的理性而思考和表达政见的权利。正如胡适先生所说：

> 李斯和秦始皇陶醉于他们的空前的成功，并且不能容忍在一个思想活跃时代的最自然的批评精神，他们把韩非的学说即“今所治之政，

① [美]加布里埃尔·A. 阿尔蒙德、小G. 宾厄姆·鲍威尔：《比较政治学》，曹沛霖、郑世平、公婷等译，上海译文出版社1987年版，第125页。

民间之事，夫妇所明知者不用，而慕上知之论，则其于治反矣”，及他的“故微妙之言，非民务也”，严格地付诸实施。这就导致公元前213年的“焚书坑儒”。①

有学者对此也有一极精当的评语：“焚书”和“坑儒”这两件大事便是法家反智论在政治实践上的最后归宿；“焚书”政策的实施是韩非的反智论的彻底胜利。

而依我之见，韩非站在民间立场上的反智论，究其更深层的“充分而正当”的理据无疑正是他的历史观，而韩非历史观的胜利也就导致了这样一种政治幻觉：作为尚“力”原则运用的结果，一统的实现即是历史使命与意义的终结。也可以说，这正是韩非对历史运行轨迹所作的一种粗糙三段论的诠释或简单模式化的历史表达式必然引人误入歧途的归宿。

为了便于进一步的分析和讨论，我们不妨将《史记·秦始皇本纪》中的两段文字详引于下：

（始皇三十四年，即公元前213年）始皇置酒咸阳宫，博士七十人前为寿。仆射周青臣进颂曰：“……自上古不及陛下威德。”始皇悦。博士齐人淳于越进曰：“臣闻殷周之王千余岁，封子弟功臣，自为枝辅。今陛下有海内，而子弟为匹夫，卒有田常、六卿之臣，无辅拂，何以相救哉？事不师古而能长久者，非所闻也。今青臣又面谀以重陛下之过，非忠臣。”始皇下其议。丞相李斯曰：“五帝不相复，三代不相袭，各以治，非其相反，时变异也。今陛下创大业，建万世之功，固非愚儒所知。且越言乃三代之事，何足法也？异时诸侯并争，厚招游学。今天下已定，法令出一，百姓当家则力农工，士则学习法令辟禁。今诸生不师今而学古，以非当世，惑乱黔首。丞相臣斯昧死言：古者天下散乱，莫之能一，是以诸侯并作，语皆道古以害今，饰虚言以乱实，人善其所私

① 胡适：《先秦名学史》，学林出版社1983年版，第153页。

学，以非上之所建立。今皇帝并有天下，别黑白而定一尊。私学而相与非法教，人闻令下，则各以其学议之，入则心非，出则巷议，夸主以为名，异取以为高，率群下以造谤。如此弗禁，则主势降乎上，党与成乎下。禁之便。臣请史官非秦记皆烧之。非博士官所职，天下敢有藏《诗》、《书》、百家语者，悉诣守、尉杂烧之。有敢偶语《诗》《书》者弃市。以古非今者族。吏见知不举者与同罪。令下三十日不烧，黥为城旦。所不去者，医药卜筮种树之书。若欲有学法令，以吏为师。”制曰：“可。”

（始皇三十五年）侯生、卢生相与谋曰：“始皇为人，天性刚戾自用，起诸侯，并天下，意得欲从，以为自古莫及己。专任狱吏，狱吏得亲幸。博士虽七十人，特备员弗用。丞相诸大臣皆受成事，倚辨于上。上乐以刑杀为威，天下畏罪持禄，莫敢尽忠。上不闻过而日骄，下慑伏谩欺以取容。……天下之事无小大皆决于上……贪于权势至如此，未可为求仙药。”于是乃亡去。始皇闻亡，乃大怒曰：“吾前收天下书不中用者尽去之。悉召文学方术士甚众，欲以兴太平……卢生等吾尊赐之甚厚，今乃诽谤我，以重吾不德也。诸生在咸阳者，吾使人廉问，或为妖言以乱黔首。”于是使御史悉案问诸生，诸生传相告引，乃自除犯禁者四百六十余人，皆坑之咸阳，使天下知之，以惩后。益发谪徙边。始皇长子扶苏谏曰：“天下初定，远方黔首未集，诸生皆诵法孔子，今上皆重法绳之，臣恐天下不安。唯上察之。”始皇怒，使扶苏北监蒙恬于上郡。

细绎上文，如果说“焚书”事出有因，是上承商鞅、秦国打击“以古非今”的守旧的儒者与儒学的一贯的文化政策所致，那么“坑儒”则是秦始皇因方士的“诽谤”而“迁怒”于诸生的结果，虽也在法家的学理之中，却实在是一个“偶然性”事件。然而，两件事堂而皇之的主要理据都是“惑乱黔首”，实属“欲加之罪，何患无辞”。

但是，这两件事的发生不仅直接带来儒学的灾难性的厄运，而且更值得我们进一步深思的是事件发生的最根本的缘由，说到底不外是因“一统”大业的实现而使始皇帝及其谀臣们产生了一种历史使命已经由他们完成或终结的政治幻觉，这一政治幻觉对秦朝统治者们的政治心态特别是始皇个人权势欲的极度膨胀，乃至整个王朝的政治制度建设产生了极其深刻的影响和难以估量的后果。大体而言，这一政治幻觉主要体现为秦朝君臣如下几个方面的意识：一是，不容许任何的批评，认为当世不可非或上所建制不可非；二是，认为“相与非法教”的“私学”特别是“愚儒”诸生们的“以古非今”是一种政治性的“造谤”，应厉行禁止、实施打击以便义无反顾地推行郡县官僚政治，从而成功地确立后世不可逆转的大一统帝国“皇帝—郡县制官僚政治”的统治模式；三是，始皇自以为已建“万世之功”，自可永享天下太平之局，故而只需“后世以计数，二世三世至于万世，传之无穷”，这是大一统帝国“家天下”意识的肇端，而不幸的是这一“家天下”而欲“传之无穷”的政治期望因自始便完全失落了忧患意识而终落得个二世而亡的悲剧性命运，真是莫大的历史嘲讽；四是，由于“并天下，意得欲从”的巨大成功而“以为自古莫及己”的不可一世的狂妄意识，致使始皇本人刚愎自用的性格和对权势的贪欲膨胀到了无以复加、无所节制的地步，不仅容不得他人的批评，甚至连自己长子的进谏也难以容忍和不愿接受。

我们完全可以说，秦王朝实是中国历史上的一个成功与悲剧相伴而生的政治典范，而它的悲剧又正是根源于它的成功而来。而其悲剧也正应了“权力腐蚀人，绝对的权力绝对腐蚀人”的著名警言。而“为什么权力会腐蚀人？因为权力可以被定义为拥有某种具体的和实践的意义上的可能性。……这就是为什么政治是一个诱惑被放大了领域的原因。但是政治的崇高也在于权力，正如人的崇高和危险在于人受诱惑的能力一样。崇高和危险总是互相关连的”[①]。“一统天下”的空前成功也正使中国的始皇帝极度受到“某种具体的和实践的意义

① ［美］保罗·蒂里希：《政治期望》，徐钧尧译，四川人民出版社1989年版，第166页。

上的可能性”（即上述“政治幻觉”）的诱惑与腐蚀。尽管他也声称“欲以兴太平”，并讲什么“圣智仁义，显白道理”（琅琊台刻石），但这仅限于一种文字修饰的意义，事实上却使他由此而陷溺于“当世不可非”的虚妄信念，“天下之事无小大皆决于上”的事务性的独断专行，以及极其狭隘的“专用天下适己”的当下的“肆意极欲”之中而难以自拔，以致容不得对自己的任何讥刺和批评。诚如太史公《史记·六国年表》序所说：“秦既得意，烧天下《诗》《书》，诸侯史记尤甚，为其有所刺讥也。”除了允许“谀臣”的“倚辨于上”与歌功颂德之外，秦朝君臣无疑是要将商、韩所主张的“一断于法”和“一教”乃至“无教”的政治理念贯彻到底的，这种政治理念绝对禁止一切个人性或私人性的精神生活，禁止康德所谓“任何人作为学者在全部听众面前所能做的那种”“对自己理性的公开运用”①。结果，这只能导致一种文化的浩劫或“荒漠化”。

但是，专制独裁政治虽然可以带给社会一时的“噩梦”，却不可能彻底根除人们心中的“私心杂念”。我认为，正是在官方文化高压政策的“噩梦”与个人“私心杂念”的“夹缝”中，儒学虽然遭到了几近毁灭性的打击而又能不绝如缕以至在汉代逐渐走向了全面复兴，这一现象是颇耐人寻味的。具体来说，儒学的命脉在这一“夹缝”之中得以幸存、延续下来乃至走向复兴的原因约有如下数端。

首先，尽管先儒有“记问之学，不足以为人师”的断语，但儒家经典之学于秦朝速亡之后而在汉代能够得以兴起，不能不说经师的“记问之学”立有首功。另外，且不说秦官方是否焚毁了“博士官所职”的书籍，但秦之“焚书”不可能焚尽天下“非博士官所职”的民间私藏的儒书。故汉“除挟书律”之后，民间献出私藏之书者多有，壁藏之书亦时有发现，当属情理中的事。如“《诗》《书》所以复见者，多藏人家，而史记独藏周室，以故灭”（《史记·六国年表》序）；“秦时禁《书》，伏生壁藏之”（《汉书·儒林传》）。当然，有一个例外就是《易》

① ［德］康德：《历史理性批判文集》，何兆武译，商务印书馆1990年版，第24—25页。

经："秦禁学，《易》为筮卜之书，独不禁，故传受者不绝也。"（《汉书·儒林传》）

其次，秦之"坑儒"也不可能坑杀尽天下的儒生，但是，毫无疑问，"坑儒"却让"是古而非今"的守旧的"愚儒"受到了空前沉重的打击，从后来汉初的儒家精英人物无论在理论取向还是政治态度上都积极地做出调整，通过适应现实政治的需要来寻求儒学的复兴来看，譬如曾经职任秦博士而被人讥为"曲学阿世"的叔孙通等人所做的那样，这一血的教训未尝不是一大幸事。

再次，尤其发人深省的是，秦法虽然严酷，如"有敢偶语《诗》《书》者弃市""以古非今者族"，而且又是"焚书"，又是"坑儒"，但从未发起一场针对孔子本人的"批孔"运动。更加匪夷所思的是，权倾一朝而足可与始皇媲美（事无大小辄决于高）的赵高，竟然曾经为了劝导二世胡亥杀兄自立而口吐如斯"箴言"："臣闻汤、武杀其主，天下称义焉，不为不忠。卫君杀其父，而卫国载其德，孔子著之，不为不孝。"又鼓动李斯"助纣为虐"曰："君听臣之计，即长有封侯，世世称孤，必有乔松之寿，孔、墨之智。今释此而不从，祸及子孙，足以为寒心。"（《史记·李斯列传》）话中称引竟然毫不避讳孔子，由此我们完全可以推论说，虽然以"诸生皆诵法孔子"谏言的公子扶苏遭到了始皇的贬谪，但综观有秦一代对儒家实施打击的文化政策，可以说并未真正涉及对孔子本人的评价问题，除了打击"诵法孔子"的儒者之外，秦朝君臣对孔子在世人心目中究竟有些什么影响似未给予足够的关注，也未认真刻意地予以清理，乃至在"焚书""坑儒"之后竟会有赵高以孔子之所是为是、以孔墨之智为智的"奇谈怪论"出现。据此，我们也当不难理解代秦而起的汉高祖刘邦在转变了对儒者的看法之后何以会首开以太牢大礼祭祀孔子的先例，更不难理解汉儒何以要以"推明孔氏"乃至神化孔子为轴心来从事儒家文化的复兴运动。毕竟孔子自孔子，儒者自儒者，儒者们自可以各自借着"推明孔氏"的名义来复兴儒学或相互攻讦，官方亦可一面打击儒者而勿论究孔子（如秦朝君臣），或者一面尊崇儒术（孔子之术）、表章经艺而又拒斥、批评"俗儒"之"不达时宜，好是古非今"（《汉书·元帝纪》)。

最后，秦之“焚书”“坑儒”对儒者心灵的打击，不仅没有使儒者丧失其固有的信念，反而更激起了其发愤复兴儒学的悲情宏愿，这在儒家文化的复兴运动中可谓一奇特而意味深长的现象，这一奇特的现象甚至可以说贯穿于中国2000多年的历史之中，足可令人感慨万端。仅就秦汉之际而言，诚如太史公所说：“及至秦之季世，焚《诗》《书》，坑术士，‘六艺’从此缺焉。陈涉之王也，而鲁诸儒持孔氏之礼器往归陈王。……然而缙绅先生之徒负孔子礼器往委质为臣者，何也？以秦焚其业，积怨而发愤于陈王也。”(《史记·儒林列传》)儒者基于“圣学命脉不绝如缕”的自觉意识，更是由于积怨之深而发愤复兴儒学，诚非“一时的冲动”所能形容。观之汉代，直至董仲舒犹然发愤而苦心孤诣地“推明孔氏”，由积怨而来的儒家文化的复兴运动真可谓旷日持久。

综上所述，儒学在秦代遭到了空前的灾难性的打击，而不得不在“夹缝”中求生存，但颇具历史反讽意味的是，这一打击对儒者重新调整自己的政治态度以适应现实政治的需要，从而成功地使儒学在汉代得以全面复兴，又未尝不是一大幸事。特别是由秦之“焚书”“坑儒”而来的儒者的“积怨而发愤”，我们不妨称之为“夹缝”效应，这一效应实对儒学在汉代的全面复兴造成了广泛而深远的影响。毫无疑问，儒学在汉代之能得以复兴，我认为并不能简单地仅由秦代的“焚书”“坑儒”并未焚尽天下之书也未坑尽天下之儒来解释，在上述“夹缝”效应的意义上，毋宁说秦代的“焚书”“坑儒”在秦汉之际所造成的历史效果最具深刻意味的是：它构成了儒家文化复兴运动的一个历史性的反题！

五、孔子的偶像化

太史公司马迁在《史记·儒林列传》中，对孔儒从春秋到汉初一波三折的社会政治际遇和历史命运，曾以简洁明快的笔法勾勒、概述得甚为明晰，其文如下：

世以混浊莫能用，是以仲尼干七十余君无所遇……

自孔子卒后，七十子之徒散游诸侯，大者为师傅卿相，小者友教士大夫，或隐而不见……后陵迟以至于始皇，天下并争于战国，儒术既绌焉，然齐鲁之间，学者独不废也。于威、宣之际，孟子、荀卿之列，咸遵夫子之业而润色之，以学显于当世。

及至秦之季世，焚《诗》《书》，坑术士，“六艺”从此缺焉。陈涉之王也，而鲁诸儒持孔氏之礼器往归陈王。……以秦焚其业，积怨而发愤于陈王也。

及高皇帝诛项籍，举兵围鲁，鲁中诸儒尚讲诵习礼乐，弦歌之音不绝，岂非圣人之遗化，好礼乐之国哉？……夫齐鲁之间于文学，自古以来，其天性也。故汉兴，然后诸儒始得修其经艺，讲习大射乡饮之礼。叔孙通作汉礼仪，因为太常，诸生弟子共定者，咸为选首，于是喟然叹兴于学。然尚有干戈，平定四海，亦未暇遑庠序之事也。孝惠、吕后时，公卿皆武力有功之臣。孝文时颇征用，然孝文帝本好刑名之言。及至孝景，不任儒者，而窦太后又好黄老之术，故诸博士具官待问，未有进者。

及今上即位，赵绾、王臧之属明儒学，而上亦乡之，于是招方正贤良文学之士。……及窦太后崩，武安侯田蚡为丞相，绌黄老、刑名百家之言，延文学儒者数百人，而公孙弘以《春秋》白衣为天子三公，封以平津侯。天下之学士靡然乡风矣。

公孙弘为学官，悼道之郁滞，乃请曰……自此以来，则公卿大夫士吏斌斌多文学之士矣。

显然，太史公在叙述孔儒的政治遭遇和历史命运时是有其明确意向的，于行文之间，其对孔学受绌的悲悯乃至后来对“学士靡然乡风”的欢欣鼓舞之情跃然纸上。从孔子不得其用，到孔门弟子的分化及儒术受绌，再到“秦焚其业”和汉初的“不任儒者”，及至儒者为学官而一朝风气蔚然向学，这似乎给一息尚存的儒学带来了新生的根本性的命运转机。然而，在这种转机中，孔学是获得了真正的新的文化生命意义，还是坠入了一种历时2000余年的虚假现象之中？请看汉代对“儒术”的尊崇。

(一)通于时变世务：儒家精英人物政治态度的自我调适

公元前202年，刘邦凭着他善于纳谏用人的胸怀，凭着他机诈应变的能力，也凭着他一身的流氓无赖气，终于打败西楚霸王项羽而登上皇帝的宝座，建立了西汉王朝。正是这位“意豁如也”而又“好酒及色”（《汉书·高帝纪》）的沛公在成为汉家高祖皇帝的前前后后，他对儒者的态度发生了极其有趣的戏剧性的变化。在这一变化中，有三位重要的儒家人物发挥了关键性的作用。

其一是郦食其，其人“好读书，家贫落魄，无以为衣食业，为里监门吏”，人谓之“狂生”。或曰：“沛公不好儒，诸客冠儒冠来者，沛公辄解其冠，溲溺其中。与人言，常大骂。未可以儒生说也。”果如此言，沛公竟“倨床使两女子洗足，而见郦生”。郦生则先是“长揖不拜”而问曰：“足下欲助秦攻诸侯乎？且欲率诸侯破秦也？”这一问却惹得沛公性起大骂：“竖儒！”尔后郦生劝说以“必聚徒合义兵诛无道秦，不宜倨见长者”。于是沛公才始“辍洗，起摄衣，延郦生上坐，谢之”，“郦生因言六国从横时”。沛公闻言而喜，后来郦生遂得以为沛公说客而“驰使诸侯”。（《史记·郦生陆贾列传》）

其二是陆贾，“以客从高祖定天下，名为有口辩士，居左右，常使诸侯”。他尝盛赞汉家高祖曰：“皇帝起丰沛，讨暴秦，诛强楚，为天下兴利除害，继五帝三王之业，统理中国。中国之人以亿计，地方万里，居天下之膏腴，人众车舆，万物殷富，政由一家，自天地剖泮未始有也。”正是这样一位陆贾于西汉王朝建立后在高祖皇帝面前“时时前说称《诗》《书》”，而惹得高帝很不耐烦地骂之曰：“乃公居马上而得之，安事《诗》《书》！”陆贾则据理力争地反问刘邦道：“居马上得之，宁可以马上治之乎？且汤武逆取而以顺守之，文武并用，长久之术也。……乡使秦已并天下，行仁义，法先圣，陛下安得而有之？”高帝闻听此言乃大感惭愧，谓陆贾曰：“试为我著秦所以失天下，吾所以得之者何，及古成败之国。”陆贾每撰著上奏一篇，“高帝未尝不称善，左右呼万岁，号其书曰‘新语’”。太史公读其书，亦喟然兴叹曰：“固当世之辩士。”（《史记·郦生陆贾列传》）

其三是叔孙通，秦时以文学征为待诏博士，陈胜起兵山东，二世乃召博士诸儒生问，三十余人皆言是“反”（叛逆造反），二世怒而作色，叔孙通心知二世不喜言“反”者，于是面谀阿二世之意而称言为“盗”。结果，“二世令御史案诸生言反者下吏，非所宜言”，而叔孙通则被拜为博士。后降汉王沛公，“叔孙通儒服，汉王憎之；乃变其服，服短衣，楚制，汉王喜”（孔文祥云：“短衣便事，非儒者衣服。高祖楚人，故从其俗裁制”）。叔孙通降汉后，有“从儒生弟子百余人，然通无所言进，专言诸故群盗壮士进之”，弟子皆窃骂，汉王则拜叔孙通为博士。后来，汉王当上了汉家王朝的高祖皇帝，首先遇到的却是一件令人不快的事，就是那些与刘邦一起出生入死打天下的弟兄们整日在朝廷上“饮酒争功，醉或妄呼，拔剑击柱”。叔孙通于是乘机上言：“夫儒者难与进取，可与守成。臣愿征鲁诸生，与臣弟子共起朝仪。”又曰，“礼者，因时世人情为之节文者也。故夏、殷、周之礼所因损益可知者，谓不相复也。臣愿颇采古礼与秦仪杂就之。”高祖曰：“可试为之，令易知，度吾所能行为之。”为制朝仪事，叔孙通曾受到两位鲁地儒生的讥评，其言曰：“公所事者且十主，皆面谀以得亲贵。……礼乐所由起，积德百年而后可兴也。……公所为不合古，吾不行。公往矣，无污我！”叔孙通则反唇相讥，而嘲笑他们说：“若真鄙儒也，不知时变。”叔孙通们一俟朝仪制定出来便给高祖首先演练了一番，高祖看后曰：“吾能为此。”于是，在刘邦即皇帝位的第三年，便正式举行了群臣朝贺皇帝的大典，“自诸侯王以下莫不振恐肃敬”而“无敢讙（喧）哗失礼者”。这使刘邦大为高兴，并深有感触地慨叹道：“吾乃今日知为皇帝之贵也。”随后便拜叔孙通为掌管礼仪的太常官，叔孙通又不失时机地进言曰：“诸弟子儒生随臣久矣，与臣共为仪，愿陛下官之。”高帝悉以为郎。诸生至此时方才欢天喜地，口呼：“叔孙生诚圣人也，知当世之要务。”叔孙通为汉家制定朝仪之功多为汉儒所称道，亦曾赢得太史公一番赞叹："叔孙通希世度务，制礼进退，与时变化，卒为汉家儒宗。'大直若诎，道固委蛇'，盖谓是乎？"（《史记·刘敬叔孙通列传》）其中，颇耐人寻味的是，叔孙通所谓"守成"，显然绝不是一种守旧的立场，而毋宁说是一种以顺应时变和维护汉家王朝的统治秩序为能事的政治立场，相反，固执于合古的儒者则被讥为"不知时变"的"鄙儒"，"好是古非今"的儒者有时也被斥为"不达时宜"的"俗儒"（《汉书·元帝纪》载宣帝对儒者的批评语）。此最足以说明儒家精英人物的政治态度在汉世的转变以及汉家帝王对儒者的政治期望。

从上述三位儒者与汉家开国皇帝刘邦晤对的具体情状，我们可以非常生动形象地体会到，他们在一种双向的交流与对话中是如何彼此调整适应与相互接纳的。这一现象不仅十分有趣，而且更涉及一个关键性的实质问题，即孔学究竟是怎样开始与现实政治结缘而逐渐被推崇起来的。就上述三位儒者而言，他们之所以能够转变刘邦对儒者的狎侮态度，并非仅仅是凭着三寸不烂之舌空口白话所致，他们或者是凭借六国纵横家的才干充任刘邦的说客，或者是以"长久之术"的功效来博得刘邦的欢心，或者是测度人主所易知、所能行而制定朝仪以换取仕进的荣耀。一句话，儒者的"发愤"是凭着自身实际的才能或者以对时变世务的切实把握以适应新兴刘氏政权的需要而赢得新政权对他们的接纳的。如陆贾盛赞刘皇帝"统理中国""政由一家，自天地剖泮未始有也"，即充分表达了儒者对新兴的汉家王朝的积极评价与认同的态度；而叔孙通由受到固执地坚守"合古"的少数儒生的"面谀"之讥，到太史公美誉之"希世度务"而"卒为汉家儒宗"，亦最能说明汉家儒流的现实取向。可以说，正是在通于时变世务的意义上，他们寻求到了与新兴汉家政权的初步结合点。他们的尝试与努力是切实成功的，不仅改变了刘邦对一般儒者的态度与看法，而且更使孔子赢得了汉家王朝的这位开国皇帝的格外尊崇。公元前195年，即汉高祖十二年，刘邦过鲁时，竟以祭天大礼太牢祭祀孔子，从而首开了后世历代帝王愈演愈烈的"祭孔"活动的空前先例，这一事件无疑具有更为深远的历史意义和政治示范效应。

总之，秦对“以古非今”之儒的“扫荡”，不但没有使儒者丧失热切关注现实政治的兴趣，反而更激起他们因“秦焚其业”而“发愤”于新兴的汉家王朝。而从上述三位儒者的遭际，我们更可深切地体认到秦汉之际儒家精英人物的这样一种态度上的变化，即他们在汉兴之初自始便为了在新兴的汉家王朝的政治生活中担任某种重要的角色，而努力调适自身的政治态度，由过去的“以古非今”而转向“通于时变世务”，这不仅使汉家统治者改变了对一般儒者的态度，更是孔子与儒学能够成功地赢得汉家官方推崇的希望之所在。虽然汉初君臣对黄老之术的特别偏好抑制了儒学在汉兴之初得以大规模复兴的进程，但是，在经过数代儒者坚韧不拔的努力之后，特别是到武帝朝时又出现了一批“通于世务”的大儒如董仲舒、公孙弘、兒宽等人，他们积极地进行自我政治态度的调适并切实地参与到汉家政治生活当中去，以与汉家政权共同谋求新的社会政治秩序的长治久安，正是这种努力使他们成功地实现了儒家文化在汉代的全面复兴。

（二）董仲舒的“推明孔氏”

众所周知，汉儒弘扬孔学并使之立于官学地位，其功最巨者当首推董仲舒，西汉刘向曾盛赞其“有王佐之材”，东汉班固更极言推扬其儒业之功曰：

> 自武帝初立，魏其、武安侯为相而隆儒矣。及仲舒对册，推明孔氏，抑黜百家。立学校之官，州郡举茂材孝廉，皆自仲舒发之。
>
> 仲舒遭汉承秦灭学之后，《六经》离析，下帷发愤，潜心大业，令后学者有所统一，为群儒首。（《汉书·董仲舒传》）

仲舒潜心“发愤”意在复兴儒学，“推明孔氏”既可说是仲舒对策的主旨，是他本人作为圣徒、儒者的一种自我角色期望，推而广之，亦可说是汉儒主流的一种总体的自我角色期望。正是因为有此一自我角色期望，汉代经学家对儒家经典的注解、诠释或作“纬”以阐“经”，都不外乎着力阐明经典中蕴含的孔圣之“微言大义”。而董子所以为董子，所以能“为群儒首”而号为一代儒宗，也正是因为他首先将“推明孔氏”引为一种自我角色期望，并致力于将孔子的

“微言大义”的政治文化意蕴落实于现实社会政治生活的实践当中去。

单就董子“天人三策”所见，征引“孔子曰”者共达15次之多。董子虽仕官未至天子三公，但他能“以经术润饰吏事”“所居而治”，甚至在他去位归居后仍能作为汉家的高级政治顾问而发挥其个人的政治影响力，如“仲舒在家，朝廷如有大议，使使者及廷尉张汤就其家而问之”，而“其对皆有明法”，且动以经对。仲舒归居“以修学著书为事”，其所著亦“皆明经术之意”。（《汉书·循吏传》《汉书·董仲舒传》）由此可见，虽然“推明孔氏”一语是由班固明确道出，但此言确凿有据，最能切中董子所从事复兴儒学之事业的核心旨趣。要而言之，董子之言行，无论是施及政事，还是表现于著述，皆以“推明孔氏”或“明经术之意”为主旨。

作为学治《春秋》、以公羊学名家的董仲舒，尤其极力阐扬、推求孔子作《春秋》之义。太史公曾在《史记·十二诸侯年表》序语中简明扼要地论列了一下孔子作《春秋》“明王道”“制义法”之意及其余响，余响所至即终于“当世”之“上大夫董仲舒推《春秋》义”。而董子推求孔子作《春秋》之义自与先他推求者旨趣迥异，而且是一种最可注意的根本倾向性上的不同。先秦圣徒信孔子“当圣王”，由孟子所言“《春秋》，天子之事”及“孔子成《春秋》而乱臣贼子惧”可知，孟子言下之意无疑旨在推明孔子的作为实足以绳正他所处的战国之世。汉儒虽然对孔子作《春秋》足以“当一王之法”（《史记·太史公自序》）深信不疑，却缺乏孟子那种孔子所作实足以绳正“当时”之乱世的信心，但是，他们对孔子的另一种信心却较孟子更有过之而无不及，那就是董子所言“孔子立新王之道”（《春秋繁露·玉杯》），或曰“《春秋》当新王”“《春秋》应天作新王之事”（《春秋繁露·三代改制质文》）。董子“推明孔氏”之意正是集中在这“新”之一字，并旨在通过理论上的系统论证而将孔氏的经典之学与汉家王朝的政治合法性和制度建设予以联姻、整合为一体。

比较一下汉代人的下述两种孔子观是十分有趣的：

孔子明王道，干七十余君，莫能用，故西观周室，论史记旧闻，兴

于鲁而次《春秋》，上记隐，下至哀之获麟，约其辞文，去其烦重，以制义法，王道备，人事浃。（《史记・十二诸侯年表》序）

御史曰："文学祖述仲尼，称诵其德，以为自古及今未之有也。然孔子修道鲁、卫之间，教化洙、泗之上，弟子不为变，当世不为治，鲁国之削滋甚。"（《盐铁论・论儒》）

持批评意见者以"当世不为治"为理据讥刺称誉孔子之辈的虚妄不实，而推扬孔子者则恰恰认为孔子正因为不为世君所用，所以才退而作《春秋》"以制义法"、备"王道"。他们各为其说，然深究其意，推扬者一如批评者亦承认孔子没有能够推行其道于"当世"，不过这却反而构成了激励他们推求"孔子立新王之道"的内在动机。故董子曰：

仲尼之作《春秋》也，上探正天端王公之位，万民之所欲；下明得失，起贤才以待后圣。故引史记理往事，正是非，见王公。史记十二公之间，皆衰世之事，故门人惑，孔子曰："吾因其行事而加吾王心焉，以为见之空言不如行事博深切明。"（《春秋繁露・俞序》）

据董子的推求，仲尼作《春秋》意在期之后圣，而因衰世之史实以作《春秋》的目的不过是欲以彰明义法"寓意"的深切著明。显然，这实际上是意在将"孔子作《春秋》之义"作为一个有待或急需落实的现实政治课题推向新的王朝政治生活的前台。班固有言：

仲舒所著，皆明经术之意，及上疏条教，凡百二十三篇。而说《春秋》事得失，《闻举》《玉杯》《蕃露》《清明》《竹林》之属，复数十篇，十余万言，皆传于后世。掇其切当世施朝廷者著于篇。（《汉书・董仲舒传》）

班固对董子的赞许、称扬的态度正在于他的"推明孔氏"及关切当世施及朝廷的实际政治意义，董子之"推《春秋》义"也正是力求使孔子的义法（王道理想）成为新王的实际政治作为的原则导向。同时，董子亦欲借王权的外力切实推行"孔子之术"于现世，而且认为推行"孔子之术"的单一的政策导向必将促成一种民众对新王朝政权的一致认同的支持性态度。故而董子极言推求曰：

> 《春秋》大一统者，天地之常经，古今之通谊也。今师异道，人异论，百家殊方，指意不同，是以上亡以持一统；法制数变，下不知所守。臣愚以为诸不在六艺之科、孔子之术者，皆绝其道，勿使并进。邪辟之说灭息，然后统纪可一而法度可明，民知所从矣。（《汉书·董仲舒传》）

可以说，"推明孔氏"正是作为汉儒复兴儒学的核心议题而构成了汉代整个儒家文化复兴运动的中轴，这与董子首开风气、意在整合孔学与新王的政治作为而发愤"推明孔氏"之功有着直接而深切的关系。而当董子"推明孔氏"、以为《春秋》义法实"立新王之道"的时候，董子心目中的孔圣已卓然成为新王应该诚心悦服而奉之的政治偶像。对董子而言，作为政治偶像的孔子，就是那昌明古今政治之得失、端正人道之是非而穷极天下仪法的孔子；作为创制立法的素王，孔子作《春秋》、制义法也正为汉家新王朝及其政治作为预先设定好了"合法性"的基础。我认为，这正是董子"推明孔氏"的双重政治文化意义所在！

（三）司马迁心目中的"至圣"

如果说董仲舒是从政治偶像的意义上"推明孔氏"的，而且将儒家王道理想的复兴及推行"孔子之术"的希望寄托于"新王"的奋然兴作，那么作为史学大家的太史公司马迁则是以优美动人、扣人心扉的笔触向世人着意刻画、描写了孔子作为学术至尊、文化偶像的"至圣"形象。这不是说太史公只是要别出心裁，而是说太史公在服膺董子"推《春秋》义"的前提下更进一步推言孔子的权威性自有令世人"不得不"心向往之的学术至理的文化魅力。

司马迁在他那震古烁今的史学名著《史记》中，把孔子列为世家、视同王侯，并以一个富有同情心、敏感、庄严、高贵的学者的心灵为孔子的伟大作倾情的宣传。因为正是他自身的不幸，使他能够设身处地地深刻体认到不幸对一个艰苦卓绝而伟大的生命意味着什么。太史公喟然兴叹曰：

夫《诗》《书》隐约者，欲遂其志之思也。昔西伯拘羑里，演《周易》；孔子厄陈、蔡，作《春秋》；屈原放逐，著《离骚》；左丘失明，厥有《国语》；孙子膑脚，而论兵法；不韦迁蜀，世传《吕览》；韩非囚秦，《说难》《孤愤》；《诗》三百篇，大抵贤圣发愤之所为作也。此人皆意有所郁结，不得通其道也，故述往事，思来者。（《史记·太史公自序》）

显然，太史公是在圣贤人物共通的心态及人格意义上评说孔子之“发愤”作《春秋》的，如此说来，孔子“发愤”作《春秋》似乎并不具有特殊的政治意味，太史公的评说表达的不过是他作为一个学者与圣贤同命运共呼吸的深切感触。然而，太史公情怀深系、感触“发愤”者却丝毫不逊色于圣人之徒，他个人的不幸激励他发愤著就《史记》，而《史记》之作却一如圣徒的著述，是以接续孔子道统、传承孔子作《春秋》之意自任的，正所谓：“先人有言，自周公卒，五百岁而有孔子。孔子卒后，至于今五百岁，有能绍明世，正《易传》，继《春秋》，本《诗》《书》《礼》《乐》之际。意在斯乎？意在斯乎？小子何敢让焉！”（《史记·太史公自序》）事实上，太史公对孔子同样是推崇备至的。

而且，依我之见，太史公探赜索隐、钩深致远，可以说是“接着”而不是完全照着董子“推《春秋》义”而去推求孔子作《春秋》之意的。据《史记·太史公自序》，太史公自述曰：

余闻董生曰：“周道衰废，孔子为鲁司寇，诸侯害之，大夫壅之。孔子知言之不用，道之不行也，是非二百四十二年之中，以为天下仪表，贬天子，退诸侯，讨大夫，以达王事而已矣。”子曰：“我欲载之空言，不如见之于行事之深切著明也。”夫《春秋》，上明三王之道，下辨人事之纪，别嫌疑，明是非，定犹豫，善善恶恶，贤贤贱不肖，存亡国，继绝世，补敝起废，王道之大者也。……《春秋》辩是非，故长于治人。……《春秋》以道义。拨乱世反之正，其近于《春秋》。《春秋》文成数万，其指数千。万物之散聚皆在《春秋》。……《春秋》者，礼仪之大宗也。

余闻之先人曰："……《春秋》采善贬恶，推三代之德，褒周室，非独刺讥而已也。"

周室既衰，诸侯恣行。仲尼悼礼废乐崩，追修经术，以达王道，匡乱世反之于正，见其文辞，为天下制仪法，垂"六艺"之统纪于后世。作《孔子世家》。

在太史公的上述推求中，最可注意的是他特别强调孔子的"拨乱反正"之意。我认为，"拨乱反正"作为一种具体的历史性的社会政治课题，在一种王朝更迭、权力转换的特定氛围中，若能富有成效地生产出政治产品即稳定的社会政治新秩序，那么它较之抽象地鼓吹新王应遵从孔子的义法是更易于为新的当权者所乐于接受的。

太史公正是上承董子"推明孔氏"，深感于孔子"匡乱世反之于正"的深意，于是作《孔子世家》，描述夫子生平行迹。读其文，一个通体德慧而尽善尽美、至性至情、无与伦比的孔圣人形象便活灵活现地尽收眼底，无论政事、学问、道德、人格都是那么感人至深、令人起敬起畏。在太史公笔下，孔子俨然便是一个德行全备而性情可爱的伟大哲人，他在一个变乱祸篡的时代，论次《诗》《书》，修起礼乐，作《春秋》义法"以绳当世"。正因《春秋》之作，最终使孔子成为一个声名永久属于未来世界的哲人，"子曰：'弗乎弗乎，君子病没世而名不称焉。吾道不行矣，吾何以自见于后世哉？'乃因史记作《春秋》"（《史记·孔子世家》）。而太史公所以作《孔子世家》以显扬孔子的"至圣"形象，也正因为孔子的"悼礼废乐崩"、孔子的发愤"为天下制仪法，垂'六艺'之统纪于后世"。

太史公在《孔子世家》中还告诉我们，孔子溘然长逝之后，鲁人仍世世相传以岁时奉祠孔子冢，诸儒亦讲礼乡饮大射于孔子冢；而自汉家高祖过鲁以太牢祠孔子之后，"诸侯卿相至，常先谒然后从政"，正因了帝王的祭拜，孔子的亡灵也竟成了王公大人从政的"护身符"。

圣人死了！

然而，太史公在推求夫子一生事迹与德业时却倾注了无限深情，其情真切笃实，其言感人至深。太史公由敬仰之情而发为心声曰：

> 《诗》有之："高山仰止，景行行止。"虽不能至，然心向往之。余读孔氏书，想见其为人。适鲁，观仲尼庙堂车服礼器，诸生以时习礼其家，余祗回留之不能去云。天下君王至于贤人众矣，当时则荣，没则已焉。孔子布衣，传十余世，学者宗之。自天子王侯，中国言"六艺"者折中于夫子，可谓至圣矣！（《史记·孔子世家》）

孔子以一介布衣赢得天下学者共相依归、遵奉的宗师声望，而太史公作为一个学者对孔子的仰慕之情、叹服之至实在是无与伦比的。不仅如此，太史公之言更让我们体认到了孔子那切实活在中国人心中的"至圣"形象：他"为天下制仪法，垂'六艺'之统纪于后世"，而"中国言'六艺'者折中于夫子"，以至在太史公的时代，孔子所制的仪法、经义卓然已成为世人思维、决策、行动的指南，天子王侯亦不例外！另如明经洁行的圣徒、汉家御史大夫贡禹亦曾向汉元帝建言："孔子，匹夫之人耳，以乐道正身不解之故，四海之内，天下之君，微孔子之言亡所折中。"（《汉书·贡禹传》）孔子"至圣"的声望或影响力如此之隆盛广大，竟至于使人们的思想、行为乃至信仰都以他为宗，而无人能超越出他言行的范围，这无异于剥夺了中国人的精神自由。也许孔子的声名本不应有如此大的魔力，但在孔子死后，经过几代儒生士人矢志不渝的想望与推崇，并最终又得到官方的认同、裁决与钦定，于是孔子便真的成了如斯至高无上的圣人。

虽然班固曾批评太史公"是非颇缪于圣人，论大道则先黄老而后六经"（《汉书·司马迁传·赞》），但是，我宁信清人王应奎的评语，他说：司马迁（迁字子长）"著书本指（旨），无处不以孔子为归"，"汉四百年间，尊孔子者无如子长……子长之功岂在董子下哉！"（《柳南文钞》卷四《司马迁论》）余读太史公书，信哉斯言！至如司马迁何以单为孔子立世家而为孔门弟子及先秦诸子只立列传，对其良苦用心，徐复观先生辨析得甚为精到，其文曰：

六艺是古代文化的总结。诸子百家所代表者为个人的思想，而孔子则除其伟大的人格与致广大而尽精微的思想外，他又代表了古代整个的历史文化。这在学术文化中，史公认为不应当与其他诸子百家处于等伦的地位，故特列入世家中以凸出之。王安石谓“处之世家，仲尼之道，不从而大；置之列传，仲尼之道，不从而小”。这是站在当时孔子的地位早经确定了的时代所讲的话。站在史公作史的立场，世家、列传，是给人在历史中以客观的地位，将孔子列入列传，这是在文化学术中，对人的“平均化”，不是对历史社会负责的态度。人格的平等，是从基本上说。若将平等误用到将人来加以平均化，这便不足以标示人类向上的方向，而历史的大是大非亦因之不显。①

依我之见，徐复观先生显然主要是基于一种儒者的立场来体察太史公为孔子立世家的良苦用心的。其实，我认为问题主要不在于这一形式上，而在太史公所立孔子世家的真实用心，即将孔子尊奉为文化之“至圣”偶像，这较之董仲舒将孔子尊为“素王”之政治偶像，其意义更为广大和深远。因为孔子为汉制法的神话只说明了“素王”只是一家之“素王”，故汉儒“孔子为汉制法”之说不免被后人讥为狭陋之见②，而太史公为孔子立世家、标示其为文化之“至圣”，则孔子制作六艺之法的意向便可不限于只是为一家一姓，而实可作永久之先师、万世之师表，徐复观先生所引王安石之言的真实用意正是要说明这一点。若仅就形式而论，太史公为孔子立世家，虽然把孔子从先秦诸子中凸显了出来，但亦不过将孔子等伦于王侯将相而已，尚不如为项羽立纪那般受尊崇，而如果说这显得太史公亦不能免于世人习惯以权势的显赫标识一个人的身份地位之高贵性的狭陋心态是过于苛责古人的话，那么为孔子立世家在形式上似乎也很难说

---

① 徐复观：《两汉思想史》（第三卷），华东师范大学出版社2001年版，第210页。

② 欧阳修曾批评汉儒说：“甚矣，汉儒之狭陋也！孔子作《春秋》，岂区区为汉而已哉！”（《后汉鲁相晨孔子庙碑跋》）

能够真正凸显出文化学术的弥足珍贵的独立性和自主性。但是，不管怎么说，董子尊孔子为“素王”，太史公奉孔子为“至圣”，可以说奠定了孔子形象在整个汉代乃至在后世作为政治与文化偶像的实质性内涵。

（四）汉武帝“表章‘六经’”政策的出台

当汉家政权已经树立起它稳定的合法性与权威性之际，汉景帝便不失时机地明确向学者们发出了“不许争辩”的警告。这一警告是借辕固生与黄生之间关于“汤武受命”问题的争议一事而发的。辕固生与黄生之间的争执，说到底是一个王权的“合法性”问题。黄生以为君上无道，臣下虽圣也只能正言匡过以尊天子，故而汤武变乱君臣上下之分是弑而非受命，而辕固生则认为汤武是受命诛暴匡乱。这问题最终涉及汉家政权即“高帝代秦即天子之位”的合法性问题。事实上，他们之间的分歧只在于，黄生强调王权的“合法性”应基于既定的君臣上下之间的特殊名分，辕固生则重在主张王权的“合法性”应视帝王的实际政治作为而定。景帝的态度颇有些暧昧，但他那“言学者无言汤武受命，不为愚”的话则分明是在暗示学者应该识趣而安分守己，即王权的“合法性”问题非学者所应涉言讨论的问题，不言也罢，并不算愚昧无知。正是因这景帝的暗示，学者们也的确清醒了许多，变得聪明了起来，“是后学者莫敢明受命放杀者”。（《史记·儒林列传》）可见，现实政权已不容许学者们对王权的“合法性”问题轻易地说三道四，而帝王权威的威慑力也的确深深地慑服了学者们的心灵，在这样一种生存境况下，学术思想的旨趣及其兴废命运也将由当权者一己之好恶来全权定夺了，乃至哪一家能够赢得统治者的青睐，哪一家便会受到尊崇和表彰；反之，各家为了受到尊崇和表彰，也只有竞相争取统治者的垂青了。

如所周知，汉初反秦灭学之弊而大收篇籍的文化政策，曾一度使诸子各家之学得以勃兴。而这一文化政策对儒学的复兴来讲可以说是最为有利的，因为不仅孔门四科当中专门设有文学一科，而且诸子之中儒家最重经艺的传授。只是由于汉初承战乱之弊的特定社会问题，使汉家君臣不得不偏好黄老之术而采取“与民休息”的社会政策，从而抑制了儒学的影响力向社会政治生活领域的广泛渗透。

但至汉武帝刘彻登位，他再也不甘垂拱而治的寂寞了。武帝的好大喜功以及他的雄才大略，使他需要重新调整汉家的整个治国方略与政策。于是，即位之初，还不过是个十六七岁的大孩子的武帝，便诏举贤良方正直言极谏之士，而董仲舒、公孙弘辈应时而出，终于将儒学推向了汉家政治意识形态的前台。

武帝即位后，先是有丞相卫绾毅然请罢所举贤良中"治申、商、韩非、苏秦、张仪之言"而"乱国政"（《汉书·武帝纪》）者，后又有喜宾客、好儒术的丞相田蚡公然"隆推儒术，贬道家言"，及至公孙弘特以《春秋》白衣为天子三公、为学官，不仅为天下学士树立了一个"靡然乡风"的榜样，而且更向武帝奏请：

"为博士官置弟子五十人，复其身。太常择民年十八已上，仪状端正者，补博士弟子。郡国县道邑有好文学，敬长上，肃政教，顺乡里，出入不悖所闻者，令相长丞上属所二千石，二千石谨察可者，当与计偕，诣太常，得受业如弟子。一岁皆辄试，能通一艺以上，补文学掌故缺；其高弟可以为郎中者，太常籍奏。即有秀才异等，辄以名闻。其不事学若下材及不能通一艺，辄罢之，而请诸不称者罚。臣谨案诏书律令下者，明天人分际，通古今之义，文章尔雅，训辞深厚，恩施甚美。小吏浅闻，不能究宣，无以明布谕下。治礼次治掌故，以文学礼义为官，迁留滞。请选择其秩比二百石以上，及吏百石通一艺以上，补左右内史、大行卒史；比百石已下，补郡太守卒史：皆各二人，边郡一人。先用诵多者，若不足，乃择掌故补中二千石属，文学掌故补郡属，备员。请著功令。佗如律令。"制曰："可。"（《史记·儒林列传》）

另据《汉书·武帝纪》，"丞相弘请为博士置弟子员，学者益广"。自此，因"通经入仕"常规道路开通，而"公卿大夫士吏斌斌多文学之士矣"（《史记·儒林列传》）。及至元帝，因天子好儒，"能通一经者皆复"（《汉书·儒林传》）。

特别值得注意的就是，武帝朝有三大"儒雅"之士即董仲舒、公孙弘和兒宽，他们在为儒者开辟仕进的常规道路、使汉家天子褒奖儒术上可谓功绩卓著。

兒宽曾就封禅事极言“唯天子建中和之极，兼总条贯，金声而玉振之，以顺成天庆，垂万世之基”，“上然之，乃自制仪，采儒术以文焉”（《汉书·兒宽传》）。这里，兒宽以孟子盛赞孔子金声玉振之辞嘱之天子而得到武帝的首肯。被董子讥为“从谀”“不肯面折庭争”的公孙弘更有对策曰：

> 臣闻之，仁者爱也，义者宜也，礼者所履也，智者术之原也。致利除害，兼爱无私，谓之仁；明是非，立可否，谓之义；进退有度，尊卑有分，谓之礼；擅杀生之柄，通〔壅〕塞之涂，权轻重之数，论得失之道，使远近情伪必见于上，谓之术：凡此四者，治之本，道之用也，皆当设施，不可废也。得其要，则天下安乐，法设而不用；不得其术，则主蔽于上，官乱于下。此事之情，属统垂业之本也。（《汉书·公孙弘传》）

有趣的是，当时对策者百余人，太常奏弘第居下，而武帝却“擢弘对为第一”。于是，公孙弘复上疏曰：“陛下有先圣之位而无先圣之名，有先圣之名而无先圣之吏，是以势同而治异。先世之吏正，故其民笃；今世之吏邪，故其民薄。政弊而不行，令倦而不听。”（《汉书·公孙弘传》）由于这一番策对，公孙弘终于博得武帝的青睐，而公孙弘劝导人主操杀生之柄、以任术治吏为事，则俨然一副法家的口吻。

至如董子，他在对策中亦昌言：“使诸列侯、郡守、二千石各择其吏民之贤者，岁贡各二人以给宿卫，且以观大臣之能。所贡贤者有赏，所贡不肖者有罚。夫如是，诸侯、吏二千石皆尽心于求贤，天下之士可得而官使也。”而且，据班固说，“立学校之官，州郡举茂材孝廉，皆自仲舒发之”（《汉书·董仲舒传》）。

尽管上述三位“儒雅”之士的个人品格各自不同，但其政治倾向却是大同小异的。所以，班固对他们有一共同的评语，即“三人皆儒者，通于世务，明习文法，以经术润饰吏事，天子器之”（《汉书·循吏传》）。这一评语无疑是公允中肯的。不过，正如我在上文所说，董子更别有一“推明孔氏”之功，这不仅从三人的实际政治作为与施及武帝的影响上可以得知，而比较一下班固对董子对策的评价与对武帝的赞语更能让我们对此有深刻理解。班固曰：

仲舒对册，推明孔氏，抑黜百家。（《汉书·董仲舒传》）

汉承百王之弊，高祖拨乱反正，文景务在养民，至于稽古礼文之事，犹多阙焉。孝武初立，卓然罢黜百家，表章“六经”。（《汉书·武帝纪》）

说董子“推明孔氏”而武帝“表章‘六经’”，这绝不意味着班固是在玩弄一种修辞学的文字游戏，而是表达了这样一种实质性差别：董子作为圣徒的“终极关怀”是服膺“孔子曰”，而武帝作为一个“内多欲而外施仁义”的帝王，致力于招揽、笼络文学儒者，不过是要他们为其“吾欲云云”者效力，也就是说，武帝的优宠儒术、“表章‘六经’”是以学士“可得而官使”为指归的。因此，武帝的“表章‘六经’”到了东汉章帝朝便受到一位胆大儒生崔骃的私下讥评，他说：“昔孝武皇帝始为天子，年方十八，崇信圣道，师则先王，五六年间，号胜文、景。及后恣己，忘其前之为善。”而圣裔孔僖则继之另有一言曰：“书传若此多矣！”（《后汉书·儒林列传》）细绎他们所言真义，可以说他们已将大多圣徒所不敢讲的心里话说得再明白不过了。说到底，“崇信圣道”不过是武帝少年得意之际寥寥数年间一时高兴的“儿戏”，“表章‘六经’”也只是徒使经说枝蕃而已。

而且，如果说董子“推明孔氏”之际凡事皆乞灵于“孔子曰”，这与武帝诏书称述孔子之言罕至一二见的情况适成鲜明对照的话，那么，我们似乎很难说汉武帝对董子的“推明孔氏”真正发生过多少兴趣，而董子的“推明孔氏”也许只不过是他作为圣徒而服膺孔子的一己之私意而已。因此，随着武帝“表章‘六经’”政策的出台，虽然儒者说经的热浪因那仕进的荣耀而行情节节高涨，但官方“尊孔”的高潮却姗姗来迟。甚至直到公元前81年，昭帝始元六年，盐铁会议上，在皇帝御前，“孔氏执经守道之儒”与“公卿面从之儒”之间还曾发生过一场激烈的较量，从中我们可以深切地体会到“执经守道”的孔氏“真儒”在汉家政治生活中的作用及对汉家政策的影响力还一直是极其有限的，而来自官方大夫对孔子本人的批评与非难也仍是尖刻而咄咄逼人的。据桓宽《盐铁论·刺议》："衣儒衣，冠儒冠，而不能行其道，非真儒也。"大夫执掌政权却非"真儒"，孔子之道自然是尚未能真正全面地推行到社会政治生活中去，这实在是情理中的事。而汉家大夫虽非"真儒"，但既已"衣儒衣，冠儒冠"，却对儒祖孔子大大地不敬，孔子的历史命运未免也太过尴尬了。据《盐铁论·大论》：

大夫曰："俗非唐、虞之时，而世非许由之民，而欲废法以治，是犹不用隐括斧斤，欲挠曲直枉也。故为治者不待自善之民……当此之时，不任斤斧，折之以武，而乃始设礼修文，有似穷医，欲以短针而攻疽，孔丘以礼说跖也。"

大夫曰："文学所称圣知者，孔子也，治鲁不遂，见逐于齐，不用于卫，遇围于匡，困于陈、蔡。夫知时不同犹说，强也；知困而不能已，贪也；不知见欺而往，愚也；困辱不能死，耻也。若此四者，庸民之所不为也，而况君子乎！"

文学曰："孔子生于乱世，思尧、舜之道，东西南北，灼头濡足，庶几世主之悟。……非不知穷厄而不见用，悼痛天下之祸，犹慈母之伏死子也，知其不可如何，然恶已。故适齐，景公欺之，适卫，灵公围，阳虎谤之，桓魋害之。夫欺害圣人者，愚惑也；伤毁圣人者，狂狡也。狡惑之人，非人也，夫何耻之有！孟子曰：'观近臣者以所为主，观远臣者以其所主。'使圣人伪容苟合，不论行择友，则何以为孔子也！"

大夫抚(通"怃")然内惭，四据而不言。

汉家大夫菲薄孔子的行事、见识还不如庸民的所作所为，虽是言过其实，而且即使在文学"何以为孔子"的驳论下他们真的无言以对而"怃然内惭"，但大夫对孔子的菲薄向我们明确发布了一个不争的信息：在汉家尊崇儒术之初，超迈绝伦而不可伤毁的孔圣仍然只是文学真儒或圣徒们的"未曾与他人分而啖之"的独享品。

据《汉书·元帝纪》，汉宣帝更有一关于"汉家制度"的著名训诫。汉家孝元皇帝为太子时，“见宣帝所用多文法吏，以刑名绳下……尝侍燕从容言：‘陛下持刑太深，宜用儒生。’宣帝作色曰：‘汉家自有制度，本以霸王道杂之，奈何纯任德教，用周政乎！且俗儒不达时宜，好是古非今，使人眩于名实，不知所守，何足委任！’乃叹曰：‘乱我家者，太子也！’”这番汉家君父儿臣之间的对话发人深思，我们至少可以从中体味出以下几点：一是，自武帝“表章‘六经’”至宣帝，汉家从未专心一意地崇信圣道，或者说圣徒“推明孔氏”的意愿从未对汉家帝王构成绝对的约束力；二是，汉家仍对“俗儒”的“不达时宜，好是古非今”深存恶感，故而信用者多文法吏，由此我们也不难理解，武帝一朝虽号为“汉之得人，于兹为盛”（《汉书·公孙弘卜式兒宽传》），而其中“儒雅”之士也不过就那么三位“通于世务”的大儒；三是，宣帝对“俗儒”的批评及所感叹者与对孔圣的崇信问题并无直接关涉，由宣帝对“俗儒”的不信任及元帝“柔仁好儒”而建言“宜用儒生”可知，儒生的仕进之路是否能够畅通实全看帝王一己之好恶制御，而儒生能否“可得而官使”而被任用为治民之官尚在争议之中，更遑论对孔圣的崇信了。因此，终西汉之世，汉家高帝的“祭孔”竟未能引发他的子孙们作出任何反响，直至汉平帝元始元年（1年）追谥孔子为“褒成宣尼公”（这是孔子有谥号的开始），其间，汉家帝王们竟无人理会或想到是否还要对孔子进行特别的尊崇活动，乃至给他封谥、敬上个什么尊号，由此反观汉家高祖刘邦的“祭孔”，我们似乎可以说，那大概纯属一种一时心血来潮的偶然性事件吧。

（五）纬书中的孔子神话

儒生苦苦挣扎、为复兴儒学而奋斗的历程，虽然说不上惊天地、泣鬼神，却也值得世人对他们多一些同情的理解。作为圣人之徒，他们有时只能乞灵于圣人魂灵的复活。像是突然间省悟到了什么，大约在公元前1世纪中叶，一种名为“纬书”的新型文献大量出现，以致孔子偶像的神话终于演成一种惊人的规模，并将孔圣人推上了匪夷所思的神坛，汉家儒生与官方帝王的尊孔活动从此愈演愈烈。

关于纬书的起源，大体有三种说法。一是作自孔子说。荀悦《申鉴·俗嫌》

说："世称纬书仲尼所作。"另据《隋书·经籍志》："说者又云：孔子既叙'六经'，以明天人之道，知后世不能稽同其意，故别立纬及谶，以遗来世。其书出于前汉。"二是起于西汉哀平说。刘勰《文心雕龙·正纬》曰："伎数之士，附以诡术，或说阴阳，或序灾异。……篇条滋蔓，必假孔氏。通儒讨核，谓起哀平。"孔颖达《尚书·洪范正义》亦云："纬候之书，不知谁作；通人讨核，谓伪起哀平。"三是起于嬴秦说。《四库全书总目提要》五经总义类附录《古微书》下说："考刘向《七略》，不著纬书；然民间私相传习，则自秦以来有之。……荀爽谓起自哀平，据其盛行之日言之耳。"又《四库全书·经部·易类·附录》"《易》纬下"说："案儒者多称谶纬；其实谶自谶，纬自纬，非一类也。谶者，诡为隐语，预决吉凶……纬者，经之支流，衍及旁义……盖秦汉以来，去圣日远，儒者推阐论说，各自成书，与经原不相比附。如伏生《尚书大传》，董仲舒《春秋阴阳》，核其文体，即是纬书；特以显有主名，故不能托诸孔子。其他私相撰述，渐杂以术数之言，既不知作者为谁，因附会以神其说。迨弥传弥失，又益以妖妄之辞，遂与谶合而为一。然班固称：'圣人作经，贤者纬之。'杨侃称：'纬书之类，谓之秘经；图谶之类，谓之内学；河洛之书，谓之灵篇。'胡应麟亦谓谶纬二书虽相表里，而实不同。则纬与谶别，前人固已分析之；后人连类而讥，非其实也。"

著名经学史家周予同先生曾辨析以上诸说，认为："纬书发源于古代的阴阳家，起于嬴秦，出于西汉哀平，而大兴于东汉。"又说："西汉今文学所谓天人相与之学，所谓阴阳灾异之谈，实都是纬谶的'前身'或'变相'。"[①]我认为，此说有据可信。

纬书自是后儒所作，然作纬者所以"必假孔氏"，自有"因附会以神其说"之意，然而他们亦不能不因此推尊孔圣而更立其为"神教"的"教主"。正如刘

---

① 朱维铮编：《周予同经学史论著选集》，上海人民出版社1983年版，第47、48、57页。本节所引纬书主要参考《周予同经学史论著选集》及姜义华、张荣华、吴根梁编《孔子——周秦汉晋文献集》（复旦大学出版社1990年版）二书。

勰《文心雕龙·正纬》所言："经显，圣训也；纬隐，神教也。"孔氏由圣而神，不仅是对他的崇信程度的深化，更是一种性质上的变异。作为一位圣人，即使是圣中之圣的"至圣"，他亦不过是人性世界的典范，甚至可以被还原为一个历史性的具体存在，他的"道"、他的言论、他的垂宪也只是站在自身理论立场（基于他个人的学识、阅历、作为、信念等）上表达和阐述其独立自主的见解与信念，对他的"道"的崇信必然来自对其理论立场的推求与阐明或者是同情的理解与认同，而在诸子学的意义上，孔子的"圣道"更不过只是一种特定的"道"，和"诸子"亦各有其"道"一样。但是，作为一个神，孔子肩负的却是上天的使命，他是人类的"救世主"，上天的命令是绝对需要服从的，孔子受命所作的经典也具有绝对的不容置疑的权威性，后人与孔子的关系不再是一种历史性的同情地理解与"推明"的关系，而是一种人神之间的绝对命令与服从的关系，从儒学发展史的角度讲，这无疑是一种儒学变态。综观纬书，作纬者主要是从如下诸方面来编织、推演孔子的神话，从而将孔子神异化、神怪化的。

1. 孔子诞生的神话

孔子的出生并非纯粹人类自身繁衍行为的结果，而是神异的，孔子是人神交合而生的。据《春秋纬演孔图》曰：

> 孔子母征在游于大冢之陂（另一说为"孔母游于大泽"），睡，梦黑帝使请己。已往，梦交。语曰："女乳必于空桑之中。"觉则若感，生丘于空桑之中。

另据《论语撰考谶》曰：

> 叔梁纥与征在祷尼丘山，感黑龙之精，以生仲尼。

总之，孔子"感生"，乃黑帝（龙）之子，故号为"玄圣"，"玄"就是"黑"的意思。

2. 孔子之为神，亦有不同凡人的异表殊相作证

据《孝经纬援神契》《孝经纬钩命诀》《春秋纬演孔图》《春秋纬文耀钩》等，孔子首类尼丘山，故以为名；孔子反宇，是谓"尼丘"，德泽所兴，藏元通流；孔子海口，言若含泽；孔子牛（或作斗）唇、骈齿、辅喉、龟脊；孔子舌理七重，吐教，陈机，授度；孔子虎掌，是谓威射；孔子胸应矩，是谓仪古；孔子长十尺，大九围，坐如蹲龙，立如牵牛，就之如昴，望之如斗；孔子仪表堂皇，光彩四射，吹律定姓；等等。

正如当初沛诸父老窃自商量评价汉高祖刘邦所说："平生所闻刘季诸珍怪，当贵"（《史记·高祖本纪》），纬书说孔子异表体征，亦是愈怪异愈珍贵愈神奇。

3. 孔子"制法"的神话

由上所见，乍然远观，孔子神乎其神；细自思量，孔子又如一"四不像"之类的怪兽。但这绝不是一种"黑色幽默"，因为纬书作者说孔子的诸珍怪是极严肃、极认真的。孔子降生人世，不是徒然自作古怪，事实上他肩负着救世制法的特殊使命。据《春秋纬演孔图》说：

> 孔子之胸有文，曰：制作定世符运。
>
> 圣人不空生，必有所制，以显天心。丘为木铎，制天下法。

又据《孝经纬钩命诀》曰：

> 丘以匹夫，徒步以制正法。

而且，孔子的使命更有一特殊的意向，即为汉家赤刘制法。据《春秋纬演孔图》《春秋纬汉含孳》曰：

> 丘揽史记，援引古图，推集天变，为汉帝制法，陈叙图录。
>
> 丘，水精治法，为赤制功。
>
> 玄丘制命，帝卯行也。

《春秋纬感精符》亦曰：

> 黑孔生，为赤制。

孔子的这一特殊使命，即"汉历久长，孔为赤制"（《后汉书·郅恽传》），亦昭示了正是孔子的制法预先设定或构造了汉家运统的"合法性"基础。

4. 孔子的"素王"化

纬书作者不仅神化孔子，使孔子由圣而变为神，而且还王化孔子，使孔子独享"素王"的称谓。先儒已有孔子当王之说，而且孟子特别标榜孔子作《春秋》为"天子之事"。而至汉代，称孔子为"素王"的说法则逐渐流行开来。汉儒贾谊《过秦论》曾言："诸侯起于匹夫，以利合，非有素王之行也。"原其意，"素王"之称还非专指孔子。董仲舒在对武帝第二策中曰："孔子作《春秋》，先正王而系万事，见素王之文焉。"（《汉书·董仲舒传》）这可以说将孔子与"素王"联系了起来，但其意与孟子所言已有实质性的区别。董子极力推演"孔子立新王之道"（《春秋繁露·玉杯》），认为"《春秋》当新王""《春秋》应天作新王之事"（《春秋繁露·三代改制质文》），而至纬书出，不仅以"素王"专称孔子，更将董子之说发扬蹈厉，其义颇值得玩味。纬书曰：

> 麟出，周亡，故立《春秋》，制素王，授当兴也。（《春秋纬》）
>
> 子曰："吾作《孝经》，以素王无爵禄之赏、斧钺之诛，故称明王之道。"（《孝经纬钩命诀》）
>
> 子夏六十四人共撰仲尼微言，以事素王。（《论语崇爵谶》）
>
> 子夏曰："仲尼为素王，颜渊为司徒，子路为司空。"（《论语摘辅象》）

唐代著名学者孔颖达曾解说"素王"之义曰："素，空也。言无位而空王之也。"（《春秋左传序》孔疏）意即：其人虽无王位，但所做的却是王者的事业。但细绎纬书中的孔子"素王"之称的含义，实则与孟子和荀子说孔子是有其德而无其位的圣人或圣人之不得势者有很大的差异。孟、荀的意思是圣人当王或最宜于作王，尽管他们格外推崇孔子，但也明确意识到，事实上圣人之作王或王者之为圣人的现象只存在于上古三代之世，自孔子以后的圣者却未必能够作王，能作王者也未必就是圣人，而且圣人不有天下或不得其势者也非独孔子一人而已。但纬书作者以"素王"专称孔子却是意在为孔子奉天承运而为汉制法作一种神话式的宣传，那么孔子作为"素王"无疑代表了从古至汉王道循环历史中的一家（即汉家或汉王朝）的合法运统。

依据汉人的政治信仰，“三王之道若循环，终而复始”（《史记·高祖本纪》），孔子名为“素王”显然是被编入了圣王运统传承的谱系之中而担负着特殊的政治文化使命。因为按五行之说，夏金尚白，殷水尚黑，周木尚苍，继周起而王者必赤帝子。不幸的是，孔子作为黑帝子，是不能继周而王的，而秦又为闰位，非正统，如《易纬通卦验》曰：“秦为赤驱，非命王。”那么，孔圣降世既不空生，便只能是担负起为赤汉制法的特殊政治使命了，如《孝经纬援神契》曰：“丘为制法主，黑绿不代苍黄。”当先儒说孔子是圣人不得势者时，实隐含着一种极沉重的失落感，而汉儒以“素王”称孔子却是另有一番滋味，孔子是受命“素王”，并不是他本人不想当帝王或者因情势之所致，而是说上天预先设定了汉家的运统：孔子的义法与汉帝的王位是理应联姻而合二为一的，这真是孔子不幸中的大幸。如此说来，孔子与汉家天子实是天命的“孪生子”。故而，在纬书中，天子三事：感生、受命符瑞、功成告备于天（如帝王的“封禅”），孔子亦无不具备，如纬书曰：“麟来，为孔子瑞。”（《孝经纬援神契》）又曰：

孔子论经，有鸟化为书。孔子奉以告天，赤雀集书上，化为黄玉，刻曰：孔提命，作应法，为赤制。（《春秋纬演孔图》）

制作《孝经》，道备，使七十二弟子向北辰星而磬折。使曾子抱《河》《洛》事北面，孔子衣绛单衣，向北辰星而拜者也。（《孝经右契》）

丘作《孝经》，文成道立，斋以白天。（《孝经中契》）

可以说，纬书作者正是在帝王真实身份的意义上来神化、装扮孔子的。

总之，孔圣奉天承运而生，肩负着上天的使命，他具有超凡魅力、能预知未来而为汉家王朝创制立法。在纬书中，一代哲人孔子，竟成了地道的“宗教教主”和神怪化的“素王”，成了一个超人、一个神、一个令人迷狂的怪异的魂灵。也许因为孔子本人的不语乱、力、怪、神，多少抑制了纬书作者对孔子的神话式宣传的历史影响力，古代中国人所崇信的主要是作为一个与现世中人同类而才行卓著、出类拔萃的圣人孔子，但是纬书作者所塑造的那种诡奇怪异和神圣不可亵渎的孔子形象也并非毫无影响，它久郁沉疴般地逐渐积淀在或渐渐被广泛植入了后世中国人的心灵深处。而“素王”一说更是影响广博深远，即如“问孔”的王充亦只是“疾虚妄”，非难“世儒学者，好信师而是古，以为贤圣所言皆无非”（《论衡·问孔》），反对那种“前知千岁，后知万世”（《论衡·实知》）、“深念独知独见”（《说苑·杂言》）的孔圣观，但对孔子作为圣贤自有超奇的作为以及“孔子之《春秋》，素王之业”（《论衡·超奇》）的观念仍深信不疑。

作为“素王”，孔圣直接肩负着上天的使命，对他来讲祖述先王之道不再有任何必要，他“据周史，立新经[①]”（《春秋纬演孔图》），孔圣绝不让于“继天理物改一统，各得其宜”（《易纬乾凿度》）的真命天子，孔圣为“改乱制”而从事的新的“制作”正构成了当命而兴的赤汉的“合法性”基础。如此说来，孔圣之为孔圣、名为受命“素王”，不是因为他的学识，也非因为他人性的光辉，他之被推上神坛完全是作为一个纯而又纯的政治偶像。不过，后来王充的“问难”也告诉我们，孔子作为一个历史性的具体存在，他的见识、智能、言论并非一点瑕疵没有，但这不足以减损他作为政治偶像的形象。在“儒教中国”的历史上，像富有批评和怀疑精神的王充那样的“问难”，可以说已不足以问倒已经被神圣化了的孔子，即使孔子能够被稍具理性的儒生士人拉下纬书所营建的神坛，但他在后世仍然能够作为政治偶像而被新的权威援引为政治合法性的主要文化资源。唐玄宗开元二十七年（739 年），纬书作者将孔子打扮成帝王身份的设计理念终于梦想成真地实现了，唐玄宗首开封孔子为“王”的先河，追谥孔先圣为“文宣王”，孔门弟子们也相应地被追封为“侯”“伯”（《新唐书·礼乐志》）。

虽然纬书作者对孔子的神化披着虚妄怪诞的外衣，但表达的仍是极其实际的富有现实政治意义的强烈愿望，纬书之出适值汉家历运中衰之际，意在维持

① 所谓“新经”，是指纬书作者所特别推重的《春秋》《孝经》二书。

和强化对汉家政权的支持性态度，如西汉末年，郅恽便曾以“天文圣意”即“图录豫设”“汉历久长，孔为赤制”（《后汉书·郅恽传》）上书王莽，谏阻王氏禅汉。不过，汉祚衰微，对汉家政权的支持性态度便为另一股思潮大大抑制。如昭帝时已有眭弘推《春秋》意，以为“当有从匹夫为天子者”，而请汉帝“求索贤人禅以帝位”（《汉书·眭弘传》），成帝时刘向更以汉家“制度泰奢”上疏谏曰“王者必通三统，明天命所授者博，非独一姓也”，刘向虽是站在“宜弘汉家之德，崇刘氏之美”（《汉书·楚元王传》）的政治立场上说话的，但恰暗示了汉家政权的“合法性”已出现问题，故而至其子刘歆便转而支持王莽禅汉。汉历中衰，汉家运统虽然发生极严重的问题，但也正因纬书对刘氏政权的支持性态度使其能假现实政权的外力而得以大兴于东汉。

同时，纬书作者不遗余力地倾心称扬孔子为“素王”，亦反映了时至汉历中衰之际，儒者的这样一种政治愿望的渐趋强烈，即要求汉家帝王应对作为政治偶像的孔圣“为汉制法”的话语霸权作出直接回应而采取实质性的“尊孔”活动。元帝时，即有匡衡谏议汉帝“王者存二王后，所以尊其先王而通三统”，故“宜以孔子世为汤后”，但被元帝斥为“其语不经”。至成帝，梅福复言“宜封孔子后以奉汤祀”，故绥和元年（前8年），成帝“立二王后，推迹古文，以《左氏》《谷梁》《世本》《礼记》相明，遂下诏封孔子世为殷绍嘉公”（《汉书·梅福传》）。尽管这“只是汉代大量追封先圣先王及功臣措施中的一项”，而“丝毫没有神化的意味”[①]，但值得注意的是，梅福是深感于“秦为亡道，削仲尼之迹，灭周公之轨”，而其为孔子后争封的理据又如下：

> 明著三统，示不独有也。……所谓存人以自立者也。……孔子故殷后也，虽不正统，封其子孙以为殷后，礼亦宜之。何者？诸侯夺宗，圣庶夺适。传曰“贤者子孙宜有土”，而况圣人，又殷之后哉！昔成王以诸侯礼葬周公，而皇天动威，雷风著灾。今仲尼之庙不出阙里，孔氏

① 俞启定：《先秦两汉儒家教育》，齐鲁书社1987年版，第79页。

子孙不免编户，以圣人而歆匹夫之祀，非皇天之意也。今陛下诚能据仲尼之素功，（师古曰："素功，素王之功也。"）以封其子孙，则国家必获其福，又陛下之名与天亡极。何者？追圣人素功，封其子孙，未有法也，后圣必以为则。不灭之名，可不勉哉！（《汉书·梅福传》）

显然，梅福虽然是为孔子子孙争封殷后，但他的主要理据是要求汉家帝王认同孔圣的"素功"，而言"据仲尼之素功"以至"国家必获其福，又陛下之名与天亡极"者，实际已是以"尊孔"作为帝王的实际政治作为的"合法性"基础，纬书作者极力推扬孔子的"素王"之功，其意亦正在于此。尤其有趣的是，汉家历运中衰之际，无论是对刘氏政权采取支持性态度的纬书作者，还是转而支持禅取汉家政权者如刘歆之流，他们都将"尊孔"真正明确地提到了现实政治切实的议事日程上来了。

（六）汉儒学术思潮的转向与王莽的空言慕古

时至成哀之际，汉家运统问题受到了儒家学者极密切的关注，可以说已是"山雨欲来风满楼"了。成帝时期刘向眼见俗弥奢淫而逾礼制，故推言《春秋》灾异，示之戒慎，以挽救汉家的衰颓之势。哀帝时又有方士夏贺良，上言汉家历运中衰，当再受命，宜改元易号。而在太学曾游情于六艺之中的王莽正是乘汉家历运中衰而"禅"汉的。

另一学术思潮亦是适值西汉后期汉家历运中衰之际而出现的，这就是古文经学。成帝时，刘歆受诏与其父刘向领校皇家秘书，发现了一批用古籀字写成的著作：《左氏春秋》《毛诗》《逸礼》《古文尚书》，这就是所谓"古文经"。刘向、刘歆父子本"俱好古"，俟歆发现古文经，读后"大好"之，于是极欲为之争立于学官。

刘歆号为"无所不究"，与他同时而值得注意的还有另外两位大儒，一位是扬雄，"博览无所不见"，"自有大度，非圣哲之书不好"，为人简易佚荡，口吃，"默而好深湛之思"，"不汲汲于富贵，不戚戚于贫贱"，为赋则"极丽靡之辞"，雄无以为尊荣而遭世人嘲笑，"唯刘歆及范逡敬焉，而桓谭以为绝伦"（《汉书·扬雄传》)。另一位便是桓谭，博学多通，遍习“五经”，尤好古学，数从刘歆、扬雄辩析疑异，为人简易不修威仪，而喜非毁俗儒。最耐人寻味的是，刘氏父子与扬、桓二子，遭汉历中衰，刘向期望汉帝能奋发振作以便延长汉家运统；而遭莽“禅”汉，刘歆转而积极参与、助莽禅汉而成为新莽“国师”，扬雄美“新”却恬于势利，桓谭独守默然。但是，他们更有相通之处，那就是：博物洽闻而俱好古乐道，推扬孔圣而积思于经术。

刘向推《春秋》意，有言曰：“观孔子之言，考暴秦之异，天命信可畏也。”又尝谏言汉帝应“上览明圣黄帝、尧、舜、禹、汤、文、武、周公、仲尼之制，下观贤知……之意”而以败乱自戒。(《汉书·楚元王传》)向所著《说苑》《新序》于孔子行事可谓网罗详备，“孔子曰”更是连篇累牍。如《说苑·至公》曰：

> 夫子行说七十诸侯，无定处，意欲使天下之民各得其所，而道不行；退而修《春秋》，采毫毛之善，贬纤介之恶，人事浃，王道备，精和圣制，上通于天而麟至，此天之知夫子也。于是喟然而叹曰：“……是故圣贤说于世而不得行其道，故灾异并作也。”

刘向推明孔圣之意而极言《春秋》灾异，实因同姓一脉而诚心欲以重整汉家政权的“合法性”基础以维持人们对汉家的政治认同，然而成帝“终不能用”。

“好古而乐道”的扬雄，“见诸子各以其知舛驰，大氐(抵)诋訾圣人，即为怪迂，析辩诡辞，以挠世事，虽小辩，终破大道而或(惑)众，使溺于所闻而不自知其非也。及太史公记六国，历楚汉，(记)〔讫〕麟止，不与圣人同，是非颇谬于经”。故象《论语》而撰《法言》，以为“传莫大于《论语》”，而“经莫大于《易》，故作《太玄》”，认为《易经》经“孔子错其象而彖其辞，然后发天地之臧，定万物之基”(《汉书·扬雄传》)。扬氏在《法言》一书中极言推扬孔子之为大圣曰：天之道在仲尼(参见《学行》)，而仲尼之道在五经；“天地之为万物郭，五经之为众说郛”(《问神》)；“万物纷错则悬诸天，众言淆乱则折诸圣”，反之，“好书而不要诸仲尼，书肆也；好说而不要诸仲尼，说铃也”(《吾子》)；“治己以仲尼”(《修身》)；“圣人之言，天也”“仲尼，神明也”(《五百》)；

“圣人之道，譬犹日之中矣”（《先知》）；“诸子者，以其知异于孔子者也”，而“仲尼之道，犹四渎也；经营中国，终入大海”（《君子》）；“圣人之书、言、行，天也”（《君子》）。

向子刘歆好古文而为《左氏传》等争立于学官，“哀帝令歆与‘五经’博士讲论其义，诸博士或不肯置对，歆因移书太常博士，责让之”（《汉书·楚元王传》），此即《移让太常博士书》。歆言下急切，惹得诸儒皆怨恨，从而引发了他与当朝大臣名儒之间的一场著名的今古文学之争。从双方争执的理据看，似可说是“孔氏持经守道之儒”与“公卿面从之儒”之争。大司空、名儒师丹怒奏刘歆罪在“改乱旧章，非毁先帝所立”，而刘歆则直言不讳地谴责今文章句之学“烦言碎辞”，抱残守缺，“党同门，妒道真”，“信口说而背传记，是末师而非往古”。刘歆在《移让太常博士书》中特别申述孔子之道几遭抑绝，忧愤之情颇为激切而溢于言表，其文曰：

> 昔唐虞既衰，而三代迭兴，圣帝明王，累起相袭，其道甚著。周室既微而礼乐不正，道之难全也如此。是故孔子忧道之不行，历国应聘。自卫反鲁，然后乐正，《雅》《颂》乃得其所；修《易》，序《书》，制作《春秋》，以纪帝王之道。及夫子没而微言绝，七十子终而大义乖。重遭战国，弃笾豆之礼，理军旅之阵，孔氏之道抑，而孙吴之术兴。陵夷至于暴秦，燔经书，杀儒士，设挟书之法，行是古之罪，道术由是遂灭。汉兴，去圣帝明王遐远，仲尼之道又绝，法度无所因袭。（《汉书·楚元王传》）

而且，刘歆认为左氏丘明“亲见夫子”而“好恶与圣人同”。因此，他为《左氏传》等争立于学官，虽然自有其政治上的目的，然其推求孔本道真之意也是颇为深切著明的。刘歆为《左氏》等的争立，虽一时为“公卿面从之儒”所阻挠，但他终为“新莽”国师并积极参与了王莽“全盘复古”政治路线的推行。

纵观两汉之际，可以说无论汉家官方政治文化的走向还是儒家学者自身的学术旨趣，几乎同时发生了一种耐人寻味的转向。就儒家学者来讲，从董子“推明孔氏”而“通于世务”以来，虽如成帝时梅福所言：“其俊桀指世陈政，言成文章，质之先圣而不缪，施之当世合时务，若此者，亦亡几人”（《汉书·梅福传》），但儒家精英人物（今文学者）一直是以标举孔圣大义而合于时务为抱负、为理想的。但至古文家如刘歆辈立意发明古文，极言孔子之道至今抑绝难明，并为《左氏》等古文争立于学官，则可以说儒家精英人物的学术旨趣至此而发生了一种根本的转向。扬雄、桓谭和刘歆等古文学者都是站在更为明确的“是古”“好古”的学术立场上来非毁“俗儒”的，而且他们推崇孔圣之道更加不遗余力，一切是非好恶唯求与孔圣之是非好恶相同一致，并强烈要求官方认同于孔本道真。

而就汉家官方来说，从武帝“表章‘六经’”、得天下学士而“官使”，至宣帝仍指斥“俗儒不达时宜，好是古非今”而信用文法吏，及至元帝优柔牵制文义而专用儒生，可以说汉家制度都一直遵循着“霸王道杂之”的政治原则，而任儒与否则完全取决于人主一己之好恶的裁制，汉帝们也一直主要是以政治效用的标尺来衡量儒术之是否应受到尊崇的。但是，降至王莽，他借着汉家政治“儒教”化不断深化的政治文化趋向而顺势禅汉为“新”，全面推行“复古”之政，实可谓于两汉四百多年之间的帝王群中，真正慕古、崇圣（周公）、尊孔的第一人！

汉家平帝 9 岁嗣帝位，王莽以外戚专制朝政。据《汉书·王莽传》，自王莽秉政，首先是“百官总己以听于莽”，群臣奏言王莽功德堪比周公。或撰文“称莽功德”，颂扬王莽功德全备，盛誉王莽德行足以“为天下纪”、功勋足以“为万世基”，而且极力征引“孔子曰”并引据《诗》《书》《易》等经典以赋予其政治合法性。次则网罗天下学士，“奏起明堂，辟雍、灵台，为学者筑舍万区，作市、常满仓，制度甚盛。立《乐经》，益博士员，经各五人。征天下通一艺教授十一人以上，及有逸《礼》、古《书》、《毛诗》、《周官》、《尔雅》、天文、图谶、钟律、月令、兵法、《史篇》文字，通知其意者，皆诣公车。网罗天下异能之士，至者前后千数，皆令记说廷中，将令正乖缪，壹异说云”。再者，更诈伪风俗齐同、粉饰天下太平，“市无二贾，官无狱讼，邑无盗贼，野无饥民，道不拾遗，男女异路之制，犯者象刑”，正所谓“圣瑞毕溱，太平已洽”。尔后，天意符命始起，文曰：“告安汉公莽为皇帝”，虽或心知诬罔天下，但无力回天，已无可奈何，故由太后下诏曰：“安汉公莽辅政三世，比遭际会，安光汉室，遂同殊风，至于制作，与周公异世同符。……夫有法成易，非圣人者亡法。其令安汉公居摄践祚，如周公故事。”

风云际会，符命再起曰“摄皇帝当为真”。王莽口称“承天威命”，征引《尚书·康诰》与《春秋》，曰：“此二经周公、孔子所定，盖为后法。孔子曰：‘畏天命，畏大人，畏圣人之言。’臣莽敢不承用！”于是，假借天意符命与周孔圣法，在粉墨“惶恐”了一番之后，公元9年王莽“禅”汉即真天子位，革“汉”而更号天下曰“新”。王莽复寻根皇初祖考，明己为黄帝、虞舜之后裔曰：“予以神明圣祖黄虞遗统受命。”更依《春秋》推演刘汉气数当尽，曰：

> 自孔子作《春秋》以为后王法，至于哀之十四而一代毕，协之于今，亦哀之十四也。（张晏曰：“汉哀帝即位六年，平帝五年，居摄三年，凡十四年。”）赤世计尽，终不可强济。皇天明威……属予以天下。今百姓咸言皇天革汉而立新，废刘而兴王……天人同应，昭然著明。（《汉书·王莽传》）

新莽一朝，真可谓中国古代王朝帝国政治史上的一大“怪态”，天命与圣法、诈伪太平与强奸民意共同构成了新莽“禅”汉的充分的正当性理据或“合法性”基础。就其实际的政治作为而言，王莽好怪，变改制度，政令烦多，前后相乖，变易不明。

今天，我们自然不必再站在汉家立场上谴责王莽“篡”汉。不过，信史有征，他诈伪天命、全盘复古，号称遵行周孔之教，实则并未真正开创古代中国王朝社会政治制度的什么“新”局。如其恢复上古的井田制度，时人即已有讥评：

> 井田虽圣王法，其废久矣。周道既衰，而民不从。秦知顺民之心，可以获大利也，故灭庐井而置阡陌，遂王诸夏，讫今海内未厌其敝。今

> 欲违民心，追复千载绝迹，虽尧舜复起，而无百年之渐，弗能行也。天下初定，万民新附，诚未可施行。(《汉书·王莽传》)

及至天下溃叛、事穷计迫，王莽不得不“除井田奴婢山泽六筦(同‘管’)之禁，即位以来诏令不便于民者皆收还之”。王莽“全盘复古”的政治实践可说是以彻底失败而告终了。

但是，王莽的“复古”政治路线实导致了古代中国传统政治文化的一大转向，这主要表现在如下几个方面。

其一，在政治意识形态或政策实施的舆论导向上，王莽专念稽古之事，以复古为务，全面赋予自己的实际政治作为一种“则天稽古”的“合法性”基础，在性质上确乎可以说是在推行秦汉以来所未有的一种政治复古主义。如刘歆与博士诸儒78人曾如是称扬王莽之功曰：

> 居摄之义，所以统立天功，兴崇帝道，成就法度，安辑海内也。……安汉公居摄践祚，将以成圣汉之业，与唐虞三代比隆也。摄皇帝遂开秘府，会群儒，制礼作乐，卒定庶官，茂成天功。圣心周悉，卓尔独见，发得周礼，以明因监，则天稽古，而损益焉，犹仲尼之闻《韶》，日月之不可阶，非圣哲之至，孰能若兹！(《汉书·王莽传》)

尽管王莽在制度上的变易无度导致了他“禅”汉的最终失败，但是王莽所奉行的“稽古”政治路线及其政治价值取向则可以说被后汉王朝曲折地因循、继承了下来，如东汉政治上的“兴复祖统”，正是在“应古合旧”、遵行汉家政治文化传统的意义上，实现了汉家政治体系的延续与稳定。

其二，真正在实际的政治活动中，或者在“复古”的政治文化意义上崇信周孔之教，可以说也是由王莽首开其例。王莽恢复井田制，有言曰：“敢有非井田圣制，无法惑众者，投诸四裔，以御魑魅，如皇始祖考虞帝故事。”这是以遵循祖统的外在控制方式推行井田圣制。莽亦尝奏言：“今制礼作乐，实考周爵五等，地四等，有明文；殷爵三等，有其说，无其文。孔子曰：‘周监于二代，郁郁乎文哉！吾从周。’臣请诸将帅当受爵邑者爵五等，地四等。”(《汉书·王莽传》）显然，王莽也是在“复古”的意义上推言认同孔子“吾从周”之意的。从董子站在“通于世务”的立场上“推明孔氏”而“动以经对”，到王莽秉政而形成“朝臣论议，靡不据经”的局面，正是尊孔读经的典范态度的一大转变。尽管班固在赞语中批评“莽诵‘六艺’以文奸言”[①]，但是，自莽之后，古代中国的“治道”理想正是在兴复传统的意义上遵行周孔之教的。

其三，平帝元始元年（1年），王莽秉政，不仅出于“尊孔”之意封孔子后孔均为“褒成侯”，更追谥孔子为“褒成宣尼公”。不同于元帝时只是出于尊师重傅之意而封孔子十三世孙孔霸为“褒成君”且赐爵关内侯，这是孔子本人拥有官方尊谥封号的开始，此例一开，后来便愈演愈烈。国家政权对孔子和其后嗣的谥封以及帝王的“祭孔”活动，作为一项特殊而重要且持久一贯的王朝祭祀制度，一直确保、密切着“尊孔”本身与现实政权的政治“合法性”的直接关联。对孔子的谥封，绝不只是出于一种对已逝圣人的表面上的尊重或只是给孔子赠赐一种“虚拟”的敬称，而是使孔子俨然成了一个实实在在的活于现世中的王公大人，这要求人们必须像“畏大人”一般地切实崇信孔圣之言教。据《后汉书》，至东汉光武帝，既“封殷后孔安为殷绍嘉公”（建武五年），又“封孔子后志为褒成侯”（建武十四年），这是颇有深意的。先前汉帝因孔圣而封其后为殷后，至此分而封之，这使孔子作为圣人掩盖了孔氏先祖的声名而成为孔氏家祭的“始祖”。与此恰恰相反，帝王们的“祭孔”活动却正是将孔子作为涵覆先圣神明的中国文明史上的最后一位圣人或超越一切古圣先王的“至圣”而加以褒扬和尊崇的。

总之，王莽借“周公故事”而“禅”汉，虽属一朝一时的特例，但也正如班固所讥评，王莽的“好空言，慕古法”是颇为耐人寻味的，但他标举“稽古”、醇用经义、服膺孔圣却也并非纯属诈伪。如王莽曾经仿照孔门四科，“令公卿大夫诸侯二千石举吏民有德行通政事能言语明文学者各一人，诣王路四门”；他口

① 师古曰：“以‘六经’之事文饰奸言。”

颂“宣尼公曰”，及至更始兵逼，犹言：“天生德于予，汉兵其如予何！”（《汉书·王莽传》）其服膺孔圣可谓至死不悔。尽管王莽诈伪符命以代汉，而后来连他自己也讨厌擅言符命者，王莽的狂惑亦为众人所讪笑，甚至他的“复古”之政，不仅受到时人的讥评，而且最后也不得不自行取消，但是他首开其例，将“尊孔”切实地引向了唯以“尚古”“稽古”是从的政治文化心态，如东汉章帝有诏曰：“‘五经’剖判，去圣弥远，章句遗辞，乖疑难正，恐先师微言将遂废绝，非所以重稽古，求道真也。”（《后汉书·肃宗孝章帝纪》）可以说，正是自王莽始，现实政权从基于“时宜世务”而尊崇儒术一步步走上了崇尚“稽古”的“尊孔”之路。尽管出于成功维持王朝政治稳定与延续的策略性考虑，汉家政权并不一味力求“复古”，或者只是意在“据旧鉴新”，但如班固对王莽“慕古法”的批评所示，汉家也是乐于以孔圣的是非规制“现在”的；尽管纯粹“复古”的政治路线及其实践是不可能的，也是注定要失败的，但在兴复上古政治文化传统意义上的“复古”式的“尊孔”能赢得古代中国人的欣然信从，以致形成了一种僵死的传统，足以扼杀思想的自由和政治的活力，而“侮蔑尽现在”，实自王莽始。总之，在自秦汉以来的帝王系统中，于实际的政治操作层面，王莽可以说是遵从周孔之教而空言慕古的真正的始作俑者。

（七）孔子崇拜的制度化

自汉武帝卓然“罢黜百家，表章‘六经’”之后，可以说孔子与“儒教”在思想意识形态领域的统治地位便一直持续不断地得到了汉家官方的强化，与此同时，汉家官方也在日益深入地走向“儒教化”的政治文化路向。也就是说，在汉家王朝不断给予“儒教”以官方的政治支持的同时，汉家的政治统治对“儒教”的依赖性也在日趋加深，以致汉家王朝越来越不得不依人们对“儒教”的服膺来构筑自身政治统治的合法性基础。特别是元、成之后，汉家政治进入了一个更加“儒教化”的历史阶段，此正是清人皮锡瑞所谓“经学极盛时代”：“元、成以后，刑名渐废。上无异教，下无异学。皇帝诏书，群臣奏议，莫不援引经义，以为据依。……盖其时公卿大夫士吏未有不通一艺者也。”①

王莽正是借助或顺应了汉家政治日益走向“儒教化”道路的政治文化趋向而禅汉成功的。史称王莽“诵‘六艺’以文奸言”与“秦燔《诗》《书》以立私议”殊途同归而“俱用灭亡”（《汉书·王莽传》），其实秦莽兴败之时势不同，莽之“诵‘六艺’”与秦之“燔《诗》《书》”亦各自有因，不可同日而语。从客观条件或现实形势上讲，汉家“至于哀、平之际，皆继体苗裔，亲属疏远，生于帷墙之中，不为士民所尊，势与富室亡异。而本朝短世，国统三绝，是故王莽知汉中外殚微，本末俱弱，亡所忌惮，生其奸心；因母后之权，假伊周之称，颛作威福庙堂之上，不降阶序而运天下”（《汉书·诸侯王表》）。但是，仅明于此，而不从当时政治“儒教化”的政治文化趋向上给以解释，那么王莽为何能够以和平的方式“诵‘六艺’”而成功禅汉的问题也就没有得到圆满的解答。王莽禅汉之前已是“朝臣论议，靡不据经”，禅汉之后更为其制作极力寻求经典上的根据，如“莽意以为制定则天下自平，故锐思于地里，制礼作乐，讲合‘六经’之说”，并说，“予制作地理，建封五等，考之经艺，合之传记，通于义理，论之思之，至于再三”（《汉书·王莽传》）。显然，王莽禅汉的成功正是基于政治的“儒教化”趋向，而其失败则是由于他太理想主义而泥古袭迹过甚，从而背离了汉家“因时宜，趋世务，省烦苛，取实事，不苟贪高亢之论”（《后汉书·祭祀志上》注引）的一贯政治路向。降至东汉，政治的“儒教化”有了更深入的发展，史称“光武中兴，爱好经术”，明帝亲操经业而“正坐自讲，诸儒执经问难于前”，章帝更“大会诸儒于白虎观，考详同异，连月乃罢”（《后汉书·儒林列传》）。

纵观两汉之世，汉家王朝之尊崇儒学与汉家政治之“儒教化”趋向正是一个交互影响而不断深化的过程，而时至东汉，其深化及二者彼此整合依赖的程度可说达到了一个新的历史高度与发展阶段。我们只要读一下范晔的《后汉书·儒林列传》，便不难理解这一点。故不妨将相关文字详引于此：

① 皮锡瑞：《经学历史》，中华书局1959年版，第103页。

昔王莽、更始之际，天下散乱，礼乐分崩，典文残落。及光武中兴，爱好经术，未及下车，而先访儒雅，采求阙文，补缀漏逸。先是四方学士多怀协图书，遁逃林薮。自是莫不抱负坟策，云会京师，范升、陈元、郑兴、杜林、卫宏、刘昆、桓荣之徒，继踵而集。于是立“五经”博士，各以家法教授，《易》有施、孟、梁丘、京氏，《尚书》欧阳、大小夏侯，《诗》齐、鲁、韩，《礼》大小戴，《春秋》严、颜，凡十四博士，太常差次总领焉。

建武五年，乃修起太学，稽式古典，笾豆干戚之容，备之于列，服方领习矩步者，委它乎其中。中元元年，初建三雍。明帝即位，亲行其礼。天子始冠通天，衣日月，备法物之驾，盛清道之仪，坐明堂而朝群后，登灵台以望云物，袒割辟雍之上，尊养三老五更。飨射礼毕，帝正坐自讲，诸儒执经问难于前，冠带缙绅之人，圜桥门而观听者盖亿万计。其后复为功臣子孙、四姓末属别立校舍，搜选高能以受其业，自期门羽林之士，悉令通《孝经》章句，匈奴亦遣子入学。济济乎，洋洋乎，盛于永平矣！

建初中，大会诸儒于白虎观，考详同异，连月乃罢。肃宗亲临称制，如石渠故事，顾命史臣，著为通义。又诏高才生受《古文尚书》《毛诗》《谷梁》《左氏春秋》，虽不立学官，然皆擢高弟为讲郎，给事近署，所以网罗遗逸，博存众家。孝和亦数幸东观，览阅书林。及邓后称制，学者颇懈。时樊准、徐防并陈敦学之宜，又言儒职多非其人，于是制诏公卿妙简其选，三署郎能通经术者，皆得察举。自安帝览政，薄于艺文，博士倚席不讲，朋徒相视怠散，学舍颓敝，鞠为园蔬，牧儿荛竖，至于薪刈其下。顺帝感翟酺之言，乃更修黉宇，凡所造构二百四十房，千八百五十室。试明经下第补弟子，增甲乙之科员各十人，除郡国耆儒皆补郎、舍人。本初元年，梁太后诏曰：“大将军下至六百石，悉遣子就学，每岁辄于乡射月一飨会之，以此为常。”自是游学增盛，至三万余生。然章句渐疏，而多以浮华相尚，儒者之风盖衰矣。党人既诛，其高名善士多坐流废，后遂至忿争，更相言告，亦有私行金货，定兰台桼书经字，以合其私文。熹平四年，灵帝乃诏诸儒正定“五经”，刊于石碑，为古文、篆、隶三体书法以相参检，树之学门，使天下咸取则焉。

范晔对东汉经学盛衰的轨迹可谓叙之甚详，从中我们可以明确得知，“儒教”与汉家王朝的整合依赖的关系实更趋紧密，不仅儒学之盛衰直接取决于作为最高当权者的帝王们的好恶取向或与之相为表里，而且，最值得注意的是，后汉诸帝王的“爱好经术”与前汉诸帝的“尊崇儒术”有着明显的不同，前汉诸帝之尊崇儒术主要是施与一种由我主导性的外力的推扬和表彰，就连“柔仁好儒”的元帝亦有明诏曰“盖闻明王之治国也，明好恶而定去就”（《汉书·元帝纪》），而后汉诸帝则着意于讲论经义以树立一种帝王自身内部引导（经义的内化）的典范。

据《后汉书》载，东汉光武“引公卿、郎、将讲论经理，夜分乃寐”，并有言曰：“我自乐此，不为疲也。”显宗孝明帝十岁即能通《春秋》，后又师事博士桓荣，学通《尚书》，章帝时有司奏言盛赞显宗“博贯六艺，不舍昼夜”。肃宗孝章帝立，降意儒术，特好《古文尚书》《左氏传》，经学大师贾逵尝对章帝的“朝夕恪勤，游情‘六艺’”倍加赞誉。这几位后汉帝王对经义的爱好、崇信亦可由其诏书体现出，他们在诏书中引经据典及征引孔子言行以作为他们实际治国理政或具体政策的“合法性”基础已属司空见惯的常例。

正是随着圣人之“儒教”与汉家之现实政治彼此依赖、相辅而行的政治文化格局的不断深入发展，汉家帝王们在尊信“儒教”和崇祠孔子的道路上也越走越远。如东汉初期的几位游情“六艺”的帝王，都曾亲幸孔子故里祠孔，对他们来说祠孔已成为帝王政治活动中的一大制度化的惯例，而不再是一时的心血来潮。光武帝建武五年（29年），天下尚未平定，即“幸鲁，使大司空祠孔子”；明帝永平十五年（72年），“幸孔子宅，祠仲尼及七十二弟子，亲御讲堂，命皇太子、诸王说经”；章帝元和二年（85年），“幸阙里，以太牢祠孔子及七十二弟子。作六代之乐，大会孔氏男子二十以上者六十三人，命儒者讲《论语》”。章帝祠孔之际，与圣人后裔孔僖更有一番颇耐人寻味的对话：

帝曰：“今日之会，宁于卿宗有光荣乎？”对曰：“臣闻明王圣主，莫不尊师贵道。今陛下亲屈万乘，辱临敝里，此乃崇礼先师，增辉圣德。至于光荣，非所敢承。”帝大笑曰：“非圣者子孙，焉有斯言乎！”（《后汉书·儒林列传》）

特别值得注意的是，上面对话中的“先师”“圣者”特指孔子，而所谓“明王圣主，莫不尊师贵道”，实是将“尊孔”作为“明王圣主”内化的一种角色期望。最初汉帝每年秋季祭孔，汉灵帝时增为春秋两次，而且仪式也越来越隆重复杂，祭孔后来便成了历代的国家大典。

而随着帝王祭孔（孔子崇拜）活动的制度化和常规化，帝王们也越来越重视对孔庙的增修、扩建，魏文帝曹丕于黄初二年（221年）曾下诏在鲁郡修孔子庙，其诏曰：

昔仲尼资大圣之才，怀帝王之器，当衰周之末，无受命之运，在鲁、卫之朝，教化乎洙、泗之上，凄凄焉，遑遑焉，欲屈己以存道，贬身以救世。于时王公终莫能用之，乃退考五代之礼，修素王之事，因鲁史而制《春秋》，就太师而正《雅》《颂》，俾千载之后，莫不宗其文以述作，仰其圣以成谋，咨！可谓命世之大圣，亿载之师表者也。遭天下大乱，百祀堕坏，旧居之庙，毁而不修，褒成之后，绝而莫继，阙里不闻讲颂之声，四时不睹蒸尝之位，斯岂所谓崇礼报功，盛德百世必祀者哉！其以议郎孔羡为宗圣侯，邑百户，奉孔子祀。（《三国志·魏书·文帝纪》）

显然，孔子正是作为一个才行卓著而“怀帝王之器”的“命世之大圣”，以及“修素王之事”而成为令后世所景仰的“亿载之师表”的政治与文化偶像，而受到帝王香火优宠的。

总之，自武帝表彰六艺、尊崇儒术而奠定了“尊儒贵学”① 的政治文化传统之后，随着现实政治的日趋“儒教化”，帝王们不仅倾心服膺孔圣之经义，而且逐步走上了孔子崇拜（尊儒、崇圣、祠孔）的制度化与常规化的道路，于是修庙、封谥（孔子及其子孙后嗣）乃至作为国家大典的祭孔活动愈演愈烈。自后汉灵帝于光和元年（178 年），“置鸿都门学，画孔子及七十二弟子像”，后有东魏孝静帝兴和元年（539 年）修孔庙时修建孔子及十弟子容像，并立碑于庙庭，及至唐除了在武德二年（619 年）下诏在国子学修建“周公、孔子庙各一所”，更在贞观四年（630 年）“诏州、县学皆作孔子庙”，历朝历代的帝王们不断地上演着一幕幕孔子偶像崇拜的历史剧，这也使孔子的神位和儒家的教义不断从帝王家逐渐深入民间而广泛地走进了寻常百姓家。本是一介布衣学者的孔子，终于成了在古代中国人的心目中最具影响和统制力的、供奉之庙遍天下的“神灵”。

（八）孔子形象的延续与再生

自汉代确立了孔子的政治与文化偶像的地位之后，总的来说，孔子的形象在主流意识形态领域里直至清末都是牢不可破的，并在历朝历代的帝王、儒官、经师、文人、学士们的崇拜话语中不断地延续和再生着，他活在一代又一代崇拜者们的心灵与意识深处，始终是一个在古老的中国大地上飘荡而挥之不去的“幽灵”。在浩如烟海的典籍中，有关孔子崇拜的话语真可谓举不胜举，所幸的是在崇拜者的心中，孔子的形象大同小异，因为偶像的延续与再生是需要重复的，而且也正是在简单而不间断的有意识的重复中，久而久之，偶像对人所形成的无意识的钳制才是最有效而牢不可破的。高尚榘、赵强二先生在《中外名人学者赞孔子》② 中对古今中外赞颂孔子之语列之甚详，我在下面只就汉以后直至清末人们赞颂孔子之言择要列举如下，以飨读者。

魏晋南北朝人赞颂孔子之言曰：

① 据《三国志·魏书·明帝纪》，魏明帝诏曰：“尊儒贵学，王教之本也。”

② 高尚榘、赵强：《中外名人学者赞孔子》，陕西人民教育出版社 1993 年版。

自五帝典绝，三皇礼废，应期命世、齐贤等圣者莫高孔子也。……尼父生民之杰，性与天成，该圣备艺，德伦三五，配皇作烈，元镜独鉴，神明昭晰，仁塞宇宙，志凌云霓。（《阙里文献考》卷三十七魏曹植《孔子颂并序》）

孔子睿圣，配天弘道。（《陆机集》卷九《孔子赞》）

皇矣尼父，圣哲之杰，德比天地，明齐日月。（《阙里文献考》卷三十七晋孙楚《尼父颂》）

仲尼大圣……爰整礼乐，以综三纲，因史立法，是谓素王。（《阙里文献考》卷三十八晋挚虞《孔子赞》）

自生人以来，未有如夫子者也！（刘勰《文心雕龙·序志》）

姬公之籍，孔父之书，与日月俱悬，鬼神争奥，是孝敬之准式，人伦之师友。（萧统《陶渊明集序》）

隋唐人赞颂孔子之言曰：

孔子以大圣之才，开素王之业，宪章祖述，制《礼》刊《诗》，正五始而修《春秋》，阐十翼而弘《易》道。治国立身，作范垂法。（《隋书》卷四十九《牛弘传》）

宣尼以大圣之德，天纵多能，王道借以裁成，人伦资其教义。（《全唐文》卷四太宗皇帝《封孔德纶为褒圣侯诏》）

宏我王化，在乎儒术。能发挥此道，启迪含灵，则生人以来，未有如夫子者也。所谓自天攸纵，将圣多能，德配乾坤，身揭日月。故能立天下之大本，成天下之大经，美政教，移风俗，君君、臣臣、父父、子子，人到于今受其赐，不其猗欤！（《全唐文》卷三十一元宗皇帝《追谥孔子十哲并升曾子四科诏》）

德侔天地，道冠古今；删述六经，垂宪万世。（唐吴道子画孔子行教像赞语）

夫子官为司寇，道冠百王。历万古而弥尊，与四时而并运。生徒

满天下，祠宇充郡国。与生人终始，同天地盈虚。非天下之至圣，孰能与于此乎？（《全唐文》卷四三三萧定《袁州文宣王庙记》）

宋金元人赞颂孔子之言曰：

立言不朽，垂教无疆。昭然令德，伟哉素王。人伦之表，帝道之纲。厥功茂实，其用允臧。升中既毕，盛典载扬。洪名有赫，懿范弥彰。（《阙里文献考》卷三十八真宗《宣圣赞并序》）

厥初生民，自天有造。百世之师，立人之道。有彝有伦，垂世立教。爰集大成，千古永蹈。（《阙里文献考》卷三十八徽宗《宣圣赞》）

大哉宣王，斯文在兹。帝王之式，古今之师。（《阙里文献考》卷三十八高宗《圣贤赞并序》）

道德高厚，教化无穷，实与天地参而四时同，其惟孔子乎！（周敦颐《通书·孔子下》）

孔子孔子，大哉孔子。孔子以前，既无孔子；孔子以后，更无孔子。孔子孔子，大哉孔子。（《阙里文献考》卷三十八米芾《孔子赞》）

若吾夫子，则虽不得其位，而所以继往圣、开来学，其功反有贤于尧舜者。（朱熹《中庸章句序》）

天不生仲尼，万古长如夜。（《朱子语类》卷九十三）

周室下衰，王纲解纽。非大圣人，狂澜莫救。天挺夫子，生民未有。立言范世，木舌金口。三千之徒，义由此受。我瞻遗坛，实为教首。万民护持，天长地久。（《阙里文献考》卷三十八金高德裔《杏坛铭》）

吾夫子独以布衣之属，传世久远与天地相为终始。非大圣人者，其能若是乎。（《金文最》卷六十六张邦彦《万全县重修宣圣庙碑》）

先孔子而圣者，非孔子无以明；后孔子而圣者，非孔子无以法。所谓祖述尧舜，宪章文武，仪范百王，师表万世者也。（元大德十一年加封大成至圣文宣王制诏碑文）

元圣之德，大如天地，昭如日月，荡荡乎无能名，皓皓乎不可尚已。历代有国之君，崇尚其教，庙而祀之，几遍天下。（元代学者李谦撰《阙里宅庙落成后碑》碑文）

圣人之道与天地并，圣人之祀与天地无极。（元代学者阎复撰《重建至圣文宣王庙碑》碑文）

明清人赞颂孔子之言曰：

仲尼之道，广大悠久，与天地并。有天下者莫不虔修祀事。（《明史·志第二十六·礼四》，明太祖朱元璋谕）

孔子之道之在天下，如布帛粟菽，民生日用不可暂缺。（明宪宗《御制重修孔子庙碑》碑文）

惟我先圣孔子，道高如天，德厚如地，教化无穷如四时。民到于今赖之，故到于今祖之。（《陈献章集》卷一《襄阳府先圣庙记》）

吾夫子之道始之于存养慎独之微，而终之于化育参赞之大；行之于日用常行之间，而达之于国家天下之远。人不得焉不可以为人，而物不得焉不可以为物，犹之水火菽帛而不可一日缺焉者也。（王守仁《王文成公全书》卷三十一《策五道》）

德合元化，道存六经。集群圣之条理，开万世之太平。实吾人所赖以有成者也。（《阙里文献考》卷三十九李东阳《祭尼山夫子庙文》）

六经之道，仲尼删述焉，博而有要，闳而愈精，施之天下，中庸广远，万世不可易也。（《王廷相集·慎言·文王篇》）

夫子之道，如天之高，无不覆帱，如地之厚，无不持载，如日月之代明，如四时之错行。（《成化年间修刊孔氏宗谱》）

至圣之道与日月并行，与天地同运，万世帝王咸所师法，逮公卿士庶罔不率由。（《康熙起居注·二十三年十一月十八日》）

惟我至圣先师孔子配天地参阴阳，模范百王，师表万祀。（《曲阜县志》卷一圣祖仁皇帝御制文《幸鲁盛典序》）

朕（引者注：乾隆皇帝自称）惟至圣先师孔子，天纵圣仁，躬备至德，修明六籍，垂训万世。（《曲阜县志卷一·今皇帝御制文·阙里文庙碑》）

孔子大中，如天地之无不持载、无不覆帱，是以能祖述尧、舜，宪章文、武。（《明儒学案·郑性序》）

古今来尊之而不虞其过者，孔子一人而已。……孔子之道若大海然，万壑之所朝宗也。（袁枚《小仓山房诗文集·文集卷二十一·宋儒论》）

孔子有帝王之德而无帝王之位，晚年知道不行，退而删定“六经”，以教万世。其微言大义实可为万世之准则。后之为人君者，必遵孔子之教，乃足以治一国；所谓“循之则治，违之则乱”。后之为士大夫者，亦必遵孔子之教，乃足以治一身；所谓“君子修之吉，小人悖之凶”。此万世之公言，非一人之私论也。孔子之教何在？即在所作“六经”之内。故孔子为万世师表，“六经”即万世教科书。（清儒皮锡瑞《经学历史》）

我所以不厌其烦地引述如此之多（其实仍然只是其中极少一部分）先人们对孔子的赞颂之词，无意于让读者欣赏赞词之美妙，而只是想要读者稍稍体会一下，如此强聒不舍的赞词，对我们的心灵究竟会造成一种什么样的心理效果和感受，是犹如现代反复“击打”我们感觉器官的广告词一般的视听效果与感受，还是现代人难以想象的一种心灵震撼？我们的先人竟然如此执着地崇拜孔子，是不可理喻还是理所当然？但是，不管怎样，孔子偶像化的圣人形象正是在先人们持续不断的赞颂声中一代又一代地延续和再生着。康熙大帝说得好：“孔子之为万古一人也”（《曲阜县志》卷一圣祖仁皇帝御制文《孔子赞并序》），这话揭示了一个确凿无疑的历史事实，那就是：孔子的偶像支配了2000多年的中国历史，并在中国人的心灵上打下最为深刻的精神烙印。也许正如鲁迅先生在《在现代中国的孔夫子》一文中所说：“总而言之，孔夫子之在中国，是权势者们捧起来的，是那些权势者或想做权势者们的圣人，和一般的民众并无什么关系。”这话大体上是不错的，因为只有那些权势者或想做权势者们才拥有话语霸权。不过，我认为梁启超先生的话也是事实，那就是：历史上确有许多常常“带有很激烈的反抗精神”的历代儒学大师，他们“非惟不受君主的指使，而且常受君主的摧残”（《儒家哲学》），他们想不想做权势者且不说，但他们在受到权势者们的摧残、厉禁、压制的时候，我亦相信他们对孔子无限崇拜的诚心和真情大概是不会轻易泯灭的，当然，我并不是说历史上就没有对孔子的信仰与崇拜不诚实的人，甚至可以说是大有人在。但是，当孔子的偶像被拥有话语霸权的权势者或想做权势者们乃至被不得志或不想做权势者们捧起来后，孔子的确支配了汉以后直至清末的整个中国的历史，而且他也不仅只是与权势者们相关，甚至可以说孔子之教在权势者们的尊崇下反而与一般无意识（即不具备维系、弘扬道统意识）的民众关系更为密切，正如李贽所说，“先王教化，只可行于穷乡下邑，而不可行于冠裳济济之名区；只可行于三家村里不识字之女儿，而不可行于素读书而居民上者之君子”（《焚书》卷五《唐贵梅传》），以至我认为套用鲁迅先生在《狂人日记》中的一段话来说明这一历史事实，是再适合不过的了，那就是：

> 我翻开历史一查，这历史每页上都写着“纲常名教”几个字。我仔细看了半夜，才从字缝里看出字来，满本都写着两个字，是“孔子”。

这就是“儒教”中国的历史，而孔子的偶像正是长期浸润在“儒教”传统下的古代中国的灵魂！

（九）小结

综上所述，对于孔子这一历史人物的客观实在性，如果说我们有必要首先确定一种共识性的认识基准的话，我认为我们完全可以这样来描述他：孔子是一个富有理想而失意的政治家，一个获得了空前成功的私学教育家，一个追求君子之道而热心救世的思想家，一个在文化史上承上启下的关键人物，一个诚实而博学的学者，一个重人事而温良平实的人。但是，当我们系统地梳理和考察历史上的孔子形象时，我们不难发现在历史上孔子的形象又实在是变动不居而最难以确定的。诚如顾颉刚先生在《春秋时代的孔子和汉代的孔子》一文中所说："各时代有各时代的孔子，即在一个时代中也有种种不同的孔子呢（例如战国时的孟子和荀子所说的，宋代的朱熹和陆九渊所说的）。各时代的人，他们心中怎样想，便怎样说，孔子的人格也就跟着他们变个不歇。"① 另如李大钊先生所言："汉唐时代人们想象中的孔子，与宋明时代人们想象中的孔子，已竟不同了；宋明时代人们想象中的孔子，与现代人们想象中的孔子，又不同了"，甚至"十年以前，我自己想象中的孔子，与今日我自己想象中的孔子，亦不同了"②。

不过，大体说来，孔子在先秦本是一个最具争议性而莫衷一是的人物。他本人温良谦恭而从不以仁圣自居，但又是一个强毅自信而富有强烈使命感的人，故不惮以文王、周公的当代传人自命；在时人眼中，他或者不过是一位"博学而无所成名"（《论语·子罕》）的学者，或者被看作一位将能够引领他那个时代实现精神转换的关键性人物，所谓"天将以夫子为木铎"（《论语·八佾》）；他有时是一个遭人讥斥诋毁的人物，有时是一位对权贵构成威胁的"贤者"，而在其弟子的心目中，孔子则毫无疑问是一位自生民以来所未曾有过的天纵之圣人。战国时期，孔子更成了诸子争议的中心人物，他遭到了来自诸子各家共同的激烈批评，但也得到圣人之徒如孟荀们的有力回护，从批评声中我们足可以深切地体会到孔子广泛而显著的影响力，从辩护词中我们更能清晰地体认到孔子作为"尽伦者"或"人伦之至"的圣人形象。在秦帝国的时代，虽然没有发生直接针对孔子本人的"批孔"运动，但发动了一场轰轰烈烈的"焚书""坑儒"而肆意埋葬和焚毁"诵法孔子"的儒生及其所诵习的神圣经典的运动，如果孔子泉下有知，这场运动就不仅会令后世儒生刻骨铭心，而且也肯定会使孔子痛心疾

① 王煦华编选：《古史辨伪与现代史学》，上海文艺出版社 1998 年版，第 96 页。

② 李守常：《史学要论》，商务印书馆 1999 年版，第 80 页。

首。但不久之后，孔子与儒生的命运便发生了戏剧性的变化，本来极为厌恶儒生、喜欢溲溺儒冠之恶作剧的刘邦竟然在有生之年以太牢祭奠了一回孔子，中国历史上的第一位布衣皇帝首开祭奠中国历史上第一位布衣圣人的先例，预示了孔子命运的根本转折。而自汉武帝卓然“罢黜百家，表章‘六经’”之后，孔子最终被偶像化，而成为中国人心目中最神圣不可侵犯的“素王”“至圣”，随着人们对“儒教”崇信度的日益加深，孔子占据了2000多年来中国风教的中心位置，并被写满了2000多年间的中国历史。孔子从学者到偶像的这一演变过程，可以说也就是孔子的形象在争议与毁誉中不断被无限放大的一个历史过程，尽管这一过程历尽曲折，有时孔子的形象甚至还被扭曲得面目全非，但孔子毕竟是中国历史上的最大赢家，他在“儒教”中国享有着“万古一人”的最崇高的声誉。

第二章 孔子与“儒教”的历史命运

盖儒学者，实与帝王相依附而不可离者也。

——梁启超

中国一部历史，是乡愿与大盗结合的记录。大盗不结合乡愿，作不成皇帝；乡愿不结合大盗，作不成圣人。所以我说，真皇帝是大盗的代表，圣人是乡愿的代表。

——李大钊

一、先秦秦汉时期的政治文化演进

孔子生当春秋这一世袭社会日趋于解体而需要重建新的社会政治秩序和制度规则的过渡时期，变革的历史趋势愈演愈烈，以至战国成了中国历史上的“古今一大变革之会”（王夫之语）的时期，亦导致“秦汉间为天地一大变局”（赵翼语）。质言之，周代分封制是以周天子“天下共主”的独尊权威为核心，以宗法亲亲原则为纽带（封建亲戚，以藩屏周），通过两级分封过程（“天子建国”和“诸侯立家”）而建立起来的一种基于多级君臣隶属关系的社会政治等级结构和统治秩序，这一世袭的等级结构和统治秩序到春秋时期已趋于解体。到战国时代，各诸侯国逐渐建立起一种新的政治体制和统治秩序，各国君主通过建立郡县制官僚政治而实施对臣民的直接控制与统治，而多元格局下的政治竞争和军事兼并战争，更导致了秦汉大一统帝国政治格局和统治秩序的最终确立，并形成了一种不可逆转的历史趋势。

随着上述政治体制的根本变革和政治形势的急剧变化，思想文化领域也在发生着前所未有的深刻而剧烈的持续变迁。春秋战国可谓中国历史上的“哲学的突破期”或学术思想的“轴心时代”，这是一个由现实生存环境的严峻和险恶激发出的奇玮璀璨的思想文化的新纪元。在理想冲突的时代氛围中，灿烂瑰丽的诸子百家的存在及各家之间的思想争鸣既是中华民族文化成熟的标志，更将中华民族文化的成长进程推向了一个理性发展的高峰。在这样一个时代，思想家的个人才性和公开自由地运用自己的理性来进行独创性的理论建构的思想活力，以及通过辩难与争鸣来展开激烈交锋与对话的精神觉醒与思想解放的魅力，都得到了最充分的展示。但是，秦汉“大一统”帝国一元化统治模式的制度化建构，不仅结束了战乱而实现了国家的政治统一，更使一个本来价值取向多元化而充满了竞争性活力的开放社会和道术分裂、百家异说而极富原创性的哲学思想的轴心时代走向了终结，在思想文化领域“别黑白而定一尊”（《史记·秦始皇本纪》）的一元主义占据了学术思想与政治意识形态领域的主导地位，诚如庞朴先生所言：“秦始皇以法为教，汉武帝罢黜百家，从认识论来说，都是一元主义在作怪，是一元的学术借助政治暴力而变成意识形态，也是政治暴力利用学术一元来营造天下一统。”①

正是在战国秦汉之际这一中国历史上社会政治和思想文化变革最剧烈迅猛的时期，孔子的政治命运与历史形象历经曲折而发生着最剧烈的变迁。那么，究竟如何来理解和解释孔子生前命运多舛的政治遭遇与生存困境，以及孔子的

① 庞朴：《中国儒学》，东方出版中心1997年版，序：《跳出一元主义窠臼》，第3页。

形象在战国秦汉之际由最具争议性的人物而最终被定格为偶像的曲折历程？依我之见，我们必须结合先秦秦汉之际政治文化演进的历史背景，才能对这一问题作出圆满的解答，故我们首先应对先秦秦汉之际政治文化演进的历程做一些具体考察。

总的来讲，孔子从一个最具争议的学者走向朝野上下共同尊奉的政治文化偶像的历程，正值传统政治文化在春秋战国以至秦汉之际几经转型的剧烈变革时期。简要言之，其间政治文化的演进主要经历了从商周神权政治文化向春秋战国世俗政治文化，以及从春秋战国的“诸侯异政，百家异说”的多元政治文化格局向秦汉“大一统”帝国统治模式与一元化政治文化格局的两度转型。根据美国著名政治学家阿尔蒙德的政治文化定义，即“政治文化是一个民族在特定时期流行的一套政治态度、信仰和感情”①，可以说在这期间人们的政治态度、信仰和情感发生了急剧的变迁，而由于传统政治文化的主导因素是专制王权，故人们政治态度、信仰和情感的变迁亦主要是围绕着王权合法性而展开的。

商周神权政治文化主要是将最高统治者即帝王或天子“余一人”的绝对权威的合法性置于以传统“上帝”观念与天命信仰为核心的神学世界观的基础之上。对商人来讲，他们在宗教信仰上不仅信奉“上帝”或天为至高无上神，而且认为“上帝”是永远站在人间之王一边的，所以当祖尹谏阻商纣王的荒淫时，纣王则有恃无恐地声称：“我生不有命在天！”甚至自称为“帝辛”而神化自己。但是，对于稍具政治理智的人来讲，当时也已然具备了一种奉天承命而统治天下的“王”应在政治行为和个人品格方面加以自我克制的限制性意识，正所谓“天既讫我殷命。……非先王不相我后人，惟王淫戏用自绝。故天弃我，不有康食”（《尚书·西伯戡黎》）。这一限制性意识在周人那里得到了充分的发展。特别是殷商覆亡之鉴在周人的宗教信仰上打下了深刻的烙印，这使周初最高统

① ［美］加布里埃尔·A. 阿尔蒙德、小 G. 宾厄姆·鲍威尔：《比较政治学》，曹沛霖、郑世平、公婷等译，上海译文出版社 1987 年版，第 29 页。

治者对殷商的“上帝观”作了一种重要的修正和补充，即认为“惟命不于常”，“上帝”择善而降命，因此周王统治的绝对权威及其合法性在于周天子能够以其德赢得天命。正因为天命仍然是周王政治统治的终极的合法性根源，故周人对“上帝”百神依然满怀着惶恐敬畏之情，如《诗·敬之》曰：“敬之敬之，天维显思，命不易哉！”《诗·我将》曰：“我其夙夜，畏天之威。”也就是说，对周人来讲，周王一方面作为天子或天之“元子”，其权力和地位是由天授予的，而且“天子”之称是具有独一和独尊性的称谓，这种政治文化观念把王权神授的宗教权威与天子独尊的政治权威结合为一了。同时，周王的权威或其政治统治的“合法性”亦具有宗法伦理的意义，如《尚书·洪范》所谓“天子作民父母，以为天下王”，这说明在周代以周天子为“天下共主”的宗法政治的统治秩序下，周王的政治权威又是与父家长的宗法性权威紧密结合为一体的。然而，降至西周末年，由《诗经》所见诸多对天、祖、王的怨詈之声，可知王权“合法性”的天命基础在当时已受到根本的摇荡，人们开始从人自身的行为结果上寻求人世祸福的说明，正如《诗·十月之交》所说：“下民之孽，匪降自天；噂沓背憎，职竞由人。”如此，所谓“今予惟恭行天之罚”（《尚书·甘誓》），还有什么“尔尚敬逆天命，以奉我一人”（《尚书·吕刑》）的神学辩护论的政治信念走向衰落乃是历史的必然趋势。

春秋战国社会大变革之际，人们的宗教道德观念的急剧变革，世俗人文思潮的勃然而兴，终使人的心灵与理性冲决了神性信仰的网罗束缚，每个人作为一个个独立的个体都必须担负起自身吉凶祸福的命运，因为世界在终极的意义上不是别的，正是人自身行为的结果，是人自身德性的衍生物。由基于天命信仰的周天子权威的式微，转向现实地关注诸侯各自为政的实际政治状况，正是源于上述人文主义的道德原则与认知取向。由于政治思维转向对诸侯各自为政的现实关注，并基于诸侯国君自身的实际政治作为及其个体品行、才识与能力等因素来考量和评估其政治权威与权力行使的合法性与正当性，所以当时的君臣关系主要受到两种道德规范的制约，一种是普遍性的“原则的道德”，另一种是特殊性的“忠诚的道德”。

所谓“原则的道德”是“由一种期望，即由一个人期望其他人应该遵循的共同的、抽象的、一般的和普遍的原则组成”，而“忠诚的道德”则“由另一种期望，即一个人根据人们与他的特殊关系，有分别地对待其他人而形成”①。在我看来，“原则的道德”对于春秋战国人来讲，是指君臣关系基于一种为社稷论或为道义论的普遍性的道德期望，这要求君臣的行为必须共同遵循“效力于社稷”或“献身于道义”这一普遍性原则。具体地讲，臣下对君主的忠诚或君主权威的合法性主要基于君主必须为社稷的安危而尽责献身的行为，而臣下“事君”也必须是出于“效力于社稷”的原则。如崔杼弑君，晏婴曰：“君民者，岂以陵民？社稷是主。臣君者，岂为其口实，社稷是养。故君为社稷死，则死之；为社稷亡，则亡之。若为己死而为己亡，非其私暱（昵），谁敢任之？”（《左传·襄公二十五年》）或如鲁武叔曰：“所以事君，封疆社稷是以（‘以’犹‘为’也）。”（《左传·定公十年》）因此，能够为社稷忍辱含垢，也就成为对国君的一种重要角色期望，“国君含垢，天之道也”（《左传·宣公十五年》），“受国之垢，是谓社稷主；受国不祥，是为天下王”（《老子·第78章》）。另外，德礼的规范及道义原则亦构成君臣关系的普遍性规范，所谓“君人执信，臣人执共。忠、信、笃、敬，上下同之，天之道也”（《左传·襄公二十二年》），“事君者，从其义，不阿其惑”“民之有君，以治义也”（《国语·晋语一》），否则，便是自弃于君臣之义。推而言之，“天下，非一人之天下也，天下之天下也”（《吕氏春秋·贵公》），这要求人主必须为天下人的公道“正义”负责。孔子言“君使臣以礼，臣事君以忠”（《论语·八佾》）、“以道事君，不可则止”（《论语·先进》），孟子讲“贼仁者谓之‘贼’，贼义者谓之‘残’；残贼之人谓之‘一夫’”（《孟子·梁惠王下》）、“言非礼义，谓之自暴也；吾身不能居仁由义，谓之自弃也”（《孟子·离娄上》），以及荀子论“从道不从君”（《荀子·臣道》）

① ［美］克莱德·克鲁克洪等：《文化与个人》，何维凌、高佳、何红译，浙江人民出版社1986年版，第90页。

等，皆属“原则的道德”，而且在儒家文化意义上，君父臣子之义属“人道”、人伦之大者，舍弃君父臣子之义便是自暴自弃为如同禽兽一样的“非人”。

而“忠诚的道德”则是指君臣之间实是一种特殊的关系，这种特殊关系或是基于君臣上下的名分要求，或是基于君臣之间委质策名的身份规约，或是基于个人情感性的亲昵嬖幸，或是基于权力势位的胁迫利诱，这在春秋战国时期均构成为臣下对君主忠诚的现实基础。如所谓“委质为臣，无有二心”（《国语·晋语九》）、“尽忠以死君命”（《左传·宣公十二年》），又如“士为知己者死”（《史记·刺客列传》）之类。这均属忠诚来自一种对君臣之间特殊关系的生死承诺。反之，当其他某种特殊关系的考虑胜过君臣之间的承诺并且人君妨害了它，那么发生仇弑君主的行为就是不可避免的了。如有的便因时势的审度而心怀侥幸以弑君，所谓：“事克则为卿，不克则烹，固其所也，何害？”（《左传·哀公十六年》）又有的为父仇而不惮于杀君曰：“平王杀吾父，在国则君，在外则仇也。见仇弗杀，非人也。”（《国语·楚语下》）更有的为夫报仇而积怨之深如莒之寡妇者，因莒子杀其夫，老而住于莒邑纪鄣，纺绳以待外攻者，及齐师至，便将所纺绳投诸城外以入齐师，为夫报仇真可谓用心良苦而匪夷所思（参见《左传·昭公十九年》）。面对匹夫匹妇这种强烈而执着的报仇释怨之情，君主的权威不能不黯然失色。韩非正是清醒地意识到君臣之间是一种犹如虎狼般的特殊关系，因此他建议人主牧臣、畜臣当如畜鸟，务在能使人臣仰恃君上利禄而忠服。“忠”并非出于献身公义的道义感，而是来自买卖与利害关系的算计，正所谓“臣尽死力以与君市，君垂爵禄以与臣市。君臣之际，非父子之亲也，计数之所出也”（《韩非子·难一》）。

“社稷无常奉，君臣无常位”（《左传·昭公三十二年》），正是春秋战国时代现实政治状况的真实写照。据《史记·太史公自序》：“《春秋》之中，弑君三十六，亡国五十二，诸侯奔走不得保其社稷者不可胜数。”忠与弑，无论是出于“忠诚的道德”，还是基于“原则的道德”，君主的权威已在人文主义的世俗道德原则下冲决了神学辩护论（君权神授）的藩篱与迷思，天佑神权不足恃了，包括君主在内的每个人都必须担负起他自身行为的责任，为他自己的行为承担后果、付出代价，因此人主之所以为人主而得以保其位，他必须具备清醒的头脑或权衡利弊的理智来把握治国理民的必然之道，反之，那就是“自作孽，不可活”了，所以他必须要么努力进行个人身心的修养，要么握紧手中的权势并善用法术。而且，人主作为一个具体的个体，他的智能毕竟是有限的，甚至还不及一般人，所以他要治国理民，必须要么任贤使能而听从贤智之士的忠谏劝告，要么独断专行而任用法术之士。

可以说，春秋战国之世是一个充满了各种不确定因素和遭遇深重社会政治危机的时代，然而，“危机越严重，希望有适当的人，来控制局势的愿望就越强烈，不管表达这种愿望的形式是默默的祈祷还是公开的鼓吹”①。正是危机严重的政治局面激发起了春秋战国时期的政治与知识精英们希望有人来控制局势的强烈愿望，而使他们发出天下“定于一”的时代呼声，他们呼告吁请“令行于天下”的圣王能够降世而使天下影从，以便控制“诸侯异政，百家异说”的局势。正是在这种时代的呼声中，我们深深地体会到，正值现实君主的权威一落千丈之际，“理想王”的神圣与声望却如日中天，诸子各家从世俗人文价值取向的意义上对君主的权威进行了创造性的理论转化，将之推向圣化之域，换言之，他们彻底摆脱了传统天命神权的信仰束缚，最终选择义无反顾地走上圣化君权的道路。

如果说诸子对君权的“圣化”具有的还仅仅是一种理论的意义，那么至秦汉大一统帝国时代，“圣王”的理想期望却终于落实于一种“王圣”崇拜的制度化建构，这一制度化建构主要是通过“法令由一统”的强制性诱导（禁止私议，禁止“非谤政治”“诽讪朝廷”）、物质诱导（利禄之途）及道义上的诱导（服膺圣教、“非圣无法”、践行忠臣孝子之义）三种途径来实现的。“王圣”式帝王的

① ［美］悉尼·胡克：《历史中的英雄》，王清彬等译，上海人民出版社1964年版，第9—10页。

绝对权威不仅由一整套严格的禁忌制度拱筑起来，而且其“天下之事无小大皆决于上”（《史记·秦始皇本纪》）的独断专权更切切实实地落实于能够有效运行的官僚政治制度上，而臣民也必须在一种制度化了的社会政治生活的情境之中被强制性地尽他们的忠诚。完全基于以法为教和官僚行政制度有效运作基础之上的“大一统”帝国的皇权，及其“天下之事无小大皆决于上”“尺土一民，皆上自制之”（《文献通考·封建》）的独断专行的权威，是其前辈们所远远想象不到和无法比拟的，无论是上古“假威鬼神”而“一人”独尊的天子，还是其合法性基于实际的政治作为（“诸侯力政”）而称雄争霸的诸侯。这一点，我们正可以由秦朝君臣的那份成功的得意与自信来加以真切体认：

> （始皇君臣）作琅邪台，立石刻，颂秦德，明得意。曰：……六合之内，皇帝之土。……人迹所至，无不臣者。功盖五帝，泽及牛马。
>
> 维秦王兼有天下，立名为皇帝，乃抚东土，至于琅邪。……“古之帝者，地不过千里，诸侯各守其封域，或朝或否，相侵暴乱，残伐不止，犹刻金石，以自为纪。古之五帝三王，知教不同，法度不明，假威鬼神，以欺远方，实不称名，故不久长。其身未殁，诸侯倍叛，法令不行。今皇帝并一海内，以为郡县，天下和平。”（《史记·秦始皇本纪》）

因此，我们说，从“诸侯异政，百家异说”的多元化政治文化格局走向秦汉大一统帝国一元化政治文化模式的制度化建构，是中国传统政治文化演进过程中的又一度转型，从此便奠定了此后2000多年的大一统帝国政治文化的总体格局和本质特征。

综上所述，中国人的政治态度、信仰和情感可以说在先秦秦汉之际发生着持续不断的变迁，这一变迁过程经历了两度深刻的转型。但是，在对这种变迁与转型有了充分的认识和了解之后，仍然有必要强调指出的是，无论是变迁和转型，还是战国的“变革”和秦汉的“变局”，都是一个复杂动态的过程，其中既有断裂，也有连续性，又或者是历史的反动。指出这一点，对我们理解孔子的历史命运与形象的转折演变亦是至关重要的。就其荦荦大者而言，宗法世袭社会的解体，无论在思想观念上还是在政治体制上都产生了双重的历史效果。就思想观念来讲，这一解体既激发了政治思想与文化学术的保守主义倾向（儒墨），更催生了积极顺应、促进现实变革的政治思想和反对保守旧文化、旧传统的思想倾向（法家）。就政治体制而言，在典型的分封制宗法政治体制的解体基础上建立起郡县制官僚政治体制，这的确可说是造成了一种历史的断裂，但这一政治体制的断裂并不意味着支配过去时代的所有政治观念和社会生活基本规则的完全失效。在以王权独尊为中心的分封制宗法政治和世袭等级社会解体基础上建立起来的是一种以帝制皇权为中心的郡县制官僚政治和流动性等级社会，虽然后者具有时代性的新特点，并具有排斥前者的断裂性的特征，但前后两种社会与政治体制又都是围绕着等级制和帝王权力至高无上的独一至尊性建构起来的，因此，历史地来看，后者又在一定意义上可以说是前者的进一步的发展。一方面，较之层级封闭的世袭性的等级规则与机制，层级开放的流动性的等级规则与机制大大促进了整个社会结构与政治秩序的活化和有效整合；另一方面，正如秦始皇自豪地宣称的那样，较之分封制宗法政治体制，郡县制官僚政治体制也能更加切实有效地维系和加强帝王权力至高无上的独一至尊性。

因此，先秦秦汉之际，人们的政治态度、信仰和情感尽管发生了急剧的变迁乃至转型，但政治领域和文化价值理念的变迁和转型更主要的是使王权统治的合法性基础发生了实质性的改变，然而，由来已久的“天下王有”的政治观念总的来说并没有发生根本的动摇，如秦刻石所言“六合之内，皇帝之土”“人迹所至，无不臣者”，与《诗・北山》所谓“溥天之下，莫非王土；率土之滨，莫非王臣”，并无实质性的差别。不管这一“天下王有”的政治观念是不是符合历史事实，但它是君主专制主义的核心，与之紧密相连或属于一体两面的则是王权主义的另一极为重要的政治文化信念，即王权是一切存在的中心，也就是说，无论是天下之王还是一国之君，他们理应处于整个社会政治秩序与文化价值符号的中心地位。可以说，天下王有以及帝王权力的独一至尊性的政治文化观念，自三代以来就一直被一以贯之地维持延续了下来，并不断得到强化。

概括地讲，中国人绵延不绝的王权主义政治理念是这样的：不管历史上的王者以何种面目出现，不管他是帝神、是天子、是圣人，还是集上古尊号于一体的皇帝，他都是至尊一人、独一无二的，他居于“中国”这一中央之地、中心之国，为天下人所归往，上承天命，下统人事，泽及四海。“中国”作为一个政治文化概念，它的文明谱系即是以王者为中心的治乱兴衰的历史。自古以来，中国人的文明史观就是与这样一种政治幻觉密不可分的：王者被认为与“终极的”“根本的”“主宰一切的”产生秩序的天赋权力在根本上是联系在一起的，他是整个天下秩序的中心，也是政治信仰和文化价值的中心。所以，出于一种重建社会政治的理想秩序的现实需要，人们也总是期望圣王的兴作。因此，政治在终极理想的意义上说到底也就是王者个人性的事件，因为王者不仅拥有至尊无上的政治权威与权力地位，而且他更应是人类精神的导师、社会文明的首脑、某种理想生活方式的向导。如《尚书·洪范》所云：

无偏无陂，遵王之义；无有作好，遵王之道；无有作恶，遵王之路；无偏无党，王道荡荡；无党无偏，王道平平；无反无侧，王道正直。

基于上述政治文化信念，王教之化的阳光雨露的普施只能是抹杀掉芸芸众生任何的能动性——任何有所作为的意念、信仰、情感、理智，臣民生活在王道福祉下除了拥有服从的荣耀外几乎一无所有。由此，人类历史的走向、社会文明的命运、政治事功的成败、国家的治乱兴衰、人文价值符号建构的使命，便极易被赋予一种漫无节制的“神话”的性质或“寓言”的形式：上述种种都被视作王者个人性的好恶、能力、品性及其人格的超凡魅力的延伸性事件，而且是一种因具体的王者而异的非连续性（一治一乱的政治循环与王朝兴替）事件。

上述对先秦秦汉之际社会变革与政治文化演进过程的历史考察，以及对其中一以贯之地维持延续下来并不断得到强化的王权理念的粗略分析，无疑将为我们更好地透视孔子的政治命运及其历史形象的曲折演变，提供一种富于有效解释性效果的广阔历史背景。

二、文化的世俗化与孔子的政治命运

据《吕氏春秋·遇合》云：

孔子周流海内，再干世主，如齐至卫，所见八十余君，委质为弟子者三千人，达徒七十人。七十人者，万乘之主得一人用可为师，不为无人，以此游仅至于鲁司寇，此天子之所以时绝也，诸侯之所以大乱也。乱则愚者之多幸也，幸则必不胜其任矣。

太史公亦曰：

世以混浊莫能用，是以仲尼干七十余君无所遇。（《史记·儒林列传》）

《吕氏春秋·遇合》的作者和太史公，可谓异口同声，他们都是以批评者的眼光来指斥时世的污浊，而对孔子贤者的不得其用深表同情。这种对春秋“时政”的批评，显然体现了对孔子所处时代的否定性总体评价，而且主要是从政治录用问题上来推求天子时绝、诸侯大乱的根源。依据这样一种时代意识，孔子生前所遭遇的困厄的政治命运自然应作如是解释，即问题并不在孔子本人，而是一种时代的错误造成的。事实上，孔子之道及孔子师徒的才智和能力是足以拯救他那个时代的，但乱世中的昏聩君主们偏偏不重用孔子，正因为如此，而愈见时代之混浊、孔子之贤圣。这一解释，不仅是后人对孔子生前政治命运的主导性的看法，亦是孔子本人及其门人弟子们的一种自觉的感受，故彼此以“君子固穷”“不容然后见君子”相期许、相劝勉。

但是，我们今天已不必再局限于这种对孔子所处时代的否定性总体评价。那么，我们又当如何来解释孔子生前困顿的政治命运呢？通过考察孔子本人为人处世的性格特征可以部分地说明问题，譬如孔子的好议人是非及讥评时政，招来了各国用事大夫的诋毁和排斥，也可以说，孔子自身的清高态度使他不愿苟且合用于世俗，孔子的这种性格特征或处世态度也主要根于他对自己所处时代的否定性总体评价，即他认为自己生活在一个“礼崩乐坏”而无道的世界。

但是，站在我们今天考察历史的视角或立场上，毫无疑问我们更应给予春秋战国大变革的时代以一种积极而正面的肯定性评价或时代定位，并应从更为广泛的社会政治文化演进的背景上去审视孔子生前的现实遭遇和政治命运。

如上所述，在中国传统政治文化的演进历程上，春秋战国时期可以说是一个非常特殊的过渡时期，这一时期人们的政治态度、信仰和情感较之商周时期发生了深刻性的变迁。要言之，周天子权威的式微、世卿世禄制的没落、士人群体的崛起及传统宗教信仰世界观的崩溃，导致传统政治文化朝着较高程度的世俗化方向发展。甚至可以说，这是中国历史上世俗化程度发展最充分的时期。

根据阿尔蒙德的界定：“世俗化是态度发生变化的一种过程，在这一过程中，人们越来越重视在其周围世界中可以见到的因果关系。……在世俗文化中，个人往往自信他们拥有改变环境的能力，并选定有助于自己改变环境的行动方案。”[①] 世俗化对政治体系的三个层次的影响分别是：

世俗化的主要影响在于它指出有可能用慎重考虑的政策，按照所需的方式来控制社会和经济环境。……（世俗化的政治文化）包含着把积极的政治干预作为达到个人和集团目标的途径这样一种意识。

在过程层次上，世俗化指对于政治机会有较强的意识以及利用这些可能改变个人命运的政治机会的意愿。总的说来，世俗化意味着政治参与人数的大幅度增加。……归根结蒂是因为世俗化强调了个人具有可利用各种机会来改变自己处境的能力。

在体系层次上，世俗化代表性地意味着以习惯和超凡魅力为基础的合法性标准的削弱，而政府实际作为的重要性日益成为合法性的基础。尽管对神的信仰可能延续，但世俗文化中的统治者将不得不按照

① ［美］加布里埃尔·A. 阿尔蒙德、小 G. 宾厄姆·鲍威尔：《比较政治学》，曹沛霖、郑世平、公婷等译，上海译文出版社 1987 年版，第 23 页。

“天助自助者”的格言来行事。①

据此反观一下春秋战国时期政治文化的总体特征，应该说世俗化在政治体系的三个层次上均有较高程度的发展，特别是在过程层次上世俗化的特征尤其突出，如私学的迅猛发展、士人群体的崛起及智能的激烈竞争，使士人精英高度独立自主的人格及其个人效能感和政治参与的意识得到了充分的发展和张扬。当时的文人学士们身为布衣而所以能与诸侯国君分庭抗礼，那是因为一个国家的强弱存亡在很大程度上取决于一国之君是否能够从天下之士那里获得必要的智力支持，也就是说士人的政治参与已构成当时富有成效的实际政治作为的机枢，以致当时的诸侯国君发出了这样的惊呼：“寡人闻之，万乘之君，得罪一士，社稷其危。”（《战国策·楚策一》）这话虽然不免有些夸张，然而诸侯力政的政治格局已逼使统治者不得不正视士人的广泛参政要求。于是，“礼贤下士”才蔚然成为当时的一种最显著的社会政治风尚。

在诸侯异政而竞争日趋剧烈的政治格局下，作为一种自由流动资源的士人阶层获得了更多的“朝秦暮楚”而往来于各国之间的活动空间与参政机会，他们俨然成了那个时代的关系着国家强弱兴亡的呼风唤雨式的人物，他们拥有非常强烈的利用各种机会改变个人命运的政治参与意识和政治效能感，苏秦、李斯之辈的成功最能明此。如李斯因见吏舍厕中之鼠“食不洁，近人犬，数惊恐之”，而后又见“仓中鼠，食积粟，居大庑之下，不见人犬之忧”，不禁喟然而叹曰：“人之贤不肖譬如鼠矣，在所自处耳！”李斯的“在所自处”的人生感悟可以说最集中地反映了过程文化的世俗化特征。李斯本人也正是由于受了这一人生感悟的刺激，于是发奋“从荀卿学帝王之术”。他下面的这番学成之后向其师辞行的话，更淋漓尽致地表达了当时士人强烈的参政意识及其个人的效能感。其言曰：

---

①［美］加布里埃尔·A. 阿尔蒙德、小 G. 宾厄姆·鲍威尔：《比较政治学》，曹沛霖、郑世平、公婷等译，上海译文出版社 1987 年版，第 56—58 页。

斯闻得时无怠，今万乘方争时，游者主事。今秦王欲吞天下，称帝而治，此布衣驰骛之时而游说者之秋也。处卑贱之位而计不为者，此禽鹿视肉，人面而能强行者耳。故诟莫大于卑贱，而悲莫甚于穷困。久处卑贱之位，困苦之地，非世而恶利，自托于无为，此非士之情也。故斯将西说秦王矣。（《史记・李斯列传》）

显然，李斯很直截了当地道出了当时一般战国游士的世俗化的政治文化心态。

事实上，孔孟荀等先秦儒家精英人物也不乏强烈的政治参与意识，以及“苟有用我者，期月（一年）而已可也，三年有成”（《论语・子路》）和“如欲平治天下，当今之世，舍我其谁也”（《孟子・公孙丑下》）的个人效能感，他们也有许多的可以改变个人命运的政治机会。但他们为何不能像苏秦、李斯们那样官至国相，反而“非世而恶利”以致“所如者不合”、得不到信用而“自托于无为（无所作为）”呢？依我之见，最根本的原因便是孔儒的思想倾向中又有着强烈的不容其苟且合世的非世俗化的信念，这些信念主要表现在如下几个方面。

一是，众所周知，孔儒“祖述尧舜，宪章文武”，持有一种强烈的文化保守主义的立场。孔子极力推崇周代的礼乐文明制度和政治文化传统，并赋予自己一种“述而不作”的文化角色定位，而孟子更是“言必称尧舜”，因此他们对“礼崩乐坏”的失序状况深表痛惜，而对现实政治总是抱着一种批评的态度，如孔子之讥切“是可忍也，孰不可忍也”（《论语・八佾》），孟子批评说“五霸者，三王之罪人也”“今之诸侯，五霸之罪人也”“今之大夫，今之诸侯之罪人”（《孟子・告子下》），荀子亦指斥当世之君皆为“乱其教，繁其刑”（《荀子・宥坐》）的祸首。这使他们很难与当权者采取完全合作的政治行动。

二是，孔孟“德治”“仁政”政治理论的主旨，强调对君主个人之道德人格的超凡魅力的合法性认同，并以此作为维系整个政治秩序与社会生活的核心纽带。如孔子所谓：“为政以德，譬如北辰居其所而众星共（拱）之。”（《论语・为政》）孟子亦曰：“君仁，莫不仁；君义，莫不义；君正，莫不正。一正君而国定矣。”“国君好仁，天下无敌。”（《孟子·离娄上》）“仁人无敌于天下。”（《孟子·尽心下》）因此，孟子呼唤天下“定于一”，并认为“不嗜杀人者能一之”（《孟子·梁惠王上》）。显然，在当时诸侯力政交争的政治环境下，孔孟的这种由当权者来推行、实施道德政治的理想期望是难免会遭遇“见以为迂远而阔于事情”的尴尬局面的。

三是，“不在其位，不谋其政”“君子思不出其位”（《论语·宪问》）的身份意识与行动信念，也限制了孔儒政治参与的意愿与其实际的政治作为。尽管孔儒具有执着而强烈的“知其不可而为之”（《论语·宪问》）的入世信念，亦极愿“学而优则仕”（《论语·子张》），但由于他们又具有上述身份意识和“不可则止”的行动信念，同时对其所处时代情境坚持一种消极的否定性的价值评判，并坚定地信守“笃信好学，守死善道”（《论语·泰伯》）的道义原则和对“原则的道德”的人生承诺，因此，面对时世的“污浊”，他们只能是“隐居以求其志，行义以达其道”（《论语·季氏》），而一旦遭遇穷困，也只能是“安贫乐道”，宁愿固守穷困，也不愿滥而妄为，故子曰：“富与贵，是人之所欲也，不以其道得之，不处也；贫与贱，是人之所恶也，不以其道得之，不去也。”（《论语·里仁》）

与儒家形成鲜明对比的是，法家则在政策及体系层次上更加关注统治者富国强兵的实际政治作为，并把积极的政治干预作为达到个人和集团目标的主要途径。如他们极力主张推行“利出一孔”而鼓励耕战的政策，鼓动人君“抱法处势”以治，并充分利用民情好利自为的弱点，用赏罚、立禁令以“御民之志而立所欲焉”（《商君书·错法》），从而整齐广大民众的力量而为我所用，以便在国与国之间实力的较量与竞争中吃掉对方而赢得霸王之大利。

毫无疑问，孔子对周代礼乐文明制度的倾心推崇和孟子“言必称尧舜”的好古心态，以及他们“德治”“仁政”的理想政治主张，与当时以富强为政、以攻伐为贤而把握“百世之一时”的历史机遇以成就霸王大业的现实政治文化心态的世俗化方向是根本相抵牾的。道家那种“以自隐无名为务”（《史记·老子韩非列传》）的人生哲学和清静无为的消极政治理念，更较儒家而过之。相反，法家参与社会变革运动的成功，则正是由于他们适应了当时政治文化发展的方向。

但是，我们的意思绝不是要以成败论英雄而否定儒家（包括道家）思想倾向或政治理论的价值与意义，甚至也不是说儒家人物缺乏实际的政治才干或能力（如他们一般被讥评的那样“空疏迂腐”）而无法适应当时政治文化世俗化的要求与期望。事实上，那些不太坚执孔孟非世俗化信念的儒家人物，如“非不说子之道，力不足”（《论语·雍也》）的孔门弟子冉求等人，还是能够积极地入仕参政的，不仅毫无任何心理障碍，而且能有所作为，孔子对其弟子的政治才能也是持基本肯定态度的。像子贡更是颇具纵横家风采，史载“子贡一出，存鲁，乱齐，破吴，强晋而霸越。子贡一使，使势相破，十年之中，五国各有变”（《史记·仲尼弟子列传》）。可以说，在孔门私学四科中，有三科（政事、言语、文学）人物不仅能够适应，而且更在政治文化的世俗化进程中起到了推波助澜的作用，正如太史公所说：

> 自孔子卒后，七十子之徒散游诸侯，大者为师傅卿相，小者友教士大夫，或隐而不见。故子路居卫，子张居陈，澹台子羽居楚，子夏居西河，子贡终于齐。如田子方、段干木、吴起、禽滑釐之属，皆受业于子夏之伦，为王者师。（《史记·儒林列传》）

“隐而不见”者主要是指孔门德行科贫而乐道的弟子，孔子本人对德行科弟子总是另眼相看，故列德行为四科之首。孔子曾对他最得意的弟子、德行科首徒颜回说：“用之则行，舍之则藏，惟我与尔有是夫！”（《论语·述而》）颜回那“一箪食，一瓢饮，在陋巷”而不改其乐的“贤”（《论语·雍也》）德，更是赢得了孔子的格外赏识。另如闵子骞“不仕大夫，不食污君之禄”（《史记·仲尼弟子列传》），季次、原宪则“读书怀独行君子之德，义不苟合当世……终身空室蓬户，褐衣疏食不厌”（《史记·游侠列传》）。儒家人物中的“隐君子”所以“隐而不见”，正是因为他们不愿意放弃他们的那种非世俗化信念，从而对现实政权采取非暴力不合作的态度，不过他们又不同于道家人物的自隐无名，而是隐居修行以待时，或者授徒而兴化于乡里。其实，在孔子看来，如能修德兴教而化民成俗，也就是“为政”，而不必入仕为官，甚至比入仕为官更为重要，也更有价值与意义。

综言之，孔门弟子之所以走上仕与隐的不同的人生道路，主要便在于他们是否愿意放弃非世俗化的信念而采取积极适应的态度。而孔子本人“不能行其道”而屡遭困顿的政治命运则可以说正是由于他采取了介乎仕与隐之间的人生路向，他推崇君子的德行，不轻许人以仁，但也乐于激赏那些颇富世俗实际政治才干的弟子们的能力；孔子是不愿一味地干禄求仕而苟且合于时用的，但他又不愿舍弃君臣之义，故以强烈的入世精神终身汲汲于游说诸侯。因此，“用之则行，舍之则藏”（《论语·述而》）也就成了他最无奈也最自然的人生选择，孔子那“不怨天，不尤人，下学而上达。知我者，其天乎！”（《论语·宪问》）的人生感叹最足以说明这一点！

孔子所感叹的“道之不行”的根本原因究竟是什么？责任究竟在谁呢？是时世的污浊、世主的昏庸无能、用事大夫的嫉贤妒能，还是孔子之“道”非邪？当面带菜色的孔子困厄于陈蔡之际而发出“吾道非邪”的旷野呼告时，他最为欣赏和得意的三位门弟子却给出了三种不同的答案——三种不同的回应现实的、关于个体生存路向的选择方案。据《史记·孔子世家》，鲁莽直率的子路首先回答说：

意者吾未仁邪？人之不我信也。意者吾未知邪？人之不我行也。

其次，足够坦诚的子贡向夫子建议说：

夫子之道至大也，故天下莫能容夫子。夫子盖少贬焉？

最后，“夫子步亦步，夫子趋亦趋”（《庄子·田子方》）的颜回却认为：

夫子之道至大，故天下莫能容。虽然，夫子推而行之，不容何病，不容然后见君子！夫道之不修也，是吾丑也。夫道既已大修而不用，是有国者之丑也。不容何病，不容然后见君子！

孔子本人并未因遭遇的困厄而抛弃、贬损他的理想信念，因此他以仁者未必得信、知者也未必能行而反诘驳斥子路，亦责让子贡：“不修尔道而求为容。赐，而志不远矣！”但对颜回之见大为赞赏，故欣然而笑曰：“有是哉颜氏之子！使尔多财，吾为尔宰。”显然，他们的分歧在于立场的差别，子路是站在反求诸己的立场上说话的，子贡是站在适应现世需要的立场上说话的，孔颜则是站在“守死善道”的“原则的道德”立场上说话的。今天，我们似无必要在他们不同的态度或立场之间进行一种孰是孰非的评判，但他们之间生存路向选择的不同，对我们理解孔子和儒家人物生前的政治遭遇及其在后世的政治命运具有极其重要的启示意义，事实上，他们文化信念上的保守主义立场和政治期望上的道德理想目标，并不妨碍他们作出不同的个体生存路向的选择。因此，世主所以“不能”用孔子，或者孔子干七十余君无所遇，显然是与孔子本人“不愿”放弃或稍稍贬损他的“道”（非世俗化信念）密切相关的，这最终造成了他生前困顿的政治命运。也可以说，孔子生前的厄运说到底乃是孔子本人与其时代“合作共谋”的结果，但这绝不是说孔子的非世俗化信念也注定要在他死后给他罩上永久的厄运。

综括上述，孔子本人并不乏政治参与的意识，事实上他的尊君思想和正名主义对君主来讲还是有相当的吸引力的，在依然“尊礼重信”的春秋之世，孔子的礼乐之教也颇能激发一些贵族子弟和大量贫贱子弟们追随他学习的热情，但无奈他生活在一个旧体制日趋解体、旧传统逐渐失效的春秋时代，加之他的非世俗化的信念使他也不愿苟合于世用，因此，尽管个别诸侯国君和某些贤达君子有时对他礼遇有加，但总的来说，孔子生前所遭遇的乃是不得其用、难行其道而困顿失意的政治命运。

而如果说孔子在他生活的时代遭遇的还仅仅是不得其用、难行其道的政治失意的话，那么，在变革日趋剧烈、新体制逐步普遍地建立起来以至世日异、事日变而俗日异的战国时代，孔子与孔学的命运则变得更加吊诡而怪异了。他基本上成了一个与现实政治无干涉的、游离于社会政治的变革进程之外的历史人物，却在天下道术走向分裂、新旧思潮之间的争鸣与斗争日趋激烈的学术思想领域成了一个最具争议性而热门抢眼的中心人物，他的后学将他创立的学派发展为了一大“显学”，而且把他奉为自生民以来所未有、“人伦之至”的圣人，但他也遭到了来自战国诸子中的其他主要学派的普遍而有力的理论和人格上的各种各样的排诋与攻击。而随着世俗化时代的终结和秦王朝亟欲在帝国范围内全面确立一元化的政治统治秩序和以法为教、以吏为师的政治文化模式，学术思想的论争终于演化成了政治上新旧体制之间的激烈冲突与尖锐斗争，以至酿成了一场中国历史上著名的埋葬“儒教”的政治事件。然而，“诵法孔子”的“儒教”愈是遭遇不幸的打击，而孔子却愈是受到诵法者们的尊崇，秦王朝的埋葬“儒教”不仅没有彻底埋葬掉“儒教”，反而构成了一个历史性的反题，激发起了更加深入持久的以“推明孔氏”为中心的儒学全面复兴的政治文化运动，于是，孔子在汉代又重新被推向了政治与文化舞台的中心。

三、孔子学说何以适应秦汉以来的社会

当孔子的政治命运与历史形象在汉代发生了戏剧性的变化之后，一个最令人费解的问题亦随之出现，这就是顾颉刚先生在写给傅斯年等人的信中曾经郑重提出的一个需要认真对待而必须给以合理解释的疑难问题：“在《论语》上看，孔子只是旧文化的继续者，而非新时代的开创者。但秦汉以后是一新时代，何以孔子竟成了这个时代的中心人物？”换言之，孔子的学说何以适应秦汉以来的社会，并竟能支配得这样长久？顾颉刚先生本人对这一问题给出的解释是：

> 孔子不是完全为旧文化的继续者，多少含些新时代的理想，经他的弟子们的宣传，他遂甚适应于新时代的要求。
>
> 商鞅们创造的新时代，因为太与旧社会相冲突，使民众不能安定，故汉代调和二者而立国。汉的国家不能脱离封建社会的气息，故孔子之道不会失败。汉后二千年，社会不曾改变，故孔子之道会得传衍得

这样长久。①

正如何怀宏先生所说，顾先生的意思主要是从孔子和社会两方面说的。但是，我认为，顾先生的解释虽然大体上还说得通，却又不太缜密、不够圆满。因为问题是基于两个首先设定好的判断提出的，一个是“孔子只是旧文化的继续者”，另一个则是“秦汉以后是一新时代”，显然这两个判断是过于将问题简化了。所以，要圆满地回答顾先生提出的问题，必须首先阐释清楚这两个判断：当我们说“孔子只是旧文化的继续者”时，这一说法是否能够涵盖孔学思想内涵的全部？秦汉以后究竟是一个什么样的新时代，是与此前的时代完全断裂的新时代吗？

首先，姑且不论孔子“述”中是否有“作”，我们也承认孔子思想的大部具有保守主义的色彩，但说“孔子只是旧文化的继续者”，显然只能是就孔子“述而不作”的文化保守主义态度而言的，而并不能涵盖孔学的全部内涵。孔子开创了“有教无类”的私学教育理念，主张“为国以礼”，崇尚德治，标举仁义，追求君子之道，尊君而重民等等，这些思想本身都很难用“孔子只是旧文化的继续者”一言以蔽之。当然，顾先生在回答问题时对这一判断也作了修正，即承认“孔子不是完全为旧文化的继续者，多少含些新时代的理想”，如此，那就实在没有必要以“孔子只是旧文化的继续者”来发问。

其次，依顾先生之见，“用唯物史观来看孔子的学说，他的思想乃是封建社会的产物，秦汉以下不是封建社会了”②，而汉代是调和了封建的旧社会与商鞅们创造的新时代二者而立国的，汉的国家不能脱离封建社会的气息，故孔子之道不会失败。如此解释亦是不够圆满的，而且“封建”一词的含义颇为模糊，不知究竟是指唯物史观意义上的，还是仅指传统分封制意义上的。

当然，顾先生的解释也给了我们几点重要的启示：一是，孔子学说具有两面性；二是，孔子的学说是经过了弟子们的宣传，而遂甚适应于新时代的要求

① 岳玉玺、李泉、马亮宽编选：《傅斯年选集》，天津人民出版社1996年版，第297页。
② 岳玉玺、李泉、马亮宽编选：《傅斯年选集》，天津人民出版社1996年版，第297页。

的；三是，汉代是调和新旧时代的性质而立国的。

就第一点启示来说，何怀宏先生就曾引申顾先生之意，而特别强调孔学或孔子思想具有的两面性特质，“即孔子思想中既有保守的一面，又有开新的一面；既有承前的一面，又有启后的一面”，具体而言，如“孔子社会政治思想中承前或保守的一面可以说是等级名分的思想，而其启后或开新的一面则表现为对血统论的打破”，这开新的一面也就是“孔子等级流动开放的思想”，因此，孔子在新旧时代之间实“起了一种独特的、承前启后的作用”。[①]这样解释，应该说于孔学是较为近是的。毫无疑问，分梳清楚孔子思想的两面性是理所应当的，而且，可以说，孔子思想的两面性既是“相当有机地结为一体的”[②]，同时又存在着内在的张力性。就其思想是一个有机整体来讲，我们应切记避免先入为主地认定哪一个方面更适应后世的要求，如孔子重视等级名分的思想，其实与旧时代的“人有十等”制又是有很大区别的，这与其说是他承前或保守的一面，毋宁说是任何等级社会都需要的思想，从其对后世的影响来看，孔子尊君父之权以整合社会政治秩序的思想与其开新的方面一样都是适合后世需要的。但是，就思想所具有的内在张力性而言，当我们从孔子这方面来解释孔子的学说何以适应后世的要求的时候，事实上，正如傅斯年先生所说，“儒家到了汉朝统一中国，想是因为历史上一层一层积累到势必如此，不见得能求到一个汉朝与儒家直接相对的理性的对当”[③]，同样，我们也不见得就能求到孔学与后世要求“直接相对的理性的对当”。如：孔子与儒家的保守主义立场和倾向在汉代总的讲一直都是与汉家相当疏离的，不仅不受欢迎甚至遭到汉家帝王直言不讳的排斥与批评，如汉宣帝之批评“俗儒不达时宜，好是古非今”（《汉书·元帝纪》）；王莽的失败亦在于他的尊周孔而复古制背离了汉家“明简易，随时

① 何怀宏：《世袭社会及其解体》，生活·读书·新知三联书店1996年版，第178、188、183、174页。

② 何怀宏：《世袭社会及其解体》，生活·读书·新知三联书店1996年版，第188页。

③ 岳玉玺、李泉、马亮宽编选：《傅斯年选集》，天津人民出版社1996年版，第299页。

宜”“因时宜，趋世务”或“政卑易行，礼简易从”的现实主义政治路向；在两汉之际兴起的古文学，虽大行于东汉，古文学者亦“无悔所学”，但是连古文学者自己也有明言说古文是“不合时务”的。再如，上面所言孔子尊君父之权、重视等级名分的思想，其实也并非孔儒所专有，法家之尊君权、汉初黄生的冠履之辨均有过之而无不及，而汉代何以独尊孔子？自然是别有原因。

就第二点启示来说，我想，顾先生的意思也许不仅仅是指孔子弟子对孔学的原原本本的宣传而已，因为孔子的学说之所以能够甚适应新时代的要求，那是绝对离不开后世儒家对他所作的重要的重新诠释与改造工作的，甚至是为了使之适应后世帝王的需要而不惜将孔子改造得面目全非，汉代纬书中神怪化的孔子形象即是显例。

就第三点启示来说，顾先生只说汉代调和新时代与旧社会二者而立国，我认为这是需要解释的，即：汉代何以会成为一个调和新旧时代性质的综合时代？一种合理的解释应基于辩证发展的历史观之上。也就是说，历史是辩证地向前发展的，在变迁演进的过程中，新旧时代的交替会导致激烈的政治与思想斗争，但在根本性的剧烈变革时期过后，必然会出现一个新旧调和的综合时代。代秦而兴的汉家新王朝正是这样一个新旧调和的综合时代，它的出现可以说既是历史发展的必然，亦是人们自觉选择的结果。换言之，汉家在建构大一统帝国的统治秩序时，既无法逆转而只能继承和顺应秦制，同时各种社会和文化力量又促使汉家不得不适时相应地不断调整其立国的指导思想。

总结上述分析，我认为，事实上我们不仅要问“孔子学说何以适应秦汉以来的社会”的问题，同时我们还应问“汉家何以最终选择了孔子与儒教作为其立国的指导思想”的问题。这两个问题虽然提问的角度和方式不同，但我们想要圆满地回答其中任何一个问题都必须同时兼顾到另一个问题的视角，也可以说，它们不过是同一个问题的两个不同的方面而已，而这个问题就是：孔子何以会在汉代被“定于一尊”并一直受到历代帝王和儒生士人的尊崇？

我认为，傅斯年先生为回应上述顾先生所提问题而给出的下述解释，可作为我们进一步展开论述的逻辑起点。傅先生说：

只要儒家道理中有几个成分和汉以来的社会中主要部分有相用的关系，同时儒家的东西有其说，而又有人传，别家的东西没有这多说，也没有这多人传，就可以几世后儒家统一了中等阶级的人文。儒家尽可以有若干质素甚不合于汉朝的物事，但汉朝找不到一个更有力的适宜者，儒家遂立足了。一旦立足之后，想他失位，除非社会有大变动，小变动他是能以无形的变迁而适应的。[①]

四、“儒教”演生的逻辑与特点

孔子所以能够成为秦汉以后2000多年中居于支配地位的中心人物，这首先与后世儒家持续不断、坚持不懈地宣传与解说密不可分。而且，这绝不是一般意义上的宣传与解说，而是在一种特殊的孔子理念的支配下进行的宣传与解说，换言之，“儒教”在中国历史上的不断演化与生成是有其特定的逻辑和特点的。

（一）以孔子为至

依今人平视先秦诸子的观点来看，孔学所代表的不过是诸子学派中的一家之言，故孔子亦仅是其所开创的儒家学派一家的“宗师”，而且按照我们今天一般的理解，这所谓“宗师”亦不过只是儒家学派的“创始人”而已，他所提出的一些基本理念只是奠定了儒家学派此后发展的思想基础或理论范式。因此，其学说的初始性和思想的简约性乃是不言而喻的，对他的思想学说作进一步的阐发与解释也才是必要的，正如韩非所说“书约而弟子辩”（《韩非子·八说》）。作为一种开端奠基的思想学说，正是由于其初始性和简约性，从而为儒家学派留下了思想发展的无限空间。作为儒家学派的创始人，正因为孔子提出、确立了儒家一以贯之的核心理念，所以他理所当然地成为儒家学派的宗师，并在历史上作为“儒教”演生的核心人物而存在。

① 岳玉玺、李泉、马亮宽编选：《傅斯年选集》，天津人民出版社1996年版，第299页。

然而，就孔子与传统“儒教”演生的关系而言，孔门弟子及其后学自始至终便是在这样一种孔子理念的支配下，即以孔子为至，来从事宣传与阐发孔子之道的“儒教”事业的。孔子本人是从不以圣人自居的，而且在他看来，那种“博施于民而能济众”（《论语·雍也》）的圣人事业就连尧舜都是难以做到的。但是，在孔门弟子心目中，孔子不仅“贤于尧舜远矣”（《孟子·公孙丑上》），更是自生民以来所未有的天纵之圣人，也正是由于他们不遗余力地广泛宣传或潜心设教传经，才使孔子的声名与文教事业在当时布扬于天下并源源不断地流传了下来。降至诸子学分化发展的战国时代，品格的高贵与庸俗之间的鸿沟、思想类型的多样化、人性自我提升与完善的不同取向、价值观的深刻差异与理想的激烈冲突，构造了这个时代人与人、学派与学派之间“道不同不相为谋”（《论语·卫灵公》）的“庄严的距离感”。正是在这样一种时代的精神状况下，孟子、荀卿之徒“咸遵夫子之业而润色之”（《史记·儒林列传》），他们在多元竞争的思想格局下竭力维护孔子之道于不坠，极富创造性地发展了孔子学说，并使儒家学派成为战国时代的一大“显学”。而在孟子、荀卿心目中，孔子作为圣人也具有了更加明确而真切的意涵，依孟子之见，孔子乃是“集大成”的“圣之时者”（《孟子·万章下》）；而依荀子之见，相对于各蔽于一曲而暗于至理的诸子学而言，唯“孔子仁知且不蔽”（《荀子·解蔽》）。而且，孟子与荀卿虽然所持人性论不同，但他们都是基于对人之为人的类本质的反思来确定其圣人理念的。具体而言，孟子从性善论出发，认为圣人乃是将人天赋的本心善性充分实现或扩而充之到极致的人，而荀子则从性恶论出发，认为圣人乃是将人性中恶的基因彻底改造而实现了充分的自我完善的人。也就是说，在孟子、荀卿看来，圣人之所以为圣人，正在于圣人是人化的极致与最高范型，所谓“圣人，人伦之至也”（《孟子·离娄上》）、“圣也者，尽伦者也”（《荀子·解蔽》）。这是孟、荀基于各自对人性的抽象界定而赋予圣人的一种本质主义的含义，而正如荀卿所言，“圣人，备道全美者也，是县天下之权称也”（《荀子·正论》），这一本质主义的圣人理念具有强烈的排他性意向，因此，在它被用来为孔子的圣性辩护的同时，孟子更极力拒斥杨朱、墨翟的学说为“禽兽”之道，而荀子亦不遗余力地排诋诸子（十二子）之说。一句话，“儒之所至，孔丘也”（《韩非子·显学》），韩非的这一至为简洁精当的断言可谓一语道破了先秦儒家学者心灵深处的孔子情结与圣人理念。

上述先儒们本质主义的圣人理念与孔子情结，不仅一直盘桓横亘在后儒心中而始终不曾磨灭，而且更得到了进一步的发扬光大。何谓圣人呢？后儒曰：“圣也者，人之至者也”（《宋元学案》卷九《百源学案上》），“圣人，人伦之至也”（《宋元学案》卷十五《伊川学案上》），“圣人，人之极则也”（《宋元学案》卷五十六《龙川学案》）。他们又如何看待和评价孔子呢？他们同样视孔子为“上圣”、为“大圣”、为“至圣”，甚至尊孔子为“天”，正所谓“孔子为圣人之至”（《宋元学案》卷二《泰山学案》），“人以圣人为至，圣人以孔子为至”（《明史·志第二十六·礼四》），“仲尼其天乎！天其仲尼乎！”（《何心隐爨桐集》卷二《矩》）。概言之，在“儒教”中国的历史上，圣人之称虽然不专属于孔子，譬如，自秦汉以后，圣人的称谓用于对帝王们的尊称早已相沿成为一种特殊的政治习惯与文化传统，但自司马迁以来，“至圣”之称却永远归属在了孔子名下，甚至，自司马迁的时代以来，作为“至圣”的孔子已非只儒家“学者宗之”，而且作为政治与文化的偶像为朝野上下、历代共奉！可以说，以孔子为“至”、为“至圣”，使孔子成为“儒教”源源不绝地再生或层累生成的中心人物，这也是汉以后“尊儒贵学”的政治文化传统和“依经演绎”或“六经责我开生面”的学术思想演生的命脉之所系。因此，孔子之为“儒之所至”或“至圣”，绝非一般意义上的儒学的创始人，孔子或孔学对于儒家学派乃至汉以后各时代的人们来讲并不只是一个“创始”而已，毋宁说他是人们追求的认识的绝对终点，他代表着最后的真理，每个时代的人都必须与之建立一种真理性的绝对认同的关系。说到底，以孔子为至的圣人理念与孔子情结具有无限扩展的特点。

（二）孔子形象的变异与内部转换

纵观历史上的孔子形象，在各时代儒家学者的心目中或想象中，孔子的具体形象可以说是有差异的，这就是顾颉刚先生所说的“各时代有各时代的孔子，即在一个时代中也有种种不同的孔子”，大体而言，“春秋时的孔子是君子，战国的孔子是圣人，西汉时的孔子是教主，东汉后的孔子又成了圣人，到现在又快要成君子了”①。虽然顾颉刚先生对各时代孔子形象的概括显得有些过于简化，但他提出了一个重要的方法论问题，诚如赵吉惠先生所言：

> 在我国史学界，自从20年代疑古派史学家提出，由于历史上出现了不同的孔子形象，因而应该研究孔子的“真相”之后，在半个世纪的漫长岁月中，它一直是研究儒学的重要方法论问题。有些学者认为，只有先秦文献中所描述的孔子才是真孔子，才是我们要研究的对象。而秦汉以降，每个时代的统治阶级与学者，都根据自己的需要和时代精神的要求去塑造孔子的形象、叙述孔子的思想。因此，每个时代都有自己的孔子，汉代有汉儒装扮起来的孔子，宋明时代有宋明理学家改造过的孔子，清代有清儒绘制的孔子，近现代还有被穿上时装的孔子。这些都是“假孔子”，不是我们要研究的客观对象。②

我们在此姑且不论后世所塑造的孔子是真还是假，虽然提出研究孔子“真相”的学术求真的要求合理正当，但我们也必须认真对待后世不断重新塑造孔子形象这一重要的历史现象，我们必须认真反思的问题是：各时代具体塑造了一种什么样的孔子形象，各时代又是怎样塑造孔子形象的？

依我之见，历史上的孔子形象事实上是既有连贯性又有变异性的，上文所谓以孔子为至的圣人理念与孔子情结对历史上的孔子形象而言实具有统摄性或主导性的意义，从而保证了孔子形象的连贯性，并维持着孔子与孔学在历史上持续广泛的影响力。不过，我们同时也应该重视孔子形象在历史上的变异与转换。只有综合分析这两个方面的问题，我们才能理解孔子形象的真实历史意义，

---

① 王煦华编选：《古史辨伪与现代史学》，上海文艺出版社1998年版，第96、104页。

② 赵吉惠、郭厚安、赵馥洁等主编：《中国儒学史》，中州古籍出版社1991年版，引言，第11页。

能够理解各时代的人们依据自己的圣人理念，“根据自己的需要和时代精神的要求”，是怎样塑造并塑造了一种什么样的孔子形象，这一孔子形象又具有什么样的政治文化意义，能发挥什么样的政治文化功能。

仅就历史上最具典型意义的孔子形象来说，我认为历史上的孔子形象在儒家学者内部大体经历了这样一些变迁与转换。

先秦儒家心目中的孔子圣人形象，可以说奠定了孔子形象的基本雏形或理念范式。孔子本人从不以仁圣自居，而只以“述而不作，信而好古”即古代文化传统的信从与传述者自任，认为自己生活在一个圣人“不得而见之”（《论语·述而》）的时代，这实际上已经内含着一种圣与王分离的时代意识。孟子、荀卿之徒正是基于圣与王分离的时代意识，而极力阐扬孔子的圣人形象的，作为“人伦之至”或“尽伦者”而无天子之位、不得其势的圣人，正是与“尽制者”而“势无上”的天子或王者相对而言的。在他们看来，圣与王的分离以及古代圣王的远逝，正是导致当时“诸侯异政，百家异说”的混乱局面的根本原因，所谓“圣王不作，诸侯放恣，处士横议，杨朱、墨翟之言盈天下”（《孟子·滕文公下》），“今圣王没，天下乱，奸言起”（《荀子·正名》）。而在圣、王分离的时代，要结束这种混乱的局面，唯有弘扬孔子圣人之道，因此，对孟子、荀卿来说，孔子之道的弘扬实际上又相当于在彰显圣王的事业，如荀子所言：“今夫仁人也将何务哉？上则法舜禹之制，下则法仲尼子弓之义，以务息十二子之说，如是则天下之害除，仁人之事毕，圣王之迹著矣。”（《荀子·非十二子》）孟子亦将孔子作《春秋》视同“天子之事”，而“孔子成《春秋》而乱臣贼子惧”，实可与“昔者禹抑洪水而天下平，周公兼夷狄、驱猛兽而百姓宁”（《孟子·滕文公下》）的功业相媲美。若再结合他们那“圣人最宜于作王”的理念，则可说孟、荀心目中的孔子形象实是当王之圣人，而兼具内圣（仁知且不蔽）与外王（整合异政与异说）两方面的含义。在一个天子式微、王者迹熄的时代，孔子就这样成了产生、重整社会政治秩序的希望所在，而孔子之道的弘扬则构成了历史转化的契机或轴心。

汉儒由董仲舒发其端所塑造的孔子，乃是孔子形象在历史上的一大转关。董仲舒发愤“推明孔氏”的真实用意实际上是要将分离的圣、王（孔子制作的仪法与汉家王道）重新实现其整合，故极力推言孔子为“素王”，代表着一家之运统，孔子所作《春秋》实“当一王之法”，是“为汉制法”或“应天作新王之事”，而汉家则理应或必须以“六艺之科、孔子之术”来维持政治文化的一统之局，所以董子推《春秋》之义曰：“《春秋》大一统者，天地之常经，古今之通谊也。今师异道，人异论，百家殊方，指意不同，是以上亡以持一统；法制数变，下不知所守。臣愚以为诸不在六艺之科、孔子之术者，皆绝其道，勿使并进。邪辟之说灭息，然后统纪可一而法度可明，民知所从矣。”（《汉书·董仲舒传》）而司马迁所以为孔子作世家而叹为“至圣”者，亦正是由于“周室既衰，诸侯恣行。仲尼悼礼废乐崩，追修经术，以达王道，匡乱世反之于正，见其文辞，为天下制仪法，垂‘六艺’之统纪于后世”（《史记·太史公自序》）。可见，无论是“素王”还是“至圣”，西汉儒者所塑造的孔子形象实则均偏重其“外王”之功，并希望国家政权通过尊崇孔子、表彰经艺的方式来实施大一统帝国政治与文化的整合。

自董仲舒之后，不仅汉儒崇信孔圣并命之“素王”，而且，如唐孔颖达所说，“汉魏诸儒皆为此说”（《春秋左传序》）。可见，在孔子之为“素王”的问题上，首先在汉儒那里是达成了共识的，如：

> 孔子作《春秋》，先正王而系万事，见素王之文焉。（《汉书·董仲舒传》）
>
> 孔子素王。（《汉书·梅福传》颜师古注引）
>
> （孔子）退作《春秋》，明素王之道。（刘向《说苑·贵德》）
>
> （孔子）自卫反鲁，删《诗》《书》，定礼乐，制《春秋》之义，著素王之法。（应劭《风俗通义·穷通》）
>
> 孔子览史记，就是非之说，立素王之法。（贾逵《左氏传解诂》）

而值得我们注意的是，董仲舒和汉儒在推演“素王”孔子与汉家的命运紧紧地连在一起的结合点时，他们又复活了传统的天命信仰与君权神授观念。与先儒“圣人最宜于作王”理念不同，他们一方面将孔子“素王”化，一方面又将汉家王朝的运统圣化。他们的整个思维理路的逻辑是这样的：首先，“王者必受命而后王”（《春秋繁露·三代改制质文》），这是董仲舒和汉儒立论的大前提。依据这一前提，故无论是古代的帝王还是当代的汉家之王，必皆是受命而王，所谓：“夫桀纣虐乱，天下之心皆归汤武，汤武与天下之心而诛桀纣，桀纣之民不为之使而归汤武，汤武不得已而立，非受命为何？”（《史记·儒林列传》）“若虞舜、夏禹、殷汤、周文、汉之高祖受命而王者也，非谓继祖统为后者也。”（《汉书·韦贤传》）其次，“非圣不能受命”（《白虎通·圣人》），即“先师董仲舒有言，虽有继体守文之君，不害圣人之受命”（《汉书·眭弘传》），司马迁从历史反思的角度讲得更为明确：“太史公读秦楚之际，曰：初作难，发于陈涉；虐戾灭秦，自项氏；拨乱诛暴，平定海内，卒践帝祚，成于汉家。五年之间，号令三嬗，自生民以来，未始有受命若斯之亟也。……故愤发其所为天下雄，安在无土不王。此乃传之所谓大圣乎？岂非天哉，岂非天哉！非大圣孰能当此受命而帝者乎？”（《史记·秦楚之际月表·序》）最后，孔子作为“素王”生来就是应天为后世受命之君或汉家制作立法的，所谓“孔子既西狩获麟，自号素王，为后世受命之君制明王之法”（郑玄《六艺论》）。就这样，受命制作的“素王”孔子与“受命而王”的“圣汉”刘氏，或者是王化的孔子与圣化的汉家，二者的命运紧密地联结在了一起。既尊崇孔子而又认同汉家运统的合法性，亦正是汉儒真实的政治文化心态。

正是在上述思路的指引下，纬书作者将孔子更进一步地帝王神怪化了。纬书作者亦极力推演孔子作为“素王”生来就是“为汉制法”的理念。其一，孔子作《春秋》意在拨乱反正以救世，如《春秋纬演孔图》曰：“伏羲作八卦，邱合而演其文，读而出其神，作《春秋》以改乱制。”何休《公羊经传解诂·哀公十四年》亦曰：“孔子仰推天命，俯察时变，却观未来，豫解无穷，知汉当继大乱之后，故作拨乱之法以授之。”汉承秦焚书灭学之弊，“拨乱反正”，适时地喊出了一个时代的呼声。其二，孔子所以继周世而作《春秋》，更因为预见到了一个新时代的到来，故孔子特意为后世受命之君制明王之法，所谓“孔子作法五经，运之天地，稽之图象，质于三王，施于四海”（《春秋纬演孔图》），“麟出，周亡，故立《春秋》，制素王，授当兴也”（《春秋纬》）。最后，更进一步具体地讲，孔子所作正是要为新兴的汉家王朝“制法”，即所谓“为汉制法”“为汉制作”或“为汉帝制法”，如何休《公羊经传解诂・桓公三年》曰：“《春秋》之道……为汉制而已。”此说的始作俑者是董仲舒，而此说在纬书中更是得到了广泛传播。因此，为后世制天下仪法的“素王”孔子，作为一个先知先觉的圣人，虽无爵禄之赏、斧钺之诛，却被塑造得犹如受命帝王一样，天子三事是样样具备：感生、受命符瑞、功成告备于天。而在孔子被塑造成受命帝王的同时，只因为汉儒那“圣人皆有异表”（《白虎通・圣人》）的怪念头，因集众圣“大成”而必然“集圣人仪表之大成”（后世有著名的“四十九表”之说）[①] 的孔子，更在体态相貌、仪表特征上完全被神怪化了，这些在先儒那里绝对是不可想象的。

汉儒特别是方士化的儒生在塑造孔子的上述形象时虽多妄诞不实之词，但在当时和后世造成了广泛而深远的影响，他们取得了使汉家官方“尊崇儒术”的巨大成功，从而奠定了2000多年的孔子崇拜的政治文化传统。同时，被汉儒复活的传统天命信仰和君权神授观念也被后世历代的统治者欣然接受，构成了历代帝王政治统治的重要的合法性基础，尽管汉以后的帝国统治秩序和皇权政治权威的维持仍然主要依靠的是秦王朝奠定下的制度基础，即宋儒所谓“以法（或智力）把持天下”，但历代的帝王们还是乐于“假威鬼神”的。同时，他们也是乐于假威神圣并利用圣化王权的泛滥的圣人称谓来维系自身政治统治的合法性的。与此同时，后儒也将汉儒的那种孔子“为汉制法”即孔子所制作仅为“一王之法”的“狭陋”之说无限扩展，转化为了孔子足以师表万世或孔子实“为万世制法”的政治神话，也就是说，孔子不只是汉世一家之“素王”，而是“仲尼

① 参见李启谦、王钧林：《孔子体态、相貌考》，《齐鲁学刊》1990年第4期。

以万世为王”(《明史·志第二十六·礼四》)。

虽然汉儒塑造的孔子“外王”化的形象在后世仍然有其影响,甚至如上所言而被更进一步地强化了,但儒者心目中的孔子形象总的来讲至宋明时期朝着偏重“内圣化”的方向发生了一场深刻而持久的转换。以唐代韩愈的“道统”论和李翱的“复性”说所开启的思维理路为转关,宋明新儒家可以说将以人伦和政治为中心的原始儒家学说发展为了一种阐精发微的复杂哲学形态,正如王文亮先生所说,“李翱的《复性书》和韩愈的《原道》,为宋代以后的‘成圣’理论带来了莫大的启示。以韩愈和李翱的思想为契机,中国迎来了漫长的高谈阔论心性问题的时代”[①]。而道学家“阐发心性义理之精微”的道德性命之说,不仅使“圣学大昌”(《宋元学案》卷十一《濂溪学案上》),使“孔、孟之学,至宋而大显”(《明儒学案·仇兆鳌序》),更使儒家的理论兴趣和思维理路发生了内在转向。道学家虽然以接续“道之正统”之传于千载之后为己任,但道学家所谓“道”亦即“古今共由之理”(《朱子语类》卷十三),故道学家又不只是“接续”道统之传或“任传道之责”而已,其最重要的突破性的理论贡献之一就是亟亟于发明形而上之理或自然流行的天理。可以说,宋明新儒家虽然声称直接上承孔孟之正统,但其问题意识与先儒截然不同,他们所心仪的孔子与汉儒所塑造的孔子更是判然有别。比较一下他们之间人性论、圣人理念与时代性问题意识的差异,我们便可认清宋明儒者心目中孔子形象的意义底蕴。

对孟、荀而言,圣人虽为人化的极致,但就其本性而言却是与常人一般无二的,这虽然为每个人的成圣提供了内在的人性根据,即每个人经过努力(扩充善端或改造性恶)皆可以成为圣人,但是他们实际上又在“能不能之与可不可”之间画了一道深深的鸿沟。而汉儒综合先儒的人性善恶论,而以中人之性名性,并以为“天生民性,有善质而未能善,于是为之立王以善之,此天意也。民受未能善之性于天,而退受成性之教于王,王承天意,以成民之性为任者也”(《春

① 王文亮:《中国圣人论》,中国社会科学出版社1993年版,第43—44页。

秋繁露·深察名号》)。而且,“圣人之道,不能独以威势成政,必有教化”(《春秋繁露·为人者天》)。这就要求汉家必须尊崇并借助“儒教”或孔子六艺之术以化民成性或实施政治教化,此正是《白虎通·五经》推言“‘五经’象五常”之意所在,所谓“经,常也。有五常之道,故曰‘五经’。《乐》仁,《书》义,《礼》礼,《易》智,《诗》信也。人情有五性,怀五常不能自成,是以圣人象天五常之道而明之,以教人成其德也”。由此,汉儒一方面为王者上承天意以实施化民成性的教化统治提供了充分合理的论证;另一方面更塑造了一种孔子“素王”“至圣”的形象而与王者的教化统治相匹配、相辅助,说到底,汉代的孔子形象所拥有的主要就是为帝王立法的政治文化权威。

而道学家虽然上承思孟学派的人性论,皆持天赋性善说,并以“仁义礼智”为性,故曰“人之性皆善”(《朱子语类》卷四),但是,道学家所谓“性”并非特指人之所以为人的类本质规定性,而是指一切事物皆具之“性”,即朱子所谓“天下无无性之物”,而“性即理也”(《朱子语类》卷四),一物之性亦即一物之理。故又曰:“万物皆有理”(《河南程氏遗书》卷十一),或“天下物皆可以理照”(《河南程氏遗书》卷十八)。一物有一物之理,理是“天下万物当然之则”(《朱子语类》卷一百一十七),而总括天地万物之理、为“天地万物之根”(《朱子语类》卷九十四)者即“太极”,故朱子曰:“太极只是天地万物之理。在天地言,则天地中有太极;在万物言,则万物中各有太极。”(《朱子语类》卷一)“大而天地万物,小而起居食息,皆太极阴阳之理也。”(《朱子语类》卷六)可以说,程朱的上述性理之说乃是其“以天地万物为一体”世界观的理论基础,而且,是一种一元论的理论基础,如程子所谓:“万物皆只是一个天理”(《河南程氏遗书》卷二上),“理则天下只是一个理”(《河南程氏遗书》卷二上),朱子亦曰:“理,只是一个理”(《朱子语类》卷六),“天地间只是一个道理”(《朱子语类》卷四)。

因此,我们可简要地将宋儒的基本思维理路综合概述如下:宋儒围绕着“以天地万物为一体”的世界观,阐精发微而构建了一个统贯天人、以一理照察万物、将本体论与生存论融会贯通为一体的系统哲学学说。具体而言，万物皆禀理与气以生，禀理以为性，受气以为形，“人之所以生”者亦不过如此，即“理与气合而已”（《朱子语类》卷四）；万物之差别在禀气之不同，人之所以有善有不善亦“只缘气质之禀各有清浊”（《朱子语类》卷四），“得天地清明中和之气”者为圣贤，而圣人禀气亦有厚薄之不同，“气之厚者为富贵，薄者为贫贱”，故“夫子虽得清明者以为圣人，然禀得那低底、薄底，所以贫贱”（《朱子语类》卷四）；天下无无性之物，性“纯是善底”，性亦即是理，所谓“性者，即天理也，万物禀而受之，无一理之不具”（《朱子语类》卷五），而圣人之所以为圣人而异于凡人者，即在于“圣人与理为一，是恰好”（《朱子语类》卷八）而无人欲之蔽，故圣人亦“万善皆备”而无一毫之失，“有一毫之失，此不足为圣人”（《朱子语类》卷十三）。

据此，我们尝试就宋儒与孟荀、汉儒的人性论、圣人理念及其问题意识稍作比较，便不难发现这样几点明显的重要差异：一是，孟荀以善恶说人性，汉儒将人性分为三品，并偏重关注人伦与政治的问题，而道学家以理气说人物之性，扩大了儒家思想的范围，而偏重宇宙本体的问题。二是，孟荀的圣人是“人伦之至”或“尽伦者”，成圣需要扩充性善的端芽或改造性恶的基因，汉儒的圣人是应天为受命而王者制作立法者，而宋儒的圣人是与理为一或纯乎天理而继天立人极者，所谓“人极者，即为人之标准也”[①]。三是，孟荀生当诸子百家异说蜂起的时代，故以极力排拒异说、维护和弘扬圣人之道为能事、为己任；汉儒发愤于秦火而苦心孤诣地“推明孔氏”，旨在使圣人之教义与帝王之权势结合而形成相互维持的政治文化格局；而宋儒生当“尊儒贵学”的政教传统已实施、推行有千余年之久的时代，但在他们看来，自孔孟殁后的一千四五百年之间，圣贤相传的道之正统便一直晦而不彰、“未尝一日得行于天地之间”（《晦庵集》文集卷三十六），其间更有“异端邪说起而乘之”，故在以传道之责自任的强烈的

① 冯友兰：《中国哲学史》下册，中华书局1961年版，第827页。

道统意识的激励下，他们以接续“圣贤不传之学”（《濂溪集》卷六）于千载之后的理想的名义向一千四五百年的政治传统和意识史发起挑战，发动了一场深刻、广泛而持久的“学为圣人”的“儒教”复兴运动，这场运动的主要宗旨或核心主题便是点燃灵魂深处闹革命的圣火，使圣人重新复活于人们的心中，真正支配人们的意识与行为。

宋儒所发起的“学为圣人”的运动主要基于这样几种理念：一是，既然生而为人，便理当“学所以为人”（《宋元学案》卷十八《横渠学案下》），正所谓“人生天地间，为人自当尽人道。学者所以为学，学为人而已，非有为也”（《宋元学案》卷五十八《象山学案》）。二是，圣人为人树立了为人的标准或极则，并且“可学而至”（《宋元学案》卷十六《伊川学案下》），故“为学，必以圣人为之则”（《宋元学案》卷二十四《上蔡学案》），或“人生只是要做个人。圣人，人之极则也。如圣人，方是成人”（《宋元学案》卷五十六《龙川学案》）。三是，人皆禀理以为性，故人性之本然是“百理具备，元无少欠”（《河南程氏遗书》卷二上）而不假安排、无须加减的，人性亦是天然完全自足而纯粹至善的，此是“圣人可学而至”的本体论根据，正所谓“夫性善者，作圣之张本，能知性善，而圣贤乃始人人可以为之也”（《明儒学案》卷三十四《泰州学案三》）。四是，圣人之所以为圣人既然在于纯乎天理而无人欲之蔽，故学为圣人便只是去人欲之弊而存天理而已，如宋儒周敦颐所谓“圣可学”者“一为要”而“一者，无欲也”（《通书》），明儒王阳明亦曰：“圣人之所以为圣，只是其心纯乎天理，而无人欲之杂。……学者学圣人，不过是去人欲而存天理耳。”（《传习录》上）

显然，宋明道学家的心性论虽然诉诸先儒性善之说，但其圣人理念和“成圣”论实与先儒大异其趣，诚如冯友兰先生所说：“李翱及宋明道学家所说之圣人，皆非伦理的，而为宗教的或神秘的。盖其所说之圣人，非只如孟子所说之‘人伦之至’之人，而乃是以尽人伦，行礼乐，以达到其修养至高之境界，即与宇宙合一之境界。”[①] 质言之，孟荀心目中的圣人作为“人伦之至”或仁智且不蔽的人格理想，虽然理论上人皆可以成圣，或圣人“可积而致”（《荀子·性恶》），“始乎为士，终乎为圣人”的为学之义也是“不可须臾舍也”，并对人来讲具有一种“为之人也，舍之禽兽也”（《荀子·劝学》）的强烈的道德抉择要求的意味，但事实上成为圣人并不具有普遍的道德要求含义。对孟荀来讲，要成圣就必须努力扩充善端或者改造恶性而充分发挥人为（人伪）的能动性，但“能不能之与可不可”其实又是相去甚远的，也就是说，从可能性上讲是人人可以为圣人的，但能不能为圣人却是“未必然”（《荀子·性恶》）的。而道学家所谓“学为圣人”，既非扩充善之端，亦非改造性之恶，而只是要去人欲以复其天然完全自足之本性或存天理而已，而且圣人虽代表了修养至高而与宇宙合一的人生境界，实则却是人人所当为之极则，故程颐曰：“人皆可以至圣人，而君子之学必至于圣人而后已。不至于圣人而后已者，皆自弃也。孝其所当孝，弟其所当弟，自是而推之，则亦圣人而已矣。”（《宋元学案》卷十五《伊川学案上》）

宋明道学家的圣人亦与汉儒心目中的圣人在理念上极为不同，就此我们可以结合他们的孔子形象予以阐明。要言之，他们之间有两点重要的差异，一是，如上所言，汉儒所塑造的孔子形象是生来应天为受命帝王制作立法者，道学家亦曰：“《春秋》，正王道，明大法也，孔子为后世王者而修也。乱臣贼子，诛死者于前，所以惧生者于后也。宜乎万世无穷，王祀夫子，报德报功之无尽焉。”（《通书·孔子上》）但道学家更推尊孔子“述而不作”的传道之功，如朱子所谓“若吾夫子，则虽不得其位，而所以继往圣、开来学，其功反有贤于尧舜者”（《中庸章句·序》），而且，朱子对孔子是否作《春秋》的问题也是存疑的。二是，道学家亦承认孔子颇具帝王气魄，但认为圣人之学的根本在其立人极的内圣方面，如王阳明所言：“孔子气魄极大，凡帝王事业，无不一一理会，也只从

① 冯友兰：《中国哲学史》下册，中华书局1961年版，第808—809页。

那心上来。譬如大树，有多少枝叶，也只是根本上用得培养功夫，故自然能如此，非是从枝叶上用功做得根本也。学者学孔子，不在心上用功，汲汲然去学那气魄，却倒做了。”（《传习录》下）三是，道学家一方面认为“圣同天”“圣人即天地也”“夫子之道如天”“孔子之道如日星”；另一方面又认为“夫子之道，本如慈母，如平地”“圣人之道坦如大路”“圣人之道，如饥食渴饮”（《宋元学案》《朱子语类》《学统》《明儒学案》《传习录》等），综合而言，可一言以蔽之，即极高明而道中庸，既高深莫测而与天理为一，又平常简易而不离乎民生日用。四是，道学家在给孔子脱去了汉儒给孔子穿上的神怪化的外衣之后，又为孔子涂抹上了一层厚厚的内在化的神秘容妆，故自周敦颐教“二程”“寻孔、颜之乐处”而又不肯道破“所乐何事”以来，道学先生虽着意于体认“有无边快乐”的孔子一段生活意识，并津津乐道于此，但是孔、颜究竟所乐何事，却始终如一难解之谜。是“名教可乐”或在名教中寻乐，还是“只是个快活”而已？是“孔、颜之乐者仁也……孔子安仁而乐在其中，颜渊不违仁而不改其乐”，还是“所乐在道，以道为乐”（《明儒学案》《宋元学案》）？凡此种种，似乎说破了又皆不是。宋儒陈植说之曰：

> 孔、颜之心，如光风霁月，渣滓浑化，从生至死，都是道理，顺理而行，触处是乐。行乎富贵，则乐在富贵，行乎贫贱，则乐在贫贱，夷狄患难，触处而然。盖行处即是道，道处即是乐，初非以道为可乐而乐之也，故濂溪必欲学者寻孔、颜所乐何事，岂以其乐不可名，使学者耽空嗜寂，而后为乐邪？濂溪以此点化二程，二程因此省悟，后却一向不肯说破与学者，至今晦翁亦不敢说破，岂秘其事谓不可言传邪？盖学者才说此事，动口便要说道，谓道不是，固不可。但才说所乐在道，以道为乐，则又非孔、颜气象。惟知孔、颜乐处便是道，则德盛仁熟之事也，要知颜子之与诸子，但有生熟之分耳。工夫生，则乐与道为二，不妨以此而乐彼，及工夫纯熟之后，则乐与道为一，自不可分彼此矣。前贤不肯说破此事，正要看人语下气味生熟耳。（《宋元学案》卷六十五

《木钟学案》）

陈植解“前贤不肯说破此事”，以为是“要看人语下气味生熟”，但依我之见，先贤所以不肯说破此事，也许正是要为孔子涂上一层厚厚的神秘容妆，如程朱所谓“圣不可知，谓圣之至妙，人所不能测”（《河南程氏遗书》卷二上），“圣人，神明不测之号”（《论语集注·述而》）。说破很容易，说破又皆不是，正是这种不可说破性强化着孔子的无穷魅力，而吸引着道学家们在成圣的道路上必须自己亲自去体认（学贵自得）、参悟这一颇具禅宗味道的“公案”。

总而言之，道学家的圣人乃是无私、无欲、无我而廓然大公、纯粹至善的，是已经被抽去了血肉的、天地间唯一的一个天理或道理的化身，凡生而为人者皆当学为圣人而后止，但圣人不能在别处寻觅，就在每个人的心性之中。正所谓“个个人心有仲尼”（阳明诗句），“人胸中各有个圣人，只自信不及，都自埋倒了”，所以根本的问题首先就在于发现、认识到你心性中的圣人（天理或良知），并“务要立个必为圣人之心”（《传习录》下），然后，从积极的方面讲，就是只需要以诚、敬的功夫存养之，而从消极的方面讲，就是必须禁绝、剔除私欲之蔽，哪怕是一丝一毫的思想意识或为善之念都在根除之列。宋明道学家在程朱与陆王之间虽有“性即理”与“心即理”之说的重要差异，但其圣人理念其实是大同小异的，也许可以说陆王心学较之程朱理学事实上是在内圣化的方向上将圣人理念更推进了一步，而强调“先立乎其大者”（《朱子语类》卷十二），直指人心之灵觉，要人“只念念要存天理”，而“此天理之念常存，驯至于美大圣神，亦只从此一念存养扩充去耳”（《传习录》上），而不必事事皆去格致。在这种圣人理念的支配下，毫无疑问，孔子在道学家的心目中亦完全成了绝对真理或纯粹天理的人格化的化身，成了与每个人的生存价值与意义密切相关的精神偶像。而且，圣人之性即天地之性，圣人之心即天地之心，它是无所不在的，因此，作为绝对真理或纯粹天理之化身的圣人孔子便不只是帝王之师了，他必须活现于每个人的心性之中，并对人的意识和行为实施随时随地的监控。道学家之所以发起“学为圣人”的运动，也正是要在每个人的心性之中安装上一个圣胎，正所谓“只念念要存天理……能不忘乎此，久则自然心中凝聚，犹道家所谓结圣胎也”（《传习录》上），而每个人只要能一以圣人为标准，做到如道学家那样知行合一，乃至“动止语默，一以圣人为师，其不至乎圣人不止也”（《宋史·道学传》），也就自然皆可成为圣人，故天理流行之处“满街皆是圣人”，一个崇拜圣人、天理流行的必然王国自然也就进化到了一个“圣人满街走”的“历史终结”的自由王国的时代。

综上所论，随着儒家问题意识、思维理路和圣人理念的时代性转换和变异，历史上的孔子形象也在发生着转换和变异。这种转换和变异不是后一种形象对前一种形象的完全克服与否定，而是超越与扬弃。在超越与扬弃中，偶像化的孔子情结不是被削弱，而是被进一步强化了。从站在儒家学者自身立场上的弘扬，到要求帝王尊信其教义、道术，再到具有普世价值和意义的“学为圣人”的内在化认同，虽然道学家不再极力以外王化、神怪化的外衣装扮孔子，但孔子的威权在道学家追随孔子的“无边快乐”中凝结为每个人心性之中必须认同以存养之的“圣胎”和天地间唯一的一个“天理”或“道理”，故“学为圣人”与“寻孔、颜之乐处”或“必学至孔子，然后无愧于儒之名也”（《宋学士文集》卷二十八《七儒解》）的意义，与其说是在提升人生的境界而使人超凡入“圣”，毋宁说是在设定人意识与行为的限界与藩篱而使人“范围于圣人”，所谓“以孔氏为正鹄”而“无学不证诸孔氏”（《明儒学案》卷十四《浙中王门学案四》），所谓“以得圣人为之依归”而“圣人者，群言之家，而道之岸也”（《明儒学案》卷三十三《泰州学案二》），所谓“心每有妄发，以经书圣贤之言制之”（《明儒学案》卷七《河东学案上》），其意义皆在于此。

（三）“依经演绎”与返本求真

在“儒教”演生的历史上，当儒家内部不断强化尊孔情结的时候，还有一种挥之不去的情结始终伴随着他们，那就是对经典的崇拜。众所周知，孔子之所以整理并编修《诗》《书》《礼》《乐》《易》《春秋》六部经典，即所谓“六艺”（后来《乐》经亡佚，故又称“五经”），并非因为“信而好古”而仅仅是为了发思古之幽情，也不仅仅是以之作为设教讲学的“教本”，其更重要的目的则是在于传承古圣先王之道、弘扬他心目中理想化的上古三代的政治文化传统以垂教于后世，也正是这一点，使孔子成为一个声名永久属于未来时代的文化伟人。因此，即使不是站在儒家的立场上，我们也同样可以说，“六艺”经孔子之手整理、编修而成，孔子以“六艺”之学设教垂统，如此，孔子与“六艺”相得而益彰，诚不愧为中国文化史上继往开来的两座丰碑。而对儒家人物来讲，他们要崇拜孔子，也就不能不崇拜经典，反之亦然，这两种情结乃是相互强化的关系。

自孔子没后，儒家“宗师仲尼”而“以孔子为至”的尊孔情结，便一直与其“以六艺为法”的崇经情结相互紧密地交织在一起而历久常新。在先秦，孔门弟子及后学中传经之功最为卓著者大概要数子夏、荀卿等人了。如“善为《诗》《礼》《易》《春秋》”（刘向《荀子》叙录）的荀子在极力推尊孔子的同时，亦不遗余力地推崇儒家经典之教曰：

> 学恶乎始？恶乎终？曰：其数则始乎诵经（王先谦《集解》：“经谓《诗》《书》”），终乎读《礼》；其义则始乎为士，终乎为圣人。……故学数有终，若其义则不可须臾舍也，为之人也，舍之禽兽也。故《书》者政事之纪也，《诗》者中声之所止也，《礼》者法之大分、类之纲纪也，故学至乎《礼》而止矣，夫是之谓道德之极。《礼》之敬文也，《乐》之中和也，《诗》《书》之博也，《春秋》之微也，在天地之间者毕矣。（《荀子·劝学》）

> 圣人也者，道之管也。天下之道管是（《集解》：“是，是儒学。”）矣，百王之道一是矣，故《诗》《书》《礼》《乐》之道归是矣。《诗》言是其志也，《书》言是其事也，《礼》言是其行也，《乐》言是其和也，《春秋》言是其微也。……天下之道毕是矣，乡是者臧，倍是者亡。（《荀子·儒效》）

孟子亦然，他因“述唐、虞、三代之德，是以所如者不合”，故“退而与万章之徒，序《诗》《书》，述仲尼之意，作《孟子》七篇”（《史记·孟子荀卿列传》)。在《孟子》一书中，孟子不仅极力排诋杨、墨以维护孔子之道，更格外推尊孔子作《春秋》之功可比拟“天子之事”。不过，孟荀因生于天下道术分裂、诸子尝试之说蜂起的时代精神状况下，故皆不得已而辩，虽崇经，但主要不是依经为说，而是在与诸子的辩难争鸣中并通过与诸子的辩难争鸣创造性地发展了孔子的思想学说。

降至汉代，汉儒发愤于秦火，在高举尊孔大旗的同时，更加陷入了经典崇拜的教条主义的泥坑。在汉家高祖刘邦面前时时称说《诗》《书》的陆贾，已将孔子所定“五经”“六艺”奉为统理天人的大经大法，其言曰：

> 礼义不行，纲纪不立，后世衰废；于是后圣(王利器《校注》：“后圣，指孔子。”)乃定“五经”，明“六艺”，承天统地，穷事察微，原情立本，以绪人伦，宗诸天地，纂修篇章，垂诸来世，被诸鸟兽，以匡衰乱，天人合策，原道悉备。(《新语・道基》)

而至董仲舒们愤然“推明孔氏”的时候，已全然“依经演绎”而将《春秋》视为孔子应天专门为汉家帝王立法之作，不管汉家帝王是否真的相信这种“非常异义可怪”之论，但它产生了一种影响深远的真实的政治文化后果，即汉武帝的“表章经艺”使儒家经典崇拜的情结开始扩张而弥漫于全社会，并演生形成一种根深蒂固的学术思维习惯和政治文化传统。

尊孔崇经的学术思维习惯和政治文化传统，使人们只能通过孔子和依附经典而思考，而不能独立自主地表达自己的思想、观点或对世界与人生的看法，而孔子崇拜与“依经演绎”也因此构成了“儒教”在中国历史上演生的两大支柱；反之，“儒教”在中国历史上持续不断地演生也在同时强化着尊孔崇经的学术思维习惯和政治文化传统。然而，由于“仲尼没而微言绝，七十子丧而大义乖”，由于秦的“燔灭文章”而造成“书缺简脱”(《汉书・艺文志》)，由于去圣久远而道统失传，所以当儒家学者发愤“依经演绎”之时，对经典理解与解释的歧义也是会经常发生而不可避免的，这在儒家内部导致了两种后果。一种后果就是，歧义的发生会破坏和损伤孔子与经典的权威和真理性，因此为了消除这种后果，儒家内部往往通过认同于某位儒学大师对儒家经典融会贯通的典范性“读法”而重新达成“共识”，如东汉大儒郑玄博采众家、遍注群经所做的“述先圣之元意，思整百家之不齐”（《后汉书·郑玄传》）的经典诠释工作，后世对程朱理学的推尊亦发挥了这样一种作用；另一种后果就是，儒家内部尽管在关于某些经典的理解与解释或真伪性问题上存在着严重的意见分歧，但这不仅不会损害孔子的权威，反而会使孔子在儒家内部的意见分歧中愈争愈受尊，因为在争执中对立的双方都是在返求孔子之道与孔子之经的本真的前提下来从事“依经演绎”的经典诠释活动的，正如黄宗羲评价朱、陆时所说：“二先生同植纲常，同扶名教，同宗孔、孟。即使意见终于不合，亦不过仁者见仁，知者见知……原无有背于圣人”（《宋元学案》卷五十八《象山学案》）。其实，这两个方面的问题又可归结为同一种认知价值取向，即“返本求真”可以说是儒家内部意见分歧及对异见的整齐与规范的一种根本性的“先见”，因此，对历史上“儒教”的演生来说，返本真孔及回归元典的问题实际上也就构成一个质的规定性。汉儒的“推明孔氏”，理学家的“发明圣学”，以及清代“反理学”思想家的“回归元典”，返本开新[①]，乃至更有现代新儒家的“返本开新”（由儒家内圣之学开出新外王即科学与民主），都是儒家内部由体认真孔道统而获得最终“支援意识”的内在理路的开显，或者说，孔子之为至圣乃是儒学演生及其内部分化与整合的历史的和逻辑的起点与根据。由此而言，对历史上“儒教”的持续演生来说，真孔子的问题（或可说为一种“孔子主义”）正是一个内在一贯的起着统摄或中心组织作用的本质性主题。如果说“原原本本地去了解原来思想家原原本本的思想”是不可能的，因此，“纯粹客观的诠释是个神话”[②]的话，那么，历史上的“儒教”在“依经演绎”的诠释学的层面，正是在执着地追求真孔的神话前提下及其分化与整合的动态平衡的开显过程中不断地得以演生的。这可以说是自汉代以

① 这是姜广辉先生在《走出理学》（辽宁教育出版社1997年版）一书中对清代学术思想特点的概括。

② 傅伟勋：《从西方哲学到禅佛教》，生活·读书·新知三联书店1989年版，第389—390页。

来“儒教”在历史上的演生的一个十分重要的特点。

如果更进一步地在诠释学的层面对“儒教”演生逻辑与特点进行分析和梳理，我们便会发现，在“依经演绎”和返本求真的话语背后，实际上起支配和主导作用的，还是那“以孔子为至”的观念。也就是说，追求真孔或“圣人本真”的神话，其实还是寓含着这样一个观念：真正的孔子之道是一种独一无二的完备的“总体性”真理体系，儒家所谓“天下无二道”，“备道全美”，“天人合策，原道悉备”，“百理具备，元无少欠”，“理只是一个理”或“道有一真”等，都是此意。因此，在“儒教”演生史上，孔子事实上也由此而成为人们必须与之建立一种真理性认同关系的、具有形而上学意义的绝对主体。对这种意义上的孔子与孔子之道，无论是作一种“为之人也，舍之禽兽也”（孟荀）的本质主义的价值设定，还是诉之于“天不变，道亦不变”（《汉书·董仲舒传》）的常道理念（汉儒），乃至视作宇宙本体意义上的天理化身，都是对孔子与孔子之道的非历史化的读解，这种读解说到底也就使之成为一种用以规范人的认知活动、思想意识和具体行为的普遍价值标准。据此，我们可以更深入地来认识和把握，在“儒教”演生的历史上，孔子与经典究竟是如何发挥其在思想意识形态领域中的主导性功能的，以及其发挥功能的具体机制是什么。

首先，总体化的真理观在思维方式上的主要体现便是教条主义的绝对是非观，即凡是符合孔子之道者皆为是（人道或道之正统），否则皆为非（禽兽之道或异端邪说），正所谓“道一而已，此是则彼非，此非则彼是，固不当同日而语”（《张子正蒙·乾称篇下》），而“外圣贤之学，便是异端、机权、世俗之学”（明薛瑄《读书录》卷十一）。先秦儒家排斥百家异说是如此，汉儒主张尊孔子之术而灭息邪辟之说亦是如此，宋儒的思维方式更是如此。依道学家之见，人之所共由者为道，天地间只有一个“公共底道理”（《朱子语类》卷十三），“天下只有一理，此是即彼非，此非即彼是，不容并立”（《宋元学案》卷四十九《晦翁学案下》），故“凡一事便有两端，是底即天理之公，非底乃人欲之私”，“人只有一个公私，天下只有一个邪正”（《朱子语类》卷十三）。因此，圣人“只是要扶持这个道理”（《朱子语类》卷十三），而“圣贤千言万语，只是教人明天理，灭人欲”，故人人皆当“扶起此心来斗”（《朱子语类》卷十二）！依据这样一种片面性的非此即彼的绝对是非观的思维逻辑而生活，真的可以说是：人禀天地中和之气以生而无往不在斗争当中了，不仅与异端邪说斗，而且要灭尽人欲，甚至是“人虽有意于为善，亦是非理”（《宋元学案》卷十五《伊川学案上》）。显然，这具有一种彻头彻尾的斗争哲学的意味，如此说来，中国人的传统思维方式似乎并不只是一味“贵和”“求和”，而斗争哲学亦非西人、今人可得而私者。当然，传统的斗争哲学主要局限在道德—精神生活领域的内部斗争，与现代政治意义上的大规模阶级斗争运动迥然有别。但是，不管怎样，诚如严复和李泽厚二先生所言，“中国贵一道而同风”（《论世变之亟》），“中国思想传统一般表现为重‘求同’”①，既然要贵一道而求同，便须排斥异端邪说，故不得不进行思想斗争，即使在人之一身，亦须扶起此心来与人欲斗。

正是在贵一道而重求同的思维方式下，圣贤相传的“道统”意识不可避免地具有这样一种遮蔽性：它隐去了思想家存在的社会条件与思想背景，即思想生成发展的社会条件及思想自身辩证展开的过程，使圣人之“圣性”或道之为道成为不可思议的超越时空的恒在的（非历史）绝对“主体”或唯一真理，而人们只需认同之、敬畏之、崇拜之、践行之，而绝不需要什么对总体化真理本身的批判与反省意识！也正是这种一厢情愿的道统意识及其与之俱生的教条主义的思维方式的强烈排他性，使道学自身反深受其害，对此古人已有评说，如：

道学之名，起于近世儒者，其意曰“举天下之学，不足以致道，独我能致之”云尔。其本少差，其末大弊。（《宋元学案》卷五十五《水心学案下》）

（象山）其身自讲学，而乃以当世之凡讲学者为伪习，未几，韩侂胄、何澹诸人，竟就为伪学之目，以祸诸儒，一时之善类几歼焉。呜呼！

① 李泽厚：《中国思想史论》（上），安徽文艺出版社1999年版，第317页。

家必自毁，而后人毁之，悲夫！（《宋元学案》卷五十八《象山学案》）

近人梁启超先生对“各立异论”而又自认得大圣孔门“的传”“真学”“正脉”的门户之见及思想陋习在学术思想上造成的弊端，更有一精当的批评：

正学异端有争，今学古学有争。言考据则争师法，言性理则争道统，各自以为孔教，而排斥他人以为非孔教。……浸假而孔子变为董江都、何邵公矣，浸假而孔子变为马季长、郑康成矣，浸假而孔子变为韩昌黎、欧阳永叔矣，浸假而孔子变为程伊川、朱晦庵矣，浸假而孔子变为陆象山、王阳明矣，浸假而孔子变为纪晓岚、阮芸台矣：皆由思想束缚于一点，不能自开生面。（《保教非所以尊孔论》）

贵一道而求同的总体化真理观的弊端尚不止于“思想束缚于一点”而“不能自开生面”，它主要是通过排斥所谓“异端”“邪说”，即“通过排除并否定不适于自己的东西”而建立起自己的意识形态霸权，或者要保持自身真理性的完整与唯一性，“只能靠压制与和谐、统一相抵触的他性形式，以此为代价才能完成”①。这种情况亦常常发生在儒家内部的思想斗争中，特别是，在强烈的返本真孔一道的意识支配下，孔子之为孔子常常是被用来“作为掩盖无数富于创造精神的个人的新观点的手段”，即“在中国传统中，人们总是不断地借助于圣人孔子的权威，掩盖了与孔子的学说有重大差别的变革学说”②，何止是掩盖，更是一种压制与排斥。

其次，总体化的真理观有时又是极具包容性的，正所谓“大哉，孔子”，“大哉，圣人之道”，而大之为大正在于其“有容乃大”。也就是说，在贵一道而重求同的思维方式下，也是可以综贯会通百家异说的，此亦即《周易大传》所谓“天下同归而殊涂，一致而百虑”。这不仅可以适用于儒家内部的歧见异说，如汉家为了力求保存孔子之道真，而致力于“网罗遗失，兼而存之”“网罗遗逸，

---

① 汪民安、陈永国编：《尼采的幽灵》，社会科学文献出版社2001年版，第151页。

② ［美］郝大维、安乐哲：《孔子哲学思微》，蒋弋为、李志林译，江苏人民出版社1996年版，第15页。

博存众家”“扶进微学，尊广道艺”或“扶微学，广异义”（《玉海》）等，乃至在贵一道而求真孔的执着的自我坚持中，以及在“道合于一者，圣也；其分而属者，儒也”（何凌汉《宋元学案叙》）的意义上，先前被认为是伪学异端的思想学说，仍有可能被认可同化甚至最终被奉为正统（如程朱理学），而且，这也同样适用于吸纳整合诸子百家之异说，正如《汉书·艺文志》所言：

（诸子九家）皆起于王道既微，诸侯力政，时君世主，好恶殊方，是以九家之（说）[术]蜂出并作，各引一端，崇其所善，以此驰说，取合诸侯。其言虽殊，辟犹水火，相灭亦相生也。仁之与义，敬之与和，相反而皆相成也。《易》曰：“天下同归而殊涂，一致而百虑。”今异家者各推所长，穷知究虑，以明其指，虽有蔽短，合其要归，亦“六经”之支与流裔。……仲尼有言：“礼失而求诸野。”方今去圣久远，道术缺废，无所更索，彼九家者，不犹愈于野乎？若能修六艺之术，而观此九家之言，舍短取长，则可以通万方之略矣。

甚至也适用于融会消化外来的佛教，如明人管志道曾有言：

教理不得不圆，教体不得不方，以仲尼之圆，圆宋儒之方，而使儒不碍释，释不碍儒。以仲尼之方，方近儒之圆，而使儒不滥释，释不滥儒。唐、宋以来，儒者不主孔奴释，则崇释卑孔，皆于乾元性海中自起藩篱，故以乾元统天，一案两破之也。（《明儒学案》卷三十二《泰州学案一》）

对中国思想传统在“求同”下的包容性特点，李泽厚先生有中肯而公允的评述，其言如下：

中国思想传统一般表现为重“求同”。所谓“通而同之”，所谓“求大同存小异”，它通过“求同”来保持和壮大自己，具体方式则经常是以自己原有的一套来解释、贯通、会合外来的异己的东西，就在这种会通解释中吸取了对方、模糊了对方的本来面目而将之“同化”。秦汉和唐宋对道、法、阴阳和佛教的吸收同化是最鲜明的实例。引庄入佛终于产生禅宗，更是中国思想一大杰作。在民间的“三教合流”、“三教并行不悖”、孔老释合坐在一座殿堂里……都表现出这一点。中国没有出现类似宗教战争之类的巨大斗争，相反，存别异乃求同，由求同而合流。于是，儒学吸取了墨、法、阴阳来扩展填补了它的外在方面，熔化了庄、禅来充实丰富了它的内在方面，而使它原有的仁学结构在工艺—社会和文化—心理两个方面虽历经时代的推移变异，却顽强地保持、延续和扩展开来。而这也正是中国智慧中值得注意的一个特色。[①]

就其包容性而言，无论是基于“道通为一”或“一本而万殊”的理念，还是肯定为“各得圣人(或圣人之道)之一体”，甚至是以“相反而皆相成”的名义，说到底，都是旨在将思想的他性形式统统整合到某种绝对思维和知识的宏大辩证系统中，以便使他性异质的思想学说或认知价值取向能够被消融转化为一种无害的成分，这的确需要对各种异说进行精致化调适的智慧，但这绝不意味着对他性形式的平等肯定，因为其实质不过是在维持孔子六艺之术或孔子之一道的意识形态霸权地位的前提下的包容，而并非要打开人们自由思想的空间，包容不同于对异说不加干涉的思想自由。诚如张东荪先生所说：

尚统一的主修文化与尚分歧的主智文化，其对付异说是有不同。西方的主智文化对于异说是有所谓 toleration，此字译为“忍容”，其实不妥，乃只是“听之”(即听其自然不加干涉)的意思而已。中国的主修文化则有所谓“包容”，须知包容与兼收等等只是表示宽大，乃是由我而把你包容过来，以表示我的宽大，并不是由你在我以外，自成对立的形势。中国人只有“宽大”的观念与“兼收并摄”的态度，所谓道并行而不相害，乃只是从我的观点看你的道认为与我无碍罢了。西方则不然，他们确认为你的道与我的观点是相害的，但我仍不妨听你道其

① 李泽厚：《中国思想史论》(上)，安徽文艺出版社 1999 年版，第 317—318 页。

所道，而不加以干涉。这是思想自由，不是包容。[1]

正是在包容的意义上，孔子之为孔子，诚如《孔子哲学思微》一书的作者所说，当孔子被“作为一个‘合伙’人，在文化价值不断变迁的过程中，后代的思想家一次又一次地将他改头换面”时，则孔子又转身而成为“一个团体、一个社会、一个活的传统”[2]。

总而言之，上述两个方面的问题或不同的思想取向，均是从同一种真理观或思维方式发展而来的，既一本而异趋，同时亦是殊途而同归的，所谓一本和同归即对是非的论断最终是要诉之于可方可圆的孔子之道而确定的。思想与认识的分歧及所导致的思想斗争是不可避免的，辨明是非亦是必要的，然而，人们的是非真理观及对待异说的方式和态度却是大为不同的。“儒教”的方式便是在上述两种思想取向之间与时推移而随世屈伸，其间虽存在着相当的紧张性，但其实是交错而行、交互为用的，唯其如此，孔子与“儒教”依靠排斥异端和包容异说两种机制，才既能维持其学术思想统系的一贯性和连续性及其在思想意识形态领域中的主导和霸权地位，又能在不断移动、变换的自我理解中拓展其基本信念和经典教义的理论基础，以使之拥有更具普遍性的形式和永恒的适用性。

（四）经学思维方式的文化学阐释

如上所言，“儒教”在历史上的演生是围绕着孔子与经典而展开或开显其意义架构的，而圣人孔子之所以能长期盘桓在中国人的心灵之中而挥之不去，亦主要是靠儒家持续不断的“依经演绎”和“返本求真”，即对孔子之道与经典不断进行重新诠释和持久传习，才得以在每一时代能够重新走入人们话语、意识和生活实践的领域。而儒家是如何诠释孔子之道与经典的？在诠释中或在诠释学的层面，他们的思维方式或心态究竟是什么样的？对此，除了以上所述，尚

---

① 张耀南编：《知识与文化》，中国广播电视出版社 1995 年版，第 430 页。

② ［美］郝大维、安乐哲：《孔子哲学思微》，蒋弋为、李志林译，江苏人民出版社 1996 年版，第 15 页。

需作进一步的分析和讨论。

所谓经学思维方式，即是指由儒家对孔子之道和经典的传习、注解和诠释所彰显或表征的一种模式化的学术思维习惯与认识价值取向。其意义绝不限于儒家内部，因为在自汉代以来直至清末的整个经学时代，它一直弥漫、渗透于社会生活的各个领域，并在其中产生了广泛的影响，对社会政治生活和学术思想形态也都产生了一系列深远的历史效果。在此，我们主要从以下几方面尝试对其作一种文化学的阐释。

首先，我们需要说明的有两点：一是，如上文所言，孟荀与汉以后儒者的区别在于前者不完全“依经演绎”，而后者则完全是“依经演绎”的。故宋儒特别表彰孟子之功，认为孟子之学“发孔氏之所未谈，述‘六经’之所不载”（《宋元学案》卷四十《横浦学案》），也正因为孟子有功于圣人之学，故《孟子》一书至宋以后亦得列于儒家经典的行列。二是，宋明道学家中的陆王一系，强调“圣人之学，心学也”（《明儒学案》卷十《姚江学案》），因此教人讲求圣人之道或体认天理良知而直接证诸本心，似于圣人之经典有轻忽之意。其实不然，前人已辨之甚明，如黄东发《日钞》曰：“象山之学，虽谓此心自灵，此理自明，不必他求，空为言议，然亦未尝不读书，未尝不讲授，未尝不援经析理。”（《宋元学案》卷五十八《象山学案》）从《象山语录》所见，象山亦教人许多读书之法。刘宗周亦曰：“阳明先生不喜人读书，令学者直证本心，正为不善读书者，舍吾心而求圣贤之心，一似沿门持钵，无益贫儿，非谓读书果可废也。”（《明儒学案》卷六十二《蕺山学案》）而且，阳明先生早年即有以“读书学圣贤”为第一等事的说法，亦曾在《答罗整庵少宰书》中明言自己“《大学》古本乃孔门相传旧本”之见较朱子“失在于过信孔子”，说是“失”而实则是以“过信孔子”和《大学》古本自许（《传习录》中），盖其所以“不喜人读书”者实有感而发，乃是不满于时人“不知作圣之本是纯乎天理，却专去知识才能上求圣人”，以至“不务去天理上着工夫，徒弊精竭力，从册子上钻研，名物上考索，形迹上比拟，知识愈广而人欲愈滋，才力愈多而天理愈蔽”（《传习录》上）。再进一步讲，宋明儒所谓“天理”“良知”，实亦可被视为圣人之学、圣人之道的“特殊文本”，正如王阳明《尊经阁记》所言“经，常道也”“六经者非他，吾心之常道也”，故其对“天理”“良知”的直接体认与阐发，亦不过表达了一种特殊形态的经学思维模式。

1. 儒家文明史观的话语转换

要而言之，儒家的文明史观可以说就是一种圣王史观，即人类的文明史是以圣王为轴心并由圣王仰观天象、俯察地理而后制作建构起来的，《周易·系辞》对此作了系统的阐述。《礼记·乐记》曰：“作者之谓圣，述者之谓明”，“圣人作乐以应天，制礼以配地。礼乐明备，天地官矣”，“王者功成作乐，治定制礼。……及夫敦乐而无忧，礼备而不偏者，其唯大圣乎！”故孔子生在圣人不得而见的时代而以“述而不作”自任，但当孔门弟子及其后学孟荀之辈推尊孔子为圣人并倡言“圣人最宜于作王”时，其心态已发生了一种微妙的变化，也就是说，因为圣与王的分离，他们只能以弘扬圣人孔子之道之责自任，并期望现实的王者尊孔以行其教，由此人类的文明史也就自然转到以孔子与“儒教”为轴心上来了。荀子亦是极力推演大儒之效，宋儒的道统论更可以明此，如朱子之言：“儒教自开辟以来，二帝三王述天理，顺人心，治世教民，厚典庸礼之道；后世圣贤遂著书立言，以示后世。”（《朱子语类》卷一百二十五）另据《宋史》卷四百二十七《列传》第一百八十六《道学一》曰：

> “道学”之名，古无是也。三代盛时，天子以是道为政教，大臣百官有司以是道为职业，党、庠、术、序师弟子以是道为讲习，四方百姓日用是道而不知。是故盈覆载之间，无一民一物不被是道之泽，以遂其性。于斯时也，道学之名，何自而立哉。
>
> 文王、周公既没，孔子有德无位，既不能使是道之用渐被斯世，退而与其徒定礼乐，明宪章，删《诗》，修《春秋》，赞《易》《象》，讨论《坟》《典》，期使五三圣人之道昭明于无穷。故曰：“夫子贤于尧、舜远矣。”

道学盛于宋，宋弗究于用，甚至有厉禁焉。后之时君世主，欲复天德王道之治，必来此取法矣。

显然，在儒家的王道政治理念或政治文明史观中，孔子与经典成了历史的轴心，因为圣人孔子是绝对真理的化身，圣人之“经”寓含着唯一正确的“常道”，故后世王者只有尊孔崇经才能兴复上古圣王之治。这可以说是自孔子而后，圣人之徒一以贯之的核心理念。

2. 评价先行与文化公设

日本学者牧口常三郎曾辨析过两种本质不同的思维方式或心灵的两种机制，即认知和评价，认知是客观的，评价是主观的。评价又分两种，“一种是在完全认识了一定环境中的现象或实体后再进行的评价，另一种是先评价然后再认识它”，而“恰当的评价必来自对事实的正确认识之后，而仅仅是形式的严肃和奉若神明导致了许多恶行”①。显然，在诠释学的层面，儒家的“依经演绎”和阐发圣人之道本质上是一种评价先行的思维方式。概言之，儒家“依经演绎”和阐发圣人之道的诠释学活动在逻辑上是以这样的先行评价为前提的，即：儒家所说的道是天下古今所共由而一日不可须臾离之的常道，正所谓“道也者，不可须臾离也，可离非道”（《中庸》）；而“厥初圣人未生，道在天地；圣人既生，道在圣人；圣人已往，道在六经”（明成祖朱棣《性理大全・御制序》）。故曰：“学者欲窥圣贤之心，尊吾道之正，舍四书六籍，无由而入矣。”（《明儒学案》卷六十二《蕺山学案》）又或者曰：“夫六经定于至圣，舍经则无以为学，学道要于好古，蔑古则无以见道。”（钱大昕《经籍撰诂序》）更简洁地讲，天下只有一个道理，而“圣人作经，本欲明道”（《河南程氏遗书》卷二上），故“人之学道，由经而入”（明薛瑄《读书录》卷八）。

当上述先行的评价被普遍接受的时候，它实际上也就成了一种文化的公设。

---

①［日］牧口常三郎：《价值哲学》，马俊峰、江畅译，中国人民大学出版社1989年版，第25、13页。

所谓“文化公设”，“是有关文化的原理”，“是显型的文化前提”，其表述形式“常常是一套完整的主张”，人们的思想和行为“惯常是从文化前提出发的”，文化前提“是任何文化结构中具有特殊意义的部分”，而且，这种“为群体最广泛而普遍接受的文化前提是明显认可的前提，它们往往结晶在民间谚语之中”①。在汉代以后的经学时代里，上述先行的评价正是作为被最广泛而普遍接受的文化前提而结晶在民间谚语中了，如西汉时期已有“邹、鲁谚曰：‘遗子黄金满籯（籝），不如一经’”（《汉书·韦贤传》）。后世更有所谓“万般皆下品，唯有读书高”的对儿童的启蒙语，书即指孔孟圣贤之书，甚至至尊无上的皇帝亦作诗以劝学曰：“富家不用买良田，书中自有千钟粟。安房不用架高梁，书中自有黄金屋。娶妻莫恨无良媒，书中有女颜如玉。出门莫恨无随人，书中车马多如簇。男儿欲遂平生志，六经勤向窗前读。”（宋真宗《劝学诗》，见《绘图解人颐》卷一）此诗之意旨与邹、鲁之谚是前后一脉相承的。

正是作为被广泛而普遍接受的文化前提，儒家的圣人与经书在传统中国的文化结构中占据了一种特殊的地位。它为人们的生活方式乃至宇宙普遍法则先在地提供或设定了某种理想的图式或意义架构，人们可以从中汲取和满足一切精神与物质的需要——知识、道德、地位（功名）乃至人生幸福与物质利益（利禄）的获取等，诸如个人身心的修养、人际关系的规范、社会风俗的淳化、政治事务的治理、人类心术的狂悖、学术思想的混乱，乃至国家的治乱和天下的兴亡等所有的问题和难题，都可以从儒家圣人那里和经书当中寻求到治理之方、化解之道。正所谓：

> 圣人见道，然后知王治之象，故画州土，建君臣，立律历，陈成败，以视贤者，名之曰经。贤者见经，然后知人道之务，则《诗》《书》《易》《春秋》《礼》《乐》是也。（《汉书·翼奉传》）

① ［美］克莱德·克鲁克洪等：《文化与个人》，何维凌、高佳、何红译，浙江人民出版社1986年版，第25页。

“六艺”者，王教之典籍，先圣所以明天道，正人伦，致至治之成法也。（《汉书·儒林传》）

圣人作经，贤者传记，匡济薄俗，驱民使之归实诚也。（《论衡·对作》）

孔子之道，治人之道也，一日无之，天下必乱。如粟米不可一日少，少则人饥；如布帛不可一日乏，乏则人冻死。孔子之道，君臣也，父子也，夫妇也，朋友也，长幼也。……万世可以长行，一日不可废者，孔子之道也。（《徂徕石先生全集》卷八《辨私》）

圣人之道有用，无用便非圣人之道。（《象山语录》上）

天下之事变虽无穷，天下之义理固有止，故后世患不能述而无所为作也。……今之学者，不述乎孔子而述其所述，不信乎孔子而信其所信，则道终以不明。（《宋元学案》卷五十四《水心学案上》）

六经者，圣人为治之迹也。六经之道明，则天地圣人之心可见，而至治之功可成。六经之道不明，则人之心术不正，而邪说暴行侵寻蠹害，欲求善治，乌可得乎？（明成祖朱棣《性理大全·御制序》）

从上述引文中，我们亦可以明显地感受到儒家的那种对经典可用以经世致用的普遍适用性和有效性的强烈的特殊信念，这种信念既为他们的经典传习和诠释活动不断地注入内在的动力，同时亦如王文亮先生所说：“中国古人实际上并非出于纯粹的崇拜之心，而是以功用的眼光来看待圣人及其经典之权威的，即试图借助圣人经典包含的世界普遍法则、无所不能的智慧来解决社会人生的所有问题。”[①] 不过，这种“看待圣人及其经典之权威”的“功用的眼光”也正是以先行的评价为前提的：圣人经典包含着解决社会人生的所有问题的世界普遍法则和无所不能的智慧。因此，儒家的经学思维方式，事实上也可以说是一种封闭自足的认知价值取向，而且具有一种律法道德主义的特征，也就是说它

① 王文亮：《中国圣人论》，中国社会科学出版社 1993 年版，第 407—408 页。

预先设定了具有普遍律法意义的生存法则或道德行为指令，故其对社会人生的规范与引导，使“人们面临的每个需要做出道德决定的境遇，都充满了先定的一套准则和规章。不仅仅律法的精神实质，连其字面意义都占据支配地位。体现为各项准则的原则，不仅是阐明境遇的方针或箴言，而且是必须遵循的指令。解决办法早已预先确定，你到书……中查找便是”①。

3. 意识形态功能

如果我们再换一种视角来审视经学思维方式的话，即根据美国著名学者丹尼尔·贝尔在《意识形态的终结》一书中所使用的“意识形态”概念的含义——“断定它们的世界观就是真理”②的思想体系，那么，经学思维方式正发挥了“断定儒家的世界观就是真理”这样一种重要的意识形态功能。因此，在经学思维方式的支配下，人们必须与“儒教”建立一种毋庸置疑的真理性关系。这包括彼此密切相关的两个方面的意思。

一是，必须与孔子或孔子之道建立一种绝对认同的真理性关系，即必须以圣人孔子之是非为是非。正如汉儒董仲舒曰：“圣人之所命，天下以为正。正朝夕者视北辰，正嫌疑者视圣人。”（《春秋繁露·深察名号》）扬雄亦有言：“或曰：‘人各是其所是，而非其所非，将谁使正之？’曰：‘万物纷错则悬诸天，众言淆乱则折诸圣。’或曰：‘恶睹乎圣而折诸？’曰：‘在则人，亡则书，其统一也。’”（《法言·吾子》）以圣人之是非为是非，说到底便是要人做圣人的奴仆，如朱子所谓“道理，圣人都说尽了”（《朱子语类》卷一百一十七），所以面对“圣人言语”，“自家当如奴仆，只去随他。他教住便住，他教去便去”（《朱子语类》卷四十五）。而宋元明以来，当理学家“俨然成一最尊贵之学阀”而“奴视群学”（梁启超《清代学术概论》）时，人们则亦甘愿做圣人奴仆的奴婢并以

① ［美］约瑟夫·弗莱彻：《境遇伦理学》，程立显译，中国社会科学出版社1989年版，第10页。

② ［美］丹尼尔·贝尔：《意识形态的终结》，张国清译，江苏人民出版社2001年版，序言，第5页。

之为荣，故明儒薛瑄有言：“濂、洛、关、闽之书，一日不可不读；周、程、张、朱之道，一日不可不尊；舍此而他学则非矣。”（《读书续录》卷四）而吕坤更直言不讳曰：“宁为道统家奴婢，不为傍流家宗子。”（《呻吟语》卷一《谈道》）

二是，必须与儒家教义建立一种理应如此或当然性的真理性认知关系。如果说先秦儒家确立了儒家的核心理念（以伦常关系为中心的人道价值理念）的话，那么后世依附于圣人和经典权威而思想的儒家学者则主要是对其作一种合理性的论证。当然，他们对先儒所确立的人道价值理念亦同时进行了某种改造与发展，正如许多学者所指出的，他们事实上将先儒注重人与人之间双向要求的交互性的道德义务关系改造为了单向服从的片面性的道德义务关系，但我在此将主要考察他们之间思维方式上的差异。

先儒是这样来阐明其人道价值理念的：

君君，臣臣，父父，子子。（《论语·颜渊》）

人之有道也，饱食、暖衣、逸居而无教，则近于禽兽。……教以人伦：父子有亲，君臣有义，夫妇有别，长幼有叙，朋友有信。（《孟子·滕文公上》）

上无君师，下无父子，夫是之谓至乱。君臣、父子、兄弟、夫妇，始则终，终则始，与天地同理，与万世同久，夫是之谓大本。（《荀子·王制》）

贵贵、尊尊、贤贤、老老、长长，义之伦也。（《荀子·大略》）

若夫君臣之义，父子之亲，夫妇之别，则日切瑳（磋）而不舍也。（《荀子·天论》）

为人君，止于仁；为人臣，止于敬；为人子，止于孝；为人父，止于慈；与国人交，止于信。（《礼记·大学》）

天下之达道五……曰：君臣也，父子也，夫妇也，昆弟也，朋友之交也。（《中庸》）

父慈、子孝、兄良、弟弟、夫义、妇听、长惠、幼顺、君仁、臣忠。

十者谓之人义。(《礼记·礼运》)

成人之者，将责成人礼焉也。责成人礼焉者，将责为人子为人弟为人臣为人少者之礼行焉。将责四者之行于人，其礼可不重与？故孝弟忠顺之行立，而后可以为人。(《礼记·冠义》)

亲亲、尊尊、长长，男女之有别，人道之大者也。(《礼记·丧服小记》)

从上面的引文可以看出，先儒虽然赋予其伦常观念以一种“与天地同理，与万世同久”的普遍适用的合理性与永恒性意义，但他们主要是从人之为人的本质规定性的理论视角来立论的，故说理简洁、宗旨明晰易晓，而不需要过多的意识形态的掩饰，而在百家争鸣的时代精神状况下，批评者也可直接就其人道价值理念本身来展开论辩和问难。

然而，汉儒和宋明新儒家却为他们从先儒那里秉承、接受来的伦常观念，蒙上了一层厚厚的或繁茂芜杂或精致神秘的意识形态的思想形式，从而使儒家的伦常观念对人来讲更具有了一种绝对不许反思而只能默认的、无意识的钳制性。如汉儒一方面苦心孤诣地“依经演绎”；一方面极力崇信天的外在主宰性的威权，而又依托于阴阳五行的思维框架而将天命信仰和经义圣法连贯为一体。当汉儒基于类比思维进行“以类合之，天人一也”(《春秋繁露·阴阳义》)的推论时，虽然是由自然与人的经验类比以证天人的相似性和同一性，其实不过是将对人的认识外化投射到自然现象上去或将自然现象拟人化，而由此走向了一种漫无节制的无类比附的虚妄性，但正是这种类比推理通过在天与人、自然现象与社会现象之间建立起一种相似的关系，“从而可以满意地‘解释世界’并使它成为人们可以生活的地方”，而且“‘类比的思维’的功能是把一系列结构‘差异’或‘对立’强加给世界，而这个文明的所有成员都得默认这些‘差异’或‘对立’”①。而宋明新儒家则一方面对圣贤心心相传的宝典——“四书”的精

① [英]特伦斯·霍克斯：《结构主义和符号学》，瞿铁鹏译，上海译文出版社1987年版，第48、49页。

义奥蕴极尽阐发之能事，一方面又始终拿自家体贴出的具有外在或内在主宰性威权的天理或良知作主，同时又依理一元论的思维框架统贯天人。无论是“知其理之当然，而责其身以必然”（《宋元学案》卷四十九《晦翁学案下》），还是“天理天然自有之理，容一毫思想不得”（《明儒学案》卷十六《江右王门学案一》），乃至“人虽有意于为善，亦是非理”（《宋元学案》卷十五《伊川学案上》），他们的种种说教不过都是意在劝导人们不要“安排布置”，不要“安排推测”，不要“一毫思想”，甚至不要“有意于为善”地即自然即当然地顺应天理而行，即心即性的天理也就是每个人应不假思索地服从的内在的道德律法，顺应天理也就应“各安其分，各尽其职”。诚如日本著名学者沟口雄三在《中国公私概念的发展》一文中所说，其根本意图不外是：“在天理自然的名目下，否定自私用智，即个人后天的有所作为的意图及能动性。先天与自然这种观念，使等级秩序的规范对于人具有先验的、宿命的一面。”① 总之，汉宋诸儒使儒家的伦常观念变成了人们必须默认顺从或“默识而敬存之”的一种先验性质的宿命。

4. 文化心理与社会性格

经学思维方式对中国人的文化心理和社会性格亦产生了广泛而深远的影响。也就是说，当圣人与经典崇拜的思维习惯自汉代以来被整个社会广泛而普遍地接受之后，它一直发挥着一种重要的制度化的社会政治与文化心理的功能，不仅直接塑造了一种特定的社会性格、文化——心理结构及认知价值取向，而且更被利用来对人的意识和行为实施有效的控制。

经学思维方式作为一种权威导向的认知价值取向，首先是使认知主体陷入了一种不敢稍有异想的虚妄的信仰情感之中，对圣人和经典的非理性的盲目崇拜，使人们只能做迷信圣人的奴仆和啃噬经典的蛀虫。其次，经学思维方式正面要人们崇拜圣人和经典，反之则采取一种“离经叛道”“非圣者无法”的禁忌

① 杨雁斌、薛晓源编选：《冲突与解构——当代西方学术叙语》，社会科学文献出版社2001年版，第298页。

的方式或否定性的规范机制来实施对人的意识和行为的控制，以便维护圣人与经典的神圣和权威性，这导致的必然是对人的自主行动能力和自由认知权利的压制、剥夺和戕害，从而造成道德的虚伪、思想的矫饰、主体人格的萎缩、创新思维的贫乏和批判反思能力及社会批判的多元价值支点的丧失，因此，“引经据典”便成了社会最普遍的惯常行为模式。而这种惯常行为模式，即习惯于被动地接受或向圣人与经典索取一切的物质和精神需求的行为模式的普世化，事实上也就意味着一种普遍的典型“接受型”的社会性格的形成。根据著名精神分析学家弗洛姆的社会批判分析，具有接受型社会性格的人，“倾向于接受别人的思想，而不是提出新的想法”①。而且，“个人觉得‘所有的善的来源’都是外在的，而且他相信，获得他所需要的东西——某些物质性的东西、感情、爱、知识、快乐——的唯一办法是从外部接受它们”，这种非生产型性格类型中的接受型定向，也使“他们丧失其批判性能力，使他们对他人的依赖不断增长。他们不仅依赖于权威去寻求知识和帮助，而且也依赖于一般人给予任何形式的支持”②。中国人之重人情、孝道和顺从权威（官本位、清官及好皇帝思想）的文化积习，不能不说正是赖此社会性格而得以泛滥流行的。

五、圣人之道与帝王之势

要考察孔子与“儒教”在中国历史上的命运沉浮，我们无论如何是不能回避他与现实政治之间的纠葛关系的。或者说，我们只有结合以孔子为中心的“儒教”信念与以王权为中心的现实政治两个方面的问题，才能真正深刻理解和认识清楚孔子历史命运及其形象的真实面貌与意义底蕴。诚如梁启超先生所说：“盖儒学者，实与帝王相依附而不可离者也。”另如李大钊先生所言：“中国

---

① ［美］埃里希·弗洛姆：《在幻想锁链的彼岸》，张燕译，湖南人民出版社1986年版，第79页。

② ［美］埃里希·弗洛姆：《自为的人》，万俊人译，国际文化出版公司1988年版，第54页。

一部历史，是乡愿与大盗结合的记录。大盗不结合乡愿，作不成皇帝；乡愿不结合大盗，作不成圣人。所以我说，真皇帝是大盗的代表，圣人是乡愿的代表。”不过，纵观圣人与帝王、“儒教”与政治的整个结合史，二者之间的关系却又并不如是简单，它们不只是一种相互依附和彼此利用的关系，紧张性的张力始终存在于二者之间，甚至可以说帝王对儒术的表彰与尊崇亦同时构成了“儒教”实施与推行的现实困境与限界。

（一）孔子与儒家之学的特质与品格

在上文中，尽管我们对孔学与“儒教”的演生作了一些基本的解读，但为了进一步考察孔子和“儒教”的历史命运及其与帝王和现实政治结合在一起的关系，在此再来重新审视一下孔子与儒家之学的特质和品格还是十分必要的。

太史公父子早有明言：“夫阴阳、儒、墨、名、法、道德，此务为治者也，直所从言之异路，有省不省耳”（《史记·太史公自序》），“自驺衍与齐之稷下先生……各著书言治乱之事，以干世主”（《史记·孟子荀卿列传》）。另如梁启超先生所说：“凡思想皆应时代之要求而发生。”[①] 孔儒之学亦不例外，不过，他们何以能久受尊崇呢？劳干先生在其《秦汉时期的中国文化》一文中曾推言其故曰：

> 汉代自从武帝以后，儒家的思想格外抬头，有人以为便于统治，这是不对的。周秦诸子，不论哪一家，不论是道，是法，是墨，都是尊君抑臣，为君主设想，岂仅儒家一家。而况讲尧舜，说汤武，也不是儒家以外各家所常道，这对于绝对君权并无好处，当时儒家所以被尊崇的，实在是由于理论完整，内容丰富，迥非其他各家可比。[②]

此言确有相当的道理。我们不妨基于劳先生的说法展开进一步的申论。

依我之见，孔子之学的一大特质便在于，孔子之教虽然具有简约平易、具

---

① 梁启超：《先秦政治思想史》，东方出版社2012年版，第12页。

② 胡晓明、傅杰主编：《释中国》第三卷，上海文艺出版社1998年版，第1877—1878页。

体而微的特点，却也不失思想的丰富与层次性，而由其思想的简约与丰富的层次性更引出了孔子之学的富于解释性的第三个重要特点。而后世儒家对孔子思想的阐发与诠释，虽然由于“思想束缚于一点”而分化发展出种种见仁见智的不同派性与门户之见，但在一定意义上也可以说后儒正是在这样一些生长点上丰富和发展了孔子之学，因此，就其作为一个整体而言，儒学之为儒学实在是一个内容十分丰富复杂的思想体系。当然，我们之所以要申明这一点，并非说其思想在理性上是完全契合时代要求的，而是旨在强调其思想较之其他各家在历史的演化过程中可能更具适应性，并能满足社会各方面广泛而普遍的要求，故能成为2000多年来中国学术思想之正统和社会风教之中心，而一直居于主导和统治的地位。

正因为孔子与儒家之学具有的这样一些特点，我们只能扼要地对其思想体系作一些总体的概括，故仅就其重要方面列述数端如下：

第一，孔子之学并非徒托之空言，而是上承上古三代的文化传统，并将其凝结为文献经典，故其以丰厚的文化传统资源和经典传习为依托的学术文教事业极具传承性和再生性，其学虽历经秦火而不灭，并能在后世源源不绝地流传下来，端赖乎此。

第二，其学重个体人格之道德修养，并期望通过对人的教育与改造或人性的提升来促进整个社会的改良，而且其教育理念和方法如“有教无类”和“因材施教”等，以及其培养君子的宗旨与目标，应该说更能够普遍满足社会各阶层对道德品格修养和学习文化知识的要求，并能对社会生活造成广泛的影响。

第三，其学重人事，特别是重视构建一种以礼治传统为基础、以人文价值理念（正名和忠恕之道）为中心组织原则的优良而合理的社会生活秩序，这一努力虽然在急剧变革的时代显得有些不合时宜世用，但能满足安平时代寻求秩序的人们的需要。

第四，其学不只是偏重个人的修养，亦重视政治的改良，而且强调以政治的改良为中轴来落实对大众的道德教化和礼义引导，以便实现整个社会秩序的安定与团结。所谓“修己以安人”“修己以安百姓”（《论语·宪问》）和“政者正也”（《论语·颜渊》）等，其意皆在于此。

第五，孔儒的经典之学不仅仅是传习古代文献而已，他们对经典的诠释与阐发寄托着他们安身立命的精神信仰、政治制度的理想设计、人伦教化的基本理念，涉及而涵盖了人类生活的各个领域，诸如天道阴阳、王道政教、人伦风俗乃至历史叙事等，故其意义不只是“道问学”而已，而是要通过他们的经典解释学赋予人类生活以一种条贯系统的意义架构，以便使儒家的人道理念与价值原则真正构成人类生活的所有领域的基础与支柱。

第六，其学依正名原则和礼义规范而对人间秩序的安排，不仅基于宽广深厚的文明史的视野，如对三代礼乐文明制度的系统历史考察和在此基础上所作的华夷之辨，而且更是基于对人之为人的本质规定性的反思与理解，以及对宇宙阴阳生生之道（以易学为主）的普遍世界观的认知。

总之，孔子与儒家之学不仅是一个思想观念的系统，更是一个实践活动的系统。在个人修身的层面，既重人的精神情操的陶冶，又重人的身体行为的训练（礼仪的演习）；既重人的内省意识，又重对人的行为的外在规范与制约。在社会生活的层面，既极力维护“贵贱不愆”的等级秩序，又崇尚以忠恕之道为原则的人际交往理性。在政治生活的层面，既尊君而又重民；既与君言仁而又与民言顺[①]；既推崇古圣先王之道，又关注现实社会民生。在学术思想的层面，既尊德性而又道问学；既简约平易而又富于解释性，故能被后儒发展为一种囊括大典、综贯百家之学。故孔子与儒家之学不仅仅是“为己之学”，不仅仅是“生命的学问”，不仅仅是“关于秩序的学问”，不仅仅是徒托之空言，不仅仅是一种道义担当的精神信念，不仅仅依附于政治。他们对历史文化典籍的整理与诠释，对个体健全人格的培植与养护，对人间伦常秩序与生活形式的关怀与安排，对王道政治的追求与期望，还有他们那治国平天下和“为天地立心，为生民立

① 梁启超在《论中国学术思想变迁之大势》一文中曰：“与民言服从，与君言仁政。”

命，为往圣继绝学，为万世开太平”的豪迈情怀，这些都“远远不仅是精神信念的一个次要的外化，而是代表着生成它的机制本身”，并构成“其自身的意识形态基础”[①]。《隋书·儒林列传》曰“儒之为教大矣”，此虽略带夸饰之嫌，却也道出了相当真实的信息。

当然，孔子的思想的确是他所处历史时代的产物。既然是应时代之要求而产生，自有其时代的局限性，但作为一种积极回应时代的问题并为解决、救治时代之弊而产生的思想学说，它也绝非仅仅是一种时代性的冗余分泌物，它不会因时代的过去而简单地被克服或随之消逝，更何况儒家的君子之学本身又具有一种“与时屈伸”“以义变应”（《荀子·不苟》）的坚韧品格，他们也正是在这种意志品格和人生态度的支撑下，决不轻言放弃，努力发展出某种解释性，从而使孔子和儒家之学在后世能够拥有更加广泛而普遍的适应性。

（二）圣人之道与帝王之势的结合与联姻

尽管孔子和儒家之学具有上述一些特质和品格，而使之比其他诸子各家在历史上的演生具有更大的优势，但仅从孔子和儒家之学的上述特质和品格，我们尚不能直接推导出孔子和儒家之学必然能与现实政治和帝王之势结合在一起的结论。因为一个很明显的不争的事实就是，孔子和儒家之学在秦以前一直是疏离于现实的政治进程之外的，甚或是现实政治直接打击和排斥的主要对象。

依我之见，孔子和儒家之学之所以能与现实政治和帝王之势最终结合在一起，除了它所具有的上述特质和品格外，我们还可以从以下几方面给以更进一步的解释。

首先，孔子和儒家的政治理念本身，决定了他们在历史的演化进程中必然会与现实政治和帝王之势发生一种或离或合的关系，乃至陷入难解难分的纠葛关系之中。众所周知，在孔子和儒家的政治理念中，他们一直怀抱着一种以尧

---

① ［斯洛文尼亚］斯拉沃热·齐泽克等：《图绘意识形态》，方杰译，南京大学出版社2002年版，第16页。

舜三代的圣王之治为追求目标的政治理想与期望，正是这一点直接引发、导致了秦对守旧儒者的政治打击和迫害。受此打击和迫害之后，儒者虽然对自身的政治态度进行了自我调适，转向拥护中央集权的专制皇权和郡县制官僚政治，并积极投身其中，但他们并未因此而完全放弃上述政治理想，以致儒者强烈的“是古而非今”的政治态度及其鲜明的保守主义的立场在后世常会受到帝王和学者的讥评。

然而，孔子和儒家之所以推崇尧舜三代的圣王之治，也并非纯粹为贵古而贵古，其实质亦不过是要倡导一种理想化的道德政治，其道德政治的理想与春秋战国时期依恃实力称霸争雄的现实政治所追求的国家富强目标无疑是不合拍的，故在当时被认为是“迂远而阔于事情”的，甚至2000多年之后，儒家的仁义之说仍会被看作是“迂阔”的[①]。然而，孔子和儒家的道德政治理想实在又提出了一个根本性的政治问题，即统治者如何才能真正赢得民心，马上得天下的统治者能否继续马上治天下。这是任何时代的统治者都无法回避的。用现代的术语讲，这其实也就是政治权力的合法化（君主的权力来之正当而且行使也正当）的问题，诚如哈贝马斯所言：“在不求助于合法化的情况下，没有一种政治系统能成功地保证大众的持久性忠诚，即保证其成员意志的遵从。”[②]亦如殷海光先生所说：“任何现实政治权力的来源和行使必须有其理由；否则就成为罗素所说的‘赤裸权力’（naked dower）。赤裸权力是容易伤风的。这也就是说，任何现实的统治权力之构成，固然不可没有暴力或纯物理的力量，但是不能只靠这些力量，而是必须有其存在的理由。这一理由就是权力的根据。”[③]秦始皇的权力是赤裸的，故伤风早逝而为后世留下了一个深刻的历史教训，儒家君主

① 据《明儒学案》卷六十二《蕺山学案》：“上（明崇祯帝）方综核名实，群臣救过不遑，先生（刘宗周）以为此刑名之术也，不可以治天下，而以仁义之说进，上迂阔之。”

② ［德］哈贝马斯：《交往与社会进化》，张博树译，重庆出版社1989年版，第186页。

③ 殷海光：《中国文化的展望》，中国和平出版社1988年版，第272—273页。

制的理想[①]正是在反思这一历史教训的基础上，自汉代以后被确立为政治意识形态领域的主导。不仅如此，儒家的民本和仁政思想亦在后世成为“针对虐政之永久抗议”[②]。因此，不管统治者是出于真实的信仰，还是出于纯粹工具性的利用，儒家的仁义之说或道德政治理想终究是不能被湮没的。

儒家君主制的理想，其宗旨乃是要使君主的合法权力在儒家文化价值理念的基础之上自然地、和平地生长出来，或者使君主制依存并融合于儒家的文化价值理念。既然如此，那么，它反过来也就不能不将君主政治置于其文化价值符号或意义架构系统的核心地位。故孔子有言曰“政者正也”，而“人道政为大”，认为君主的一言一行关系着整个国家的兴亡，故曰：“君为正，则百姓从政矣。君之所为，百姓之所从也。君所不为，百姓何从。”（《礼记·哀公问》）君主甚至可以“一言而兴邦”“一言而丧邦”（《论语·子路》）。孟子虽然持民贵君轻之论，但他亦有言：“君仁，莫不仁；君义，莫不义；君正，莫不正。一正君而国定矣。”（《孟子·离娄上》）孟荀更有一“圣人最宜于作王”或曰圣王合一主义的最高政治理想。汉儒董仲舒则直接从字义上解释王之为王说：“古之造文者，三画而连其中，谓之王。三画者，天地与人也，而连其中者，通其道也，取天地与人之中以为贯而参通之，非王者孰能当是？”（《春秋繁露·王道通三》）可见，对董仲舒而言，王之为王乃在于他是贯通天地人的神圣统治者，他还另有言曰：“君人者，国之元，发言动作万物之枢机。”（《春秋繁露·立元神》）唐儒韩愈认为，“民之初生，固若禽兽”（《送浮屠文畅师序》），而“有圣人者立，然后教之以相生养之道。为之君，为之师”（《原道》），这是一种典型的君师合一主义的政治理念。宋儒虽偏重内圣之学，但其政治理念同样是以君

---

① ［美］列文森：《儒教中国及其现代命运》，郑大华、任菁译，中国社会科学出版社2000年版，第225页：“内在的美德，而非超然的权力，乃是儒家的君主制理想。”

② 萧公权：《中国政治思想史》，新星出版社2005年版，第62页。萧先生在该书第110页亦说过另一句耐人寻味的话：道家的“无为”之政治哲学也在后世成为“失望之有心人对于暴君苛政最微妙而最严重之抗议”。

主为政教之中心，故曰：“天下之务，莫大于恤民；而恤民之本，在人君正心术以立纪纲。盖天下之纪纲不能以自立，必人主之心术公平正大，无偏党反侧之私，然后有所系而立。”（《宋元学案》卷四十八《晦翁学案上》）

由上述儒家的政治理念，我们完全可以断言，他们与现实政治和帝王之势纠葛在一起，自是情理之中的事，甚至可以说“儒教”与权力话语有着与生俱来的联系！

其次，虽然我们可以根据孔子和儒家的政治理念作如上推论，但有一点也是不争的事实，即二者之间在历史上从来就不是一种完完全全地重叠结合为一体的关系。总的来说，二者是一种既相结合而又相抗衡的关系，因此，我们还需要对二者之间是怎样实现其结合以及二者具体的结合点是什么的问题，进行一种具体的历史的分析。正如马克思在《〈黑格尔法哲学批判〉导言》中所言：“理论在一个国家的实现程度，决定于理论满足这个国家的需要的程度。……理论要求是否能够直接成为实践要求呢？光是思想竭力体现为现实是不够的，现实本身应当力求趋向思想。”[①] 这一广为人知的著名论断特别适用于解释儒家教义在后世的实现程度及其实际状况。依我之见，儒家的许多理念的确至今仍然是很值得我们珍视的，如他们对知行关系问题的思考与探讨，对人的自我反思能力与自我实现问题的重视，以及“认为社会上每一个成员和其他成员之间有一种特定的功能上的关系”[②]，乃至反省人的问题“必须从现实具体的人所遇到的存在境遇出发”[③] 的观念，等等。但是，当我们反思它在某一特定历史时期的社会政治—历史文化境遇中的具体实现问题的时候，仅仅从其教义的合理性上是难以全面而完整地理解并给以合理解释的。我们必须审慎地考察儒家的理论要求是如何竭力体现为现实或努力构造一种什么样的现实，同时现实特别是政治现实本身又是怎样力求趋向儒家思想的。

---

① 《马克思恩格斯选集》第一卷，人民出版社 1972 年版，第 10 页。

② ［英］李约瑟：《四海之内》，劳陇译，生活·读书·新知三联书店 1987 年版，第 57 页。

③ 方克立：《现代新儒学与中国现代化》，长春出版社 2008 年版，第 229 页。

就秦汉之际政治意识形态屡次变迁的异常复杂的情况而言，“儒教”由受排斥而逐渐赢得统治者的尊崇，可以说正是汉儒与汉家政权双方彼此趋向的结果。无论是善于变通而制作朝仪的叔孙通、称说《诗》《书》而总结历史成败的陆贾、以公羊学名家而曲学阿世的公孙弘和通于世务的董仲舒们，还是开基创业和继体守文而追求长治久安的汉家帝王们，他们在持续的对话与互动中逐渐达成了一种共识，即儒家的文治可用以守成，而安平之际亦须尊崇道术之士。无疑，这种共识的形成，为双方展开进一步全面深入的对话和持续互动奠定了一个稳固的基础，甚至也确立了一种此后两千多年的王朝易姓更替过程中“武创业，文守成”（《新唐书·儒学传》）的立国定式或政治语法。不过，随着对话和互动的深入，双方也会引发出一系列的问题。

具体言之，秦汉大一统帝国统治模式的建立，使统治者对“诸侯异政，百家异说”的多元竞争的政治文化格局，已不再能够保持一种认可和宽容的态度。一方面，建立在分封制基础之上的统治方式和经验，不仅不是帝国新秩序的维护力量；相反，它成了必须被抛弃的东西，帝国的至尊皇帝已将整个社会的监控权牢牢地抓在了自己一人手中。另一方面，秦始皇和他的酷相李斯因为“陶醉于他们的空前的成功”，也更加不能容忍“在一个思想活跃时代的最自然的批评精神”[①]，于是他们以强大的行政干预的力量，通过“焚书”“坑儒”这样简单而粗暴的方式，以实施“别黑白而定一尊”的思想统一。清除了旧时代喜“党与”和“私议”的流风余韵之后，剩下的就只是士民对官方法令辟禁的驯顺服从了，正所谓：“今天下已定，法令出一，百姓当家则力农工，士则学习法令辟禁。”（《史记·秦始皇本纪》）

秦一统帝国统治模式的建立对后世政治文化的演进产生了深远的影响，我们在此需要指出的有这样几点：一是，它奠定了一种以至尊皇权为核心、以郡县官僚政治体制为基础的政治统治模式，它体现了一种不可逆转的历史趋势，

① 胡适：《先秦名学史》，学林出版社1983年版，第153页。

故汉承秦制、“因循而不革”（《汉书·百官公卿表》）。二是，秦实施的统一文字、货币、度量衡等各项措施，奠定了后世“车同轨，书同文，行同伦”的基本制度规模和“贵一道而同风”的文化心态，故汉儒得以顺势而极力推言“《春秋》所以大一统者，六合同风，九州共贯也”（《汉书·王吉传》）。依据儒家的政治理念，“为政之要，辩风正俗最其上也”（《风俗通义·序》），而孔子亦有言：“教民亲爱，莫善于孝；教民礼顺，莫善于悌；移风易俗，莫善于乐；安上治民，莫善于礼”（《孝经·广要道章》），因此，汉家要想拨乱反正、移风易俗，表彰儒术、兴复教化、任用儒官乃是理所应当的。三是，秦一统大业的实现对人们的社会历史观念和社会生活态度的影响亦是十分深刻的，正所谓“秦之欲并天下而王之也，不与古同”（《战国策·韩三》），摆在眼前而无法否认的一统的事实尤其使人们意识到了“天下一统”理想的实现绝不存在于过去，这使汉儒亦不得不对自己“是古而非今”的保守主义态度和立场有所调整，调整的结果就是他们具备了一种“究天人之际，通古今之变”的恢宏眼界与气魄。

汉儒的思维理路、认知价值取向及其政治立场和态度的调整，有几点是很值得我们注意的。

其一，汉儒吸纳、借助于阴阳五行化的思维框架，发展出了一种用以解释所有自然、社会、政治、宗教、学术、人伦道德等现象与事物的无所不包、无所不能的认知模式。顾颉刚先生对此有非常精当的评说：

> 汉代人的思想的骨干，是阴阳五行。无论在宗教上，在政治上，在学术上，没有不用这套方式的。推究这种思想的原始，由于古人对宇宙间的事物发生了分类的要求。他们看见林林总总的东西，很想把繁复的现象化作简单，而得到它们的主要原理与其主要成分，于是要分类。但他们的分类法与今日不同，今日是用归纳法，把逐件个别的事物即异求同；他们用的演绎法，先定了一种公式而支配一切个别的事物。其结果，有阴阳之说以统辖天地、昼夜、男女等自然现象，以及尊卑、动静、刚柔等抽象观念；有五行之说，以木、火、土、金、水五种物

质与其作用统辖时令、方向、神灵、音律、服色、食物、臭味、道德等等，以至于帝王的系统和国家的制度。①

上述阴阳五行化的认知思维模式，企图将天人感应、君权神授、五德终始、类比推理、人伦道德等所有人们已知的思想观念以及各种各样的复杂事物和现象，统统综合、杂糅在一个思维框架之内。毫无疑问，这种做法不可避免地导致了很大的流弊，如无类比附和牵强附会的虚妄与迷信、哲学思想的混杂与荒谬、自然与社会两类不同性质的现象的混淆等，从而为怪诞神秘主义的流行大开了方便之门，但其无限扩张、涵盖一切的解释效力在当时是其他各家所无法比拟的，儒学之所以能够在士大夫阶层的心灵中占据主导地位并受到官方的尊崇，与此有着密不可分的关系。特别是，它寓含着这样一种影响广泛而深远的对世界的根本看法或信念，即：宇宙是一个相互关联的整体，世界上的万事万物彼此存在着一种既相互联系、依存、生成而又相互对立、制约、相胜（五行相生相克）的关系，自然界的变化生灭的基本节律与人类社会的生存法则和治乱兴衰的历史规律是性质相同而相互应合的，都是一种在重复的圆周（终始循环）中的持续过程。我认为，作为一种主导性、基础性的核心原则，正是这种周期性的终始循环的变易世界观构造了整个中国文化的本质特性。

其二，汉儒政治观念的法家化，正如有学者所指出的那样，“法家化”是汉初儒学在政治性格上所发生的一种基本改变，所谓“儒学的法家化”，其意义不是单纯地指儒家日益肯定刑法在维持社会秩序方面的作用。汉初儒学的法家化，其最具特色的表现乃在于君臣观念的根本改变。汉儒抛弃了孟子的“君轻”论、荀子的“从道不从君”论，而代之以法家的“尊君卑臣”论，虽然“法家化”只是汉初儒学发展的一个特殊的方面，但儒学的法家化也并不限于汉代，它几乎贯穿了全部中国政治史。

然而，我们也应看到先儒后儒在对待权势问题上的矛盾态度，以及在有关

① 顾颉刚：《秦汉的方士与儒生》，上海古籍出版社1998年版，第1页。

君主权力的正当性问题上的认识和观念又是有其一贯性的，他们希望能够“学而优则仕”，但也感到了权势会使人误入歧途而导致人性的扭曲，故他们虽然没有“权力腐蚀人，绝对的权力绝对腐蚀人”（英人阿克顿爵士的名言）的明确说法，却拥有一种“做官夺人志”（宋儒程伊川语）的清醒意识；他们批评“无礼义而唯权势之嗜者”（《荀子·非十二子》），但又不采取完全蔑弃权势的态度，甚至认为权势地位是人欲中所不能免的；在他们的心目中，王者是“尽制”而“势无上”的，天子是“势位至尊”的，但他们认为君主应拥有的是那种“道德之威”，故在追求道义和服从君主之间发生冲突时，明确主张“从道不从君”；汉儒虽讲“君之所以为君者，威也”而“威不可分”（《春秋繁露·保位权》），或“尊君卑臣者，以势使之也。夫势失则权倾”（《说苑·君道》），但他们在赋予帝王以受命而王的合法性的同时，又欲借树立某种外在的威权（天意、圣法和经典）以裁抑自秦以来已极度膨胀起来的至尊皇权。总之，对儒家而言，权势实是一柄“双刃剑”，他们期望帝王正当地运用权势以增强道德教化的效能，圣人王道的事业亦有赖于至尊无上的帝王去实现，但绝不希望看到像秦帝那样“肆意极欲”地滥用权势之暴政的重演。不可否认，他们说过“人君无过举”“善皆归于君”的话，而且，面对日趋一人极端专制的王权，曲学阿世而“不肯面折廷争”者在历史上也大有人在，但就作为一个群体的儒家而言，特别是在理想的层面，他们的基本政治理念事实上又是与那种把整个天下视为一己一家一姓之私产的帝王政治观念有着很大区别的，其间的差异对于那些以天下兴亡为己任的儒者来说甚至是不可同日而语的。依顾炎武的说法，天下之兴亡乃是指整个文化（“儒教”）中国之人伦风教的盛衰，每个人都应对此担负其维持和兴复的重大责任，而某一家王朝或“国”之兴亡只不过是“易姓改号”的问题而已，那是“肉食者”谋之的事（参见《日知录》卷十三《正始》）。这样一种基本的分疏，可以说正是儒学可以免遭其随某一家一姓之王朝一同败亡的厄运而能够不断被复兴，并与普遍王权和王朝制度长期共存的真正原因所在。

其三，鼓吹所谓“《春秋》大一统者，天地之常经，古今之通谊也”（《汉书·董仲舒传》)，其真实用意乃在于希望汉家以孔子之术来维持帝国学术思想的一统之局。依我之见，所谓“一统”，实有两层含义。首先，它是一个政治文化概念，即指中国范围内的地理疆域、政令制度乃至学术思想的统一。耐人寻味的是，同样为了在社会政治与思想文化领域建立起一致遵从的思想与行为模式，以便实施对社会生活全方位的有效政治统治，为何秦始皇失败了而汉武帝却成功了呢？顾颉刚先生对此曾有一精妙的评论：“秦始皇的统一思想是不要人民读书，他的手段是刑罚的裁制；汉武帝的统一思想是要人民只读一种书，他的手段是利禄的诱引。结果，始皇失败了，武帝成功了。”[①] 其实，汉武帝的成功不仅是要人民只读一种书，而且他要人民接受这一种书是唯一寓含着圣人之道或绝对真理的书，而他也正是按照经书中的道理来治理国家的。因此，人民一旦认同了这一种书的真理性，他的政治统治或对权力的行使自然也就拥有了人民认可的合法正当性，说到底，“权力需要真理；绝对权力需要绝对真理”[②]。其次，在深层的文化意蕴上，“一统”所表达的实是实现社会文化的整合和社会趋于一致的世界观诉求。所谓世界观，是指“该民族以何种方式看待宇宙或世界，他们对待生活的态度，以及他们对世间万物的构成观念。一种世界观可以说源于一社会文化的整合，源于该社会趋于一致的倾向”[③]。据此，我认为，传统的“天下一统”观念亦正是源于秦汉之际社会文化的整合，源于当时社会趋于一致的倾向，只是秦仅仅是以法令维持一统，对文化问题只是采取简单高压的方法，而汉儒却要汉家以孔子之术维持一统之局，并旨在建构一种整个国家和社会都能够共享的典范性的文化生存模式和一体化的学术思想体系。而如果说“中国文化是保持中国统合的重要因素”[④] 的话，这理应溯源于汉儒推

① 顾颉刚：《秦汉的方士与儒生》，上海古籍出版社 1998 年版，第 43 页。

② [英]齐格蒙·鲍曼：《立法者与阐释者》，洪涛译，上海人民出版社 2000 年版，第 124 页。

③ [美]V. 巴尔诺：《人格：文化的积淀》，周晓虹等译，辽宁人民出版社 1989 年版，第 71 页。

④ [美]劳伦斯·迈耶、约翰·伯内特、苏珊·奥格登：《比较政治学》，罗飞、张丽梅、胡泳浩等译，华夏出版社 2001 年版，第 322 页。

演“《春秋》大一统”之功。

其四，自汉家政权建立之后，出现了一种融贯古今的历史观念或新的时代精神，这就是太史公所谓“通古今之变”，换言之，沟通古今之论成了当时主导性的时代意识。譬如，《淮南子·修务训》的作者便有一不同凡响之见，认为“有符于中，则贵是而同今古”，乃至“不为古今易意”，因此，从求“是”的标准上说，古与今便不再是一种绝对的对立或二难选择（如先秦时期儒墨贵古而法家崇今）。对儒家而言，相对于单纯的“好古”，“通古今之变”而致力于“求是”，正是一种视界的扩展。这种扩展对于叔孙通而言，便是积极地顺应“时变”而不以古今为意，故“颇采古礼与秦仪”以杂就汉家朝仪。另如贾谊上疏陈政事曰：“臣谨稽之天地，验之往古，按之当今之务，日夜念此至孰也。”（《汉书·贾谊传》）所谓“按之当今之务”，无疑采取的是一种积极建设性地思考、解决现实问题的态度，对贾谊来说（一如叔孙通之制朝仪），加强皇权、削弱地方势力乃当今第一要务。后来更出现了一批“通于世务”而以经术润饰吏事的儒官循吏。汉儒刘向尝曰：“今夫世异则事变，事变则时移，时移则俗易”（《说苑·杂言》），而“辨然否，通古今之道，谓之士”（《说苑·修文》）。在盐铁会议上，文学亦有言：“明者因时而变，知者随世而制。”（《盐铁论·忧边》）显然，汉儒视界的扩大使之拥有了一种顺应时变世务的清醒的现实主义的政治理性。然而，汉儒视界的扩大还不限于只是适应现实政治加强王权的需要，从更为一般的政治目标来说，他们所关注的是更为根本性的问题或现实政治的一般目标，即长治久安，正所谓“居今之世，志古之道，所以自镜也，未必尽同。帝王者，各殊礼而异务，要以成功为统纪”（《史记·高祖功臣侯者年表·序》）。

最具典型意义的就是董仲舒“依经演绎”所提出的一套系统的王道政治（三统、三正、文质）终而复始、承弊更化的历史观。依董子之见，孔子作《春秋》是“为汉制法”，而“孔子作《春秋》，上揆之天道，下质诸人情，参之于古，考之于今”（《汉书·董仲舒传》），故“《春秋》之为学也，道往而明来者也”（《春秋繁露·精华》），或是“《春秋》论十二世之事，人道浃而王道备，法布二百四十二年之中，相为左右，以成文采，其居参错，非袭古也”（《春秋繁露·玉杯》）。因此，根据孔子作《春秋》之义，王者应参酌古今以承弊改制更化，但所谓改制更化，既“非袭古”，却也绝非“变道”，因为“天不变，道亦不变”，所以“王者有改制之名，亡变道之实”（《汉书·董仲舒传》）。总观两汉之世，汉家大体遵循了董子所倡导的这一政治文化路向，如武帝之诏所曰：“朕嘉唐虞而乐殷周，据旧以鉴新”“稽诸往古，制宜于今”（《汉书·武帝纪》），汉家帝王虽有时直言不讳地批评“俗儒不达时宜，好是古非今”（《汉书·元帝纪》），但已不会像秦朝君臣那样对“道古以害今”的儒者施以一棍子打死的政治迫害。大体上讲，汉家政权自始便走的是一种“政卑易行，礼简易从”的现实主义政治路向，它既上承秦制，而又认同了儒家鉴古以资治的政治理念，并恢复了部分古制（如封国与家族制度）；它基本上是在尊重传统以保证现实政治的成功或维持政治系统的稳定与延续的同时，而又力求保持“制宜于今”的建设性活力，像王莽那样完全走复古的道路，是不符合汉家总的政治文化路向的，这是“新”室短命而亡的根本原因。

最后，自孔子“祖述尧舜，宪章文武”以来，儒家一向打着古圣先王的旗号，孟荀虽然以捍卫、弘扬孔子之道为职志，但他们所主要关心的政治问题仍然是“法先王”还是“法后王”的问题，故孟子“言必称尧舜”，而“复古”一词更首先出自荀子之口。然而，汉儒的心迹及其所主要关心的政治问题却发生了一种微妙而根本性的转换，他们虽仍然不失儒者“祖述尧舜，宪章文武”的学派本色，但基于秦制性质之上的一统之局或走向帝国新秩序的历史进程已是不可逆转的了，因此，对于他们来说，至关紧要也最为急迫而需要解决的则是“宗师仲尼”或“推明孔氏”的问题，即在“儒教”信念与帝国新秩序之间必须建立起一种必然相关的有意义的联系，一方面是为“儒教”寻找到新的出路，以便使之真正走进人们的意识与实践活动的领域；另一方面亦试图在“儒教”的价值理念的基础之上，对帝国的新秩序作出全新的并能为统治者所接受的条贯系统的意义诠释。正是为了解决这一问题，汉儒本着“宗师仲尼”的信念，从“推明孔氏”

出发而努力发展出一种经典诠释学，以开辟儒家新的意义境域，而其问题意识却是指向现在和未来的。

对秦朝君臣来讲，一统大业的完成便意味着历史的终结，故秦王嬴政以始皇帝自命，以为后世只需“二世三世至于万世，传之无穷”就可以了，然而事情却并非如此简单。事实上，帝国新秩序的现实和未来充满了复杂而不确定的因素，靠简单地恢复“各殊礼而异务”的先王之道不仅解决不了新时代的问题，反而可能使之重新陷入旧制的困境之中（皇权与地方封国势力的斗争），仅仅靠“一断于法”的秦制或“清静无为”的黄老之术也无法树立“一家之事”、成就一家之制度规模，并在此基础上统合人心而有所作为，因此，汉家到武帝时仍深切地感到重新确定新的治理规则和条贯系统的政治指导思想的急迫性。而汉儒也一直在努力介入到帝国新秩序的建设事业之中去，不仅为汉家立国作出了一些重要的贡献，如为汉家制定朝仪、为汉家削弱封国地方势力出谋划策等，而且一直努力自觉地适应汉家的需要而为汉家确定新的治理规则和条贯系统的政治指导思想。对汉儒而言，真正有价值而需要拓展的思维空间便是表彰和推明孔子作经的微言大义，并希望由此而在“儒教”信念与现实政治和帝王之势之间建立起一种牢固而持久的关系，因此，他们不得不把孔子装扮、塑造成了一个先知先觉而“为汉制法”的“玄圣”“素王”。正如王充所批评的那样：“儒者论圣人，以为前知千岁，后知万世，有独见之明，独听之聪，事来则名，不学自知，不问自晓，故称圣则神矣。”（《论衡·实知》）对于西汉今文学家及后来将其孔子理念更进一步发扬蹈厉的纬书作者来说，孔子之为孔子，正是一位仰推天命、俯测时变、却观未来、豫解无穷而为汉制法的先知或未来学神巫大师。

总之，对汉儒而言，既然孔子为人们思考现实和未来问题提供了“折中是非”的绝对真理标准，为治国修身早已准备好了依循奉行的圭臬，所以他们从此不必再为古今未来而变心易意，而唯一需要关注的便是以孔子之教规范与引导现实生活。后儒更进一步拓展了汉儒那孔子为汉制法的信念，而使孔子进一步成为为万世制法并应为万世取信的“万古一人”，而“孔教”既屹立于历史之外又被视为历史意义的根源，因此，人们对“孔子主义”的普遍信仰与对所处时代现状的某种不满也就成了各个时代热切关注的一以贯之并历久而常新的共同话题。可以说，作为政治与文化偶像的孔子，既是对每个人良心的挑战，又是反思时代课题的钥匙，更是政治权威合法性的源泉。天下分久必合，合久必分，但只要“世异事变，人道不殊”（《汉书·扬雄传》），只要“器业变易，性行不异”（《论衡·齐世》），任由它（一家一姓之朝代、之天下）如何“易姓改号”、兴衰更替，自天子王侯到文人学士再到平常百姓，世人所当信仰、崇奉的便永远是孔子和孔子之道。

（三）圣人之道与帝王之势的制度化关联

自汉以来，正如儒家在不断拓展“儒教”信念的意义新境域的时候总是“依经演绎”而非徒托之空言一样，圣人之道与帝王之势的结合，也从来都不是徒托之空言的，这种结合是建立在稳固的制度化关联基础之上的。徒托之空言的结合、交流与对话，毫无疑问是极不稳固而难以产生实际政治效果的；相反，一旦建立起一种持久稳定的制度化的关联，事实上也就搭建起了二者之间持续进行对话、交流与互动的制度平台，从而可以使二者之间的结合关系在这一制度平台的基础之上能够长期不断地得以延续、再生和拓展。

所谓“制度化”，是美国著名社会学家塔尔科特·帕森斯用以分析社会系统的一个关键概念，“指一定地位的行动者之间相对稳定的互动模式”[①]。对这一概念更为清晰的阐述如下：

> 当人们知道在一种情境中如何行动——即他们知道他们自己希望他人怎样，他人希望他们怎样的时候——这种情境对于他们就可以说是“结构化了”。这也就是说，他们对于这种情境有了一种共同的概念。在这些期望不仅被认识到，而且得到积极评价的时候，这种所谓结构

① ［美］乔纳森·H. 特纳：《社会学理论的结构》，吴曲辉等译，浙江人民出版社 1987 年版，第 76 页。

就是在这群人当中被制度化了。[①]

根据“制度化”的上述含义，可以说，“罢黜百家，表章‘六经’”的汉家官方与“推明孔氏，抑黜百家”的儒家学者之间，自武帝朝之后，双方便在有关孔圣与经典的权威性上达成了一种共识，这种共识使他们对如何行动的情境有了一种共同的概念，即他们都必须或应该依据圣人孔子的教导和经典中的微言大义来思考和行动，这种彼此的期望不仅被认识到而且更得到了积极的评价。而由于作为圣人孔子“微言大义”之物质载体的经典文本具有长期的固定性和可重复利用性，双方依据圣人孔子所作“经典”而展开的对话与互动便具有了一种持续稳定的性质，这种情境又会反过来更加强化双方对圣人孔子与经典权威性的崇信，从而使尊孔崇经或尊儒崇圣形成一种持续稳固的政治文化传统。

据史载，自汉武帝“卓然罢黜百家，表章‘六经’”之后，儒生儒官既据经义决狱断事，对策言事更是动辄傅经陈义，如董仲舒“老病致仕，朝廷每有政议，数遣廷尉张汤亲至陋巷，问其得失。于是作《春秋决狱》二百三十二事，动以经对”（《后汉书·应劭传》），匡衡“上疏陈便宜，及朝廷有政议，傅经以对”（《汉书·匡衡传》），孔光“上有所问，据经法以心所安而对，不希指苟合”（《汉书·孔光传》），平当每有灾异“辄傅经术，言得失”（《汉书·平当传》），龚遂“内谏争于王，外责傅相，引经义，陈祸福”（《汉书·循吏传》），霍光言“公卿大臣当用经术明于大谊”（《汉书·隽不疑传》），等等。而在汉帝一方，其诏令制书中亦广泛频繁地征引《诗》《书》《易》《春秋》《孝经》《论语》等经传、孔子之言，且明确要求臣下以“经”对问，如武帝《赐严助书》曰：“具以《春秋》对，毋以苏秦从横”（《汉书·严助传》），宣帝《地震诏》曰：“丞相、御史其与列侯、中二千石博问经学之士，有以应变，辅朕之不逮”（《汉书·宣帝纪》），成帝《孛星见求直言诏》曰：“公卿大夫、博士、议郎其各悉心，惟思

① ［美］克莱德·克鲁克洪等：《文化与个人》，何维凌、高佳、何红译，浙江人民出版社1986年版，第100页。

变意，明以经对”（《汉书·成帝纪》），元帝《白虎殿策方正直言》曰：“天地之道何贵？王者之法何如？‘六经’之义何上？人之行何先？取人之术何以？当世之治何务？各以经对。”（《汉书·杜周传》）据上引两方面的材料可知，自武帝朝起，儒家与现实政权之间以孔圣“经典”为中介持续对话与互动的关系模式显然已被制度化了，而且日益深化，特别是元、成之后，汉家政治进入了一个更加“儒教”化的历史阶段，此正是清人皮锡瑞所谓“经学极盛时代”：“元、成以后，刑名渐废。上无异教，下无异学。皇帝诏书，群臣奏议，莫不援引经义，以为据依。……盖其时公卿大夫士吏未有不通一艺者也。”[①]

在持续不断地依“经”进行对话和互动的过程中，最初由汉武帝所开创的“罢黜百家，表章‘六经’”的“故事”，也就成了一项重要的可效仿的汉家制度，即使不甚喜儒生的宣帝亦不得不“循武帝故事，招选名儒俊材置左右”（《汉书·楚元王传》）；而宣帝的“诏诸儒讲‘五经’同异”及其“亲称制临决”（《汉书·宣帝纪》），则又成了另一汉家“故事”，以至建初四年（79年）杨终向东汉章帝提出如下谏议：

> 宣帝博征群儒，论定五经于石渠阁。方今天下少事，学者得成其业，而章句之徒，破坏大体。宜如石渠故事，永为后世则。（《后汉书·杨终传》）

从杨终“永为后世则”的上述谏言，汉家的“故事”实已具有了永久效法的意义，也正是经由后世帝王不断地效法汉家“故事”并将其发扬蹈厉，尊儒崇学、“褒显儒术”作为一项制度化的“故事”终于形成了一种长期固定的政治文化传统，周孔之教或孔孟之道的正统地位正是如此被树立起来并长期占据统治地位的。

儒家与国家政权之间依据圣人经典而建立起来的相对稳定的互动模式，在更具体的制度运作层面的体现便是儒家立于学官的博士制度、郡县学校制度（私

① 皮锡瑞：《经学历史》，中华书局1959年版，第103页。

人讲学及后世书院乃其重要的补充）、通经入仕制度（后世有更为完善的科举制度）等的确立和不断完善。自汉武帝“表章‘六经’”，董仲舒、公孙弘等建议武帝为博士置弟子、立学校之官、州郡举茂材孝廉、能通经艺者补官、崇兴乡里之化等，汉家政治与学术风气骤然间为之大变，一方面，“公孙弘以《春秋》白衣为天子三公，封以平津侯。天下之学士靡然乡风矣”；另一方面，则是“自此以来，则公卿大夫士吏斌斌多文学之士矣”（《史记·儒林列传》）。在官方表彰和仕途开通的刺激下，儒家经典之学遂得以大规模地迅猛兴复和繁荣，正如班固所说：

> 自武帝立“五经”博士，开弟子员，设科射策，劝以官禄，讫于元始，百有余年，传业者浸盛，支叶蕃滋，一经说至百余万言，大师众至千余人，盖禄利之路然也。初，《书》唯有欧阳，《礼》后，《易》杨，《春秋》公羊而已。至孝宣世，复立大小夏侯《尚书》，大小戴《礼》，施、孟、梁丘《易》，《谷梁春秋》。至元帝世，复立京氏《易》。平帝时，又立《左氏春秋》、《毛诗》、逸《礼》、古文《尚书》，所以罔罗遗失，兼而存之，是在其中矣。（《汉书·儒林传·赞》）

而与此同时，儒生士人常轨仕途的开通，不仅使“儒教”与国家政权的结合被高度制度化了，而且更使儒家教义落实到了实际政治事务的层面，而借助行政权力的支撑和推行力量，儒家教义逐渐渗透到了社会生活的各个领域中，其中，最为卓著者莫过于汉家儒官循吏以经术润饰吏事了。

对汉家儒官循吏“通经致用”的实际政治作为，清代经学家皮锡瑞曾经作过简要的概括，他说：“武、宣之间，经学大昌，家数未分，纯正不杂，故其学极精而有用。以《禹贡》治河，以《洪范》察变，以《春秋》决狱，以三百五篇当谏书，治一经得一经之益也。”[①]可见，正是通过“通经致用”，儒官循吏在维护汉家帝国的统治秩序中构成了一支重要的力量，其主要的贡献和长处就在于他

① 皮锡瑞：《经学历史》，中华书局1959年版，第90页。

们是以“广教化，美风俗为职”（《汉书·王尊传》），正如贾谊所言“夫移风易俗，使天下回心而乡道，类非俗吏之所能为也”（《汉书·礼乐志》）。由于他们积极主动地对民众施行道德教化和礼义引导，而且治理有方、富有成效而政绩卓著，故能“所居民富，所去见思，生有荣号，死见奉祀”（《汉书·循吏传》）。东汉王充对经明学修、轨德立化的儒生也给予了很高的评价，他说：“志在修德，务在立化，则夫文吏瓦石，儒生珠玉也。……二者长短，各有所宜；世之将相，各有所取。取儒生者，必轨德立化者也；取文吏者，必优事理乱者也”，“五经以道为务，事不如道，道行事立，无道不成。然则儒生所学者，道也；文吏所学者，事也。……儒生治本，文吏理末，道本与事末比，定尊卑之高下，可得程矣”（《论衡·程材》）。

武帝之世的三大儒雅之士董仲舒、公孙弘、兒宽，亦都是“通于世务，明习文法，以经术润饰吏事”（《汉书·循吏传》）的儒官循吏，其功最为深切著明者乃在于他们首倡援引经义以决狱断事，从而将经义圣法与文法吏事紧密而有机地结合在了一起。如董子曰：“折狱而是也，理益明，教益行；折狱而非也，暗理迷众，与教相妨。”（《春秋繁露·精华》）公孙弘亦有言：“法之所罚，义之所去也；和之所赏，礼之所取也。礼义者，民之所服也，而赏罚顺之，则民不犯禁矣。”（《汉书·公孙弘传》）经义圣法与文法吏事的有机结合，不仅将儒家经典（最受汉人重视的是《春秋》经）完全法典化了，从而使经义圣法具有了道德律法主义的性质，而且亦使治国之刑律“儒教”化了，即赋予了刑律以儒家文化意义的“法律理想”或将儒家的义理注入刑律当中去了。正是在这种互化或相互涵化的过程中，儒家教义的抽象道德训条已不再停留在单纯空口宣讲的层面上，而是通过对越轨行为的外在强制性控制方式切实地进入了“具体化”的生活实践和法律实践的领域，而当“儒教”化的人道价值理念构成了治罪的具体理由的时候，一种正确而合理的社会生活方式自然也就只能为儒家教义来具体引导和规范了。诚如有的学者所说，“缘饰”两字，我们万不可看轻了，以为只是装潢门面之事。其实法律只能控制人的外在行动，“经义断狱”才能深入人的内心。也就是说，引经决狱在使犯者服法的同时，也必然会使犯者将儒家的经义圣法（忠臣孝子之义）内化于心，由此而产生的无疑是一种儒家教义不断得以社会化的广泛社会效应。

因此，上述“儒教”与国家政权的制度化关联，一方面，使“表章‘六经’”、尊崇儒术的帝王可以得天下学士以官使，故随着以对圣人所作的正统解释为严格规范的科举考试制度的日趋完善，唐太宗才能喜不自禁地说：“天下英雄入吾彀中矣。”（《唐摭言》卷十五）唐人赵嘏亦有诗为证：“太宗皇帝真长策，赚得英雄尽白头。”（《唐摭言》卷一）另一方面，则使儒家教义能够通过官方正式的行政系统和各级官私学校组织得以强制推行和广泛传播，而不必依靠独立于行政系统之外的、有组织的“教会系统”。正是这种制度化的关联，构造了独具特色的中国形式的“政教合一”传统。生活于这一政教传统之下的人们，对孔子崇信、接受的态度也许并不完全一致，甚至于人们心中的孔子形象仍会是各个不同的，但是，圣人孔子能够在汉以后2000多年的历史长河中久尊不衰乃至历久弥尊，儒家思想也能够作为一种正统思想或最具统制力的政治指导思想而长期被奉行，我认为，离开上述制度化的关联是难以想象和不可理解的。

（四）“儒教”中国的问题与形式特点

在继墨子把孔学驳得体无完肤、庄子把仁义圣法骂得狗血喷头、法家把孔儒之学批得一无是处、秦政把儒生和“六经”推入火坑之后，汉儒反而将经典圣法更吹捧得尽善尽美、神圣无比，以至竟与汉家政权建立起了一种稳定的制度化的关联。这无疑是孔子与“儒教”历史命运的一大根本转折。由此，我们可以说，我们民族的历史进入了一个长期崇奉圣人孔子和神圣经典的“儒教”中国的时代。

然而，这种与权力的结合，带来的究竟是孔学与“儒教”的全面复兴与施行，还是其真义的彻底失落或扭曲（被歪曲利用）？对此，历来就存在着两种截然相反的认识和评价。如就汉家“表章‘六经’”、尊崇儒术而言，正面肯定性的评价有：

汉武帝材质高妙，有崇先广统之规……兴起六艺，广进儒术，自开辟以来，惟汉家为最盛焉。（桓谭《新论·识通》）

汉家宰相，无不精通一经，朝廷若有疑事，皆引经决定，由是人识礼教，理致升平。（《旧唐书·儒学序》）

（光武）尊崇节义，敦厉名实，所举用者，莫非经明行修之人，而风俗为之一变。至其末造，朝政昏浊，国事日非，而党锢之流，独行之辈，依仁蹈义，舍命不渝，“风雨如晦，鸡鸣不已”，三代以下风俗之美，无尚于东京者。（《日知录》卷十三《两汉风俗》）

反之，负面批评性的评价则曰：

自孝武兴学，公孙弘以儒相，其后蔡义、韦贤、玄成、匡衡、张禹、翟方进、孔光、平当、马宫及当子晏咸以儒宗居宰相位，服儒衣冠，传先王语，其酝藉可也，然皆持禄保位，被阿谀之讥。（《汉书·匡张孔马传·赞》）

驯至西汉……观夫史之所录，无非功名势利之人，笔札喉舌之辈，而如董生之言“正谊明道”者，不一二见也！（《日知录》卷十三《周末风俗》）

汉自孝武表章六经之后，师儒虽盛，而大义未明，故新莽居摄，颂德献符者遍于天下。（《日知录》卷十三《两汉风俗》）

至于东汉，光武好学，不能施之于政，乃躬自讲经。肃宗以后，时或祖劾（效），尊重儒术，不达其意而酌其文；三公尚书虽用经术之士，而不行经术之道。是以元、成以降，迄于东汉，慷慨通方之士寡，廉隅立节之徒众。（《通典》卷十七《选举五》）

显然，无论是肯定还是批评，都主要是站在儒家的立场上来立论的，肯定者认为在官方的表章下“儒教”得到了广泛的推行并逐渐深入人心，并为此而深受鼓舞；而批评者则认为仕途的开通只是为儒生士人猎取功名利禄大开了方便之门，而“儒教”大义和经术之道并未得到真正的实行，以至他们会以理想的名义或站在道统的立场上来向帝制中国尊崇“儒教”的真诚与可信性发出挑战，甚至提出严厉的批评。然而，问题并不如此简单，事实上我们很难在双方所肯定和批评的两种现象和情形之间作出泾渭分明的界分，因为上述两个方面的问题其实都是由“儒教”与权力政治结合所造成的，也就是说，这种结合或制度化的关联必然会带来积极和消极正反两个方面的后果。事情本身的复杂性需要我们对“儒教”中国的问题进行更进一步的批评性的反思。

如上文所言，儒家圣王或君师合一主义的政治理念已潜在地决定了他们必然会走向与现实政治纠结在一起的历史命运，但圣人之道与帝王之势或“儒教”与现实政权二者之间具体的历史的实际结合方式并非儒家预先设定好了的，因为在现实中，圣人之道与帝王之势或“儒教”与现实政权之间的结合关系，并不完全等同于儒家政治理念中内含的本来意义上的那种圣王或君师合一主义。儒家理想意义上的圣王或君师合一主义，其本来的意义是指：君王本身应当是圣人，其势位虽然至尊无上，但他会正当地行使而非滥用权力，其职责在教化，故“政治与教育同功，君长与师傅共职”①，这种政治理念本身亦内含着应以道德理性转化权力政治的观念。但在现实中，圣人之道与帝王之势或“儒教”与现实政权的结合关系异常复杂而绝非如此单纯。

首先，现实中的权力政治完全是以至尊无上的皇权为中心的，帝王统治天下的权力是从马上得来的，是靠武力夺取的，或是从马上打天下的祖先那里继承下来的，故其政治统治主要是以强力和继承祖统为基础的。但他们也是喜欢为其统治蒙上一层合法化的外衣的，故其在夺取政权的过程中或在夺取政权之后从未放弃过“制造公意”，以使人们相信他的使命是天授予的，他的统治是合乎天意的，如高祖沛公以“壮士行，何畏！”的醉态豪气挥剑斩蛇，被人传为赤帝子手刃白帝子，或告高祖，“高祖乃心独喜，自负。诸从者日益畏之”（《汉书·高帝纪》）。汉家雄才大略的武帝更特意下诏策问“受命之符”，王莽为了

① 萧公权：《中国政治思想史》，新星出版社2005年版，第45页。

禅汉和后汉光武帝为了兴复祖统皆喜好图谶，也都是要为自己权力的获得与行使披上一种天命的和圣化的合法性的外衣。不仅汉家的帝王如此，后世的开国之君和继体守文之君更是如此，他们莫不以真命天子、神明圣王自居。说到底，现实中的帝王政治权力的合法性无不是夺取或继承权力之后在事后被赋予的。正是由于其合法性是一种事后的赋予，其权力并不是在自然的合法性状态中生长出来的，故这种事后的赋予只不过是使帝王占有了天命与圣化的合法性，或使其拥有或垄断了合法性的天命与圣化符号，并由此而可以对其治下的臣民正当地施行"合法的符号暴力"或合法地治其"非圣无法"的政治罪。

尤其是，当圣人之道与帝王之势或"儒教"与国家政权建立起了上述制度化的关联之后，事实上意味着儒家对世界或人间秩序的特定解释、安排与规划被确立为了一种具有普遍形式意义的解释、安排与规划，乃至儒家也就可以将其特定的解释、安排与规划正当而合法地普遍应用到社会生活的所有领域中去。而借用德国著名知识社会学家卡尔·曼海姆的话说，这也就使儒家占有了一种"特定群体的垄断位置"，而且，"在垄断环境中的思想基础是外在给定的(externally given)，即依据神圣经典"[①]。但说到底，儒家的垄断位置和经典的神圣性，又是主要由汉家帝王的"表章经艺"外在给定的，而并非基于"公意"基础之上自然形成的一种结果。这种给定性，一方面是使儒家以其在思想文化领域中的垄断地位和话语权的优势，自汉武帝以后就一直在对帝王权力合法化的事后赋予中扮演着一种文化守成和诠释天命、圣化王权的重要角色；另一方面，也使儒家在面对至尊皇权的时候始终处在一种弱势地位，他们与帝王之间的对话和互动关系事实上是一种权势上极不平衡对称的关系，以致随着政治境遇的变化，有时在社会阶层中竟会沦落到元代"九儒十丐"的那种悲惨境地[②]。

其次，如所周知，儒生士人阶层以其知识与道德上的优越性在中国文明史

---

① [德]卡尔·曼海姆：《卡尔·曼海姆精粹》，徐彬译，南京大学出版社2002年版，第125、129页。

② 元代职业地位的等级系列为：一官二吏，三僧四道，五医六工，七匠八娼，九儒十丐。

上扮演着一种特殊的文化角色，正是他们一直维系和塑造着中国文化的大传统，但他们在政教合一的“儒教”中国历史上也一直没有真正获得一种完整的独立性，乃至能够“独立于政权外”而“成为批判的中心”（此借用杜维明先生的说法）[①]。当然，自孔子以来，他们也不乏追求成就自身独立意志和品格的强烈意向，不仅是独善其身，而且试图在现实政权之外担负其维持社会风教和弘扬人道价值理念的神圣职责和文化使命，但事实上他们又深深地感受到，离开了政权，他们自身的这种努力也是很难发挥广泛的社会影响与深远的历史效果的，故不得不走上与现实政权相结合的道路。因此，可以说，“儒教”在汉代与国家政权的结合正是他们自觉选择和不懈努力的结果。

但“儒教”与权力政治的结合，却带来了正反两种不同的社会政治效果。一方面，正如汉儒刘向所言：“道非权不立，非势不行，是道尊然后行。”（《说苑·指武》）《汉书·地理志》亦曰：“凡民函五常之性，而其刚柔缓急，音声不同，系水土之风气，故谓之风；好恶取舍，动静亡常，随君上之情欲，故谓之俗。孔子曰：‘移风易俗，莫善于乐。’言圣王在上，统理人伦，必移其本，而易其末，此混同天下一之虖中和，然后王教成也。”宋儒朱熹也有言：“天下之务，莫大于恤民；而恤民之本，在人君正心术以立纪纲。盖天下之纪纲不能以自立，必人主之心术公平正大，无偏党反侧之私，然后有所系而立。”（《宋元学案》卷四十八《晦翁学案上》）他们都指出了一个最为根本性的问题，即圣人之道或儒家的文化价值理念不能徒托之空言而行，而必须假借帝王之势或行政权力才能树立于社会之上并得以广泛地实施。用今天的话表述，就是美国著名社会学家帕森斯在《现代社会的结构与过程》一书中所说的：“价值系统自身不会自动地‘实现’，而要通过有关的控制来维系。在这方面要依靠制度化、社会化和社会控制一连串的全部机制。”[②] 在一个完全由人主“审是非、著好恶”的时代，社

---

① 罗义俊编著：《评新儒家》，上海人民出版社 1989 年版，第 268 页。

② ［美］T. 帕森斯：《现代社会的结构与过程》，梁向阳译，光明日报出版社 1988 年版，第 141 页。

会控制主要是以专制皇权为中心并通过自上而下的方式和机制来加以实施的，故儒家文化价值理念“实现”的一个最为重要的途径就是由帝王直接下达诏令圣谕来加以倡导和实施。如汉家的“以孝治天下”，不仅自惠帝之后汉帝谥号前都加有一“孝”字，而且不断地发布诏令曰：“孝悌，天下之大顺也。”（文帝诏）“导民以孝，则天下顺。”（宣帝诏）落实在制度上便是“汉制使天下诵《孝经》，选吏举孝廉”（《后汉书·荀爽传》）。可以说，以忠、孝诏示训谕天下臣民，乃是汉以后延续时间最为长久一贯的政治文化传统。降至明清，明太祖朱元璋和清顺治、康熙、雍正等诸帝都热衷于直接颁布圣谕以对全国施行道德教化，朱元璋曾亲自制定“六谕”，即“孝顺父母，尊敬长上，和睦乡里，教训子孙，各安生理，毋作非为”（《明太祖实录》卷二百五十五），清顺治九年（1652年）二月也颁行“六谕”于天下，内容是“孝顺父母，恭敬长上，和睦乡里，教训子孙，各安生理，无作非为”。而且，每月的初一和十五地方上要把乡民百姓集中在一起，由生员宣讲圣谕，并进行评比鉴定，然后“登记簿册，使之共相鼓舞”。后来，康熙帝又将六谕补充为“上谕十六条”，即“敦孝弟以重人伦，笃宗族以昭雍睦，和乡党以息争讼，重农桑以足衣食，尚节俭以惜财用，隆学校以端士习，黜异端以崇正学，讲法律以儆愚顽，明礼让以厚风俗，务本业以定民志，训子弟以禁非为，息诬告以全善良，诫匿逃以免株连，完钱粮以省催科，联保甲以弭盗贼，解仇忿以重身命”（《大清会典事例》卷三百九十七《礼部》）；雍正帝更进一步详加阐释，撰成《御制圣谕广训》，并颁发全国实施。除了帝王，经学修明的循吏儒官也实际充当着宣扬、实施儒家文化价值理念以感化百姓和教化大众的“牧师”角色，不同于那些有着“屠伯”之名的酷能之吏，他们以其崇教设礼、富而教之、正己正人、惠民为务的实际政治作为，甚至能赢得中国“神父”的称号，如东汉人宋登“为汝阴令，政为明能，号称‘神父’”（《后汉书·儒林列传》）。

另一方面，与权力政治的结合也使儒家一再地误入歧途或陷入种种的困境，正如殷海光先生所言：“自古以来儒门最大的弊端是与现实权力粘合。任何教条，即令再好，与现实权力粘合久了，便易于被权力压变了形，或者失了原味。”[①]大体而言，历史上的儒家在使圣人之道假帝王之势而得到广泛推行的同时，也使圣人之道不得不依附于帝王之势，甚至不得不被帝王之势任意地歪曲利用，如明成祖朱棣不过是个弑侄篡位的暴君，却命人修纂了三部经学《大全》（《五经大全》《四书大全》《性理大全》），其实，“他需要的并不是一部充满真知灼见的经典传注，而是一个统治工具”[②]。历史上的儒家本欲以道德理想转化权力政治，但他们不得不将其“儒教”信念改造得更加适合统治者的需要，甚至更加便于统治者利用，结果服从权力政治反倒成了道德理想。譬如，儒家汲汲于鼓动统治者以三纲五常、忠孝节义治天下，而所谓三纲五常、忠孝节义，其实质内涵不过就是对父权、君权、夫权的绝对服从，诚如张东荪先生所说，“一切理想所以会变为歪曲就由于把本来只是理想之思想，后来却变为代表实际利害之社会上通行的观念形态了”[③]。另外，历史上的儒家也想入仕以行义，结果做官却夺去了他们独立的意志和品格，在帝王们以通经入仕或八股取士的方式劝以官禄与乐杀无用和厉行文字狱的“无已之诛”之间[④]，奔竞于仕途的儒生士子们为了猎取功名利禄，不知有多少人在精神上不得不自行“阉割”而求仕用于官家，正如同太监在肉体上被阉割后方能侍奉于皇宫一样。总之，没有“儒教”与权力政治的结合，也就没有“儒教”中国的形成；而与权力政治的结合，也使儒家常常陷入种种他们始料未及的误区和困境。

再次，当“儒教”与现实政权二者之间建立起了制度化的关联，尽管存在着这样那样的问题，但我们仍然可以将这种结合与关联称为政与教的合一，不

---

① 殷海光：《中国文化的展望》，中国和平出版社 1988 年版，第 550 页。

② 王文亮：《中国圣人论》，中国社会科学出版社 1993 年版，第 401 页。

③ 张耀南编：《知识与文化》，中国广播电视出版社 1995 年版，第 439 页。

④ 如汉武帝曰：“夫所谓才者，犹有用之器也，有才而不肯尽用，与无才同，不杀何施？”（《资治通鉴》卷第十九《汉纪》十一）明太祖朱元璋亦直言不讳地曰：“寰中士夫不为君用，是外其教者，诛其身而没其家。”（《御制大诰三编 · 苏州人材第十三》）

过，对中国的这种政教合一的形式和特点，我们还须作几点辨析和说明。其一，二者的结合基于相互供求的关系之上，或是一种相互维护的关系，即殷海光先生所说："儒门需要一个现实的权力作靠背。而现实的权力也正需要这样一个堂而皇哉的护符，使它在文化里取得合法地位。在这种相互供求的关系上，形成了中国形式的'政教合一'。"[①] 这也就是张之洞所谓"政教相维"，即"我圣教行于中土数千年而无改者，五帝三王明道垂法，以君兼师；汉唐及明，宗尚儒术，以教为政；我朝列圣尤尊孔、孟、程、朱，屏黜异端，纂述经义，以躬行实践者教天下"（《劝学篇·同心》）。其二，张之洞对中国"政教相维"传统的概括是准确的，但他认为"盖政教相维者，古今之常经，中西之通义"（《劝学篇·同心》）又是很成问题的，事实上我们是不能在中西政教传统之间作一种简单比附的，二者之间既有相同的地方，也有很重要的差异。诚如张东荪先生所说："中国人与思想有真的关系的只是所谓士阶级。明白士阶级之性质必须了解所谓政教合一……这句话倘使按照西方情形来比附则必有错误。耶教是世间与出世并行的宗教，故其教义有两方面，即所谓'世间的'（temporal）与'精神的'（spiritual）。我们亦可勉强说其具有两元论色彩。中国的孔子则不然，只有世间的方面，而没有超世方面。所以中国之政教合一决与西方的不相同。孔子乃是以政为教（即把政治当作宗教）。这种以政治为宗教的传教人就是士，士所干的事是政治，而其信仰的态度与律己对人都却是必须有宗教性的。这种政教合一亦却有与西方很相同的地方。"[②] 张东荪先生对中西政教合一传统的分疏给了我们几点重要的启示，中西所谓"教"是不同的，孔子和儒家是"以政为教"或"以教为政"的，担负"传教"职责的是士阶层，故士阶层在中国政教传统中扮演着一种特殊重要的角色，他们像西方传教士一样具有宗教承当的精神，但又不是西方那种独立于政权之外的组织化系统中的传教士，虽然士所干的是政

① 殷海光：《中国文化的展望》，中国和平出版社1988年版，第551—552页。

② 张耀南编：《知识与文化》，中国广播电视出版社1995年版，第436页。

治，但也很难说他们是现代意义上的职业政治家。其三，由于王权直接来自天命神授，因此王权才真正处于政教架构的核心位置，所以，尽管儒家学者如汉儒掌握着一定的天命诠释的话语权，并想假借天命圣法裁抑王权的恣意妄为，但由于他们的话语权本身就是帝王给予的，所以其制约的力量是非常微弱的，且越来越走向弱化。居于学术思想垄断位置的儒家尚且如此，其他的宗教力量也同样只能处于辅助性的位置，如葛兆光先生所说，在绝对皇权的统治下，不可能“存在与皇权分庭抗礼的宗教权力，皇帝以及朝廷掌握了政权、话语权和神权，于是像佛教、道教以及后来的天主教、基督教、伊斯兰教等等，都只有渐渐屈服，并改变自己的宗教性质和社会位置，在皇权和主流意识形态的范围内，行使辅助性的功能，而同时它又使得宗教信仰者也常常并没有特别清晰和坚定的宗教立场，形成所谓三教混融的实用性宗教观念”①。

最后，我们还应特别申明的一点就是，不管是制度化的关联，还是所谓政教相维、政教相通②，乃至所谓政教合一，都绝不意味着以孔子为中心的“儒教”与以王权为中心的国家政权之间的完全重合一体化，甚至可以说，以追求实现孔子之道为目标的儒家和以追求一家一姓一己永远私自把持天下为目标的帝王之间的关系，始终存在着无法消除的某种程度的紧张性，这一点是不可轻忽的。特别是当儒家学者站在儒家理想意义的理论立场上对现实政治的弊失进行批评性反思的时候，他们与当权者的冲突往往是难以避免的，而最终的结果有时可能是帝王在精神上被打倒，但绝大多数情况下，由于缺乏保障政治批评者生命的制度安排和机制，所以常常是以批评者的屈服或悲剧而告终，特别是当问题涉及最根本性的统治者权力的正当性或合法性的问题时，尤其是这样。下面，我们不妨举几个足可说明二者之间紧张性关系的具体事例。

西汉政治生活中最为惹人注目的，莫过于自董仲舒以来汉儒的推阴阳言灾

① 葛兆光：《古代中国社会与文化十讲》，清华大学出版社 2002 年版，第 195—196 页。
② 康有为在《镇江政学两界欢迎会演说》（1916 年 10 月 7 日）文中，对“政教相通之理”曾作过阐述。

异了。“推阴阳言灾异”的儒者，一方面基于君权神授的信念而赋予帝王权力以一种天命的合法性，并致力于维护王权而讥切“家宰专政”、“同姓上侵”（《汉书·五行志》）、妇人干政、外戚专权、阉宦用事等；另一方面则又试图借天命天威来限制和制约帝王“自专快意”（《汉书·鲍宣传》）、“行其私欲而不顾其人”（《说苑·君道》）的权力意志与自私欲望，或者假借自然灾异的出现而激切批评时政得失。依董子之见，天见“国家将有失道之败”（《汉书·董仲舒传》），会主动发出其对人主的谴告，而自然灾异（阴阳不调）便是天的谴告，董子曰：“灾者，天之谴也；异者，天之威也。……天意之仁而不欲陷人也。……见天意者之于灾异也。”（《春秋繁露·必仁且知》）在这样一种思想观念的影响下，西汉中后期形成了一种政治精神氛围和政治行为模式，即汉家帝王每当遇有灾异时便常常下诏征求极言敢谏之士，而许多儒家学者也是每有灾异、“辄傅经术，言得失”（《汉书·平当传》）。汉儒的“上书无忌讳”在历史上是出了名的，他们发言论政之际，自称“不胜愤懑”而“虽死犹生”，并表现出了一种强烈的、具有特殊参与意识的政治批判精神。但是，灾异对君王是否定性质的谴告，当批评触动现实政权和帝王统治的合法性和当权者的根本利益时，冲突便不可避免了，批评者也往往受到政治迫害而身陷囹圄。如眭弘“推《春秋》之意”，劝说汉昭帝“求索贤人禅以帝位”，就以“妖言惑众，大逆不道”罪被诛；元帝时，京房“危言刺讥，构怨强臣（指专权的中书令石显）”，亦是“罪辜不旋踵”（《汉书·眭两夏侯京翼李传》）。儒者的这种悲剧，自然是由于其地位上的劣势，而说到底，也正是由于他们既要以学者（天命谴告的诠释者）的身份依其内在的思维认知逻辑去推言批评政治的得失，但又缺乏生命安全的制度保障所致，班固谓之“学者之大戒”，信然！

东汉时期，汉儒与汉帝之间在有关“经”与“谶”的问题上亦存在着一种紧张性的关系。继王莽“班《符命》四十二篇于天下”而禅汉（符命“大归言莽当代汉有天下云”）之后（参见《汉书·王莽传》），后汉光武帝在汉家、圣汉、刘氏应当复兴的呼声中，取得天下，兴复祖统，也“宣布图谶于天下”（《后汉书·光武帝纪》)。而正值光武“方信谶，多以决定嫌疑”之际，大儒桓谭却极不识趣地上疏陈言：

观先王之所记述，咸以仁义正道为本，非有奇怪虚诞之事。盖天道性命，圣人所难言也。自子贡以下，不得而闻，况后世浅儒，能通之乎！今诸巧慧小才伎数之人，增益图书，矫称谶记，以欺惑贪邪，诖误人主，焉可不抑远之哉！……陛下宜垂明听，发圣意，屏群小之曲说，述“五经”之正义，略雷同之俗语，详通人之雅谋。(《后汉书·桓谭传》)

光武省奏，甚是不悦。其后又诏议灵台所处：

帝谓谭曰：“吾欲〔以〕谶决之，何如？”谭默然良久，曰：“臣不读谶。”帝问其故，谭复极言谶之非经。帝大怒曰：“桓谭非圣无法，将下斩之。”谭叩头流血，良久乃得解。(《后汉书·桓谭传》)

面对帝王的威势和权杖，臣下唯有“叩头流血”的份儿，更为可悲的是，桓谭要求光武“发圣意”，光武亦欲以“非圣无法”斩之，清儒戴震有言“以理杀人”，此之谓也！而无独有偶，郑兴的遭遇亦与桓谭相似。据《后汉书·郑兴传》：

帝尝问兴郊祀事，曰：“吾欲以谶断之，何如？”兴对曰：“臣不为谶。”帝怒曰：“卿之不为谶，非之邪？”兴惶恐曰：“臣于书有所未学，而无所非也。”帝意乃解。兴数言政事，依经守义，文章温雅，然以不善谶故不能任。

比较而言，郑兴的“惶恐”之意还是较为识趣的。

至明帝永平元年(58年)，更“以谶记正‘五经’异说”(《后汉书·樊宏传》)。章帝降意儒术，建初元年(76年)，嗣位之初即授意贾逵(其父徽从刘歆受《左氏春秋》)“发出《左氏传》大义长于二传者”，于是，逵“谨擿出《左氏》三十事尤著明者，斯皆君臣之正义，父子之纪纲”，而且更引《左氏》之文“以证图谶明刘氏为尧后”(《后汉书·贾逵传》)。

对上述三位儒家学者的政治遭遇和个人命运，史家范晔有一评论：

桓谭以不善谶流亡，郑兴以逊辞仅免，贾逵能附会文致，最差贵显。世主以此论学，悲矣哉！（《后汉书·贾逵传》）

显然，范晔对于学术受到世主好恶的浸淫和权势的左右，是深感可悲和痛惜的，但这是学者自身所莫可奈何的。正由于世主的喜好，故“中兴之后，儒者争学图纬”（《后汉书·张衡列传》），“朝廷以下，四海之内，皆为章句内学（即谶纬之学）”（《后汉书·儒林·孔僖传》集解惠栋引《连丛子》）。

由上述事例，再综合历史上的其他事例，我们足以获得这样一种历史认识，即自汉以来，一方面，为了迎合帝王们将自己的权力神圣合法化的需要，的确有大量颇识时务的儒家学者在借天命信仰、君权神授之说而为历朝历代的帝王们“制造公意”拼命鼓吹呐喊；另一方面，站在儒家政治理想或仁义正道的立场上，对现实政治之得失甚至直接针对其合法性，勇于批评、敢于抗争者，也代不乏人。西汉推阴阳言灾异的儒者与以儒宗居宰相位而“皆持禄保位，被阿谀之讥”之辈形成了鲜明的对照，而面对现实政治的昏浊，历史上也曾涌现出一批又一批笃守道德、砥砺名节的儒家仁人志士（如东汉后期的“党人”和明代的“东林党人”），他们虽然不是要“独立于政权外”而“成为批判的中心”，但毕竟是在以其相对独立的精神品格和道德的义愤感与昏君权阉那自私、霸道而不可理喻的权力政治作必死的抗争。在现实权力政治的压制下，他们有的迎合，有的屈服，有的抗争。在“天威不违颜咫尺”（《汉书·师丹传》）和仁义圣法的旗帜下，一个贤明之君如汉文帝或许能受贾谊忠言而“见之施行”（赵翼语），一个雄才大略之主如汉武帝或许能“受忠直之言”且“晚而改过”以至“有亡秦之失而免亡秦之祸”（《资治通鉴》卷二十二武帝后元元年），而一个庸主如汉末诸帝则不是“徒受直言”而无益[①]，就是在精神上便先被灾异说打倒了[②]，但帝王们更乐意于做的却是盗取、占有仁义圣法，以便于罗织各种各样的政治罪名而强加于讥评时政和以德抗位者，如“非圣者无法”“妖言惑众”“诬罔不道”“非谤政治”等。但不管怎么说，只要在历史上还有批评和抗争者及其声音的存在，就说明儒家与现实政权之间还存在着某种紧张性的关系。换句话说就是，虽然儒家和现实政权之间建立起了制度化的关联，但二者之间始终存在着政治上的冲突与整合、视界上的对立与调适的问题。

不仅如此，从根本上讲，尽管帝王们可以占有天命与圣化的合法性符号，但其权力并不等同于就是天命与圣化的合法性本身，天命是会转移的，至圣孔子之道也不是哪个王朝和帝王可以独自垄断、私自享有的。在儒家理想的意义上，天命和圣法事实上都具有独立于现实权力政治的历史之外或之上的超越性特质。所谓超越性，指的是他们更倾向于强调天命的不私一姓或圣人之道、伦常价值（仁义）的永恒性。如汉儒刘向所说：“王者必通三统，明天命所授者博，非独一姓也”，“观孔子之言，考暴秦之异，天命信可畏也”（《汉书·楚元王传》）。而宋儒所以要极力构建一种系统化的道统谱系，则旨在重新确立自身基于儒家价值理想立场上的相对独立的话语权，以便既能更强有力地排诋所谓“异端邪说”，又能使自己在审视和评估现实政教传统时处于垄断性的优势位置。清初大儒顾炎武则明确将“亡天下”与“亡国”区别开来，认为“仁义充塞”的“亡天下”与“易姓改号”的“亡国”在性质上是截然不同的，而且每个人都应当有责任有担当地将前者置于优先关注和考虑的位置。这样一些儒者的原则立场有一个共同的价值取向，即天命和圣法将超越王权更替兴亡的命运而享有常行不易的威权。正因为如此，信守儒家理想的学者才会站在道统的立场上对千百

① 据《汉书·楚元王传》，刘向奏《洪范五行传论》，“天子心知向忠精，故为凤兄弟起此论也，然终不能夺王氏权”。清人赵翼评曰：“成帝则徒叹向之忠……卒至日后篡夺之祸，是徒受直言，亦无益也。”（《廿二史札记》卷二）

② 参见顾颉刚：《秦汉的方士与儒生》，上海古籍出版社1998年版，第28页。

年来“尊儒贵学”的现实政教传统进行痛切的批评和反思，甚至敢于对秦汉以后千百年来的君统发出如是振聋发聩而具有颠覆性意义的批评与挑战：“为天下之大害者君而已矣”“天子之所是未必是，天子之所非未必非”（黄宗羲《明夷待访录·原君》《明夷待访录·学校》）。尽管他们所拥有的天命诠释的话语权的制约力是微弱的，道学在宋时曾遭受到“厉禁”而只是到后来才被奉为正统，顾、黄的声音在其发出的当时并未获得广泛的响应，但在“儒教”中国的历史上，这样一些声音的存在是绝不容轻忽的，因为它们具有这样一种重要的象征性意义，即圣人之道是不可能被帝王之势完全同化掉的，不仅如此，而且圣人之道在新的朝代总有重新转生和全面复兴的无限空间和现实可能性，事实也正是如此。

总而言之，“儒教”中国是在“儒教”与国家政权的制度化关联与结合的基础上形成和不断演生的，也只有在制度化关联和结合的基础上，圣人之道和帝王之势才能建立起一种持续稳定的长期相互依存、合作共生的整合性关系。对权力政治而言，皇权是至尊的，而对儒家学者而言，至尊者却是圣人之道，如宋儒周敦颐所言：“天地间至尊者道。”（《通书·师友上》）明儒王艮亦曾曰：“圣人以道济天下，是至尊者道也。”（《明儒学案·泰州学案·王艮传》）正是“皇权至尊”和“圣人至上”这两大牢不可破的观念控制了中国人的心灵、意识和行为长达数千年之久，也正是至尊的皇权和至上的圣人二者结合在一起联袂相辅而行，既构造了“儒教”中国自身的独特形式与特点，也导致了“儒教”中国各种各样的问题的产生。总的来说，在“儒教”中国的历史上，帝王之势虽然可以利用圣人之道，但又无法把它牢牢地完全抓在自己的手中；反之，圣人之道虽然依附于帝王之势，但又可以超越王朝的限界。由于利用和依附，不仅损害和扭曲了儒家的理想，也使“儒教”中国在王朝的更替中常常被打断而需要重建，需要重新努力寻求二者的再结合，但在这一过程中，经受住了各种各样洗礼和考验的圣人孔子之道，也因此赢得了世人对它“万世常行”“永永不易”的真诚信仰。诚如明儒吕坤所言：

公卿争议于朝，曰“天子有命”，则屏然不敢屈直矣，师儒相辩于学，曰“孔子有言”，则寂然不敢异同矣。故天地间，惟理与势为最尊。虽然，理又尊之尊也。庙堂之上言理，则天子不得以势相夺，即相夺焉，而理则常伸于天下万世。故势者帝王之权也，理者圣人之权也。帝王无圣人之理，则其权有时而屈，然则理也者又势之所恃以为存亡者也。以莫大之权，无僭窃之禁，此儒者之所不辞而敢于任斯道之南面也。（《呻吟语》卷一《谈道》）

然而，在儒者的信念中，吕坤的理势观却也未必就被认为是绝对正确的，譬如清儒焦循就颇不以为然，甚至明确将吕坤理尊于势的观念斥为乱臣贼子的歪理邪说，他说：“此真邪说也。孔子自言事君尽礼，未闻持理以要君者，吕氏此言，乱臣贼子之萌也。”（《雕菰集》卷十《理说》）因此之故，在“儒教”中国的历史上，在道与势的纠葛和争胜中，究竟谁会取得最终的胜利，其实是很难断言的，也一直是不确定的，这种不确定性才真正体现了二者之间关系的历史实质。

（五）“儒教”中国的基本理念

纵观整个“儒教”中国的历史，我们不难体会到，在历代帝王、儒学大师、文人经生和儒官循吏对孔子的尊崇中，孔子主要还是代表国家或皇朝的合法性、实施社会教化与政治控制以及实现社会政治和学术思想之整合的正统的象征。然而，作为这样一种象征，他却并非仅仅是一种虚有其表的空洞符号，而是有其实质性内容的，也就是说，历代的统治者和圣人之徒之所以要崇祀孔子，绝不只是在礼仪形式和态度上表达一种对孔子本人的尊礼崇敬，而更为重要的则是“祀其教也，祀其道也”，也就是说，根本目的在于要“使天下之人，读其书，由其教，行其道”（《明史・钱唐列传》）。那么，孔子之教、孔子之道的内容或主旨究竟是什么呢？我们不妨将汉以后历代对孔子之教或孔子之道的理解与阐释先详列于下，以便于类聚以观和分析问题。如：

若夫君臣之义，父子之亲，夫妇之别，朋友之序，此儒者之所谨守，

日切磋而不舍也。(《韩诗外传》卷五)

君臣父子夫妇之义，皆取诸阴阳之道。……王道之三纲，可求于天。(《春秋繁露·基义》)

五行者，乃孝子忠臣之行也。(《春秋繁露·五行之义》)

夫仁、谊(义)、礼、知(智)、信五常之道，王者所当修饬也。(《汉书·董仲舒传》)

《易》著天地阴阳四时五行，故长于变；《礼》经纪人伦，故长于行；《书》记先王之事，故长于政；《诗》记山川溪谷禽兽草木牝牡雌雄，故长于风；《乐》乐所以立，故长于和；《春秋》辩是非，故长于治人。是故《礼》以节人，《乐》以发和，《书》以道事，《诗》以达意，《易》以道化，《春秋》以道义。(《史记·太史公自序》)

夫不通礼义之旨，至于君不君，臣不臣，父不父，子不子。夫君不君则犯，臣不臣则诛，父不父则无道，子不子则不孝。此四行者，天下之大过也。以天下之大过予之，则受而弗敢辞。故《春秋》者，礼义之大宗也。(《史记·太史公自序》)

王者法天地，非仁无以广施，非义无以正身；克己就义，恕以及人，“六经”之所上也。(《汉书·杜周传》)

臣闻“六经”者，圣人所以统天地之心，著善恶之归，明吉凶之分，通人道之正，使不悖于其本性者也。故审“六艺”之指，则人天之理可得而和，草木昆虫可得而育，此永永不易之道也。及《论语》《孝经》，圣人言行之要，宜究其意。(《汉书·匡衡传》)

入知亲其亲，出知尊其君，内有男女之别，外有朋友之际。此圣人之德教，儒者受之传之，以教诲于后世。(《说苑·建本》)

孔子曰：“八卦之序成立，则五气变形。故人生而应八卦之体，得五气以为五常，仁、义、礼、智、信是也。……故道兴于仁，立于礼，理于义，定于信，成于智。五者，道德之分、天人之际也，圣人所以通

天意，理人伦，而明至道也。”（《易纬乾凿度》）

六艺之文：《乐》以和神，仁之表也；《诗》以正言，义之用也；《礼》以明体，明者著见，故无训也；《书》以广听，知之术也；《春秋》以断事，信之符也。五者，盖五常之道，相须而备，而《易》为之原。（《汉书·艺文志》）

三纲者何谓也？谓君臣、父子、夫妇也。……故《含文嘉》曰：“君为臣纲，父为子纲，夫为妻纲。”（《白虎通·三纲六纪》）

经所以有五何？经，常也。有五常之道，故曰“五经”。《乐》仁，《书》义，《礼》礼，《易》智，《诗》信也。（《白虎通·五经》）

夫君臣父子，名教之本也。（《后汉纪·献帝纪》）

夫书理无二，义归有宗……然所谈者仁义，所传者圣法也。故人识君臣父子之纲，家知违邪归正之路。（《后汉书·儒林列传》）

大哉乎！君君臣臣，父父子子，兄兄弟弟，夫夫妇妇，夫子之力也。其与太极合德，神道并行乎！（《中说·王道》）

孔子之道，治人之道也，一日无之，天下必乱。如粟米不可一日少，少则人饥；如布帛不可一日乏，乏则人冻死。孔子之道，君臣也，父子也，夫妇也，朋友也，长幼也。……万世可以长行，一日不可废者，孔子之道也。（《徂徕石先生全集》卷八《辨私》）

圣贤千言万语，只是教人明天理，灭人欲。（《朱子语类》卷十二）

宇宙之间，一理而已。……其张之为三纲，其纪之为五常。（《晦庵先生朱文公文集》卷七十《读大纪》）

三纲、五常，亘古亘今不可易。……纲常千万年磨灭不得。……三纲、五常，虽衰乱大无道之世，亦都在。……看秦将先王之法一切扫除了，然而所谓三纲、五常，这个不曾泯灭得。（《朱子语类》卷二十四）

三纲五常，圣人之名教，有国家者莫不由之，如天之有日月也。

(《元史·耶律楚材列传》)

父子之亲，君臣之义，永惟圣教之尊。天地之大，日月之明，奚罄名言之妙。尚资神化，祚我皇元。(《元封孔子大成至圣文宣王碑文》)

三纲五常，天下元气，一家亦然，一身亦然。(《明儒学案》卷一《崇仁学案一》)

道者，纲常伦理是也。(《明儒学案》卷五十八《东林学案一》)

孔子垂教万世，天下共尊其教，故天下得通祀孔子，报本之礼不可废。……古今祀典，独社稷、三皇与孔子通祀。天下民非社稷、三皇则无以生，非孔子之道则无以立。尧、舜、禹、汤、文、武、周公，皆圣人也。然发挥三纲五常之道，载之于经，仪范百王，师表万世，使世愈降而人极不坠者，孔子力也。(《明史·钱唐列传》)

夫子之道，如天之高，无不覆帱，如地之厚，无不持载，如日月之代明，如四时之错行。其法具于君臣、夫妇、长幼、朋友，其功著于《易》《书》《诗》《礼》《乐》《春秋》，所以立生民之极，开太平之运，历代人主赖之，咸致尊崇，然未有礼明乐备如今日者也。呜呼，盛哉！(明名臣王献《成化年间修刊孔氏宗谱》)

孔子之道，天下一日不可无焉。何也？有孔子之道，则纲常正而伦理明，万物各得其所矣。不然，则异端横起，邪说纷作，纲常何自而正，伦理何自而明，天下万物又岂能各得其所哉！是以生民之休戚系焉，国家之治乱关焉，有天下者诚不可一日无孔子之道也。(明《御制重修孔子庙碑》)

仔细品味上述引文，我们可以深切地体悟到，“儒教”在中国历史上的演化和生成以及“儒教”中国实施社会教化和政治控制的方式、途径与机制虽然是复杂多样的，但是，就其核心的、基本的理念而言，其实却又是非常凝练、简约的，若用几个词语或观念来概括的话，不过就是五经六艺、纲常名教、忠孝伦理等而已。

第一，我们先就引文中有关五经六艺的义理性的价值评估和儒家“依经演绎”的经典之学作一下比较。在诠释训诂的学术层面，儒家的经典之学是极为繁难而充满歧义的，在汉代甚至于“一经”就能够“说至百余万言”，而真正能够精通全部经典的所谓“通儒”却只是少数，虽然通人硕儒们以及历代帝王不断努力将经义诠释的歧义性限制在一定的范围内，或者不断推出规范、标准化的经典文本与经说注解，但对于一般的儒生士子们来说，要通晓这些经典文本及其经说注解仍然是十分繁难的，以至有些人为了入仕做官而不得不殚精竭虑地皓首穷经，甚或竟至“有老死于文场者”（《唐摭言》卷一）。但是，从关乎人伦与治道的义理内涵的意义上来讲，五经六艺其实又只是五常之道的载体而已。虽然后世不断扩增经典文本的数目，由五经六艺到七经、九经以至十二经、十三经，但经典的数目不可能无限扩增，所以历经千百年的扩增，经典文本的数目到宋时最终也就定格为了十三经。而且，作为圣人之道的载体，虽说其中蕴含着“备道全美”的天人之道，然而就其中的治道内涵而言，古人又深信仅仅择取经之一二诵习便足可平治天下，故或仅称引《诗》《书》，或以为孔子“志在《春秋》，行在《孝经》”，乃至晚年始读《论语》而“手不释卷”的赵宋开国宰相赵普更制造了一个“以半部《论语》治天下”的神话。由此，吾人实应仔细思考一个耐人寻味的问题，那就是：既然仁、义、礼、智、信五常之道，其义至为显豁明确，人之为人自须崇信而奉行之，而且仅仅诵习一二经典便可治国平天下，那么人们何必又要殚精竭虑地皓首穷经呢？这个问题，陆王心学家已经提出过，如陆九渊就曾说：“若某则不识一个字，亦须还我堂堂地做个人。”（《象山语录》下）他还于朱陆鹅湖之会上作诗云：“易简工夫终久大，支离事业竟浮沉”，以至惹得朱子“失色”而“大不怿”（《象山语录》上）。不过，依我之见，对“儒教”中国而言，易简工夫与支离事业实在是相须而备、相辅相成的。无论是程、朱，还是陆、王，他们其实“所读皆孔子之书，所讲皆孔、孟之学”，并在“同植纲常，同扶名教，同宗孔、孟”（《宋元学案》卷五十八《象山学案》）方面作出了同样重要的贡献。因此，我们可以说，作为一个崇拜圣人与经典的国度，圣人之道与神圣经典关涉“儒教”中国的命脉，圣人之道实可以被概括、凝练为几个简易性的基本理念，以便它能够成为社会成员易于了解和接受、用以确定自身的社会位置与角色功能的耳熟能详的观念框架，并因此而能够长期有效地发挥统合人心的作用，但圣人之道也需要一种稳固持久的、客观化的文本载体，而儒家经典之学虽然繁难，却也可以依靠一套完整的官私学校教育制度进行系统的传授、诵习，并通过与仕进制度的常规化关联而使尊孔读经的传统不断得以强化。

第二，圣人之道关乎天下的兴亡、国家的盛衰治乱，特别是圣人之道与帝王之势乃是一种相互依存、交互为用的共生性关系，这亦是“儒教”中国的一大基本观念。先儒荀子早已有言：“圣人也者，道之管也。天下之道管是（《集解》：‘是，是儒学。’）矣，百王之道一是矣，故《诗》《书》《礼》《乐》之道归是矣。《诗》言是其志也，《书》言是其事也，《礼》言是其行也，《乐》言是其和也，《春秋》言是其微也。……天下之道毕是矣，乡是者臧，倍是者亡。”（《荀子·儒效》）汉以后，对圣人之道与帝王之势之政之间的这种相互依存而共生的关系模式的认识成为“儒教”中国的主流意识。如唐太宗曰：“朕今所好者，惟在尧舜之道、周孔之教，以为如鸟有翼，如鱼依水，失之必死，不可暂无耳。”（《贞观政要》卷六《慎所好》）唐代文学家皮日休曰：“伟哉夫子！……夫子之道，久而弥芳，远而弥光。用之则昌，舍之则亡。”（《全唐文》卷七九七皮日休《襄州孔子庙学记》）北宋著名政治家范仲淹曰：“吾夫子之道也，用则行，而天下治；舍则藏，而天下乱。”（《全宋文》卷三八六范仲淹《景祐重建至圣文宣王庙记》）南宋大儒陆九渊曰：“势与道合则是治世，势与道离则是乱世。”（《象山语录》上）元代学者曹元用曰：“孔子之教，非帝王之政不能及远；帝王之政，非孔子之教不能善俗。教不能及远，无损于道，政不能善俗，必危其国。……是故历代所以崇奉其教者甚。”（《续修曲阜县志》卷八《代祀阙里孔子庙碑》）

尽管在“儒教”中国的历史上，“儒教”曾经受到释道二教强有力的挑战，但上述观念既已深入人心，故历代的统治者都无法再舍“儒教”而治世，而三教并行合一论者也总是强调以儒家、“儒教”来治世，如宋孝宗《三教论》曰：“以佛修心，以道养生，以儒治世”，清雍正帝也认为三教各有其用，即：佛教治心，道教治身，儒家治世。而颇具典型意义、意味深长的事例，莫过于元顺帝奇皇后与帝师间的一番对话了，据史载：“帝师闻之，言于奇皇后曰：‘向者太子学佛法，顿觉开悟，今乃使习孔子之教，恐坏太子真性。’后曰：‘吾虽居深宫，不明道德，尝闻自古及今治天下者，须用孔子之道，舍之他求，即为异端。佛法虽好，乃余事耳，不可以治天下。安得使太子不读书耶？’”（《续资治通鉴》卷二〇九《元纪》二十七）比较一下，因汉家“治黄老言，不好儒术”的窦太后好黄帝、老子言，所以连汉家景帝、太子及诸窦也不得不跟着读黄帝、老子而尊其术，不识时务的辕固生因说老子书“此是家人言耳”还差点丢了性命；元朝的奇皇后显然没有汉家窦太后那样霸道，但话锋异常犀利，从她那“治天下者，须用孔子之道，舍之他求，即为异端”的话，我们实不难体味出尊崇孔子之道的历史风向已经深入人心到何等的地步，因为奇皇后之尊孔子之道绝非像窦太后那样主要出于一种个人的喜好，而是出于对“自古及今治天下者”所采取的治国之道的深切体察与真心认同。

第三，如果我们剥去包裹其外的繁茂芜杂的层层意识形态形式，就会发现一个“简单事实”：虽然说“仲尼之道无所不备，非专门比”（《宋史·徐处仁列传》），但圣人之道亦可以一言以蔽之，即“纲常名教”，它是亘古亘今不可易、万世常行而一日不可废的，是人主赖之以开太平之运而与生民之休戚、国家之治乱密切相关的。因此，可以说，“纲常名教”不仅是“儒教”万变不离其宗的核心理念，正所谓“儒者之道，从至变之中，以得其不变者”（《明儒学案》卷二《崇仁学案二》），更是“儒教”与现实政治、圣人之道与帝王之势的至关重要的结合点，孔子所以能被历代儒生士人和帝王们所共同尊崇，被奉为“为百王师，立万世法”或“垂教万世，为帝者师”，正是基于这一点。而所谓“纲常名教”，究其实质，说到底不外是要维护专制君主与父家长的绝对权威。那么，“纲常名教”何以会成为“儒教”中国的主导性的核心理念呢？对此，我们有必要稍作分析。

在秦汉之际的历史变革过程中，秦王朝虽然确立了此后大一统帝国的政治统治秩序以及家天下和王位世袭的帝王制度与观念，导致西周典型意义上的宗法分封制和大家族制度被彻底颠覆和瓦解，但是，汉家又重新调整了帝国的统治策略，形成了一种调和性的政治制度和社会秩序模式，特别是大家族制度又逐渐得到了重建，并成为社会和国家的重要基础，乃至家族在古代中国社会中成了一种最持久而稳固的传统势力。可以说，汉以后帝制中国的统治秩序正是以家族制度为基础的，传统帝制中国的统治秩序不过是“以一个家族作中心统治着所有的家族”[①]，因此，传统的帝制中国可以说是一个政治与社会高度融合一致的“总体化”社会，社会结构是多层级性的，人们的生活和交往方式主要以血缘关系为纽带，人们的行为主要受礼俗支配，并易于为服从权威的观念所左右，社会控制机制主要是通过把社会成员的身份定位在社会关系网络中特定的具体位置之上，以使之安分守己地发挥相应的角色功能来实现和维持社会的安定与秩序。

而“纲常名教”则可以说是儒家在长期的自我理解和辩护中所形成的一种有关“儒教”核心理念的相对固定化、模式化的认知和评价范式。显然，儒家以“纲常名教”为核心理念的“心智图式”或“符号系统”，与上述传统帝制中国的“社会划分”或“社会结构”具有一种“结构上的对应关系”。依法国著名社会学家布迪厄之见，社会结构和心智结构的对应关系可以发挥“至关重要的政治作用”，“符号系统不仅仅是知识的工具，还是支配的工具”，“符号系统是能对构造世界发挥作用的社会产物，即它们不只是照样反映社会关系，还有助于构建这些关系”，而“行动者对世界的深信不疑的接受”，也正“源于客观结构与认知结构之间直接的一致关系”，“在所有形式的‘潜移默化的劝服’中，最难以变更的，就是简单明了地通过‘事物的秩序’(order of things)发挥作用的那种

① 殷海光：《中国文化的展望》，中国和平出版社1988年版，第107页。

劝服”[①]。据此，我们完全可以说，儒家以“纲常名教”为核心理念的“符号系统”或“心智结构”，其最重要的历史文化功能就在于它可简单明了地通过“事物的秩序”而发挥那种最难以变更的“潜移默化的劝服”作用，而且它不只是照样反映现实的社会关系，还有助于构建这些关系，而当这种符号系统广泛而普遍地支配了人们的意识，那么处于社会层级上层和顶端的君父的绝对权威也就可以自然而然地通过臣民的“合谋”或布迪厄所谓“符号暴力”[②]而树立起来了。宋儒陈傅良如是说：

> 夫孔子之道所以尊信于万世者，非儒者能强之也，诚以三纲五常不可一日殄灭故也。三纲五常不明而殄灭，则天地不位，万物不育矣！自古及今，天地无不位之理，万物无不育之理，则三纲五常无绝灭之理。三纲五常无绝灭之理，则孔子之道无不足尊信之理。（《宋元学案》卷五十三《止斋学案》）

显然，陈氏是想通过将“三纲五常”归之于天地万物之理，来证成孔子之道理应“尊信于万世”而“非儒者能强之也”，这是宋儒的一种“常识”性的通见，也是他们的一种惯常性的思维模式，无非是要将儒家“三纲五常”的理念先验化而使之成为一种“前反思性的假定”，说到底，不过就是要“三纲五常”作为天地万物之理，也就是作为一种自然永恒的“事物的秩序”而发挥“潜移默化的劝服”作用。这当然只是一种“过度的诠释”，历史地讲，儒家以纲常理念为核心的符号系统或心智结构，其实只不过是因其与传统帝制中国的社会结构具有对应一致的关系，才能够历史地发挥其政治作用的，而且，“倘若我们承认符号系统是能对构造世界发挥作用的社会产物，即它们不只是照样反映社会关系，

---

① ［法］皮埃尔·布迪厄、［美］华康德：《实践与反思——反思社会学导引》，李猛、李康译，中央编译出版社1998年版，第13—14、第222页。

② ［法］皮埃尔·布迪厄、［美］华康德：《实践与反思——反思社会学导引》，李猛、李康译，中央编译出版社1998年版，第221页：“符号暴力就是：在一个社会行动者本身合谋的基础上，施加在他身上的暴力。”

还有助于构建这些关系，那么，人们就可以在一定限度内，通过改变世界的表象来改变这个世界”[①]。因此，如果说社会是一历史地不断变迁和发展的过程的话，那么，纲常理念也就不再是至变中的不变者了，孔子之道自然也不可能为“万世尊信”了。不过，那绝不是“儒教”中国的信念。

第四，与纲常名教理念密切相关的，“儒教”中国还有一个更为简单明了的理念，那就是：仅仅以“孝”之一行或一部《孝经》便足可以治国平天下。“儒教”中国何以会如此推崇孝行和《孝经》呢？一是，从义理上讲，“孝”为德行之本，是可贯通天子以至庶人的一种对人的普遍道德要求，其教化功能最为深切著明，故曰：“夫孝，德之本也，教之所由生也。”（《孝经・开宗明义章》）“夫孝，天之经也，地之义也，民之行也。”（《孝经・三才章》）“人之行莫大于孝。”（《说苑・建本》）二是，从政治社会化的效果意义上讲，通过移孝作忠可以实现人的政治社会化或对人的政治教育，所谓“臣事君，犹子事父母也”（《汉书・严助传》）。“忠孝之道，退家则尽心于亲，进宦则竭力于君。”（《汉书・张敞传》）“君子之事亲孝，故忠可移于君。”（《孝经・广扬名章》）“事亲孝，故忠可移于君，是以求忠臣必于孝子之门。”（《孝经纬》）三是，孔子“崇人伦之行，在《孝经》”（《孝经纬》），《孝经》的地位在汉代已上升至堪与“五经”相比拟，甚至于被推崇为总会六艺的纲领性“文件”，如郑玄《六艺论》所曰：“孔子以六艺题目不同，指意殊别，恐道离散，后世莫知根源，故作《孝经》以总会之。”（《孝经序》疏引）四是，汉家自以为属“火德”，而“火生于木，木盛于火，故其德为孝”，故“汉制使天下诵《孝经》，选吏举孝廉”（《后汉书・荀爽传》）。具体而言，汉家“以孝治天下”主要有两项措施：其一，使天下人口诵《孝经》，汉文帝时已置立《孝经》博士，至汉平帝元始三年（3年）则于地方学校遍置《孝经》师，即“乡曰庠，聚曰序。序、庠置《孝经》师一人”（《汉

① [法]皮埃尔・布迪厄、[美]华康德：《实践与反思——反思社会学导引》，李猛、李康译，中央编译出版社1998年版，第14页。

书·平帝纪》)，东汉明帝时更是“自期门羽林之士，悉令通《孝经》章句”(《后汉书·儒林列传》)；其二，选吏“举孝廉”乃是汉家实行的一项特殊而重要的仕进制度。“举孝廉”虽然在后世不再是一项选官的重要途径和方式，但国家对孝行和《孝经》的推崇却一如既往，如谓“《孝经》一卷，人行之本”“名教之极，其在兹乎”等，后世帝王亦多有热衷于注解《孝经》者。

但是，自汉以来，“儒教”中国所以如此推崇孝行与《孝经》，究其实质，亦是与传统帝制中国社会结构中最重要的特殊的家族制度密切相关的，孝正是“家族中心主义的灵魂和基本命题”，而由于“家是中国社会结构的单元，也是政治组织的基础”①，因此，孝亲与忠君、伦理教育与政治社会化过程乃至君主专制主义与家族主义实具有一种天然的一致性，而孝亦正是连接家庭、家族与国家的道德的结合点。所以，在自汉以来的“儒教”中国的历史上，统治者“向来总要取其一端，或者‘以孝治天下’，或者‘以忠诏天下’，而且又‘以贞节励天下’”②。而究竟人们将孝行推崇到了一种什么样的地步呢？有一个典型的例子足可说明这一点，据《元史·廉希宪列传》：“时方尊礼国师，帝命希宪受戒，对曰：‘臣受孔子戒矣。’帝曰：‘孔子亦有戒耶？’对曰：‘为臣当忠，为子当孝，孔子之戒如是而已。’”由此而言，不仅如钱穆先生所说，中国文化可被称为“孝的文化”，而且孔子的忠孝之戒甚至可被称为中国人的宗教了。正如雷海宗先生所言：“孝的宗教，到东汉时可说已经成立。”③而说到底，孝之为教不过是“忠”之“政治行为的生成语法”④而已。

第五，儒学之为儒学，绝不只是一种学术思想、精神信念性质的学问，更

---

① 殷海光：《中国文化的展望》，中国和平出版社1988年版，第107页。

② 吴晓明、王德峰编选：《文化解剖与社会批判——鲁迅文选》，上海远东出版社1996年版，第190页。

③ 雷海宗：《中国文化与中国的兵》，商务印书馆2001年版，第71页。

④［法］莫里斯·迪韦尔热：《政治社会学》，杨祖功、王大东译，华夏出版社1987年版，第91页。

是一种伦理实践性质的生活方式，也可以说，儒之为教最终是必须落实到个体行为和社会生活的实践层面的。无论是内在道德意识的自觉，还是个体道德人格的修养，无论是思想意识的整合，还是修己治人的过程，无论是对孔子仁学的推崇，还是对孔子礼教的阐扬，事实上最终都必须落实到社会政治秩序的建构和伦理生活方式的实践之上，特别是要落实到以纲常名教为中心的礼治秩序的建构之上。东汉著名学者王充有言："孔子所以教者，礼让也"（《论衡·问孔》）、"夫儒生，礼义也"（《论衡·非韩》），然而，礼义之为治、为教实不止于"自卑而尊人"的"礼让"而已，它不仅是立身治国、化民导俗的根据，亦是人禽之别、华夷之辨的界标，不仅是对人的行为的规范，亦是对人的思想的规范，不仅适用于人伦道德、风俗习惯的领域，亦适用于军事、法律与宗教信仰的领域。故荀子曰："礼者，人道之极也。"（《荀子·礼论》）《礼记·曲礼上》更有言曰："道德仁义，非礼不成；教训正俗，非礼不备；分争辨讼，非礼不决；君臣上下，父子兄弟，非礼不定；宦学事师，非礼不亲；班朝治军，莅官行法，非礼威严不行；祷祠祭祀，供给鬼神，非礼不诚不庄。"元人王元亮则曰："中华者，中国也。亲被王教，自属中国，衣冠威仪，习俗孝悌，居身礼义，故谓之中华。"（《唐律疏议释文》）因此，可以说，极具混融性的儒家之礼教实塑造并集中体现了中华民族的文化特色，诚如钱穆先生所说："中国的核心思想就是'礼'"，"中国文化是由中国士人在许多世纪中培养起来的……中国士人不管来自何方都有一个共同的文化"，礼"是整个中国人世界里一切习俗行为的准则，标志着中国的特殊性"[①]。

与西周时期那种"礼不下庶人，刑不上大夫"的制度框架不同，儒家的礼教是意图把所有人都纳入礼治的秩序之内的，以便将整个社会造就成一个道德的团体。对儒家而言，礼治的秩序应该是在继承文化传统的基础上发展出的一种合理的生活方式，故班固曰："王者必因前王之礼，顺时施宜，有所损益，即民

① ［美］邓尔麟：《钱穆与七房桥世界》，蓝桦译，社会科学文献出版社1998年版，第8—9页。

之心，稍稍制作，至太平而大备。”（《汉书·礼乐志》）显然，儒家之礼教具有浓厚的文化保守主义的色彩，然而，从根本意义上讲，在儒家文化的意义上，人们对礼治秩序的遵守却是出于人之为人的（区别于禽兽动物）本质要求和文明化（区别于野蛮异族）的价值取向，因此，对人来讲，儒家式的礼治秩序也就具有了人类特质和民族文化的自我认同的意义。在这一意义上，所谓“儒教”中国在实质意义上也就可以等同于所谓文化中国，而被纳入了儒家礼治秩序的所有中国人共同享有着一个为中国文明所特有的“共同的文化”。

然而，由于礼治秩序乃是一种等级性的社会政治秩序，或者说，它不过是一种等级性的社会生活形式与秩序的角色分层“符码系统”，各阶级、阶层和不同角色的社会成员之间在其中被安排享有既不同而又相互对应的不对称的身份地位和行为模式，并据此获致各自的角色认同，因此，人们对这一礼治秩序和共同文化的享有事实上是一种“有差别的共享”。这种共享，既可以在宏观层次上，亦可以在微观层次上，在维持社会各阶级、阶层和不同成员之间等差性身份地位的分化与整合的同时，来实现人们之间交往行为的“礼尚往来”的持续互动与交流，而且基于其上的集体经验与意识同样具有一种先验性的非反思的特征，并能发挥“潜移默化的劝服”作用。

总之，对“儒教”中国而言，儒之为教，在2000多年的演化和生成的历史中，既不断地被丰富和发展，而又有其极具概括性的基本理念，故孔子之道或孔子之教既可以在由一代又一代的儒家学者对它的丰富和发展中得以维持不坠，而又能够作为一种明白易知、简易可行的观念框架或整个民族共同生活在观念上的表达，长期有效地发挥统合人心、实施大众教化的意识形态功能。由前者而言，儒家实较诸子各家及其他宗教具有理论和学术上的更大优势，故“儒教”与现实政治未必具有一一相对应的“理性的对当”而历代统治者却无法舍“儒教”为治；由后者而言，“儒教”正适合现实政治对一种简易明了的意识形态信条的需要，故二者能实现高度的整合。因此之故，如果我们从政教相维或孔子之道与帝王之势相互依存、结合的共生性关系的角度，来界定“儒教”中国之最具特色的本质特征的话，那么，我们完全可以套用体用之说讲：对孔子之道而言，它是以纲常名教为体，以君主专制为用；对帝王之势而言，它则是以君主专制为体，以纲常名教为用。而问题的关键在于，“儒教”中国的核心理念之所以能够在历史上产生深远而广泛的有效影响，也许并不是“仅仅因为它正确”，才会“在有教养者的头脑中产生作用”，而是因为这些观念所具有的“绝对的、毫不妥协的和简单明了的形式”①。

（六）“象征性暴力”与孔子政治身份地位的变迁沉浮

对于圣人之道与帝王之势的结合与联姻，我在上文中虽已作了相当系统的论述，但有关至圣孔子与至尊王权的结合、圣人崇拜的观念在进入到现实而具体的权力关系网中后所产生的问题，以及与圣人孔子的政治地位在历史上的升降沉浮等密切相关的一些特殊而十分重要的问题，还需要作更进一步的申论和深入讨论。

综观“儒教”演生的历史，儒学从来都不是在权力政治庇护下的温室里生长、培育出来的，其实，“儒家本身的历史就是持续地进行内部自我批评的一种话语”②，但它更是在与诸子百家的相互争鸣、排诋与辩难中发展成长起来的，即使在汉以后被尊崇的环境里，它也不得不极力排诋所谓异端邪说以维护其意识形态的霸权地位或学术思想上的文化领导权。事实上，在“儒教”中国的历史上，儒学不仅受到了魏晋时期道家思想复兴运动的挑战，更在此后遭到了来自佛道二教对其思想正统地位的严重冲击和长期抗衡，如陈寅恪先生所说，“二千年来华夏民族所受儒家学说之影响最深最钜者，实在制度法律公私生活之

① ［法］古斯塔夫·勒庞：《乌合之众：大众心理研究》，冯克利译，中央编译出版社2005年版，第44—45页。

② ［美］狄百瑞：《亚洲价值与人权——儒家社群主义的视角》，尹钛译，社会科学文献出版社2012年版，第151页。

方面；而关于学说思想之方面，或转有不如佛道二教者”[①]。另如张岱年、程宜山二先生在《中国文化与文化论争》一书中所言：“到秦汉时期，随着统一的中央集权政权的建立和统一文字、统一货币、统一度量衡、‘罢黜百家、独尊儒术’等措施的实行，出现了‘车同轨、书同文、行同伦’和‘天下为一、万里同风’的局面”，“但这个‘大一统’并非清一色”，“总而言之，中国传统文化是一个庞大而复杂的系统，其中有一系列的相反相成的成分或子系统”[②]。

今日的学者在反思上述思想文化现象的时候，多慨叹于中国传统思想文化的包容性和同化力，然而事情似乎并非如此简单，我们必须认真反思的是，在激烈地排诋异端邪说的极化语式的主导下，何以会产生对不同异说甚至是异质的思想文化因素的包容性和同化力？何以会出现“对宗教最为宽容”的历史文化现象？那究竟是一种什么性质的包容，又究竟是谁的包容？我认为，思考必然会把我们重新引向我们的主题，即对圣人之道与帝王之势结合关系的问题实质的历史考察之上。

儒学与诸子百家产生于中国的“轴心时代”——春秋战国这一特定的历史时期，特定的社会政治——历史文化境遇，特别是生存环境的严峻和险恶，催生出了百家争鸣这一奇玮璀璨的思想文化现象。在多元价值竞争与理想冲突的时代精神氛围中，灿烂瑰丽的诸子百家的存在及各家之间的学术争鸣，既是中华民族文化成熟的标志，更将中华民族文化的成长进程推向了一个理性发展的创造性的顶峰。正是在这样一个时代，人的充沛的生命力，思想家的个人才性，以及公开自由地运用自己的理性来进行原创性的理论建构并展开对话与争鸣的思想解放的魅力，都得到了最充分的展示。但是，除了个别思想家之外，诸子各家在理论上的认知价值取向及其政治归宿，却潜在地反向预设了诸子异说自

① 冯友兰：《中国哲学史》下册，中华书局1961年版，附录：陈寅恪《审查报告三》，第2—3页。

② 张岱年、程宜山：《中国文化与文化论争》，中国人民大学出版社1990年版，第129、131、141页。

身的必然走向与政治归属。许多现代著名学者都曾指出，诸子各家学术思想的一大特色就是，各家各派的思想与议论大都“归宿于政治”[①]，或者是“哲学的、经济的、教育的、伦理的等等思想，不仅离不开政治，而且通过各种不同的道路最后几乎都归结为政治”[②]，因此，“严格地说来，先秦诸子可以说都是一些政治思想家”[③]。其中，刘泽华先生还对诸子百家形成的原因及其思想实质作过如下精到的分析和评价：

为什么会出现那么多的思想家？这是那个时代酿成的。春秋战国是我国历史上一大变动时期。……社会历史需要重新认识！百家争鸣便是历史变动在认识上的表现。

促成百家争鸣的另一个原因是，各国的政治变革与互相竞争需要理论指导。……百家的兴起正是适应了智力竞争。他们中的多数目的也很明确，那就是“干世主”。

形成百家争鸣的再一个原因是，当时政治空隙比较多，知识分子大有用武之地，可以自由驰骋。这并不是说当时有什么开明的政治制度，而是指诸侯国林立，便于知识分子在各国间迂回。

从平面上看百家相争，很有点民主气氛。但如果分析一下每家的思想实质，就会发现，绝大多数人在政治上都鼓吹君主专制，思想上都要求罢黜他说，独尊己见，争着搞自己设计的君主专制主义。因此，百家争鸣的实际结果不可能促进政治走向民主、思想走向自由，只能是汇集成一股强大力量，促进君主专制主义制度的完善和强化。把握了这一点，才能把握百家的政治归宿。[④]

因此，随着政治的发展，随着秦汉“大一统”帝国一元化模式的制度化建构

① 参见梁启超：《先秦政治思想史》，东方出版社2012年版，第3页。

② 刘泽华：《中国传统政治思想反思》，生活·读书·新知三联书店1987年版，前言，第1页。

③ 郭沫若：《十批判书》，科学出版社1956年版，第89页。

④ 刘泽华、葛荃主编：《中国古代政治思想史》，南开大学出版社1992年版，第41—43页。

趋于稳固和定型，当诸子百家在政治上鼓吹君主专制的思想诉求和思想上“罢黜他说，独尊己见”的理论要求真正变成现实的时候，百家争鸣的时代精神自然也就永远地走向了终结，人的个性自由与理性精神在政治暴力的强制干预下也必然走向扭曲和萎缩，儒生士子们虽然不乏政治批评与抗争精神，但他们主要不是凭借自身的理性力量，而是靠重新祭出天命神意、抬出在道德和理论上具有无上权威的圣人（经义圣法）以抗衡帝王权势的强暴压制，而且他们这种“以德抗位”的精神，又往往为他们那要求王权与圣法或帝王的好恶与圣人的是非相结合的意愿所掩埋，以至于使帝王之门而圣法存焉。

秦始皇试图凭借恐怖和高压的统治手段来实现思想文化领域的“别黑白而定一尊”，但很快走向了失败。汉家吸取了秦短命而亡的教训，故承秦焚书灭学之弊，在文化政策上反其道而行之，史称“汉兴，改秦之败，大收篇籍，广开献书之路”（《汉书·艺文志》）。惠帝四年（前191年）“除挟书律”，高后元年（前187年）诏除妖言令，文帝二年（前178年）再次诏除“诽谤妖言之罪”。于是，汉初诸子学又重新趋于活跃、得以复兴。但不久，在儒家学者的一再鼓动下，汉武帝便又决定重新实施“别黑白而定一尊”的文化政策，并获得了极大的成功，这使儒学从此享有了“定于一尊”的垄断位置。但也正如我们在上文已指出的那样，儒家的垄断位置不过是由帝王外在给予的，因此，与权力政治的结合，不仅使他们一再地误入歧途，亦造成了他们最大的困境，他们已很难再“独立于政权外”而“成为批判的中心”，以至我们在历史上看到的是，那些“带有很激烈的反抗精神”的儒生士子们，“非惟不受君主的指使，而且常受君主的摧残”（梁启超《儒家哲学》）。在西汉，推阴阳言灾异乃“学者之大戒”（《汉书·眭两夏侯京翼李传》）；在东汉，在帝王“非圣者无法”的符号暴力的指令下，“以图纬虚妄，非圣人之法”而“极言谶之非经”的儒家学者不得不屈服，不得不“附世主之好”，以至出现了“自中兴之后，儒者争学图纬”（《周易内外传》《后汉书》《白虎通》）的局面，而随着朝纲的败坏，东汉末那些“欲以天下风教是非为己任”（《后汉纪·孝桓皇帝纪》）而笃守道德、砥砺名节的儒生士人更身受党锢之祸；在宋代，“道学盛于宋，宋弗究于用，甚至有厉禁焉”（《宋史·道学一》）；在明代，亦有东林党祸，而文字狱在明清两朝更愈演愈烈，以至儒家学者不得不一头钻进故纸堆而不知世上还竟有比我中华更文明的民族和国家存在。另外，历代帝王也一再使用笼络士人的手段以使儒生士子们心甘情愿地拜服在他们的权杖之下。总的来讲，自汉以后，历代统治者一直奉行着将儒术定于一尊的思想文化政策，而事实上他们从来没有也不可能禁绝异端邪说，他们以“儒教”与政权的制度化关联笼络住绝大部分的儒生士人，而后便依己所好甚至可以随心所欲地将自己的权力向学术思想和宗教信仰的领域进行平面的无限扩张，意欲“博尽奇异之好”（《汉书·王褒传》）者有之，崇道灭佛者有之，以三教并用而辅助王教者有之，喜欢召开经学会议然后亲“称制临决”（《汉书·宣帝纪》）者有之，喜欢亲自讲经或御制经解者有之，喜欢降谕旨命人编纂经义大全、图书集成、大典全书者有之。这些都是我们所熟知的，要言之，在“儒教”中国的历史上，王权才真正拥有塑造和规范整个民族和国家的伦理与精神面貌的意识形态霸权或文化领导权，而王圣合一、政教一体亦正是“儒教”中国的最显著的特征。

因此，如果说一种“象征性暴力”的现象，指的是“一个政权掩盖了构成其实力基础的力量对比关系，强制确定一些见解并作为正统观点来推行”[①]的话，那么，帝王对圣人之道或儒术的表章与独尊就正是这样一种“象征性暴力”性质的政治与文化现象，而所谓包容性，其实亦不过是王权、王教所具有的无限扩张特征的包容性而已。司马相如说得好：武帝，作为一个贤君，“必将崇论閎议，创业垂统，为万世规。故驰骛乎兼容并包，而勤思乎参天贰地”（《汉书·司马相如传》）。司马相如所强调的正是，帝王才是创业垂统的历史主体，而所谓兼容并包，实不过是由帝王来实施“总众议而定其教”（《说苑·杂言》）、“明

① [法]莫里斯·迪韦尔热：《政治社会学》，杨祖功、王大东译，华夏出版社1987年版，第92页。

好恶而定去就”（《汉书·元帝纪》）的“象征性暴力”现象。这首先表现在王权对经艺圣法的包容，即对儒术的表章，而事实上汉家一直奉行的却是“霸王道杂之”或“褒显儒术”、“祖德师经”而又“参杂霸轨”的政治文化路线。如有的学者所说，从思想源流的大体言之，循吏代表了儒家的德治，酷吏代表了法家的刑政，汉廷则相当巧妙地运用这两种相反而又相成的力量，逐步建立了一个统一的政治秩序。直至后汉，王充仍然还在争辩讨论儒生与文吏之长短，认为“儒生所学者，道也；文吏所学者，事也”，而“道本与事末比，定尊卑之高下，可得程矣”，然而，二者“各有所宜”“各有所取”（《论衡·程材》），实是汉家有效地维持其政治统治必须加以运用的两种相反而又相成的力量。

其次，汉家帝王在尊崇孔子六艺之术的同时，对于儒家经典之学内部理解和认识的分歧，采取的是把歧义限定在一定的范围内并兼而存之的态度和政策，对待诸子异说也是如此，而后世帝王大体上对佛道异教亦同样采取的是“兼容并包”而为我所用的态度和政策。譬如，《汉书·艺文志》论诸子异说之相反相成而皆“‘六艺’之支与流裔”，唐代之尊崇老子，以及儒、释、道三教之在当时和后世的并行与合流等，都说明了这一点。自武帝表章经艺而开创了汉家的一个“故事”之后，汉宣帝更“修武帝故事，讲论六艺群书，博尽奇异之好”（《汉书·王褒传》），并召开石渠阁经学会议，命儒者在御下讲论“五经”异同，尔后“亲称制临决”以整齐五经同异，号为“石渠故事”。召开经学会议、讲论“五经”异同的结果就是，由皇帝最终裁决并将那些被认为是规范性的经说立于学官，而一旦立于学官，便不许再争论！后来，东汉章帝又循石渠故事召开经学会议，大会群儒于白虎观，考详异同，共正经义，并同样由皇帝最后“亲称制临决”而“永为后世则”，白虎观经学会议确立了古文的官学地位，号为“扶进微学，尊广道艺”或“广异义焉”（《后汉书·肃宗孝章帝纪》《后汉书·杨终传》）。另外，汉家经学本重家法、师法，但由于通经入仕制度的开通和利禄的刺激，导致了经说的纷纭歧异，而说者或务求讲论以合帝意，或各出己意而以浮华烦辞相尚，遂至不守师法、家法，而是非争议，俗吏繁炽，徒以通经为名，而章句渐疏，儒学陵替。东汉和帝时，徐防因此上疏建议：

伏见太学试博士弟子，皆以意说，不修家法，私相容隐，开生奸路。每有策试，辄兴诤讼，论议纷错，互相是非。……今不依章句，妄生穿凿，以遵师为非义，意说为得理，轻侮道术，浸以成俗……臣以为博士及甲乙策试，宜从其家章句，开五十难以试之。解释多者为上第，引文明者为高说；若不依先师，义有相伐，皆正以为非。（《后汉书·徐防传》）

徐防所奏言的主旨，在希望以规范化的师法、家法来作为仕进策试制度的标准。至唐太宗时，徐防的这一建议和主张可说得到了真正的实施。630年，唐太宗命令学者们整理、确定儒家经典的正式官方版本，即从前代浩繁的注释中选出标准的注释，再为标准注释作疏，“名曰《五经正义》，付国学施行”（《贞观政要·崇儒学》），故“自《正义》、《定本》颁之国胄，用以取士，天下奉为圭臬。唐至宋初数百年，士子皆谨守官书，莫敢异议矣”[①]。自元代而下逮明清，官方更将朱子经注及《四书集注》钦定为科举考试的标准答案。一方面，孔圣经书被钦定为人们的思想与行为必须遵从的金科玉律；另一方面，最高统治者又实际拥有着对人们的思想与认知活动的最终裁决权，而儒生士子们在仕进策试的标准化导向下必以揣度人主好恶、款曲圣人是非为能事。因此，说到底，人们只能在帝王的权势与圣人的道理这两大至尊之“权”的“夹缝”或“牢笼”中讨生活，而不得不放弃公开表达自己理性和自由思考的权利。

总之，作为一种“象征性暴力”性质的政治与文化现象，帝王尊孔崇圣的实际意义在于：通过掩盖构成其实力基础的（王权与“儒教”、孔子六艺之术与诸子异说和佛道异教之间的）力量对比关系，崇信、表章孔子六艺之术并作为正统观点强制推行，以维持人们对帝王权力的正当与合法性的广泛一致的认同。今人所误认为思想文化自身所具有的包容性特色，其实是王权对不同思想学说和

① 皮锡瑞：《经学历史》，周予同注释，中华书局2004年版，第146页。

宗教信仰的宽容，这种宽容表面上是“兼容并包”，而实际是要落实到“为我所用”之上的，或者说包容是以王权“非圣无法”的符号暴力所设定的限界为前提的。因此，人们不得不在上述“象征性暴力”的支配下作一种“非此即彼”的生存抉择：要么做“圣教”“王教”的信徒，要么做非薄周孔、自外于“王教”的罪人，要么做圣人的代言人、帝王的帮闲或御用的工具，要么自外于圣、王之教而走向“非用即杀”的绝路，除此别无选择。

因此，当帝王们尊奉至圣孔子为“帝者师”的时候，表面上看是因为孔子为万世制法而足可为“帝者师”或“百王师”，其实，孔子的权威乃是帝王权力给予的，孔子之道因此而成了一种“拥有绝对权力的真理”[①]。而一旦权力构成了圣人权威的真实基础，那么，拥有绝对权力的帝王自然也就可以攫取圣人所拥有的一切，于是，帝王的一切理所当然地与“圣”字结下了2000多年的不解之缘[②]。不仅帝王，就是拥有实权的儒官重臣甚至权阉之辈亦可比拟于圣人孔子，如王安石当政，其所著《三经新义》便可颁之于学官而令士子必读，故“时人号安石为孔子，惠卿为颜子”（《续资治通鉴》卷六十六《宋纪》六十六），而安石既为孔子，也才有资格、胆识敢于将孔子《春秋》之经戏目之为“断烂朝报”。在朱子受尊的时代，“朱子之意即圣人之意，非朱子之意即非圣人之意”（《三鱼堂四书大全序》）。尤为荒诞者，明代阉宦魏忠贤权倾一时之际，竟有监生陆万龄奏请建魏忠贤生祠于太学旁以配孔子（“岁祀如孔子”），其言曰：“孔子作《春秋》，忠贤作《要典》。孔子诛少正卯，忠贤诛东林。宜建祠国学西，与先圣并尊。”陆监生的这一建议在当时竟也得到了明熹宗的应许。（参见《明史·阉党列传》《明史·熹宗本纪》）

显然，在“儒教”中国的历史上，权势者们对孔子的尊崇或对孔子之道的奉行，可能完全出于纯粹工具性的利用，但也可能是出于内心真实崇信的目的。

① 葛兆光：《古代中国社会与文化十讲》，清华大学出版社2002年版，第63页。

② 参见刘泽华：《中国的王权主义》，上海人民出版社2000年版，第446—448页。

不过，不管怎样，孔子的权威类型却发生了一种根本转型。西方著名心理学家弗洛姆对两种权威类型曾作过明确的区分，一种是基于权能（人格品质、能力等）的权威，另一种是基于社会状况的权威，换言之，他把权威类型分为作为权威存在和占有权威两种。[①] 林毓生先生亦曾将权威分为真假两类，即“心安理得的权威”与“压制性的‘权威’”，而所谓权威即是“一种使自己的提议被别人接受的能力”[②]。大体而言，我认为，在先秦时期，孔子作为一个最具争议性的、也最具影响力的圣贤人物，其权威主要是基于他本人的权能（人格品质、学识、能力、信念及教学的成功），他是作为权威存在的，这不仅使他赢得了圣徒的崇敬，也招来其他学派的公然诋毁，但不管怎么说，这却是孔子的真权威。这种权威虽然在汉以后仍未失其强烈的影响力，但孔子的权威自汉以后在性质上却基本属于一种基于社会状况即帝王尊崇之上的、占有性或压制性的权威。而且，总的来讲，孔子的后一种权威是越来越被强化的，特别是基于对圣人孔子之道的共同尊崇，儒家学者与历代帝王之间对话与互动活动的持续不断深入开展，必会反过来不断强化他们对圣人孔子及孔子之道的共同尊崇，甚至可以说，正是对圣人孔子及孔子之道的共同尊崇引导了他们之间不断深入的对话与互动，如法国著名学者利科尔所说：“对话双方都在所谈事物里面削弱了，在某种意义上说，所谈事物引导了对话。”[③] 在对圣人孔子及孔子之道的共同尊崇的对话与互动中，儒家学者会倾向于认同王圣们的理论权威或符号暴力，而帝王们虽然未必能做得到一举一动皆不违经义圣法、一进一退皆不离道揆教规，但他们会倾向于或更愿意以已将经义圣法完全内化于心和外显于行的经师与圣王的面目出现，而不是以赤裸的强权面目出现。尽管“道”在“势”的压制下有时而屈，

① 参见［美］马斯洛等：《人的潜能和价值》，华夏出版社 1987 年版，第 338 页。

② 林毓生：《中国传统的创造性转化》，生活·读书·新知三联书店 1988 年版，第 77—78 页。

③ ［法］保罗·利科尔：《解释学与人文科学》，陶远华、袁耀东、冯俊等译，河北人民出版社 1987 年版，第 62 页。

但从长远的观点看，尊孔读经的“儒教”传统正是在儒家学者与帝王们基于对圣人孔子及孔子之道而展开持久对话的激荡下日益产生其广泛深远的社会历史影响的，纲常礼教、君父臣子、忠臣孝子之义正借此日甚一日地广泛深入人心之中，即使在一个“君道秕僻，朝纲日陵”的衰乱之世，只要人们“所谈者仁义，所传者圣法”，便仍然会产生“人识君臣父子之纲，家知违邪归正之路”（《后汉书·儒林列传》）的社会政治效果，甚至帝王们也可能会由玩弄圣意而最终落入圣人礼法的窠臼，正如美国学者拉斯韦尔所说：“有时候皇帝由于过分夸大了他的礼仪职务而受到禁锢。封建时代中国的情况就是这样。君主为了保持他的特有权势把自己的全副精力集中在宫廷生活和典礼上。这种被幽禁在宫廷之中，被礼仪束缚起来的君主只是在消极被动、不过问具体事务和不直接参与政事的条件下维持其统治地位。”①

但是，无论是象征性暴力，还是压制性权威，一个不争的历史事实是，孔子在世人心目中的形象及其政治地位日渐深入和强化，尊祀活动愈演愈烈而日趋隆盛。不过，历代对孔子的称谓及尊祀之礼还是多有变迁演变的，从中我们正可体察历代帝王尊孔的真实心迹及其微妙变化。虽然这种变迁演变不再是那种大悲大喜、大起大落的命运改变，但毕竟事出有因，而且取决于帝王的好恶，故从中可以透露出历代帝王对孔子政治身份的真实定位及其对“儒教”的崇信程度。当然，首先需要说明的是，由于在“儒教”与政权之间已经建立起了稳固的制度化关联，特别是尊孔崇圣已经成为一种牢固的政治文化传统并深入人心的时代精神状态下，尊孔崇圣与否也因此而不再是帝王们的纯粹随意性的好恶所能完全决定的了，因此，他们虽然可以对孔子的称谓、尊祀之礼及其政治地位作出一定的调整或升降，但要想不尊孔崇圣那是不可能的，如唐代“高宗嗣位，政教渐衰，薄于儒术，尤重文吏”（《旧唐书·儒学上》），就是这样一个“薄于儒术”的皇帝也还是曾经亲幸过曲阜“祠孔子”的。

---

① ［美］哈罗德·D. 拉斯韦尔：《政治学》，杨昌裕译，商务印书馆1992年版，第81页。

大略而言，自汉代以后，孔子在历史上的称谓及其政治地位的升降沉浮经历了这样一个变迁过程。

历代帝王尊祀孔子，始自汉家高祖。汉高祖七年（前200年），刘邦在叔孙通制订的朝仪中真正地体验到了“皇帝之贵”，五年之后，即汉高祖十二年（前195年），便趁过鲁之机以太牢祠孔子。这虽非常典，却预示了代秦而兴的汉家在如何对待孔子与儒学的问题上政治态度的根本调整和转变。

至汉武帝“表章‘六经’”，汉儒推演孔子为受命为汉家制法的“素王”“至圣”，“儒教”与国家政权建立起了广泛而稳固的制度化关联。不过，虽然孔子六艺之术被立于学官，但汉家帝王一开始并未特别关注对孔子的封谥尊祠的问题，直到汉平帝元始元年（1年），才追谥孔子为“褒成宣尼公”，这也是帝王尊封孔子谥号的开始。东汉初，光武、明、章诸帝都曾亲幸孔子故里祠孔，祠孔显然已成为帝王政治活动中的一项具有特殊意义的制度惯例，另外学校祀孔（与周公并祀）亦始于明帝时[①]。最初，汉帝每年秋季祭孔，汉灵帝时增为春秋两次。自汉以后，帝王祠孔成为一项常规化的国家大典，而且仪式也越来越隆重复杂。特别值得注意的是，后汉灵帝于光和元年（178年），还“置鸿都门学，画孔子及七十二弟子像”，后世相沿一直供奉孔子画像，而东魏孝静帝兴和元年（539年）修孔庙时，更修建孔子及十弟子容像，并立碑于庙庭。

汉、魏、晋、隋时期，对孔子的称谓并不统一，或称先师，或称先圣、宣尼、宣父。降至大唐，孔子的称谓开始成为一重大问题，因为这不仅关系着祭礼祀典的政治规格，而且涉及对孔子政治身份的明确定位。唐初，诏立周公、孔子庙于国学，四时祠，释奠之礼以周公为先圣，而以孔子为先师配享。唐武德二年（619年），下诏在国子学修建周公、孔子庙各一所，贞观二年（628年），停祭周公，升孔子为先圣，而以颜回为先师配享，贞观四年（630年），“诏州、县学

① 《后汉书·礼仪上》：“明帝永平二年三月，上始帅群臣躬养三老、五更于辟雍。行大射之礼。郡、县、道行乡饮酒于学校，皆祀圣师周公、孔子，牲以犬。”

皆作孔子庙”。(《新唐书·志第五·礼乐五》)。至唐玄宗开元二十七年(739年),追谥孔子为“文宣王”,制曰:“弘我王化,在乎儒术。孰能发挥此道,启迪含灵,则生人已来,未有如夫子者也。……故能立天下之大本,成天下之大经,美政教,移风俗,君君臣臣,父父子子,人到于今受其赐。……夫子既称先圣,可追谥为文宣王。……昔缘周公南面,夫子西坐,今位既有殊,坐岂如旧,宜补其坠典,永作成式。自今已后,两京国子监,夫子皆南面而坐,十哲等东西列侍。天下诸州亦准此。”(《旧唐书·志第四·礼仪四》)

宋太宗秉承唐开元追谥孔子之号,仍追谥孔子曰“先圣文宣王”。真宗时,加谥孔子为“玄圣文宣王”,后又改谥孔子为“至圣文宣王”。宋神宗熙宁七年(1074年),判国子监常秩等“请追尊孔子以帝号”,“下两制礼官详定,以为非是而止”(《宋史·志第五十八·礼八》)。

宋高宗绍兴十六年(1146年),夏仁宗“尊孔子为文宣帝”(《宋史·外国二》)。

元成宗大德十一年(1307年),加封孔子“大成至圣文宣王”,诏曰:“盖闻先孔子而圣者,非孔子无以明;后孔子而圣者,非孔子无以法。所谓祖述尧舜,宪章文武,仪范百王,师表万世者也。”

明洪武帝对孔子仍然尊祀如前世,或亲谒孔子庙,以太牢祀先师孔子于国学,或遣使诣曲阜致祭,并诏天下通祀孔子,颁释奠仪注,虽曾诏革诸神封号,而“惟孔子封爵仍旧”(《明史·志第二十六·礼四》)。但是,明世宗嘉靖九年(1530年),“更正孔庙祀典,定孔子谥号曰至圣先师孔子”(《明史·本纪第十七·世宗一》),并易孔子塑像为木主,降大祀(祀天之礼)为中祀(用于祀先师)。

清世祖顺治二年(1645年),更定国子监孔子神牌位号,欲复元制曰大成至圣文宣王,下礼部议,定称大成至圣文宣先师孔子;顺治十四年(1657年),复孔子位号曰至圣先师;光绪末,改先师孔子为大祀。

通过对历代帝王对孔子尊礼封谥活动的粗略考察,我们可以总结出这样几点看法。

一是，东汉以后，帝王尊祠孔子的活动日益频繁而趋于常规化和制度化，主要是由于孔子之教日渐深入人心，并有利于维护帝国的统治秩序，故帝王立庙奉祀，且愈演愈烈，以至尊若神明、礼等帝王。正如柳诒徵先生所言："盖自汉以来，虽已举国崇奉孔子之教，而立庙奉祀，近于宗教性质者，乃由人心渐演渐深，踵事增华之故"，"唐、宋以降，渐次尊崇，礼等帝王，制亦数易"[①]。

二是，关于孔子是先师还是先圣的问题，有必要在此稍作辨析。汉代儒家经典之学分为今古文学，其孔子观大为不同，周予同先生曾分疏之为：今文学崇奉孔子，尊孔子是"受命"的"素王"，认孔子是哲学家、政治家、教育家，以孔子为"托古改制"，以六经为孔子作，以《春秋公羊传》为主，为经学派，经的传授多可考，西汉都立于学官，盛行于西汉，斥古文经传是刘歆伪造之作，信纬书，以为孔子微言大义间有所存；而古文学崇奉周公，尊孔子为先师，认孔子是史学家，以孔子为"信而好古、述而不作"，以六经为古代史料，以《周礼》为主，为史学派，经的传授不大可考，西汉多行于民间，盛行于东汉，斥今文经传是秦火残缺之余，斥纬书为诬妄等。[②]周先生的分疏大体是不错的，不过，虽然在两汉之际古文学家为古文争立于学官而与今文学家发生过很激烈的争吵，但两家的差别似不如周先生所言那么泾渭分明，亦非在所有方面都是一一对立相反的。如今古文学家就古文《左氏传》能不能立于学官的问题，他们其实都是在尊信孔圣、五经及求道真的大前提下立论并往复展开辩难的，所争者只是《左氏》传不传孔子的问题；所谓认孔子为哲学家、政治家、教育家还是史学家，以及今文学是经学派而古文学是史学派的说法，显然是以今人的眼光和后来的观念来测度古人，如是分疏也很容易产生"时代错位"的意识。愚见以为，今古文学之间明显的区别在于，孔子究竟是制作六经的至圣素王，还是述而不作的先

① 柳诒徵编著：《中国文化史》上册，中国大百科全书出版社1988年版，第245、244页。

② 参见朱维铮编：《周予同经学史论著选集》（增订版），上海人民出版社1996年版，第9页。

师，这一问题亦涉及两家对周公和孔子二人历史地位的评价问题。如《礼记·乐记》所言：“作者之谓圣，述者之谓明。明圣者，述作之谓也。”述者与作者是不同的，但这种区分最初并不具有明显的褒“作者”而贬“述者”的意味。不过，对今古文学家来说，述与作之间却是有很大差别的，即作者为圣，而述者为师，若以周公为作者而孔子为述者的话，则周公之历史和政治地位无疑应尊于孔子，唐以前多以“周、孔之教”为称实即隐含着这样一种对周、孔二人的评价，故唐初祀礼便以周公为先圣而以孔子为先师，孔子处于配享的地位。而唐太宗停祭周公，升孔子为先圣，显然是对孔子历史和政治地位的一种提升，意味着统治者在尊崇孔子的问题上向前迈进了很重要的一步。

三是，唐开元二十七年（739 年）追谥孔子为“文宣王”，显示了帝王对孔子政治地位的更进一步提升，在祀典上孔子已是南面而坐的王者。元大德十一年（1307 年）更加封孔子“大成至圣文宣王”，以至鲁迅先生慨叹说这是“一个阔得可怕的头衔”。然而，如果我们稍微留意比较一下，便会发现孔子的头衔其实并不“阔得可怕”。如唐开元二十七年（739 年），玄宗先已自加尊号“开元圣文神武皇帝”，数月之后乃“制追赠孔宣父为文宣王”（《旧唐书·本纪第九·玄宗下》），实在有点施舍的味道。而与老子在唐代的尊号相比，孔子的王号就更显得小巫见大巫了，如王葆玹先生所说：“李唐奉老子为祖先，兼行三教而以道教为第一，尊崇孔老而以老子居首，如唐玄宗等追号老子为帝而仅封孔子为王，加号老子为‘大圣’而孔子只称为‘圣’。”[①] 唐室帝王们先后追尊老君曰太上玄元皇帝、大圣祖玄元皇帝、圣祖大道玄元皇帝、大圣祖高上大道金阙玄元天皇大帝，甚至将二月十五日玄元皇帝的降生日定为降圣节，休假一日。另如，宋真宗加谥孔子为“至圣文宣王”，亦加号老子“太上老君混元上德皇帝”，而真宗本人的尊号却是“崇文广武感天尊道应真佑德上圣钦明仁孝皇帝”。出现这种至圣孔子与至尊帝王的尊号不对称现象的根本原因，正是由于他们权势上的

① 王葆玹：《正始玄学》，齐鲁书社 1987 年版，第 9 页。

实际不对称，说到底，帝王是活在人间的至尊，而孔子是已经死去的至圣，以人间的至尊尊崇、表彰死去的至圣，似乎无论如何也是不会让死去的至圣在政治身份和地位上尊崇高过人间的至尊的，只有老子可能是个例外，毕竟老子姓李，是唐室的先祖，而这也似乎符合儒家的“亲亲”“尊尊”之义。

四是，西夏尊孔子为“文宣帝”，而中原帝国的孔子谥号或孔子的中国谥号最尊者却止于“王”称，宋神宗时曾议“追尊孔子以帝号”，但未果而止。中国号称文胜之国，尊孔反不如质直之国，亦可慨叹矣。不仅不如，到明世宗嘉靖九年（1530年）“更正孔庙祀典”时，由大学士张璁倡议，孔子连“王”号以及“大成”“文宣”之称也保不住而被去掉了，而且还毁孔子塑像而易为木主，改大成殿为先师庙，孔子神位仅题“至圣先师”，并御制《正孔子祀典说》，“大略谓孔子以鲁僭王为非，宁肯自僭天子之礼”，实则打着孔子的旗号贬损孔子之尊号，凡言不宜去王号、毁塑像者，不是被谪官，就是被嘉靖帝“斥为谬论”（《明史·志第二十六·礼四》）。推原其故，实因尊礼孔子必关涉如何看待和处理帝王与孔子的关系，以及如何考量和安排帝王与孔子的身份地位之高低尊卑的问题，而人间至尊的帝王再也不能容忍圣人孔子僭越妄称“王”号和僭用天子之礼了，至如称孔子为先圣还是先师已无关紧要。洪武帝时，已有吴沉发为“孔子封王为非礼”（《明史·吴沉列传》）之论，并有侍臣建议洪武帝曰：“孔子虽圣，人臣也，礼宜一奠再拜”，幸而洪武帝曰：“昔周太祖如孔子庙，左右谓不宜拜。周太祖曰：‘孔子百世帝王师，何敢不拜。’今朕有天下，敬礼百神，于先师礼宜加崇。”（《明史·刘仲质列传》）可见，帝王真能以孔子为师，则可对孔子尊崇有加，而若以人臣待之，“王”的称号自然是该去掉的，因为“君臣之分，等于天地”（《明史·钱一本列传》），孔子虽圣，岂能与至尊帝王等礼同称，此正是嘉靖帝所以要贬去孔子“王”号的真实用心。嘉靖帝对孔子政治身份的重新定位，颇耐人寻味，其实他并没有做什么，只不过是将历代帝王尊孔的伪装给脱去了而已，正如其先祖洪武帝所言：“圣贤立教有三：曰敬天，曰忠君，曰孝亲。”（《明史·吴沉列传》）这是圣贤自家所立的教训，其中自然不会有狂妄自负的尊圣尊贤之说了，而就这三条教训来说，敬天乃帝王权力的合法性的“伪装”，“孝亲”说到底亦不过是“忠君”之“政治行为的生成语法”的“伪装”，故帝王所以尊崇圣人孔子之教者，不过只是因为孔子教人“忠君”而已，既如是，嘉靖帝贬去孔子“王”号的理由自然也是正当而充分的，因为既然孔子教人“忠君”，其本人就首先应做出表率，而又岂可僭称“王”呢！一句话，孔子只管去做他的至圣先师好了，但不能称“王”，至圣的孔子毕竟与至尊的帝王是不可同日而语的，不管除嘉靖帝之外的历代帝王对孔子如何尊崇有加，但嘉靖帝对孔子政治身份所作的重新定位，也许可以说是孔子在“儒教”中国的历史上所能享有的最真实的政治身份。

六、中国社会历史命运的大变化

总结以上所论，对历史上的孔子形象的演化变迁及其背后所潜藏的各种观念，我们已尝试将其作为中国历史上的一种重要的政治与文化现象，进行了系统的考古式的分析与阐释。孔子从学者到偶像的历史形象的演变，正处在中国社会从诸侯力政走向天下一统的急剧变革的历史时期，而在此之后，孔子虽然矗立在了中国社会政治与道德风教的中心位置，然而，无论从帝王到平民，还是从儒生学者到达官贵人，中国人的精神生活和信仰世界也并未因此就变得在时间上封闭而一成不变、在空间上同质而整齐划一。儒学最初并不是在受权力政治保护的温室中成长起来的，而在获得了权力政治的支持和保护之后，它也仍然还是处在一个充满了各种各样对立和冲突的知识、思想与信念的世界之中，不仅儒学内部的意见分歧与争吵一直困扰着它，它也必须面对各种所谓异端邪说乃至外来文化与宗教的冲击与挑战，特别是它更不得不进入现实的权力政治的关系网络之中而承受无法逃避的被歪曲利用的异化命运，数不清的儒生士人的心灵与人格在利禄的诱引下被扭曲，也有许许多多的儒生士人为了维护孔氏之正道或道统之正脉而在皇权的至尊强权与符号暴力下做着无望的抗争。

然而，不管怎样，在“儒教”中国的历史上，世人的目光始终是集中聚焦在孔子身上的，正所谓“孔子，匹夫之人耳……四海之内，天下之君，微孔子之言亡所折中”（《汉书·贡禹传》），由此而形成了一种历史的或共时性的聚合效应，孔子就处在这一效应场的中心位置，孔子也因此不再纯粹是一种个体性的生命现象，尊孔与否也不再是一种纯粹个人性的事件，这一效应场也成了世人进行政治的或思想文化的斗争的一个特殊而重要的场所。围绕着他而展开的斗争，关涉意识形态领域中政治指导思想的历史选择、思想信仰与认知价值取向的绝对是非标准的确立，乃至整个大一统帝国统治秩序的制度化建构等。

如果我们“用了角色的眼光去看古史中的人物”[①]，那么，我们便不难发现，孔子之名（历史角色）亦有达、类、私三种。在其私名或本来、本真的意义上，孔子之为孔子，只是一种个体生命的存在现象，而孔学之为孔学，也只是孔子本人对其时代问题在理论上作出的独特回应，从来就不足以或不能范围当时乃至后世的中国人的全部社会生活、政治、历史与学术思想。孔子之为孔子，其本相究竟是什么呢？他可以是一个温良恭俭让而谨守礼制的谦谦君子，也可以是一个循循善诱而可敬可爱的导师；他可以是一个信而好古、以学为乐的诚实学者，也可以是一个能喜能悲、多情幽默的智者；他可以是一个热心救世而一心正名的迂夫子，也可以是一个“博学而无所成名”的精神贵族。他可以有一份“天生德于予”的自信，也可以有一份“累累若丧家之狗”的落魄；他可以有一份“君子道者三，我无能焉”的自谦，也可以有一份“人不知而不愠”的泰然；他可以有一份“不义而富且贵于我如浮云”的达观，也可以有一份“知其不可而为之”的执着；他可以有一份匹夫不可夺志乃至杀身成仁的独立的意志品格，也可以有一份“鸟兽不可与同群，吾非斯人之徒与而谁与”的深切的人文情怀。总之，孔子是一个血肉之躯、至性至情之人。

然而，在其类名的意义上，孔子之为孔子，则是儒家学者团体“乃所愿，则

① 顾颉刚：《我与〈古史辨〉》，上海文艺出版社2001年版，第45页。

学孔子”（《孟子·公孙丑上》）的宗师，是仁智不蔽而备道全美的圣人。不过，由于儒家学者只能依靠纯粹知性的手段来为孔子及其学术思想辩护，因此他们无法借权势禁止来自其他思想流派在理论上的批评与挑战，当然他们也有充分的理由并可基于内心真诚的信仰而无可厚非地将其宗师孔子尊奉为自生民以来所未有的至圣，并不断地丰富和发展他的学术思想以保障其在学术思想领域的话语权。但在“千万世之所宗”的达名或大共名的意义上，孔子之为孔子，不管其身份和形象如何变换，是文宣公还是文宣王，是应天为受命帝王制作立法的素王还是被抽干了血肉而又乐不可支的硬邦邦的纯乎天理的道理的化身，是至圣文宣王还是大成至圣文宣王，是被奉为万世帝王之师、集众圣大成的万王之王还是被定格为至圣先师，总之，孔子从一介布衣书生摇身一变并一变再变，便变成了所有中国人概莫能自外于其教的“神明偶像”或万能的“教主”，孔子之道亦成了天下之达道乃至范围天地而不过、曲成万物而不遗、放之四海而皆准、独立于历史之外而不改的绝对永恒的真理，而且其绝对真理性的垄断地位不仅是靠纯粹知性的手段来保障，更主要的则是依靠非知性的权力工具来保障，这一“神明偶像”既为历代的中国人所塑造，亦反过来塑造了历代的中国人，乃至成了历代中国人挥之不去、难以逃脱的宿命。故孔子从学者到偶像的演进历程，实际亦是孔子之名由私到达的演变过程。对这一文化现象，我们必须把它放到中国政治文化的整体演进过程的大背景下来反思与考察，并进行多角度和多层次的梳理与分析，而绝不能作一种简单化的处理。

当我们用“学者”一词来指称孔子时，正是在私名的意义上来看待孔子其人及其思想学说的，在这一意义上，我们也把孔子之道或孔子之学看作一种“由存在决定的”（借用曼海姆的术语）思想或理论。如张东荪先生所言，“每一种思想总是想对于文化上发生的弊病有所挽救。而在政治思想尤为显然。这种思想本身只是一个理论……理论知识上的真是对于文化而言的。……在理论的真只可名之曰‘满足’”[①]。据此，我们当然可以在“满足”的意义上称孔子之学自有其真的价值，甚至可以说其理论在“由存在决定的”意义上具有一定的真理性，甚至包含着超越其“存在决定的”某些富有生命力的理想或教义。正如许多学者所指出的，孔子的思想的价值取向本来是具有显著的理想或理性化色彩的，如孔子的“正名”主张，“它的目的，首先是让名代表它所应代表的，然后重建社会的和政治的关系与制度，使它们的名表示它们所应表示的东西。可见正名在于使真正的关系、义务和制度尽可能符合它们的理想中的涵义”，而且，通过正名意在重建这样一种理想的社会秩序，“其中每一个成员都将忠实地履行其应尽的职责”[②]。因此，孔子的“名教”，最初并不是单纯的“拜名”，而主要是一种“理性化”的“名教”，“单纯的‘拜名’，迷信色彩浓厚，它诉诸一种超自然的神秘力，但没有所谓‘哲学基础’。‘理性化’的‘名教’，除了含摄‘拜名’为其胎胚以外，还有所谓‘哲学基础’，并进而政治建构化”[③]。孔子思想的理想或理性化的色彩无疑在后世产生了深远而广泛的影响，以至德国著名社会学家韦伯在《儒教与道教》一书中论及儒教总的特征的时候，亦说：“儒教（按其意图）是一种理性的伦理，它将与这世界的紧张性——无论是从宗教上贬斥此世，还是实际上拒绝它——减至绝对低弱的程度。”[④]

然而，孔子思想本身既然只是一种理论，那么，它除了能“满足”救治“文化上发生的”某种弊病之外，自然也不可避免地具有其理论的局限性，如李约瑟先生所言，“儒家认为社会上每一个成员和其他成员之间有一种特定的功能上的关系，这个道理却是可以不断更新而永远施行的”，但儒家学说毕竟“是在孔夫子时代（纪元前6世纪）的封建社会范围内所能设想的一套社会正义的标准”，而“儒家学说之所以具有保守性，是因为孔夫子将君臣或主仆的关系列在

① 张耀南编：《知识与文化》，中国广播电视出版社1995年版，第292—293页。

② 姜义华主编：《胡适学术文集·中国哲学史（下）》，中华书局1991年版，第792、793页。

③ 殷海光：《中国文化的展望》，中国和平出版社1988年版，第338页。

④ ［德］马克斯·韦伯：《儒教与道教》，洪天富译，江苏人民出版社1995年版，第257页。

他奉为神圣的五伦之中”，而且，“儒家学说总是强调义务而不是权利”[①]。不仅如此，当孔子之教在后世被奉为一种“万世之至论”的绝对真理时，它的理想的或理性化的意义遂逐渐失落而被转化为了对现实秩序之合理性的绝对肯定和论证，所谓“名教”因之而成了一种迷信色彩浓厚的“崇拜名字的宗教”了，三纲五伦的关系由对称性的伦范要求变成了主要强调单方面地绝对顺从的规制，忠恕之道的交往理性主题被转换成了以忠孝治天下的政治统治主题，而忠孝的观念亦完全被扭曲成了“天下无不是底君”和“天下无不是底父母”的非理性化的理念，诚如熊十力先生所说：“自三纲之说出，只以父子说成名教关系，而性情之真乃戕贼无余矣！”“汉、宋群儒以五常连属于三纲，即五常亦变成名教，而人乃徇仁义之名，不出于本性之自然矣。”[②]而金耀基和徐复观先生亦认为：“原始的孝是一伟大的人生理念，但是自从《孝经》出现之后，原始的孝的理念却逐渐消失了”，这不仅是“儒家人伦思想的一大变化，实亦中国历史命运的一大变局”[③]。因此，我们也可以说，孔子从学者到偶像的命运转折，不仅仅是孔子观念及其本人命运的一大变化，实亦是整个中国社会历史命运的一大变动。

从圣人崇拜的理念上来说，从春秋战国时期起，中国人在走出了商周信仰“上帝”和天命的宗教世界观的虚妄之后，便开始迈入一个崇信圣人的时代。先秦诸子各自描绘了他们心目中的理想圣人形象，他们有的是把握了自然与社会法则的智慧型圣人，有的是博施济众、力行救世的行动型圣人，有的是创设了人类历史上一切文物制度的文化英雄，有的是人性世界中具有超凡魅力的道德型圣人。不管是哪种类型的圣人，他们都是具有人性而代表着人类最高成就水平的人，并在理论上是作为权威而存在的。因此，尽管当时的圣人理念已隐含着对圣人之人格修养、道德理性和智慧才能的一种漫无限制的信赖与崇拜，但更重要的是它主要具有这样一种理论上的意义，即诸子推崇代表了人类最高成

---

① ［英］李约瑟：《四海之内》，劳陇译，生活·读书·新知三联书店 1987 年版，第 57 页。

② 熊十力：《原儒》，中国人民大学出版社 2006 年版，第 52、57 页。

③ 金耀基：《从传统到现代》，中国人民大学出版社 1999 年版，第 27 页。

就水平而作为权威存在的圣人的目的，实际上是旨在为人性的提升和文化的发展与成长设立一种开放性、向上性的理想的标尺、努力的方向和追求的目标。而汉以后，由于与帝王之势和权力政治的结合，对基于垄断地位的压制性权威意义上的圣人孔子的崇拜，事实上为人们的行为与意识设置了一种禁闭性（非圣无法）的神圣不可逾越的限界或藩篱，因此，不可避免而又普遍广泛地导致了人性的扭曲、自由意志的丧失、道德的虚伪，特别是对世人公开表达自己理性和自由思考的权利的剥夺。

为了寻求圣人之道与帝王之势的结合与联姻，汉儒如董仲舒们煞费苦心地极力对圣人孔子之道进行一种“过度的诠释”。他们从孔子生前的困厄与不幸中读出了孔子先知般地为汉家制法的神话，如《公羊传》哀公十四年曰：“（孔子）制《春秋》之义，以俟后圣。”董仲舒曰：“孔子知言之不用，道之不行也，是非二百四十二年之中，以为天下仪表，贬天子，退诸侯，讨大夫，以达王事而已矣。”（《史记·太史公自序》）《孝经纬钩命决》曰：“孔子在庶，德无所施，功无所就；志在《春秋》，行在《孝经》。”（《公羊传》序疏引）《白虎通·五经》曰：“（孔子）自卫返鲁，自知不用，故追定五经以行其道。”显然，在汉儒看来，正是在当世难行其道、“德无所施，功无所就”的困厄，使自称“述而不作”的孔子反而成了汉家的“立法者”，而他们的神圣使命就是要从经典中发掘孔子的微言大义、孔子的志行、孔子对人伦和政治的最深切的实践关怀。本来不过是一“匹夫”之人的布衣孔子因其“徒步以制正法”（《孝经纬钩命决》），终于与中国历史上第一位布衣皇帝刘邦创建的汉家王朝成功联姻，中国特色的“儒教”国家就这样形成了。后来者因为发现了汉儒孔子为汉制法之说的“狭陋”，既自觉而又不自觉地更加“狭陋”地将孔子的神话无限拓展为“为万世立法”，“儒教”中国的历史也因此被无限期地延续了下来。

孔子生前的不成功却使他在未来的时代作为最伟大的精神导师而向世人展示了他无穷的魅力，对于生活在“儒教”中国的流风余韵里的吾人来讲，我们身处其中，受了孔老夫子的无穷恩惠，真不知这孔子为万世制法的神话究竟是一个美丽的谎言，还是一个历史的阴谋；是一种漫无限制的诱惑，还是一种根本性的错误；甚或是一个永恒的难题。但不管是什么，这一神话却并不纯粹是空穴来风，它无疑是一定历史时期社会文化的产物，它是被历史地构造出来的，同时亦构成了“儒教”中国的历史和文化，并被用来维持和证实它产生于其中的社会的存在。而且，它之所以能在“儒教”中国2000多年的历史上常行不坠，乃是由于万世取信、万古一人的圣人孔子与“以天下之大，四海之内，所共尊者一人”（《白虎通·号》）的帝王结成了一种持久稳定的制度化的共生关系。正是依靠与权力政治的制度化的关联，“儒教”以其意识形态的话语霸权主导了对社会政治生活的合理、合法与正当性的解释，作为一种整合性和构成性的统一因素和力量塑造了整个社会、政治与精神生活的基本方向和主要特征，全面渗透进了社会生活的各个领域，如帝王的诏令圣谕、官僚仕进制度、法律、经典崇拜的学术话语范式、学校教育、家族礼教、宗法伦理、文学艺术（文以载道）、历史叙事（正名主义原则）等。简言之，孔子偶像化的历史形象与万世师表的神话之所以能够长期地盘桓在“儒教”中国的大地上而牢不可破，乃是因为它是挺立于几大支柱或极具再生力的制度架构之上的，如皇帝制度、官僚仕进制度、学校教育（经典传授）制度、家族制度等，其中，家族制度应该说是“儒教”文化最坚固而绵延不绝的堡垒，迄今仍有其顽强的社会影响力。

也许个别帝王“以一威权，以专天下”（荀悦《荀侍中集·列侯论》）的恣意妄为[①]和态度偏好会极大地损害人们对“儒教”的崇信度。譬如，有的帝王尊崇释道二教，或封谥道教“教主”为皇帝，或尊佛家高僧为国师，喜好刑名之术者也不乏其人；另外，毋庸讳言，“儒教”中国最具特色的科举制度亦存在着种种的弊端，禄利的诱引使士人经生不得不把儒家的经书仅仅当作入仕做官的敲

① 如武帝晚年，“使犯法者赎罪，入谷者补吏”，导致了吏治风俗的败坏，以致“亡义而有财者显于世，欺谩而善书者尊于朝，悖逆而勇猛者贵于官”，故俗皆曰：“何以孝弟为？财多而光荣。何以礼义为？史书而仕宦。何以谨慎为？勇猛而临官。”（《汉书·贡禹传》）

门砖[1]，圣贤学问难逃被用作“利达之资”（王夫之《搔首问》）的厄运，乃至让清儒方苞发为“儒之（仕）途通，而其道亡矣”（《方苞集·又书儒林传后》）的慨叹；同时，学校教育也往往因最高当权者的轻忽或社会的动荡而荒废颓败以致“儒教”一时荡尽。然而，从整个制度架构的意义上来讲，由于没有哪个思想流派和宗教信仰体系能像“儒教”那样可以与王权、官僚录用、教育系统建立起普遍而广泛的制度化关联，因此，只要统治者不想（也不可能）仅仅依靠赤裸裸的暴力手段来维持其长治久安的帝国统治秩序，就必然会求助于儒家的教化手段以实施合法的统治，以至在王朝更替和国家一治一乱的历史进程中，国家政权总是在上述各方面要不断地重建与“儒教”的制度化关联，当然这与“被服圣教，日夜讽咏”（《论衡·程材》）的儒家自身的坚持和努力也是密不可分的，因为他们始终坚信“亘古亘今，只是一理，顺之者成，逆之者败”（《晦庵先生朱文公文集》卷三十六《答陈同甫书》）。也许圣人之道与帝王之势的结合，使圣人之道或儒家的理论信念不可避免地要遭受权力政治的扭曲、压制和腐蚀，而在帝王好恶的独断裁制下，孔子与儒者的命运仍会浮沉不定，儒家学术思想的旨趣也注定要沦为权力政治的恭顺的婢女。然而，这不仅是儒家自觉的追求，而且唯有这种结合也才能使“儒教”常行不坠。

在对圣人孔子之道的“过度诠释”中，儒家学者还主要对孔子之道作了一种非历史的解读，它主要体现为一种绝对的是非真理观，正所谓“明于道者，有是非而无今古”（《宋元学案》卷五十四《水心学案上》）。这种绝对的是非真理观完全使孔子之道非历史、非语境化了，从而也就剥夺了人们对它进行一种具体的和历史的理解与反思、分析与批判的根据与可能。因此，“儒教”的定于一尊和孔子的“万世师表”“万世教主”化，使人们只能不加反思地、被动地生活

① 如朱子曰：“名为治经，而实为经学之贼；号为作文，而实为文字之妖。”（《晦庵先生朱文公文集》卷六十九《学校贡举私议》）明儒薛瑄曰：“学举业者读诸般经书，只安排作时文材料用，于己全无干涉。”“道之不明，科举之学害之也。”（《读书录》）清儒顾炎武曰：“八股之害，等于焚书。”（《日知录》卷十六《拟题》）

在孔子偶像的宰制和支配之下。如果说偶像化或绝对真理化的孔子是“儒教”中国的灵魂的话，那么，“儒教”中国的历史便可以说是“一部表面上写的是我们称之为真理，实际上却是错误的历史”[①]，错就错在它是一种“无法被反驳”的真理。如果我们对它进行历史的分析的话，也许我们可以说它适应了“大一统”帝国建构一体化的统治秩序和实施社会文化整合的需要，特别是如梁漱溟先生所说，中国社会历史虽然历经2000余年的发展演化，但“只有一治一乱的循环变化，而没有革命——没有社会秩序根本性的变革”[②]，因此，其核心和本质被归之于纲常名教的孔子之道之所以能具有2000多年的统制力，也正是由这种社会历史状况决定的。然而，也正是由于它是一种“无法被反驳”的绝对真理，而在它的统制之下，事实上又无法实现思想、态度、信仰、情感、认知价值取向和行为模式的完全同质化，因此，在“儒教”中国的历史上，我们看到的不仅是历代中国人以各种各样的外衣和粉饰装扮出的各种各样的孔子形象，而且也是历代的中国人在偶像化的孔子或绝对真理化的孔子之道面前表演着的各种各样的本相。

极其厌恶儒生的草莽英雄刘邦首开祠孔的先例，显示了他在真正体验到“皇帝之贵”后对“可与守成”的儒者及其祖师爷的态度转变。汉武帝定儒术于一尊，显示了一个睥睨寰宇而欲奋发兴作的有为之主的雄才大略。“雄猜好杀”的明太祖朱元璋称帝后，先后两次与孔子后裔衍圣公面见会谈，并盛赞其祖“明纲常、兴礼乐、正彝伦，所以为帝者师，为常人教。传至万世，其道不可废也”，还谆谆教导衍圣公说：“你祖宗留下三纲五常垂宪万世的好法度，你家里不读书，是不守你祖宗法度，如何中？”他还希望孔家子孙“休怠惰了，于我朝代里，你家里再出一个好人呵不好？”（孔府明初对话碑文）造反起家者之所以尊奉孔子之道而不再相信“造反有理”的道理，显示了历代帝王所以尊孔的真实用心，

① 汪民安、陈永国编：《尼采的幽灵》，社会科学文献出版社2001年版，第119页。

② 梁漱溟：《东方学术概观》，巴蜀书社1986年版，第60页。

即压制性的孔子权威和以纲常名教为基本理念的孔子之道可以为其打造政治统治的稳固的人伦秩序的根基，而那种“所谈者仁义，所传者圣法也。故人识君臣父子之纲，家知违邪归正之路”的社会效果是根本无法从赤裸裸的政治暴力与压迫手段中产生的。

据《辽史·宗室列传》：“（辽）太祖问侍臣曰：‘受命之君，当事天敬神。有大功德者，朕欲祀之，何先？’皆以佛对。太祖曰：‘佛非中国教。’倍（宗室义宗之名）曰：‘孔子大圣，万世所尊，宜先。’太祖大悦，即建孔子庙，诏皇太子春秋释奠。”另据《续资治通鉴》卷一〇二《宋纪》一〇二：“金人破袭庆府，衍圣公孔端友已避兵南去。军人将启宣圣墓，左副元帅宗翰问其通事高庆裔曰：‘孔子何人？’曰：‘古之大圣人。’宗翰曰：‘大圣人墓岂可犯？犯者杀之！’故阙里得全。”又据《元史·耶律楚材列传》，帝责楚材曰：“卿言孔子之教可行，儒者为好人，何故乃有此辈（贪官——引者注）？”对曰：“君父教臣子，亦不欲令陷不义。三纲五常，圣人之名教，有国家者莫不由之，如天之有日月也。岂得缘一夫之失，使万世常行之道独见废于我朝乎！”这都充分显示了周边少数民族政权及其统治者对中国圣人和中国之教的尊重、向往和认同。

元人张孔孙之父“夜梦谒孔子庙，得赐嘉果，已而孔孙生，因丐名于衍圣公，遂名今名”（《元史·张孔孙列传》），还有明代监生陆万龄阿附权阉而将魏忠贤比拟于孔圣，这显示了尊孔乃是“儒教”中国相习成俗的“时尚”，甚者地方俚俗中竟“有以孔子为土地神者”[①]。明代科场试题“至有以‘六经’乱天下语入乡试策问者”（《明史·丁元荐列传》），古“乱”字有“治”“理”的意思，后世已很少在此意义上使用“乱”字，故“乱”字在一般意义上只表达与“治”相反的意思，而儒家经典久受尊崇的明代科场试题中竟然出现了“‘六经’乱天下”的乡试策问题而轰动一时，不知出题者究竟出于什么动机和想法，是真的

① 据清代思想家唐甄《潜书》书末所附王闻远编撰《西蜀唐圃亭先生行略》：“先生见苏郡之西郊，有以孔子为土地神者，与尤悔庵告之当事，协力除之。”（古籍出版社1955年版，第210页）

不知“乱”字有两种相反的含义（这不大可能），还是明知“乱”字有“治”的意思而又故意用“乱”以暗示与“治”相反的意思（这是要冒杀头危险的），但不管怎样，这或许显示了尊孔崇经时代的人们一不留神也会闹出或故意制造一些离经叛道的误会与笑话。明人何鼎因弹劾嬖臣对人君“大不敬，无人臣礼”而下狱，问其主使为谁，答曰“孔子、孟子也”（《明史·何鼎列传》）；南明鲁王的礼部尚书吴钟峦亡国之际，专门跑到孔庙、“抱孔子木主自焚死”（《明史·吴钟峦列传》），这又显示了圣人之徒生时尊孔、死亦去见孔的真诚信念。朱子曰：“千五百年之间……尧、舜、三王、周公、孔子所传之道，未尝一日得行于天地之间也。若论道之常存，却又初非人所能预。只是此个，自是亘古亘今常在不灭之物。虽千五百年被人作坏，终殄灭他不得耳。”（《晦庵先生朱文公文集》卷三十六《答陈同甫书》）孔子之道常存常在，总被人作坏、未尝得行而又殄灭不得，如是之见，更显示了对夫子之道只是心存诚敬、怀着宗教般信仰的道学家的矛盾心理。

“儒教”虽然统制了中国，亦不免治乱兴衰之运，那么，亡国祸民之责又究竟该由谁来承担呢？是道学家的心性空谈误尽了军国大事、天下苍生，而只落得一个“无事袖手谈心性，临危一死报君王”（《存学编》卷一）的可悲下场，还是“国之存亡，自有任其责者，儒何咎焉”（《元史·张德辉列传》）？或如宋儒李觏所说，“儒者”虽然关乎“治乱”，但“用儒而治者，有之矣；用儒而乱者，有之矣”[①]？是“圣人不死，大盗不止”（《庄子·胠箧》），还是“圣人不平，怪乱不平”（《宋元学案》卷二《泰山学案》）？是唯圣人之道可以理天地、化万物、育众生，还是“程朱以理为如有物焉”，从而“启天下后世人人凭在己之意见而执之曰理，以祸斯民”，乃至“于执其意见益坚，而祸斯民益烈”（戴震《文集·答彭进士允初书》）？这些说不清理还乱、非此即彼的问题意识，尤其显示了圣学圣教承载了太多过剩的意义。而圣学圣教与仕进禄利的结合或相互利用

① 李觏：《李觏集》，中华书局2011年版，第243页。

的交易对人格造成的各种扭曲，更显示了生存在压制性真理与利诱性权力的夹缝中的人进退失据而一无是处的宿命，他们不是持禄保位、曲学阿世，就是刻意地“诈善”[①]、矫情地“诈伪”[②]，甚至被骂为“阳为道学，阴为富贵，被服儒雅，行若狗彘”（李贽《续焚书》卷二《三教归儒说》）的阴阳人。

形象和问题如此众多复杂，真可谓“儒教”中国最可观的一件事情，人们在同一偶像的统制下，竟然也必须具备忍受不连贯和相互矛盾的“儒教”信仰的能力，而且还能生活在这样的情况之下。但是，不管怎么说，尊孔崇圣毕竟已成为“儒教”中国的时代潮流，谁敢自外于圣教、自居于时尚潮流之外，谁就会成为被众人讨伐的名教罪人。如是之“儒教”，说它是宗教，它却又有别于典型意义上的宗教，说它不是宗教，它却又胜似宗教，问题不仅在于你如何来界定宗教的含义，而更关键的是因为它自汉代以来与权力政治结下了2000多年之久的不解之缘。梁启超先生说：“盖儒学者，实与帝王相依附而不可离者也。”对历史上的儒家而言，儒学能够与帝王建立起制度化的依附关系，应该说是他们取得的最大的成功，然而，这一成功却极大地把人类“最坏的本能”即“对权力、对成功的偶像崇拜”[③]释放了出来，以至儒之为教者，不管是传统意义上的教化之教，还是典型意义上（具备教义、组织和仪式三要素）的宗教之教，不管是巫术迷信意义上的宗教之教，还是“终极关怀”意义上的宗教之教，说到底都是要

① 据《后汉书·张湛传》：张湛“矜严好礼，动止有则，居处幽室，必自修整，虽遇妻子，若严君焉。及在乡党，详言正色，三辅以为仪表。人或谓湛伪诈，湛闻而笑曰：‘我诚诈也。人皆诈恶，我独诈善，不亦可乎？’”另据《后汉书·循吏列传》：许武被举为孝廉，而武欲令其弟成名，故与其弟分割财产而“自取肥田广宅奴婢强者”，以致“乡人皆称弟克让而鄙武贪婪”，其弟因此而得“选举”。

② 据《后汉书·陈蕃传》：“民有赵宣葬亲而不闭埏隧，因居其中，行服二十余年，乡邑称孝，州郡数礼请之。郡内以荐蕃，蕃与相见，问及妻子，而宣五子皆服中所生。蕃大怒……遂致其罪。”

③ ［英］卡尔·波普尔：《开放社会及其敌人》第二卷，郑一明、李惠斌、陆俊等译，中国社会科学出版社1999年版，第409页。

归宿于依附帝王政治和偶像崇拜而以为教的。因此，凡孔子以之为教者，莫不在对权力、对成功的偶像崇拜中被转换成了“政治行为的生成语法”，孝之为教被移作忠，名之为教被用作“上以制其下”（谭嗣同《仁学》八），学而优则仕之教被转换为“做官便譬如他底宗教”①，伦理情谊之为教或礼之为教讲到极点变成了“杀人”的道理②或“吃人的礼教”。如此种种，亦可说是“儒教”中国之最大的特色，任继愈先生以为“儒教是中华民族特有的传统宗教”③，也正是要强调此意。而如果说“儒教”便是中国人的宗教的话，就其本质特征而言，我认为它不是别的什么宗教，而不过是一种政治性或政教合一的宗教而已，偶像化的孔子就是这一宗教的“教主”，并非孔子自己要创立这样一种宗教而自任“教主”，而是后世的儒家学者和历代帝王强加给他的一种素位空衔，围绕着他的位置和头衔，形成了一个人们在其中展开政治与思想斗争的生存空间，孔子的偶像赖此而历久弥尊，中国的学术思想也因之而难以“独立于政权外”而“成为批判的中心”，乃至中国社会历史的命运，不得不在圣人孔子笼罩一切而无所不在的神圣性与天子至尊而不可亵渎的帝王权杖的支配下，在一治一乱的命运之舟上随着任性的历史波涛而上下沉浮翻滚，事实上却停顿不前、万事不进。诚如法国社会学家雷蒙·阿隆所说：

> 如果人只是早已注定的命运的同谋，政治就是毫无价值的活动了。政治是因为未来尚未肯定，某些人能够创造未来才成为人类的一种高尚的活动。④

---

① 钱穆：《中国文化史导论》（修订本），商务印书馆 1994 年版，第 127 页。

② 清儒戴震说：“其（后儒）所谓理者，同于酷吏之所谓法。酷吏以法杀人，后儒以理杀人。”（《文集》卷九《与某书》）“尊者以理责卑，长者以理责幼，贵者以理责贱，虽失，谓之顺；卑者、幼者、贱者以理争之，虽得，谓之逆。……人死于法，犹有怜之者；死于理，其谁怜之！”（《孟子字义疏证·理》）

③ 李申：《中国儒教史》上卷，上海人民出版社 1999 年版，任继愈“序”，第 5 页。

④［法］雷蒙·阿隆：《社会学主要思潮》，葛智强、胡秉诚、王沪宁译，上海译文出版社 1988 年版，第 544 页。

在历尽一家一姓王朝的变易更迭而“儒教”仍然持续受尊的历史中，当历代中国人将孔子奉为“万世教主”，并将圣人之道与帝王之势、孔子之教与权力政治结合为一的时候，他们使自己恰恰成了早已注定的命运的同谋，以道德理想转化权力政治的儒家人文理念最终被转换成了臣子以服从君父权威（忠孝）为道德目标的人生追求，参与政治也因此而成了一种只是在纲常名教的圈套和陷阱中永远作无奈挣扎的“毫无价值的活动”。因此，吾人实应为孔子被奉为“万世教主”而鸣不平，更应从对“儒教”中国的“一部表面上写的是我们称之为真理，实际上却是错误的历史”的重新审视中，学会正确地走上创造未来的智慧之路。

七、异端之声

在“儒教”中国的历史上，有一种声音亦是不容忽视的，那就是我们可以通称之为异端之声的，对孔子和儒学、“儒教”的批评的声音。这类声音在“儒教”中国的历史上显得格外另类而发人深省，对“儒教”构成了强有力的挑战和冲击。大体而言，我们又可以把这类声音分为两大类：一类是来自儒家外部的，在历史上曾经对“儒教”构成外部的强劲挑战和冲击的，有魏晋时期的玄学思潮以及在魏晋南北朝兴盛起来并在后世一直有其广泛深远影响的本土的道教和外来的佛教；另一类则是来自儒家内部的，其异端的典型代表即是那些抨击居于统治地位的“儒教”主流话语的儒家学者或思想家，如东汉的王充、明代的李贽等。另外，在“儒教”中国的历史上还出现过少数批评君主专制政治的杰出思想家。他们或是对以纲常名教为核心理念的“儒教”传统进行深刻的批评性反思，或是对受到国家政权尊崇和表彰的官方学术以及流行一时的世俗儒者的谬见迷思、陋习伪行给以激烈抨击和排诋，或是将理论批判的矛头直指与“儒教”有着密切的合法性关联的君主专制政治本身。由于问题涉及孔子与“儒教”的历史命运，而且其中的一些重要思想家的思想在近世又重新受到人们的关注并引发极大反响，甚至构成了近代以来启蒙激进思潮用来革新和颠覆整个“儒教”中国的政教传统的重要的“支援意识”，故在此对这些异学、异教或异端思想家对“儒教”所造成的挑战与冲击作一些梳理和评述是十分必要的。

（一）玄学思潮与佛道二教的挑战

众所周知，在“儒教”中国的历史上，道家与道教一直构成“儒教”的强有力的对立面，并常常与“儒教”形成一种平流并进或此消彼长之势。就其主要方面来讲，特别是就其对文人士大夫的精神生活及其人格范型的总体特征的塑造而言，道家独特的思想传统与精神气质毫无疑问是主要的构造或形成性因素之一，而佛道二教对中国文化的大、小传统亦产生了广泛而深远的影响。依我之见，其中最值得我们反思的就是：魏晋玄学思潮的挑战和佛道二教的冲击何以会最终被消化于无形，何以会被转化、吸纳为“儒教”主体文化的无害的补充，乃至构成了整个中国文化的有机组成部分？

魏晋玄学思潮的兴起，显然是对汉家定“儒教”于一尊的一种反动，如宋儒程伊川所说：“学者后来多耽庄子。若谨礼者不透，则是佗须看庄子，为佗极有胶固缠缚，则须求一放旷之说以自适。譬之有人于此，久困缠缚，则须觅一个出身处。如东汉之末尚节行，尚节行太甚，须有东晋放旷，其势必然。”（《河南程氏遗书》卷十八）钱穆先生亦曾言：“因尚名节、务虚伪，反动而为自然率真，归于庄、老。”[①]但是，就其实质而言，这样一种思想的反向运动实意味着“儒教”信念本身的合法化问题或合法性危机的发生。诚如哈贝马斯所言，合法化问题是在某种秩序的合法性被质疑的情境中出现的，以至“一边否认，而另一边维护着合法化”[②]。可以说，魏晋时期“儒教”的合法化问题正是在儒家礼教或名教秩序的合法性被质疑的情境中出现的，故玄学讨论的中心问题即名教与自然的关系，一方主张“名教出于自然”或“名教即自然”，另一方则蔑弃礼

① 钱穆：《国史大纲》（修订本）上册，商务印书馆 1994 年版，第 223 页。

② ［德］哈贝马斯：《交往与社会进化》，张博树译，重庆出版社 1989 年版，第 184 页。

法、行为放旷，前者试图将圣人孔子的“名教”教义与道家老庄的“自然”义旨结合融贯为一，以便在促使道家的自然主义融入主流意识形态的同时，又在名教自然化的基础上重新将“儒教”合法化，而后者则力求破除和摆脱儒家名教的束缚，故极力主张“越名教而任自然”。何晏、王弼等为前一主张的代表，他们仍尊信孔子为“圣人”，而以老子为“圣之次”的“亚圣大贤”①，但正是他们的“祖述《老》《庄》”（《晋书·王衍列传》），开创了“雅好老庄之学”（《晋书·向秀列传》）或“妙善玄言，唯谈《老》《庄》为事”（《晋书·王衍列传》）的学术思想风气。阮籍、嵇康等为后一倾向的代表，他们厌弃名教，愤激于礼俗之虚伪，故行为流于任性率真以至寄情药酒、任诞放达，甚而“非汤武而薄周孔”，《庄子》书中所曾描绘过的为名利而奔忙的孔子形象亦重新出现在嵇康的《答难养生论》中，孔子被重新描绘成一位“修身以明污，显智以惊愚”，“神驰于利害之端，心惊于荣辱之途”，乃至为名利荣辱耗尽心机并受尽了惊吓的追名逐利之徒。

而发人深省的是，在此儒家礼教或名教秩序的合法性被质疑乃至毁弃的时代情境中，鄙薄“儒教”而不尊儒术、放浪形骸而不遵礼法者有之，然以为“名教中自有乐地”（《世说新语·德行》）者亦有其人；“以‘六经’为芜秽，以仁义为臭腐”者有之，而以“‘六经’为太阳，不学为长夜”（嵇康《难自然好学论》）者亦有之。倘若稽考其情实的话，崇尚老庄之玄风的愈演愈烈，固然导致了“儒教”的衰微或风教的陵迟，然而同时我们也可发现玄学话语不仅有将名教自然化的认知价值取向，即如蔑弃礼法之名士们的放诞行为亦从反面透显出了“儒教”的社会化程度，如“能为青白眼”的阮籍“见礼俗之士，以白眼对之”（《晋书·阮籍列传》），正足说明其时儒家之礼教已演化成社会惯常的积习故俗，故雷海宗先生说：“到东汉时大家族重建的运动已经成功，魏、晋清谈之士

① 参见王葆玹先生著《正始玄学》一书第一章之“二、三玄及其品次问题”。王先生还指出，与玄学对孔老位次的说法不同，道教则“将老子的地位凌驾于羲、文、周、孔等儒家圣人之上，至少要平起平坐”。

的谩侮礼教，正足证明旧的礼教已又复活。”[1]陈寅恪先生在为冯友兰著两卷本《中国哲学史》所写《审查报告三》中亦曰：“六朝士大夫号称旷达，而夷考其实，往往笃孝义之行，严家讳之禁，此皆儒家之教训，固无预于佛老之玄风者也。”而鲁迅先生在《魏晋风度及文章与药及酒之关系》一文中更有言：

> 然而后人就将嵇康阮籍骂起来，人云亦云，一直到现在，一千六百多年。……例如嵇阮的罪名，一向说他们毁坏礼教。但据我个人的意见，这判断是错的。魏晋时代，崇奉礼教的看来似乎很不错，而实在是毁坏礼教，不信礼教的。表面上毁坏礼教者，实则倒是承认礼教，太相信礼教。因为魏晋时所谓崇奉礼教，是用以自利，那崇奉也不过偶然崇奉，如曹操杀孔融，司马懿杀嵇康，都是因为他们和不孝有关，但实在曹操司马懿何尝是著名的孝子，不过将这个名义，加罪于反对自己的人罢了。于是老实人以为如此利用，亵黩了礼教，不平之极，无计可施，激而变成不谈礼教，不信礼教，甚至于反对礼教。——但其实不过是态度，至于他们的本心，恐怕倒是相信礼教，当作宝贝，比曹操司马懿们要迂执得多。……他们倒是迂夫子，将礼教当作宝贝看待的。

可见，魏晋时期的礼教与反礼教运动实是由儒、道之相反相激而形成的一种历史趋势，在当时，既有其人立身处世犹宗儒义，然求精神之自由则转慕庄老者，亦有表面上反对礼教而其实内心更加迂执礼教者。总的来讲，在当时动荡不安的时代背景下，官方的倡导、士大夫的风尚与社会的习俗在变迁演化的历史过程中始终处于一种或背离相反或纠结缠缚的错综复杂关系中。但究其实质，在当时特殊的时代环境下，思想风气的变化无关乎社会政治的根本变革，因此，放旷任诞之玄风玄思虽能盛行于一世，但终究难以真正取代“儒教”的正统地位，而只要统治者对“儒教”的倡导和奉行能够更为严肃认真一些，似乎又可以很容易地将玄风消化于无形，而重新养成“家寻孔教，人诵儒书”（《南齐

[1] 雷海宗：《中国文化与中国的兵》，商务印书馆2001年版，第72页。

书・陆澄列传》)的社会风气。

佛教的传入，至魏晋而大盛，亦对儒家名教伦理思想造成巨大的冲击，并导致了中国宗教信仰与哲学思想的空前巨变，但诚如萧公权先生所评说："异族文化之接触，本为人类文化史中习见之事，且每为促成进步之媒介，无庸加以惋惜。所足认为不幸者，中国首次所接触比较高度之异族文化适为佛法，而佛法又为非政治之厌世宗教，接触之结果虽激起哲学与宗教思想之进步，而无裨于社会及政治生活。……于政治思想无丝毫之贡献。"[①] 因此之故，作为非政治的出世宗教的佛法虽可盛极一时，甚至流播、影响广泛而深远，却同样不可能在社会风教及政治生活领域取代"儒教"势力的主导地位，道教亦不例外。毫无疑问，在中国历史上，佛道二教代表了最具势力而难以为"儒教"所完全整合与同化的知识、思想、信仰的精神因素和文化力量，但只要它们彼此之间都能作出一些必要的让步和调适，三教的共存并行乃至最终走向汇流合一应是合乎情理的必然趋势。故陈寅恪先生说："自晋至今，言中国之思想，可以儒释道三教代表之。此虽通俗之谈，然稽之旧史之事实，验以今世之人情，则三教之说，要为不易之论。"[②]

(二)对君主专制政治的批判

道家崇尚无为的政治思想，在魏晋之际更被阮籍、鲍敬言等推演为激切而反专制的无君政治论，如"好老庄之书"的鲍生敬言，发为"古者无君，胜于今世"之论，并深刻揭露和抨击了儒家赋予君主权力政治的天命合法性的理论根据，如儒者所谓"天生烝民而树之君"不过是欺人之谈，"君臣之道"其实是"强者凌弱""智者诈愚"(《抱朴子・诘鲍》)的产物。

儒家学者反君主专制政治的代表人物当首推明末清初的著名思想家黄宗羲，其所著《明夷待访录》一书可说是古代反专制思想的不朽之作，与鲍子站

① 萧公权：《中国政治思想史》，新星出版社2005年版，第264—265页。

② 冯友兰：《中国哲学史》下册，中华书局1961年版，陈寅恪《审查报告三》，第2页。

在道家政治立场上解构君主政治与“儒教”的合法性关联的致思路向不同，黄氏则主要借助儒家贵民和天下为公的思想资源，对“以我之大私为天下之大公”的君主私天下的政治传统给予了激烈抨击，其言曰：“古者以天下为主，君为客。凡君之所毕世而经营者为天下也。今也以君为主，天下为客。凡天下之无地而得安宁者为君也。是以其未得之也，屠毒天下之肝脑，离散天下之子女，以博我一人之产业，曾不惨然！曰‘我固为子孙创业也’。其既得之也，敲剥天下之骨髓，离散天下之子女，以奉我一人之淫乐，视为当然，曰‘此我产业之花息也’。然则为天下之大害者君而已矣。”（《明夷待访录·原君》）并主张公是非于学校，所谓“天子之所是未必是，天子之所非未必非。天子亦遂不敢自为非是，而公其非是于学校”，乃至“必使治天下之具皆出于学校”（《明夷待访录·学校》）。

在“儒教”中国的历史上，鲍生和黄氏等人对君主政治的批评之声虽然深切而著明，但如空谷足音，长期处于沉寂而湮没无闻之中，其实际的影响力是十分微弱的。而且，这种理论的批判是无法与“武器的批判”同日而语的，然而，在一治一乱的历史循环中，虽然历经无数次的“武器的批判”，新兴的王朝所建立的却依然是帝制中国一脉相承的旧的政治规模与君主体制。故，在“儒教”中国的历史上，道家的无君之论终究无法打破“儒教”与君主政治的制度化关联，儒家的贵民和天下为公思想亦难以遏制君主专制权力的恶性膨胀。不过，黄氏之书受到清末维新变法之士的高度关注，梁启超和谭嗣同等将黄氏之书秘密印行散布，对清末维新变法运动产生了极为重要的促进和推动作用，即梁启超所谓“于晚清思想之骤变，极有力焉”①。

（三）异端思想家的孔子与“儒教”观

在“儒教”中国的历史上，儒家内部亦曾出现过一些反潮流的异端思想家，这些思想家之所以值得我们关注，乃是因为他们是从儒家内部生长出来的异端

① 梁启超：《清代学术概论》，东方出版社1996年版，第18页。

思想家，故而可以说对“儒教”更具自我瓦解的颠覆性和自我革新的创造性，以至他们中的个别人如李贽也因此而更难以被正统的儒家学者所宽容，而这些异端思想家的孔子与“儒教”观尤其耐人寻味。

1. 王充的孔子与“儒教”观

将《论衡》一书中的相关言论综合类聚以观，我们可以将王充的孔子与“儒教”观归纳为以下几个方面。

一是，孔子为儒家之宗，为道德之祖，为仁圣、大人和素王。如曰：“儒家之宗，孔子也。”（《案书篇》）“孔子，道德之祖，诸子之中最卓者也。”（《本性篇》）“孔子曰：‘死生有命，富贵在天。’……孟子曰：‘天也！’孔子圣人，孟子贤者，诲人安道，不失是非，称言命者，有命审也。”（《命禄篇》）“五帝、三王、皋陶、孔子，人之圣也。”（《讲瑞篇》）“文王、孔子，仁圣之人。”（《指瑞篇》）“圣人（指孔子——引者注）之好学也，且死不休，念在经书，不以临死之故，弃忘道艺，其为百世之圣，师法祖修，盖不虚矣。”（《别通篇》）“孔子圣人，知府也。”（《辨祟篇》）“大人与天地合德，孔子，大人也。”（《感类篇》）“孔子作《春秋》，以示王意。然则孔子之《春秋》，素王之业也。”（《超奇篇》）“孔子不王，素王之业在于《春秋》。”（《定贤篇》）

二是，孔子是周之文人，为才智鸿笔之人，为周世多力之人。如曰：“才智如孔子。”（《命禄篇》）“孔子，周之文人也。”（《佚文篇》）“孔子，鸿笔之人也。”（《须颂篇》）“孔子，周世多力之人也，作《春秋》，删五经，秘书微文，无所不定。”“孔子周流，无所留止，非圣才不明，道大难行，人不能用也。故夫孔子，山中巨木之类也。”（《效力篇》）“虞舜，圣人也……孔子，舜之次也……俱以圣才，并不幸偶。”（《幸偶篇》）可见，王充对于孔子生前累受患害的不幸遭遇也是深表同情的。

三是，圣人是学而知之的人，是道德纯厚、知能博达之人，但绝不是不学而知的神；圣人既“可学为”“可勉成”（《知实篇》），而又是人在仁智、操行上的典范。故曰：“圣人，纯道（道德纯厚）者也”（《祸虚篇》），“案人操行，莫能过圣人”(《指瑞篇》),“圣人人之奇者,身有奇骨,知能博达,则谓之圣矣”(《讲瑞篇》)。圣人与神人不同,圣人“须学以圣”,而神人“不学而知”,故“以圣人学,知其非神”,而“天地之间,含血之类,无性知者”(《实知篇》),因此,圣之为圣,只是“人之殊者”,而“神怪与圣贤,殊道异路也”,“故夫贤圣者,道德智能之号;神者,眇茫恍惚无形之实”(《知实篇》)。正是基于这样一种学而知之的圣人观,王充极言批驳了世俗之儒神怪化的圣人观,正所谓“儒者论圣人,以为前知千岁,后知万世,有独见之明,独听之聪,事来则名,不学自知,不问自晓,故称圣则神矣”(《实知篇》)。王充明确反对将孔子神怪化,反对将神怪化的圣人观运用于孔子身上,他认为圣人孔子亦是“不能先知”(《知实篇》)的。然而,在王充看来,正是作为仁智之圣人,孔子之为孔子又是无人能比的,所以说:“材鸿莫过孔子”(《自纪篇》),“可效放(通‘仿’)者,莫过孔子”(《自纪篇》)。

四是,孔子道美,所教者礼让,被服圣教的儒生与文吏相较,虽然各有优劣短长,而实于道学为高。如谓:“孔子道美……道达广博者,孔子之徒也。”(《别通篇》)“孔门弟子七十之徒,皆任卿相之用,被服圣教,文才雕琢,知能十倍,教训之功而渐渍之力也。”(《率性篇》)“孔子所以教者,礼让也。”(《问孔篇》)“夫儒生,礼义也。”(《非韩篇》)“文吏以事胜,以忠负;儒生以节优,以职劣。二者长短,各有所宜;世之将相,各有所取。取儒生者,必轨德立化者也;取文吏者,必优事理乱者也。”“志在修德,务在立化,则夫文吏瓦石,儒生珠玉也。”“五经以道为务,事不如道,道行事立,无道不成。然则儒生所学者,道也;文吏所学者,事也。假使材同,当以道学。……儒生治本,文吏理末,道本与事末比,定尊卑之高下,可得程矣。”(《程材篇》)

五是,王充不仅从道德智能上对孔子极尽赞美之能事,并崇尚孔门人文之教,而且更以文王、孔子以至汉家儒宗仲舒之文教传统的当世传人自居。故曰:“文王之文在孔子,孔子之文在仲舒。”(《超奇篇》)“实孔子之心,考仲舒之意。”(《明雩篇》)“《春秋》为汉制法,《论衡》为汉平说。”(《须颂篇》)

“《诗》三百，一言以蔽之，曰：思无邪”而“《论衡》篇以十数，亦一言也，曰：‘疾虚妄。’”（《佚文篇》）

六是，王充还是一位富于独立思考、极具怀疑精神的学者，故能写出《问孔》《刺孟》以及“九虚三增”这样的愤世嫉俗、振聋发聩、惊世骇俗的作品。在王充看来，圣人孔子并非无所不知、无所不能的神，孔子相人之失在“以貌取人，失于子羽，以言取人，失于宰予也”（《骨相篇》），孔子亦有“不能立其教”（《薄葬篇》）者，特别是其言行更多有不可晓解之处，所以在《问孔篇》中王充列举了一系列的例子以示问难，其中有弟子问难而促使孔子不得不进一步阐明其说者，有王充本人对孔子之言作进一步阐发者，有以孔子之言反诘孔子者，有追难孔子“言行相违，未晓其故”者，有问难孔子对弟子所教相殊、“所尚不同，孔子为国，意何定哉？”者，有责孔子之言“何其约也！”者，甚至批评说：“孔子之言，何其鄙也！”而且，由于孔子讲了一些“君子不宜言也”的话，所以在王充看来，孔子有时显得竟是一位“言无定趋”“行无常务”或“言行相违”的伪言伪行的俗人或佞人。

如上所述，王充的孔子与“儒教”观可说是非常矛盾的，他在批驳圣人感生的虚妄谬论之时，却又陷入了另一种“圣人自有种世族”（《奇怪篇》）和天生奇骨异表的妄见；他著《论衡》之书而不遗余力地揭批“伪书俗文多不实诚”（《自纪篇》），又写《问孔》之文而极言追难孔子、伐孔子之说，但又常常引经据典并以孔子为是非之准的，所谓“世有是非错缪之言，亦有审误纷乱之事，决错缪之言，定纷乱之事，唯贤圣之人为能任之”（《定贤篇》），“上自黄、唐，下臻秦、汉而来，折衷以圣道，析理于通材”（《自纪篇》）；在他看来，孔子有时讲的话只有俗人才会说，而且言行相违得简直不可理解，但他有时又极力为圣人孔子的言行回护辩诬，如曰：“传语曰：‘文王饮酒千钟，孔子百觚。’欲言圣人德盛，能以德将酒也。如一坐千钟百觚，此酒徒，非圣人也”，而究其实，“文王、孔子，率礼之人也”。（《语增篇》）然而，王充的矛盾绝不是一种摇摆于信教与叛教之间的矛盾，从其根本信念与真实态度上来说，他是绝对崇信孔子与“儒教”的，正因为崇信圣人孔子与儒家经艺，所谓“言审莫过圣人，经艺万世不易”(《艺增篇》)，故对孔子之说、经艺之文不解未晓或虚妄错谬者而不惮于问难追伐，其目的并非为了反孔，而是为了“核道实义，证定是非”(《问孔篇》)以使孔子之义理更加深切而著明，正所谓爱之深而责之切。王充对世俗之儒出于对圣人与经典的盲目迷信与崇拜[①]而“称圣过实”或“溢美过实”的虚妄固陋习气深恶痛绝，故力图将孔子的牌位从虚妄迷信的神坛之上取下而重新摆放到可信可尊的人间秩序的圣人位置上，以使人们对圣人孔子的崇信从虚妄而重新返归实诚。因此，若是因为王充写过《问孔》之文而认为他就是反孔之人的话，这绝对是一种历史的误会而大谬不然。诚如刘泽华先生所说：

> 东汉初的王充是一位具有怀疑精神、敢于独立思考，敢于写《问孔》这样骇世之作的人。在阐述独到之见时，也常引经据典，作为合理性的证明。……很显然，王充把《经》视为最高原则和指导。他用了许多笔墨对今文儒生的“传”、“注”进行了批谬，驳斥了虚妄神话之论。然而正是他从求实的层面论证了儒家经典本身的可尊与合理。[②]

亦如周桂钿先生所言：

> 王充“问孔”，主要是针对汉世俗儒神化孔子、崇拜偶像的倾向的，从中也表明了他对孔子的评价。他认为孔子是道德高尚、知识丰富、思维发达的圣人。圣人也是人，既有七情六欲，也有缺点错误，并非完人。他这种意见不是对圣人的求全责备，而是对俗儒迷信圣人的批评。
>
> “问孔”不是反孔，而是要捣毁俗儒崇拜的偶像，要揭破被神化的孔子。这表现了王充敢于求实的大无畏精神。[③]

---

① 如《问孔篇》曰：“世儒学者，好信师而是古，以为贤圣所言皆无非，专精讲习，不知难问。”《书虚篇》曰：“世信虚妄之书，以为载于竹帛上者，皆贤圣所传，无不然之事。”

② 刘泽华主编：《士人与社会》(秦汉魏晋南北朝卷)，天津人民出版社1992年版，第68页。

③ 周桂钿：《虚实之辨》，人民出版社1994年版，第258页。

我认为，刘、周二先生对王充及其孔子与“儒教”经艺观的上述评价是精审而中肯的。

2. 李贽的孔子与“儒教”观

在“儒教”中国的历史上，另一位重要的异端思想家便是李贽，他的同时代人共相目之以“异端”，他本人亦遂自居为“异端”，而后世更将他视为“异端之尤”。然而，我认为，恰恰是这“异端”之称隐含着一个饶富意味的历史性误会，我们要厘清这一误会就必须认真反思和追问这样几个问题：李贽的孔子和“儒教”观究竟为何？他何以为“异端”？我们对李贽本人及其孔子和“儒教”观究竟应作何评价？

仔细推敲李贽的孔子和“儒教”观，我们便不难发现李贽在许多方面与王充对孔子与“儒教”的信仰、情感与态度实有颇多相似之处，他们都是富有强烈批判精神的“儒教”中人，既对孔子和“儒教”怀着真诚的信仰而又敢于提出尖锐的批评，所不同的是李贽面对的问题境况要比王充面对的更为复杂些，如对儒释道三教的“判教”问题等。

关于李贽对孔子的真实态度，朱绍侯先生曾在《李贽对孔子的真实态度》① 一文中作过比较全面的考察，评价亦是客观而公允的。我们试结合朱先生所论，就李贽的孔子与“儒教”观作进一步的申论如下。

一是，如朱先生在文中所指出的，在李贽的著作如《焚书》《续焚书》二书中，“李贽赞颂孔子的言词随处可见”，而且是“赞不绝口”“颂不绝书”。朱先生从中摘引了 29 项李贽赞颂孔子道德言行的有关事例，如：赞扬孔子学而不厌、诲人不倦的精神；赞孔子重道、重义、慎思、善诱；赞扬孔子的明德亲民思想；赞颂孔子倡导的智仁勇精神；赞孔子“仁者人也”之说；赞孔子“不为已甚”的精神；赞孔子“过犹不及”“足食足兵”之说；赞孔子“下学而上达”；赞孔子能识人；颂扬孔子教子、爱子的精神；颂扬孔子“万物与吾同体”的精神；赞扬孔

① 朱绍侯：《李贽对孔子的真实态度》，《史学月刊》1993 年第 4 期。

子“为君难，为臣不易”之说；赞扬孔子“杀身以成仁”的思想；赞孔子“不改其乐”的精神；赞扬孔子以“修身为本”、自敬敬人的精神；赞扬孔子的言行就是一部《春秋》；赞孔子教人求仁；把孔子讲的“四勿”（非礼勿言，非礼勿动，非礼勿视，非礼勿听）赞为“千古绝学”（《焚书》卷三《四勿说》）；等等。朱先生将李贽对孔子的这些赞颂分为三种类型，即所赞与孔子的言行思想相符合，所赞反映的是李贽本人的思想，所赞本于李贽的推论而实际上与孔子无关，并指出：“不论属于哪种类型的赞颂，都反映出李贽对孔子是非常尊重的。”

二是，我们需要特别强调的是，李贽对孔子的上述赞颂绝非泛泛而赞，而是出于对他心目中的圣人孔子的由衷推崇，李贽对孔子有时简直就是推崇备至。如：李贽推崇孔子为“言顾其行”“行顾其言”的“真圣人”，他说：“夫孔子所云言顾行者，何也？彼自谓于子臣弟友之道有未能，盖真未之能，非假谦也。人生世间，惟是此四者终身用之，安有尽期？若谓我能，则自止而不复有进矣。圣人知此最难尽，故自谓未能。已实未能，则说我不能，是言顾其行也。说我未能，实是不能，是行顾其言也。故为慥慥，故为有恒，故为主忠信，故为毋自欺，故为真圣人耳。不似今人全不知己之未能，而务以此四者责人教人。”（《焚书》卷一《答耿司寇》）[①] 另如李贽赞圣人孔子之术“至矣”说：“至矣！圣人鼓舞万民之术也。盖可使之由者，同井之田；而不可使之知者，则六艺之精、孝弟忠信之行也。”（《焚书》卷三《兵食论》）又如李贽推崇夫子之道说：“夫子曰：‘为君难，为臣不易。’此虽一时告定公语，而千万世君道臣道不越是矣。”（《续焚书》卷二《史阁叙述》）又如李贽推崇叹服孔子为“至圣”说：“以今观吾夫子，夫孰不尊？夫孰不亲？从今以后，以至万亿年载，其尊且亲，但见其有加而不替矣，岂若当时之王，见在则尊，过则已。见在则亲，过则已者所可比耶？……吾以谓千古可以语至圣者，夫子也。”（《道古录》卷下第十八章）“虽尊之以为天，亲之以为父母，敬而事之以为万世之宗师，夫子弗善也，夫子弗乐也，夫子

① 以下凡引李贽著作，均见张建业主编：《李贽文集》，社会科学文献出版社 2000 年版。

弗享也。呜呼！此固夫子之所以为至圣也。”（《道古录》卷下第十九章）再如李贽推崇孔子为可师法之“神圣”曰：“愿后之君子，要以神圣为法。法神圣者，法孔子者也，法文王者也，则其余亦无足法矣！”（《九正易因》卷上《读易要语》）综上，正是因为李贽对孔子如此推崇备至，我们才能理解李贽何以会口口声声将孔子尊称为“夫子”“孔夫子”“孔圣”“孔圣人”“夫子大圣人”，而且习惯称之为“吾夫子”“吾家孔夫子”，并喜称“吾儒家”。显然，李贽是以“儒教”中人自居的，不仅如此，而且更“认为只有他自己才真正了解孔子之道，传孔子之学”（朱绍侯先生语），故以孔子的真正传人自居，如李贽认为，文王之《易》正由于孔子之善解而得以灿然大明于世，而自己更使孔子对《易》的训解灿然大明于世，所以说“余以为夫子者实文王之所攸赖……如李卓吾者又夫子所攸赖”（《续焚书》卷一《与友人》）。

三是，李贽是一位颇具平视三教之胸襟的思想家，他将孔夫子、李老子和释迦佛并尊为“三大圣人”“三教圣人”，认为他们“均为至圣”，且唯有他们能“超然于名利之外”而“同为性命之所宗”（《续焚书》卷一《复李士龙》《答马历山》）。以李贽之见，三教之所异不过在于其视天下富贵之为害的程度不同而已，而三教之所同则在于其皆期于闻道以出世，所谓“儒、道、释之学，一也，以其初皆期于闻道也。必闻道然后可以死，故曰：‘朝闻道，夕死可矣。’……盖必出世，然后可以免富贵之苦也”（《续焚书》卷二《三教归儒说》）。不管我们赞不赞同李贽对三教之异同的看法和见解，但我认为，究其真实的心迹，虽然李贽说“学道则有三教大圣人在”（《焚书》卷四《二十分识》），而实则李贽最为归心的还是孔圣“儒教”，故他总是标举孔子之语以昌明三教一同之旨，如孔子之言“朝闻道，夕死可矣”及“智者不惑，仁者不忧，勇者不惧”等，并心仪孔、颜之乐曰：“此乐现前，则当下大解脱，大解脱则大自在，大自在则大快活。世出世间，无拘无碍，资深逢源。故曰：‘鱼相忘乎江湖，人相忘乎道术。’故学至游艺，至矣，不可以有加矣。”（《续焚书》卷一《与陆天溥》）李贽叹服归心孔圣之至的心迹亦可以其下面的一番圣地游记证之：“余偶来济上，乘兴晋谒夫子庙，登杏坛，入林中，见桧柏参天，飞鸟不敢栖止。一草一木，皆可指摘而茎数，刺草不生，棘木不长，岂圣人之圣真能使草木皆香洁，乌鸦不敢入林窠噪哉！至德在躬，山川效灵，鬼神自然呵护。庸夫俗子无识不信，独不曾履其地乎？何无目之甚也！”“夫孔夫子去今二千余岁矣，孔氏子姓安坐而享孔圣人之泽……历周、秦、汉、唐、宋、元以至今日，其或继今者万亿劫可知也。盖大圣人之识见度量总若此矣，而又何羡于佛与释迦乎？”（《续焚书》卷四《释迦佛后》）

四是，李贽虽对孔圣叹服推崇备至，然亦如王充一样又并非对孔子全盘肯定而不敢稍有异想，甚至还讲了一些在正统派人士看来简直就是“非圣无法”“离经叛道”的所谓“反孔”言论，以致李贽成了历史上最大的一个另类和异端。如李贽曰：“夫天生一人，自有一人之用，不待取给于孔子而后足也。若必待取足于孔子，则千古以前无孔子，终不得为人乎？”“且孔子未尝教人之学孔子也。……夫孔子未尝教人之学孔子，而学孔子者务舍己而必以孔子为学，虽公亦必以为真可笑矣。”（《焚书》卷一《答耿中丞》）“夫‘六经’、《语》、《孟》，非其史官过为褒崇之词，则其臣子极为赞美之语。又不然，则其迂阔门徒，懵懂弟子，记忆师说，有头无尾，得后遗前，随其所见，笔之于书。后学不察，便谓出自圣人之口也，决定目之为经矣，孰知其大半非圣人之言乎？纵出自圣人，要亦有为而发，不过因病发药，随时处方，以救此一等懵懂弟子，迂阔门徒云耳。药医假病，方难定执，是岂可遽以为万世之至论乎？然则‘六经’、《语》、《孟》，乃道学之口实，假人之渊薮也。”（《焚书》卷三《童心说》）“人之是非，初无定质。人之是非人也，亦无定论。无定质，则此是彼非并育而不相害；无定论，则是此非彼亦并行而不相悖矣。……前三代，吾无论矣。后三代，汉、唐、宋是也。中间千百余年，而独无是非者，岂其人无是非哉？咸以孔子之是非为是非，故未尝有是非耳。然则予之是非人也，又安能已！夫是非之争也，如岁时然，昼夜更迭，不相一也。昨日是而今日非矣，今日非而后日又是矣。虽使孔夫子复生于今，又不知作如何非是也，而可遽以定本行罚赏哉！”

(《藏书世纪列传总目前论》)另外，李贽还对刘谐讽喻戴“纲常之冠”、穿“人伦之衣”而“自谓真仲尼之徒”的道学先生的话深表赞赏，据《焚书》卷三《赞刘谐》：“(刘谐见此道学先生)而哂曰：‘是未知我仲尼兄也。’其人勃然作色而起曰：‘天不生仲尼，万古如长夜。子何人者，敢呼仲尼而兄之？’刘谐曰：‘怪得羲皇以上圣人尽日燃纸烛而行也！’其人默然自止。然安知其言之至哉！”李贽认为，刘谐之语“虽出于一时调笑”，“然其至者百世不能易”。

五是，李贽更将批判的矛头直指虚伪的一切假道学，言辞之激烈较之王充的“疾虚妄”更有过之而无不及。大体而言，他对假道学的批评主要集中在这样几个方面：批评他们“爱依仿孔子”；批评他们“自负孔圣正脉”，“自以为是，而遽非人之不是”，或者“遂以人尽异学，通非孔、孟之正脉笑之”(《焚书》卷一《答耿司寇》)；批评他们“好自尊大标帜，而不知其诟诬”(《藏书·德业儒臣前论》)；批评他们好为人师，“讲道学，聚徒众，收门生，以博名高，图富贵”(《焚书》卷二《与焦弱侯》)；批评他们“口谈道德而心存高官，志在巨富”(《焚书》卷二《又与焦弱侯》)；批评他们“阳为道学，阴为富贵，被服儒雅，行若狗彘然也”(《续焚书》卷二《三教归儒说》)；批评他们言不顾行、行不顾言，所讲非所行、所行非所讲；批评他们排诋异端以尊孔子，不过是一犬吠形、百犬吠声而已，而其实并“不知孔夫子何自可尊”(《续焚书》卷二《圣教小引》)；等等。李贽对知行分离而伪言伪行的假道学的种种批评，真可谓“快口直肠，目空一世”(焦竑《李氏焚书序》)。

综观上述，我认为，李贽如同王充一样也并非真的“反孔”，李贽的孔子与“儒教”观事实上涉及以下几个层面的问题。

其一，总的来看，或者从李贽的根本态度上来讲，正如朱绍侯先生所言，李贽“对孔子的赞扬多于否定，也可以说对孔子是赞不绝口，而李贽真正反对的则是打着孔子和儒学的招牌的假道学先生”，换言之，“李贽反对的是被封建正统派神圣化、偶像化的孔子，而不是反对孔子本人和孔子的学说”。从李贽对“今世俗子与一切假道学”深恶痛绝的态度，我们也足可了解，李贽其实并不反对和排诋出于对孔子之道真诚信仰的真道学，乃至对孔子本人及孔学的基本理念或真正的孔子之道是满怀崇敬信仰之情的。

其二，李贽对孔学或真正的孔子之道自有其个人独到的理解和解释，他对孔子与孔子之道的崇信自然是基于他本人的这种理解的，而追求真正的孔子之道以及对孔子之道的不同理解，又正是“儒教”演生史上的一种惯常的诠释学现象，也体现了儒家的一种惯常的思维定式。“儒教”得以不断演生并不断拓展其可能之意义境域的生命力，也正是依靠后世儒家学者对孔子之道的自我坚持与理解视界的不断移动来实现和维持的，因此，在诠释学的层面上，李贽绝不是什么“异端”。

其三，我认为，对李贽的所谓“反孔”的言论应作具体分析。第一，李贽正是依据孔子所教的人伦道德或人道主义的根本理念，即人之为人当各安其分、各尽其责，因此主张人不必“依仿孔子”才始为人，故曰：“夫天生一人，自有一人之用，不待取给于孔子而后足也。若必待取足于孔子，则千古以前无孔子，终不得为人乎？”又说，“是故圣人在上，万物得所，有由然也。夫天下之人得所也久矣，所以不得所者，贪暴者扰之，而‘仁者’害之也。‘仁者’以天下之失所也而忧之，而汲汲焉欲贻之以得所之域。于是有德礼以格其心，有政刑以絷其四体，而人始大失所矣。”“富贵利达所以厚吾天生之五官，其势然也。是故圣人顺之，顺之则安之矣。……各从所好，各聘所长，无一人之不中用。……然则孔氏之学术亦妙矣，则虽谓孔子有学有术以教人亦可也。然则无学无术者，其兹孔子之学术欤！”（《焚书》卷一《答耿中丞》）显然，李贽是将孔子本人与孔子之说、之教、之学、之道分疏为二的，凡舍己而务学孔子或依仿孔子者恰恰违背了孔子之教，反之，忠实于自己其实正是忠实于孔子之教。第二，李贽亦如王充一样，反对世俗对儒家经典的盲目迷信，孟子早已有言“尽信书，则不如无书”，王充、李贽不过是将此信条用于儒家“六经”和《语》《孟》本身而已，其意并非要尽弃儒家经书而不用，而是为了批评反思和廓清经典本本主义和教条主义的虚妄和流弊，本本主义的流弊主要表现为：或者对儒家经书只知一味地诵习而不加甄别，以致连其中圣人“有为而发”的药方也认为是“万世之至论”；或者将书中非圣人的言教，甚至与圣人无关的毫无价值的糟粕，都一并囫囵吞枣地予以接受；或者只知诵习经书，徒“讲之以口耳”而不能“讲之以身心”（《传习录》中《答罗整庵少宰书》）、见之于践行。反之，在李贽看来，只要是“切于身心”，无论是圣人之至言、上古之经籍，还是“近世有识名士一言一句”，皆“当服膺不失”而“不可以陈语目之”（《续焚书》卷一《复宋太守》），正如王阳明所说：“夫学贵得之心。求之于心而非也，虽其言之出于孔子，不敢以为是也，而况其未及孔子者乎！求之于心而是也，虽其言之出于庸常，不敢以为非也，而况其出于孔子者乎！”（《传习录》中《答罗整庵少宰书》）第三，李贽之所以“以孔子之是非为不足据”（《李氏焚书跋》），其实亦不是要否定、蔑弃孔子本人及其学说所确定的是非价值标准，他反对的主要是后世偏执一定之成见而将千古人物“通做一般”评价的“儒者相沿之是非”。王阳明尝言：“圣人教人，不是个束缚他通做一般：只如狂者便从狂处成就他，狷者便从狷处成就他。”（《传习录》下）李贽所说的是非问题，亦主要是针对历史人物特别是狂狷之士的评价问题而言，而不是要在根本信仰上否定和颠覆孔子之是非价值标准，故曰：“嗟夫！世无孔子，则古今天下无真是非。世无司马，则谁为继孔子者，此予之所以语狂狷也。”（《藏书·德业儒臣·孟轲》附《乐克论》）因此，李贽所谓“咸以孔子之是非为是非，故未尝有是非耳”，不过是要对历史上的狂狷之士给予充分的肯定性评价，而反对按“通做一般”的是非标准去“是非人”，反对对历史人物的功过是非进行一种整齐划一的评价；将历史人物的功过是非抹平而“通做一般”，并相沿袭而不敢稍有异想异见，实即对历史人物作一种非此即彼的简单化或单面脸谱化的处理，这无疑等于是“未尝有是非”，而事实上对历史人物的评价是不可能完全排除“仁者见仁、智者见智”之是是非非的意见的。因此，李贽的《藏书》“取汉以来至金元君臣名士，撮其行事，分类定品，一切断以己意，不必合于儒者相沿之是非”（《藏书》梅国桢序），实是一种矫枉过正的做法，故曰“今日之是非，谓予李卓吾一人之是非，可也。谓为千万世大贤大人之公是非，亦可也。谓予颠倒千万世之是非，而复非是予之所非是焉，亦可也”（《藏书世纪列传总目前论》）。另外，李贽还说过一句被今人认为是“否定孔丘是什么‘大圣人’”的话，即“虽孔夫子亦庸众人类也”，而其实此言乃李贽在以孔子自比，故曰“大抵我一世俗庸众人心肠耳，虽孔夫子亦庸众人类也”（《焚书·增补一·答周柳塘》），而接下来李贽所申论者，不外服膺在他看来真孔圣“千古绝学”的“四无”之一的“无不可”而已，对孔子并无真正贬斥之意。

其四，李贽何以会成为“儒教”中国历史上的一个最大的“反孔”“异端”呢？依我之见，原因是复杂的。大体而言，一是，李氏对“世俗子与一切假道学”的尖锐批评，其实还不如清代反理学的著名思想家戴震批评后儒“以理杀人”激切，然其批评明确地指向其同时代的人，而且，正如其好友焦竑所说：“快口直肠，目空一世，愤激过甚，不顾人有忤者”（《李氏焚书序》），故其遭致所忤逆之人共相排击而被诋毁为“异端”，也自是情理中的事，这也是李氏本人预料中的事，所以他在《焚书》自序中即明言《焚书》“所言颇切近世学者膏肓，既中其痼疾，则必欲杀我矣”。二是，在“儒教”中国的历史上，“儒教”中人虽然同宗孔孟，然由于学术旨趣不同相互排诋者亦不鲜见，这也是李氏被排诋为“异端”的部分原因，如顾炎武谓“自古以来，小人之无忌惮而敢于叛圣人者，莫甚于李贽”（《日知录》卷十八《李贽》）即属此例，正如黄节《李氏焚书跋》所言：“亭林、山史因学术之同异，至痛诋其人，以为叛圣。”三是，如李贽自言，“自朱夫子以至今日，以老、佛为异端，相袭而排摈之者，不知其几百年矣”（《焚书》卷一《复邓石阳》），“异端者流，圣门之所深辟”，而李贽既平视三教圣人，又“学佛人”（《焚书》增补一《答李如真》），还“以孔子之是非为不足据”，故李氏触犯众怒而被指斥为“专崇释氏，卑侮孔、孟”（《明史·耿定向列传》）之“异端”，也是在所难免的。综合这三方面的缘由，尽管李贽的同道好友对他百般回护，如张鼐《读卓吾老子书述》揭示“卓吾之面目精神”曰：“总之，要人绝尽支蔓，直见本心，为臣死忠，为子死孝，朋友死交，武夫死战而已”，又如袁中道《李温陵传》评《藏书》曰：“于是上下数千年之间，别出手眼，凡古所称为大君子者，有时攻其所短；而所称为小人不足齿者，有时不没其所长。其意大抵在于黜虚文，求实用；舍皮毛，见神骨；去浮理，揣人情。即矫枉之过，不无偏有重轻，而舍其批驳谑笑之语，细心读之，其破的中窾之处，大有补于世道人心。而人遂以为得罪于名教，比之毁圣叛道，则已过矣”，而焦竑更认为李贽虽“未必是圣人，可肩一‘狂’字，坐圣门第二席”（《明儒学案》卷三十五《文端焦澹园先生竑》），但李氏要想不当“异端”却是谁也挡不住的，更何况李贽本人还具有不惮于“与百千万人作对敌”（《续焚书》卷一《与焦弱侯》）的大无畏的精神和勇气！异端就异端吧，但李氏又是诚心揭批假道学践行孔子之道的虚伪问题，故他自己首先必须真诚地笃守孔子之道（即使是他本人所理解的孔子之道），他才有资格去批评伪道学，而他本人反成了“反孔”的“异端”，因此，李氏曰：“今世俗子与一切假道学，共以异端目我，我谓不如遂为异端，免彼等以虚名加我。”（《焚书》卷一《答焦漪园》）话虽是说要坐实他人加给自己的“异端”虚名之称，而其实隐含着强烈的反讽的意味。李氏又有言曰：“人皆以孔子为大圣，吾亦以为大圣；皆以老、佛为异端，吾亦以为异端。人人非真知大圣与异端也，以所闻于父师之教者熟也；父师非真知大圣与异端也，以所闻于儒先之教者熟也；儒先亦非真知大圣与异端也，以孔子有是言也。其曰‘圣则吾不能’，是居谦也。其曰‘攻乎异端’，是必为老与佛也。”“儒先亿度而言之，父师沿袭而诵之，小子蒙聋而听之。万口一词，不可破也；千年一律，不自知也。不曰‘徒诵其言’，而曰‘已知其人’；不曰‘强不知以为知’，而曰‘知之为知之’。至今日，虽有目，无所用矣。”“余何人也，敢谓有目？亦从众耳。既从众而圣之，亦从众而事之，是故吾从众事孔子于芝佛之院。”（《续焚书》卷四《题孔子像于芝佛院》）李氏的这一番说辞所具有的同样是反讽之意。所以然者，正因其内心对孔子与“儒教”信之过笃，故亦疾伪至甚；所以然者，正因其平视三教而仍归心“儒教”，反成了异端；所以然者，正因其在评价历史人物时敢于直抒己见、断以己意，要狂即狂，要狷即狷，而其深恶痛绝者是那种在压制性的孔子权威和道学的“单面思想”的统制下而伪言伪行的阴阳人。

综上所述，尽管敢于怀疑的王充和敢于犯众怒的李贽，他们“问孔”和反对“依仿孔子”的本意并非要从根本上否定和颠覆对孔子和孔子学说的信仰，甚而期望人们更为实诚地崇信孔子和孔子之道，然而他们对孔子的个别言论、对“孔子之是非”毕竟是有微词的。因此，在一个对圣人偶像或至尊“教主”不允许有任何质疑而只需诚和敬的时代，他们的微词已足可使他们沦为“诋毁圣贤”“排击孔子”“非圣无法”的千古名教罪人，正所谓“纣之不善，不如是之甚也。是以君子恶居下流，天下之恶皆归焉”（《论语·子张》）。

总而言之，无论是玄学思潮和佛道二教的挑战和冲击，还是个别思想家站在道家或儒家理论立场上对君主政治的激切批判，乃至儒家内部的异端对“儒教”主流话语或时人俗儒的虚妄矫饰所作的无情掊击和批判，都不足以取代、瓦解和颠覆“儒教”的统治地位以及“儒教”与现实政治的制度化关联，它们要么被消化于无形，要么被吸纳为一种无害的补充，要么只能处在“儒教”中国话语体系的边缘地位以致湮没无闻，要么作为“异端之尤”而被置之死地。因此，从宏观的“儒教”中国的演生历史来看，来自儒家外部和内部的挑战和批评性反思，虽然有时会造成“儒门淡薄，收拾不住”的困境，但正是在这种困境中并对这种困境作出积极的回应而始终坚持对真孔之道的真理性的信仰以及不断移动、拓展其理解的新视域，儒家也增强了其自身的免疫力。反之，“儒教”中国的历史也如是告诉我们，当居于统治地位的“儒教”主流话语不能容忍任何批评的声音，也不再允许理解视域的移动和拓展的时候，那么，它也就意味着走向了教条、僵化乃至死亡，正如英国哲学家密尔所说，任何人的思想和意见“不论怎样真确”，但“若不时常经受充分的和无所畏惧的讨论，那么它虽得到主张也只是作为死的教条而不是作为活的真理”①。

① ［英］约翰·密尔：《论自由》，许宝骙译，商务印书馆1959年版，第40页。

第三章　孔子与“儒教”的现代命运

中国人今日的生活全是矛盾生活，中国今日的现象全是矛盾现象。

矛盾生活，就是新旧不调和的生活，就是一个新的，一个旧的，其间相去不知几千万里的东西，偏偏凑在一处，分立对抗的生活。这种生活，最是苦痛，最无趣味，最容易起冲突。这一段国民的生活史，最是可怖。

——李大钊

一、引言

在历览了孔子与“儒教”的历史命运以及孔子形象的历史变迁与转换之后，对孔子与“儒教”的现代命运和孔子形象的现代走向作出进一步的审视，将使人们能够更加清晰地了解孔子形象的历史意义，以及现时代的人究竟是如何根据自己时代的价值理念来对其形象重新予以定位的。

众所周知，孔子的形象正是在战国秦汉之际和近百年间这两个社会政治与思想文化变革最激烈的重要时期发生了最为剧烈的变化，而孔子形象的急剧变化同时亦意味着孔子与“儒教”历史命运的根本转变。因此，我们必须在社会政治与思想文化变革的大前提和背景下，结合孔子与“儒教”历史命运的转变，来考察孔子形象的历史走向。不过，战国秦汉之际与近百年间两个时期的变革在深度、广度和强度上又有很重要的差异，特别是由于前者是一种内发的变革而后者却主要是一种外发的变革，故战国秦汉之际由社会与政治领域的变革所引发的思想与文化领域的斗争，尤其是政治意识形态领域的主导性话语体系的方向性转换，虽然也是十分激烈的，但其引发的理智与情感方面的波动、震荡和裂变的强烈程度远没有近百年间那么广泛、深刻而难以弥合。

如果说战国秦汉之际政治意识形态的转向是在统治秩序实现了基本整合后，以实现帝国一元化统治模式下社会、政治与学术以及各种思想文化资源之间同质化的高度整合为追求目标，而且目标是单一的，那么，近百年间的社会政治变革与思想文化取向则可以说，在外来西方文化的冲击下，传统高度整合的社会生活秩序和政治统治模式逐渐走向解体乃至彻底瓦解，变得异常复杂。继传统高度整合的社会生活秩序和政治统治模式解体之后，出现的是一个社会各领域一时很难实现重新整合而形成一个有机整体的断裂社会，人们追求实现的价值理想和社会目标发生了深刻的裂变。是为了重新实现社会生活秩序和政治统治模式一元化的高度整合而寻求一种替代性的方案，即追求实现向现代民族国家高度整合的政教模式的整体转换的目标，还是努力促使一元化高度整合的传统社会走向一个社会结构分化发展，各种社会力量共生并存，同时又能在共识底线的基础之上实现有机整合的多元化的开放社会？我认为，迄今为止的近百年间，进步的中国人所不遗余力地追求实现的这两大社会政治目标，在救亡和启蒙时代主题的变换中亦是此消而彼长的，而在主题变换和目标实现的交替进程中，各种不确定性的因素也使孔子的形象以及孔子与“儒教”的命运更加变幻无常而沉浮不定。只有结合时代主题的变换和人们所追求实现目标的交替进程，我们才可以更准确地理解和把握孔子的现代形象，以及孔子和“儒教”的现代命运的历史内涵与走向。虽然现代历史复杂多变，但是，我认为，有一点是确定无疑的，那就是：孔子已不可能再像战国秦汉之际那样，当他从命运多舛的困境中走出之后还能再次成为中国人心目中的“神明偶像”或“万世教主”，因为那不是孔子的本相，更不是我们时代所需要的。

傅斯年先生尝有言：“从汉武帝到清亡，儒家无形的变形甚多，但社会的变化究不曾变到使他四方都倒之势。他之能维持二千年，不见的是他有力量维持二千年，恐怕是别家没有力量举出一个 Alternative（别家没有这个机会）。”① 傅先生的话虽然是对儒家历史命运的一种论断，但是，我认为对我们考察孔子与“儒教”命运的现代走向亦有很重要的启发意义。当然，对傅先生的话需稍作修正，即孔子与“儒教”之所以能维持统治中国两千多年，一是由于儒家自身有许多无形的变形以适应现实社会与政治的需要；二是现实社会与政治的变化亦究不曾变到使它四方都倒之势；三是圣人之道与帝王之势或“儒教”与国家政权建立起牢固的制度化关联之后，别家没有机会举出一个替代性的方案，也没有力量打破这种制度化关联并取代“儒教”的势力。

然而，近百年间在外来的西方强势文明与来自内部的强烈要求进行变革乃至革命的一波又一波的浪潮冲击下，儒家和君主政治虽然曾试图努力回应时代的要求而作出相应的调适，但始料未及的是，社会与政治的急剧变革进程一旦启动，儒家和君主政治都还没有来得及完全自我调适好就已经被变革和革命的浪潮四方推倒了。这是一个传统政教相维的整体统治格局渐趋解体并进而急剧全面崩裂倒塌的过程，这一过程截然不同于传统王朝那种自然淘汰性的兴替更迭，而是近世的中国人一直持续不断地努力寻求一种传统政教格局的替代性的整体改造（性质全变）的建国方案而进行自觉选择的变革过程。在近世先进的中国人寻求政治与文化替代性方案的一波又一波、一浪高过一浪的变革要求与维新革命运动的冲击下，历史上的“儒教”与传统君主政治的制度化关联的各个环节的链条被一一打断和击碎，以至传统“儒教”中国的历史走向了终结，而

① 岳玉玺、李泉、马亮宽编选：《傅斯年选集》，天津人民出版社 1996 年版，第 299 页。

孔子的偶像也最终在“五四”时期被打倒了。

那么，在近世急剧变革和革命的历史进程中，传统“儒教”中国具体是如何一步一步地走向解体和终结，而孔子的形象是如何发生裂变乃至孔子的偶像又是如何最终被打倒的呢？孔子与“儒教”的命运能否再一次走出现代的困境而重新焕发出新的勃勃生机呢？现代的中国究竟还需不需要孔子或应如何需要孔子呢？试论述如下。

二、孔子形象的裂变

如所周知，近代中国社会政治与思想文化的变革是一个由外因引发的、层层推进而不断深入的变革进程。西方以坚船利炮的军事实力为后盾的势不可当的强势文明，一方面对中华民族的生死存亡构成了极其严重的外部挑战和强大压力，另一方面这种外部挑战亦激发了近代中国人异常复杂的内部回应。因此，近代中国的变革进程可以说是“外部挑战与内部回应两者相互结合的复杂的互动过程”[①]。不过，我在此想特别强调的是，近代中国人对外部挑战的回应大体说来主要有两种取向，一种是极力维持现状、固守传统而抗拒变革和排斥吸取外来先进文化的顽固保守的取向；另一种则是努力学习西方以自强图存、变法维新乃至向西方寻求真理的积极进取的取向，而且这两种取向之间的冲突和斗争异常复杂、尖锐和激烈，所以才使近代中国社会的变革进程显得格外曲折和艰难。不过，从总的趋势来看，近代中国的变革过程亦是后一种取向由萌生而渐趋强盛、由微而显、由弱到强以至完全占据主导地位的演进历程，这一历程先后经历了由器物层面（学习西方先进的军工技术）进到制度层面（学习西方的政治制度）再进到思想观念层面（学习西方的科学与民主以彻底改造中国人的

① 罗荣渠：《现代化新论》，北京大学出版社1993年版，第342页。

思想)[①]三个主要的阶段，而孔子的形象正是在对外部挑战和变革进程作出不同回应的人们的心目中发生了深刻的裂变，“儒教”中国亦最终走向了终结。

(一)跪在“上帝”面前的“妖魔”

鸦片战争开启了近代中国人苦难、抗争、为救亡图存而艰难求索的历程，首先踏上这一历程的是对西洋利器长技有着深切感触的一些开明人士如林则徐和魏源等人，他们率先“开眼看世界”，提出“师夷之长技以制夷”的主张，由此打开了一扇可透进一丝新鲜空气的天窗。不过，当时整个根深蒂固的闭塞风气并未因此而被彻底打破，总的来讲举国上下仍然处在妄自尊大而对于西方国家早已远胜过我们的文明富强程度懵懂无知的状态，林、魏们不仅难以挽救整个时局的危难，也一时无法把清王朝从天朝的迷梦中真正唤醒，故表面上来看，其时国人的民族自信心似乎尚未发生根本的动摇，亦未发生对“孔教”信仰的真正危机。然而，鸦片战争失败之后，随着整个时局的日趋颓败和民族灾难、阶级矛盾的日益加深，洪秀全等人却愤然发动了一场轰轰烈烈的、披着基督教神学外衣的太平天国革命运动，他们不仅要推翻清王朝腐朽的政治统治而建立一个“凡间小天堂”或“新天新地新世界”，而且更将革命的矛头指向了两千多年来对中国人的心灵最具统制力的精神偶像——孔子。

信仰西方基督教的“独一真神”“上帝”而不再认同中国的“至圣先师”孔子，可以说是太平天国运动不同于历代农民起义的最鲜明的革命性特征，也就是说，太平天国革命运动的领袖们不仅一般地利用宗教的形式来组织和发动农民和平民起来反抗、推翻旧王朝的政治统治，而且更重视清算为旧王朝政治统治服务的象征符号而展开意识形态领域的思想斗争，他们所据以展开意识形态

① 如冯友兰先生所说：“新文化运动把新文化的要点归结为两件事：民主与科学。民主，并不是专指一种社会制度，而是一种人生态度和人与人的关系；科学，并不是指一种学问，而是一种思想方法。……它所要求的实际上是一种比较彻底的思想改造，要求人们把封建主义世界观和人生观改变为资产阶级的世界观和人生观。”(《中国现代哲学史》，广东人民出版社1999年版，第45页)

领域的思想斗争的旗帜是由西方输入并由洪秀全本人改造过的基督教的“上帝”信仰。

早年热衷于求取功名的洪秀全，在数次考试落第的科场失意后，愤懑之余不仅萌生了反清革命的念头，而且开始仔细阅读他在广州应试期间偶然得到的传教士梁发所写的名为《劝世良言》的传教小册子，并深受其启发而毅然决然地走上了皈依“耶教”、敬拜“皇上帝”而鞭挞孔子和“儒教”的“反叛”之路。洪秀全的第一个反叛行动就是于1843年愤然砸烂了私塾中的“至圣先师孔子”牌位，显示了他皈依“上帝”信仰之后而与中国传统的偶像、邪神崇拜与“孔教”信仰彻底决裂的决心，此后他便开始进行传教和发展信徒的活动，并创立了“拜上帝会”。1851年，洪秀全终于率众发动金田起义，建立太平天国，自称天王，并于1853年定都天京（南京）。

通观洪秀全和太平天国的反孔言论和行动，可将其归纳概括为这样几个主要的方面。

一是，洪秀全的言论与著作、信仰与行动的主调是敬拜“皇上帝”而反孔的，然而其反孔的言论和行动前后又是有所调整和变化的。根据王钧林先生的考察和分析[①]，洪秀全对孔子的批判和斗争大体经历了三个阶段。第一阶段，从1837年到1843年，是其反孔意识由隐而显、由微而著并以砸碎村塾中的孔子牌位为肇端而开始走上反孔斗争道路的初步酝酿阶段。第二阶段，从1843年到1850年，是其为反清革命进行理论准备和宣传发动、其反孔思想也有了进一步发展的阶段，在此阶段，洪秀全先后撰写了三部重要的著作即《原道救世歌》《原道醒世训》和《原道觉世训》，并于1848年冬在其口述的《太平天日》一书中杜撰了一个“上帝”斥责、鞭挞孔子的神话故事，后于1862年刊刻印行《太平天日》而将该故事重新公布于世。第三阶段，从1851年到1864年，是其激烈反孔的阶段，太平军所到之处，焚毁孔庙、学宫，砸碎孔子牌位、塑像，还尽力

① 王钧林：《谈太平天国的反孔斗争》，《齐鲁学刊》1996年第1期。

删除、刊正洪秀全本人早期著作中引用孔、孟、儒家经典或包含儒家思想的说教和内容，如将《原道救世歌》中的“孔颜疏水箪瓢乐，知天安贫意气扬”和《原道醒世训》中称引《礼记·礼运》所记孔丘之言“天下为公”的大同社会理想等说教和内容尽行刊落；建都天京后专门设立“删书衙”，洪秀全亲自主持删改儒家经书，如在《孟子》与《诗》中的“上帝”前皆加“皇”字，将《论语》中的“夫子”改为“孔某”、“子曰”改为“孔某曰”等，而四书五经既被目为妖书，故不经删改，是不准阅读的；更甚者，则将“凡一切孔孟诸子百家妖书邪说者尽行焚除，皆不准买卖藏读也，否则问罪也”（黄再兴《诏书盖玺颁行论》），而且凡是胆敢私自留藏、出示以读、念诵教习者，一概斩立决，时人有诗为证：“搜得藏书论担挑，行过厕溷随手抛；抛之不及以火烧，烧之不及以水浇。读者斩、收者斩，买者卖者一同斩。书苟满家法必犯，昔者撑肠今破胆。”但是，不久，由于东王杨秀清于1854年正月假托天父下凡、宣谕了一道“天父圣旨”，肯定“四书、十三经，其中阐发天情性理者甚多，宣明齐家治国孝亲忠君之道，亦复不少”而“大有关于人心世道”等，因此不可将书进行毁弃、“使之湮没不彰”，尔后太平天国便将厉行焚禁古书改为“经删改准阅”的政策。

二是，由上可见，洪秀全和太平天国的反孔言论和行动前后并不十分彻底和一贯，我认为这反映了洪秀全和太平天国对孔子和“儒教”的复杂矛盾心态，而他们所以会表现出这种复杂矛盾的心态，有两方面的原因，其一，由于他们新的理论准备不充分和宗教信仰不成熟；其二，由于“孔教”构成了他们人文教养或理论修养的根底而一时很难彻底根除掉。因此，当他们对孔子和孔孟之道采取一种简单粗暴的武器批判的方式，而试图把孔子和孔孟之道从他们精神家园的前门放逐出去的时候，孔子和孔孟之道却又悄悄地从其后门溜了进来，正如李泽厚先生所说：“以孔孟为集中代表的传统封建思想就并没有、也不可能被真正打倒或清除。它们又以各种形式在太平天国意识形态内渗透、保留和表现出来”，“无论是起义前洪秀全的著作，或者是所谓反孔高潮中的著作，都一贯地保留了以‘三纲五常’为基干的儒家封建伦理和‘死生有命、富贵在天’之类的封建观念”，所以，“洪秀全砸烂的，毕竟只是孔子的牌位而已”。[①]

三是，洪秀全和太平天国在意识形态领域所展开的反孔斗争，在形式上采取的是善与恶、新与旧、革命与传统、天父“皇上帝”与孔子“阎罗妖”二元相反对立的极化语式，并编撰了一种前者必将彻底战胜和扫除后者的宏大叙事文章，这种极化语式和宏大叙事的最集中体现便是“皇上帝”驱逐妖魔头“阎罗妖”和鞭挞、惩罚孔子的神话故事。据《太平天日》：

(天父上主皇上帝)推勘妖魔作怪之由，总追究孔丘教人之书多错。天父上主皇上帝命摆列三等书，指主(主即洪秀全)看曰：“此一等书是朕当前下凡显迹设诫所遗传之书，此书是真，无有差错；又此一等书是朕当前差尔兄基督下凡显神迹捐命赎罪及行为所遗传之书，此书亦是真，无有差错；彼一等书，这是孔丘所遗传之书，即是尔在凡间所读之书，此书甚多差谬，连尔读之，亦被其书教坏了。”天父上主皇上帝因责孔丘曰：“尔因何这样教人糊涂了事，致凡人不识朕，尔声名反大过于朕乎？”孔丘始则强辩，终则默想无辞。天兄基督亦责备孔丘曰：“尔造出这样书教人，连朕胞弟读尔书亦被尔书教坏了！”众天使亦尽归咎他，主亦斥孔丘曰：“尔作出这样书教人，尔这样会作书乎？”孔丘见高天人人归咎他，他便私逃下天，欲与妖魔头偕走。天父上主皇上帝即差主同天使追孔丘，将孔丘捆绑解见天父上主皇上帝；天父上主皇上帝怒甚，命天使鞭挞他。孔丘跪在天兄基督前再三讨饶，鞭挞甚多，孔丘哀求不已，天父上主皇上帝乃念他功可补过，准他在天享福，永不准他下凡。

上述神话还有一个变体是说：“孔某向本在天堂，忽逃下凡间，变妖惑人。所以天父大怒，今已捉上高天，罚他种菜园了。”(张汝南《金陵省难纪略》)不管故事中“上帝”对孔子如何审判量刑，即无论是鞭挞作书教人多错的孔丘，并

① 李泽厚：《中国思想史论》(中)，安徽文艺出版社1999年版，第351、352页。

念他功可补过而准他在天享福，还是惩罚“四体不勤，五谷不分”的孔某去种菜园、进行“劳动改造”，而孔子之为孔子却都是被妖魔化了的，他是作为旧传统、旧文化、邪恶势力的象征符号或人格化的代表而被声讨的。

四是，洪秀全以反清复汉、开创新朝和基督教义的博爱平等之旨相号召，其勃然而兴、忽焉而亡的成败留下了许多颇值得后人深刻反思的经验教训。洪秀全借助“拜上帝会”的宗教形式成功地组织和发动了反清革命的太平天国运动，其宗旨既不同于三合会（天地会）等秘密帮会组织已渐失去号召力的“反清复明”，亦非简单地重复历代农民起义军的“等贵贱，均贫富”等口号和要求，而是将反清复汉的民族情感与开创新朝的政治目标追求，将基督教义的博爱平等之旨与传统的大同社会理想和农民平均主义的经济要求，将宗教宣传、思想教育与清规戒律的仪式规定和严格的军事组织纪律等，相当自觉而有效地结合起来，以至它“鼓舞人心的地方”颇多，故能很快形成摧枯拉朽之势。然而，定都天京之后，洪秀全等太平天国的领袖像历代农民起义军领袖一样，亦重新落入了开创新朝而回归旧王朝制度规模的故态、老套、窠臼，并最终在领导层争权夺利的政治斗争中亦很快走向了分崩离析乃至覆亡。同样，在意识形态领域的斗争中，太平天国以基督教义的博爱平等之旨相号召，固然对传统纲常伦理造成了猛烈的冲击，然而，洪秀全等在对基督教义的理解上既显得粗浅又似是而非，亦对传统的纲常伦理、忠孝之道始终具有一种难以割舍的暧昧情结，故而具有极大的局限性和不彻底性。因此，如果说太平天国所开创之新朝在形式上仍是一种政教合一的体制的话，那么，它在内容实质上与政教相维的传统王朝体制却并无根本性的差异，所不同的是：太平天国以“皇上帝”的权威取代孔子的偶像，以敬拜“皇上帝”取代跪拜孔子，以天王与超然的“上帝”的联系否定天子与天命的内在性关联，以读《圣经》取代读儒家经书，以“真道书”即《旧遗诏圣书》（《旧约》）、《新遗诏圣书》（《新约》）和《真天命诏书》（又称《天命诏旨书》）开科取士取代以儒家的“妖书”或“害人书”即四书五经开科取士。对此，我们一方面应充分认识到，如此种种绝不是证明了太平天国反叛者与儒家的一致性，相反，而是“标志了与传统的决裂，标志了儒家的被取代”[①]；另一方面，我认为这种简单的取代亦绝不是一种进步，相反，却是一种倒退。然而，这种取代“在历史上”确实又具有“一种特殊价值”[②]，即“太平天国以基督教义相号召，为中土第一次受外来文化激动而引起之思想革命”[③]，故这场革命运动不仅使清王朝元气大伤，更对传统士大夫的心灵造成旷古未有的震荡和冲击，正所谓“粤匪窃外夷之绪，崇天主之教……举中国数千年礼义、人伦、诗书、典则，一旦扫地荡尽。此岂独我大清之变，乃开辟以来名教之奇变”（曾国藩《讨粤匪檄》），甚至“对中国近代诸巨大变动产生了空前的激发作用”，以至“它所产生的连锁反应，使中国文化要回复到传统的老样子已成不可能的事”[④]。

总之，洪秀全和太平天国运动拉开了近代在外来文化的刺激下的大规模反孔斗争的序幕，从中我们可以深切地体会到，外来基督教义的平等博爱之旨与本土圣人孔子的人伦名教之义之间的激烈冲突，以及孔子形象在不同社会阶层之间从未有过的深刻裂变。近代反孔思潮是以鞭挞妖魔化的孔子为开篇的，尽管这种鞭挞很难真正地打倒孔子，“拿那种‘四不象的天主教’做招牌”也是“和国民心理最相反的”[⑤]，跪在“上帝”面前的妖魔化的孔子形象更难以契合智者之心，但是，我们同样可以说，它所产生的空前的激发作用和连锁反应，也使传统的孔子形象要想再按老样子维持下去已是不可能的事。

（二）中西体用之间的文化基线

在西方外来文化（利器、宗教、学术思想等）的挑战、激发和冲击下，孔子

---

① ［美］列文森：《儒教中国及其现代命运》，郑大华、任菁译，中国社会科学出版社2000年版，第240页。

② 朱维铮校注：《梁启超论清学史二种》，复旦大学出版社1985年版，第122页。

③ 萧公权：《中国政治思想史》，新星出版社2005年版，第436—437页。

④ 殷海光：《中国文化的展望》，中国和平出版社1988年版，第424页。

⑤ 朱维铮校注：《梁启超论清学史二种》，复旦大学出版社1985年版，第122页。

的形象不仅在农民革命运动的领袖与传统的官僚士大夫之间发生了深刻的裂变，而且在统治阶层内部和官僚士大夫之间亦开始发生严重的分裂。这种分裂先是围绕着洋务自强而发生，继之则是围绕着维新变法而发生了更为严重的分裂，并引发了尖锐激烈的政治斗争和思想斗争。

19世纪60年代开始兴起的洋务自强运动，如陈旭麓先生所言，可以说是中国近代化史向前迈进的“一小步”。由于一部分官僚士大夫越来越深切地感受到中国与西方列强在军事上的强弱之势，并认识到中国当时所必须面对和应付的实是“数千年来未有之强敌”和“数千年来未有之变局”（《清史稿·李鸿章传》），故而为了寻求自强以图御侮之道而开始兴办洋务。洋务自强运动的理论纲领是“中体西用”论，最先提出并对它作了比较系统的理论说明的是“出入夷场”而“博通西学”的早期改良派思想家冯桂芬，他在其1861年写成的《校邠庐抗议》一书中所提出的“以中国之伦常名教为原本，辅以诸国富强之术”（《采西学议》）的自强驭夷主张，成为后来30年洋务自强运动的基本纲领。继冯之后，薛福成、王韬、郑观应等有识之士又先后对这一纲领作了进一步的阐发，如薛福成曰：“今诚取西人器数之学，以卫吾尧、舜、禹、汤、文、武、周、孔之道，俾西人不敢蔑视中华。”（《筹洋刍议·变法》）王韬曰：“器则取诸西国，道则备自当躬。”（《弢园文录外编》卷十一《杞忧生〈易言〉跋》）“形而上者中国也，以道胜；形而下者西人也，以器胜。”（《弢园尺牍》卷四《与周弢甫征君》）郑观应曰：“中学其本也，西学其末也；主以中学，辅以西学。”（《盛世危言·西学》）到19世纪90年代中期，“中体西用”说作为上述衡论、评估中西文化的语式或观念的更为简洁的概括而成为一种“流行语”，乃至于“举国以为至言”。

就早期改良派的代表人物而言，他们无疑是一些处于中西文化交会边界之上而深识时务、富于远见的思想家，故虽然是激于我中华作为“地球中第一大国”反而“受制于小夷”这一“有天地开辟以来未有之奇愤”（《校邠庐抗议·制洋器议》），但他们不仅能知耻以自强，更能以相当开放的心态正视我中国种种

“不如夷”处[1]，从而才能开风气之先而积极倡导和主张制洋器、采西学。他们所说的“西学”也已远远不再局限于魏源等所说的“长技”或“船坚炮利”之一事，而是广泛涵盖了算学、重学、视学、光学、化学、地学、矿学、医学等西方的各种“格物至理”之学。而且，随着对西方了解的深入，他们亦深切认识到西方国家富强之本与立国之基并非仅仅“徒恃乎器艺技巧、繁术小慧”（《弢园文录外编》卷一《变法下》），而在其教养得法、政制美善，如郑观应《盛世危言》自序曰：“察其习尚，访其政教，考其风俗利病得失盛衰之由，乃知其治乱之源，富强之本，不尽在船坚炮利，而在议院上下同心，教养得法。”并曰，“善夫张靖达公云：‘西人立国具有本末，虽礼乐教化远逊中华，然其驯致富强亦具有体用。育才于学堂，论政于议院，君民一体，上下同心，务实而戒虚，谋定而后动，此其体也。轮船火炮，洋枪水雷，铁路电线，此其用也。中国遗其体而求其用，无论竭蹶步趋，常不相及。’”质言之，即西方国家所以治强之势，正由其君民不隔、上下情通而团结一心以共赴国事所致；反之，我中国则是“舆情隔阂，民之视君如仰天然”（《弢园文录外编》卷一《重民下》），或“权操于上，冠履之辨最严”（《盛世危言・原君》），故他们更进一步地提出了建学校、务商战、设议院、实行“君民共主”政治等要求。对他们而言，采西学乃至更进而讲求、仿效“西体”以为用，不仅不悖于中学、圣人之道，反而于中学、圣人之道能发挥有效辅助、裨益、卫护的作用，换言之，采纳、吸取西学乃至西体以为用不会引发、造成对三代圣人之法、周孔之道或对本民族文化的信仰、认同危机。而他们所以亟亟于倡导采纳西学者，一是基于对时势、时务的急切认识，故以为要自强就不得不采纳、学习西学以为用；二是他们亦深信西人诸多措施与三代圣人之法若合符节，或者是认为西学本源自中学，如王韬曰中国乃“天下之宗邦”“中国为西土文教之先声”（《弢园文录外编》卷一《原学》），故“以中国本有之学

① 如冯桂芬曰：“人无弃材不如夷，地无遗利不如夷，君民不隔不如夷，名实必符不如夷。”（《校邠庐抗议・制洋器议》）

还之于中国”（《盛世危言・西学》），自无不可。

而尤其值得我们注意的是，王韬、郑观应等人既贵一道而尚同，更特别标举孔子“圣之时”之义和变易的世界观，以为采西学、纳新知乃至融贯中西作张本，如王韬曰：“天下之道，一而已矣”，“天下之道，其始也由同而异，其终也由异而同”，“形而上者曰道，形而下者曰器，道不能即通，则先假器以通之”，东方圣人与西方圣人心同理同，“人心之所向，即天理之所示，必有人焉，融会贯通而使之同”（《弢园文录外编》卷一《原道》），又曰：“孔子固圣之时者也”，孔子之言有“言其常”者、有“言其变”者，“夫孔子之道（即三纲五伦——引者注），人道也，人类不尽，其道不变”，“数百年之后，道必大同”（《弢园文录外编》卷一《变法上》）；又曰：“《易》曰：‘穷则变，变则通。’知天下事未有久而不变者也”，“道贵乎因时制宜而已，即使孔子而生乎今日，其断不拘泥古昔而不为变通，有可知也”（《弢园文录外编》卷一《变法中》）。郑观应亦曰：“《中庸》曰：‘君子而时中。’孟子曰：‘孔子，圣之时者也。’时之义大矣哉！《易》：‘穷则变，变则通，通则久。’……中，体也，本也，所谓不易者，圣之经也。时中，用也，末也，所谓变易者，圣之权也。”（《盛世危言》自序）

相反，面对异己而陌生的西方文化的冲击，统治阶层和官僚士大夫中有更多的人采取的是一种抗拒和排斥性的态度与反应方式，特别是西方列强的军事侵略激起了广泛的仇外的民族情感，这本来是再自然不过的正常现象。然而，所足可痛诋者，当时“自命正人者”（《盛世危言・西学》）多采取的是一种“用无知的文化排外主义来反对外来的侵略”[①] 的极端偏执态度和深闭固拒的本能反应方式，他们不仅不愿师事为吾仇之夷人而深恐用夷变夏，而且“动以不谈洋务为高，见有讲求西学者，则斥之曰名教罪人、士林败类”（《盛世危言・西学》），更不愿正视和承认敌我强弱之势，而仅以妄自尊大的“虚骄之气”应对“数千年来未有之变局”，以为御“数千年来未有之强敌”可“仅以忠信为甲胄、

① 丁伟志、陈崧：《中西体用之间》，中国社会科学出版社 1995 年版，第 96 页。

礼义为干橹”。

围绕着“西学”问题，一方是积极主张采纳西学的早期改良派思想家，另一方则是一味严持“夷夏之防”的守旧派人士，从他们之间的分歧与对立，我们可以发现几点颇有意思的思想文化现象。

一是，“儒教”中国的核心理念即纲常名教乃是双方知识、思想与信仰的共同的文化基线，或者也可以说，将“中学”仅仅归结为儒家的纲常名教乃双方“共同存在的认识上的误区”①，故我们可以说，他们在意识形态的立场上，实际上是站在同一条战线上的。

二是，既站在同一战线上而又因在“西学”问题上的分歧而走向分道扬镳，即“在‘中学与西学之争’中，反对西学的一方，固然以维护纲常名教为旗帜，而提倡西学的一方，也无不以无害而有益于维护纲常名教为其采西学的立论前提”②。这一方面说明了双方对圣人孔子与纲常名教还拥有共同的信仰，而这种信仰对他们而言也仍然具有某种不证自明或不言而喻的特性，故他们还不必主要围绕着这一信仰问题形成或友或敌的关系；另一方面亦说明了双方问题意识、思维理路与认知价值取向的差异与分裂，这种差异与分裂虽然主要基于对西学价值的不同评估，但随着分裂的进一步深化，亦必然会触及对中学本身的重新认识和评价甚至是动摇对其信仰的问题。

三是，进一步分裂的端倪与趋向事实上已隐含于早期改良派的中西体用观之中了。在为引进西学开辟道路的时候，早期改良派所谓本末、主辅、道器、体用等，虽然都是旨在首先确立一种主中奴西的大前提，在此大前提下，即只要“不畔于”三代圣人之法或孔子之道，他们都不惮于承认吾不如夷，举凡一切所谓“学”者与学校教养之法乃至政制方面的美善之法（如议院及君民共主），也都是可以舍己从人而向西人师法学习的，但是，殊不知当他们主张借“西学”“西

① 丁伟志、陈崧：《中西体用之间》，中国社会科学出版社1995年版，第172页。

② 丁伟志、陈崧：《中西体用之间》，中国社会科学出版社1995年版，第172页。

体”以卫护周孔之道的时候，事实上已是承认了本来体用兼备而完全自足的圣人之道已成一无“用”或不能“达用”之“体”，反不如西人立国有本有末、致富强亦有体有用。

四是，西学的引入必然会引发中西文化的严重冲突。这一点固然是由拘囿于祖宗成法、恪守圣贤道统、严持“夷夏之防”的正统守旧势力首先感受到的，但这与其说是由于他们意识的“敏感”，毋宁说是出于他们对外来文化的一种深闭固拒的“本能”反应，相反，充满乐观的早期改良派对中西文化之间的性质差别和西学的引入所可能引发的文化冲突问题的严重性的确认识不足，其采西学乃至融贯中西的立论基础，如“西学中源”说及“道必大同”或“分歧之教必浸衰而折入于孔孟之正趋”（《盛世危言·道器》）的信念，也显然是失之“粗疏武断”，但又正是这种认识不足和粗疏武断为西学的引入、新知的吸纳开辟了道路。

五是，双方在认识上也都存在一种缺陷，即“文化观念的混乱”。具体而言，无论反对西学的一方，还是提倡西学的一方，他们都没有对中西之间的异同作一种全面系统的文化比较，严持“夷夏之防”的守旧派自不必说，就早期改良派而言，尽管他们在许多可以深切感受到吾不如夷的方面所作的比较大大深化了人们对中西文化之异同的认识，但其根本的中西异同观并不是在同一层面对中西进行一种对等的文化比较而得出的结论，其所谓“西学”乃至“西体”与所谓“中学”（纲常名教）根本就不是同一个层面的对等含义的概念。当然，这种“认识上的误区”或所谓“文化观念的混乱”，体现了他们认识上的时代局限性，他们自身也许并不觉得有什么混乱，而随着认识的不断深入和文化观念的日渐清明，中西文化之间的冲突亦愈演愈烈，近代中国人对“孔教”信仰的危机亦一步一步地加深了。

六是，在认同于孔孟之常经、天下之一道的前提下，早期改良派已开始采取一种重要的话语策略，即偏重于阐发孔子“圣之时”之义、《易》之变易观和《礼记》之大同理想，以作为融贯中西的立论根据和思想基础。这可以说指引了继早期改良派之后康有为、梁启超等维新思想的发展方向。而如果说早期改良派的孔圣形象还是统合变与不变、经与权、人道与时中之二义的话，那么，随着康、梁维新运动的崛起及维新派与守旧派之间思想斗争的更进一步的激化，圣人孔子的形象则愈加分裂也更加难以弥合了。

总之，早期改良派与守旧派之间围绕着具体的“西学”问题而展开的论辩及认识上的分歧，虽然还没有造成文化认同和“孔教”信仰的真正危机，但在西方文化的冲击和刺激下，当一方抱着深闭固拒的信念与态度反对西学以维护“儒教”中国的核心理念纲常名教和圣人之道于不坠，另一方怀着民族贫弱、受人欺凌的耻感奇愤而提倡西学以自强卫道的时候，孔子与“儒教”事实上已从毋庸置疑的知识、思想和信仰领域的核心位置被无奈地推到中西文化交汇的风口浪尖上，乃至圣人之道与纲常名教在中西体用之间成了一种需要被卫护的文化基线，而随着民族生存危机和文化认同危机的进一步加深，这一文化基线不久便走到溃决的临界点上了。

（三）“孔教”信仰的最后壁垒

早期改良派是“中体西用”论的主要倡导者，而其实施者则是与改良派本是“同根所生”、多为在朝的当权人物的洋务派，他们之间虽然存在着某些差异，如洋务派“只布新而不除旧”而改良派却“布新同时除旧”[①]，但他们在洋务和西学问题上基本还属于同道中人，故他们之间的差异与他们共同和顽固守旧派之间的严重分歧与对立在性质上是根本不同的。然而，随着改良派对西方文化了解和认识的不断深入，特别是他们逐渐认识到中国政制等各方面存在的严重弊端，改良派与洋务派之间的分歧与裂隙亦日渐扩大。光绪二十年六月（1894年7月）至二十一年二月（1895年3月），历时约八个月的中日甲午战争的惨败不仅宣告了洋务派的破产，而且，由于是被东方岛国日本而并不是被西方列强所打败，故对国人造成了更为剧烈的心灵震动，康有为、梁启超等人开始举起

① 陈旭麓：《陈旭麓文集》第一卷，华东师范大学出版社1996年版，第270页。

“维新变法”的大旗，发动了一场意义更为深远的改良主义政治运动，在此期间各派之间亦重新进行了分化和组合。大体而言，在世变日益急剧的时局的拖曳和逼迫之下，早期改良派、洋务派与顽固守旧派之间的尖锐对立，逐渐发展、转化为了维新派与洋务派、顽固守旧派之间的激烈对抗和冲突。正是在这种新时期各派之间的重新分化和组合的历史进程中，圣人孔子与纲常名教亦不可避免地走向了难以弥合的深刻分裂。

洋务派虽然为了应对近世的“千古变局”而在近代化的道路上向前迈进了重要的向西方学习的一小步，但洋务运动基本上是“遗其体而求其用”，因为圣人之道或纲常名教构成了其不可逾越、不可突破的底线。在他们看来，中国的政治制度和立国精神仍然是至善至美而不需要向西洋学习的，故他们只是“从器物上感觉不足”而“觉得有舍己从人的必要”。然而，甲午战败，举国震动，康有为、梁启超等维新运动的急先锋们对中国衰败的问题有了更进一步的深刻感受和深入认识，他们开始“从制度上感觉不足”，认为中国衰败的根由在“政制不良”，故汲汲于开展维新变法运动。（参见梁启超《五十年中国进化概论》）而康有为之领导和发动维新变法运动又不止于仅仅是改良政制而已，而是要对“儒教”中国的整个政教传统作整体的改造。

众所周知，康氏乃是近代中国最能以宗教家的热诚从事“变法维新”政治事业的第一人，其政治上以君主立宪改造君主专制的改制主张与其思想上归本于“孔教”的宗教信仰是密不可分的。综观康氏平生之立言行事，其根本宗旨正可以说是“以孔教复原为第一著手”的，诚如梁启超所言：康氏“以为生于中国，当先救中国；欲救中国，不可不因中国之历史习惯而利导之。又以为中国人公德缺乏，团体散涣，将不可以立于大地，欲从而统一之，非择一举国人所同戴而诚服者，则不足以结合其感情，而光大其本性，于是乎以孔教复原为第一著手”。（《南海康先生传》）故其始也推尊托孔以申改制之义，其终也则演孔翼教以保中国之文明，其前后政治态度虽“自维新一变而为顽固”，但其“尊孔”

却是“始终不变”[①]。

最初，康氏之“尊孔”在形式上采取的是传统经学话语的方式，特别是今文经学的立场。自清中叶以来，一是由于学术路径与旨趣之渐趋转向，二是由于受时势与外来文化的刺激，于是今文经学又重新得以复兴。大体而言，今文学推尊孔子为受命制作的素王，以《公羊》为中心来发明孔子的“微言大义”，诸如“张三世”“通三统”“绌周王鲁”“受命改制”等，并喜“借经术以文饰其政论”。而清代今文学运动至康有为集其成，则发展为了一场变法维新的政治运动，乃至更掀起了一场“承前启后开辟一代文化新局”或“文化近代化的第一场震撼人心的狂飙”[②]运动。

值得一提的是，与康有为同时代并对其有一定影响的今文学家廖平。廖氏之经学一变再变，前后共经六变，以致无可再变。廖氏已将经学“范围扩大至于极点”，而且牵引比附颇多可笑之处，故冯友兰先生评之曰：“廖平之学，实为经学最后之壁垒，就时间言，就其学之内容言，皆可以结经学时代之局者也。”[③]廖氏亦将孔子推尊至于极点，他不同于古文学家只将孔子看作“述而不作”的先师，更不满于统中外贵贱智愚老少妇女人人心意中之孔子或中国数百年以内老师、宿儒、名宦、巨公心目中之孔子，即不满于以孔子为迂拘教授、老儒或三家村之学究，而是推尊孔子为受命制作、生而知之者，为玄圣、为素王（参见《知圣篇》），而且，孔子垂经立教，不仅为中国“生民未有之圣”，更是“世界中一人已足”（《知圣续篇》）的神圣；廖氏不仅崇信“孔子，中国教宗也；六经，中国国粹也”（《文字源流考》叙一），而且更推尊孔子为“全球之神圣”、六经为“宇宙之公言”（《三变记》）。如此孔圣观，亦可说是“儒教”中国之“圣人以孔子为至”观念终结的标志。

康有为的经学话语及其推尊孔子为“至圣素王”“神明教主”，亦同样具有

① 钱穆：《中国近三百年学术史》下册，商务印书馆1997年版，第763页。

② 丁伟志、陈崧：《中西体用之间》，中国社会科学出版社1995年版，第223页。

③ 冯友兰：《中国哲学史》下册，中华书局1961年版，第1041页。

旧经学时代及传统“以孔子为至”之孔圣观的终结性特征，故可以说廖平、康有为等人实为“儒教”中国历史上推尊孔子至极之最后的人物，而康氏的学术思想虽然颇多主观武断、驳杂荒谬之处，但其尊孔显然较之廖平更具宗教家的热诚，其变法维新运动的政治作为尤非廖氏所能望其项背，其构建“不中不西即中即西”之新学派及倡立“孔教”运动之事业亦非廖氏所能比。

那么，康有为究竟是如何“尊孔”的呢？综合康氏的《新学伪经考》《孔子改制考》《大同书》三部代表性著作及其种种政论文章的旨趣，可将其“尊孔”之说归纳概括如下。

1. 黜伪以存真

在1891年发表的《新学伪经考》一书中，康有为首先进行的是一项黜伪存真的重要学术工作。历史上的儒家学者为了追求真正的孔子之道、重塑对“孔教”的信仰，历来十分重视的莫过于展开这样两项思想斗争，一是拒异端、辟邪说“以明孔子之大”，此乃“所以树道外之防”；二是“诋伪儒以存孔子之真”，此则“所以剔道中之蠹”（《庄子约解·自序》）。康氏所作《新学伪经考》的重点即在后一项思想斗争，当然他在形式上为这项斗争披上了一层学术化的外衣。依康氏之见：“始作伪，乱圣制者，自刘歆；布行伪经，篡孔统者，成于郑玄。阅二千年岁月日时之绵暧，聚百千万亿衿缨之问学，统二十朝王者礼乐制度之崇严，咸奉伪经为圣法，诵读尊信，奉持施行。违者以非圣无法论，亦无一人敢违者，亦无一人敢疑者。于是夺孔子之经以与周公，而抑孔子为传。于是扫孔子改制之圣法，而目为断烂朝报。六经颠倒，乱于非种；圣制埋瘗，沦于霁雾；天地反常，日月变色。”故曰：“刘歆之伪不黜，孔子之道不著。”（《新学伪经考》卷首叙）康氏既将汉以后2000多年来所尊信儒家之经籍如《周礼》《逸礼》《左传》及《诗》之毛传等古文经传一概目为刘歆帮王莽篡汉编造的“伪经”，同时将清儒正统派所服膺的汉学亦一概目为刘歆为新莽统治提供合法性根据而变乱孔子之道的“新学”，虽不免有主观武断之失，却引发了学者对数千年来一直被尊奉为神圣不可侵犯的许多儒家经籍重新检查估价乃至怀疑批评的态度，故梁启超谓康氏新学伪经之说“实思想界之一大飓风也”[①]。

2. 改制创教的“神明圣王”

在1898年1月出版的《孔子改制考》一书中，康有为更从正面塑造了一个改制立教的“神明圣王”和“万世教主”的孔子形象。康氏在《孔子改制考》一书的叙中说：“天既哀大地生人之多艰，黑帝乃降精而救民患，为神明，为圣王，为万世作师，为万民作保，为大地教主。……其道本神明，配天地，育万物，泽万世，明本数，系末度，小大精粗，六通四辟，无乎不在。”具体来说，康氏主要是从这样几个方面来塑造孔子这一形象的：一是，周末诸子皆并起创教、皆改制托古，而孔子乃为诸子之中最卓著神圣者；二是，儒为孔子所创而非先王所传，后世应将作为“儒教”之主的孔子尊奉为“天命大圣”“神明圣王”和“改制教主”，而康氏既对历史上曾黜孔子为先师、降孔子为一抱残守缺之经师的做法大不以为然，故特“发明儒为孔子教号，以著孔子为万世教主”（卷七“儒教为孔子所创考”）；三是，孔子不当仅为“述而不作”之“师统”或仅为“博学高行之人”，而应将孔子奉为“君统”，尊为“改制立法之教主圣王”，所谓“天闵振救，不救一世而救百世，乃生神明圣王，不为人主，而为制法主。天下从之，民萌归之，自战国至后汉八百年间，天下学者，无不以孔子为王者，靡有异论也”（卷八“孔子为制法之王考”）；四是，六经皆为孔子改制所作，而孔子所以为范围万世之“教主”、为“神明圣王”者正在于所作之六经，故曰：“孔子为教主，为神明圣王，配天地，育万物，无人、无事、无义不围范于孔子大道中，乃所以为生民未有之大成至圣也！……孔子之为教主，为神明圣王，何在？曰：在六经。六经皆孔子所作也，汉以前之说莫不然也。学者知六经为孔子所作，然后孔子之为大圣，为教主，范围万世而独称尊者，乃可明也。知孔子为教主、六经为孔子所作，然后知孔子拨乱世致太平之功，凡有血气者，皆日被其殊功大德，而不可忘也。”（卷十“六经皆孔子改制所作考”）

① 朱维铮校注：《梁启超论清学史二种》，复旦大学出版社1985年版，第64页。

3. 人道文明的“万世教主”

康氏不仅尊孔子为改制创教的“神明圣王”，更将孔子奉为人道文明的“万世教主”，前者主要是从孔子的作为事业上来讲的，而后者则主要是从孔子之教的内涵上来讲的。康氏不仅发挥《易》变易、《春秋》改制和《公羊》三世之义，更推演《礼运》大同之旨，再融合进化、自由、平等、民权之说，构建了一个内容庞杂的思想体系，以为人类社会的发展进化过程必须也只能按照由据乱到升平（小康）再到太平（大同）的三个阶段依次递进，政治制度亦必遵循由君主专制到君主立宪再到民主共和的演进历程。而依康氏之见，孔子之教既无所不有、无所不包，而又圆通无碍、极变通之宜，实囊括了人类历史或人道进化的全部真谛或秘义，而且，孔子以人为道或以人道为教，“孔子太平之仁术、大同之公理”（《康南海文集·序跋》）更预设了人类社会与人道文明的终极理想，故孔子宜被尊奉为人类文明世之“人道教”的“万世教主”。康氏论之曰：

> 人无教则为禽兽，故宜有教。孔子之教，不远人以为道，故不可离。既为人身矣，莫宜于孔子之教。（《重刻伪经考后序》）
>
> 夫大地教主，未有不托神道以令人尊信者，时地为之，若不假神道而能为教主者，惟有孔子，真文明世之教主，大地所无也。……夫孔子之道，博大普遍，兼该人神，包罗治教，固为至矣。（《请尊孔圣为国教立教部教会以孔子纪年而废淫祀折》）[①]
>
> 孔子之道，其本在仁，其理在公，其法在平，其制在文，其体在各明名分，其用在与时进化。夫主乎太平，则人人有自主之权；主乎文明，则事事去野蛮之陋。主乎公则人人有大同之乐，主乎仁则物物有得所之安，主乎各明权限则人人不相侵，主乎与时进化则变通尽利……故曰孔子圣之时者也。（《春秋笔削大义微言考序》）[②]

---

① 汤志钧编：《康有为政论集》上册，中华书局 1981 年版，第 282 页。

② 汤志钧编：《康有为政论集》上册，中华书局 1981 年版，第 468 页。

夫本末精粗，平世拨乱，小康大同，皆大道所兼有。若其行之，惟其时宜，故曰万物并育而不相害，道并行而不相背，四时错行，日月并明，惟溥博渊泉而时出之，此天地所以为大，而孔子所以为神圣也。(《孟子微序》)①

夫所谓中国之国魂者何？曰孔子之教而已。孔子之教，自人伦物理国政天道，本末精粗，无一而不举也。其为礼也，陈之以三统，忠质文之迭代也；其变易也，通之以三世，据乱、升平、太平之时出也。体之以忠信笃敬，而蛮貊可行；张之以礼义廉耻，而国维不败；推心于亲亲仁民爱物，则仁覆天下矣。……故自鬼神山川、昆虫草木，皆在孔教之中。故曰范围天地而不过，曲成万物而不遗也。

孔子为中国改制之教主，为创教之神明圣王，孔子以前之道术，则孔子集其大成，孔子以后之教化，则吾中国人饮食男女坐作行持，政治教化，矫首顿足，无一不在孔子范围中也。(《中国学会报题词》)②

总之，古今中外所谓“教”者，不过有两种，太古草昧尚鬼，故神教为尊；而近世文明重人，则人道为重，故由神道而更进者则为人道之教。若耶、佛诸教皆言神，故皆为“神道教”，而唯有孔子之教为“人道教”。因此，凡为圆颅方趾、凡在饮食男女别声被色而为人者，皆在“孔教”之中，而孔子更陈三世之治法而广大毕备，“孔子之道之大，博深高远”实如“天地之大”，孔子“太平大同之道”文明美备实得“天地之全”(《孟子微序》)，故孔子不仅为中国之“教主”，更应成为文明世界人类未来共同归依的大地“教主”。

4.“孔教”为中国之国魂

康氏虽然终其一生都在不遗余力地“尊孔”或致力于“以演孔为宗，以翼教为事”(《孔教会序一》)，但其“尊孔”“演孔”之心迹前后既有某种一贯性，亦

---

① 汤志钧编：《康有为政论集》上册，中华书局1981年版，第472页。

② 汤志钧编：《康有为政论集》下册，中华书局1981年版，第797、799页。

有某些重要的变化和差异。我认为，康氏始终不变者在认定孔子为中国创教之“教主”，但其前期重在强调孔子为改制之“教主”以为变法维新作张本，后来则转而倾向于主要强调孔子为“人道教”之“教主”及“孔教”为中国之国魂，如康氏曰：“夫所谓中国之国魂者何？曰孔子之教而已”，或“中国之魂维何？孔子之教是也”（《中国学会报题词》）。而作为中国自有之“教主”和中国之国魂、国粹，孔子与“孔教”对于吾国吾人究竟具有何种意义呢？依康氏之见，一是，“凡国必有所谓国教也”，而“国教者，久于其习，宜于其俗，行于其地，深入于其人心者是也”，故“今欲救人心，美风俗，惟有亟定国教而已；欲定国教，惟有尊孔而已”（《以孔教为国教配天议》）。二是，“孔教”既“产于中国”，故“与中国最宜”（1923年11月15日《陕西第二次讲演》），同时，“孔教”既为中国数千年来所奉以为“国教”者，故“中国一切文明，皆与孔教相系相因”（《孔教会序二》），中国之所以为中国而有数千年之文明教化亦端赖“孔教”而永久不坠不敝。三是，一国与其国魂、“孔教”与中国之关系实是一种皮与毛的关系，正所谓“皮之不存，毛将焉傅”（《孔教会序二》），故“亡莫大于国魂亡，而国亡次之”（《中国学会报题词》），而“孔教”既为中国之国魂或立国之根本精神支柱，故“今欲存中国，先救人心，善风俗，拒诐行，放淫辞，存道揆法守者，舍孔教末由已”（《孔教会序二》）。四是，中国数千年之道德文明教化在“孔教”，舍弃“孔教”之国魂、国粹则国将不国，故“保存孔教”亦即“保中国之文明”①；反之，“若孔教可弃也，则一切文明随之而尽也，即一切种族随之而灭也”（《孔教会序二》）。五是，吾国之所短以至造成最近数十年的贫弱困穷者只表现在物质科学方面，故“今应采欧、美之物质，讲求科学，以补吾国之短。若夫道德教化，乃吾所固有，宜力保之，万不可自弃之”（1923年11月15日《陕西第二次讲演》）。

康氏之“尊孔”，已略如上言。而总结康氏“尊孔”的成败得失，我认为有

① 汤志钧编：《康有为政论集》上册，中华书局1981年版，第194页。

这样几点是最发人深思的。

第一，康氏前期“尊孔”之说不仅为其变法维新的政治运动奠定了理论基础，更给整个思想界带来了巨大震撼，故梁启超将其师之著作（《新学伪经考》《孔子改制考》和《大同书》）喻为“飓风”“火山大喷火”或“大地震”，而作为“先时之人物”，康氏自不免要被时人惊诧之为“过激”了；但是，辛亥之后、民国之初，“尊孔”之康氏由于太过固执于其“成见”，在政治主张和态度上未能随时代之急剧变革而转变，故竟又被时人鄙视为“顽固”的保守分子。由此可见，在一个新旧嬗递、急剧变革的时代，“尊孔”既可以成为维新变法的先导，亦适足以构筑顽固保守的壁垒。

第二，康氏所以尊奉孔子为改制创教的“神明圣王”，不仅是意在为政治上的维新变法作理论准备，而且“其所企求者实为制度与思想之一体维新”①，即在制度上改造君主专制的同时，亦要借尊孔而构建一种融贯中西之“新学”，故康氏所从事的维新事业实是欲对2000多年来“儒教”中国的整个政教传统进行一种整体的改造。然而，这种整体的改造并非要打破“孔教”与君主政治之间政教相维的传统格局，故当百日维新之际，康氏便曾上疏力主“尊孔圣为国教”，而康氏后来在倡立“孔教”运动时亦总是希冀民国总统与北京政府对“圣教”假以“援手”；另外，康氏不仅始终认为政教是相通亦应是相维的，所谓“教化之与政治，如车之双轮而并驰，缺一不可者也”（《孔教会序二》），而且，他所以亟亟于推尊孔子为“教主”、力主“以孔子纪年”，并欲仿效“耶教”而重塑对“孔教”的信仰，其良苦用心显然是要驾“孔教”于君统之上，欲以“以教统政”之格局转换传统“儒教”中国“以政统教”之局面。而正因为康氏始终难以割舍传统政教相维之理念，故于民国时又试图努力在“孔教”与政治之间重新建立其攻守同盟，如倡议“以孔子为大教，编入宪法，复祀孔子之拜跪明令”（1916

① 参见傅杰为萧公权著《中国政治思想史》（辽宁教育出版社1998年版）一书所写“本书说明”。

年9月20日《致北京书》)，或编定宪法“于信教自由外，仍特立其国教，以示尊崇”(1916年9月《致国会议员书》)，甚而更直接参与了张勋复辟帝制的活动，这不仅使他自己陷入了进退失据的困境，更激发了新文化运动激烈“反孔”运动的高涨，从而引发了一场“孔教”信仰的最深刻的危机。

第三，康氏所以前后判若两人而陷入进退失据的困境，这一方面是他太过偏执于其固有的成见而不能顺应时代潮流，始终坚持“今方为‘据乱’之世，只能言小康，不能言大同，言则陷天下于洪水猛兽”[①]的立场所致；另一方面，则是其思想之驳杂矛盾所致。吾以为，这后一方面的原因最为耐人寻味，其思想虽然尽量容纳了他那个时代所能容纳的西方的思想学说，其思想亦不乏“无依傍”“无剿袭”的独创之见，但又终难摆脱中世纪经学思维范式的锢蔽；康氏既主张进化之说，于思想信仰却唯期止于“孔教”信仰而后已，既力主当“列国并立”之世而应“以开创之势治天下”，反对固守“一统垂裳”时代“率由旧章”“拱手无为”(《上清帝第二书》)之旧方，或痛切于“不求进化，泥守旧方”，但又喜依傍而汲汲于发明“孔子旧方”(《礼运注叙》)欲以救大地群生；康氏既固守中国2000多年来只是处在据乱或升平世之见，而又坚信“吾国经三代之政，孔子之教，文明美备，万法精深，升平久期，自由已极”(《法国大革命记》)；康氏所不能容忍者乃过去时代的人仅以孔子为“学行高深之圣者”或“纯德懿行之圣人”，故力主尊奉孔子为神明“教主”，康氏又以为大谬不然者则是近之妄人称孔子为“哲学、政治、教育家”(《请尊孔圣为国教立教部教会以孔子纪年而废淫祀折》)，认为即使“谓之曰大政治家，谓之曰大教育家，谓之曰大哲学家”亦是“妄人之言”，因为所谓政治、教育、哲学者只是指称其“一器一能”(《中国学会报题词》)而不足以尊“教主”，故力主依仿各国敬“上帝”拜“教主”之公理以崇礼孔子，以至康氏虽然崇信孔子之教为人道文明之教，然其心目中的孔子实则带有浓厚的“神秘性”或偶像化的意味。

① 朱维铮校注：《梁启超论清学史二种》，复旦大学出版社1985年版，第67页。

以上种种，都显示了康氏以“尊孔”为中心所建构的“新学”及其所倡立的“孔子新教”，具有一种深刻的内在张力性的思想品格，这种思想品格既使他开创了中国近代史的一场形式上虽然“殊多缺点”而精神上却至为“可贵”的维新事业，也造成了他进退失据的困境，而且不仅是康氏个人性的困境，更昭示了近代中国的时代性困境，即面对西方文化的冲击与挑战，“儒教”中国试图再借重塑“孔教”信仰以维系于不坠已是不可能的了。总之，康氏之“尊孔”或其“尊孔”之说，不乏开新之义，如梁启超将其师发明“孔教”之义概括为六大主义，即“孔教”为进步主义而非保守主义、兼爱主义而非独善主义、世界主义而非国别主义、平等主义而非督制主义、强立主义而非巽懦主义、重魂主义而非爱身主义（参见《南海康先生传》）；另一方面，又极富宗教信仰的神秘性，如推尊孔子为“神明圣王”、为“万世教主”、倡立“孔教”为“国教”。但是，一言以蔽之，则可以说康氏重塑孔子“教主”形象的努力实欲为“儒教”中国的灵魂孔子构建一道宗教信仰的最后壁垒。他的这一努力总的来讲是失败的，而失败的根本原因，就在于康氏之尊孔子为“教主”，与其说是宗教性的，毋宁说是政治性、乌托邦性和文化性的，故而其“尊孔”之“新学”“新教”既在百日维新前后激发了与洋务派和顽固守旧派之间激烈的政治意识形态斗争，更在民国时期引发了一场更为激烈的政治与文化意识形态的斗争。

（四）爱孔子更爱真理

能为康有为所领导的“今文学派”和维新事业作“猛烈的宣传运动者”，则有梁启超。梁氏深受其师康有为宗教信仰的影响，亦是维新派中昌明“孔教”的中坚人物，然而，康、梁之间又有很大的差异，正如梁启超所自言：“启超与康有为最相反之一点，有为太有成见，启超太无成见。”梁氏因“太无成见”而流质易变，因流质易变，故而“其保守性与进取性常交战于胸中，随感情而发，所执往往前后相矛盾”，并“不惜以今日之我，难昔日之我”。[1]但，也正因如此，

① 朱维铮校注：《梁启超论清学史二种》，复旦大学出版社1985年版，第73、70页。

梁氏才能突破康有为所设置的“孔教”信仰的“神秘性”的藩篱和壁垒，而发展出一种新的思维理路和认知方向，即在更加开放的真理的平台之上或在思想自由的意义架构之内来重新审视孔子的可尊可信。

梁氏在维新时期主要宣传其师康有为的“孔教”信仰，故其“尊孔”亦深怀炽烈之宗教家的情怀。据梁先生旧作《世界伟人传》第一编“孔子”之残稿，他认为在春秋战国这一中国社会最重要的过渡时代，孔子实应运而兴，并“集旧社会文明之大成，而为新社会文明之创建者也”，故尊之曰：

自我神州赤县，乃至西尽流沙，北极穷发，东讫扶桑日出之邦，南暨椎结𫘝舌之域，二千年间所自产者，何一不受赐于孔子？其有学问，孔子之学问也；其有伦理，孔子之伦理也；其有政治，孔子之政治也。其人才皆由得孔子之一体以兴，其历史皆演孔子之一节以成。苟无孔子，则中国当非复二千年来之中国。中国非复二千年来之中国，则世界亦非二千年来之世界也。

吾将以教主尊孔子。夫孔子诚教主也，而教主不足以尽孔子。教主感化力所及，限于其信徒，而孔子则凡有血气，莫不尊亲。举中国人，虽未尝一读孔子之书者，而皆在孔子范围中也。故印度不能为释迦之印度，犹太不能为基督之犹太，而中国则孔子之中国也。吾将以教育家尊孔子。夫孔子诚教育家也，而教育家不足以尽孔子。教育家之主义及方法，只能适用于一时代，一社会，而孔子之教育，则措四海而皆准，俟百世而不惑也。故梭格拉第之后，容有梭格拉第；而孔子之后，无孔子也。吾将以学问家尊孔子。夫孔子诚学问家也，而学问家不足以尽孔子。学问家以学问故而成家，而孔子则学问之所从出也。吾将以政治家尊孔子。夫孔子诚政治家也，而政治家不足以尽孔子。食政治家之赐者，不过一国，而孔子之理想的政治，则洋溢中国，而施及蛮貊也。食政治家之赐者，不过百年，而孔子之因时的政治，可以善当时之中国，可以善二千年讫今之中国，且可以善自今以往永劫无穷之中国也。[①]

由上可见，梁氏之尊孔子，既受其师康有为的影响，而又实有过之而无不及。

然而，梁氏治《伪经考》之初，对其师康有为之武断及其“以神秘性说孔子”就已不以为然，故自三十岁以后，更“绝口不谈‘伪经’，亦不甚谈‘改制’”（《清代学术概论》），并走向了日与其师分道扬镳的思维理路，以至“昔也为保教党之骁将，今也为保教党之大敌”（《保教非所以尊孔论》）。因此，当其师康有为“大倡设孔教会定国教祀天配孔诸义”之际，梁氏则“屡起而驳之”（《清代学术概论》），其中最能体现梁氏之真知灼见者，是其发表于1902年2月22日《新民丛报》第2号上的《保教非所以尊孔论》一篇大文章，其文力排“保教之议”，既系统地批驳了保教论者的种种无知之蔽，如“不知孔子之真相”“不知宗教之界说”“不知今后宗教势力之迁移”以及“不知列国政治与宗教之关系”，更从正面阐述了“孔教”何以为“孔教”，即“孔教所以特异于群教者”或“孔教”的真精神之所在。概言之，梁氏之说最可注意者有以下几点。

第一，“孔教”之性质或孔子立教之根底全与其他宗教不同。“西人所谓宗教者，专指迷信宗仰而言……故奉其教者，莫要于起信，莫急于伏魔。起信者，禁人之怀疑，窒人思想自由也。伏魔者，持门户以排外也。”而“孔子则不然。其所教者，专在世界国家之事，伦理道德之原，无迷信，无礼拜，不禁怀疑，不仇外道，孔教所以特异于群教者在是”。故，“孔子者，哲学家、经世家、教育家，而非宗教家也”，“孔子人也，先圣也，先师也，非天也，非鬼也，非神也”。而“持保教论者，辄欲设教会，立教堂，定礼拜之仪式，著信仰之规条，事事摹仿佛耶，惟恐不肖”，如是保教尊孔，其实是诬孔子已甚。

第二，随着科学的昌明与自由的伸张，宗教的势力将日益走向衰微；另外，近世“信教自由之理”，“其尤要者，在画定政治与宗教之权限，使不相侵越也”。

① 张品兴主编：《梁启超全集》，北京出版社1999年版，第3155—3157页。

而保教之论既与文明进化之趋势相违，又与近世文明法律精神相背离，故其必进退无据，甚而必将开启争教乃至政争之祸端。

第三，“孔子之所为孔子，正以其思想之自由也”，而“自命为孔子徒者，乃反其精神而用之”，故保教之说历来都是束缚国民思想而违背孔子之真精神的。从历史上来讲，“自汉以来，号称行孔子教二千余年于兹矣。而皆持所谓表章某某、罢黜某某者，以为一贯之精神，故正学异端有争，今学古学有争。言考据则争师法，言性理则争道统，各自以为孔教，而排斥他人以为非孔教。于是孔教之范围益日缩日小……皆由思想束缚于一点，不能自开生面”。而“今日之言保教者”，其方式虽然稍异于过去，却同样是“非诬则愚”，如“彼欲广孔教之范围也，于是取近世之新学新理以缘附之，曰某某者孔子所已知也，某某者孔子所曾言也。……然则，非以此新学新理厘然有当于吾心而从之也，不过以其暗合于我孔子而从之耳。是所爱者仍在孔子，非在真理也。……若是乎，真理之终不能饷遗我国民也。故吾最恶乎舞文贱儒，动以西学缘附中学者，以其名为开新，实则保守，煽思想界之奴性而滋益之也”。

第四，梁氏认为，“孔教”所以能“悬日月、塞天地而万古不能灭者”，在于“其所教者，人之何以为人也，人群之何以为群也，国家之何以为国也，凡此者，文明愈进，则其研究之也愈要”，而且，孔子最重人格教育，故孔子必将“于将来世界德育之林”，“占一最重要之位置”。对于此点，梁氏后来亦曾反复申论，如在《孔子教义实际裨益于今日国民者何在？欲昌明之其道何由》一文中，即申论之曰“孔子教义第一作用实在养成人格”，这既是“孔子之圣所以为大为至”而孔子教义“实际裨益于今日国民者”之所在，亦是吾人今日“诵法孔子”及“昌明孔子之教”所由之道之所在。

第五，“孔教之精神，非专制的，而自由的也”，故诚然尊孔子或忠于“孔教”者，应“直接其精神”而“毋拘墟其形迹”，既直接其精神，便当采群教之所长以广大“孔教”。故，“如佛教之博爱也，大无畏也，勘破生死也，普度众生也；耶教之平等也，视敌如友也，杀身为民也。此其义虽孔教固有之，吾采其尤博深切明者以相发明。其或未有者，吾急取而尽怀之，不敢廉也。其或相反而彼为优者，吾舍己以从之，不必吝也。又不惟于诸宗教为然耳，即古代希腊、近世欧美诸哲之学说，何一不可以兼容而并包之者？……大哉孔子，大哉孔子！海阔从鱼跃，天空任鸟飞。以是尊孔，而孔之真乃见；以是演孔，而孔之统乃长”。

由上可见，梁氏的“孔教”观，显然已从尊孔子为改制的“神明教主”根本转向了尊孔子为思想自由的“哲学家、经世家、教育家”了，而本诸孔子崇尚思想自由的真精神以尊孔，实际上所尊尚者在思想自由而非泥守孔子之形迹，故梁氏最初的“尊孔”在于其所最爱者在孔子，而此则梁氏虽始终未曾泯灭敬爱孔子之情，然其爱真理、崇尚思想自由已胜过爱孔子、忧保教了，故曰“吾爱孔子，吾尤爱真理；吾爱先辈，吾尤爱国家；吾爱故人，吾尤爱自由”。唯其爱真理、爱自由，故能将政治上“服一王之制”和思想上“守一先生之言”的政教传统摧陷廓清，而倡为“惊心动魄，一字千金”的“新民”之说；唯其爱真理、爱自由，故能破除种种“心奴”之积习、摆脱依傍之痼疾，而成为近世“新思想界之陈涉”；亦唯其爱真理、爱自由之故，梁氏始能获得思想自由之“快意”，所谓：“我有耳目，我物我格。我有心思，我理我穷。高高山顶立，深深海底行。其于古人也，吾时而师之，时而友之，时而敌之。无容心焉，以公理为衡而已。自由何如也！”（《新民说·论自由》）又曰：“我有耳目，我有心思，生今日文明灿烂之世界，罗列中外古今之学术，坐于堂上而判其曲直，可者取之，否者弃之，斯宁非丈夫第一快意事耶！”（《保教非所以尊孔论》）

但耐人寻味的是，梁氏虽崇尚思想自由，却又始终敬爱孔子；虽提倡新道德，却也反对一味鄙薄蔑弃“孔教”旧道德与中国文化。故依梁氏之见，“国于天地，必有与立”，“国之所以与立者”即所谓“国性”，“国语”“国教”与“国俗”皆其具体的事项或表象，而“国性可助长而不可创造也，可改良而不可蔑弃也”（《国性篇》）；又“中国文明实可谓以孔子为之代表”，“吾国民二千年来所以能抟控为一体，而维持于不敝，实赖孔子为无形之枢轴”（《孔子教义实际裨益于今日国民者何在？欲昌明之其道何由》)，孔子伦常之教、忠孝节义诸德，亦皆是养成国民之人格、抟控民族为一体、组织社会强固致密之所仰赖者，故不可轻言蔑弃荡除之(参见《中国道德之大原》《复古思潮平议》)。而且，在梁氏看来，孔子教义乃“平等的人格主义”，而非“君为臣纲父为子纲夫为妻纲”的“片面的伦理学说”，故孔子之教并非一般所讲的“三纲五伦”，究其实，“五伦说是孔子所有，三纲说是孔子所无”(《孔子》)[①]。

总之，梁启超所尊者乃“时中的孔子”、崇尚思想自由的孔子、重视人格教育的孔子，他爱孔子而尤爱真理与自由，爱真理与自由而又不失敬爱孔子之情。推而论及整个中国文化，则梁氏虽主张“将世界学说为无制限的尽量输入”(《清代学术概论》)，或“拿西洋的文明来扩充我的文明”，却又“要人人存一个尊重爱护本国文化的诚意”，故梁氏深愿中西两种文明能交互补助而起一种化合作用，以便发展出一种新文明或新文化系统，并期望“人类全体都得着他好处”(《欧游心影录》)。

(五)为圣人孔子辩诬

在维新志士中，更有谭嗣同，其为维新事业甘洒热血、抛头颅之豪情不仅感人至深，而其“新学”著作《仁学》更是“吐万丈光芒”。据其友梁启超言，《仁学》一书是谭氏“冥探孔佛之精奥，会通群哲之心法，衍绎南海之宗旨”(《谭嗣同传》)而成之作，此书虽“其驳杂幼稚之论甚多”，而“其尽脱旧思想之束缚，戛戛独造，则前清一代，未有其比也”[②]。在书中，谭氏那“冲决网罗”之论可谓酣畅淋漓，其痛诋纲常名教之言辞尤为激切，同时，谭氏还热切地为圣人孔子辩诬，从中我们可以得到两点最为深刻而富有意味的体会，一是“孔教”与纲常名教已走向了深刻的分裂，二是即使是维新之“新学派”对“孔子何以为孔子”的问题亦有其各自不同的理解和解释。故，可以说近代中国人对

① 张品兴主编：《梁启超全集》，北京出版社1999年版，第3129页。

② 朱维铮校注：《梁启超论清学史二种》，复旦大学出版社1985年版，第75页。

“孔教”的信仰已开始由传统压制性、单一化的偶像崇拜走向了新的多元信仰的时代。为了阐明这一点，我们不妨在此比较一下康有为与谭嗣同二人的“孔教”信仰。就其荦荦大者言之，二人的思想信仰在取向上的异同，约略有如下数端。

其一，二人虽都平视诸教，但康氏又偏于强调“孔教”与耶、佛诸教之异在人道与神道之别，并力主以“孔教”统耶、佛等教，谭氏则重在强调诸教之同在“其变不平等教为平等”或“皆用相同之公理”即“慈悲”和“灵魂”（《仁学》二十七、十三），而极言以佛教统孔、耶等教。

其二，二人同尊孔子为“空言垂世”的“教主”，并极力阐扬孔子大同之教，而康氏持论固执于其仅“可为理想之空言”而“不能为施行之实事”①，谭氏持论则恒以之为古往今来实事之评判标准。故，《大同书》之宗旨仅是寄托一乌托邦的理想，而《仁学》之宗旨则是直欲冲决一切网罗而后止。

其三，二人同尊孔子为圣，而对“孔子何以为圣”的理解和诠释又显有不同，康氏极力发明孔子为改制的“神明圣王”（外王形象），而谭氏则通过孔佛互诠以明孔子“成圣成佛”至极之人生境界（内圣形象），所谓：“夫孔子大圣，所谓初发心时，即成正果，本无功夫次第之可言。若乃现身说法，自述历历，亦诚有不可诬者。十五志学也者，亦自意诚入手也；三十而立，意已一而不纷矣，然犹未断也；四十不惑，意诚转为妙观察智矣；五十知天命，我执断矣，然犹有天命之见存，法执犹未断也；六十耳顺，法执亦断，为平等性智矣；七十从心所欲不逾矩，藏识转为大圆镜智矣。”（《仁学》二十六）

其四，二人同是抑荀尊孔、辟伪学之蠹以存孔道之真，而谭氏之说更发康氏之所未发，亦较康氏之义尤为深切著明。谭氏以为，身为“教主”者，孔子“最为不幸”，即生当据乱之世而“无如之何”，虽“托词寄义于升平、太平”，而其“据乱之雅言”，“仍不能不牵率于君主之旧制”；而“孔之不幸，又不宁

① 汤志钧编：《康有为政论集》上册，中华书局1981年版，第484页。

惟是”，其真传既绝而不传，而荀学遂得以“乘间冒孔之名，以败孔之道”，以致“二千年来之政，秦政也，皆大盗也；二千年来之学，荀学也，皆乡愿也。惟大盗利用乡愿；惟乡愿工媚大盗。二者交相资，而罔不托之于孔”（《仁学》二十八、二十九）。故谭氏之热切地为孔子辩诬而鸣不平者，实愤激于“孔教”之被利用为专制君主的“固身之具”。在谭氏看来，专制君主不仅占有天下为一己“囊橐中之私产”（《仁学》三十二），更乐于挟持、利用伪学所崇之“孔教”，以蔽锢、桎梏、压制、挫折天下人之心智、耳目、手足与气节。

其五，二人之思想同归本于孔子的仁学，而二人诠释仁学之精义实有重要差别。康氏曰：“天下所宗师者孔子也，孔子何以为圣，为其仁也，仁者爱人，孔子栖栖皇皇，忧四海之困穷。”（《两粤广仁善堂圣学会缘起》）梁启超亦概述其师之哲学曰：“先生之哲学，博爱派哲学也。先生之论理，以‘仁’字为唯一之宗旨。”（《南海康先生传》）显然，康氏之仁学特重仁之博爱义。而谭氏则以“通”为仁之“第一义”，而“通之象为平等”（《仁学·界说》），故其所重者实在仁之平等义。如萧公权先生所言：“康氏思想中含有博爱平等之义。世界大同者，实现人类博爱平等生活之理想制度也。若分别言之，则博爱为大同之基础，平等为大同之作用。博爱为大同之动机，平等为大同之效果。二者虽相辅并行，而就康氏所言观之，似博爱之义尤为重要。”①那么，康氏重博爱与谭氏重平等之间的重要差异，即在于康氏所重者在基础和动机，而谭氏所重者在作用与效果，我认为这之间的差异是不可小视的，因为博爱之动机未必真以平等为效用，如唐儒韩愈虽言“博爱之谓仁”，而其平生立言却“以兴起名教”为事，即如康氏，其思想中虽含有平等之义，然其所理解“平等”之义与谭氏所谓“平等”之旨实不可同日而语，如康氏曰“吾中国二千年改郡县后，既无世诸侯大夫，人人平等，无封建之压制，民久自由”（《法国大革命记》），而谭氏则以为“仁之为道也凡四”，即“上下通”“中外通”“男女内外通”“人我通”，而所以

① 萧公权：《中国政治思想史》，新星出版社2005年版，第458页。

“通之”之道为断意识、除我相、泯异同，最后“至于平等”而“为通人我之极致矣”（《仁学》四十五）。正是由于理解上的上述差异，康氏竟无视等级名分之压制性的实质，而误认为2000多年来中国人久已享有自由和平等；反之，谭氏则自立一“平等”之义而直欲将2000多年来钳制禁锢人的不平等之名教礼制、纲常伦理一一扫荡廓清。

其六，康氏倡立“孔教”而为纲纪伦常百般辩护，如谓：“人之一身，生我者父母，同生者兄弟，居则有夫妇，出则有朋友，任事则有君臣。君非皇帝之专名，而臣亦非奴才之贱例。……臣人者，亦可臣于人，自下之义也。秦汉之间，对于友朋，自称曰臣，而近人呼友曰某君某君，此非有贵贱于其间也。就县署言之，县长即君，僚属即臣也。就商店言之，店主即君，司事即臣也。由是观之，君臣之伦不可废，而五伦又岂可缺一乎？饮食男女，宫室衣服，为人生之大欲，常人皆知其不可缺，而顾谓五伦可缺乎？五伦之教，传自尧、舜，而孔子于《中庸章》明之，曰：五达道，是人之伦，即人之道也。道为人共由之路，不可须臾离，乃今竟有昌言废孔教者，岂不怪哉！岂不怪哉！”（1916年10月7日《镇江政学两界欢迎会演说》）[①] 可见，对康氏而言，“孔教”与伦常之教其实是一体两面的，废其一，则另一亦无法存；反之，其一不可废，则另一亦不可言废，有意思的是康氏对伦常之教所作的辩护性诠释，无疑有意隐去了传统纲纪伦常之教的压制性和不平等性这方面的重要问题，而仅仅片面地强调人伦之间相对性称谓关系的不可或缺的合理性。

而谭氏则向我们启示了另外一种昌明“孔教”的思维路向，即更加简捷地将“孔教”与纲常名教予以分离，以为孔子所立者为平等之教，而被荀学诬枉为不平等的伦常之教，故谭氏一方面极力为圣人孔子辩诬，其诠解孔子之言曰：“孔子曰：‘君君臣臣。’又曰：‘父父子子，兄兄弟弟，夫夫妇妇。’教主言未有不平等者。”（《仁学》三十二）另一方面，则着重对伪陋之荀学和纲常名教不遗

① 汤志钧编：《康有为政论集》下册，中华书局1981年版，第966页。

余力地痛加排诋，其言曰：

方孔之初立教也，黜古学，改今制，废君统，倡民主，变不平等为平等，亦汲汲然动矣。岂谓为荀学者，乃尽亡其精意，而泥其粗迹，反授君主以莫大无限之权，使得挟持一孔教以制天下！彼为荀学者，必以伦常二字，诬为孔教之精诣，不悟其为据乱世之法也。……况又妄益之以三纲，明创不平等之法，轩轾凿枘，以苦父天母地之人。……由是二千年来君臣一伦，尤为黑暗否塞，无复人理，沿及今兹，方愈剧矣。夫彼君主犹是耳目手足，非有两头四目，而智力出于人人也，亦果何所恃以虐四万万之众哉？则赖乎早有三纲五伦字样，能制人之身者，兼能制人之心。……孔教之亡，君主及言君统之伪学亡之也；复之者尚无其人也，吾甚祝孔教之有路德也。（《仁学》三十）

君臣之祸亟，而父子、夫妇之伦遂各以名势相制为当然矣。此皆三纲之名之为害也。名之所在，不惟关其口，使不敢昌言，乃并锢其心，使不敢涉想。……三纲之慑人，足以破其胆，而杀其灵魂，有如此矣。……独夫民贼，固甚乐三纲之名，一切刑律制度皆依此为率，取便己故也。（《仁学》三十七）

仁之乱也，则于其名。……俗学陋行，动言名教，敬若天命而不敢渝，畏若国宪而不敢议。嗟乎！以名为教，则其教已为实之宾，而决非实也。又况名者，由人创造，上以制其下，而不能不奉之，则数千年来，三纲五伦之惨祸烈毒，由是酷焉矣。君以名桎臣，官以名轭民，父以名压子，夫以名困妻，兄弟朋友各挟一名以相抗拒，而仁尚有少存焉者得乎？（《仁学》八）

五伦中于人生最无弊而有益，无纤毫之苦，有淡水之乐，其惟朋友乎。顾择友何如耳，所以者何？一曰“平等”，二曰“自由”，三曰“节宣惟意”。总括其义，曰不失自主之权而已矣。兄弟于朋友之道差近，可为其次。余皆为三纲所蒙蔀，如地狱矣。……夫朋友岂真贵于余

> 四伦而已，将为四伦之圭臬。而四伦咸以朋友之道贯之，是四伦可废也。……夫惟朋友之伦独尊，然后彼四伦不废自废。亦惟明四伦之当废，然后朋友之权力始大。今中外皆侈谈变法，而五伦不变，则举凡至理要道，悉无从起点，又况于三纲哉！（《仁学》三十八）

由上可见，谭氏可谓淋漓尽致地将“纲常名教”精神实质的负面意义摧陷廓清殆尽，其中有几点最值得我们注意，即：孔子平等之教亡于伪学“授君主以莫大无限之权”与君主之利用；“三纲”之义最便于君主专制，而专制之君主亦乐于以“三纲”为用；“三纲”之义与“五伦”之名教，交互连贯，而用皆归于压制；五伦之中，唯朋友之义最无弊而有益，若以朋友之道融贯人际关系而为之圭臬，则其余四伦可废。

总之，我认为，谭氏“孔教观”的根本意义就在于，在重新诠释“孔教”的真谛而为圣人孔子辩诬的同时，实现了“孔教”与纲常名教的分离，并进一步对2000多年来君主专制与纲常名教交互为用、联袂而行的整个政教传统，进行了彻底的理论上的批判与解构。

（六）争夺文化边界的斗争

对早期改良派、洋务派与守旧派来讲，不管他们是积极倡导还是极力反对采西学之用，他们之间在何为中学之体（圣人之道）的问题上还存在或共同传承着基本的共识，本国或自己民族文化的基线与边界对他们来讲仍然是清晰和不证自明的。然而，康、梁、谭等“新学派”的崛起及其所掀起的文化近代化的狂飙，却从根本上动摇和打破了存在着的基本的文化共识，它既使孔子观念与“孔教”信仰发生了根本的变化，更使民族文化的边界开始变得模糊不清，甚至露出了溃决之象。即如维新运动的领袖康有为，虽然还苦心孤诣地努力重塑孔子“神明圣王”和“万世教主”的形象，以便构筑“孔教”信仰的最后壁垒，然而，他重塑孔子形象的努力本身已经内含着使“孔教”信仰走向多元分裂的思想意识与认知价值的取向，正如梁启超所评，康氏既然敢于颠倒千百年来人们对“新学伪经”之迷信，并“谓孔子之创学派与诸子之创学派，同一动机，同一目的，同一手段”而“夷孔子于诸子之列”，故而不能不引起学者对数千年来的政教传统进行系统的批评反思的态度，更使当时的学者终于从数千年来“别黑白定一尊”的单面性思想观念的统制下获得了“全然解放”①，谭嗣同更发为“冲决网罗”之论，梁启超终走上“思想自由”之路。正是在康有为、谭嗣同、梁启超等人敢于怀疑、勇于批评精神的激荡下，思想界遂起一大革命，国人的思想观念与舆论风气为之一变，而博爱、平等、自由、民权等的呼声开始响彻“暮气充塞之国”的上空。维新思潮的风起云涌，亦不能不激起顽固的守旧派以及洋务派思想上的反动运动，以至新旧学派之间展开了一场激烈的争夺文化边界的思想斗争。

康、梁、谭等维新派学者极力阐扬孔子的太平大同之教，虽然在话语形式上与传统儒家学者所采取的返本求真的论式没有实质性的差别，但在中西文化比较的思维平台之上，他们事实上大大扩大和拓展了中国学者围绕“孔教”信仰而展开和进行的思考问题的范围，他们对孔子大同之教所作的普世化的意义诠释亦突破了“中体西用”论者的思维框架。反观一下上述维新志士们的“孔教”观，我们不难发现几个重要而有意思的现象。一是，他们同尊孔子为“教主”（姑且不论梁启超后来的思想取向），亦同样倾心阐扬孔子的太平大同之教，其共同的特点即将孔子重新塑造为人类的公共“教主”，并赋予孔子之教以普世化的价值与意义，他们的这一努力的最大后果就是突破了中西文化的传统界防，有意识地“泯中西之界限，化新旧之门户”②，或认为“道非圣人所独有也，尤非中国所私有也”③，而这样一种突破性的求同意识，虽难免依傍混淆的无知之蔽，但较中体西用论更进一步地为新思想的输入打开了方便之门。二是，他们对孔子的大同与小康之教所作的分疏亦种下了“孔教”信仰分裂的根芽，首倡大同之说虽可说是康氏的“空前创获”，但他始终坚持当时的中国只能施行

---

① 朱维铮校注：《梁启超论清学史二种》，复旦大学出版社 1985 年版，第 64、65 页。

② 汤志钧编：《康有为政论集》上册，中华书局 1981 年版，第 295 页。

③ 谭嗣同：《谭嗣同集》，岳麓书社 2012 年版，第 209 页。

小康之治，而梁启超和谭嗣同则极力阐扬、发挥和宣传孔子的大同之教。三是，他们虽然同尊孔子为“教主”，但他们对世界诸教的评判、对要不要保教和如何保教的问题乃至对孔子教义本身的理解与诠释又是不尽一致的，其间的差异有些仅是程度意义上的，有些则是根本性质意义上的，如康有为对三纲五伦所作的辩护性诠释，谭嗣同对纲常名教的颠覆性批判，梁启超对三纲与五伦的分疏，以及康、梁师徒在保教问题上的分道扬镳等。

正是维新派对中西文化传统界防的突破以及对孔子形象的重塑和对孔子之教的重新诠释与疏解，才引发出了一个日趋严重的时代性问题，即孔子形象与“孔教”信仰发生了旷古未有的深刻裂变，即使在维新志士内部，“孔教”信仰亦成了一个难以实现整合的难题。而且，值得注意的是，梁启超不仅具有了这样一种问题意识，即不同时代具有不同的孔子观，而且更敏锐地意识到了孔子形象与孔子观念在时人内心中的深刻分裂与迅猛变化。如他在其旧作《世界伟人传》第一编“孔子”之残稿中说：

> 温良恭让，孔子也。发强刚毅，亦孔子也。……冲淡恬退，孔子也。内热栖皇，亦孔子也。……博闻强记，孔子也。易简理得，亦孔子也。……尊崇君权，孔子也。鼓吹民政，亦孔子也。……文章得闻，孔子也。性与天道，亦孔子也。……此亦一孔子，彼亦一孔子。而此之孔子，若非彼之孔子；彼之孔子，若非此之孔子。
>
> 所谓（指先儒所谓——引者注）“大”，所谓“时”，所谓“贤于尧舜”，所谓“无得而逾，莫之能违”，所谓“出于其类，生民未有”，所谓“覆帱持载错行代明”，其必非仅如今世俗儒所见之孔子，其必非仅如宋明诸儒所见之孔子，其必非仅如两汉诸儒所见之孔子，其更必非仅如域外诸国学者比例模拟所见之孔子。……吾心目中若涌现一孔子，而与今世俗儒，乃至两汉宋明儒之所谓孔子，若为异人。[①]

① 张品兴主编：《梁启超全集》，北京出版社1999年版，第3156页。

在1902年发表的《论中国学术思想变迁之大势》(续前)一文中，梁氏则明确指出：

晚近学界，对于孔子而试挑战者，颇不乏人：若孔子之为教主与非教主也，孔子在三千年来学界之功罪也，孔子与六家九流之优劣比较也，孔子与泰西今古尊哲之优劣比较也，莽然并起，为学界一大问题。顾无论或推尊之，或谤议之，要之其对于孔子之观念，以视十年前，划若鸿沟矣。何也？自董仲舒定一尊以来，以至康南海《孔子改制考》出世之日，学者之对于孔子，未有敢下评论者也。恰如人民对于神圣不可侵犯之君权，视为与我异位，无所容其思议，而及今乃始有研究君权之性质，拟议其长短得失者。夫至于取其性质而研究之，则不惟反对焉者之识想一变，即赞成焉者之识想亦一变矣！所谓脱羁轭而得自由者，其几即在此而已。

如梁氏所言，孔子观念在19世纪与20世纪之交发生了“划若鸿沟”的变化，而十年间如此迅猛的变化主要是由于人们摆脱了神圣不可侵犯的孔子偶像的无意识钳制，乃至无论是推尊者还是谤议者，都试图在对其性质的比较研究的基础上来对他进行重新审视和评判，梁氏将这一思想风气的时代性变迁归功于康有为、谭嗣同等，故曰：“南海之功安在？则亦解二千年来人心之缚，使之敢于怀疑，而导之以入思想自由之涂径而已。自兹以还，浏阳谭壮飞著《仁学》，乃举其冥想所得、实验所得、听受所得者，尽发之而无余，而思想界遂起一大革命。”

尽管康、梁等对圣人孔子推尊至极，其重塑孔子“教主”形象的本意绝不是要引导人们对孔子妄加谤议，而且，从话语形式上讲，他们与其同时代的洋务派乃至守旧派之间似乎应该有许多的共同语言，如梁启超所说，甲午战败之后，正当康、梁等倡言维新变法之际，亦是中体西用论成为时尚“流行语”而“举国以为至言”之时，故不仅是洋务派的张之洞“最乐道之”，康有为亦是“以孔学、佛学、宋明学为体，以史学、西学为用”(《南海康先生传》)，梁启超更如是声言曰：“舍西学而言中学者，其中学必为无用；舍中学而言西学者，其西学必为无本。”（《西学书目表》后序）而此时的守旧派人物在形势的逼使之下也大都不得不持以中学为根底、兼采西学之长的论调，但是，在维新思潮风起云涌般的冲击和震荡下，由于具有类似或相同的思想信仰与文化认同的危机感，故而洋务派和守旧派遂产生了一种共鸣，并联手与维新派展开了一场异常激烈的思想斗争。这场思想斗争的焦点非常集中明确，守旧派叶德辉和洋务派张之洞等人的立场亦异常鲜明，如梁启超所言：“叶德辉著《翼教丛编》数十万言，将康有为所著书启超所批学生札记，及《时务报》、《湘报》、《湘学报》诸论文，逐条痛斥。而张之洞亦著《劝学篇》，旨趣略同。”[①] 其旨趣何在？可一言以蔽之，即极力维护圣人的纲常名教及中西文化之界防。

在守旧派和洋务派人士看来，康、梁等维新派的所谓“新学”其实不过是“非圣无法、惑世诬民”的康学邪说。守旧派所最深恶痛绝者便是康、梁等维新派倡导平等、民权、改制、通教诸“谬种”邪说，以为此皆足可废伦常、变义理，故在守旧派看来，康、梁等“丧心病狂”地“背叛圣教，败灭伦常”，以至“投诚异教”“用夷变夏”而“一意惟泰西之是从”或“唯泰西者是效”，实为“邪说横溢，人心浮动”的罪魁祸首，是“圣贤之蟊贼、古今之巨蠹”，是“真士类之文妖”，是“真汉奸之尤”。试将守旧派批驳、痛诋康、梁等维新派之言辞摘引数条列之于下，以观其旨趣所在。据清人苏舆所编《翼教丛编》[②]：

> 伪六籍，灭圣经也；托改制，乱成宪也；倡平等，堕纲常也；伸民权，无君上也；孔子纪年，欲人不知有本朝也。（《翼教丛编·序》）
>
> 惟中国此日讲求西法，所贵使中国之人明西法，为中国用以强中国，非欲将中国一切典章文物废弃摧烧，全变西法，使中国之人默化潜移，尽为西洋之人，然后为强也。故其事必须修明孔、孟、程、朱、四

① 朱维铮校注：《梁启超论清学史二种》，复旦大学出版社1985年版，第69页。

② 苏舆：《翼教丛编》，上海书店出版社2002年版。

书、五经、《小学》、《性理》诸书，植为根柢，使人熟知孝弟忠信、礼义廉耻、纲常伦纪、名教气节以明体，然后再习学外国文字、言语、艺术以致用，则中国有一通西学之人，得一人之益矣。若全不讲为学、为政本末，如迩来《时务》、《知新》等报所论尊侠力，伸民权，兴党会，改制度，甚则欲去跪拜之礼仪，废满汉之文字，平君臣之尊卑，改男女之外内，直似止须中国一变而为外洋政教风俗，即可立致富强，而不知其势，小则群起斗争，召乱无已，大则各变私利，卖国何难。（卷二《文仲恭侍御严劾康有为折》）

我中国以名教立国者也，强弱势也，因国弱而忘君父之伦，践土食毛者万不容作是想。（卷三《王干臣吏部〈实学平议〉》）

孔教为天理人心之至公，将来必大行于东西文明之国，而其精意所构，则有以辉光而日新。伦理为中西所同，血气尊亲，施及蛮貊，好生恶杀，人心之本然。孔子志在《春秋》，以救一世之乱逆，行在《孝经》，以立万世之纪纲。复有《论语》一书，综百王之大法……今五洲民户，中国号有四百兆众矣，此四百兆者，男女老幼，人人意中有一孔子，虽有刀兵水旱之劫，以去其三百兆之众，而所遗之百兆，非以无形之孔教治之，则篡弑相寻，天下且成为虚器，何有于君主、民主、君民共主也者？（卷三叶德辉《明教》）

梁启超之为教也，宣尼与基督同称，则东西教宗无界；中国与夷狄大同，则内外彼我无界；以孔子纪年黜大清之统，则古今无界；以自主立说平君民之权，则上下无界。……夫华夷之界，中外之大防。（卷四叶吏部《正界篇》）

外假大同之说，内溃名教之防。……作者此记议论，隐诋《论语》为不可信，意在破纲常名教之大防。（卷四叶吏部《〈长兴学记〉驳义》）

盖尝考之六经，凡所云新旧之理，举不外此数语，从未闻弃旧如遗，悍然以开新为事者。……圣人之纲常不可攻也，假平等之说以乱之；天威之震肃不可犯也，倡民权之义以夺之。……孔子之教，实无此名（指康、梁奉孔子为“教主”之名——引者注），“素王”之号，乃纬候家流传之言，在七十子之徒，推崇亦未为过。至于教主谥法，乃泰西教皇凭借威福之所为，岂可施之于温良恭俭让之至圣？……孔子之制在三纲五常，而亦尧舜以来相传之治道也，三代虽有损益，百世不可变更。（卷四叶吏部《〈读西学书法〉书后》）

中外华夷之界，不必以口舌争，亦不得以强弱论也。……西法非不足尚，要贵实事求是，师其所长（士当师其通农商诸学之长，工当师其制造之长，兵当师其练习测绘之长）。苟悻悻焉尽弃其学而学焉，非徒无益，而又害之矣。（卷四叶吏部《非〈幼学通议〉》）

吾人舍名教纲常，别无立足之地，除忠孝节义，亦岂有教人之方？今康、梁所用以惑世者，民权耳，平等耳，试问权既下移，国谁与治？民可自主，君亦何为？是率天下而乱也。平等之说蔑弃人伦，不能自行，而顾以立教，真悖谬之尤者。（卷五《宾凤阳等上王益吾院长书》）

尊圣教。孔子之道，为天地立心，为生民立命，乃乾坤所由以不敝者也。……夫士居今日而图强，必由孔子之语，心知其义而力行之。（卷五《湘省学约》）

近世时务之士，必欲破夷夏之防，合中外之教，此则鄙见断断不能苟同者。……孔教者，人心之所系也；士大夫者，又孔教之所系也。……中国服圣人之泽久矣，虽不识字之农夫牧竖、妇人幼子，无不有“孔子”二字横于胸臆间。盖圣人之教先之以人伦，而以神道辅其不及。（卷六《叶吏部与南学会皮鹿门孝廉书》）

圣教之大，不在君民平等。（卷六《叶吏部答皮孝廉书》）

人之攻康、梁者，大都攻其民权、平等、改制耳，鄙人以为康、梁之谬，尤在于合种、通教诸说。……通教亦西士之常谈。……然自彼通之，谓之用夏变夷；自我通之，谓之开门揖盗，此中界限，持之不可不坚。彼谈时务者，乃敢昌言于众曰，通教以保教，抑何丧心乃尔也。中西异教，近今不无强弱之分，《劝学篇》言保国即以保教，国强而教自存，此激励士夫之词。其实孔教之存亡，并不系此。大抵地球之世，君主兴则孔教昌，民主兴则耶教盛。（卷六《叶吏部与俞恪士观察书》）

显然，守旧派的逻辑非常简单明确，即：孔子以纲常名教立教，中国以纲常名教立国，君主与“孔教”一荣俱荣、一损俱损，卫圣道便当尊君权，尊圣教即当严守古今、中外、上下、东西之界防。

洋务派的代表人物张之洞所著《劝学篇》一书以“正人心”和“开风气”为宗旨，其申论中西体用、会通之义曰：

今欲强中国，存中学，则不得不讲西学。然不先以中学固其根柢，端其识趣，则强者为乱首，弱者为人奴，其祸更烈于不通西学者矣。……孔门之学，博文而约礼，温故而知新，参天而尽物。孔门之政，尊尊而亲亲，先富而后教，有文而备武，因时而制宜。孔子集千圣，等百王，参天地，赞化育，岂迂陋无用之老儒如盗跖所讥、墨翟所非者哉！今日学者，必先通经以明我中国先圣先师立教之旨，考史以识我中国历代之治乱、九州之风土，涉猎子集以通我中国之学术文章，然后择西学之可以补吾阙者用之、西政之可以起吾疾者取之。（内篇《循序第七》）

四书、五经、中国史事、政书、地图为旧学，西政、西艺、西史为新学。旧学为体，新学为用，不使偏废。（外篇《设学第三》）

万世之巧，圣人不能尽泄。万世之变，圣人不能豫知。然则西政西学，果其有益于中国，无损于圣教者，虽于古无征，为之固亦不嫌。况揆之经典，灼然可据者哉！今恶西法者，见六经古史之无明文，不察其是非损益，而概屏之……是自塞也。自塞者，令人固蔽傲慢，自陷危亡。略知西法者，又概取经典所言而傅会之，以为此皆中学所已有……

是自欺也。自欺者，令人空言争胜，不求实事。溺于西法者，甚或取中西之学而糅杂之，以为中西无别，如谓《春秋》即是公法，孔教合于耶稣，是自扰也。自扰者，令人眩惑狂易，丧其所守。综此三蔽，皆由不观其通。……然则如之何？曰：中学为内学，西学为外学，中学治身心，西学应世事，不必尽索之于经文，而必无悖于经义。（外篇《会通第十三》）

张之洞的上述新旧兼学、中外会通而“不使偏废”之说，既是针对“动以新学为诟病，相戒不学”的“陋儒俗吏”所言，更是针对“自视中国朝政民风无一是处”的“赞羡西学者”（外篇《益智第一》）而发，看似是一种不偏不倚的持平公允之论，其实他与守旧派是站在同一文化与政治立场上的，如曰：

三纲为中国神圣相传之至教，礼政之原本，人禽之大防，以保教也。（《劝学篇·序》）

圣人所以为圣人，中国所以为中国，实在于此（指三纲五伦——引者注）。故知君臣之纲，则民权之说不可行也；知父子之纲，则父子同罪免丧废祀之说不可行也；知夫妇之纲，则男女平权之说不可行也。（内篇《明纲第三》）

夫不可变者，伦纪也，非法制也；圣道也，非器械也；心术也，非工艺也。……夫所谓道本者，三纲四维是也。（外篇《变法第七》）

我孔孟相传大中至正之圣教，炳然如日月之中天，天理之纯，人伦之至。（外篇《非攻教第十五》）

由上可见，张之洞与叶德辉等守旧派实同一口吻，故而守旧派才将他引为同道，以共同排诋康、梁等维新派。

说到底，维新派与洋务派、守旧派之间的思想斗争实是围绕着不同的“孔教”观而展开的，由于对“孔教”的根本教义理解与诠释上的不同，故他们虽然同言尊孔保教乃至倡言会通中西，然其尊翼、保卫者全然不同，所言会通者亦判然有别，这就导致了他们之间的形似而神异。维新派试图借孔子的太平大同之教贯通中西学术、政治、宗教之界防，虽有依傍混淆之弊，但其从现实与理想两个层面对孔子小康和大同社会理念的诠释与分疏并不完全是无根的妄见臆说，甚或也不乏空前的创获，而且其良苦用心本就在追求进取与开新以实现未来性的理想目标。因此，对他们来说，中西文化的边界不可能是完全固定不变的，而应该是开放的，甚至任何固有的传统界防或网罗都必须被冲决或摧陷廓清，才能实现孔子的太平大同之教。恰恰相反，守旧派和洋务派却始终严持中外之界防，其所谓兼采西学之长者亦始终停留在器物及西学的层面，而不肯正视和承认中国固有的政教传统与立国精神有任何的毛病和问题，而且，不愿将对“孔教”的理解视阈作任何的移动或调整，偏狭地固守着纲常名教的意识形态偏见而不放，甚或沾沾自喜于“中国君权至尊”或“中国以名教立国”，因此，如果说维新派依傍混淆之弊尚情有可原的话，那么，守旧派和洋务派“动以伦常自矜异，而疾视外人”（《仁学》三十七），如是严守纲常名教之界防，其偏狭不通之弊则实属不可理喻。于是，双方各自打着尊孔保教的旗号，上演了一幕新、旧学之间“旧者愈病新，新者愈厌旧，交相为愈”（《劝学篇·序》）的思想与政治斗争，而就其本质而言，这实是一场争夺文化边界的斗争，一方欲破除、冲决文化意识形态的偏见而极力拓展文化的边界；另一方则固持死守君臣之大义、中外之界防。正是在这场斗争中，两种截然不同的文化价值理念即平等民权与纲常名教之间公开而正面的激烈对垒与交锋揭开了近代中西文化之争的真正序幕，而“孔教”问题也开始成为近代中西文化战场上的一大焦点。它既不同于早期改良派、洋务派与守旧派之间在采西学、办洋务问题上的意见分歧与争议，亦有别于后来以“打倒孔家店”为标帜的更具思想革命意义的中西新旧文化之战，敌对双方表面上似乎在共同打一场“孔教”的保卫战，但是，事实上，孔子观念和“孔教”信仰在敌对双方即维新派与守旧派、洋务派之间已经产生了难以弥合的裂隙，这更意味着中国人“孔教”信仰的同一性走向了分崩离析而已不复存在，传统的孔子观念和“孔教”信仰不可能再陈陈相因、一如既往地沿袭下去了，它不可避免地要经受近代中西文化战争的洗礼。战争充满着不确定的因素，而战争的“洗礼”对“孔教”又究竟意味着什么呢？从后来“不断激进化”的近代思想进程来看，不管尊孔保教的双方在这场斗争中的胜败如何，即不论是政治上戊戌维新运动的失败，还是思想上深闭固拒者的守旧难敌冲决网罗者的开新，“孔教”的近代或现代命运都不是尊孔保教者所能决定的了，中国开始步入一个更加难以实现整合的多元信仰的时代。

三、孔子与“儒教”在现代中国的命运转折

（一）“儒教”中国的终结

不管后人如何评价1898年康、梁领导的变法维新运动的功过是非，有一点却是不争的事实，即康、梁为了积极回应而非被动地防御西方文化的挑战，其重塑孔子形象与“孔教”信仰以改造相沿数千年的政教传统乃至拓展文化边界的努力，引发了近代中国人孔子观念的急剧转换乃至“划若鸿沟”的根本变革，这是他们所始料未及的。另外，康、梁领导的变法维新的政治运动虽然是“完全失败”了，但由于他们在“戊戌维新”前后，“用全副精力对于科举制度施行总攻击”，在“经了好几次波折”之后，已经沿袭了千余年的科举制度“这件文化障碍物”最终于1905年被彻底废止了，这是一个“替将来开出一条大进步的路径”的“最大关键”（梁启超《五十年中国进化概论》）。科举制度的废除，新式学堂的广泛建立，留学生的大量派出，终于使“孔教”或“儒教”依赖或通过科举仕进和学校教育而得以与国家政权和士大夫阶层乃至整个社会生活建立起来的制度化的普遍关联走向了解体，这不仅改变了士人只能诵法孔子和圣人经典以求入仕做官的单一化的人生取向，更使不确定性攫取住了孔子与“儒教”在现代中国的命运。

据《清史稿》卷一百零七《志》八十二《选举二》，光绪三十一年（1905年），由袁世凯和张之洞会奏停罢科举之后，“嗣后学校日渐推广，学术思想因之变迁，此其大关键也”。不过，当时所制定的学校章程，仍然要求学生必须诵读儒

家经典，并以保存“圣教”为教育的一大宗旨，如“《学务纲要》载中、小学宜注意读经以存圣教一节”，其言曰：“外国学堂有宗教一门，中国之经书即是中国之宗教。学堂不读经，则是尧、舜、禹、汤、文、武、周公、孔子之道，所谓三纲五常，尽行废绝，中国必不能立国。无论学生将来所执何业，即由小学改业者，必须曾诵经书之要言，略闻圣教之要义，以定其心性，正其本源。……不惟圣经不至废坠，且经学从此更可昌明。”光绪三十二年（1906年），学部亦曾奏请宣示教育宗旨曰：“中国政教所固有，亟宜发明以距异说者有二：曰忠君，曰尊孔。”然而，事与愿违，清末新政推行的教育改革，实际上起了一种自我瓦解的作用，它本来是要造就忠君尊孔或是“尊崇孔教，爱戴大清国”的人，“但无论是在国内新式学堂中还是在留学生中，清政府并没有获得多少为己所用的人才，反而出现了一个不同于传统士类的知识分子群体，成为王朝的掘墓人”①。

而且，风气既开，新思想的输入更加如火如荼，守旧难敌开新之势成了不可逆转的历史潮流，故而整个时局的发展已不是老朽垂暮的清王朝所能掌控的了。在20世纪初，革命民主思潮遂逐渐取代维新改良思潮而成为时代的主潮，1911年的一场辛亥革命的风云终于以摧枯拉朽之势推翻了清王朝的统治，而且，这不仅仅是清室一家一姓的王朝的覆亡，更意味着统制了中国两千余年的帝制或专制君主政治的荡灭。尽管代之而起的“民国”并非实至名归，中国传统社会及旧的守旧势力、风俗习惯、心理积习、思想信仰等经过这一场政治革命远没有被彻底根除掉，然而，近代中国毕竟义无反顾、不可逆转地迈入了一个根本转型的革命时代。继辛亥革命推翻了帝制之后，五四新文化运动更打倒了孔子的偶像，于是，随着独一至尊的皇权与神明至上的圣人这两大不可思议的怪物的被颠覆，借此两者联袂而行、相互维持而延续两千余年的“儒教”中国最终走向了终结。

① 陈旭麓：《陈旭麓文集》第一卷，华东师范大学出版社1996年版，第409页。

（二）世纪之初的话语转换

对近代中国人来讲，当历史的脚步刚刚迈入20世纪的时候，就已具有了一种非同寻常的意味，梁启超先生在世纪之初的1901年发表的《过渡时代论》一文最足以明此。依梁先生之见，“今日之中国”正处在由数千年以来的停顿转而为求进步的过渡时代，这一时代既是一个充满希望亦是一个险象环生的恐怖时代，故“今日之中国”既“可爱”而又“可惧”。梁先生特描述其过渡之象曰：

> 中国自数千年来，常立于一定不易之域，寸地不进，跬步不移，未尝知过渡之为何状也。虽然，为五大洋惊涛骇浪之所冲激，为十九世纪狂飙飞沙之所驱突，于是穹古以来，祖宗遗传、深顽厚锢之根据地，遂渐渐摧落失陷，而全国民族，亦遂不得不经营惨澹，跋涉苦辛，相率而就于过渡之道。故今日中国之现状，实如驾一扁舟，初离海岸线，而放于中流，即俗语所谓两头不到岸之时也。语其大者，则人民既愤独夫民贼愚民专制之政，而未能组织新政体以代之，是政治上之过渡时代也；士子既鄙考据词章庸恶陋劣之学，而未能开辟新学界以代之，是学问上之过渡时代也；社会既厌三纲压抑虚文缛节之俗，而未能研究新道德以代之，是理想风俗上之过渡时代也。

正是在这样一个过渡性的时代，守旧与维新、维新与革命“互相搏激而异论日起”（《复古思潮平议》），以至政治革命逐渐取代维新改良并成为亟欲救中国而力求进步的新一代中国知识分子主要追求的目标。所谓政治革命，一是狭义上的种族革命，即推翻清王朝；二是广义上的政治革命，即彻底颠覆数千年来的政教混合的君主专制政体，而为了实现广义上的政治革命的目标，故不能不进行思想信仰上的三纲革命和圣贤革命，于是，在辛亥革命前十年间革命话语中的排孔非儒的声音越来越成为一种时代的最强音。

由改良向革命、尊孔向诋孔实现话语转换的关键人物当首推章太炎，章氏在出版于1904年6月的《訄书》重订本中写有《订孔》专文重新订正孔子的历史地位，在1906年编写的《论诸子学》一文中更把批判的矛头直指孔子与儒家道德人格上的弊病，在后来的《驳建立孔教议》一文中还专门批驳了康有为倡立“孔教”的谬误，并重申了他对孔子历史功过的订正。现将章氏在上述诸文中表达的主要观点综合概述如下。

第一，与康有为、梁启超、谭嗣同等排荀伪歆以尊孔的学术旨趣截然相反，章氏则尊荀崇歆而诋孔。章氏1900年出版的《訄书》一书初刻本和1904年重订本的第一篇便是《尊荀》，而其重订本的第二篇则为《订孔》，《订孔》一文的主旨即在对“闻望之过情”或“虚誉夺实”的孔子形象予以订正，并重新估价孔子的历史地位。在《订孔》一文中，开篇即征引日本学者远藤隆吉对孔子的评价之语，其言曰：“孔子之出于”中国，实中国“之祸本也。……故更八十世而无进取者，咎亡于孔氏。祸本成，其胙尽矣”。不难想象，此一语对于一以孔氏为依归的中国人心目中的圣人孔子的形象所具有的颠覆性意义，章氏虽未对此语表示完全赞同，亦未对孔子采取全盘蔑弃的态度，但他显然对历代将孔子推崇为神明至圣大不以为然。在章氏看来，孔子所以“闻望之过情”者主要是由于他“删定六艺”而“擅其威”的缘故，而“孟、荀道术皆踊绝孔氏，惟才美弗能与等比”；《春秋》一书亦显示了孔氏不失为“古良史也”，而“汉之刘歆”却是孔子死后与孔子“名实足以伉者”。

第二，在《论诸子学》一文中，章氏更将孔子一分为三而论评之，即“湛心利禄”之孔子、“商订历史之孔子”和“从事教育之孔子”。依章氏之见，孔子之教“惟在趋时，其行义从时而变”，故不能不流为“诈伪”，而且，章氏引证孔子同时代的人及墨子和道家讥评诋毁孔子之言以明孔儒诈伪之“真”；孔儒之病主要在其“湛心荣利”而“以富贵利禄为心”，孔子“湛心利禄”，故虽讥乡愿而其所谓“中庸”实“无异于乡愿”，甚至是更“甚于乡愿者”的“国愿”；孔儒所谓“君子‘时中’‘时伸’‘时绌’”，其实不过是“道德不必求其是，理想亦不必求其是，惟期便于行事则可矣”，故“用儒家之道德”，则“艰苦卓厉者绝无，而冒没奔竞者皆是”，“用儒家之理想”，则“宗旨多在可否之间，论议止于函胡之地”，因此，儒术之害“在淆乱人之思想”。另外，章氏亦承认“孔氏之功”有二，一是“变讥祥神怪之说而务人事”；二是“变畴人世官之学而及平民”，并认为孔子的这两大功绩亦足可“夐绝千古”，但他又认为“二千年来，此事已属过去，独其热衷竞进在耳”。

第三，在《论诸子学》一文中，章氏还批评了汉以后“定一尊于孔子”所造成的学术思想上的弊病，其言曰：“盖中国学说，其病多在汗漫。春秋以上，学说未兴；汉武以后，定一尊于孔子。虽欲放言高论，犹必以无碍孔氏为宗，强相援引，妄为皮傅，愈调和者愈失其本真，愈附会者愈违其解故，故中国之学，其失不在支离，而在汗漫。”

第四，章氏在《驳建立孔教议》一文中，则集中批驳了康有为以巫道推尊孔子为“国教”“教主”并倡立“孔教”之说，认为康氏“但知孔子当尊，顾不悟其所尊之故”，而“孔子所以为中国斗杓者，在制历史，布文籍，振学术，平阶级而已”，并逐项申论孔子之功曰：

> 自孔子作《春秋》，然后纪年有次，事尽首尾，丘明衍传，迁、固承流，史书始粲然大备，矩则相承，仍世似续，令晚世得以识古，后人因以知前。故虽戎羯荐臻，国步倾覆，其人民知怀旧常，得以幡然反正。此其有造于华夏者，功为第一。……自孔子观书柱下，述而不作，删定六书，布之民间，然后人知典常，家识图史。其功二也。九流之学，靡不出于王官。守其一术，而不遍览文籍，则学术无以大就。自孔子布文籍，又自赞《周易》，吐《论语》以寄深湛之思，于是大师接踵，宏儒郁兴。虽所见殊途，而提振之功在一。其功三也。……自孔子布文籍，又养徒三千，与之驰骋七十二国，辨其人民，知其土训，识其政宜，门人余裔，起而干摩，与执政争明。哲人既萎，曾未百年，六国兴而世卿废，民苟怀术，皆有卿相之资。由是阶级荡平，寒素上遂，至于今不废。其功四也。总是四者，孔子于中国，为保民开化之宗，不为教主。世无孔子，宪章不传，学术不振，则国沦戎狄而不复，民陷卑贱而不升，欲以名号加于宇内通达之国，难矣。今之不坏，繄先圣是赖！是乃其所

以高于尧、舜、文、武而无算者也！若夫德行之教，仁义之端，《周官》已布之齐民，列国未尝坠其纲纪。……固不悉自孔子授之。……故以德化，则非孔子所专；以宗教，则为孔子所弃。今忘其所以当尊，而以不当尊者奉之，适足以玷阙里之堂，污泰山之迹耳！……孔教本非前世所有，则今者固无所废；莫之废，则亦无所建立矣。

第五，值得一提的是，章氏于1906年在《东京留学生欢迎会演说辞》中，也曾指出“孔教最大的污点，是使人不脱富贵利禄的思想”，而且还就今后革命提出了自己两点重要的主张，即：“第一，是用宗教发起信心，增进国民的道德。第二，是用国粹激动种性，增进爱国的热肠。”由此足见，章氏虽反对以巫道式的宗教迷信尊崇孔子，却并不排诋真正的宗教信仰；虽“诋孔”，却并不反传统。

总之，如鲁迅先生所说，章氏是一“有学问的革命家”，其学问之根底在中国古典学术思想，而与康有为不同的是章氏乃古文经学的大师，二人学术思想的旨趣既背道而驰，故章氏因深恶康有为“以孔子为巫师”及其“孔教”之说，“遂至激而诋孔”。大体而言，章氏主要反对的是以巫道式的宗教迷信来推尊孔子之教，而且并不认为孔子是什么仁义德化方面创教垂范的“神明教主”，在周末诸子学中孔子亦不过是上承王官司徒教化之职的一家而已；章氏在对“湛心利禄”“热衷竞进”的孔子大加排诋的同时，亦不惮乎肯定孔子在重人事、制历史、布文籍、振学术、平阶级方面自有其重要的历史功绩，认为孔子于中国，虽“不为教主”，而实是“保民开化之宗”。故，可以说，章氏虽“诋孔”，却并不全盘否定孔子之功。

继章氏之后，排孔批儒的声音更加日趋强烈而尖锐，而且是将纲常伦纪或圣人孔子与君主专制联系结合起来一并加以抨击，最能代表这种声音的有以下这样几篇文章。

一是，在署名为“真”的《三纲革命》（《新世纪》1907年第11期）一文中，作者指出，“新世纪”革命的要点有二，即去迷信与去强权，而迷信与强权二者亦总是互相维持以图自我保存，而且这二者之间的结合点正是“三纲”，故曰：“所谓三纲，出于狡者之创造，以伪道德之迷信保君父等之强权也。”依作者之见，由圣贤所作的“纲常伦纪”不过是一种“宗教迷信”，与“科学真理”即“人人平等”“父子平等”“男女平等”完全是相反对立的。因此，要倡导“科学真理”就必须破除“宗教迷信”，要“助人道之进化，求人类之幸福，必破纲常伦纪之说，此亦即圣贤革命，家庭革命”；反之，“家庭革命、圣贤革命、纲常革命，所以助人道进化者也”。

二是，在署名为“凡人”的《无圣篇》（1908年3月《河南》第3期）一文中，作者不仅分析和批驳了秦汉以后的圣人和圣王观念，而且提出了一种“无圣主义”的思想主张。依作者之见，“秦汉以降，历世相传，有不可思议之一怪物焉，曰圣人。其为怪也，富贵者淫之，威武者屈之。君主不可得而臣，而利用之以钳制其下；尚古者不可得而友，而利用之以慑服其徒。强权之患，由是始恣”。与希腊、印度“不过贤能之称”的“圣”相比，我国之圣则“定于一尊”，“为民立极”“为万世法”，以至“政法，圣之政法也；理论，圣之理论也；伦理，圣之伦理也；下至洒扫应对进退之节，礼乐射御书数之文，无不根原于圣，而惟圣是准”。所以，在我国，“‘圣’之一字，盖尤荒诞无稽，几于不可究极也”。正是在上述认识基础之上，作者发出了“无圣主义”的呼声，并阐述了三大理由：其一，“惟圣王与圣人有亲密之关切，圣王非有圣人不克施其术，圣人非赖圣王不能行其说”，故圣王专制之义虽“较圣人之害为尤甚”，而要“破专制之恶魔”，“必自无圣始”；其二，要使人不再做“圣人傀儡”而“谋人类之独立”，“必自无圣始”；其三，虽然“吾国学有渊源，非止孔、孟一支，平其心，静其气，无所重轻，兼采众说，以求公理，则虽余固未能谓孔、孟都无可取也”，但人“以为至圣”“定于一尊”，则“沮人生之自由，禁学术之发达”，故要“立学界前途之大本”，“必自无圣始”。

三是，在署名为“绝圣”的《排孔征言》（《新世纪》1908年第52期）一文中，作者更直言不讳地称孔丘为贼王，并倡言“孔丘之革命”。其文曰：

恐惧、迷信，世界强权之所基也。基以迷信，助以恐惧者，宗教是也。基以恐惧，助以迷信者，政府是也。所倚有重轻，斯改革有难易。故宗教之革命难，而政治之革命易。政教分立之国之政治革命易，而政教混合之国之政治革命难。

支那者，政教混合之国也，亦恐惧，亦迷信，故至今日始梦呓立宪。为此厉阶者，非孔丘乎！孔丘之为宗教家否，吾不过问。惟自政府之所利用、人民之所迷信之一方面观之，虽喙长三尺者，能辨其无宗教之现象乎？呜呼，孔丘砌专制政府之基，以荼毒吾同胞者，二千余年矣。今又凭依其大祀之牌位，以与同胞酬酢。立宪党之如何舞蹈，吾不能知。独怪热心革命者，或发扬周秦诸子，或排斥宋元诸人，而于孔丘则不一注意。夫大祀之牌位一日不入火刹，政治革命一日不克奏功，更何问男女革命，更何问无政府革命。擒贼先擒王，不之知，抑毋亦有所迷信乎！吾请正告曰：欲世界人进于幸福，必先破迷信；欲支那人之进于幸福，必先以孔丘之革命。

孔丘之革命奈何？往者有取其片言只行而加戏谑斥驳者矣，顾杯水耳。以孔毒之入人深，非用刮骨破疽之术不能庆更生。鄙意尽集其一生之言行，分门著论。言则取类似者，仿《左氏博议》之例排比为题，痛加驳斥。行则或就身世，或以所言反诘，要勿稍留余地。

上述诸文皆毫无掩饰而直截了当地将三纲、圣人和孔子作为革命的对象，其逻辑非常简单，即这些革命的对象不过是宗教迷信的代表和象征，是科学真理的敌人，是思想自由的桎梏，是人类进化的障碍，而人们要追求科学真理、思想自由和人类的进步，就必须首先破除他们。故所谓“革命”者，无论是三纲革命、圣贤革命、道德革命还是孔丘革命，都基于这样一种二元对立的逻辑论式，即宗教与科学、迷信与真理、专制与自由、道德的新与旧或真与伪“二者固绝对的不同物”，或属“不能两立之理”。而孔子之为孔子，不过是思想专制的“教主”，是“砌专制政府之基”的“贼王”。

《河南》社在《无圣篇》的文前有一按语曰：“此篇所论，有疏于学理处。表訾毁孔子，不无过当。然以吾国士夫素崇孔子，莫敢怀疑，故数千年来思想滞阂不进，学术陵迟，至不可救。此篇虽不免矫枉过正，然录之亦可觇思想进化之一斑云尔。”显然，这一按语亦可用于对20世纪之初革命思潮中的排孔批儒话语作总的评价，其疏于学理之处主要表现在，他们排孔无圣的革命主张，并不是基于真正平心静气地对孔孟之学本身首先进行深入细致和全面客观的学理研究，而主要是针对后世的专制政府对孔孟之学的尊崇和利用而提出来的，故不免有认识上评价先行的弊病和效果上矫枉过正的偏颇。但是，非如此不能冲决数千年来专制君主定孔子于一尊的思想专制，非如此不能破除士人对孔子历久弥尊而莫敢怀疑的思想藩篱，非矫枉过正不能促进思想之进化，故疏于学理、矫枉过正又不只是那个时代的革命者本身在认识上的偏失，更是革命者处在那样的时代而不得不选择那样一种思想进化的认识逻辑和革命路径的那个时代的不幸。然而，不管是偏失也罢，还是不幸也好，20世纪之初革命思潮中排孔非儒的话语转换，无疑意味着一个批判孔子与“儒教”的时代的真正开始，而思想革命的潮流一旦开始，则它势必不将孔子与“儒教”打倒而不止。

（三）新文化运动与“孔教”问题

1911年辛亥革命一举推翻了清王朝的政治统治，中国的历史的确翻开了崭新的一页，然而，民国乃至后民国时代的历史脉搏撒播出的并不是一串激情与理性、活力与节制交相辉映的和谐音符，而是充满了吊诡性的风云波澜。民主革命的急流勇进与尊孔复辟的逆流回潮交错激荡，中西文化的会通调和与异质冲突是非纷纭，正是在这种云谲波诡的现代历史风云中，孔子的功与过、“孔教”的是与非成为新文化运动重新评判和估定一切价值的一大焦点问题。

五四新文化运动是中国现代史上最具启蒙意义的思想革命，它正面拥护和大力倡导的是科学与民主以及白话文运动，而反面则向孔家店发起了集中而猛烈的攻击。何以在这个时候，“孔教”又成了一个严重的问题呢？我认为，原因主要有二：一是直接的原因，是对当时尊孔复辟的逆流回潮的一种反动；二是更根本的原因，是根源于伦理、文化上的新觉悟。兹分述如下。

民国建立之初，虽然“并没有自觉地围剿孔子”，但南京临时政府于1912年3月颁布的《临时约法》规定了“人民有信教之自由”，同时，南京临时政府教育部发布行政命令，规定学校不准读经祀孔，这实际上具有否定“定于一尊”的孔子和把“大成至圣先师孔子”逐出学校的意味。[①] 时任教育总长的蔡元培先生在《对于新教育之意见》一文中阐述的观念颇具代表性，可用以说明南京临时政府对孔子与“孔教”的态度，即“孔子之学术，与后世所谓儒教、孔教当分别论之”。文中，蔡先生提出了实施军国民教育、实利教育、公民道德、世界观、美育的新教育方针，并认为孔孟所谓“义”“恕”“仁”实即近世所倡导的“自由、平等、亲爱（博爱）”等“公民道德”，而对清王朝时代所钦定的教育宗旨即忠君与尊孔，蔡先生则认为“忠君与共和政体不合，尊孔与信教自由相违”。可见，蔡先生的态度，一方面是对孔子本人的学术持基本肯定的态度，另一方面则坚决反对由政府定孔子于一尊的“尊孔”。

然而，南京临时政府废止祀孔读经的做法在康有为等尊孔主义者看来，无异于是将整个中国文明的根基扫除荡尽或彻底颠覆，此时的南海康圣人已由“戊戌维新之中坚”转身变为“民国之守旧与反动分子”[②] 了。在康氏尊孔子为“教主”、立“孔教”为“国教”的倡议和感召下，一批尊孔社团如“孔教会”“孔道会”等纷纷成立。与此同时，北京政府的大总统袁世凯亦通令全国尊崇“寄托”了他的“帝王之想”的孔圣，而且，不仅重新恢复了祀孔祭天的大典，还把孔子之道列入了“天坛宪法”草案第十九条，规定“国民教育以孔子之道为修身大本”。另外，学校也重新恢复了读经。后来，南海康圣人与“辫子大帅”张勋还上演了一出尊孔复辟的闹剧。正是在民间与官方两股尊孔复辟势力的交相呼应鼓噪下，一股尊孔复古的历史逆流被掀起。但是，这股名为“尊孔”、实则厚诬

① 参见陈旭麓：《陈旭麓文集》第一卷，华东师范大学出版社1996年版，第528—529页。

② 萧公权：《中国政治思想史》，新星出版社2005年版，第472页。

孔子，并意在复辟帝制或使“孔教”与政治重新结合联姻的历史逆流，不仅没有使“孔教”重获新生，反而使“孔教”受到了颠覆性的抨击。

新文化运动的领袖和健将们正是针对上述尊孔复辟的逆流而向孔家店发起了集中而猛烈的攻击。诚如胡适先生在《新思潮的意义》一文中所说：“孔教的问题，向来不成什么问题。后来东方文化与西方文化接近，孔教的势力渐渐衰微，于是有一班信仰孔教的人妄想要用政府法令的势力来恢复孔教的尊严，却不知道这种高压的手段恰好挑起一种怀疑的反动。因此，民国四五年的时候，孔教会的活动最大，反对孔教的人也最多。孔教成为问题就在这个时候。”然而，问题既已出现，其所涉及的性质与范围却不单单是局限于尊孔与反尊孔的斗争了。如陈独秀在《宪法与孔教》一文中所说：“‘孔教’本失灵之偶像，过去之化石，应于民主国宪法，不生问题。只以袁皇帝干涉宪法之恶果，天坛草案遂于第十九条，附以尊孔之文，敷衍民贼，致遗今日无谓之纷争。然既有纷争矣，则必演为吾国极重大之问题。其故何哉？盖孔教问题不独关系宪法，且为吾人实际生活及伦理思想之根本问题也。”那么，“孔教”问题既然涉及“吾人实际生活及伦理思想之根本问题”，因此，陈独秀等新文化运动的领袖和健将们对“孔教”之是非价值的重新评判和估定，又是在他们对中西文化与伦理问题的根本自觉或最后觉悟的意识之上而展开的，可以说，新文化运动在这一意义层面上对“孔教”问题的评判和估定更具思想启蒙的划时代的历史意义。

新文化运动究竟是如何来重新评判和估定“孔教”问题的呢？现将易白沙、陈独秀、李大钊、吴虞、胡适等人的评孔言论，分述如下：

1. 易白沙

易白沙是最早在《新青年》上发表专门评孔文章的学者，他在《孔子平议》（上、下）一文中，主要表达了这样几层意思：

一是，首先批驳了两种论孔之“瞽说”，它们不是将今日风俗、人心的败坏和学问的无进化等一切归罪于孔子，就是欲以“人人崇拜孔子”来“正人心、端风俗、励学问”，而其实“国人为善为恶，当反求之自身”，孔子既“未尝设保险公司”，亦是不能“替我负此重大之责”的。因此，“国人不自树立，一一推委孔子，祈祷大成至圣之默祐，是谓惰性；不知孔子无此权力，争相劝进，奉为素王，是谓大愚”。

二是，揭破“中国二千余年尊孔之大秘密”，认为汉以后历代帝王之“尊孔”，不过是要“利用孔子为傀儡，垄断天下之思想，使失其自由”，历代学者之“尊孔”，则将“中国一切风俗、人心、学问，过去、未来之责任，堆积孔子之两肩”，唯其如此，故全国上下“日日败坏风俗，斫丧人心，腐朽学问”。由于历代帝王“皆傀儡孔子”，“所谓尊孔”不过是“滑稽之尊孔也”，而国人又“冥行于滑稽尊孔之彀中”，“久而又久，遂成习惯”，故有诋毁“滑稽尊孔”者，则“群起斥为大逆不道”。今日“忧时之士”还想继续上演这种滑稽尊孔的闹剧以“挽救人心”，殊不知人心、风俗“即崩离于此”。

三是，“推论孔子以何因缘被彼野心家所利用，甘作滑稽之傀儡”，究其因，则“不能不归咎孔子之自身”。具体言之，野心家主要是利用孔子的四大缺点，即“孔子尊君权，漫无限制，易演成独夫专制之弊”“孔子讲学不许问难，易演成思想专制之弊”“孔子少绝对之主张，易为人所借口”“孔子但重作官，不重谋食，易入民贼牢笼”。

四是，重新评估孔子在中国古今学术中的历史地位。尽管汉武帝以来的两千余年中，除王充、嵇康、李贽等少数君子外，历代学者、古今之董仲舒们“多抱孔子万能之思想”，并“欲以孔子一家学术代表中国过去未来之文明”，但依易氏之见，中国古今学术实包括“儒者之学”“九家之学”和“域外之学”（“印度之佛，皙人物质及精神之科学”），“三者混成，是为国学”，故孔子虽是儒家的“集大成”者，然而“孔子之学只能谓为儒家一家之学，必不可称以中国一国之学”，因为“孔学与国学绝然不同，非孔学之小，实国学范围之大也。朕即国家之思想，不可施于政治，尤不可施于学术”。

五是，“孔子不得称为素王，只能谓之显学”，而且，“孔子自有可尊崇者在，国人正无须如八股家之作截搭题，以牵引傅会今日学术，徒失儒家之本义耳”。那么，儒家之本义、孔子之真精神何在呢？易氏曰：

> 证以事实，孔子固不得称素王。若论孔子宏愿，则不在素王，而在真王。盖孔子弟子，皆抱有帝王思想也。儒家规模宏远，欲统一当代之学术，更思统一当代之政治。彼之学术，所以运用政治者，无乎不备。几杖之间，以南面事业推许弟子。……孔子亦自言如有用我者，吾其为东周；又言文王既没，文不在兹。此明以文王自任，志在行道，改良政治，非若野心家之囊橐天下。故干说七十二君，而不以为卑；应公山弗扰之召，而不嫌其叛。后人处专制时代，不敢公言南面之志，或尊为素王，或许以王佐，岂非厚诬孔子？孔子以后，有二大儒：一曰孟子，一曰荀子。……孟、荀二巨子，均以帝王自负。列国之君，因疑孔子有革命之野心，不敢钧用。……儒家革命思想，非徒托诸空言，且行之事实。……汤武革命，一以七十里，一以百里，天下称道其仁。儒家用心，较汤武尤苦，而诛残贼、救百姓之绩，为汤武所不逮，以列国之君，罪浮于桀纣也。墨翟、庄周不明此义，竟以乱党之名词诬孔门师弟，千载以后，遂无人敢道孔子革命之事。微言大义，湮没不彰。愚诚冒昧，敢为阐发，使国人知独夫民贼利用孔子，实大悖孔子之精神。孔子宏愿，诚欲统一学术，统一政治，不料为独夫民贼作百世之傀儡，惜哉！

由上可见，在易氏看来，孔子又是一个欲统一当代之学术与政治而意在做真王的革命家，故易氏为孔子“为独夫民贼作百世之傀儡”而深感痛惜。

综言之，孔子对易氏来说，实是一个既尊君权而又欲革命的儒学宗师，他本身的缺点易于被野心家利用作傀儡，其学术不过是儒家一家之学而不足以“代表中国过去未来之文明”，国人“一一推委孔子”则非惰即愚。

2. 陈独秀

梁启超1923年在《五十年中国进化概论》一文中，曾对从变法维新、辛亥革命到新文化运动的问题意识的转换作过这样的概括，即当革命所希望的件件都落空之后，作为时代风气先导的先锋人物开始“从文化根本上感觉不足”，“觉得社会文化是整套的，要拿旧心理运用新制度，决计不可能，渐渐要求全人格的觉悟”。领导了维新运动的康有为、梁启超和“中国西学第一人”的严复等新思想界的勇士们事实上已播植下了这种觉悟的种子，而陈独秀等新一代的思想界的勇士们正是基于这种觉悟而掀起了一场真正具有思想革命意义的新文化运动，因为他们把批判的矛头直接对准了传统“儒教”中国的灵魂与偶像——孔子。其中，陈独秀对“孔教”的批评可以说是最为明快犀利的。

陈氏批评“孔教”的最直接的原因首先是由于袁世凯和康有为等人的“尊孔”，袁世凯、康有为恢复崇圣祀典、倡立“孔教”乃至将“孔教”编入宪法，以为孔子伦常道德之教乃“中国数千年来立国根本”、为中国兴废存亡所系，孔子之道在今日亦应作为治国修身的“大本大原”，故重定“孔教”为“国教”、“树尼山教义以作民族精神”，用以统合风俗教化、端正世道人心，名义上是以“孔教”为民主共和之魂，实际上不过是意在复辟君主专制之实，甚至明目张胆地公然“帝制自为”。复辟与尊孔既然如此如影随形地相依为命而“依旧盛行于国中”，故陈氏为维护民主共和之国体，不能不极力排诋当时之尊孔派乃至“孔教”之根本教义。

陈氏对尊孔派的批评，主要包括这样两层意思。

一是，对以“孔教”为宗教的康有为等尊孔派的批评。在陈氏看来，“孔教绝无宗教之实质（宗教实质，重在灵魂之救济，出世之宗也。孔子不事鬼，不知死，文行忠信，皆入世之教，所谓性与天道，乃哲学，非宗教）与仪式，是教化之教，非宗教之教”，故康有为等尊孔者以“孔教”为宗教实是“平地生波，惑民诬孔”（《驳康有为致总统总理书》），他们“蔑视他宗，独尊一孔”，或者“竟欲以四万万人各教信徒共有之宪法，独规定以孔子之道为修身大本”而“强全国之从同”，不仅“侵害宗教信仰之自由”或阻碍“思想信仰之自由”（《宪法与孔教》），而且，更有违近世“政教分途”之“公例”而“将以启国家无穷之纷争”（《再论孔教问题》）。可见，陈氏对尊孔派的批评主要是针对他们以“孔教”为宗教，特别是强欲借政治的手段重新定“孔教”于一尊，不然的话，则“使孔教会仅以私人团体，立教于社会，国家固应予以与各教同等之自由，使仅以‘孔学会’号召于国中，尤吾人所赞许”（《宪法与孔教》）。另外，康氏一方面以“孔教”为出世养魂之宗教；另一方面又以“孔教”为人伦日用之世法，其“尊孔以为日用人伦之道”虽然不似“孔教”为宗教之说“迂远”而“厚诬孔子”，并“足以动国人之信心”，但其效果则正适得其反，因为“依道与世更之原理，世法道德必随社会之变迁为兴废，反不若出世远人之宗教，不随人事变迁之较垂久远”（《孔子之道与现代生活》）。

二是，依陈氏之见，“孔教”非宗教，亦不当规定于宪法，其理由“俱至明浅”。正因如此，所以“时贤之尊孔者”既有“不以孔教为宗教者”，亦有“以为宗教而不主张假宪法以强人信从者”，“此派之尊孔者”虽然没有“强人同己之恶习”，但“其根本见解”却是陈氏所“不敢盲从”的，不仅“不敢盲从”，因为涉及更为根本性的问题，即“非孔教是否宗教问题，且非但孔教可否定入宪法问题，乃孔教是否适宜于民国教育精神之根本问题也”，故陈氏认为此派尊孔者的根本见解实更应引起人们的关注而必须予以有力批驳。陈氏将此派尊孔者又分为两派，其言曰：

> 今之尊孔者，率分甲乙二派：甲派以三纲五常为名教之大防，中外古今，莫可逾越，西洋物质文明，固可尊贵，独至孔门礼教，固彼所未逮。此中国特有之文明，不可妄议废弃者也。乙派则以为三纲五常之说，出于纬书，宋儒盛倡之，遂酿成君权万能之末弊，原始孔教，不如是也。持此说之最有条理者，莫如顾实君，谓宋以后之孔教，为君权化之伪孔教；原始孔教，为民间化之真孔教。三纲五常，属于伪孔教范畴，取司马迁之说，以四教（文、行、忠、信）、四绝（毋意、毋必、毋固、毋我）、三慎（齐、战、疾）为原始之真孔教范畴。（《宪法与孔教》）

陈氏以为，甲派的主张较之乙派实更能得“孔教”之真，故曰：“愚则宁是甲而非乙也”，而“三纲五常之名词，虽不见于经，而其学说之实质，非起自两汉、唐、宋以后，则不可争之事实也。……忠孝并为一谈，非始于南宋，乃孔门立教之大则也”，“愚以为三纲说不徒非宋儒所伪造，且应为孔教之根本教义。何以言之？儒教之精华曰礼。……尊卑贵贱之所由分，即三纲之说之所由起也。三纲之义，乃起于礼别尊卑，始于夫妇，终于君臣，共贯同条，不可偏废者也”，“愚且以为儒教经汉、宋两代之进化，明定纲常之条目，始成一有完全统系之伦理学说。斯乃孔教之特色，中国独有之文明也”（《宪法与孔教》）。然而，耐人寻味的是，陈氏与甲派尊孔者对“孔教”实质或“精义”的认识虽然相同，但他们对其价值的评判态度与立场恰恰相反。甲派以为“不可妄议废弃者”，正是陈氏所不遗余力地加以排诋者。

而陈氏之诋孔批儒最主要的就是基于“孔子之道不适于现代生活”这一主要观念来立论的，而这一观念又根源于他在人格、伦理和文化问题上的根本觉悟。陈氏在《敬告青年》（《青年杂志》第1卷第1号）一文中，对新时代的青年所应具备的崭新人格特征已作过相当精到的概括和论述，那就是：自主的而非奴隶的，进步的而非保守的，进取的而非退隐的，世界的而非锁国的，实利的而非虚文的，科学的而非想象的。而后，陈氏又在《一九一六年》（《青年杂志》第1卷第5号）一文中，不仅表达了一种以1916年为界“在历史上画一鸿沟”的时代意识，并重申新时代的青年应该树立“个人独立自主之人格”而“勿为他人之附属品”。依陈氏之见，“儒者三纲之说，为一切道德政治之大原”，也正是儒家的三纲教义才使天下人民尽失其独立自主之人格而沦于附属品之地位，故陈氏大声疾呼，号召1916年的男女青年“各奋斗以脱离此附属品之地位，以恢复独立自主之人格”。紧接着，陈氏在《吾人最后之觉悟》（《青年杂志》第1卷第6号）一文中，更发出了一种文化上和伦理上“最后觉悟之最后觉悟”的强烈呼声。在陈氏看来，“欧洲输入之文化，与吾华固有之文化，其根本性质极端相反”，“儒者三纲之说，为吾伦理政治之大原，共贯同条，莫可偏废。三纲之根本义，阶级制度是也。所谓名教，所谓礼教，皆以拥护此别尊卑、明贵贱之制度者也。近世西洋之道德政治，乃以自由、平等、独立之说为大原，与阶级制度极端相反。此东西文明之一大分水岭也”。正因为“共和立宪制，以独立、平等、自由为原则，与纲常阶级制为绝对不可相容之物，存其一必废其一”，故“伦理的觉悟，为吾人最后觉悟之最后觉悟”。质言之，新人格、新伦理、新文化之觉悟必当以破除孔子礼教与儒者三纲之义的束缚为前提，而且，这是一个大是大非而绝对不可依违调和的时代性的根本问题，故曰：“吾人倘以新输入之欧化为是，则不得不以旧有之孔教为非；倘以旧有之孔教为是，则不得不以新输入之欧化为非。新旧之间，绝无调和两存之余地。”（《答佩剑青年》）又曰：“要拥护那德先生，便不得不反对孔教、礼法、贞节、旧伦理、旧政治；要拥护那赛先生，便不得不反对旧艺术、旧宗教；要拥护德先生又要拥护赛先生，便不得不反对国粹和旧文学。”（《〈新青年〉罪案之答辩书》）

显然，陈氏反对“孔教”、排诋纲常礼教的言论采取的是一种非此即彼的论式，不免有矫枉过正、偏颇过激之弊。然而，仔细推敲陈氏评孔的各种言论和真实用心，陈氏虽然对“孔教”批评多于肯定，但殊为难能可贵的是，陈氏对“孔教”的价值评判实际上始终坚持的是一种历史的、一分为二的评判态度和立场，而并非如一般人印象中误解的那样是不加区别分析地一概全盘否定。最可注意的有以下几点。

一是，陈氏曾反复强调或郑重申明其“批孔”的宗旨和用心：“本志诋孔，以为宗法社会之道德，不适于现代生活，未尝过此以立论也”（《答佩剑青年》）；“愚之非难孔子之动机，非因孔子之道之不适于今世，乃以今之妄人强欲以不适今世之孔道，支配今世之社会国家，将为文明进化之大阻力也，故不能已于一言”（《复辟与尊孔》）。也就是说，陈氏虽然是以宗法社会之道德不适于现代生活或孔子之道不适于今世来立论的，但他批评或非难孔子的动机并不是因为“孔子之道之不适于今世”本身，而是“今之妄人强欲以不适今世之孔道，支配今世之社会国家，将为文明进化之大阻力也”。

我认为，如果我们以历史事实与价值评判来区分陈氏评孔之论的意义层面的话，将能更好地理解和澄清陈氏在上述声明中所欲表达的真实心迹。首先，对陈氏而言，别尊卑明贵贱之“孔教”不适于今世或现代生活的问题，其实既是一个事实层面而同时又是一个价值层面上的问题，因为“道德之为物，与真理殊，其必以社会组织生活状态为变迁，非所谓一成而万世不易者也”（《孔子之道与现代生活》），故陈氏认为，随着时代的变迁，孔子之道自然已不足以支配当今之时代、已无任何现代价值，不唯如此，作为“孔教之精华”和“吾国伦理政治之根本”的礼教与现代生活的方式、原则和精神根本就是对立而绝不相容的。故，吾人既然“欲建设西洋式之新国家，组织西洋式之新社会，以求适今世之生存，则根本问题，不可不首先输入西洋式社会国家之基础，所谓平等人权之新信仰”，并“对于与此新社会新国家新信仰不可相容之孔教，不可不有彻底之觉悟，猛勇之决心；否则不塞不流，不止不行”（《宪法与孔教》）；吾人既然信仰法律上的平等人权、伦理上的独立人格和学术上的思想自由，故不能不首先破除礼教的束缚。其次，上述对“孔教”现代价值的评判绝不意味着对历史上的“孔教”也应作如是评判，对历史上的“孔教”，陈氏一方面采取一种社会决定论的或历史主义的评判态度与立场，认为任何思想学说都有其社会决定性，亦是历史时代的产物，孔子的学说思想也不例外，所谓“孔子的学说思想决不是他自己个人发明的，孔子的学说思想所以发生在中国也决非偶然之事，乃是中国的土地气候造成中国的产业状况，中国的产业状况造成中国的社会组织，中国的社会组织造成孔子以前及孔子的伦理观念”（《新教育是什么？》），所谓“孔子生长封建时代，所提倡之道德，封建时代之道德也；所垂示之礼教，即生活状态，封建时代之礼教，封建时代之生活状态也；所主张之政治，封建时代之政治也”（《孔子之道与现代生活》），这不外是事实层面的问题，而且，“别尊卑明贵贱之阶级制度，乃宗法社会封建时代所同然”，故今人“正不必以此为儒家之罪，更不必讳为原始孔教之所无”（《宪法与孔教》）；另一方面，从价值层面来讲，陈氏则对历史上的“孔教”给予了肯定性的评价，认为它于其时代也正有其相当的价值，故陈氏曰：孔子所建立的“君、父、夫三权一体的礼教”，“在二千年后的今天固然一文不值，并且在历史上造过无穷的罪恶，然而在孔子立教的当时，也有它相当的价值”，又说，“我向来反对拿二千年前孔子的礼教，来支配现代人的思想行为，却从来不曾认为孔子的伦理政治学说在他的时代也没有价值；人们倘若因为孔子的学说在现代无价值，遂极力掩蔽孔子的本来面目，力将孔子的教义现代化，甚至称孔教为‘共和国魂’，这种诬罔孔子的孔子之徒，较之康有为更糊涂百倍”（《孔子与中国》）。

二是，陈氏对孔学与“儒教”本身并未一概否定，而是持一分为二的分析与评价的态度和立场。依陈氏之见，孔子除了建立了“君、父、夫三权一体的礼教”之外，还有一种非常有价值的“非宗教迷信的态度”（《孔子与中国》），另外亦承认纲常名教“不过儒家之主要部分而亦非其全体”（《再质问〈东方杂志〉记者》）。尽管陈氏始终着重于批判孔子的礼教和儒家的纲常名教不适于现代生活，认为“孔教”之精华或儒家立教之根本具有一贯的实质，即所谓礼教、名教、纲常，并据此极力反对将孔子与后世儒家割裂开来或将孔子三权一体的礼教肢解开来评价，另外，陈氏不仅认为孔子所建立的三权一体的礼教在其立教的当时自有它相当的价值，而且更认为孔子的“非宗教迷信的态度”除了在历史上有其相当价值之外，即使在今天也仍有其重要的价值。如果说孔子所建立的礼教被后儒发展为了一种完全成系统的伦理学说并被尊奉孔子为“万世师表”的历代民贼所利用而在历史上造过无穷罪恶的话，那么，“重人事而远鬼神”的孔子，其面目在历史上则经由后儒的改造（陈氏有“四变”之说）而不断地失真了，故陈氏痛切地说：“科学与民主，是人类社会进步之两大主要动力，孔子不言神怪，是近于科学的。孔子的礼教，是反民主的，人们把不言神怪的孔子打入了冷宫，把建立礼教的孔子尊为万世师表，中国人活该倒霉！”“人们如果定要尊孔，也应该在孔子不言神怪的方面加以发挥，不可再提倡阻害人权民主运动，助长官僚气焰的礼教了！”否则，“不塞不流，不止不行，孔子的礼教不废”，则“幸运的是万世师表的孔子，倒霉的是全中国人民”！（《孔子与中国》）

三是，陈氏虽反对旧道德，但亦非对旧道德持一概否定与蔑弃的态度。综合陈氏反对旧道德之论，有这样几层意思：其一，道德问题“是人类进化上重要的一件事”，“现在人类社会种种不幸的现象，大半因为道德不进步，这是一种普通的现象，却不限于西洋、东洋”，而所谓“道德”不外是“人类本能和情感上的作用”，人类的本能既有光明的一面也有黑暗的一面，“根于人类本能上光明方面的相爱、互助、同情心、利他心、公共心等道德，不容易发达，乃是因为受了本能上黑暗方面的虚伪、忌妒、侵夺、争杀、独占心、利己心、私有心等不道德难以减少的牵制，这是人类普通的现象，各民族都是一样，却不限于东洋、西洋”（《调和论与旧道德》）。其二，道德上新与旧的问题乃“实质上的是非”问题，绝不容依违调和，必须进行道德革新，而所以要进行道德革新，“是因为中国和西洋的旧道德观念都不彻底。不但不彻底，而且有助长人类本能上不道德的黑暗方面的部分”，而“我们主张的新道德，正是要彻底发达人类本能上光明方面，彻底消灭本能上黑暗方面，来救济全社会悲惨不安的状态，旧道德是我们不能满足的了”（《调和论与旧道德》）。其三，中国固有的旧道德主要就是忠、孝、贞节三样，这三样“金科玉律之道德”源自“儒者三纲之说”，“皆非推己及人之主人道德，而为以己属人之奴隶道德也”（《一九一六年》）；“中国的礼教（祭祀教孝，男女防闲，是礼教的大精神）、纲常、风俗、政治、法律，都是从这三样道德演绎出来的；中国人的虚伪（丧礼最甚）、利己、缺乏公共心、平等观，就是这三样旧道德助长成功的；中国人分裂的生活（男女最甚）、偏枯的现象（君对于臣的绝对权，政府官吏对于人民的绝对权，父母对于子女的绝对权，夫对于妻、男对于女的绝对权，主人对于奴婢的绝对权），一方无理压制一方盲目服从的社会，也都是这三样道德教训出来的；中国历史上、现社会上种种悲惨不安的状态，也都是这三样道德在那里作怪”，故如果说“道德是旧的好，是中国固有的好”，那“简直是梦话”（《调和论与旧道德》）。其四，陈氏认为，“孔子之道，以伦理政治忠孝一贯，为其大本，其他则枝叶也”（《复辟与尊孔》），或者说，“孔子积极的教义”、孔子建立的“他所独有的伦理政治学说之体系”或“儒家的独特主张”，主要就是“三纲的礼教”，孔子正是因此而被人们奉为“万世师表”的，若除去三纲的礼教，孔子的教义中“剩下来的只是些仁、恕、忠、信等美德”，那么，孔子和“历代一班笃行好学的君子”就没有什么不同，也可以说，“除去三纲的礼教，他没有任何主张，孔子只不过是一个笃行好学的君子而已”（《孔子与中国》）。其五，所以“不满意于旧道德”，主要是因为儒家所主张的“爱有等差，施及亲始”的孝悌的范围太偏狭了，而现代道德的理想却是“要把家庭的孝悌扩充到全社会的友爱”，也就是说，陈氏的主张是要扩充孝悌的范围，而并非意在蔑弃，故陈氏后来在《新文化运动是什么》一文中，特别指出当时一些青年对新文化运动反对旧道德的误解，即“现在有一班青年却误解了这个意思，他并没有将爱情扩充到社会上，他却打着新思想新家庭的旗帜，抛弃了他的慈爱的、可怜的老母”。其六，对守旧派人物所标榜的中国固有的一些美德，如温、良、恭、俭、让、信、义、廉、耻诸德，陈氏并不否定其为美德，不仅不否定和蔑弃，甚至还曾经认为勤、俭、廉、洁、诚、信“之数德者，固老生之常谈，实救国之要道”（《我之爱国主义》）。当然，陈氏的基本看法主要是，这些传统美德只不过是“世界实践道德家所同遵”的德目，而不足以把这些德目“自矜特异，独标一宗”（《宪法与孔教》）地视作中国固有之旧道德的特色所在。胡适也曾表达过与陈氏基本相同的看法，如他评价孙中山提倡中国旧道德说：“老辈之中，一位最伟大的孙中山先生，在他的通俗讲演里，也不免要敷衍一般夸大狂的中国人，说：‘中国先前的忠孝仁爱信义种种的旧道德’都是‘驾乎外国人’之上。”“中山先生……所颂扬的旧道德都只是几个人类共有的理想，并不是我们这个民族实行最力的道德。例如他说的‘忠孝仁爱信义和平’，那一件不是东西哲人共同提倡的理想？除了割股治病、卧冰求鲤一类不近人情的行动之外，那一件不是世界文明人类公有的理想？”（《再论信心与反省》）

总之，陈氏对“孔教”的批评集中于“孔子之道之不适于今世”这一理念之上，但批评事实上所针对的主要是他同时代“强欲以不适今世之孔道，支配今世之社会国家，将为文明进化之大阻力”的那些人，批评的目的在于彻底破除封建专制意识形态的束缚以实现思想革命，或为西方文化的输入与中国文明的再造开辟未来的道路。但是，陈氏并无意于声讨已作古两千余年的孔子本人。就孔子或孔学本身来讲，陈氏认为必须重新评定其价值，并引用尼采之言曰："尼采说得对：'经评定价值始有价值；不评定价值，则此生存之有壳果，将空无所有。'所有绝对的或相当的崇拜孔子的人们，倘若不愿孔子成为空无所有的东西，便不应该反对我们对孔子重新评定价值。""在现代知识的评定之下，孔子有没有价值？我敢肯定的说有。"（《孔子与中国》）孔子的价值在哪里呢？就其主要的方面即礼教而言，虽然已绝对不适于今世，然在其立教的当时还是有相当的价值的，而孔子近于科学的方面则无论在当时还是今世都是有其相当价值的。

3. 李大钊

作为新文化运动的主将之一，李大钊对孔子亦持激烈批判的态度，而尤其值得我们特别注意的是，李氏非常明确地对孔子本人与孔子的偶像作了区分，故李氏所掊击之"孔子"特指孔子之偶像或"帝王专制之护符"，而并非孔子本人。可以说，李氏在推倒孔子之偶像上作出了自己独特的贡献。兹将李氏在"孔教"问题上发表的一些重要观点综述如下。

一是，李氏在"孔教"问题上所持的一大主张，就是"绝对排斥以孔道规定于宪法"（《自然的伦理观与孔子》）。李氏的这一主张包含两方面的意思：其一，从积极、正面的方面讲，李氏所坚持的是一种没有任何"商榷之余地"的"绝对的主张"，认为宪法必须保障国民的"思想自由"；其二，从消极、反面的方面讲，李氏所反对的是以圣人的权威束缚国人的思想自由。依李氏之见，宪法与孔子、思想自由与圣人权威实在是两种性质截然相反的事物，故李氏说："吾国自秦以降，其为吾人自由之敌者，惟皇帝与圣人而已"，而"宪法者为国民之自由而设，非为皇帝、圣人之权威而设也；为生人之幸福而设，非为偶像之位置而设也"（《宪法与思想自由》），又说："孔子者，数千年前之残骸枯骨也。宪法者，现代国民之血气精神也"，"孔子者，历代帝王专制之护符也。宪法者，现代国民自由之证券也。专制不能容于自由，即孔子不当存于宪法"，"孔子者，国民中一部分所谓孔子之徒者之圣人也。宪法者，中华民国国民全体无问其信仰之为佛为耶，无问其种族之为蒙为回，所资以生存乐利之信条也”，“孔子之道者，含混无界之辞也。宪法者，一文一字均有极确之意义，极强之效力者也”（《孔子与宪法》）。本来，国民中一部分尊崇孔子的人“尽可听其自由以事传播”，不仅国家“无法律以禁止之”，甚至社会还可“另设方法以奖助之”，无奈这部分人“定欲以宪法之权威，为孔子壮其声势”（《孔子与宪法》），“欲以保障自由之宪法，为孔子护持其权威”，或是托庇藏身于偶像之下欲“以圣人之虚声劫持吾人之思想自由”，而“其祸视以皇帝之权威侵害吾人身体为尤烈”，故“吾人对之与以其反抗之决心与实力，亦当视征伐皇帝之役为尤勇也”（《宪法与思想自由》）。由于“圣人之权威于中国最大者，厥为孔子”（《宪法与思想自由》），故李氏以勇猛之决心征伐声讨者不是别人，亦正是孔子，然此孔子非私名的孔子，而是在中国拥有最大圣人权威或作为历代帝王专制护符的孔子之偶像。

二是，李氏更进一步从自然进化的伦理观来评判“孔子于中国今日之社会”的价值。依李氏之见，宇宙不过是“无始无终自然的存在”，宇宙间的一切现象都遵循着自然法则而“发生渐次进化”，而“道德者，宇宙现象之一也”，亦必随着“自然进化之社会”而发生进化，故曰：“道德者利便于一社会生存之习惯风俗也。古今之社会不同，古今之道德自异。”据此自然进化的伦理观以论孔子，则虽然“孔子于其生存时代之社会，确足为其社会之中枢，确足为其时代之圣哲，其说亦确足以代表其社会其时代之道德”，但其人对于“今日之吾人”毕竟已成“数千年前之残骸枯骨”了；而孔子既然“生于专制之社会、专制之时代，自不能不就当时之政治制度而立说，故其说确足以代表专制社会之道德，亦确足为专制君主所利用资以为护符也”，以至“历代君主，莫不尊之祀之，奉为先师，崇为至圣”而使孔子成为“历代帝王专制之护符”，显然，孔子学说的精神已经是“不适于今日之时代精神”了。因此，李氏为谋求“新生活之便利，新道德之进展”，乃不惜甘冒“毁圣非法之名”而“掊击孔子”，然而，此孔子同样不是彼已作古两千余年的孔子本身，李氏所言至明至切，曰：“余之掊击孔子，非掊击孔子之本身，乃掊击孔子为历代君主所雕塑之偶像的权威也；非掊击孔子，乃掊击专制政治之灵魂也。”（《自然的伦理观与孔子》）

三是，李氏还站在唯物史观的理论立场上，系统分析了孔子主义何以能够支配中国人心2000余年，并在现代必将走向崩颓粉碎的问题。李氏所谓“孔子主义”，“就是中国人所谓纲常名教”，而孔子主义或孔子的学说究竟为何能够支配中国人心2000余年，并必将在现代走向崩颓粉碎呢？在《由经济上解释中国近代思想变动的原因》一文中，李氏是这样解释的：

中国的大家族制度，就是中国的农业经济组织，就是中国二千年来社会的基础构造。一切政治、法度、伦理、道德、学术、思想、风俗、习惯，都建筑在大家族制度上作他的表层构造。……孔门的伦理，是使子弟完全牺牲他自己以奉其尊上的伦理；孔门的道德，是与治者以绝对的权力责被治者以片面的义务的道德。孔子的学说所以能支配中国人心有二千余年的原故，不是他的学说本身具有绝大的权威，永久不变的真理，配作中国人的“万世师表”，因他是适应中国二千余年来未曾变动的农业经济组织反映出来的产物，因他是中国大家族制度上的表层构造，因为经济上有他的基础。

时代变了！西洋动的文明打进来了！西洋的工业经济来压迫东洋的农业经济了！孔门伦理的基础就根本动摇了！

中国的农业经济，既因受了重大的压迫而生动摇，那么首先崩颓粉碎的，就是大家族制度了。中国的一切风俗、礼教、政法、伦理，都以大家族制度为基础，而以孔子主义为其全结晶体。大家族制度既入了崩颓粉碎的运命，孔子主义也不能不跟着崩颓粉碎了。

总之，“孔子主义（就是中国人所谓纲常名教）并不是永久不变的真理。孔子或其他古人，只是一代哲人，决不是‘万世师表’。他的学说，所以能在中国行了二千余年，全是因为中国的农业经济没有很大的变动，他的学说适宜于那样经济状况的原故。现在经济上生了变动，他的学说，就根本动摇，因为他不能适应中国现代的生活、现代的社会”。同时，“中国的纲常、名教、伦理、道德，都是建立在大家族制上的东西”，而“中国思想的变动”也正是“家族制度崩坏的征候”。(《由经济上解释中国近代思想变动的原因》)

四是，李氏亦准真理之权威与信仰以论孔子。依李氏之见，“宇宙间有惟一无二之真理”，而“此真理者，乃宇宙之本体，非一人一教所得而私也”，因此，虽然“孔子之道也，佛法也，耶教也，未尝不本此真理而成也”，但真理绝非“孔子、释迦、耶稣辈之私有物也”（《真理》）；虽然“孔子之道有几分合于此真理者，我则取之；否者，斥之”，但“传说中”的孔子之道“所含之真理”毕竟是“偏而不全，驳而不确”的，故“吾人与其信孔子，信释迦，信耶稣，不如信真理”（《真理(二)》）。

五是，李氏在着重批判孔子偶像的权威的同时，对孔子本人不仅表示是崇敬的，而且承认孔子与孔学亦有可学、可取之处。如李氏在《民彝与政治》一文中说：“孔子之不生于他国，而生于吾华，他国之歆羡之者，或亦引为遗憾万千；而吾华之有孔子，吾华之幸，亦吾华之不幸也。”为何这样讲呢？“尧、舜、禹、汤、文、武、周、孔之圣”在历史上自有其“伟大之功德”，而且，他们“之所以承后世崇敬者，不在其法制典章示人以守成之规，而在其卓越天才示人以创造之力也”，而后人却“徒震于先民之功德，局于古人之成规”，以至除了“膜拜释、耶、孔子而外，不复知尚有国民之新使命也，风经诂典而外，不复知尚有国民之新理想也”，故“孔子生而吾华衰”。不过，李氏认为这并非“圣哲之咎”，因为孔孟未尝“责人以必牺牲其自我之权威，而低首下心甘为其傀儡也”，不仅未尝责人牺牲自我，还尝“示人以有我”，故“真能学孔孟者，真能遵孔孟之言者，但学其有我，遵其自重之精神，以行己立身、问学从政而已足”。李氏在《宪法与思想自由》一文中又说：“以孔子为吾国过去之一伟人而敬之，吾人亦不让尊崇孔教之诸公。即孔子之说，今日有其真价，吾人亦绝不敢蔑视。”不过，李氏认为，“惟取孔子之说以助益其自我之修养，俾孔子为我之孔子可也。奉其自我以贡献于孔子偶像之前，使其自我为孔子之我不可也。使孔子为青年之孔子可也，使青年尽为孔子之青年不可也”。李氏在《真理（二）》一文中亦说：“吾人断不可举其自我以贡崇奉偶像威灵之牺牲，仅可取其传说之几分以为发育自我性灵之资养。”

六是，李氏愤激于“吾国思想界之销沉，非大声疾呼以扬布自我解放之说，不足以挽积重难返之势”，而“在吾国，自我之解放，乃在破孔子之束制”，并自言“吾今持论，稍嫌过激”（《宪法与思想自由》）。但，李氏不仅于破除孔子偶像的权威厥功至伟，更有一特别的贡献，即从历史研究的角度，李氏主张应本着新的眼光重新为孔子作传。依李氏之见，自从“实在的孔子”死去之后，活现于不同时代人的想象中的其实是“历史的孔子”，而人们对“历史的孔子”的解释又是个个不同的，既然人们对“历史的孔子”的解释是不同的，或者说，“从前的孔子观念，是从前人的孔子观，不是我们的孔子观”，因此，孔子传不能不重作；从前的人本着迷信为孔子作传，如“辉煌孔子”为“亘古仅有天纵的圣人”，并“说出许多怪诞不经的话”，而我们今日要为他作传，必须把这些神话“一概删除”，并应特别注重考察他当时社会的背景与他的“哲学思想有若何关系等问题”（《研究历史的任务》）。

七是，尤其可贵而特别值得一述的是，李氏“虽为急进之言论”，却“并不排渐进之言论”，并认为“言论而基于自信本于自由者，虽不必合于真理，而与真理为邻”，“言论而发于良知之所信，无论其为急进、为渐进，皆能引于进步之境，而达于真理之生涯也”（《真理之权威》）。与陈独秀等在新旧是非之间绝对排斥依违调和不同的是，李氏则对调和问题作了相当独到精湛的分析，以为调和之为调和，既有“真正合理之调和”，亦有“虚伪敷衍之调和”，前者为两存、竞立的调和，后者为自毁、牺牲的调和，后者才是吾人所当排斥者，而前者则是吾人所当宝爱者。在《调和之法则》一文中，李氏具体阐述了调和之道的四项须知，即：其一，“言调和者，须知调和之机，虽肇于两让，而调和之境，则保于两存”，故不能说是“一言调和，即当捐禁竞争，一言竞争，即皆防碍调和”；其二，“言调和者，须知新旧之质性本非绝异”；其三，“言调和者，须知各势力中之各个分子，当尽备调和之德”，因为“调和者，乃思想对思想之事，非个人对个人之事”，故“思想与思想，若有冲突，则非任诸思想之自为调和不可”；其四，“言调和者，当知即以调和自任者，亦不必超然于局外……自当于新旧二者之中，择一以自处”。吾人若“欲二种之思想，相安而不相排，相容而不相攻，端赖个人于新旧思想接触之际，自宏其有容之性、节制之德，不专己以排人，不挟同以强异”（《调和之法则》），吾人若“欲使社会为有秩序之进步，最宜使二力（即保守传袭主义与进步主义——引者注）同时皆有活动之机会，即使二力为空间的交互动作，勿使徒为时间的交互动作”。但是，“国人对于异派势力，恒不容其为空间的对立，然终不能禁其为时间的代兴”（《调和剩言》），以至“新旧之争哄不绝，党派之轧轹未已，接触愈多，排挤益烈，长此以往，一波未平，一波又起，反动之后，益以反动，潜滋酝酿，终成不可收拾之局”（《调和之法则》）。在《新旧思潮之激战》一文中，李氏又对新旧两种思潮并存竞立的调和原则作了进一步的重申，李氏说：“宇宙的进化，全仗新旧二种思潮，互相挽进，互相推演……我确信这两种思潮，都是人群进化必要的，缺一不可。我确信这两种思潮，都应该知道须和他反对的一方面并存同进，不可妄想灭尽反对的势力，以求独自横行的道理。……我又确信这二种思潮，一面要有容人并存的雅量，一面更要有自信独守的坚操。”然而，当时“惰性太深、奴性太深”的顽固守旧派却“总是不肯用自己的理性，维持自己的生存”，总“想用道理以外的势力”来铲除新派势力与新派思潮，“在政治上相见，就想引政治以外的势力；在学术上相遇，就想引学术以外的势力”，所以李氏“正告那些顽旧鬼祟、抱着腐败思想的人”说：“你们应该本着你们所信的道理，光明磊落的出来同这新派思想家辩驳、讨论。”

我认为，从上述李氏的“孔教论”和“调和论”，我们能够汲取到几点颇值得今人珍视的重要启示。如：李氏对“实在的孔子”“历史的孔子”和作为“历代帝王专制之护符”的孔子或孔子偶像的权威所作的辨析区分，具有十分重要的理论价值与意义，也就是说，“孔教”问题实是一个多层次而异常复杂的问题，当人们谈论孔子时，我们只有首先廓清其谈论的层面及所涉及问题的性质，才能真正把握人们所谈问题的实质，并进入谈论者生存意识的核心地带；同样，对于新文化运动对孔子与“孔教”所作的排诋和掊击，我们也应首先廓清其所谓“孔子”与“孔教”的意指何在，这样我们才能对新文化运动作出客观公正的评价，而不是一味笼统地称新文化运动是“反孔”的。从李氏的“调和论”来讲，他从正面主张“真正合理之调和”，似与陈独秀坚决反对“依违调和”立论不同，但其用意其实又是相同的，他们都是为了争取思想言论之自由，并本着思想言论并存竞立的原则来为新思想和新势力争取生存的空间，而李氏持论尤为公允平正而无弊，其主张不仅深谙思想言论自由之真谛，其批评亦能深中“国人”思想习惯之顽病痼疾。由李氏的“调和论”以推论当时“理性缺位”的问题，则可以说，“理性缺位”问题的实质其实并不在于人们在思想言论上是否有偏颇过激之失，而在于人们能否本着容人节制的雅量和思想自由（每个人都能够公开自由地运用自己的理性）、并存竞立的立场与原则来昌言立论，若论偏颇过激之失，则当时保守与激进的双方都有此病。而如李大钊先生，他并不讳言或掩饰自己立论“稍嫌过激”，更能够“堂皇正大的立在道理上”（《新旧思想之激战》）来和旧的相对抗而力争思想自由；相反，那些顽固守旧派人物却总想着借道理以外的势力来压制和铲除新生事物和新派思想，两相比较的话，则我们对于当时的新旧两种思潮更应深刻反省的，其实应是“理性缺位的保守”，而非“理性缺位的启蒙”。

4. 吴虞

吴虞是新文化运动的另一位专门清扫“迷漫扑人的孔渣孔滓的尘土”的“反孔”斗士，胡适盛誉吴氏为“四川省‘只手打孔家店’的老英雄”，是“中国思想界的一个清道夫”，并称吴氏和陈独秀是“近年来攻击孔教最有力的两位健将”。和陈独秀一样，吴氏也是“专注重‘孔子之道不合现代生活’的一个主要观念”，而方法则稍有不同，陈氏主要分析和批判孔子的伦理政治、纲常礼教观念，而吴氏则着重分析和批判孔子学说在实际上发生的影响，因此，“他的非孔文章大体都注重那些根据孔道的种种礼教、法律、制度、风俗。他先证明这些礼法制度都是根据于儒家的基本教条的，然后证明这种种礼法制度都是一些吃人的礼教和一些坑陷人的法律制度”（胡适《吴虞文录》序）。

现将吴氏在“孔教”问题上所持的主要观点择要介绍如下。

一是，早在1910年的时候，吴氏为了“鼓舞言论思想自由之风潮”，就曾对孔孟与君主专制这天下的两大害进行过大胆的揭批。他在该年10月的《蜀报》第4期上发表的《辨孟子辟杨、墨之非》一文中，认为孔孟不过是思想专制的“教主”而已，其言曰：“天下有二大患焉：曰君主之专制，曰教主之专制。君主之专制，钤束人之言论；教主之专制，禁锢人之思想。君主之专制，极于秦始皇之焚书坑儒，汉武帝之罢黜百家；教主之专制，极于孔子之诛少正卯，孟子之距杨、墨。”

二是，既与康有为、梁启超等排荀尊孔不同，亦与章太炎尊荀抑孔不同的是，吴氏则借排荀以反孔，认为“孔学之流传于后世，荀卿之力居多；孔教之遗祸于后世，亦荀卿之罪为大”，“吾国专制之局，始皇成之，李斯助之，荀卿启之，孔子教之也”（《读〈荀子〉书后》）。

三是，吴氏认为，“儒教义主专制，不合共和”（《儒家大同之义本于老子说》），而“共和之政立，儒教尊卑贵贱不平等之义当然劣败而归于淘汰”（《家族制度为专制主义之根据论》）。据此，吴氏对康有为就“儒教”的“君臣之伦”所作的回护之词予以了尖锐的批驳，其文曰：

> 康氏谓古时王臣公云云，臣人者亦可臣于人，自下之义也。就县署言之，县长即君，僚属即臣；就商店言之，店主即君，司事即臣。其言辩矣！不知古者尊卑贵贱，阶级最严，其曰臣、曰仆、曰妾，皆由尊卑上下之义而衍。如妇人对人称妾，不必即为其人之妾；男子对人称仆，不必即为其人之仆。盖卑以自牧之意，不可与君臣之臣相提并论也。夫天威不违颜咫尺，司事对于店主无此也；君亲无将，将而必诛，

僚属对于县长无此也。康氏之说，不免强词。……夫孔子已叹善人不得而见，则行圣人之道者，固以盗跖之徒为多；而君臣之伦，恐亦不免为盗跖之徒所利用。则圣知仁义之美名，今日正可供康氏、张勋自娱，而殊未可用以笼罩天下之士也！（《康有为“君臣之伦不可废”驳议》）

四是，吴氏认为，“儒教”与君主之间乃是一种相互依附利用的关系，故曰：“霸主民贼，既利用经传，盗窃圣知，以遂其私，而钳制天下，而儒者亦利用霸主民贼之力，以扩张其势而行其学。二者盖交相为用。”又说，“儒教不借君主之力，则其道不行。故于信教自由之国家，而必争定孔教于宪法；君主不假儒教之力，则其位不固。故洪宪建元之皇帝，而首制祭天祀孔之大典；儒教与君主，盖相得而益彰者也。”（《康有为“君臣之伦不可废”驳议》）

五是，吴氏认为，家族制度与君主政体亦是相互依附而不可分离的关系，而“儒教立教之大本”在“以君父并尊”（《家族制度为专制主义之根据论》），正因为“儒教徒之推崇君主，直驾父母而上之”，故“儒教最为君主所凭借而利用”（《读〈荀子〉书后》）。而儒家也正以其孝悌之教为家族制度和专制政治二者“联结之根干”，故吴氏批评说：“孝之范围，无所不包，家族制度之与专制政治，遂胶固而不可以分析。……儒家以孝弟二字为二千年来专制政治与家族制度联结之根干，而不可动摇。……其主张孝弟，专为君亲长上而设。”“法律之所以不良，实以偏重尊贵长上，压抑卑贱，责人以孝敬忠顺，而太不平等之故。”（《家族制度为专制主义之根据论》）又说：“他们教孝，所以教忠，也就是教一般人恭恭顺顺的听他们一干在上的人愚弄，不要犯上作乱。把中国弄成一个‘制造顺民的大工厂’。”（《说孝》）

六是，吴氏受鲁迅先生《狂人日记》的启发，特撰文批判吃人的礼教说：“孔二先生的礼教讲到极点，就非杀人吃人不成功，真是惨酷极了！”“到了如今，我们应该觉悟：我们不是为君主而生的！不是为圣贤而生的！也不是为纲常礼教而生的！……我们如今应该明白了！吃人的就是讲礼教的！讲礼教的就是吃人的呀！”（《吃人与礼教》）

七是，“自来尊孔者，多据孔子之一言一论以立说”，而吴氏认为，“欲知孔学之是非，当就礼制、法制之主张，尊卑贵贱上下男女阶级之制度、专制主义，直接关系于吾人生命财产权利义务者加以讨论，而不能依据一二空言，以为搪塞也”；“或谓孔子学说，为帝王所利用，非孔子之过”，而吴氏认为，“帝王何不利用庄周、墨翟之学说，而偏利用孔子？则孔子学说，必有可以供帝王之利用者在，非徒然也”（《对于祀孔问题之我见》）。

八是，吴氏曾指斥孔子为“盗丘”，其言曰：“庄子《盗跖篇》，直斥孔丘为‘鲁之巧伪人’，谓其‘摇唇鼓舌，擅生是非，以迷天下之主，使天下学士，不反其本，妄作孝弟而侥幸于封侯富贵’。大揭其借孝弟以保持禄位之隐衷于天下后世，真一针见血之言。故余谓盗跖之为害在一时，盗丘之遗祸及万世；乡愿之误事仅一隅，国愿之流毒遍天下。”（《家族制度为专制主义之根据论》）言辞不可谓不激烈，然而吴氏主要批驳的只是孔子的孝悌之说，并非排诋孔子本人及其人格，故说：“章太炎称孔子有功文献，不佞亦称孔子自是当时之伟人，盖讨论学说之是非，不必遂关于其人格之高下，而此间人多笼统而混同之，异矣！”（《对于祀孔问题之我见》）又说：“不佞常谓孔子自是当时之伟人，然欲坚执其学以笼罩天下后世，阻碍文化之发展，以扬专制之余焰，则不得不攻之者，势也。梁任公曰：‘吾爱孔子，吾尤爱真理。’区区之意，亦犹是耳，岂好辩哉？”（《致陈独秀》）

总之，吴氏认为只有“儒教”革命、儒学转轮，吾国才能有新思想、新学说，并造出新国民来，为此则不能不攻击孔子“儒教”之说，但并不诋毁孔子其人。

5. 胡适

胡适在新文化运动期间，因首倡文学改良的主张而“暴得大名”，又因曾盛赞吴虞为“只手打孔家店”的老英雄而使“打倒孔家店”成为新文化运动的一大标志性口号，他主张“西化”而又积极“整理国故”，而作为新文化运动的一面旗手，胡适在“孔教”问题上又作出了怎样的贡献呢？

依我之见，在基本立场上，胡适与陈独秀和吴虞等人是基本一致的，如主张“评判的态度”，认为尼采所谓“重新估定一切价值”八个字便是“评判的态度的最好解释”，而且，在胡适看来，新思潮的根本意义就在于此；反对盲从和调和，主张破除前人对于古代学术思想的种种“武断的成见”和“可笑的迷信”，如“骂杨朱、墨翟为禽兽却尊孔丘为德配天地、道冠古今”（《新思潮的意义》）。胡适是赞同吴虞批判吃人的礼教的，故在《〈吴虞文录〉序》中说：“何以那种种吃人的礼教制度都不挂别的招牌，偏爱挂孔老先生的招牌呢？正因为二千年吃人的礼教法制都挂着孔丘的招牌，故这块孔丘的招牌——无论是老店，是冒牌——不能不拿下来，捶碎，烧去！”另一方面，像陈独秀、李大钊、吴虞一样，胡适对于孔子本人乃至“孔家店”又并不是一概否定和抹杀其价值的，如胡适在1948年3月3日《思想不可变成宗教——答陈之藩》中说：“关于‘孔家店’，我向来不主张轻视或武断的抹杀。你看见了我的《说儒》篇吗？那是很重视孔子的历史地位的。”①

那么，胡适对于“孔教”问题的独特贡献又在什么地方呢？那就是，胡适在其著作特别是《中国哲学史大纲》（卷上）一书中，依据平视诸子的眼光对古代的学术思想（包括孔学在内）作了系统的整理研究工作。“整理就是从乱七八糟里面寻出一个条理脉络来；从无头无脑里面寻出一个前因后果来；从胡说谬解里面寻出一个真意义来；从武断迷信里面寻出一个真价值来。”因此，这一工作其实具有两方面的意义，一是破除人们对古代学术思想的种种武断的成见和可笑的迷信，一是“各家都还他一个本来真面目，各家都还他一个真价值”（《新思潮的意义》）。还孔子以本来面目也许只是一个理想或新的神话，但胡适基于“整理”来还孔子以本来面目，较之前人基于种种武断的成见和可笑的迷信来“返求真孔”，不仅是学术思想上的一大进步，更开创了一种现代学术的典范，诚如耿云志、王法周二先生所说，对于孔子，胡适“把历史上孔子本人及其思想同历代人为树立的孔子偶像区别开来，还孔子以本来的面目，剔除后人附加的

① 胡适：《读书与治学》，生活·读书·新知三联书店1999年版，第312页。

种种夸饰。蔡元培称赞其‘平等的眼光’，即是平视孔、墨、老、庄，将孔子与古代诸哲平等看待。这一思想虽不自胡适始，但只有到了胡适这里，才真正造成了严格而又有系统的学理根据的学术典范”[①]。

另外，胡适在1934年更撰写了一篇长达五万字的“皇皇大文”《说儒》，对孔子的历史地位作了一个新评价。依胡适之见，“儒是殷民族的礼教的教士”，而孔子则是“儒的中兴领袖”，在“儒教”历史使命的转变中，孔子作出了两大贡献，一是“把殷商民族的部落性的儒扩大到‘仁以为己任’的儒”，二是“把柔懦的儒改变到刚毅进取的儒”，并认为“这真是‘振衰而起懦’的大事业”。而孔子何以能成就这一番大事业呢？那是因为：孔子是个有“历史眼光”或“很透辟的”“历史见解”的人；孔子具有“博大的‘择善’的新精神”；孔子深信“教育可以打破一切阶级与界限，所以曾有这样最大胆的宣言：‘有教无类’”，而“这四个字在今日好像很平常，但在二千五百年前，这样平等的教育观必定是很震动社会的一个革命学说”；孔子“时时提出一个‘仁’字的理想境界”，“仁就是做人。用那理想境界的人做人生的目标，这就是孔子的最博大又最平实的教义”。总之，“从一个亡国民族的教士阶级，变到调和三代文化的师儒；用‘吾从周’的博大精神，担起了‘仁以为己任’的绝大使命——这是孔子的新儒教”。

陈独秀曾经对孔子的教授方法给予过肯定性的评价，如谓“孔子答弟子问孝问仁没有一个相同，这不是他滑头，也不是他胸无定见，正是他因材利导启发式的教授方法”（《新教育是什么？》），而胡适尤其推崇孔孟自由民主的教育哲学，认为孔孟自由民主的教育足可培养健全的个人主义；陈独秀和吴虞等人所以批判孔子的礼教，是因为他的影响在历史上造过无穷的罪恶，而胡适则对孔子的人本主义在历史上所起的积极作用给予过高度评价，如胡适在1960年的《中国传统与将来》一文中说：“中国固有哲学思想的‘经典时代’，也就是

① 胡适：《中国哲学史大纲》，上海古籍出版社1997年版，《中国哲学史大纲》导读，第16页。

老子、孔子、墨子和他们的弟子们的时代。这个时代留给后世的伟大遗产有老子的自然主义的宇宙观，他的无为主义的政治哲学；有孔子的人本主义，他的看重人的尊严，看重人的价值的观念，他的爱知识，看重知识上的诚实的教训，他的‘有教无类’的教育哲学；还有大宗教领袖墨子的思想，那就是反对一切战争，鼓吹和平，表扬一个他心目中的重‘兼爱’的‘天志’，想凭表扬这个‘天志’来维护并且抬高民间宗教的地位。”又说，“中国文化传统的基本特色，多少都是这个‘经典时代’的几大派哲学塑造磨琢出来的。到了后来的各个时代，每逢中国陷入非理性、迷信、出世思想——这在中国很长的历史上确有过好几次——总是靠孔子的人本主义，靠老子和道家的自然主义，或者靠自然主义、人本主义两样合起来，努力把这个民族从昏睡里救醒。”这虽然已是后话，但同样反映了胡适平视诸子的一贯的立场与独到的眼光。

6. 小结

新文化运动的健将们，我们姑且称他们为“反孔”的斗士，对他们在“孔教”问题上所作的评判，我们不妨再来归纳总结一下，以便能从他们身上得到一些有重要价值的启示与教训。

一是，就“孔教”问题的发生来说，诚如胡适先生所言，“孔教”问题本来不成什么问题，只是由于受到西方文化的冲击，“孔教”的势力渐趋衰微，而信仰“孔教”的人妄想用政府法令的势力重新恢复“孔教”的尊严，才挑起了一种怀疑的反动（参见《新思潮的意义》）。说到底，“孔教”问题的发生，主要是由于新的与旧的、进步主义与保守主义、尊孔复古与反孔蔑古两种性质相反的思潮与运动，彼此相乘，“不容其为空间的对立，然终不能禁其为时间的代兴”（李大钊《调和之法则》），以至“以极端遇极端，累反动以反动”（梁启超《复古思潮平议》）。众所周知，面对西方强势文明的冲击与压迫，不同时期、不同阶层和群体的中国人采取了极为不同的解释与行为反应的模式，有的极力维护固有的政教传统（顽固守旧派），有的欲引进“西用”以护卫我圣人之道（早期改良派与洋务派），有的欲改铸或重新构造新的政教传统（变法维新派）以积极回应西方文明的挑战等。就此而言，这些人的面目依然还是清晰的，而随着中外民族矛盾的日益加深和革命形势的进一步发展，本来清晰的面目开始变得模糊起来，譬如清末新政的推行者们和民国时期的康有为、袁世凯们，他们表面上对西方外来的新学新政的学习仿行或对内部革命潮流的外在顺从，其实不过是一种迫于无奈的伪装，是一种“极端保守主义的伪装”，他们有两大挥之不去的情结，即帝制的情结和“孔教”的情结。在当时，辛亥革命虽然推翻了帝制，而复辟帝制的可能仍然存在；辛亥革命没有自觉地围剿孔子，而孔子的偶像依然活在人们的心中。正是在其时整个民族充满惰性、保守势力依然十分强大的情况下，新文化运动实不能不采取“稍嫌过激”的方式与言辞排诋尊孔复辟的旧势力，而孔子亦因此而受到了严厉的抨击。

新文化运动的“反孔”斗士们对尊孔者的批判主要集中在这样几个方面，其一，尊孔者欲重新定孔子于一尊，或将孔子之道编入宪法，而“反孔”斗士们则认为这是对人们思想自由与信教自由的最大侵害。如康有为极力主张恢复跪拜的仪式，倡立“孔教”以作为我国家与文明生存的依托、以维持国人的文化认同，故曰：“人非天不生，非教不立，故敬上帝拜教主，文明国之公理”，而“万国礼教主无不跪，中国民不拜天不奉耶、回，又不拜孔子，留此膝何为”（1916年9月《致北京电》）；并认为，“孔子之道，如长江之海，为万流之宗，而必欲废弃之者，无异于人之自戕也”，“孔子之道，所以不能废，如废孔则为无教之国，国且将不国矣”（1916年10月4日《在宁垣学界演说》）。而在李大钊看来，所谓“天赋我以膝，不拜跪何用”，不过是说“天赋我以思能，不崇信孔子何用”，这无异于是从坟墓中发出的“奇音怪响”，实不值得“一辩”（李大钊《宪法与思想自由》）。其二，“反孔”斗士们认为尊孔者没有真正认清“孔教”的精华或实质，在他们看来，孔门的精华在其礼教，儒者亦以纲常为其立教的大本大原，而且孔门礼教或儒家纲常名教最宜于为君主利用，故不仅在历史上圣人与帝王、乡愿与大盗二者总是交相为用，即使在今日尊孔与复辟两股势力亦往往纠结在一起，因此，孔子与孔学也就不可避免地因其往往成为专制权力和权威的源泉，而作为大盗的帮凶和帝王专制的护符受到质疑乃至攻击了。其三，耐人寻味的是，尊孔者的不学无术最为“反孔”斗士们所鄙夷，如吴虞批评说：“尊孔之人，其行为多不足道”，“若夫并未读书，而妄附于尊孔之徒，不屑言也”（《对于祀孔问题之我见》）。另如鲁迅先生对“洪宪皇帝”袁世凯和北洋军阀孙传芳与张宗昌等所作的批评更是一针见血，其言曰：“这三个人，都把孔夫子当作砖头用，但是时代不同了，所以都明明白白的失败了。岂但自己失败而已呢，还带累孔子也更加陷入了悲境。他们都是连字也不大认识的人物，然而偏要大谈什么《十三经》之类，所以使人们觉得滑稽；言行也太不一致了，就更加令人讨厌。既已厌恶和尚，恨及袈裟，而孔夫子之被利用为或一目的的器具，也从新看得格外清楚起来，于是要打倒他的欲望，也就越加旺盛。所以把孔子装饰得十分尊严时，就一定有找他缺点的论文和作品出现。即使是孔夫子，缺点总也有的，在平时谁也不理会，因为圣人也是人，本是可以原谅的。”（《在现代中国的孔夫子》）

二是，据胡适先生讲，新思潮的唯一目的，就是“再造文明”，而“文明不是笼统造成的，是一点一滴的造成的。进化不是一晚上笼统进化的，是一点一滴的进化的”（《新思潮的意义》）。就此而言，显然新思潮或新文化运动没有完成它“再造文明”的历史使命，但毫无疑问的是它“却几乎开创了一切”。其中，我认为，新文化运动最为重要的历史功绩就是，它打倒了孔子的偶像，破除了孔子偶像化的绝对权威以及人们对他的盲目信仰，从而带来了孔子观念的根本转折，将人们的思想从迷信权威的偏见之中彻底解放了出来！

“儒教”中国是一“政治秩序与道德、文化秩序高度的整合着的”（林毓生先生语）文化帝国，而偶像化的孔子正是“儒教”中国的灵魂。一方面，依靠他的意识形态霸权的一尊性，“儒教”一直占据着对现实的官方解释的垄断地位，既一直垄断着对政治合法、合理与正当性的解释和制度安排的价值基础的构造，亦长期主导着学术思想与精神文化的基本方向，更塑造了社会生活的基本形态与样法；另一方面，利用他的意识形态霸权的一尊性，官方也一直有效地实施着对社会文化的整合与规范，以及对人们心智生活的监控与禁锢。而当人们只能依附于至圣孔子并借助神圣经典而进行思维、提出主张、采取行动时，虽然一方面可以不断地拓展儒家富有生命力的人文理想及其意义境域，并不断强化其同化力和包容性，但是，在这种尊孔崇经的政治文化传统中，人们也“总是不断地借助于圣人孔子的权威，掩盖了与孔子的学说有重大差别的变革学说”，以至“孔子”也就成了人们惯常使用的“作为掩盖无数富于创造精神的个人的新观点的手段”[①]。而且不仅是掩盖，更是一种压制与排斥，这种压制与排斥不仅抵消了前一方面的积极意义，而且在历史上引发了许多排斥所谓异端邪说的无谓而残酷的思想与政治斗争。可以说，在历史上，人们让“孔子”担负了太多过剩的象征意义，“说它是过剩的，是因为它无所限制”[②]，正因为无所限制，所以人们可以任意地增添、扭曲和盗用“孔子”，或者是将一切都推诿于“孔子”，这不仅使“孔子”被包裹上了种种武断的成见和虚妄的迷信，更使人们丧失掉了思想信仰的自由与个体人格的独立自主。

新文化运动的“反孔”斗士们集中批判的正是偶像化的孔子的权威，在他们看来，古之所谓至圣，其实不过是虚妄骗人的偶像，古之所谓万世不易的真理，其实不过是一种作为强权之基的宗教迷信，偶像的用处，“不过是迷信的人自己骗自己，非是偶像自身真有什么能力”，但“这种偶像倘不破坏，人间永远只有自己骗自己的迷信，没有真实合理的信仰”（陈独秀《偶像破坏论》）。尽管他们所要破坏的偶像，不仅仅是指孔子的偶像，但他们主要攻击并成功地打倒的正是在中国历史上拥有最大权威的孔子或“孔家店”的偶像。而唯有孔子的偶像被打倒了，孔子压制性的圣魅被祛除了，现时代的人们才可能获得人格上和思想上的真正独立自主和自由解放，人们的精神与社会生活也才可能趋于真实与合理；唯有“儒教”的意识形态霸权被终结了，现代的中国才可能真正实

① ［美］郝大维、安乐哲：《孔子哲学思微》，江苏人民出版社 1996 年，第 15 页。

② ［法］米歇尔·福柯：《词与物》，莫伟民译，上海三联书店 2001 年版，第 42 页。

现意识形态的整体性转向，并为文明的“再造”开辟一条尽管曲折却不可逆转的未来道路。

三是，在历史上，在所谓“至圣”“垂宪万世”“万世师表”“万世教主”的名义下，孔子与孔子之道主要被作了一种非历史和非语境化的读解，从而剥夺了人们对他进行反思与批判的根据。而新文化运动的“反孔”斗士们正是通过把孔子与孔子之道放回到产生他的历史时代和社会语境中，或者是通过考察和揭示孔子偶像被塑造和利用的历史，来重新评估其地位和价值的。但是，重新评估孔子的价值与地位，只是要把孔子还给历史，还给他的时代，也就是说，虽然“反孔”斗士们承认孔子是他那个时代的一代哲人或伟人，其学说亦足以代表他那个时代的状况而具有相当的价值，而且不管孔子的形象在历史上如何变换，但他在现时代已不可能转生为“共和之魂”，明体达用的孔子之道已不再适用于今时今世了。陶希圣有“孔子七变”之说，颇可引以作为这一孔子理念的佐证，他在《中国社会与中国革命》中论及“士大夫身分的意识形态——孔子学说之发展”时说，孔学在历史上的发展变化迄今经历了七变，即：从封建贵族的固定身份制度的实践伦理学说，一变为自由地主阶级向残余贵族争取统治的民本政治学说与集权国家理论；再变为取得社会统治地位地主阶级之帝王之学；三变拥抱道教与佛教；四变而道士化；五变而禅宗化；六变而孔学之经世济民的探讨失败，所留存者，伟大的孔子，为地主阶级与士大夫集团之保护神。“现在孔子到了第七次发展或转变的时期了。有人想把孔子来三民主义化，这是不可能的。……因为离开地主制度，没有孔子及孔子学。”“‘孔子有孔子的价值，有孔子的气运。’把三民主义孔子化，不独破毁三民主义，并且违反孔子及孔子学的本质。”[1]这样一种对孔子学在历史上发展变化的“历史终结”式的读解，显然不是要证明孔子及孔子学在现时代还有转生的可能，而是要完全使孔子及孔子学成为历史博物馆中的陈列品。因此，这种历史的读解，虽然不像历史上

① 参见韩达编：《评孔纪年》，山东教育出版社1988年版，第170—172页。

的异家别派对孔子与孔子学的批评那样激烈尖刻，如庄子“圣人不死，大盗不止”一类批评，但对孔子与孔子学来讲实在是一种致命的打击。

四是，新文化运动的“反孔”斗士们对孔子的态度，可一言以蔽之，即坚决反对膜拜孔子的偶像，而对作为一代哲人或伟人的孔子本人又是崇敬的，而且，有意思的是“反孔”斗士们大都是一再声明不反对孔子本人的，李大钊如此，吴虞如此，陈独秀亦是这般说话：“我们反对孔教，并不是反对孔子个人，也不是说他在古代社会无价值。”（《孔教研究》）蔡元培先生亦在《致〈公言报〉并答林琴南君》中说：“惟‘新青年’杂志中，偶有对于孔子学说之批评，然亦对于孔教会等托孔子学说以攻击新学说者而发，初非直接与孔子为敌也。”有“反孔”斗士们自己的声明为证，故蔡先生的话虽有替“新青年”回护的意思，却绝非虚言。因此，我们也绝不能笼统地称新文化运动是“反孔”的。然而，无论他们是反对定孔子于一尊，还是主张对诸子“均一视同仁，平等研究”（吴虞《对于祀孔问题之我见》），无论是崇敬孔子为一代伟人，还是承认在历史上曾经遗祸无穷的孔门礼教在其立教的当时还是有其相当价值，但他们的结论毕竟是孔门一贯的“伦理政治之纲常阶级说”（陈独秀《答吴又陵》）与近世文明社会是绝对不相容的。因此，他们虽无意于声讨已作古两千余年的孔子本人，但孔子在他们对孔学的一片喊打声中却真的是声誉扫地荡尽了，竟至于到了“今天的中国，西学有人提倡，佛学有人提倡，只有谈到孔子羞涩不能出口”（梁漱溟《东西文化及其哲学》自序），或者是“孔子的道理成了不敢见人的东西”的地步。这又能怪谁呢？“只为旧派无人，何消说得！”新派“能表出一种西方精神”，而旧派却“只堆积一些陈旧骨董”，“那些死板板烂货”[①]怎配和新派对垒而禁得起陈独秀先生那明晰的头脑、锐利的笔锋和锋利的逼问？这是梁漱溟先生对旧派的批评，真不失为一针见血之见。

五是，新文化运动的“反孔”斗士们不仅平视先秦诸子，而且借助诸子之

① 中国文化书院学术委员会编：《梁漱溟全集》第一卷，山东人民出版社1989年版，第532页。

“反孔”而“反孔”，然而，二者在“反孔”的基本态度和激烈程度上虽然相似，但更有很重要的差异。诸如：诸子的反孔是在“思想自由，学无拘禁”的时代背景下进行的，而新文化运动的反孔则是在争取思想自由；诸子的反孔是内发的，是诸子站在各自理论立场上的相互争胜，在争胜中，无论是尊孔者还是反孔者，各家都在中国的“经典时代”作出了自己独特而富有原创性的理论贡献，而且反孔并不会导致情感与理智上的分裂，而新文化运动的反孔却是外发的，是由外来文化的冲击引发的，是基于中西文化比较及对两千余年的尊孔实践的反思来进行的，因此，无论在深度和广度上都超越了诸子反孔的论域，但由于新文化运动旗帜鲜明地打着输入欧化的文化而反对中国以“孔教”为代表和中心的旧文化、旧传统、旧道德等，故不仅激起了旧派势力感情上的激烈反动，即使是新派人物也往往陷入“有意识的拒斥和无意识的认同传统符号与价值”[①]的思想困境。

就近代中国人文化视界的变迁而言，从严夷夏之防到师夷之长技，从中体西用论到“中学有中学之体用，西学有西学之体用，分之则两立，合之则两亡”论（严复《与〈外交报〉主人论教育书》），从求同调和到辨异择一，从承认现在的夷狄也有两千多年的文明（郭嵩焘观点），或认识到“中西之本末绝异”（势与俗）而“不能复以中国之是非绳之”（康有为《与洪给事右臣论中西异学书》），以及中西事理截然不同而“未敢遽分其优绌”（严复《论世变之亟》），到以中西文化为一古一今、一优一劣、一是一非而水火不相容、存其一必废其一，中西文化的碰撞、接触既增加了国人进行文化比较的机会以至逐渐脱离自身文化的无意识钳制，也日益加深了自身文化认同的危机。由此而造成的是一种矛盾痛苦的生活状况，而究其原因，则“全在新旧的性质相差太远，活动又相邻太近”，或者说，“新旧之间，纵的距离太远，横的距离太近；时间的性质差的太多，空

①［美］杜维明：《道·学·政：论儒家知识分子》，钱文忠、盛勤译，上海人民出版社2000年版，第170页。

间的接触逼的太紧”，而要打破这种矛盾痛苦的生活，绝不能再走回头路，而必须努力向前走，即“于政治、社会、文学、思想种种方面开辟一条新径路，创造一种新生活”（李大钊《新的！旧的！》），这正是新文化运动破旧立新、努力创建一种新型文化的意义所在。

而在新文化运动那种中西一古一今、一是一非而水火不容的文化理念中，通过对孔子进行一种历史性的估价和是非性的评判，“反孔”斗士们在中西文化的是非场中打了一场漂亮的阻击战，颇能给人一种快刀斩乱麻之感。他们不仅极力阻击“孔子”跨越古今历史的分水岭，面对未来，他们更坚信找到了一种替代性的崭新的文化发展方向，那就是输入新欧化之科学与民主，而且，这不仅仅是以一个西方的替代品或新的选项来置换中国传统的文化基线的问题，更是古老的中国文明蚕变蝶舞、翻身引领世界未来新型文化之路的希望所在。

那么，我们究竟应如何评价新文化运动的“孔教”观和中西文化观呢？

我认为，我们必须像新文化运动重估孔子的价值那样来重估新文化运动的价值，我们必须历史地来看待和评估中国近代文化论争中先后出现的各种中西文化观，包括新文化运动的那种非此即彼、二元对立、水火不容的中西文化观。也就是说，作为那个特定时代下的产物，每一种“孔教”观和中西文化观都是相对的，是历史现象的一部分，是有效应的历史的观念或历史仍然会对之发生影响的观念，是由处于竞争中的社会群体的存在决定着的观念。特别应指出的是，此是彼非、二元对立的中西观并非新文化运动所独有。

就新文化运动的“孔教”观和中西文化观而言，一方面，我们的确应该看到，它在学理上显然是不周全而存在着某些缺陷的，如仅仅是历史化的读解未必就能把孔子简单地克服掉，不是孔子的结论性的思想主张而是他提出的有关人类生存的问题性的理论主题，可能仍然是摆在我们面前的一道难题，而且，孔学或“儒教”虽然是社会历史的产物，但它除了信守某种一贯不变的原则之外，还会随着时代的变迁而不断地调整自我，只要守旧的势力不足以再拉我们走回头路，我们也没有必要压制它适应时代的要求而转生；如仅仅把孔学作为一种封建时代的意识形态也未必就能把它简单地抛弃掉，因为意识形态尽管具有其虚假性和欺骗性，但它毕竟又包含着一些具有生命力的理想或教义，而“批判的任务不是抨击这些理想，而是揭示这些理想是如何被改造成为意识形态的，并以被歪曲了的理想的名义来向意识形态挑战”①；如孔子的权威存在于它发挥作用的领域，取决于人们与它建立一种什么样的意义关系，而并不单单是帝王专制的纯粹御用性的工具，故应对孔子形象的层次性及其权威作用作一种历史的微观的具体分析；如中西文化的问题不仅仅是一个古与今、是与非的简单化的问题，文化的问题也不是单靠简单的移植就可以解决的，尽管文化有其惰性而在当时也需要快刀斩乱麻式的摧陷扫荡，但对文化要素中的积极成分进行创造性的转化也是十分必要的，文化是一种有差别的共享，文化比较也是一柄“双刃剑”，在中西文化的抗拒与冲突、对比与调适中，双方的文化要素也可能会被分解并有选择地重新组合，而并不一定是整体的优胜劣败；如道德问题也不是简单地破旧立新就能解决的，我们的先哲所倡导、所教诲的许多美德，诸如诚信、仁爱、勤俭、廉洁，尽管是一些“老生之常谈”，尽管并非我们民族所独有，甚至不是我们实行最力的，也不值得我们恃之以矜异，但既然是“救国之要道”，社会所必需，那么，我们宝爱之、珍视之、提倡之、力行之当然不是什么罪过；等等。

另一方面，我们更应该也必须明白，我们文化的进步实受了新文化运动的无穷恩惠。尽管新文化运动的“孔教”观和中西文化观有这样或那样的偏颇之失，甚至因愤激而说了一些“过激”的话，但它打碎了孔家店供奉的万能的孔子的牌位，它使“现在大多数明白事理的人，已打破了孔教的迷梦”（胡适《新思潮的意义》）；它通过古今中西的文化优劣比较，使我们对自身文化的反思性得到了质的提升，这种反思性的提升可以说是文化成长中最弥足珍贵的东西，因

① ［美］埃里希·弗洛姆：《在幻想锁链的彼岸》，张燕译，湖南人民出版社1986年版，第140页。

为它使本来对我们发挥无意识钳制作用的传统不再具有不证自明的合理性了，它使中国文化再想回到“儒教”中国的老路上去已是不可能的事。然而，新文化运动提出的创建新型文化的目标仍有待我们去努力实现，为此，仅就新文化运动和“孔教”问题而言，我认为杜维明先生所持的态度是最为公允的，即“我们应该继承一九一九年伟大的五四运动以来杰出的中国学者的传统，继续批评和反思儒家思想的局限性”，同时“理解儒家哲学的潜在价值又是很应该、很重要的”[①]。当然，我所理解的“理解儒家哲学的潜在价值”，既不意味着对它作一种简单的现代化或后现代化的价值处理，也并非说它本身本来就内含着或预设了一种永恒性的、超时代的价值而可直接被拿来以适用于现代化或后现代化的时代要求，孔子绝不是现代化或后现代化的“万世师表”，他的潜在价值需要我们根据现代化或后现代化的时代要求作一种审慎的创造性转化的工作。或者，如果有人乐于采取一种简捷路径的话，愿意走宗教化的道路并信守信教自由的教规而做“孔教”的信徒，或是本着思想自由的原则而在个人修身的层面躬行实践孔学，或者组织学会对孔学或“儒教”进行有系统的科学研究，这些都是我们所不反对的，新文化运动的“反孔”斗士们曾经如是说。

① ［美］杜维明：《新加坡的挑战》，高专诚译，生活·读书·新知三联书店1989年版，第11页。

结束语：在“尊孔”与“批孔”之间

新文化运动打倒了孔子的偶像，是否就意味着“孔教”问题的尘埃落定呢？显然不是，不仅不是，而且留给中国的问题实在是太大了。如殷海光先生所说：“孔制并非单纯的宗教，并非单纯的学说，也并非单纯的伦范。但是，它确有宗教的某些功能，确有某种学说的形式，确有浓厚的伦范建制。……然而，它毕竟崩溃了。”“孔制是崩溃了，但因此而留给中国的问题可就大了。”① 问题的关键是，中国与中国文化的未来出路究竟在哪里？这是现代中国人必须面对，也必须不仅要从理论上回答更要用实践来诠释的大问题。问题的紧迫重大与道路的艰难曲折，可以说是当初不得不从事“反孔”事业的斗士们所始料未及的。随着传统“儒教”中国的解体和“尊孔”时代的终结，现代中国陷入了分崩离析的泥沼和充满歧路的险境，杰出的中国学人和进步的中国人民必须靠打拼才能寻找到一条真正属于中华民族自己的崭新的未来之路。

就现代中国的时代精神状况而言，尽管人们的态度和信仰已远远不是孔子的是非和“孔教”的信仰所能范围的了，但不管20世纪的中国人为中国和中国

---

① 殷海光：《中国文化的展望》，中国和平出版社1988年版，第167、171页。

文化设计或选择一条什么样的未来之路，大体上他们仍然不能不对孔子和“孔教”表达一种态度和看法，因此，如果我们可以在“尊孔”与“批孔”之间画一条弧线的话，那么，在这条弧线上我们完全可以为选择不同路向的20世纪的中国人找到明确的位置。不过，应特别指出的是，在中国未来路向的选择问题上具有共同或一致的政治与文化立场的人，在对待孔子与中国文化传统的态度上也是有极大差异的。中国的马克思主义学者如此，西化派学者如此，文化保守主义学者亦是如此，如同属于文化保守主义阵营中的“现代新儒家”与“孔教派”和“国粹派”等，在对待孔子与孔学的态度上便存在着严重的分歧。

从时代上来讲，19世纪虽然出现过太平天国批判妖魔化的孔子的运动，但大体上我们还是可以称19世纪以前的时代为“尊孔”的时代，而20世纪由于出现过两次反孔运动的高潮，即新文化运动的“反孔”与“文化大革命”的“批孔”，也许我们可以称20世纪为“反孔”的时代，但我认为，仅仅将20世纪定位为“反孔”显然是一种过于笼统的说法，这不仅是因为“尊孔”的声音在20世纪前半期仍然甚嚣尘上，也不仅是因为“反孔”是作为“尊孔”的对立面或相对于“尊孔”而言的，新文化运动的“反孔”与“文化大革命”的“反孔”也是不可同日而语的，而且更是因为20世纪的中国人在“尊孔”与“反孔”之间有着种种不同的选择。总的来说，20世纪是一个由单一的尊孔观念走向认知取向与评价范式趋于多元化而且变换剧烈的孔子观的时代。归纳总结一下两次“反孔”高潮之间的现代中国人在对待孔子与孔学问题上的态度，可以说存在着这样几种典型的类型。

第一种，是“尊孔”的态度，即仍然尊奉孔子为偶像、为“教主”，或是煽动尊孔复古逆流，持这种态度者在新文化运动之后依然大有人在，这种态度总的来讲在20世纪不断“激进化”的革命进程中日趋被边缘化，在今天看来实在是已不足为道了。

第二种，我们可称之为弘扬孔子与孔学的态度，这也就是现代新儒家重新厘订“儒家的象征符号”或“重建儒家的价值系统”以试图重新复兴孔学或儒学的态度，其中以梁漱溟先生最具代表性。借用张申府先生的说法，可以说梁氏于新文化运动“打倒孔家店”后不久，便开始苦心孤诣地致力于“救出孔夫子”的事业了，他在1922年初版的《东西文化及其哲学》一书中，系统比较了中国化、西方化和印度化三大文化系统。依梁氏之见，作为三大不同的文化路向，它们分别以三种不同的意欲所向的人生态度为其根本精神，即“西方化是以意欲向前要求为根本精神的”，“中国文化是以意欲自为、调和、持中为其根本精神的”，“印度文化是以意欲反身向后要求为其根本精神的”[①]，而且它们分别适用于解决人类面对的三大类基本的生存问题，即人对物质的问题、人对人或他心的问题、人的情志如不可排解的生老病死问题。在梁氏看来，最能代表中国文化路向的正是孔学或孔子的人生哲学，并断言不久的将来世界文化必然会走上孔子或中国文化的这一路向。概言之，梁漱溟先生在新文化运动打倒孔子的偶像之后，努力发明一条以孔子为代表的中国文化的复兴之路。

比较一下康有为和梁漱溟二人所持的孔子观，我们不仅可以更好地了解“尊孔”与弘扬孔子之间的重要差别，而且可以重新评估孔学或儒学在现时代转生的可能。大略地讲，康有为尊孔子为至圣、为“教主”、为神明素王，而梁漱溟则视孔子为最能代表中国人人生态度和中国文化路向的哲学家；康有为欲以孔子之道范围古今中外、天下万世，而梁漱溟则只是阐扬孔子与孔学在整个世界文化中的独特价值或特色异彩；康有为极力模仿“耶教”而将“孔教”宗教化，而梁漱溟则重在发扬孔学非宗教的人生哲学或伦理精神。在对待中西文化与新文化运动的总的态度上，梁漱溟与康有为也是大为不同的，康有为认为中国的“孔教”与道德乃是中国万世无弊的立国之本，现在只需再学习西方的物质与科学便足可以救亡图存，凡倡言废孔者实无异于“人之自戕”，而梁漱溟则不仅十分赞佩倡导新文化运动的陈独秀的目光的明利，并认为：“一般人所说精神方面比较西方有长处的说法，实在是很含混不清，极糊涂、无辨别的观念，没有存

① 中国文化书院学术委员会编：《梁漱溟全集》第一卷，山东人民出版社1989年版，第383页。

在的余地！”[1] 梁氏所持的基本态度是，第一，“要排斥印度的态度，丝毫不能容留”；第二，是对于以科学与民主为异彩的西方文化要“全盘承受”而又“根本改过”，即“对其态度要改一改”；第三，是“批评的把中国原来态度重新拿出来”[2]。

很明显，梁漱溟较之康有为在对待孔子与孔学的根本态度上发生了一种“斩截的改换”，他不再以孔子为“至”，而是强调或标举“孔子的路”的特殊文化价值。他在新文化运动的“反孔”斗士们依平视诸子的眼光来看待孔子，对孔学进行一种历史主义和社会存在决定论的读解与真理性的再检讨，特别是打倒孔子的偶像之后，挺身而出为孔子说话，从民族文化特色的视角重新审视孔学的价值，不仅是要从孔家店中拯救出“孔夫子”，更旨在为中国文化的复兴重新寻找到一条既具有充分理据而又富于建设性、既可能而又现实的出路。不管我们赞不赞同梁氏有关孔子与中西文化的具体观点，在今天看来，我相信，凡是明白事理的人，在打破了“孔教”的迷梦之后，都会承认梁氏的孔子观和文化理念具有重要的继往开来的启示性的价值与意义。梁氏之所以能成为现代新儒家的开山鼻祖正在于他开启了这样一种继往开来的思维理路和文化理念，经过数代人的不懈努力，现代新儒学之所以能成为现代中国的一支重要的文化思潮或文化力量，也正在于他们始终遵循着这样一种继往开来、返本开新的思维理路和文化理念，来努力拓展儒学的意义境域以适应现时代的需要。

第三种，是承认、肯定与表彰孔子在中国文化史上的历史地位的态度。孔子不仅是中国历史上拥有最大的圣人权威或政治意识形态霸权的压制性的偶像，更是中国文化史上承上启下的关键性人物，或是中国文化的起主导和统摄作用的中心人物。尽管这二者之间有着至为密切的关联，如陈序经所言：“从孔子的道而形成的中国文化，所以能够这么普遍，这么永久的存在于中国的原

① 中国文化书院学术委员会编：《梁漱溟全集》第一卷，山东人民出版社 1989 年版，第 341 页。
② 中国文化书院学术委员会编：《梁漱溟全集》第一卷，山东人民出版社 1989 年版，第 528 页。

因，大约不外由于他能够得到政治势力上的保障和宣传"①，尽管人们可以打倒孔子的偶像，但是，后者是谁也无法或不能否定的历史事实，诚如柳诒徵先生在其所编著的《中国文化史》一书中所说："孔子者，中国文化之中心也。无孔子则无中国文化。自孔子以前数千年之文化，赖孔子而传；自孔子以后数千年之文化，赖孔子而开。即使自今以后，吾国国民同化于世界各国之新文化，然过去时代之与孔子之关系，要为历史上不可磨灭之事实。"② 不过，虽然无人能否定孔子在中国历史上的文化地位这一点，但不同的学者对其未来的命运的看法与所持的态度却是大为不同，甚至是截然相反的。如梁漱溟先生不只是肯定"两千余年来中国之风教文化，孔子实为其中心"③ 而已，更欲将孔学复兴而使之成为不久之将来的世界文化。而持全盘西化论的陈序经则仅仅承认在中国历史上中国文化可以以孔子为代表而已④，但孔化的中国文化是必须全盘西化的。在这两种态度之间，则是对孔子在中国文化史上的历史地位和伟大贡献既承认而又具有肯定乃至珍重、表彰意味的一种态度，这可以中国马克思主义历史学家范文澜先生为代表，范先生在其所著《中国通史简编》一书中是这样评价孔子的：

> 中国封建时代已经过去了，当作偶像崇拜的孔子也跟着过去了，但孔子对古代文化的伟大贡献和他在历史上的崇高地位，并未失去。因为他删订六经，保存了三代旧典；因为他创造儒学，形成了中国封建时代的文化核心；他的学说的某些部分，表现了汉民族在文化特点上的某些精神形态（如"有教无类"）；他的学说，也影响了中国境内外非汉族的各族，在汉族与各族间起着精神联系的作用。孔子基本上是个大教育家，他一生在学习、在思想，在温故知新，在诲人不倦。他积累

① 邱志华编：《陈序经学术论著》，浙江人民出版社1998年版，第112页。

② 柳诒徵编著：《中国文化史》上册，中国大百科全书出版社1988年版，第231页。

③ 中国文化书院学术委员会编：《梁漱溟全集》第三卷，山东人民出版社1990年版，第103页。

④ 参见邱志华编：《陈序经学术论著》，浙江人民出版社1998年版，第110页。

了极其丰富的经验，特别是教育和行为方面的经验。比较原始可信的《论语》书中，记录着孔子很多的格言和公式，例如“学而时习之”，就是最好的学习公式；“知之为知之，不知为不知”，就是最好的科学格言。如果审慎地采取某些格言公式，填进新的阶级内容，还是很有用的。至于他那种繁富的学说，在严格的批判之下，加以选择、继承、发扬，也是非常重要的。他给中国人民留下一份珍贵的文化遗产，中国人民必须珍重这一份遗产。①

第四种，是对真、假孔子区别对待的态度。这一问题首先是由梁启超在《保教非所以尊孔论》（1902年2月22日《新民丛报》第2号）一文中提出的，所谓浸假而孔子变为董仲舒、何休、马融、郑玄、韩愈、欧阳修、程颐、朱熹、陆九渊、王守仁、纪晓岚、阮芸台。后来有许多学者也都主张应研究孔子的真相，并应对真、假孔子区别对待。如顾颉刚先生在20世纪20年代写的《春秋时代的孔子和汉代的孔子》一文中，就曾明确地指出，“各时代有各时代的孔子”，而且，孔子的人格跟着或在各时代的人的想象中“变个不歇”；就孔子的真相而言，春秋时的孔子只是君子而已，造成君子或理想人格的陶冶与修养也是《论语》或孔子思想的中心问题；在历史上孔子曾经被塑造成圣人和“教主”，而“到现在又快要成为君子了”，而“孔子成为君子并不是薄待他，这是他的真相，这是他自己愿意做的。我们要崇拜的，要纪念的，是这个真相的孔子”！周予同先生在《孔子》（开明书店1934年9月初版）一书中，亦主张应将“真的孔子”与历代“只是为政治的便利而捧出的”“假的孔子”或“半真半假的孔子”、将“历代学者误认个人的主观的孔子”与“客观的孔子”区别开来，并认为“研究孔子应该有两方面，一方面固然要研究真的孔子；一方面也要研究假的孔子，因为假的孔子正所以衬托出真的孔子的真实性”。依周氏之见，“孔子是一位中国古代

① 范文澜：《中国通史简编》（第一编）修订本，人民出版社1949年9月第1版、1953年8月第2版，华东人民出版社1953年12月重印3版，第135—136页。

人格完满发展的圣人；他是一位实际的教育家，他是一位不得意的政治思想家，他是一位专研道德问题的伦理学家。他对于中国文化给与以巨大的影响；而且这影响曾经波及到东亚的其他国家”①。

另如张东荪先生在《现代的中国怎样要孔子》（1935年《正风半月刊》第1卷第2期）一文②中，亦主张应把孔子本人与后世对孔子的推崇（实即利用）分开来论。依张氏之见，孔子实在是“中国历史上最不幸的人”，因为“自孔子死后，凡是推崇孔子的都是要利用孔子的。利用孔子的人们做了无数的罪恶，却不被人发见，只是一概写在孔子的账上。于是利用孔子的人愈推崇孔子，而旁的人便愈痛恨孔子”；孔子在中国历史上也“是一个最埋没了真相的人”，“因为推崇他的未必真知他；而痛恨他的亦是误解他”。而如果我们把孔子本人与后世对孔子的推崇分开来论的话，则可以说“孔子本身是人类中一个大思想家”，其思想“在人类思想界内确是一个特别的”，“凡孔子之所长，西方思想都寻不着相当的以为代替。可见孔子的价值不仅是在东方，实是在于全人类”。因此，孔子较西方哲学家柏拉图、亚里士多德“丝毫无逊色”，或至少可与之“鼎足而立”。而“孔子被人利用数千年就是因为他对于文化取维持的态度”，因为“破坏的思想容易被不得势的人们利用；而维持的思想却容易被得势的人们利用”。除了将孔子本人与后世对孔子的推崇分开来论之外，张氏所主张对待孔子与孔学的态度与梁漱溟先生的孔子观和中西文化观大同小异，即主张“一方面输入西方文化，同时他方面必须恢复固有的文化”，而“中国固有的文化可以儒家思想为代表。他只是讲做人的道理。并且这种人生哲学即从西方眼光看来，仍不失为很有价值的。在西方思想中很难寻到与他相等的。所以这一方面非但不应该打倒，并且应该提倡”。并认为，“保存国粹与从事欧化乃是根本上不相冲突的”，而民族复兴的途径“要不外乎在一方面从做人下手，恢复中国人的自主性，

① 朱维铮编：《周予同经学史论著选集》（增订版），上海人民出版社1996年版，第388页。

② 参见张耀南编：《知识与文化——张东荪文化论著辑要》，中国广播电视出版社1995年版。

如此才能有吸收外族文化的主体资格，而他方面依然须尽量采纳西方文化”。张氏还反对对于固有的文化采取“整理国故”“玩弄骨董”的态度，主张对于孔子或儒家的做人的道理“必须躬行实践”。而“现在人们把学问总当作纸片上的工夫。所以论孔子的文章愈多，而孔子的真义愈失。如此尊孔，我亦反对尊孔”。因此，张氏认为，“今后孔子要在现代的中国发生一些效用，必须把孔子贯入人们的血管里才行。倘只是腾在口头，则孔子依然是个死东西。所以尊孔不能使孔子复活。惟有体会孔子的精神，口头虽不提孔子而血管中充满了孔子，方可算用孔子来复兴民族。不然，孔子早已死了，不但不能复活，并且近于无聊。所以今后的关键只在于四万万人中究竟能有几个是真把孔子贯入血轮中去的。倘这样的人多起来了，我敢说中国的民族复兴必定有望。否则全是空谭”。

由上可见，究竟何为孔子的真相？究竟应如何对待真的孔子？孔子究竟是君子、圣人还是中国固有文化的代表？对待孔子的真相究竟是应采取“玩弄骨董”“崇拜”[①]还是“贯入血轮中”的态度？对这些问题，学者们的意见并不完全一致。也就是说，虽然同是探求孔子的真相，而对孔子真相的认识仍然是一个“仁者见仁，智者见智”的问题；虽然同是主张采取区别对待真、假孔子的态度，而在对待真的孔子的态度上仍然存在着重大的差异。这是否意味着人们根本就无法探求到孔子的真相而应放弃这一努力呢？我认为，学术上的求真求是在客观上也许只是一种理想，但这一理想在客观上能不能做到与在主观上应不应该努力去达到是两回事，在学术研究上我们必须坚持和信守这一理想，否则所谓学术研究也就成了一个任人装扮的“戏子”了。就孔子研究而言，一方面我们理应探求孔子的真相，尽管在材料的取舍和对孔子真相的认识上可能会发生这样那样的分歧，但只要是本着学术上求真求是的原则，我们都应承认其学

① 郭沫若先生在《中国文化之传统精神》一文（见《郭沫若全集》历史编第三卷，人民出版社1984年版）中，就曾对孔子的人格及其自然宇宙观和人生哲学极尽赞美之词，而且有一“告白”即“我们崇拜孔子”，并声言自己的“崇拜孔子”是“决不可与盲目地赏玩骨董的那种心理状态同论”的。

术上的价值，而绝不应强求一致；另一方面，研究假的孔子，固然揭示其被利用的方面是十分有价值的，但不应仅仅专注于被利用的方面，依我之见，历代的帝王或学者在塑造所谓“假孔子”或“伪孔子”以便于利用的时候，其实有一个将孔子与孔学“意义化”的问题，我们必须揭示孔子与孔学究竟是如何被“意义化”的，在此基础上我们才能真正厘清孔子与孔学究竟是如何被利用的问题。

第五种，是“把孔子当作过去的人物来对待”的态度，这是新文化运动的“反孔”斗士们对孔子本人所持的一种典型的态度，也是新中国成立之后中国的马克思主义学者普遍采取的一种态度。对此，美国著名汉学家列文森在其所著《儒教中国及其现代命运》一书的第三卷第四章《孔子在共产主义中国的地位》中作过精湛的论述。依列文森之见，在评价孔子的问题上，“共产主义史学家所做的有历史意义的事不在于他们是否继承了儒学，而在于他们所选择的历史研究角度和方法”①；共产主义中国学者，不管是对孔子表示某些尊重，还是大喊反对孔子，他们“都有一个共同的想法：即无论人们认为孔子接近于或生活在哪个阶段，历史都是有规律地逐次递进的”②；根据马克思主义的这一历史发展观或历史主义的分析方法，对现代人来说，孔子只是一个逝去的古人，他只属于历史，并只能被当作一个过去的人物来对待；以继承民族遗产的名义纪念孔子诞辰的共产主义者，“只不过是在为孔子唱葬歌，将他送入历史的坟墓而已”③；在共产主义中国，“孔子也能受到一定的保护”，但“保护孔子”并不是要“复兴儒学”，“而是把他作为博物馆的历史收藏物，其目的就是要把他从现

① [美]列文森：《儒教中国及其现代命运》，郑大华、任菁译，中国社会科学出版社2000年版，第323—324页。

② [美]列文森：《儒教中国及其现代命运》，郑大华、任菁译，中国社会科学出版社2000年版，第334页。

③ [美]列文森：《儒教中国及其现代命运》，郑大华、任菁译，中国社会科学出版社2000年版，第324页。

实的文化中驱逐出去”[①]；“一个掌握、控制了科学的中国也正是控制了孔子的中国，孔子受到限制，不能成为主宰。……与儒家推崇的孔子不同，共产主义者时代的孔子只能被埋葬，被收藏”[②]。

第六种，是“反孔”或“批孔”的态度。然而，正如康、梁维新派的“尊孔”与顽固守旧派的“尊孔”完全不同一样，新文化运动的“反孔”与“文化大革命”的“批孔”更是判然有别，而绝不容混淆。在列文森看来，共产主义中国已经把孔子送进了博物馆而收藏、控制起来了，并认为当孔子“不再卷入判断是非曲直时，他也就不再过多地卷进那吵吵嚷嚷的阶级斗争”[③]。但是，完全出乎他预料的是，共产主义中国在20世纪70年代却掀起了一场全国上下更大规模的、轰轰烈烈的“批孔”运动，从政界到军界、从干部到群众、从工人到农民、从大学教授到中小学生，几乎全社会的各色人等都被卷进了这场群众性的政治运动。

我们不妨来比较一下新文化运动的“反孔”与“文化大革命”的“批孔”究竟如何不同。我认为，其不同主要表现在以下几个方面：新文化运动的斗士们“反孔”主要是想通过伦理和思想意识的根本变革以谋求社会政治的全面进步，他们最深恶痛绝的就是某些人利用“尊孔”以行“复辟”，而“四人帮”发动群众性的“批孔”运动则主要是出于别有用心的政治目的；新文化运动“内在地包含着‘批孔’与‘释孔’两个方面的内容”，而“文化大革命”期间的所谓“批孔”则是“离开‘释孔’而一味地‘批孔’”[④]，除了批判之外不知还有何物；新文化运动的“反孔”斗士们并不反对孔子本人，甚至不反对人们有信仰“孔教”或以

① ［美］列文森：《儒教中国及其现代命运》，郑大华、任菁译，中国社会科学出版社2000年版，第337—338页。

② ［美］列文森：《儒教中国及其现代命运》，郑大华、任菁译，中国社会科学出版社2000年版，第342页。

③ ［美］列文森：《儒教中国及其现代命运》，郑大华、任菁译，中国社会科学出版社2000年版，第342页。

④ 宋志明：《从批孔到释孔的转折》，《文史哲》2001年第3期，第28、31页。

孔学修身的自由，而“文化大革命”期间的“批孔”则是完全不顾学理而一味地丑化诋毁孔子；从意识形态斗争的意义上讲，“五四”时期的杰出的中国学者反对独尊一孔或批评儒学的阴暗面，是为了争取思想自由，而“文化大革命”期间的“批孔”肆无忌惮地批判一个两千多年前的“阶级敌人”，则不仅制造了无谓的思想混乱，更制造了种种的思想禁区以加强意识控制。

在1974年“批孔”的高潮期间，梁漱溟先生要算头脑最清醒的了，正如他在新文化运动之后曾经做过的那样，他又以惊人的勇气与胆识写了一篇题为《今天我们应当如何评价孔子》的文章，无畏地站出来为孔子说话，在文中他对孔子的评价基本上还是坚持他一贯的立场和态度，即认为“孔子在中国四五千年文化史上为承前启后的关键性人物”，“孔子的功罪或其价值如何即视中国文化在世界史上表现出的成功失败而定之”[①]。而文章的第九、十两部分虽然名为“从马克思主义阶级观点审查孔孟之道”，而其实是在用马克思主义的精神和观点针砭“时下流行的批孔言论”，如在梁氏看来，“时下流行的批孔言论，总是指斥孔孟代表着一种‘复辟’、‘反动’、‘倒退’的运动，这在表面上似乎是基于马克思主义的阶级观点而言，其实往往违反了马克思主义而不自知”，仅仅出于一种阶级的道德义愤来“责备于数千年前的古人”，其实是“徒有情理而不达于物理”[②]；“不独辛亥革命宣传得力于明儒黄梨洲《明夷待访录》，不独‘五四’运动的孕育和发生端赖蔡元培（进士、翰林）之主持北京大学，试数看以往历史上革新变法的人物孰非读孔孟书的儒士。今必以腐儒、陋儒，那些偏执欠通之人代表儒家，以复辟倒退、反动等罪名强加于儒家，岂足以服人？”“把社会风教文化的前进或衰退看成是某些个人的功罪，便落于唯心论。”[③]总之，梁氏对孔子持一种“过分抑扬，贤智不为”的态度，并相信“近二千年孔子的价

---

① 中国文化书院学术委员会编：《梁漱溟全集》第七卷，山东人民出版社1993年版，第298页。

② 中国文化书院学术委员会编：《梁漱溟全集》第七卷，山东人民出版社1993年版，第309页。

③ 中国文化书院学术委员会编：《梁漱溟全集》第七卷，山东人民出版社1993年版，第313页。

值到今天而一大变，固非到此为止，行且有不远而复者”①。这大概是当时最孤独的一种声音，但历史是不会停止脚步的，我们最终还是在21世纪到来之前走出了“批孔”的迷狂。

吾人已是21世纪的人了，在走出了“尊孔”与“批孔”时代的新世纪之初来回顾两千余年的“尊孔”与“批孔”的历史风云，吾人不能不有一大感叹和一大觉悟。

一大感叹是，“孔子实在是中国一个最不幸的人”②，因为他总是身处吊诡而反讽的历史迷雾之中。尊崇他的人可以把他偶像化，而批判他的人也可以把他作为替罪羊而随心所欲地加以丑化；尊崇他的人总是利用他，批判他的人也可以利用他；不仅读过他的书的人，有的尊崇他，有的批判他，即使未读过他的书的人，也会跟着尊崇他或批判他；对于孔门的精华（纲常礼教）与中西文化的不相容，“反孔”斗士们与顽固守旧分子有着最一致的共识与话语策略，而取舍的态度却最相反对；对于西方文化（科学与民主），梁漱溟最能与陈独秀产生共鸣，而对于孔子的态度二人却南辕北辙。究其因，历代的中国人不过是根据不同时代的需要来塑造孔子的形象而已，而其尊孔或反孔亦不过在表达其个人的、民族的、文化的、政治的等种种诉求而已。

一大觉悟是，我们必须超越膜拜与亵渎、独尊与打倒的迷狂式的孔子情结。不仅在“尊孔”与“批孔”之外，即使在“尊孔”与“批孔”之间，我们仍然有许多富有意义和价值的事情要做。在经历了两千余年对他不敢稍有异想的盲目崇拜，以及近百年基于现代知识与理性的话语霸权的自恋而对他的无情审判之后，孔子实在是中国一个最需要理解的人。而当我们理解他的时候，也许我们应采取的是德国著名哲学家加达默尔所谓“解释学”的态度。加达默尔如是说：“‘解释学’问题出现的一般特征，即必须把一些远离我们的东西拉近，克服疏远性，

① 中国文化书院学术委员会编：《梁漱溟全集》第七卷，山东人民出版社1993年版，第304、314页。

② 申府：《尊孔救得了中国吗？》，《清华周刊》第四十二卷第三、四期合刊，第8页。

在过去和现在之间建造一座桥梁。因此，解释学作为一种对待世界的一般态度，是在近代才取得它目前的这种形式的。正是在近代才开始意识到把我们同古代相分隔的时间距离以及不同文化形式的生活世界的相对性。”因此，“只有当再没有强有力的传统把人们的立场吸引到它自身之中，只有当人们发现自己同一种他从不属于或者他根本不能不加疑问地接受的陌生传统相遇时，才会清楚地显现出解释学问题”①。也就是说，作为现时代的人，我们是在已经“意识到把我们同古代相分隔的时间距离以及不同文化形式的生活世界的相对性”的情况下，来对我们自身的文化传统进行理解与解释的。因此，我们必须明白，理解与解释虽然可以把一些已经远离我们的东西拉近而在过去和现在之间架起一座意义的桥梁，但我们不能简单地抹杀我们与古代的历史间距；我们必须明白，不是别的什么，而是由于历史变革而变得与传统疏离间距化了的我们自身此时此地的解释学处境、我们自己时代的生存问题意识，真正在引导或规约着我们对孔子与儒家思想的理解和解释。

总而言之，孔子是中国历史上的一位学识渊博、思想卓越的文化伟人，而且是中国文化史上的一位承上启下的中心人物，他上承夏商周三代文明之精华，下开两千多年中国思想之正统，他的影响遍及政治、伦理、哲学、教育等社会生活的各个领域，对于塑造中华民族的世界观、价值取向和认知思维习惯产生了难以估量的历史作用。对这样一位历史人物，有时人们对他尊崇过甚，有时又对他误解太深。但是，我相信，只要“尊孔”和“批孔”不再是一种“时尚”，只要是出自对民族、国家、政治、文化之前途与命运的真诚关怀，只要你有一颗自由而开放的心灵，平等地看待他就像看待世界上其他伟大的思想家一样，那么，孔子就是孔子，只要你愿意走近他，他也就会走近你。

---

① ［德］加达默尔：《哲学解释学》，夏镇平、宋建平译，上海译文出版社1994年版，第23、45页。

附 录

孔子形象的历史变迁与时代转换①

自孔子诞生2500多年以来，中国历经两次最为深刻而剧烈的社会政治的大变革，一是战国秦汉间的“天地一大变局”，二是近代以来的“数千年来未有之变局”，而且，这期间，王朝兴替和政权更迭、规模或大或小的“革命”就发生过一二十次之多，至如各种社会政治势力的消长、社会形态和生活方式的演变，政治制度和实践形式的兴革，以及思维方式和文化习性的转换等，更是或显著或隐微地历经一系列种种不同的历史变化。然而，迄今为止，唯一不变的似乎是中国人内心深处挥之不去的或爱或憎或敬或恨或褒或贬的“孔子情结”，中国人敏感的心弦不时地被它触动、撩拨而激荡。孔子与我们、与我们中国人有着不解之缘，挥之不去的孔子始终是摆在我们中国人面前的一道难题，其原因究竟何在？这无疑是一个最为耐人寻味、发人深思而又不易回答的问题。不过，让我们简略地回望一下历代中国人心目中的孔子形象，反观一下孔子形象的历史变迁与时代转换，也许对于进一步思考和回答这一问题是大有裨益的。

---

① 本文删节稿最初发表在《社会科学报》（上海社会科学院主办）2015年1月22日第6版，选入本书的是原稿。

一、“孔子”之名的三层含义

所谓“孔子”之名的三层含义，是说当人们谈论“孔子”时，并不只是指涉孔子本人这唯一的含义，事实上“孔子”之名之所指乃有三个层面的含义。

一是指真实的孔子，即孔子这个人是真实存在的。对于他这个人，我们可以这样来描述：他姓孔名丘，字仲尼，生于公元前551年，逝于公元前479年，是春秋时期的一位学者、思想家、教育家和政治活动家等。而他通过其一生的所言、所行、所思，究竟向我们展现了一种什么样的具体的个人形象，一般人们主要是依据《论语》一书来予以概括、描述和说明。如果人们能够做到足够中立、客观而允当贴切的话，那么我们就有可能从这种概括、描述和说明中获得一种有关孔子本人的真实的形象。

二是指不同视野下的孔子，即当人们从不同的立场、观点和视角来看待、理解、诠释和评价孔子及其所言、所行、所思时，所形成的各种不同的有关孔子的观念和形象。尽管人们可以通过读解《论语》或有关孔子的原始文献，而宣称自己所了解的孔子乃是“真实的孔子”或孔子的真相，然而，揭示真实的孔子或孔子的真相也许只是人们能够希求达到却又难以实现的一种理想目标，人们所能做的事实上不过是尽量接近于客观真实的孔子或孔子的真相。诚如傅伟勋先生所言，“原原本本地去了解原来思想家原原本本的思想”是不可能的，所以说，“纯粹客观的诠释是个神话”[①]，据此我们也可以说，所谓“真实的孔子”可能只是一个诠释的神话。正因为如此，所以也才历史地形成了“个个人心有仲尼”或各时代有各时代的孔子的现象，乃至各个不同甚至截然对立的孔子观念或孔子形象在历史上彼此竞立并存或此消彼长。

三是指纯粹符号化的孔子，即孔子之为孔子，不再是一种纯个人的私名，

① 傅伟勋：《从西方哲学到禅佛教》，生活·读书·新知三联书店1989年版，第389—390页。

而是一个文化符号，一个人们交流与对话、对抗与互动时共同运用的公共的符号。如果说不同视野下的孔子是直接从解读“真实的孔子”而衍生出来，从而与“真实的孔子”还有某种关联的话，那么，纯粹符号化的孔子也许已经与“真实的孔子”毫不相干了。作为纯粹符号化的“孔子”，他既可能是拥有绝对权威的至圣素王，也可能是被历代帝王盗用的“专制之护符”；既可能是绝对真理或天理良心的化身，也可能是坏人心术的邪恶妖魔；既可能是是非善恶的绝对标准，也可能是“道德不必求其是，理想亦不必求其是，惟期于便于行事则可矣”的乡愿人物；既可能是人们惯常借助或使用的“作为掩盖无数富于创造精神的个人的新观点的手段”[①]，也可能是人们常常用以代表中国文化的“活的传统”或独特异彩的象征。因此，人们运用“孔子”这一文化符号所表达的可能只是他们自己对于权威的态度，对于真理的看法，对于是非的选择，对于中国文化的立场，甚至只是为了追求实现专制统治的目的或者其他有意识的或无意识的各种意图及意图背后的利益。

二、看待“孔子”的四种眼光

所谓看待“孔子”的四种眼光，主要是指人们在审视和评价孔子的所言、所行、所思时自觉不自觉地所抱持或依赖的四种时代性的眼光。在历史风云的诡谲变幻中，由于人们从不同的立场、观点和角度来审视和评价孔子的所言、所行、所思，乃至形成各种不同的孔子观念和孔子形象，然而，“个个人心有仲尼”并不意味着各种不同的孔子观念和孔子形象就是纯粹主观个人的，事实上它们总是个人视野与历史视野的一种视界融合的结果。每一种经过深思熟虑而形成的视界融合，也总是意味着关于孔子及其所言、所行、所思乃至由孔子所代表和象征的某种东西的一组信念、一种规范的解说、一种观察问题的视角，与之

① [美]郝大维、安乐哲：《孔子哲学思微》，蒋弋为、李志林译，江苏人民出版社 1996 年版，第 15 页。

相应的则是人们所抱持的各个不同的人生态度、文化观念、思想取向以及为人处世的方式。而且，既然视界的融合发生在特定的时代背景之中，因此，从时代背景演变的大的历史分期来讲，我们大体可以富有意义地区分辨识出四种解读“孔子”的时代性眼光。

一是轴心期的眼光。依据德国哲学家雅斯贝尔斯的说法，孔子所生活的春秋时代及其死后的战国之世乃是中国人精神觉醒的轴心时代，这一时期最为显著的特征便是各种原创性的思想宗派谱系的多元分流发展。正是在这一突破性的精神觉醒和学术思想的多元分流发展的历程中，孔子在先秦诸子中不可避免地成为一个最具有争议性的圣贤人物；反之，我们也只有在轴心期思想论争的时代背景下才能更好地理解这一点。概言之，先秦诸子共同面对着周文疲敝和时代变革的历史难题，历史的难题需要他们作出具有深度的理论回应，在这种回应中，孔子首先引领和开创并自觉地进行广泛传播的，是一种具有极大影响力并具有“思想范式”意义的儒家思想流派，而后起的墨家、道家（尽管老子早于孔子，但形成一种学派的影响力，则道家后于儒家）和法家等学派则不得不在回应现实历史难题的同时，还必须积极回应儒家思想权威的挑战及其构成的障碍，以拓展自己学派的话语空间和思想前景。因此，儒家的圣人孔子也就成了诸家所一致排诋和批评的共同论敌，当然，他们是站在不同的思想立场、依据不同的政治信念来批评孔子的，在他们眼中，孔子成了一个繁饰礼乐、崇尚无用的仁义、扰乱人心、败坏人的自然本性而祸乱天下的罪魁祸首。

二是帝制中国时代的眼光。秦汉大一统帝国的建立，终结了中国轴心时代“思想自由，学无拘禁”的状况，使中国进入了一个漫长的帝制时代，以至任何宗派的学术思想都不得不依附于专制皇权强制性和压迫性的支配权力以求生存，它们的命运主要取决于统治者的好恶取舍，儒家在秦朝所遭遇的“焚书坑儒”的厄运和在汉家武帝朝赢得的独尊的荣耀皆与此有着密切的关系。当然，儒术、“儒教”在政治意识形态上的独尊地位及其与专制皇权之间的关系问题事实上要比简单的好恶问题错综复杂得多，它们之间既有不完全协调一致的方面乃至存在着难以消解掉的对立、紧张和冲突的一面，同时又有相互利用、彼此依存共生的需要。正是在这样一种历史背景下，孔子和儒术依靠专制皇权或国家政权的强制性权力和儒家学者不遗余力的倾心推崇而赢得了朝野上下共同一致的尊奉，不仅孔子被尊奉为“为汉制法”乃至“垂宪万世”的神明素王、至圣先师，而且围绕着孔子崇拜而逐渐发展出了种种常规化、制度化的国家祀典、尊号封谥和文庙建制等。尽管在某些时期或个别思想家那里，孔子偶尔会遭到问难、菲薄和批评，但总的来讲，帝制中国时代的孔子乃是人们心目中的一种拥有绝对权威而历久弥尊的政治文化偶像。

三是近代变革或现代转型期的眼光。晚清以来，在一波又一波的外来的西方强势文明和由其激发出的内部的强烈要求进行改良变法乃至激进革命的运动浪潮冲击下，孔子的观念和形象在近世中国人的心目中发生了日益深刻而难以弥合的急剧裂变和根本转换。洪秀全和太平天国运动拉开了近代第一次在外来文化的刺激下的大规模反孔斗争的序幕，孔子被洪秀全塑造成一个跪在“上帝”面前苦苦哀求认错的“妖魔”。而由洋务自强运动和维新变法运动且在统治阶层内部和官僚士大夫之间引发的观念冲突和思想斗争中，孔子的观念和形象更逐渐发生了深刻的裂变，积极主张采西学的早期改良派思想家与一味严持“夷夏之防”的守旧派人士之间的争议尚主要围绕着“西学”问题而展开，而对于主张维新变法的康有为、梁启超和谭嗣同等人来讲，孔子之为孔子则已经完全不同于洋务派和守旧派心目中的孔子了，康、梁维新一派极力推尊孔子为托古改制的“至圣素王”和“神明教主”，积极阐扬孔子的大同太平之教，力求“泯中西之界限，化新旧之门户”。正是在康有为、谭嗣同、梁启超等人敢于怀疑、勇于批评精神的激荡下，思想界遂起一大革命，国人的思想观念与舆论风气为之一变，而博爱、平等、自由、民权等的呼声开始响彻“暮气充塞之国”的上空。反之，守旧派人士则仍然固守古今、中外、上下、东西之界防，始终坚持纲常名教为孔子立教之本，亦是中国立国之本。然而，在新旧思想不断“互相搏激而异论日起”并不断走向“激进化”的过程中，尊孔的时代似乎注定将走向终结而成为历史，乃至在辛亥革命前十年间革命话语中的排孔非儒的声音越来越成为一种时代的最强音，最终孔子的偶像在五四新文化运动的“反孔”浪潮中被彻底打倒。近百年来，在向西方寻求国家自强的出路、寻求思想启蒙的真理、寻求替代性的文化路向、寻求救亡救国之道的艰辛历程中，中国社会的各个领域都在发生着急剧的深刻变革，这是一个传统中国向现代中国实现蜕变转型的历史进程，在此进程中，无论是尊孔还是反孔的人们，都主要是参照西方及其文化路向的特质来重新定位和评价孔子与中国文化的特性的，他们或是借尊孔以维新，或是借尊孔以守旧，或是借排孔非儒或“打倒孔家店”以实现政治革命或思想启蒙的目标。当中国人最终选择了走社会主义道路后，依美国汉学家列文森之见，共产主义中国似乎已经把孔子送进博物馆而收藏、控制起来了，并认为当孔子“不再卷入判断是非曲直时，他也就不再过多地卷进那吵吵嚷嚷的阶级斗争”①。但完全出乎他预料的是，中国在20世纪70年代又掀起了一场全国上下更大规模的、轰轰烈烈的“批孔”运动，从政界到军界、从干部到群众、从工人到农民、从大学教授到中小学生，几乎全社会的各色人等都被卷进了这场群众性的政治运动。比较而言，“五四”时期杰出的中国知识分子反对独尊一孔或批评儒学的阴暗面，乃是为了争取思想自由，而“文化大革命”期间的“批孔”，只是简单地将孔子作为旧传统、旧文化、邪恶势力的象征符号或人格化的代表而一味地予以声讨，则不仅制造了无谓的思想混乱，更制造了种种的思想禁区以加强意识控制。

四是全球化时代的当下眼光。在1974年“批孔”的高潮期间，梁漱溟先生曾经以惊人的勇气与胆识写了一篇题为《今天我们应当如何评价孔子》的文章，无畏地站出来为孔子说话。总的来讲，梁氏对孔子持一种“过分抑扬，贤智不为”的态度，并相信“近二千年孔子的价值到今天而一大变，固非到此为止，行

---

①［美］列文森：《儒教中国及其现代命运》，郑大华、任菁译，中国社会科学出版社2000年版，第342页。

且有不远而复者”[①]。这大概是当时最孤独的一种声音，但历史是不会停止脚步的，我们最终还是在21世纪到来之前走出了“批孔”的迷狂，而且，今日的我们确乎已经见证了梁氏有关孔子价值“行且有不远而复者”的论断或预言的实现。自20世纪90年代以来，正面评价和充分肯定孔子、儒学和中国文化价值的声音和热情日趋高涨，那么，我们又当如何来看待这样一种现象呢？这是否意味着尊孔时代的重新到来呢？在我看来，要认清这一现象的实质，必须明确我们的时代定位，也就是说，只有对于我们究竟身处一个什么样的时代有一种明确的意识，我们才能具备审视这一现象的适当视角和眼光。略言之，我们当下所处的乃是一个全球化时代，而全球化的趋势又激发起了人们强烈的地方性的文化自觉或文化认同意识，这种意识昭示于人们的是——这是一个多元文明竞争并存的全球化时代，生存在这样一个时代，一方面人们应努力寻求有关“全球伦理”的共识；一方面还须审慎明智地维护自身地方性的文化身份与民族特性，只有维持这两个方面的微妙平衡，才会增进世界多元文明间的和谐相处与彼此之间的依存共生。正是基于这一时代背景，我认为，全面尊孔或全面“批孔”的时代不会重新到来，而是已经一去不复返了。然而，这并不是说没有人再会抱持简单地尊孔或简单地“批孔”这样的对待“孔子”的两极态度了，但我深信，简单地尊孔或简单地“批孔”这种两极的态度已不可能再赢得人们的普遍认同和强制性的一致遵从了。

三、孔子的世界与世界的孔子

然而，如果我们想进一步更好地理解孔子在当下全球化时代的真切含义，我认为我们仍然有必要回溯2500多年前，重思一下孔子所处的时代及其生活世界的问题境况。简言之，孔子所处的时代，既是一个“华夏”或“中国”开始与

① 中国文化书院学术委员会编：《梁漱溟全集》第七卷，山东人民出版社1993年版，第304、314页。

“四夷”对称而在文明特性或文化自我认同上拥有了独立而明确意识的时代[①]，同时亦是一个中国衰弱、面临“四夷”交侵，亦即“南夷与北夷交，中国不绝若线”（《春秋公羊传·僖公四年》）的时代，正因为面临这样一种时代的生存状况，所以孔子才汲汲致力于对上古三代的历史与诗书礼乐文化传统作系统的考察、反思和探求，并以兴起和维系斯文（即中华民族的文明特性或文化传统）于不坠为己任。孔子之所以一再地称扬管仲帮助齐桓公实现了“尊王攘夷”的霸业，不仅仅是因为他政治上的作为与成功，而主要是因为其文化上的伟大历史贡献，所谓“管仲相桓公，霸诸侯，一匡天下，民到于今受其赐。微管仲，吾其被发左衽矣”（《论语·宪问》），这是说管仲齐桓“尊王攘夷”使“文化中国”的文明特性与文化传统命脉得以维系于不坠，以至“中国”之人能够幸免于沦为“被发左衽”的夷狄之人。然而，孔子之世，“文化中国”的文明特性及其礼乐文化传统正在日趋沦丧，故而孔子发愤担当起了维护这一文明特性与文化传统的道德责任和历史使命。为此，孔子也像他的同时代人一样带着一种文化或文明意识上的优越感而坚持守护华夏“中国”与“四夷”之间的文明分野与文化边际，认为诸夏之国即使无君，其文明程度也会因其以礼为中心的生活方式而优胜于“夷狄之有君”[②]。不过，分野与边际并不是绝对封闭和隔绝性的，其“文化中国”的信念更多带有一种开放性的文化理想色彩，即“中国”之为“中国”，乃是指一种文化的生命共同体，凡接受和认同其以礼为中心的生活方式或以礼为特色的文明特质者，都可以成为“中国”之人、成为这一文化共同体中理所当然的一员。也就是说，“中国”丧失其文明特质就会沦为夷狄；反之，夷

① 如于省吾先生曰：“自商代以迄西周，中国与四夷还没有完全对称。自东周以来，才以南蛮、北狄、东夷、西羌相对为言。”（《释中国》，见中华书局编辑部编：《中华学术论文集》，中华书局1981年版，第2页）

② 据《论语·八佾》，子曰：“夷狄之有君，不如诸夏之亡也。”对此有两种解释，一说“夷狄亦有君，不像诸夏竟于僭篡，并君而无之”；另一说“夷狄纵有君，不如诸夏之无君”。钱穆先生认为“后说为胜”（《论语新解》，生活·读书·新知三联书店2002年版，第56—57页），今从之。

狄习得“中国”性的文明特质也就会转进为“中国”。也正因为如此，当孔子难以在诸夏之国实现其治国安邦、兴复中华文明的伟大梦想时，失望无奈之际，又时常流露出一种“道不行，乘桴浮于海”（《论语·公冶长》）或“欲居九夷”（《论语·子罕》）的念头和想法。显然，孔子“欲居九夷”的想法正体现了他那开放性的“文化中国”信念乃至通过人文化成的方式来实现“天下大同”的博大理想。而如果说文明就是“最大的‘我们’”的话，那么，在“文化中国”的理念及其文明特性的维护和系统提炼乃至使其上升到理论化的自觉意识水平方面，孔子可以说作出了自己最独特而卓越的、无人能比的历史贡献，从而不愧是中国文明的守望者。与此同时，孔子亦是一位坚定的天下主义者或人类主义者，他不仅希望人类能够共享中华礼乐文明的精神成果，更深切怀抱“泛爱众”的普世性的仁道或人道理想，追求实现“天下归仁”、平治天下的宏伟目标。

时至今日，不管我们愿不愿意，我们已然生活在一个全球化的时代。随着经济全球化进程的日益加剧和不断深化，不同文明间的遭遇与碰撞、对立与交流、冲突与对话，无论是在范围还是在程度上，都有着过去任何时代难以比拟的性质和特点。与经济全球化进程相伴而生的，究竟是文明间的冲突，还是和平共处？究竟是全球的经济繁荣，还是经济危机的全球困境？问题的答案显然是不确定的。因为任何时代都充满着一些（甚至是许多的）不为人所知或了解的不确定性的因素，全球化时代亦不例外，甚或更有过之而无不及。可以说，经济的全球化究竟会促进文明间的对话与融合，还是会带来文明间的对立与冲突，乃至最令人担心与忧思的人类的未来命运究竟会如何，绝不是由某一种单一因素或某种有关文明冲突或文明对话的观点所决定的，而是取决于各种已知和未知的主客观因素的综合作用与影响。然而，就我们可以把握并希望通过人为的努力以促使人类的未来命运朝着更好的方向发展来讲，尽量避免文明间的冲突而增进文明间的对话可以说实是当下最急迫的时代要务，更是一项最值得我们付出艰辛而不懈努力的共同的人类事业。

如所周知，全球化的浪潮和趋势给人们的心智、情感与文化生活所带来的日益明显的后果无疑具有两面性，一方面是促进了“地球村”意识的形成，所谓“地球村”亦可以说是一种人类生存的命运共同体，这是一种日益强烈地让我们每个人都感受到我们全人类的命运比过去任何时代都更加紧密地联系在了一起的生存意识；另一方面则是激发了世界范围内的多元文明各自的“文化自觉”意识，诚如费孝通先生所言，所谓“文化自觉”是一种文化上的“自知之明”，是人们经由反省而对自身文化传统的个性与特色、来历与形成过程及其发展的未来趋向的充分认识和了解，它“是当今时代的要求，并不是哪一个人的主观空想”①，尽管费先生设想并希望人们“在欣赏本民族文明的同时，也能欣赏、尊重其他民族的文明”，乃至能够在“地球上不同文化、不同民族、不同国家之间”达成和谐，实现持久而稳定的“和而不同”②，但是，“文化自觉”也有可能只是片面地增进和强化人们文化上排他性的自我认同意识。

在上述全球化的时代背景及其造成的意识后果下，文明的冲突与对话遂成为人们普遍关注并热切而广泛讨论的一大焦点问题。亨廷顿的“文明冲突”论向世人发出了一种深刻的警示，引发了世界范围内的广泛反响，杜维明先生倡导“文明对话”正是针对它而作出的一种直接的回应。而无论是“文明对话”还是“文明冲突”论，显然都预设了“人类文明的多元性”或人类文化的多样性这样一种我们不得不承认的文化事实以为论说的前提和条件。正因为我们所处的是一个全球化背景下的多元文明竞争并存的时代，因此，如何避免文明间可能发生的冲突而增进不同文明彼此之间的对话和了解，便不可避免地成为我们需要面对和解决的一大文化或文明的时代性难题。无论是亨廷顿发出“文明冲突”的警示，还是杜维明倡导“文明对话”，其实他们的宗旨和目的是一致的，即都是旨在唤起人们尽最大的努力来应对和化解这一时代性难题的热情，但要成功

① 费孝通：《新世纪　新问题　新挑战》，见《费孝通论文化与文化自觉》，群言出版社 2005 年版，第 370 页。

② 费孝通：《“美美与共”和人类文明》，见《费孝通论文化与文化自觉》，群言出版社 2005 年版，第 532 页。

地做到这一点，需要人们对自身文化和文化他者之间的异同进行充分、系统而深入的了解和认识，并在此基础上能够展开平等而有效的跨文化的比较、沟通、交流与对话。

在亨廷顿看来，“在多文明的世界里，建设性的道路是弃绝普世主义，接受多样性和寻求共同性”[①]。而对美国来讲，最需要的文化战略就是保存、维护、复兴和促进“西方文明独一无二的特性”，强化对其文化特性的认同，这样“才能够最有力地促进美国的利益”[②]。显然，亨氏并不是一位世界大同主义者，人们可能会诟病亨氏的明确而坚定的西方文化立场，不过我们似乎没有必要一厢情愿地期望他非得站在非西方的或中国的文化立场上发言不可，事实上亨氏的文化观点只是体现了他作为一个西方人的“文化自觉”，这实属再正常不过的事了，我们不能因此而轻忽他的文化观念和主张的建设性的深刻寓意。

正如亨廷顿不能不承认“假如文明有冲突的可能，文明对话便成为必要”[③]，杜维明先生之所以从正面关切并倡导“文明对话”，也正是基于对“文明冲突”之危险性与可能性的评估和考量，两人的思路可谓既具相反相成之功效而又有异曲同工之妙用。当然，两人的文化立场也有着实质性的差异，即与亨氏的西方文化立场不同，杜维明先生所致力于保存、维护、复兴和促进的乃是中国文明的独特性及世界华人对“文化中国”的认同。不过，两人所强调的各自对自身文明独特性的文化认同意识，由于都摒弃了“普世主义”的诉求，所以不具有对文化他者的排斥性。唯其如此，在坚持对自身文明独特性的文化认同的前提下致力于不同文明间的对话，才是既必要而又可能的。

---

① [美]塞缪尔·亨廷顿：《文明的冲突与世界秩序的重建》，周琪、刘绯、张立平等译，新华出版社 1998 年版，第 369 页。

② [美]塞缪尔·亨廷顿：《文明的冲突与世界秩序的重建》，周琪、刘绯、张立平等译，新华出版社 1998 年版，第 360—361 页。

③ 朱汉民、肖永明编选：《杜维明：文明的冲突与对话》，湖南大学出版社 2001 年版，第 18 页。

那么，究竟应如何避免和化解文明间冲突的危险、促进和实现“文明对话”的未来前景呢？

首先，亨廷顿基于对“文明冲突”的文化反思，而提出的具体建议就是，在多文明的世界中，“普世主义”是行不通的，接受多样性即是要承认文明多元或文化多样性的事实，尊重不同文化间的差异，并努力培养一种文化上尊重和包容他者的情怀与雅量，这对于不同文明间的平等相待与和谐相处来说是至关重要的。同时，每一种文化既具有独特性，又具有“普世性”（或文化上的共性），而如果说“文化的共存需要寻求大多数文明的共同点，而不是促进假设中的某个文明的普遍特征”的话，那么，寻求共同性即“各文明的人民应寻求和扩大与其他文明共有的价值观、制度和实践”①也将有利于化解文明冲突、促进文化对话和维护世界和平，近年来人们热衷于探讨和寻求所谓“全球伦理”或“普世伦理”，以各民族共同认可的核心价值观为基础来推进“普适性”的人类“共同的文化”的形成，其意义即在于此。总之，在充分认识、深切了解不同文化之间异同的基础上，尊重差异、包容他者，寻求共同性并在一种人类应共同遵循的最低限度的或普遍适用的“普世伦理”问题上达成基本共识，乃是化解文明冲突、促进文明对话的根本途径。

其次，就杜维明先生“文明对话”的理念来讲，具体落实和切实促进“文明对话”的关键乃在于应在不同文明之间建立起一种真正的对话机制，或者说应使“对话”本身在各种文明之间架起一座“互相承认、互相学习、互相尊敬”的桥梁，从而成为“消除文明之间的矛盾和冲突的重要机制”②。上述理念亦是杜维明与日本著名学者池田大作在两人进行的一次重要对话中共同加以阐述的，根据这一理念，“对话”本身应构成为现代文明的一个最基本的文化要素与特

① [美]塞缪尔·亨廷顿：《文明的冲突与世界秩序的重建》，周琪、刘绯、张立平等译，新华出版社1998年版，第369—370页。

② [日]池田大作、[美]杜维明：《对话的文明——谈和平的希望哲学》，卞立强、张彩虹译，四川人民出版社2007年版，第7页。

质，应成为多文明世界之中“文明间性”的真正体现。如杜维明先生所说，真正的对话能够“培养听德”，能够“拓展视野，增强自我的反思能力”，真正的对话“不是说服对方，不是表彰自己，也不是利用机会改变别人对你的误解”，“对话的心态应该是，容忍—承认—尊重—参照—学习直到庆幸差异”①，而当这种“对话”的生活态度一旦全面渗透到地球社会，则有望“构筑人类期待的‘对话的文明’”，而且，他们相信“在这种‘对话的文明’的丰饶大地上，谦虚地学习人类的多样性，追求人类普遍的伦理，就会盛开出美丽的‘和平文化’的花朵”②。

由上可见，不管是文明的对话，还是对话的文明，都是希望对话能够带来变化，希望通过对话实现世界多元文明之间更加文明化的和平共处，对话不仅是化解冲突、实现和平的根本途径和手段，更应是生活在多文明世界的人们追求实现的和平共处之道和根本目标。果如是言，那么，孔子的既以开放的态度合理地守望和维护中国人的文明特性与文化传统，而又深怀广博而“普世”的人道情怀、仁爱精神和人文态度，便是我们时代所最需要的一种情怀、精神和态度，因为孔子向我们昭示了一种既“和而不同”而又致力于共生共存的最合理的努力方向。

迄今为止，中国文明在非西方文明中的重要性一直都是不言而喻的，尤其是，在今天这样一个多文明的世界中，如果亨廷顿先生所言不错，即中国学者由于其古老的文明背景及其对自身文明独特性的清楚意识③，而因此会“十分自然地从文明的角度来思考问题，并且把世界看作是一个具有各种不同文明的，

---

①［日］池田大作、［美］杜维明：《对话的文明——谈和平的希望哲学》，卞立强、张彩虹译，四川人民出版社 2007 年版，中文版《对话的文明》序二，第 4 页。

②［日］池田大作、［美］杜维明：《对话的文明——谈和平的希望哲学》，卞立强、张彩虹译，四川人民出版社 2007 年版，第 251 页。

③参见［美］塞缪尔・亨廷顿：《文明的冲突与世界秩序的重建》，周琪、刘绯、张立平等译，新华出版社 1998 年版，中文版序言，第 1 页。

而且有时是相互竞争的文明的世界”[①]的话，那么，毋庸置疑的是，由孔子所奠基和开启的中国人的那种既具独一无二的特性而又蕴含着丰富的“普世性”的天下一家的人类情怀的“文明”意识与文化理念，也必将会在未来促进文明的对话或构筑对话的文明的进程中发挥至关重要的作用。前引我国著名社会学家费孝通先生在21世纪初提出的富于远见卓识的“文化自觉”之说，及其关于未来理想的“各美其美，美人之美，美美与共，天下大同”的设想即是明证，孔子学院在世界各地的建立亦足以说明相关问题。相反，如于丹《论语》心得和感悟将孔子的思想学说“心灵鸡汤”化，李零从“丧家狗”的视角解读《论语》，由狭隘的文化认同意识所引发的“儒教国教化”的意识形态之争，以及“以道徇人”的全盘西化的文化论调，毫无疑问都将化作少留痕迹的过去式的意见浮云，而既主张“和而不同”而又向往“天下大同”的孔子的故事则会永远被人不断讲述，因为我们的时代和世界——一个全球化的时代和一个多文明的世界——需要这样的孔子，因为“理解自己信念的相对正确性而又毫不畏缩地支持它，这就是文明人区别于野蛮人的地方”[②]。

四、一个不会结束的“孔子”故事

张申府先生曾经有一大感叹，他说：“孔子实在是中国一个最不幸的人。”[③]在我看来，这是因为孔子总是身处吊诡而反讽的历史迷雾之中。尊崇他的人可以把他偶像化，而批判他的人也可以把他作为替罪羊而随心所欲地加以丑化；尊崇他的人总是利用他，批判他的人也可以利用他；不仅读过他的书的人，有的尊崇他，有的批判他，即使未读过他的书的人，也会跟着尊崇他或批判他；对

① ［美］塞缪尔·亨廷顿：《文明的冲突与世界秩序的重建》，周琪、刘绯、张立平等译，新华出版社1998年版，中文版序言，第1页。

② ［美］约瑟夫·熊彼特：《资本主义、社会主义与民主》，吴良健译，商务印书馆2009年版，第360页。

③ 申府：《尊孔救得了中国吗？》，《清华周刊》第四十二卷第三、四期合刊，第8页。

于孔门的精华（纲常礼教）与中西文化的不相容，“反孔”斗士们与顽固守旧分子有着最一致的共识与话语策略，而取舍的态度却最相反对；对于西方文化（科学与民主），梁漱溟最能与陈独秀产生共鸣，而对于孔子的态度两人却南辕北辙。究其因，历代的中国人不过是根据不同时代的需要来塑造孔子的形象，而其尊孔或反孔亦不过在以孔子的名义表达其个人的、宗派的、民族的、文化的、政治的、宗教的、地方的、全球的等种种诉求而已。总之，孔子之为孔子，对不同的人可能意味着完全不同的东西，人们在自己塑造的孔子形象面前演绎着各种各样的本相。

过去，抱着尊孔和“批孔”两种极化态度的人往往把一切功过不适当地归之于孔子一人，而在当今时代，享有了“现代自由”的人们也尽可以心怀憎恶地对孔子极尽冷嘲热讽乃至恶意诋毁辱骂之能事，或者是热情地给他重新戴上无上的尊显与荣耀的各种桂冠，又或者是怀抱着超然的淡漠心态而冷眼旁观人们围绕着孔子而发生的激烈争吵。然而，如果我们还能严肃认真地对待孔子的话，我们应当深入思考这样一些问题：孔子之于我们，在过去究竟意味着什么？在今日能够意味着什么？在未来又将意味着什么？这些问题不可能有定论，争议肯定会不断地持续下去，然而，孔子的故事也将会因争议而一再地被人讲述。正如美国汉学家郝大维、安乐哲先生所言：“《论语》从来不是一个结束了的故事。……读者和注释者的人生阅历总是要贯注到解释之中，使对它的每一次攻读总是有特别的和独特的理解。”[①]《论语》如此，孔子亦当如此，而且，在我看来，从一个不会结束的故事的角度上讲，把孔子看作中国文化的“活的传统”（而非死的偶像）的代表或象征，也许是一个富有深远意义的视角。讲述孔子的故事，也就是讲述我们自身的活的文化传统的过去、当下与未来的故事。

① ［美］郝大维、安乐哲：《汉哲学思维的文化探源》，施忠连译，江苏人民出版社 1999 年版，《汉人：叙述的理解——中文版作者自序》，第 6 页。

重思一个故事的历史与神话意义
——“孔子诛少正卯”之故事含义的再诠释①

历史上流传下来许多有关孔子所言所行所思的教诲和故事，如果全信其伪，未免显得狭陋；如果全信其真，则又未免显得肤浅。但是，有关孔子的故事和传说中，实有不少真伪难辨而不可不辨者，“孔子诛少正卯”便属其中之一例。对“孔子诛少正卯”一事，历来众说纷纭、各说各理，一直没有达成共识，迄今仍然是一件悬疑的公案，人们或信其真，或疑其伪，并不时进行学术的甚或思想—意识形态的激烈论争，由此足见这个故事在历史上以至今天所具有的重要性和敏感性。本文的目的和主旨不在于通过对一系列翔实资料的考辨来求证“孔子诛少正卯”故事的真伪，而在于探究和考察这个故事在不同时代所具有的历史和神话的意义，其意义是由不同时代的人根据不同的需要和诉求而形塑和构造而成的。要而言之，这个故事之所以流传广泛，一再地被不同时代的人所征引和援用，乃至不时激发起人们探究和讨论的兴趣，更主要的不是因为人们要加深对这一故事的理解，而是要使之为各种现实的需要和目的服务。而我们

① 与韩泳诗合写，原载《衡水学院学报》2017 年第 3 期。

撰写此文的目的，主要就是通过反思这一点而尽可能地展示和呈现这一故事不同层面的含义及其时代性和复杂性、隐微性和模糊性，以使人们更加审慎地、历史地思考和看待这一故事，不再轻易地援用和断言其真伪与是非。

一、引言

一般而言，只要能够掌握充分而可信的历史文献材料，并能正确地理解和解读其含义，后来的人们便可以拨开重重叠叠的迷雾、跨越时空间距的疏离而洞悉和了解一些历史事件的真相，乃至尽可能地再现过去或还原历史的本来面目。然而，这一“再现”或“还原”毕竟只是基于一种事后之见，我们不是历史事件的当事人或亲身经历者，我们不可能完全了解当事人或亲历者的真实感受和想法。除非在未来的某一天，我们人类真的能够突破时空的限制而穿越回到历史的某一时刻，去感受当事人的感受，经历亲历者的经历。譬如，我们只有回到孔子的时代，并亲历“孔子诛少正卯”的那一历史时刻，才能真正了解这一历史事件的真相——这一事件是否真的发生过以及孔子何以要诛少正卯、少正卯是否真的确有其人，等等；否则，我们便只能根据现有的不完整的历史文献材料加以揣测、推论和想象，而如果我们具备历史学家的审慎眼光的话，那么，在这一历史事件不能被完全证实的情况下，最好还是采取阙疑的历史态度和审慎的学术立场。

诚如美国学者柯文所说，历史学家不是历史事件的当事人或亲身经历者，这一“局外人”的身份既是其局限性所在，即“由于历史学家不是当事人，所以都有误解和歪曲历史以及曲解研究资料的原意的潜在可能性”，但同时“也可能是个优点”①，既能够使他摆脱和超越“当事人”的局限性而从事后之见的角度来了解历史发展演变的整体脉络和线索，又能够使他不同于仅仅“以片面的观

① ［美］柯文：《历史三调：作为事件、经历和神话的义和团》，杜继东译，江苏人民出版社2000年版，第259页。

点看待历史”或者“把过去当做神话”的历史神话制造者，神话制造者“从历史中找出个别的一些特点、特性或模式，把它们当做历史的本质”①，其意图和目的“不在于扩大或加深”对过去的“理解”，“而是要使之为政治、意识形态、自我修饰和情感等方面的现实需要服务”②；相反，“历史学家研究历史的复杂性、细微性和模糊性”，其主要目标乃是“在尽量占有第一手资料的基础上，尽可能准确和真实地再现过去”③。

不过，就“孔子诛少正卯”这一历史事件或故事本身而言，我们不是当事人和亲历者，目前我们既无法穿越时空回到当事人的历史时刻，也不可能使当事人起死回生来向我们重新展演这一历史事件，我们只可能“在尽量占有第一手资料的基础上，尽可能准确和真实地再现过去”。然而，从现存有限的有关这一故事的历史记载或文献材料来看，它所遗留给后人的难以从根本上消除的诸多疑点和困惑，恐怕只能让我们深切感受到历史研究的“模糊性”和“复杂性”。正是因其“模糊性”而在历史上不断引起真伪难辨和是是非非的争议，又正因这种种的争议而使我们认识到这一故事在历史上所产生影响的“复杂性”。而所有这一切，都与历史上的人们把这一故事当作一种“神话”，并从各自不同的现实需要和诉求出发来援引这一故事而使之服务于自己的目的有关。今天，我们认为，最亟须做的一项学术工作就是，从历史学家的角度来揭示这一故事的历史和神话意义，而不是再继续或重新把它当作一种“神话”，以便利用这一故事来使之单纯地“为政治、意识形态、自我修饰和情感等方面的现实需要服务”，因为你可以利用，他人亦可以利用，交互利用的结果只会徒增无谓之纷争，而

① [美]柯文：《历史三调：作为事件、经历和神话的义和团》，杜继东译，江苏人民出版社2000年版，第181、182页。

② [美]柯文：《历史三调：作为事件、经历和神话的义和团》，杜继东译，江苏人民出版社2000年版，第181页。

③ [美]柯文：《历史三调：作为事件、经历和神话的义和团》，杜继东译，江苏人民出版社2000年版，第181、182页。

无益于对这一历史事件之理解视野的扩展和深化。

二、故事的出现、流传及其真伪之辨与是非之争

首先需要说明的是，关于“孔子诛少正卯”故事的发生、流传和发生争议之古今情况，赵纪彬先生在《关于孔子诛少正卯问题》一书中有极为详尽而全面的搜罗和梳理，极具参考价值，我们下面的论述和辨析主要依据的便是这本书中的相关材料。

“孔子诛少正卯”的故事，过去一般认为首先出现或载见于《荀子·宥坐》，然后逐渐流传开来，相继出现于各种文献之中，如《尹文子·大道下》《史记·孔子世家》《说苑·指武》《孔子家语·始诛第二》等。而据徐复观先生的梳理考辨，这一故事的出现，“最先见于记录者为《淮南子·氾论训》之‘孔子诛少正卯而鲁国之邪塞，子产诛邓析而郑国之奸禁’”；其后来的演化，“就详细的记录看，则系依《说苑》→《尹文子》→《荀子·宥坐》篇→《孔子家语》的次序而演进的”[①]。不过，这一点与本文论旨关系不大，在此不必详说，重要的是，为了论说的方便，需要首先明确胪列一下故事的几项构成要素。

故事的人物：主要人物为孔子和少正卯，孔子时任官职为鲁摄相（或曰司寇，或曰鲁司寇、摄行相事），而少正卯为“鲁之闻人”或“乱政大夫”；次要人物为孔子门人，或明言是子贡，因孔子诛少正卯一事而向孔子提出疑问。

诛卯的时间：孔子朝七日（或曰朝政七日），即始诛（或曰先诛）卯。

诛卯的地点：《荀子·宥坐》和《尹文子》无说，《说苑·指武》说“诛少正卯于东观之下”，《孔子家语》说“诛乱政大夫少正卯，戮之于两观之下，尸于朝三日”。

诛卯的原因：孔子解释说，卯为人“心达（或曰辨或曰逆）而险，行辟（僻）

① 徐复观：《一个历史故事的形成及其演进——论孔子诛少正卯》，见《中国思想史论集》，上海书店出版社2004年版，第102页。

而坚，言伪而辩（辨），记丑（或曰强记或曰志愚）而博，顺非而泽”，此是比窃盗（奸私）行为更为严重的罪恶，人有此五恶之一则不免于君子之诛（或曰王者之诛），而卯兼有此五恶，故其“居处足以聚徒成群（或曰撮徒成党），言谈足以饰邪营（荧）众，强（或曰强御）足以反是独立”，而为“小人之桀雄（雄桀）”，或曰“奸人之雄”“人之奸雄”。

诛卯的性质：孔子诛卯乃是行“君子之诛”“王者之诛”或“圣人之诛”，与“汤诛尹谐，文王诛潘止（或潘正），周公诛管叔（或管蔡），太公诛华仕（或华士），管仲诛付里乙（或付乙），子产诛邓析、史付（或史何）”（或只举五例、六例）同属一类性质。

由上可见，有关这一故事的文献记载，可谓大同小异。而且，最初人们对这一故事的真实性和合理性似乎并未产生任何的疑问。尤其是，自汉以后，在孔子和儒术最受尊崇和表彰的时代，这一故事更被许多学者、政治家和统治者广泛征引援用，从而产生了深刻而久远的历史影响。然而，至南宋大儒朱熹，因这一故事“《论语》所不载，子思、孟子所不言，虽以《左氏春秋、内、外传》之诬且驳，而犹不道”[①]，从而首先提出质疑之后，这一故事确定无疑的真实性与合理性似乎再也不是那么理所当然了。信者依然确信不疑，而疑者则不断地提出各种疑问，尤其是“五四”之后，随着“打倒孔家店”运动和反传统思潮的兴起，人们围绕这一故事之真伪是非的论辩更趋复杂化，“批孔”者为了对孔子的偶像及其所代表的旧传统施以最激烈而彻底的掊击和破坏，不仅宁信其真，而且援引用作“批孔”的最直接而真实的有力证据；反之，“尊孔”者却转而力辨其伪，甚至更有如梁启超先生者，曾先后彻底转变其态度，即先是“承认‘诛卯’为‘孔氏之极大污点’”，而后来又认为孔子“是最尊思想自由的人”，故孔子诛少正卯以“压制思想自由”这件事“决不是事实”[②]。

---

① 赵纪彬：《关于孔子诛少正卯问题》，人民出版社1973年版，第16页。

② 赵纪彬：《关于孔子诛少正卯问题》，人民出版社1973年版，第24页。

综观古今人们对这一故事所抱持的观点、看法、态度和立场，大体涉及两个认知的问题维度，一是真伪之辨的问题，二是是非之争的问题，综合这两个维度来看，人们所可能抱持的观点、看法、态度和立场事实上不外有四种，可表示如下：

	真	伪
是	故事既真，且是	故事虽伪，却是
非	故事虽真，但非	故事既伪，且非

具体而言，这四种可能的观点、看法、态度和立场分别是：一是，信其为真，且对之持肯定性评价而力主孔子诛少正卯之是；二是，疑其为伪，且对之持否定性评价而力辨孔子诛少正卯之非；三是，信其为真，但对之持否定性评价而力斥孔子诛少正卯之非；四是，疑其为伪，但对之持肯定性评价而力主孔子诛少正卯之是。我们可分别简称之为观点 1、观点 2、观点 3 和观点 4。不过，就人们事实上所持有的观点、看法、态度和立场而言，我们目前只能明确地辨识出或找到支撑前三种观点的例子，而最后一种观点却不易找到直接与之相对应的例子，不过亦有一例可说与之颇为近似。大体而言，在历史上，一直占据主流并在思想和政治上产生了实际影响的主要是观点 1；自朱熹始，学者中持有观点 2 者逐渐增多，并在学术界日渐产生其广泛的影响；观点 3 主要出现、盛行于“五四”和“文化大革命”之“批孔”期间，而作为对这一潮流的回应，亦有不少学者仍然坚持并继续阐扬观点 2。而与观点 4 相近似者，有清人孙星衍《孔子诛少正卯论》，似乎对孔子诛卯一事持犹豫怀疑的态度和看法，虽然不明确疑其为伪，但从字义诠释的角度否定训“诛”为“杀”的主流观点，故“别造此‘诛’不训‘杀’而训‘责’的新说”，以为“夫少正卯鲁之闻人，罪无死法，两观非行戮之地，孔子不能专杀”，而从“诛”之训“责”的含义上讲，所谓孔子诛卯而“戮之于两观之下”，只不过是说“责之于两观”，即“两观者，宫阙悬像之所，

于此申明法禁，在朝言朝义也”[①]，显然，此说既怀疑和否定孔子诛（杀）卯之真，而又肯定孔子诛（责）卯之是，故与观点4最为近似，或者也可以说，观点4似乎只能以这样一种形式隐曲地表达出来。不过，观点4确属极少例，兹就前三种观点详说如下。

就观点1而言，最初记载这一故事的文献作者事实上都持这一观点，“到西汉文帝时，博士奉诏作《王制》”，更将少正卯兼有之四恶即“行伪而坚，言伪而辩，学非而博，顺非而泽”而“以疑众”者著为“必杀”之令。另如，汉儒韩婴《韩诗内传》言：“孔子为鲁司寇，先诛少正卯。谓佞道已行，乱国政也。佞道未行，章明远之而已。”班固亦曰：“佞人当诛何？为其乱善行、倾覆国政。”[②]就其实际影响而言，赵纪彬先生曾列举过一系列历史上援引孔子诛卯的事例[③]，如：

（1）《汉书·楚元王传》截，汉儒刘向以西汉元帝朝宦官弘恭、石显为“少正卯”，而奏请“放远佞邪之党”，上封事曰：“自古明圣，未有无诛而治者也；故舜有四放之罚，而孔子有两观之诛，然后圣化可得而行也。”

（2）《汉书·赵尹韩张两王传》载，西汉元帝朝安定太守王尊以五官掾张辅为“少正卯”，因其“怀虎狼之心，贪污不轨，一郡之钱尽入辅家”，而将其系狱致死。

（3）《后汉书·党锢列传》载，后汉末党人李膺任司隶校尉，以宦官张让之弟、野王令张朔为“少正卯”，因其“贪残无道，至乃杀孕妇”，逮而“付洛阳狱，受辞毕即杀之”。

（4）明思宗朱由检以少詹事兼翰林院侍讲学士黄道周为“少正卯”，将其削籍下刑部狱，责以党邪乱政，杖八十，而且，究党与，牵连多人。

① 赵纪彬：《关于孔子诛少正卯问题》，人民出版社1973年版，第28—29页。

② 赵纪彬：《关于孔子诛少正卯问题》，人民出版社1973年版，第10、38页。

③ 参见赵纪彬：《关于孔子诛少正卯问题》，人民出版社1973年版，第41页。

当思宗斥道周为“少正卯”时，道周辩解说：“少正卯心术不正，臣心正无一毫私。”

(5)清末洋务派文人陈玉澍，以变法维新首领康有为为“少正卯”，以孔子的两观之诛为榜样，请求慈禧太后速诛之。

(6)“满清时，京师大学堂监督刘廷琛者，素主‘三纲’之说。杨度在咨政院演说忠义之衰由于孝悌，刘大非之，诋杨为少正卯，宜加两观之诛。”(吴虞《儒家主张阶级制度之害》)

另外，我们还可以从史籍中找出一些相关材料，如：

(7)《晋书・嵇康列传》载，钟会以嵇康为“少正卯”而谗害之曰：“昔齐戮华士，鲁诛少正卯，诚以害时乱教，故圣贤去之。康、安等言论放荡，非毁典谟，帝王者所不宜容。宜因衅除之，以淳风俗。”

(8)《晋书・范汪列传》载，晋人范宁“崇儒抑俗”，以为时人“以浮虚相扇，儒雅日替”，“其源始于王弼、何晏”，故著文援引孔子诛卯故事以论“二人之罪深于桀纣”。

(9)《新唐书》作者在《祝钦明列传》中以祝钦明为“顺非而泽”的“少正卯”，评之曰：“钦明以经授中宗，为朝大儒，乃诡圣僻说，引艳妻郊见上帝，腥德播闻，享胙不终。盖与少正卯顺非而泽，庄周以诗书破冢者同科。独保腰领死家篑，宁不幸邪！后之托儒为奸者，可少戒云。”

(10)《宋史・刘敞列传》载，北宋“蜀人龙昌期著书传经，以诡僻惑众。文彦博荐诸朝，赐五品服”，而刘敞与欧阳修谏止之曰：“昌期违古畔道，学非而博，王制之所必诛，未使即少正卯之刑，已幸矣，又何赏焉。乞追还诏书，毋使有识之士，窥朝廷深浅。”昌期闻之，惧不敢受赐。

(11)《明史・阉党传》载，明末魏忠贤当权，有监生陆万龄援引“孔子诛少正卯”而建议“忠贤诛东林”，至谓：“孔子作《春秋》，忠贤作《要典》。孔子诛少正卯，忠贤诛东林。宜建祠国学西，与先圣并尊。”司业朱之俊辄为举行，会熹宗崩，乃止。

由上引材料可知，当事人援引孔子诛卯故事，不仅接受和认同故事本身的真实性与合理性，认为少正卯为奸佞之人而当诛，孔子之诛实为“圣人之诛”，而且直接用于支持其当下的言论、行为和主张之正当性。然而，事实上，诚如赵纪彬先生所言，此类事例之意义与价值，“只能从具体分析中区别判定，不可一概而论”①。例(1)为儒士儒官反对宦官专权的事例，例(2)、例(3)为儒官铲除贪官污吏和宦官亲戚爪牙的事例，例(4)、例(5)、例(6)、例(8)为因政治、思想、学术之见的相左而引发的政治、思想斗争，例(9)、例(10)仅限于对个别人物的具体评价问题，例(7)、例(11)为小人谗害忠良之士的显例，故其援引孔子诛卯故事只不过是欲加之罪何患无辞而已。但不管怎样，这些例证已足以说明“孔子诛少正卯一事为历代政治家所共信及其在历史上所起影响的深远”②。

然而，这一故事的出现、形成和演化，既非毫无缘由，亦非毫无疑问，故至朱子产生疑问之后，越来越多的学者不断提出和辨析这一故事的诸多疑点，从而形成了意在疑伪辩诬的观点2。朱子之疑在此故事不见载记于一些重要的儒家经典文献如《论语》《左传》中，子思、孟子亦从未言及，唯荀子书中独言之，故朱子疑其为“齐、鲁陋儒，愤圣人之失职，故为此说，以夸其权耳”。当然，朱子的怀疑并不彻底，但“此说一出，和者日众”。譬如，南宋叶适指出，通过这一故事与紧接这一故事而同时并录的另一父子相讼的故事进行比较，不难发现，所记孔子行事彼此相互矛盾，即“夫父子讼真大罪，而孔子尚欲化诲之，使复于善；少正卯为国闻人，其罪未彰，而孔子乃先事设诛，播扬其恶；由后为夫子本旨，则其前为非夫子本旨明矣”，故孔子诛卯“殆书生之寓言，非圣贤之实录也”，徒“使后世谓圣人之用，不量先后缓急，教未加而遽震于大讨，轻举妄

① 赵纪彬：《关于孔子诛少正卯问题》，人民出版社1973年版，第41页。

② 赵纪彬：《关于孔子诛少正卯问题》，人民出版社1973年版，第41—42页。

发以害中道”。金人王若虚亦疑其“妄”而谓之曰：“刑者，君子之所慎，不得已而后用者。……若乃诬其疑似，发其隐伏，逆诈以为明，径行以为果，按之无迹，加之无名，而曰吾以惩奸雄而防祸乱，是则申、商、曹、马阴贼残忍之术，而君子不贵也。”显然，王氏与叶适所持观点基本一致，强调孔子本旨在重德教而不尚刑杀，而“孔子诛卯”一事实与“申、商、曹、马阴贼残忍之术”无异，非君子之所贵，更非圣人之所为。不过，吾人既“生千载之后，不获亲见圣人，是真伪无从而知之，则亦求乎义理之安，而合乎人情之常而已”，也就是说，千载之后，我们已无从而知孔子诛卯故事的真伪，也只能从义理之安、人情之常的角度来探求其是非。明人陆瑞家作有《诛少正卯辨》，引证孔子答季康子问政而曰“子为政，焉用杀”之言曰：“岂有已为政未满旬日，而即诛一大夫邪？卯既为闻人，亦非不可教诲者，何至绝其迁善之路，而使之身首异处邪？鲁季氏三家、阳货，奸雄之尤者，司寇正刑明弼，当自尤者始；尤者尚缓而不诛，诛者可疑而不缓，两观之鬼，不亦有辞于孔氏哉？不告而诛，不啻专杀大夫矣，圣人为之乎？凡此皆涉于无理，故不可信。”此后学者亦有“通过《家语》辨伪形式”证成其伪者，其论亦“颇涉史实”方面的辨析，如清人范家相考论春秋所谓“相”只是“会仪”“辅佐”之义，故孔子所任职官即“摄相之相”，亦“明是傧相”而非后来秦之专设“丞相”一官也；范氏又以《论语》证“少正卯一事”之“非”曰：“夫子对季康子患盗曰：子为政，焉用杀？岂身甫执政，先杀少正卯以立威哉？”孙志祖亦疑孔子诛卯乃“战国好事者所为”，并说：“此穰苴、孙武行兵立威之法，岂圣人为政之道耶”。崔述亦以《论语》证孔子诛卯之“非”曰：“圣人之不贵杀也如是，乌有秉政七日，而遂杀一大夫者哉？”并说，“春秋之时，诛一大夫非易事也，况以大夫而诛大夫乎？……此盖申、韩之徒，言刑名者诬圣人以自饰，必非孔子之事。……而世人皆信之，是助异端以自攻也，故余不得不辨。”①

① 以上均见赵纪彬：《关于孔子诛少正卯问题》，人民出版社1973年版，第16—23页。

观点2显然是直接针对观点1而提出的，然而，疑者传疑，信者传信，观点2亦引发了一些学者对观点1之真实可信的重申与坚持，如清末陈玉澍《孔子诛少正卯论》云："然熟思之，则无可疑也。……卯大夫也，而非民也；少正其官也，而非氏也。大凡士之乱政也，害倍于民；官之乱政也，害倍于士；大官之乱政也，害倍于小官。故欲振王纲于颓替之日，杀百民不如杀一士，杀百士不如杀一官，杀百小官不如杀一大官。……罚必先加尊贵，而后卑贱者有所惮而不敢尝试也。……呜呼！杀一人而吾道行，不杀一人而吾道废；杀一人而鲁大治，不杀一人而鲁骤衰；虽以宣圣之道大而德盛，且不能舍铁钺为治，况去圣什伯千万者，而欲束欧刀于高阁之上，求臣民之不犯义犯刑，何可得哉？宜乎有具五大恶若少正卯者，肆行无忌欤。"[①] 不过，陈氏之重申观点1其实已是接近传统对这一故事之真伪是非之争辩的尾声了。至"五四"之"批孔"和反传统思潮的兴起，更有观点3开始出现和流传，从此问题争论之性质遂发生了饶富意味的转向。如赵纪彬先生所说，"七日而诛说与'尊孔'观点融为一体"，"但是，从新民主主义革命开始，就一反两千二百年的传统观点"，乃至"将诛卯的史实"转化成为批判"尊孔读经"的一个重要根据，如易白沙《孔子平议上》云："孔子讲学，不许问难，易演成思想专制之弊。……少正卯以大夫讲学于鲁，孔子之门，三盈三虚，不去者唯颜回。昔日威严，几于扫地。故为大司寇仅七日，即诛少正卯，三日尸于朝示威。弟子子贡诸人为之皇恐不安。因争教而起杀机，是诚专制之尤者矣。"吴虞在《儒家主张阶级制度之害》一文中亦云："《荀子·宥坐》篇记孔氏诛少正卯……以尊贵治卑贱，竟无学说异同与政治犯之可言。……盖孔氏之七日而诛少正卯，实以门人三盈三虚之私憾，所以一朝权在手，便把令来行。……好学深思之士，试研究之：自孔氏诛少正卯，著侮圣言非圣无法之厉禁……于是儒教专制统一中国，学术扫地。……则儒教徒之心理与犷悍，可以想见。""文化大革命"之"批孔"期间，杨荣国更从守旧派与革新

① 以上均见赵纪彬：《关于孔子诛少正卯问题》，人民出版社1973年版，第5—6页。

派即儒、法两家礼治与法治之争的角度来分析孔子诛卯一事曰：“孔子摄行鲁国宰相的职务……不到七天，便把鲁国的一位革新派人士少正卯杀了。……少正卯大概是反对这行将腐朽了的礼治，而要施行适应时代要求的法治的一人，和郑国的邓析差不多。这，孔子当然不能容忍，他一上台……也就把少正卯杀了。……孔子杀了少正卯，不但少正卯‘邪说’了些什么，‘淆乱’了些什么不让人知道，甚至连他这一被杀的事实，当时也一无记载，待荀子才宣布出来以后，又为儒家所否定。”① 赵纪彬先生本人之撰著《关于孔子诛少正卯问题》一书，其目的亦主要在运用阶级分析的方法、从儒法斗争的角度继续阐发观点3，依赵先生之见：

> 在奴隶制向封建制过渡的春秋末年（鲁定公十二年，公元前四九八），孔子滥用其司寇职权，杀害了“鲁之闻人”、法家的先驱者少正卯。此实“君子”维新与“小人”变革两条路线斗争尖锐化的标志，同时亦即先秦儒法两个对立学派斗争的发端；而尤为揭露当前“尊孔”逆流反动实质的一大关键。
>
> 少正卯所代表的商贾、“小人”阶层的利益，与孔子为奴隶主贵族阶级世袭统治服务的“君子”维新（改良）立场，正相对立，所以卯、孔思想亦针锋相对。
>
> 公元前四九八年少正卯在鲁被孔子所杀害，并非儒法斗争的结束，而仅仅是其开始；直至公元前二二一年秦王朝的统一大业建成，斗争才告结束。结束时的斗争场面，与起点上的少正卯被杀相反，而是刑仪先王的《诗》《书》和颂古非今的儒生受到严厉的惩处。此亦即是说，先秦思想战线上的儒法斗争过程，是从孔夫子诛少正卯到秦始皇焚书坑儒。此一思想史过程，反映人民（烝民和小人）斗争的伟大胜利，社

① 以上均见赵纪彬：《关于孔子诛少正卯问题》，人民出版社1973年版，第6—8页。

会历史从奴隶制到封建制的伟大发展。[①]

“五四”之后，针对信其真而意在“批孔”的观点3，亦有学者继续坚持疑其伪而为孔辩诬的观点2。如梁启超说：“孔子主张调和，不主张排斥……是最尊思想自由的人，他的书里头，没有一句排除异己的话。有人说孔子杀少正卯岂不是压制思想自由？我说这件事决不是事实。……我想孔子是主张礼治主义的人，象法家的杀人立威，他是根本反对的。后来伪书最喜欢讲齐太公诛华士、子产杀邓析、孔子杀少正卯三事，三个被杀的人，罪名都是一样……天下那有这情理？所以我要替他三位辨冤。”后来，钱穆和冯友兰亦相继辨其伪诬。[②]20世纪50年代，有台湾学者撰文主张制裁“现代的少正卯”说：“我们自由中国的境内，也有一些闻人，以自由为标榜，以科学为号召，以民主为掩护，从事乱政的工作，我想孔子如生在现代，对于这些现代的少正卯，恐怕也不会轻轻放过而不予制裁的。”而且，因为“在最近的刊物报纸上”有好几处提到孔子诛卯的故事，乃至激发了徐复观先生著文考辩论证这一故事是非真伪的兴趣，依徐先生之见，“孔子在政治上是最反对用杀，乃至用刑的人。……在儒家思想中，决找不出用杀来解决思想异同之争的因素”，事实上，“孔子诛少正卯的故事，经过法家思想、专制政治长期酝酿后，对其正式出现时期的合理推测，当在秦统一天下之后，或可视作为实行焚书坑儒所准备的谣言攻势之一”，其整个演进过程为：“酝酿于战国末期的法家思想（以韩非为代表），成立于秦政焚书坑儒之世，盛传于两汉之间，一直到《孔子家语》而故事的演进才算完成，因把《家语》的同一材料窜入于《史记》的《孔子世家》而其影响乃更为扩大，这是与法家思想及专制政治有密切关连的故事。”[③]不过，值得注意的是，就其内容来讲，梁启超和徐复观的申辩，显然已非对观点2的简单重复，容后再论。

---

① 赵纪彬：《关于孔子诛少正卯问题》，人民出版社1973年版，第1、36、88—89页。

② 详见赵纪彬：《关于孔子诛少正卯问题》，人民出版社1973年版，第24—27页。

③ 徐复观：《一个历史故事的形成及其演进——论孔子诛少正卯》，见《中国思想史论集》，上海书店出版社2004年版，第96、98、99、102、108页。

三、故事的真相与神话意义

以上是我们在略去了争论中涉及的一些无关紧要的细微的或重复性的枝节问题之后，对这一故事的出现、流传及其在历史上引发的真伪之辨和是非之争问题所作的尽量客观的概述。如柯文先生所说，“就意图而言，把过去当做神话与把过去当做历史是截然不同的”，“历史学家的目的是了解和解释历史，神话制造者则从历史中吸取能量，为现实的政治或宣传目的服务，为深层次的心理基础造势”。[①] 那么，就我们的意图而言，我们作上述概述的目的事实上只是意在从历史学家了解历史的角度来展现这一故事的复杂性和模糊性。接下来，我们将尝试再作出进一步的解释。

依我们之见，不管是确有其事，还是凭空虚构，孔子诛卯的故事都不是无缘无故发生的，那么，历史的真相到底是什么？它究竟是历史上一个真实发生过的历史事件，还是只是一种“人为虚构”的寓言故事，又抑或是柯文先生所说的因人们将“相信自己认可的真相”用于“为现实的政治或宣传目的服务”而制造出来的“神话”[②]？要想给出一个相对合理的解释，必须重新反观和审视这一故事的出现、演化的历史过程及其引发的真伪之辨和是非之争，看看问题究竟出在哪里，其实质意义又究竟为何。

孔子生活在一个变乱日亟的时代，故而怀抱着救世的热忱采取积极入世的

① [美]柯文：《历史三调：作为事件、经历和神话的义和团》，杜继东译，江苏人民出版社2000年版，第181、52页。

② 如柯文说：“照一般的说法，‘神话’是指‘人为虚构’或‘不真实’的事情。我在此处用这个词，含义更广泛、更模糊，关注的问题也不同，其中的一个问题就是：从历史角度看，‘真相’到底是什么。关于某件往事的明确结论一旦深深印进人们的脑海里（和心中），人们就会相信自己认可的真相，即使这一真相与过去真正发生的事情完全不同。至少，这样的结论与人们‘相信’的真相是相符的，因而准能在人们的历史观念中占据最重要的位置。”（《历史三调：作为事件、经历和神话的义和团》，杜继东译，江苏人民出版社2000年版，第180页）

行动，但他为政之日不久，竟引出了一个颇具“传奇”色彩而且迄今争议不断的诛卯故事——一个仁智不蔽而备道全美的圣人诛杀了一个五恶兼有、盛名闻达于一国的奸邪小人。当初究竟发生了什么，孔子诛卯究竟是为了发泄个人之“私愤”，还是为了惩治奸佞乱政之“公义”？要想彻底解答这一问题，除了故事本身寥寥数百字的记载文字之外，我们已很难再找到其他直接相关的佐证材料。故事出现之后盛传于两汉和后世的观点1，其实只是一种未经反思和审查的观点，而观点2的出现，则将一道难题永远摆在了人们面前，即疑问一经提出，人们实际上再也无法完全回避这一故事的真伪是非问题了。人们不能不质疑和追问，这一故事究竟是如何出现和演化的，又究竟具有什么样的历史和神话意义。

在有关孔子诛卯故事的真伪之辨与是非之争中，涉及与这一故事之出现和演化密切相关的几个方面的主要缘由和问题。一是孔子故事的寓言化问题。如所周知，孔子生前，人们对他的评价已经产生很大的差异，其死后既被他的弟子后学尊为圣人，更遭到诸子各家各种各样的讥评和非议，耐人寻味的是，孔子的故事亦往往在诸子书中被寓言化，《庄子》书中的孔子之被塑造为道家代言人的情况即其显例，而如徐复观先生所指出，《韩非子》书中的孔子其实亦有被塑造为乐以刑杀立威的法家代言人的寓言意味①，怀疑论者正是以“大抵诸子之说，寓言居多”②为理由之一来质疑孔子诛卯之真实性的，这一质疑在我们看来并非毫无理据。然而，信其真者亦可以说《荀子》一书“究为先秦著作，凡其所载人物、事件，其细小情节虽不可尽信，而要为实有其人，实有其事；其性质究与《庄子》不能同科，绝非子虚乌有的寓言”③，客观地讲，此说亦并非毫无道理。二是思想异同与儒法之争的问题。就孔子诛卯的起因而言，或认为出于个人之私怨私愤，即两人同时讲学而相互竞争，乃至使夫子之门三盈三虚，故

① 参见徐复观：《一个历史故事的形成及其演进——论孔子诛少正卯》，见《中国思想史论集》，上海书店出版社2004年版，第100页。

② 赵纪彬：《关于孔子诛少正卯问题》，人民出版社1973年版，第23页。

③ 赵纪彬：《关于孔子诛少正卯问题》，人民出版社1973年版，第30页。

孔子一朝当政而大权在握，心怀怨愤而首先杀掉了卯，果真如此，恐怕只关乎孔子个人之品行问题而不值得反复申辩其真伪是非，而之所以能够引起长期争辩不休者乃更有深层次的思想动机，其中至关重要者便是两人思想主张之不同及儒法之争的问题，历史上的怀疑论者之所以质疑孔子诛卯的真实性，正是因为在他们看来，诛卯的行为在性质和动机上更像是法术家和阴谋家之乐以刑杀立威的残忍做派，而现代学者如赵纪彬和徐复观则从儒法之争的角度来分析孔子诛卯故事的发生、出现及其演化，所不同的是，赵先生认为故事为真且为儒法之争的开始，而徐先生认为故事乃系出于伪造，而且其出现和演化正是受了法家思想渗透和影响的结果。不过，果如赵纪彬先生所言，如果孔子诛卯乃意味着儒法斗争的开始，而至秦始皇"焚书坑儒"法家取得斗争的伟大胜利，那么，问题是，何以这一故事盛传于两汉之世，而后来却"又为儒家所否定"？而依徐复观先生所说，孔子诛卯故事的正式出现乃是"当在秦统一天下之后，或可视作为实行焚书坑儒所准备的谣言攻势之一"，那么，同样的问题是，何以这一故事却盛传于两汉之世，而后来"又为儒家所否定"？显然，仅仅从儒法两家关系的角度来辨析故事的发生、出现和演化，似乎仍然无法圆满地解释、回答和消除后来信者传信、疑者传疑的难题。三是当诛不当诛以及诛之发生有无可能的问题，同时亦涉及孔子诛卯的故事何以出现在一些文献典籍中而不出现在另外一些文献典籍中的问题，说到底，这是整个真伪之辨和是非之争中最为核心和关键的问题。持观点 1 者认为，孔子诛卯乃圣人诛恶；反之，持观点 2 者却认为圣人不可能以刑杀立威，如徐复观先生所说，"综合他们的论据，可以分为三点。第一是从思想上看，认为此事与孔子的整个思想不相容。第二是从历史上看，认为在春秋时代，孔子不可能作出此事。第三是从文献上看，此故事不见于《论》、《孟》、《春秋》三传、《国语》、大小《戴记》等书"[①]。不过，虽有

① 徐复观：《一个历史故事的形成及其演进——论孔子诛少正卯》，见《中国思想史论集》，上海书店出版社 2004 年版，第 96 页。

观点2的质疑，但无法从根本上消除观点1的流行与影响，后来信其为真而又持“批孔”立场的观点3之出现则更使问题的争议趋于复杂化，逼使一些对孔子和儒家怀抱同情和敬意的学者不得不就这一故事之造伪和孔子之冤诬而为之重新加以申辩。

归根结底，问题也许正如王若虚所说，后人“生千载之后，不获亲见圣人”，故“真伪无从而知之”，即使是后来信此故事为真者亦不得不承认，既然“孔子杀了少正卯”，那么我们其实已很难知道当初究竟“少正卯‘邪说’了些什么，‘淆乱’了些什么”，后人只能从推求义理人情或者通过“过度诠释”的方式来推论这一故事的真伪是非，历史上的怀疑论者并不讳言只能“求乎义理之安，而合乎人情之常而已”的问题，而在我们看来，赵纪彬先生在《关于孔子诛少正卯问题》一书中对“五恶”的疏证则有“过度诠释”的意味。但不管怎样，有一点是我们可以搞清楚的，那就是从历史之“神话”的意义上讲，不管人们如何看待孔子诛卯一事并持有哪一种观点，其实问题的实质并不在于故事本身的“真相”如何即究竟是“真”是“伪”是“是”是“非”，而在于人们究竟相信什么样的“真相”并借此想干什么。

在我们看来，姑且不论故事之真伪是非，孔子诛卯故事的出现和演化以及观点1之所以能够盛传于两汉之世，很明显是与儒家思想之发展变化和儒法两家从斗争到合流的整个演化脉络以及当时大一统统治秩序的建立和稳固密切相关的。不可否认，孔子儒家思想虽然并不完全反对用刑施政的手段和方法，但最初确乎是偏于道德教化的，而法家极力主张实行严刑峻法，故与之完全处在政治思想主张的对立面，而儒家思想发展至荀子，融合儒、法而明确主张“元恶不待教而诛”（《荀子·王制》），故如传统说法所言，孔子诛卯故事首先出现于《荀子》书中，实绝非偶然。降至两汉之世，不仅汉文帝时将诛卯的理由著为“必杀”之令，载入经籍，而且，武帝“尊崇儒术”之后，诛卯故事及圣人当诛奸佞之人的观点1更加盛传开来，说到底，实是源于维持汉家王朝大一统统治秩序的现实需要。然而，诚如上文所列举观点1的实际影响所示，现实的复杂性却并不如故事的寓意那么单纯，一个值得反思的问题就是，一个仁智不蔽而备道全美的圣人诛杀了一个五恶兼有、盛名闻达于一国的奸邪小人，在现实生活中这如何可能？什么样的一个人能够像圣人孔子那样有资格实行“圣人之诛”？什么样的一个人又可能像少正卯那样五种大恶兼而有之？从我们列举的具体的历史事例中可以说无一可当之者，不仅如此，而且，事例中既有正人君子诛杀奸恶小人者，亦有奸佞小人谗害正人君子者，在这些事例中，其实当事人所关心的并非孔子诛卯故事的真伪，而是直接援引孔子诛卯的故事来为自己的行为、做法和想法寻求正当性和合理性的支持，在他们的心目中，孔子是拥有绝对权威的至圣素王，卯乃五恶不赦的奸佞小人，孔子诛卯乃理所当然，自己的行为、做法和想法亦理所当然。然而，对于持有观点2的学者来讲，孔子同样是拥有绝对权威的至圣先师，而圣人之为圣人正在其能如同天地，而有大公无私、含洪包容小人之量，如宋儒程颐所说：“圣人者，天地之量也”，“古之圣王所以能化奸凶为善良，革仇敌为臣民者，由弗绝也”①，宗奉程子道学思想的朱子首先质疑孔子诛卯故事的真实性，盖亦非无由也，继朱子之后而致力于这一故事真伪之辨的学者，其实也都是要证成孔子的圣人身份不在专以刑杀立威而在能以德教化人。总之，对持观点1的人来说，诛卯的孔子绝对是圣人，而对持观点2的人来说，正因孔子是圣人，诛卯的事绝不是事实，而是别有用心的人故意伪造的。说到底，观点1乃是源于“尊孔”，而观点2则是为了“尊孔”，只是他们心目中的孔子圣人形象有所不同甚至截然相反而已。

不过，争议并未因此而终结，持观点3的人终于在“五四”之后现身了，他们告诉我们，故事是真实发生过的，正因为如此，孔子绝不是什么拥有绝对权威的圣人，而是喜欢发泄私憾而杀人以及在思想和政治上诛戮异己的专制恶魔，因此，必须对孔子及其所代表的腐朽的专制政治和思想传统加以掊击，以便为西洋新文化的引进扫清道路。“文化大革命”期间的“批孔”论者亦对孔子

① 程颢、程颐：《二程集》，王孝鱼点校，中华书局2004年版，第192、890页。

诛卯故事的真实性深信不疑，而且更通过“史实明辨”的学术方法来论证这一故事的真实性，然而，其明辨“史实”的目的却并不在使人们了解历史的复杂性和模糊性，而是明确地在为“评法批儒”和阶级斗争的现实需要来服务，在此意义上，赵纪彬先生虽然在其书中指出过孔子诛卯一事曾“在长期的封建社会中，成为统治阶级进行‘党争’、杀害异己的借口”[①]这样一种“神话”意义，但他本人亦正是一位“神话制造者”。正如柯文先生所说，“当过去被当做神话时，其内涵在相当大的程度上取决于人们对现实问题的关注。当人们关注的重点发生变化时，历史的内涵必定会发生相应的变化，有时候，变化的程度非常之大”[②]。随着时代的发展变化以及观点3的出现，作为一种回应，坚持观点2的学者对现实问题的关注重点以及对孔子诛卯问题的看法亦发生了非常之大的变化，他们之所以质疑孔子诛卯故事的真实性，不再单单因为孔子是一位拥有绝对权威的至圣先师，而是因为孔子是一位“最尊思想自由”的思想家，是因为孔子“在政治上是最反对用杀，乃至用刑的人”以及“在儒家思想中，决找不出用杀来解决思想异同之争的因素”，换言之，他们辨析“史实”而质疑孔子诛卯真实性的目的也正是要为维护“思想自由”的现实需要服务的。

综上所述，可以说，孔子诛卯一事曾经在历史上被人们利用来为各种各样的目的服务，无论他们认为孔子诛卯是真是假、是对是错，无论他们是出于尊孔还是出于“批孔”的目的，究其实质，他们都是在借这个故事来表达其个人的、思想的、政治的种种现实需要和具体诉求而已。正因为如此，孔子诛卯一事才从“死的”故事演化变成了“活的”生命，这才是这个故事的“神话”价值和意义所在，也就是说，这个故事的价值和意义更主要的不在于它本身，而在于这个故事在不同时代被人利用而对不同的人和事所造成和产生的实际影响，这一影响亦构成了我们历史的一部分而具有其历史的真实性。

---

① 赵纪彬：《关于孔子诛少正卯问题》，人民出版社1973年版，第40—41页。

② [美]柯文：《历史三调：作为事件、经历和神话的义和团》，杜继东译，江苏人民出版社2000年版，第205页。

论“儒教”作为一种文教

当儒学的宗教性受到一些学者的关注和强调，尤其是在他们提出以宗教之名来重建“儒教”或将“儒教”作为一种宗教加以“国教”建制化的情况之下，对于儒之为教究竟是一种什么性质的教的问题，实有重新加以探究和检讨的必要。毋庸讳言，在历史上，孔子儒家之教的确包含有某种敬畏、崇拜和祭祀天地、圣贤和祖先的宗教化的特殊的神圣信仰、观念内涵、仪规形式和建制模式等，甚至具有一种以特殊的儒家方式来思考、经验和回应超越的终极实在的精神性和宗教性特征，但究其实质，孔子之教或儒之为教更主要的乃是作为一种文教发挥其功能和作用的，其宗教化或宗教性的成分和因素亦是为此服务的，是为满足人类之现世生活的需要而服务的，或者具有“崇德报功”以使“民德归厚”的社会教化功能，或者“神道设教”而以“人文化成”为其根本目的。因此，在历史上，孔子之教或儒之为教就其根本性质来讲，与其说是一种宗教，毋宁说是一种文教，而在今天，与其将其作为一种宗教建制化，毋宁将其作为一种文教建制化，这不仅符合孔子之教或儒之为教的本质属性，而且符合今日现实之需要和时代之要求，乃至作为一种文教，也更加富有深远的社会、政治、思想和文化的意义以及广阔的未来发展前景。当然，近代以来，已有许多学者反复强调和指出过“儒教”作为道德人文之教的这一性质特点，故有“人道教”“人文教”“道德教”“伦理教”等种种说法，不过，事实上，在两千多年以来的历史上，人们一直就视“儒教”为一种“德教”或“礼教”并明确将其称为“文教”，故在我们看来，无须另造新词，用“文教”一词即能很好地来表达孔子儒家之教的本质意涵而优于其他的说法。本文之作，根本用意即在于此，因为对于我们而言，目前更有意义的乃是把“儒教”看作一种文教而努力发扬光大之，这对于世道人心也许更加能够有所裨益。斯论是否合理或成立与否，兹尝试论说一二。

一、引言：“是”与“作为”之间的含义区别

在本文的题目中，我们之所以使用“作为……”而不是“是……”的说法，有其特别的用意。因此，首先需要对此稍作说明，也就是有必要首先对“是……”与“作为……”的含义明确地加以辨析区分。

一般而言，“是……”往往是一种定义的方式，即某个东西或词语的含义可以由“是……”来加以明确表述，或者某个东西或词语的含义即等同于“是……”。尤其值得我们注意的是，“是……”的说法事实上常常意味着是对某个东西或词语之含义的一种本质主义的排他性的唯一定义或正确表述。

与“是……”的上述定义方式不同，“作为……”的说法，在我看来，其本质主义的排他性的意味相对要弱一些，它事实上允许对同一个东西或词语的含义进行其他多种不同的表述，或者同一个东西或词语的含义可以“作为……”，也可以“作为其他的……”。

具体而言，当我们说“儒教是一种宗教”或者“儒教是一种文教”时，它可能意味着是一种排他性的说法，即“儒教”只能是一种宗教或文教，而不可能是其他的什么东西，譬如“儒教”只能是一种宗教而不可能是什么文教，反之，“儒教”只能是一种文教而不可能是什么宗教。但当我们说“儒教作为一种宗教”

或者“儒教作为一种文教”时，则意味着宗教或文教只是对“儒教”含义的一种可能的看法或表述，它并不完全排斥其他的看法或表述，本文的题目之所以特别选择“作为……”的说法，其意即在于此，即“儒教”可以作为一种文教而具有其人文性的精神价值和意义并发挥其相应的功能与作用，尽管这是其核心要义所在并具有其根本的重要性，但并不排斥“儒教”也可以作为一种宗教或具有宗教性的精神价值和意义而发挥其相应的重要功能与作用。

当然，如果是在不太严格的意义上来使用，我们似乎也可以用“是……”的方式来表达“作为……”的意思。特别是在本文中，有时为了行文的方便，亦不妨在“作为……”的特定含义上使用“是……”的方式来表达我们的意思，譬如上文所说的“儒教”“与其说是一种宗教，毋宁说是一种文教”，如果说前半句“是一种宗教”的说法表达的是一种本质主义的排他性含义的话，那么后半句“是一种文教”则是在“作为……”的特定含义上来讲的。不过，当我们说“作为……”的时候却绝无意于要表达“是……”的本质主义的排他性含义。以上是需要特别加以说明的。

总之，为了防止不必要的误解，我们必须明确区分“是……”和“作为……”这两种表述方式的不同含义，在作出这一区分后，我们才能说“作为……”才是我们要强调和表达的对“儒教”的真实看法，如果为了行文的方便或在分析援引历史上已有的说法时使用了“是……”的说法，也只是在“作为……”的特定含义上来使用的，它不同于那种以“是……”的定义方式来表达其本质主义的排他性观点的说法。

二、中国政教传统中的“文教”与“武卫”

“文教”是中国历史上已有而且非常常见的词，检索《四库全书》中“文教”的说法①，不难发现它经常被用来指与“武卫”相对而称的华夏中国的政教传统。

①相关材料由弟子杜德荣帮助检索，在此特作说明并深致谢意！

其中，有一大部分材料涉及的是夏禹划九州之别、行五服之制的问题，即于王畿或天子之国以外由近及远、各以五百里范围为限而实行甸服、侯服、绥服、要服和荒服之制，而在“五百里绥服”内，又实行“三百里揆文教，二百里奋武卫”之制（参见《尚书·禹贡》《史记·夏本纪》《汉书·地理志》）。据《史记》集解，孔安国曰：“绥，安也。服王者政教。”“揆，度也。度王者文教而行之，三百里皆同。”“文教之外二百里奋武卫，天子所以安。”后世解说《尚书》的学者对于《禹贡》篇的这一说法亦有大量的训释诠解，譬如：

文教用夏也，武卫使不得猾夏也，所以严夷夏之辨。①

夫圣人岂不欲内外之治如一，弛其武卫而专尚乎文教哉？顾其势有所不可也。势之所为，虽圣人亦无如之何也。昔在大禹，谓绥服五百里之广，内而侯伯中国之地，外而要服渐非中国之地矣。于是乎揆度文教于内三百焉，奋张武卫于外二百焉，文以治内，武以治外，岂非地介乎内外之间，而治亦有内外之异乎？……圣人严华夏之辨，于是定为治内治外之制焉。内三百里则为之揆文教，诗书礼乐、冠带组豆之风未尝一日而不举也；外二百里则为之奋武卫，旌旗车马、弓矢戈兵之备未尝一日而不张也。文教以善其生，武卫以护其生，民斯安也。虽然，圣人岂不欲三百里之外亦揆之以文教，而无事乎武卫哉？地近要荒，其势不容于不然也。②

侯服外四面，各五百里为绥服。谓之绥者，渐远王畿而取绥安之义。内取王畿，外取荒服，各千里而绥服介于其中。故以内三百里揆文教，所以接华夏之教以抚要荒；以外二百里奋武卫，所以御要荒之变以安华夏。文以治内，武以治外。独绥服言之，以见由此而内其文教

① 胡士行：《胡氏尚书详解》卷三《禹贡第一》，见《四库全书》第六〇册，上海古籍出版社1987年版，第326页。

② 王充耘：《书义矜式》卷二《禹贡》，见《四库全书》第六八册，上海古籍出版社1987年版，第476页。

之揆，由此而外其武备之奋，皆准之也。又见内非无武而以文教为主，外非无文而以武卫为主。①

绥，绥安之意。揆，度也。文教者，安内之雅化。奋，扬也。武卫者，攘外之远谟。……侯服之外，四面又各五百里，以其渐远王畿，而义取抚安，谓之绥服。内三百里密迩甸侯，当以文治之，为建庠序、设师儒，而揆之以仁义礼乐之教。外二百里渐迫要荒，当用武防之，为简车乘、训卒伍，而习之以威武奋扬之事。盖内治不可不修，而外患亦不可不防。以其地介乎中外之间，故文教、武卫各有所独重，所以因势而制治也。②

陈氏曰：文教以文德教化，若扬雄所谓五政所加，七赋所养，揆度文教以经理之也。武以卫，言保护邦国而已，非穷兵服远也。金氏曰：内三百里揆文教，所以接华夏之教，以抚要荒；外二百里奋武卫，所以御要荒之变，以安华夏。……三百里揆文教，谓揆之从此始耳，非谓三百里之外更不用文教也。……要荒之俗，素不知礼义，而治之者未尝不以文教，但当举其大纲，略其节目，使之易知易从，回心向道，而日远于禽兽，不必尽如中邦之制度耳。③

上述引文，已将所谓“绥服”以及绥服内所行文教、武卫之制的意思解说得相当清楚明白，五服之制主要是根据与中国王畿之地理相距远近而进行行政区划，并施行相应不同的治理方式，而绥服介乎其中，故其内外之治不同，以严夷夏之辨。事实上，绥服之治亦正集中体现了中国政教传统的基本特点，即行文

---

① 王樵：《尚书日记》卷五《禹贡》，见《四库全书》第六四册，上海古籍出版社 1987 年版，第 374 页。

② 库勒纳等：《日讲书经解义》卷三《禹贡》，见《四库全书》第六五册，上海古籍出版社 1987 年版，第 74—75 页。

③ 胡渭：《禹贡锥指》卷十九《五百里绥服》，见《四库全书》第六七册，上海古籍出版社 1987 年版，第 827 页。

教以治华夏之中邦，奋武卫以防四夷之猾夏，正所谓“文以治内，武以治外”。所谓文教，即指文德教化或仁义礼乐之教，而武卫之目的在防备外患、保护邦国以安华夏，并非为了单纯炫耀武力以“穷兵服远”。当然，所谓内外之治，其界线并不是绝对的，而是相对的，只是“因势而制治”而已。从现实的层面讲，实际的内外之治可能是“内非无武而以文教为主，外非无文而以武卫为主”；而从理想的层面讲，华夏中国亦未尝不希望能够将其文教之治推行于要荒之外。

“文教”，亦可称“文事”“文德”“文治”[①]；武卫，亦可称“武备”“武功”“武事”等。二者相须为备而不可偏废，如若不然，于文教、武功二者，或偏于此而忽于彼，或重于彼而轻于此，则不是“损国威”即为“害民政”，如宋儒苏洵所说：“任文教则损国威，专武事则害民政。”[②]因此，自古功成治定者，“或以文教兴邦，或以武功平乱”（《魏书·乐志》），而最理想的治国理政之道就是维持二者之间的平衡，唯有威德兼施、文武并宣或者文教武功随时异用，才能维持华夏中国的长治久安，正所谓：

> 德音著于柔服，威刑彰于伐叛，文教与武功并宣，俎豆与干戈俱运。（《晋书·赫连勃勃载记》）
>
> 为治之大纲，曰文与武，文事修而武事不备，犹天之有阳而无阴，地之有柔而无刚，人之有仁而无义也。是以自古帝王，虽以文德为治，而所以济其文，而使之久安长治者，未尝不资于武事焉。然武之为用，不以用之为功，而以不用为大，故武之为文，以止戈为义也。是以国家常以武备与文教并行，先事而为之备，无事而为之防，所以遏祸乱于将萌，卫治安于长久，不待乎临事而始为之，有事而后备之也。不然，则

① “古称文治，亦称文教。”（迈柱等监修、夏力恕等编纂：《湖广通志》卷八十二《艺文志》，见《四库全书》第五三四册，上海古籍出版社 1987 年版，第 160 页）

② 苏洵：《贺欧阳枢密启》，见《嘉祐集笺注》，曾枣庄、金成礼笺注，上海古籍出版社 1993 年版，第 478 页。

无及矣。[①]

自古国家文武并用，以武功戡祸乱，以文教佐太平。[②]

文教武功随时异用，皆帝王御世之权，而移风易俗之大机也。[③]

勇敢强有力者，天下无事，则用之于礼义而履其常；天下有事，则用之于战胜而御其变；用之于战胜，则有以为威而无敌；用之于礼义，则有以为化而顺治。外无敌，内顺治，文教武功之咸备，此之谓盛德。[④]

由上可知，我华夏中国一向奉行道德性的文教理想和防御性的武卫之策，故文教与武卫相对而称，而且，两者最好是相资为用、互济为功。尤其是，两者之相辅而行，虽有夷夏内外之分别，却无“穷兵服远”、以武力“求逞”的扩张性的霸权主义野心。相反，在秦汉以后的许多历史时期，华夏中国事实上常常由于重文教、忽武备而偏于文弱，乃至启外侮而不断遭遇侵患，正所谓“夷狄之于中国，本不敢有欺侮窥伺，惟中国失所以为备，则启侮矣”[⑤]，另如元人评宋世之失曰：“古者帝王之勤远略，耀兵四裔，不过欲安内而捍外尔，非所以求逞也。……宋恃文教而略武卫，亦岂先王制荒服之道哉！”（《宋史·蛮夷列传一》）

三、孔孟为中国文教之宗及相关问题

在相关的历史文献材料中，“文教”不仅体现了华夏中国源远流长的德教理

---

① 丘浚：《治国平天下之要·严武备·总论威武之道下》，见《大学衍义补》下，林冠群、周济夫校点，京华出版社 1999 年版，第 1008 页。

② 阿桂、梁国治等：《皇清开国方略》卷十二《太宗文皇帝》，见《四库全书》第三四一册，上海古籍出版社 1987 年版，第 176 页。

③ 阿桂、刘谨之等：《钦定盛京通志》卷一百三十《留都文萃序》，见《四库全书》第五〇三册，上海古籍出版社 1987 年版，第 638 页。

④《日讲礼记解义》卷六十四《聘义》，见《四库全书》第一二三册，上海古籍出版社 1987 年版，第 760 页。

⑤ 陈经：《尚书详解》卷六《禹贡》，见《四库全书》第五九册，上海古籍出版社 1987 年版，第 113—114 页。

想与政治传统，亦是一个与孔孟“儒教”密切相关的重要词语。

“文教”一词，见于先秦诸子书者只有一例，即《管子·正世》所说：“夫君人之道，莫贵于胜。胜故君道立，君道立然后下从，下从故教可立而化可成也。夫民不心服体从，则不可以礼义之文教也。君人者不可以不察也。”此“文教”所指即礼义教化，而其意在强调要想施行礼义教化，首先必须能够使人民服从君主之权威统治，而使人民服从君主之权威统治的关键在于法立令行，正所谓“为人君者，莫贵于胜。所谓胜者，法立令行之谓胜”（《管子·正世》）。这明显体现了一种将法家以法胜民和儒家礼义教化思想融会条贯为一体的治道理想。

自汉代“罢黜百家，表章‘六经’”之后，“文教”一词逐渐成为一种普遍流行的说法，而且更重要的是，它常与孔子儒家直接相关并被用来单纯表达其政教理想，故有《大学》《论语》《孟子》《中庸》“此四书者，固非为文章设也，乃经天纬地之具，治世文教之书”①，“孔孟百世文教之宗”②，“孔颜诸圣贤，为文教主”③，“惟夫子，固天攸纵，诞降生知，经纬礼乐，阐扬文教，余烈遗风，千载是仰，俾兹末学，依仁游艺”④，或“大哉至圣，文教之宗，纪纲王化，丕变民风，常祀有秩，备物有容，神其格思，是仰是崇”⑤等种种说法。

毫无疑问，孔子儒家的文教理想与上文所言中国政教传统中的文教理念是

① 王柏：《鲁斋集》卷八《答王栗山》，见《四库全书》第一一八六册，上海古籍出版社1987年版，第129页。

② 丘浚：《治国平天下之要·严武备·简阅之教下》，见《大学衍义补》下，林冠群、周济夫校点，京华出版社1999年版，第1094页。

③ 朱鹤龄：《禹贡长笺》卷四《海岱及淮惟徐州》，见《四库全书》第六七册，上海古籍出版社1987年版，第64页。

④ 秦蕙田：《五礼通考》卷一百十七《祭先圣先师》，见《四库全书》第一三七册，上海古籍出版社1987年版，第820页。

⑤ 秦蕙田：《五礼通考》卷一百十八《祭先圣先师》，见《四库全书》第一三七册，上海古籍出版社1987年版，第837页。

密不可分的。大体而言，上古三代之政教传统实为孔子儒家之文教理想的源头，二者乃前后一脉相承的关系，如明儒刘宗周所言："天地既辟，文明之运渐开，自尧舜以来，夏商代鸣，其盛至周，而损益之，文教大备，载在《周礼》《曲礼》《仪礼》诸经，始尽经纬天地之蕴，宜夫子乐从之与？"[①] 而自汉武帝崇儒重道、肇兴文教以来，孔子儒家的文教理想与历代王朝实际的文教之治更逐渐形成一种交互影响、彼此促进、盛衰相依的历史趋势，如明人钱宰所说："圣天子既武定天下，乃诞敷文教。盖将以六经之道，致天下之治也"[②]，"方今国朝武功既成，诞修文教，示之以纲常，导之以道德，化之以礼乐，禁之以刑政，将使天下之士皆知尧舜禹汤文武周公孔子之道，将使天下之民皆被尧舜禹汤文武周公孔子之化"[③]，此言统治者"偃武修文"，借由诞敷、崇兴儒家之文教以求实现天下治安的目的。职是之故，在中国历史上，借助现实国家政权的力量或统治者的尊崇或褒宣，孔子儒家之文教常常可以得到显扬光大，反之，孔子儒家之文教的显扬光大亦正可以促进国家和社会的治安，正所谓"王者之化与圣人之教，并驾而偕行。……惟圣人之道，放诸四海而准。儒道不立，则王化不行"[④]。

总的来讲，在历史上圣人文教之兴衰与天下国家之治乱逐渐形成交互影响之势，正所谓"凡天下有道，则文教大洽"[⑤]，反之，国家昏乱，则"文教衰落，

① 刘宗周：《论语学案》卷二《八佾第三》，见《四库全书》第二〇七册，上海古籍出版社 1987 年版，第 524 页。

② 钱宰：《临安集》卷三《江西乡试小录序》，见《四库全书》第一二二九册，上海古籍出版社 1987 年版，第 533 页。

③ 钱宰：《临安集》卷四《知止斋记》，见《四库全书》第一二二九册，上海古籍出版社 1987 年版，第 545—546 页。

④ 丘濬：《重编琼台稿》卷十六《南海县儒学记》，见《四库全书》第一二四八册，上海古籍出版社 1987 年版，第 322—323 页。

⑤ 李昉等编：《文苑英华》卷八百四十六《陈留郡文宣王庙堂碑》，见《四库全书》第一三四一册，上海古籍出版社 1987 年版，第 368 页。

风俗靡靡，日以涂地”[①]，或者“天下多故”则“文教日隳”而“士不知有身心之学，民不知有礼义之化”[②]。另如宋儒李觏所言：“汉由武定，晚知儒术。至今越千载，其间文教一盛一衰。大抵天下治，则文教盛而贤人达；天下乱，则文教衰而贤人穷。欲观国者，观文而可矣。”[③]不过，就孔子儒家的政教理念本身而言，文教之理想还同时涉及与其他诸多方面的关系问题，只有清楚认识和把握了这些关系的性质和意义，才能真正理解孔子儒家之文教的实质义涵及其真实效用，乃至与天下国家治乱交互影响的多重维度及其复杂程度。在此难以展开详尽的论述，只能略微提示如下：

其一，文教与学校教育的关系。

孔子儒家之文教与学校教育是密不可分的，孔孟之为儒家文教之宗师，首在于他们是创办私学事业的伟大教育家，他们从事教育事业的根本目的大体不外教人提高自身的道德品格修养水平、培养修身治世的士人君子或政治人才，而其社会政治理想亦以教民、化人为根本宗旨和目的，正所谓“君子如欲化民成俗，其必由学乎！玉不琢，不成器；人不学，不知道。是故古之王者建国君民，教学为先”（《礼记·学记》）。另据《孔子家语·王言解》，孔子回答曾子之问“何谓七教”说：“上敬老则下益孝，上尊齿则下益悌，上乐施则下益宽，上亲贤则下择友，上好德则下不隐，上恶贪则下耻争，上廉让则下耻节，此之谓七教。七教者，治民之本也。政教定，则本正也。”可见，对孔子儒家而言，治民为政之根本在以身作则、自上而下地通过道德教化的方式来引领人民提高人格品行层次。正是在上述孔子儒家政教理想的影响下，后世思想家和政治家大多主张欲化民成俗、固结人心、涵育人才，必先兴文教，而欲兴文教，必尊师重

① 苏轼：《谢南省主文与欧阳内翰启》，见吕祖谦编：《宋文鉴》下，吉林人民出版社 1998 年版，第 1073 页。

② 林弼：《林登州集》卷十二《黄君德明摄教序》，见《四库全书》第一二二七册，上海古籍出版社 1987 年版，第 104 页。

③ 李觏：《上李舍人书》，见《李觏集》，王国轩点校，中华书局 2011 年版，第 304 页。

道、兴建学校，如：

宋儒程颢曰："臣伏谓：治天下以正风俗、得贤才为本。宋兴百余年，而教化未大醇，人情未尽美，士人微谦退之节，乡闾无廉耻之行，刑虽繁而奸不止，官虽冗而材不足者，此盖学校之不修，师儒之不尊，无以风劝养励之使然耳。窃以去圣久远，师道不立，儒者之学几于废熄，惟朝廷崇尚教育之，则不日而复。"①

元儒吴澄曰："有文治之君，必有文治之臣。文治之臣，苟非教习之有其素，彼亦惘然，孰知文之所以为文者？故建学以兴文教、畅文风，涵育其人，将与人主共治也。斯文也，小而修身齐家，大而治国平天下，言动之仪、伦纪之叙、事物理义之则、礼乐刑政之具，凡粲然相接、焕然可述皆文也。"②

明儒丘浚曰："武功虽可以遏绝乱略，然非圣人之所尚也。所以柔人心而销软其强梗之气，莫若修文教，修文教莫若兴学校。"③又曰："汉兴，始崇文教，重经术，以至于今，中间虽或有所废弛，然未有舍学校而能作人才、正风俗，以成一代之治者也。"④

元人孔思坦曰："兴文学于多务之秋，淑人心于罹难之后，此当时之急务，而任守令者所以究心也。然尝闻之，武事用于戡乱，文教行于治平，孰知人心之趋向由于教化之素明，而学校之兴乃所以固结人心

① 程颢：《请修学校尊师儒取士札子》，见《二程集》，王孝鱼点校，中华书局2004年版，第448页。

② 吴澄：《吴文正集》卷五十《崇文阁碑》，见《四库全书》第一一九七册，上海古籍出版社1987年版，第511页。

③ 丘浚：《重编琼台稿》卷十六《梧州府县庙学记》，见《四库全书》第一二四八册，上海古籍出版社1987年版，第317—318页。

④ 丘浚：《重编琼台稿》卷十六《南海县儒学记》，见《四库全书》第一二四八册，上海古籍出版社1987年版，第323页。

之本，其事似缓而实急也。”①

明人袁衷曰：“古之王者建国君民，教学为先，是学校为王政之大端，而为政者不可以不先于兴学校也。盖教道兴举，民知务德，则风俗可厚，人材可兴，而治效可得而致矣。”②

当然，至关紧要的问题是，文教与学校之兴，司教者必须务求其实，而切不可虚应故事，也不能不切实尽其应负的教育之责。如清人梁拱辰谓：

本朝之肇基，必有出于武功之先者也。今也武功已定，文教复兴，人才于是辈出，治化于是休隆矣。然予愿司教者之求其实也。夫诗书礼乐非徒以饬容观，琴瑟笙簧非徒以美声律，要以调习其性情，消释其鄙戾，使之居家处乡则有孝恭礼逊之行，服官莅政则有公忠廉仁之节。斯学校为育才之区，人士有治平之任，不然虽实枚其磨砻，闳溢其宫宇，亦何益乎？若溺于文辞，习于佻达，此又人才风俗所由败坏者，不可不豫为防也。③

其二，文教与富民养民的关系。

孔子、孟子、荀子这三位古典儒家的大宗师可以说确立了儒家的基本政教理念与根本原则，那就是治民必须先富而后教之（参见《论语·子路》）。在孔子提出这一基本主张的基础上，孟子和荀子更进一步对这一主张作了具体、深入而系统的阐发，如孟子极力倡导首先实行制民恒产、保障民生以使之“不饥不寒”“养生丧死无憾”，然后再“驱而之善”的仁政王道理念（参见《孟子·梁惠王上》），荀子认为“不富无以养民情，不教无以理民性”，故亦力主实行先富

① 汪森编：《粤西文载》卷二十六《重建灌阳县学记》，见《四库全书》第一四六六册，上海古籍出版社1987年版，第99页。

② 汪森编：《粤西文载》卷二十七《富川县学记》，见《四库全书》第一四六六册，上海古籍出版社1987年版，第113页。

③ 阿桂、刘谨之等：《钦定盛京通志》卷一百二十七《奉天府文庙志》，见《四库全书》第五〇三册，上海古籍出版社1987年版，第583页。

而后教之的王道政治（参见《荀子·大略》）。可见，孔子儒家虽重文德教化或礼义引导，但并不轻忽人民对于基础性的物质生活条件或基本利益需求的现实满足，事实上，不仅不轻忽，而且认为文德教化必须以人民生活富足或生养遂顺为前提条件，如宋儒程颐所言："为民立君，所以养之也。养民之道，在爱其力。民力足则生养遂，生养遂则教化行而风俗美，故为政以民力为重也。"[①]说到底，孔子儒家之重文教，乃是旨在在富民和养民的基础上，致力于通过礼乐陶养性情以化民成俗，通过教化的方式以"提高国民人格"[②]或养成人民"美善之品性与行为"[③]，而非以强制性的刑政手段来控制人民或使之服从统治者的权力支配，此文教之本义或根本目的，非以教化为控制人民的手段。

其三，文教与刑法政令的关系。

一般而言，孔孟儒家崇尚道德礼义教化，主张先教而后刑，尤其反对统治者单纯用刑杀的办法来对付人民，故孔子曰："为政以德"，"道之以政，齐之以刑，民免而无耻；道之以德，齐之以礼，有耻且格"（《论语·为政》），"不教而杀谓之虐"（《论语·尧曰》）。然而，虽然儒家反对专任刑法为治，但也并非完全排斥和否认刑罚作为维持社会治理秩序的一种手段而能发挥辅助性的必要作用，荀子更有"治之经，礼与刑，君子以修百姓宁"（《荀子·成相》）、"以善至者待之以礼，以不善至者待之以刑"（《荀子·王制》）的明确主张，汉儒甚至抱持这样一种完备性的王道理念，即"礼节民心，乐和民声，政以行之，刑以防之。礼乐政刑，四达而不悖，则王道备矣"（《礼记·乐记》《史记·乐书》《汉书·礼乐志》）。不过，总的来讲，儒家贵德而贱刑，认为君子应"急于教，缓于刑"（《盐铁论·疾贪》），或者如汉儒董仲舒所倡言应以德为主而以刑为辅，所谓"刑者德之辅"（《春秋繁露·天辨在人》），这可以说是后世儒家政教思想的主流理念。当然，也有如宋儒程颐主张"为政之始，立法居先"、治民须

---

① 程颢、程颐：《二程集》，王孝鱼点校，中华书局2004年版，第1095页。

② 梁启超：《先秦政治思想史》，东方出版社2012年版，第121页。

③ 萧公权：《中国政治思想史》，新星出版社2005年版，第44页。

先设刑而后教之者，但其根本用意亦只是要明刑弼教或主张立法制刑应以教为目的，并明确反对“专用刑以为治”[①]。历史上的儒家之所以尚德教、贵礼义以为治，并主要从辅助性的意义上肯定刑政法令作为维持优良治理秩序之手段的作用，关键在于，他们认为刑政法令之治与德教礼义之治在其根本效果上有着本质的不同，即刑政法令虽可行于一时并易于产生明显的短期效应，但其效果也往往只能停留在表面上，不如德教礼义能够对人民产生深远而微妙的道德教化作用，乃至化民成俗而使之“日迁善远罪而不自知”，如汉儒贾谊所说：

> 夫移风易俗，使天下回心而乡道，类非俗吏之所能为也。俗吏之所务，在于刀笔筐箧，而不知大体……夫礼者禁于将然之前，而法者禁于已然之后，是故法之所用易见，而礼之所为生难知也。……然而曰礼云礼云者，贵绝恶于未萌，而起教于微眇，使民日迁善远罪而不自知也。……以礼义治之者，积礼义；以刑罚治之者，积刑罚。刑罚积而民怨背，礼义积而民和亲。故世主欲民之善同，而所以使民善者或异。或道之以德教，或驱之以法令。道之以德教者，德教洽而民气乐；驱之以法令者，法令极而民风哀。哀乐之感，祸福之应也。（《汉书·贾谊传》）

另如《淮南子·泰族训》曰：

> 民无廉耻，不可治也；非修礼义，廉耻不立。民不知礼义，法弗能

---

①程子曰：“发下民之蒙，当明刑禁以示之，使之知畏，然后从而教导之。自古圣王为治，设刑罚以齐其众，明教化以善其俗，刑罚立而后教化行，虽圣人尚德而不尚刑，未尝偏废也。故为政之始，立法居先。治蒙之初，威之以刑者，所以说去其昏蒙之桎梏，桎梏谓拘束也。不去其昏蒙之桎梏，则善教无由而入。既以刑禁率之，虽使心未能喻，亦当畏威以从，不敢肆其昏蒙之欲，然后渐能知善道而革其非心，则可以移风易俗矣。苟专用刑以为治，则蒙虽畏而终不能发，苟免而无耻，治化不可得而成矣，故以往则可吝。”又曰：“治蒙之始，立其防限，明其罪罚，正其法也，使之由之，渐至于化也。或疑发蒙之初，遽用刑人，无乃不教而诛乎？不知立法制刑，乃所以教也。盖后之论刑者，不复知教化在其中矣。”（程颢、程颐：《二程集》，王孝鱼点校，中华书局2004年版，第720、721页）

> 正也；非崇善废丑，不向礼义。无法不可以为治也，不知礼义，不可以行法。法能杀不孝者，而不能使人为孔、曾之行；法能刑窃盗者，而不能使人为伯夷之廉。孔子弟子七十，养徒三千，人皆入孝出悌，言为文章，行为仪表，教之所成也。墨子服役者百八十人，皆可使赴火蹈刃，死不还踵，化之所致也。

显然，儒家认为，刑法具有诛暴刑盗的作用，但它只是一种维持治理秩序的辅助性手段，其作用和效果是有限的，不仅刑法的施行及其要想产生真正良好的效果本身就需要人民首先有廉耻、知礼义，而且刑法本身并不能强制人民具备美德善性，人民也不会因为害怕刑罚、畏惧法教才去修养自身的道德品格并依道德的要求而行，只有德教礼义之治才能产生相应的治理效果，正所谓："夫法令所以诛暴也，故曾、闵之孝，夷、齐之廉，此宁畏法教而为之者哉？故尧、舜之民，可比屋而封，桀、纣之民，可比屋而诛，何者？化使其然也。"（《新语·无为》）更为重要的是，儒家之所以倡导和主张尚德贵礼而治，乃是因为他们认为"政治之最高目的，为实现人类之道德生活"[①]，正唯如此，道德之教、礼义之化本身便不仅仅是一种维护统治的手段或工具而已，而且是真正符合此政治最高目的之要求和实现人类之道德生活的一种根本途径，也正是在作为这一根本途径之辅助性的意义上，才可以说，刑法之刑法，只是一种维持优良治理秩序的手段，而不是一种单纯的政治压迫的工具。

其四，文教与兵戎武事的关系。

孔孟儒家重以文教为治民之本，并主张修文德以来远人（参见《论语·季氏》），但亦不轻忽兵戎武事。故虽然孔子答子贡问政，而强调取信于民要比兵、食二者更加重要（参见《论语·颜渊》），但也明确主张必须教民以兵戎战事，正所谓"善人教民七年，亦可以即戎矣"，"以不教民战，是谓弃之"（《论语·子路》）。孟子亦曰："不教民而用之，谓之殃民。"（《孟子·告子下》）不

① 萧公权：《中国政治思想史》，新星出版社2005年版，第332页。

过，务须明确的是，教民以兵戎战事，其目的不在穷兵远略、以力服人、扩张霸权，而在保家卫国以备外患，故孔子虽然充分肯定齐桓管仲"尊王攘夷"以维护华夏民族自身生存及其文明政教传统的霸功仁德[①]，但不屑于回答徒欲穷兵战伐的卫灵公问阵，而答之曰："俎豆之事，则尝闻之矣；军旅之事，未之学也。"（《论语·卫灵公》）继孔子之后，孟子汲汲于辨分王霸之道，尊尚"以德服人"的王道，而斥黜"以力服人"的霸道（参见《孟子·公孙丑上》），其意与孔子并无本质的不同。总的来讲，孔孟儒家虽崇尚文教，但不废武备之事，元、明儒者对此有极精当独到的评价和论述，其言曰：

臣闻若古有训，戡定祸乱曰武，经纬天地曰文。武之与文，各适所用，然戡定祸乱用于一时而已，经纬天地则亘古亘今不可无也。何也？日月星辰天之文也，山川草木地之文也，人文与天地相为经纬，则亦与天地相为长久，而可一日无也哉？……盖创业之初，非武无以弭乱；守成之后，非文无以致治。武犹毒药之治病，病除即止；文犹五谷之养生，无时可弃也。[②]

孔孟百世文教之宗，而言及武事，切切以教为言，由是观之，非独文有教，而武亦有教也。名虽二而教则一，要归于明民之性，全民之生而已。然必民性明而后其生可全，苟不教民而用之，孔子谓为弃其民，孟子谓为殃其民。为上人者平日不知所以教民，乃一旦驱之以临锋镝，则虽不加之以斥逐，施之以刑戮，其实与弃之、殃之也何异？呜呼！为民父母，不能生养之，福祐之，而弃之，殃之，矧又所争者乃以土地名称之细故，是则孟子所谓民贼者也。[③]

---

①如子曰："桓公九合诸侯，不以兵车，管仲之力也。如其仁！如其仁！""管仲相桓公，霸诸侯，一匡天下，民到于今受其赐。微管仲，吾其被发左衽矣。"（《论语·宪问》）

② 吴澄：《吴文正集》卷五十《崇文阁碑》，见《四库全书》第一一九七册，上海古籍出版社1987年版，第511页。

③ 丘浚：《治国平天下之要·严武备·简阅之教下》，见《大学衍义补》下，林冠群、周济夫校点，京华出版社1999年版，第1094页。

其五，文教与华夷之辨的关系。

华夷之辨盖起于春秋面临“四夷交侵”“中国不绝若线”的生存困境之时，故孔子像他的同时代人一样带着一种文化或文明意识上的优越感而坚定地持守和护卫华夏“中国”与四夷之间的文明分野和文化边际，但认为君子之仁德文教可行于夷狄，如子欲居九夷，或曰：“陋，如之何！”子曰：“君子居之，何陋之有？”（《论语·子罕》）另如樊迟问仁，子曰：“居处恭，执事敬，与人忠。虽之夷狄，不可弃也。”（《论语·子路》）孟子亦明确坚持“用夏变夷”而非“变于夷”的观点和主张（参见《孟子·滕文公上》）。后世，在中国“每每受外族欺凌，乃至为其所征服统治”①之际，也常常是严夷夏之防的思潮抬头高涨之时。但诚如梁漱溟先生所说，“中国思想正宗”为“夷狄而中国，则中国之；中国而夷狄，则夷狄之”，这一思想正宗“不是国家至上，不是种族至上，而是文化至上”②。正因为坚持“文化至上”的原则，所以历史上的通达之士才会深信可以通过设义学、兴文教的方式“以变夷风事”，正所谓“人性皆善，无不可化诲之人；汉夷一体，无不可转移之俗”③。正因为如此，除了华夷之辨防外，儒家思想传统或历代中国人又常常抱持世界主义或四海一家之天下主义的襟怀，“怀柔远人而同化之”，乃至“卒能由人的情感之相安相通，化除壁垒隔阂，广收同化融合之效，形成世界无比之一伟大民族”④。

综上所言，孔子儒家之文教理想，不仅与源远流长之中国政教传统一脉相承，而且实则其影响所及，更体现了一种极富中国特色的治道治世理念。大体

①梁漱溟：《中国文化要义》，见中国文化书院学术委员会编：《梁漱溟全集》第三卷，山东人民出版社1990年版，第229—230页。

②梁漱溟：《中国文化要义》，见中国文化书院学术委员会编：《梁漱溟全集》第三卷，山东人民出版社1990年版，第162页。

③鄂尔泰等监修、靖道谟等编纂：《云南通志》卷二十九之十《查设义学第二檄》，见《四库全书》第五七〇册，上海古籍出版社1987年版，第585页。

④梁漱溟：《中国文化要义》，见中国文化书院学术委员会编：《梁漱溟全集》第三卷，山东人民出版社1990年版，第229、230页。

而言，关于孔子儒家之文教，在中国历史上形成了这样一种基本共识：文教关乎治道，故政治所先在崇兴文教，正所谓“以文教治民，治民之本”[①]，而“政治所先，在崇文教”[②]。当然，如汉代思想家荀悦所言：“兴农桑以养其生，审好恶以正其俗，宣文教以章其化，立武备以秉其威，明赏罚以统其法。是谓五政。”（《后汉书·荀悦传》）如果说这是对儒家整个政教思想的一种既简明扼要而又比较完整的表述的话，那么，文教之为文教，也许只是儒家政教思想之一端尔，但它是其中最为核心和关键的一大端。正唯如此，故《隋书·儒林列传》赞之曰：

> 儒之为教大矣，其利物博矣。笃父子，正君臣，尚忠节，重仁义，贵廉让，贱贪鄙，开政化之本源，凿生民之耳目，百王损益，一以贯之。虽世或污隆，而斯文不坠，经邦致治，非一时也。涉其流者，无禄而富，怀其道者，无位而尊。故仲尼顿挫于鲁君，孟轲抑扬于齐后，荀卿见珍于强楚，叔孙取贵于隆汉。其余处环堵以骄富贵，安陋巷而轻王公者，可胜数哉！

四、孔子儒家之教是不是宗教或是否应宗教化

在中国历史上，久有儒、释、道“三教”之说，而且古人于“三教”之功能区分辨别得亦甚明确，即所谓“以佛修心，以道养生，以儒治世”或“佛教治心，道教治身，儒家治世”者是。作为一种出世宗教之佛教的传入，曾与作为中国之治世文教的“儒教”产生严重的冲突，但经过长期的接触和适应，佛教逐渐中国化而融入中国文化当中，儒家亦逐渐接受其有益于心性修养的因素而将其吸

① 吴澄：《吴文正集》卷三十九《滁州重修孔子庙记》，见《四库全书》第一一九七册，上海古籍出版社1987年版，第417页。

② 《圣祖仁皇帝圣训》卷三十二《省方》，见《四库全书》第四一一册，上海古籍出版社1987年版，第513页。

纳进自身的思想体系和精神传统之中。这一过程尽管曲折复杂，但作为与个人修身、家庭孝道、社会伦理、学校教育、科举制度和治国理政之道密不可分的一种治世的文教传统，“儒教”之正统思想地位总的来讲并未受到过根本性的挑战，故亦不必将其改造成出世宗教的建制形态以维持其生存。

然而，晚清以来，“儒教”传统和中国文化却遭到西方强势文明几近毁灭性的全面冲击和严峻挑战，正是在这一危机感日益加剧、保国保教保种之诉求日趋急迫的历史过程中，康有为汲汲于重塑孔子的绝对权威以维系中国人对“孔教”的信仰。然而，他将孔子重新塑造为改制创教的神明圣王和人道文明的“万世教主”，不仅全面质疑汉以后两千多年来被“诵读尊信，奉持施行”（《新学伪经考》）的儒家古文经传传统，而且欲以孔子太平大同之教“泯中西之界限，化新旧之门户”[①]，引发了一场思想界的“大飓风”“大地震”。康氏“引申经文以便将平等、自由、共和和宪政诸义注入儒学”，“致力使儒学适应现代的需要”[②]，实开启了近代思想启蒙和儒学现代转型的进程。不过，康氏为了重塑孔子权威和“孔教”信仰，虽然认为“孔子之教”的内容实“不远人以为道”或以人道为教，而不同于“托神道以令人尊信”的耶、佛诸神道教，但他亟欲在形式上仿行“耶教”而将“孔教”宗教建制化，并倡议将“孔教”定为“国教”，编入“宪法”[③]，甚至更直接参与了张勋复辟帝制的活动，以致激起了五四新文化运动之激烈反孔运动的高潮，反而造成了一场“孔教”信仰的最深刻的危机。

当康氏“大倡设孔教会定国教祀天配孔诸义”之际，即使其弟子梁启超亦“屡起而驳之”[④]，并于1902年2月22日《新民丛报》第2号上发表《保教非所以尊孔论》一篇大文章，其文力排“保教之议”，既系统地批驳了保教论者的种种无知之蔽，如“不知孔子之真相”“不知宗教之界说”“不知今后宗教势力之

①汤志钧编：《康有为政论集》下册，中华书局1981年版，第295页。

②萧公权：《康有为思想研究》，汪荣祖译，新星出版社2005年版，第63、82页。

③参见汤志钧编：《康有为政论集》下册，中华书局1981年版，第279—284页。

④梁启超：《清代学术概论》，上海古籍出版社1998年版，第86页。

迁移”及“不知列国政治与宗教之关系”，更从正面阐述了“孔教”何以为“孔教”，即“孔教所以特异于群教者”或“孔教”之真精神之所在。梁氏认为，近世“信教自由之理”，“其尤要者，在画定政治与宗教之权限，使不相侵越也”，而保教之论既与文明进化之趋势相违，又与近世文明法律精神相背离，故其必进退无据，甚而必将开启“争教”乃至政争之祸端。不仅如此，问题的关键在于，“孔教”之性质或孔子立教之根底全与其他宗教不同，“西人所谓宗教者，专指迷信宗仰而言……故奉其教者，莫要于起信，莫急于伏魔。起信者，禁人之怀疑，窒人思想自由也。伏魔者，持门户以排外也”。而“孔子则不然。其所教者，专在世界国家之事，伦理道德之原，无迷信，无礼拜，不禁怀疑，不仇外道，孔教所以特异于群教者在是”。就此而言，“持保教论者，辄欲设教会，立教堂，定礼拜之仪式，著信仰之规条，事事摹仿佛耶，惟恐不肖”，如是之保教尊孔，其实是诬孔子已甚。依梁氏之见，“孔教”所以能“悬日月、塞天地而万古不能灭者”，在于“其所教者，人之何以为人也，人群之何以为群也，国家之何以为国也，凡此者，文明愈进，则其研究之也愈要”；孔子最重人格教育，故孔子必将“于将来世界德育之林，占一最重要之位置”。总之，在梁氏看来，“孔教之精神，非专制的而自由的也”，故诚然尊孔子或忠于“孔教”者，应“直接其精神”而“毋拘墟其形迹”，既直接其精神，便当采群教之所长以广大“孔教”，故“如佛教之博爱也，大无畏也，勘破生死也，普度众生也；耶教之平等也，视敌如友也，杀身为民也。此其义虽孔教固有之，吾采其尤博深切明者以相发明。其或未有者，吾急取而尽怀之，不敢廉也。其或相反而彼为优者，吾舍己以从之，不必吝也。又不惟于诸宗教为然耳，即古代希腊、近世欧美诸哲之学说，何一不可以兼容而并包之者？……大哉孔子，大哉孔子！海阔从鱼跃，天空任鸟飞。以是尊孔，而孔之真乃见；以是演孔，而孔之统乃长”。①

在五四新文化运动之反孔运动导致“今天的中国，西学有人提倡，佛学有

① 以上参见梁启超：《饮冰室文集》之九《保教非所以尊孔论》，见《饮冰室合集》第一册，中华书局1989年版，第51、52、54、55、57、58、59页。

人提倡，只有谈到孔子羞涩不能出口”的时代风气下，更有梁漱溟先生逆时代之潮流而壁立千仞，挺身而出为孔子说话，并立志要“做孔家生活”[①]，后来，梁先生更在《中国文化要义》一书中力辨“孔教”之真在道德、孔子之教为“伦理教”而非宗教之义，而孔子“伦理教”尤其与西方基督教本质不同。如梁先生说：

孔子并没有排斥或批评宗教（这是在当时不免为愚笨之举的），但他实是宗教最有力的敌人，因他专从启发人类的理性作功夫。中国经书在世界一切所有各古代经典中，具有谁莫与比的开明气息，最少不近理的神话与迷信。这或者它原来就不多，或者由于孔子的删订。这样，就使中国人头脑少了许多障蔽。从《论语》一书，我们更可见孔门的教法，一面极力避免宗教之迷信与独断（dogma），而一面务为理性之启发。……他总是教人自己省察，自己用心去想，养成你自己的辨别力。尤其要当心你自己容易错误，而勿甘心于错误。儒家没有什么教条给人；有之，便是教人反省自求一条而已。除了信赖人自己的理性，不再信赖其他。这是何等精神！人类便再进步一万年，怕亦不得超过罢！

请问：这是什么？这是道德，不是宗教。道德为理性之事，存于个人之自觉自律。宗教为信仰之事，寄于教徒之恪守教诫，中国自有孔子以来，便受其影响，走上以道德代宗教之路。这恰恰与宗教之教人舍其自信而信他，弃其自力而靠他力者相反。[②]

所谓孔子“实是宗教最有力的敌人”，并非说孔子天然就憎恶宗教，恰恰相反，“孔子本无所憎恶于宗教”，但孔子之教专以启发人之理性，最足以消解化

① 梁漱溟：《东西文化及其哲学》，商务印书馆1999年版，第221页。

② 梁漱溟：《中国文化要义》，见中国文化书院学术委员会编：《梁漱溟全集》第三卷，山东人民出版社1990年版，第106—108页。

除与理性相违之富有“愚蔽偏执之情”和“强暴冲动之气”[①]的古代宗教迷信；即如梁先生本人，虽然强调孔子之教本非宗教，但他也并非轻视宗教或认为一切宗教皆为与理性相违之迷信，恰恰相反，梁先生对于宗教之为宗教或宗教之“要人向上迁善”或“为人类打开一般生物之锢闭性”之超越性的真精神及其“无比奇效”[②]实有其最深切的体认。事实上，梁先生认为“宗教之恒视其时代文化而异其品第”[③]，而且人类终将“从道德之真转进于宗教之真”[④]，不过，此是后话。而就中国历史而言，两千多年前使中国文化发生“以道德代宗教”之转变的关键人物正是孔子，因其“深爱理性，深信理性”，并“启发众人的理性”以“实现一个‘生活完全理性化的社会’”，或者“安排伦理名分以组织社会”“设为礼乐揖让以涵养理性”，从而使中国人“无事乎宗教”，乃至摆脱古代宗教的影响而走上“恰有别于宗教”的“道德之路”[⑤]。试将孔子之教与西方基督教相比，二者“对于人群同有指导人生价值判断之功用，各居于一文化中心而为之主”，不过，它们既各有其优长，亦各有其偏蔽，“儒家本非宗教，所以无所谓在教与否，亦没有教会之组织机构，其统一不在形式上。基督教与此相反。它有组织，便有分裂，它有形式，便有破坏。而此无拘束无形式的东西却分裂无从分裂起，破坏无从破坏起”[⑥]；“基督教天下之出现，若从其创教说起，真不知

---

①梁漱溟：《中国文化要义》，见中国文化书院学术委员会编：《梁漱溟全集》第三卷，山东人民出版社1990年版，第111页。

②梁漱溟：《中国文化要义》，见中国文化书院学术委员会编：《梁漱溟全集》第三卷，山东人民出版社1990年版，第108、100页。

③梁漱溟：《中国文化要义》，见中国文化书院学术委员会编：《梁漱溟全集》第三卷，山东人民出版社1990年版，第101页。

④梁漱溟：《人心与人生》，见中国文化书院学术委员会编：《梁漱溟全集》第三卷，山东人民出版社1990年版，第732页。

⑤梁漱溟：《中国文化要义》，见中国文化书院学术委员会编：《梁漱溟全集》第三卷，山东人民出版社1990年版，第110页。

⑥梁漱溟：《中国文化要义》，见中国文化书院学术委员会编：《梁漱溟全集》第三卷，山东人民出版社1990年版，第214、213页。

经过多少流血斗争。盖凡宗教信仰，信其一为真，则其余必假。是以‘基督教不以建立其自身之祭坛为满足，必进而摧毁异教之祭坛’”[①]，而中国受孔子之教的影响，虽然自古相传下来的祭天祀祖之类的宗教信仰和活动未尝间断，但于宗教“不规定入教之形式，不作教会之组织，以示拘束”，而“与此不悖之各地习俗或外来宗教，亦不加干涉，不事排斥”，故“亘古不见宗教战争”[②]；孔子启发人之道德理性，有时在维持人群好的风纪秩序方面，可能不如“宗教之生效快，而且力大，并且不易失坠”[③]，而且中国因受孔子之教影响而来的理性早启和文化早熟在历史上亦易发生不落实之病，但孔子之逐渐成为“两千余年来中国之风教文化”的中心人物，其影响所及，乃造就了中国之伟大及中华民族之拓大无比，正所谓“中国以偌大民族，偌大地域，各方风土人情之异，语音之多隔，交通之不便，所以树立其文化之统一者，自必有为此一民族社会所共信共喻共涵养生息之一精神中心在，唯以此中心，而后文化推广得出，民族生命扩延得久，异族迭入而先后同化不为碍。此中心在别处每为一大宗教者，在这里却谁都知道是周孔教化而非任何一宗教”[④]。

梁先生对中国孔子道德伦理之教与西方基督之宗教所作的比较及对两者利病得失的深刻洞察和剖析，可谓深具启发性，显然比康有为简单地从形式上模仿基督宗教来重塑中国人对“孔教”的信仰要更加符合孔子之教的本真含义及其发挥作用的方式。更为重要的是，中国历史的发展已非康氏拘囿于其公羊三世之说而认为当时之中国政制改良只适于君主立宪而不可行民主共和所能阻止

① 梁漱溟：《中国文化要义》，见中国文化书院学术委员会编：《梁漱溟全集》第三卷，山东人民出版社 1990 年版，第 214 页。

② 梁漱溟：《中国文化要义》，见中国文化书院学术委员会编：《梁漱溟全集》第三卷，山东人民出版社 1990 年版，第 102 页。

③ 梁漱溟：《中国文化要义》，见中国文化书院学术委员会编：《梁漱溟全集》第三卷，山东人民出版社 1990 年版，第 108 页。

④ 梁漱溟：《中国文化要义》，见中国文化书院学术委员会编：《梁漱溟全集》第三卷，山东人民出版社 1990 年版，第 103 页。

和限定的，“立宪不成，转而革命”①，而且，辛亥一役实乃“中国封建解体后唯一之革命”，因为“自它以前社会构造未曾变过，自它以后，社会构造乃非变不可……今天我们尚在此一变革中，而正期待一新构造新秩序之出现”②。不过，就辛亥革命而言，“自一方面说，固不同于过去之变法改制而止，但至多亦只算得中国礼俗丕变之开端”，“必待‘五四’新文化运动，直向旧礼教进攻，而后探及根本，中国乃真革命了”③。因为，到了五四新文化运动，东西两文化的问题才问到了最后的根本：“西方化对于东方化，是否要连根拔掉？中国人对于西方化的输入，态度逐渐变迁，东方化对于西方化步步的退让，西方化对于东方化的节节斩伐！到了最后的问题是已将枝叶去掉，要向咽喉去着刀！而将中国化根本打倒！”④面对此生死存亡的文化问题，天真地采取深闭固拒地排斥西方化的态度并不能从根本上解决问题，只有以开放的、理性的心态积极地寻求回应、解决之道，才能真正为中国文化和中华民族寻到或打出一条活路，这不仅可以使之起死回生、重新复兴，而且甚至还可能使之翻身引领世界未来文化的走向，这正是梁先生一生的志愿，这一志愿最能体现他对中国文化最充分的自信心。即使是在1974年“批孔”运动的高潮期间，梁先生亦从未丧失掉他的文化自信心，他仍然深信并预言“近二千年孔子的价值到今天而一大变，固非到此为止，行且有不远而复者”⑤。

“行且有不远而复者”，这是何等的眼光和信心！此眼光和信心，说到底，

---

① 梁漱溟：《中国建国之路》，见中国文化书院学术委员会编：《梁漱溟全集》第三卷，山东人民出版社1990年版，第341页。

② 梁漱溟：《中国文化要义》，见中国文化书院学术委员会编：《梁漱溟全集》第三卷，山东人民出版社1990年版，第224页。

③ 梁漱溟：《中国文化要义》，见中国文化书院学术委员会编：《梁漱溟全集》第三卷，山东人民出版社1990年版，第225页。

④ 梁漱溟：《中国文化的命运》，中信出版社2010年版，第9页。

⑤ 梁漱溟：《今天我们应当如何评价孔子》，见中国文化书院学术委员会编：《梁漱溟全集》第七卷，山东人民出版社1993年版，第314页。

也正是基于他对孔子之教之真的最深切体认，源于他对人心或人类理性的充分信任。梁先生常常说，“除非过去数千年的中国人都白活了，如其还有他的贡献，那就是认识了人类之所以为人”①，而“人类的特征在理性”②，孔子之教正是专以启发人的理性为宗旨，故孔子之教本非宗教。如果我理解不错的话，梁先生由此而可能作出的推论就是，孔子伦理之教在历史上虽有宗教之用，但孔子之教既然本非西方式宗教，故孔子之教或中国文化在今日或未来的复兴，亦不必采取宗教化或西方宗教的建制形式。

由上可见，孔子儒家之教之为文教，在历史上并未产生过什么疑问，直至近世康有为为回应西方文化之挑战、重建“孔教”之信仰乃至欲仿行“耶教”而将“孔教”宗教建制化，始引发孔子儒家之教是不是宗教之争，梁启超、梁漱溟二先生均反对康氏的这一做法而力辩孔子儒家之教非宗教，并充分肯定孔子之人格、道德、伦理之教的价值和意义。另外，五四新文化运动的领袖陈独秀亦针对康有为之说而力持“孔教”非宗教之说，在陈氏看来，“孔教绝无宗教之实质（宗教实质，重在灵魂之救济，出世之宗也。孔子不事鬼，不知死，文行忠信，皆入世之教，所谓性与天道，乃哲学，非宗教。）与仪式，是教化之教，非宗教之教”，故康有为等尊孔者以“孔教”为宗教实是“平地生波，惑民诬孔”③，他们“蔑视他宗，独尊一孔”，或者“竟欲以四万万人各教信徒共有之宪法，独规定以孔子之道为修身大本”而“强全国之从同”，不仅“侵害宗教信仰之自由”或阻碍“思想信仰之自由”④，而且，更有违近世“政教分途”之“公例”而“将以启

①梁漱溟：《中国文化的命运》，中信出版社 2010 年版，第 55 页。

②梁漱溟：《中国文化要义》，见中国文化书院学术委员会编：《梁漱溟全集》第三卷，山东人民出版社 1990 年版，第 126 页。

③陈独秀：《独秀文存》卷一《驳康有为致总统总理书》，见《民国丛书》第一编第 92 册，上海书店 1989 年版，第 97 页。

④陈独秀：《独秀文存》卷一《宪法与孔教》，见《民国丛书》第一编第 92 册，上海书店 1989 年版，第 104、105、106 页。

国家无穷之纷争”[①]。可见，陈氏对康有为等尊孔派的批评主要是针对他们以“孔教”为宗教，特别是强欲借政治的手段重新定“孔教”于一尊，不然的话，则“使孔教会仅以私人团体，立教于社会，国家固应予以与各教同等之自由。使仅以‘孔学会’号召于国中，尤吾人所赞许”[②]。此诚开明通达之见，但是，陈独秀等新文化运动的领袖们旗帜鲜明地以输入欧化的文化相号召，并对中国以“孔教”为代表和中心的旧文化、旧传统、旧道德、旧礼教等展开了全面而激烈的掊击和批判，从而使“孔教”和中国文化声名扫地，固然难免有过激之弊，但正如梁漱溟先生所说，这确乎是一场“真革命”，由此开启了现代中国思想革命的进程，亦为现代中国开创政治、文化、社会之新局面创造了各种可能，说到底，也就是重新“建国”——把“老中国”建设成为一个“新中国”或“现代国家”的问题。

那么，作为现代新儒家的先驱人物，梁漱溟先生又是如何来思考和认识“建国”问题的呢？梁先生曾说：“物类循着其先天安排的路子活动，而人心则循乎文化。而建国这件事呢？在今天便是改造文化。本来数千年的老中国何待再建？说建国，其意乃在建造一新中国社会；而社会所以新，却在文化上。政治要新，经济要新，种种皆要新，而不从宗教、道德、礼俗、法律这些新起，却新不了。照直说：建国问题，正是如何给中国人心理上改换路道走的那个问题。”[③]尽管梁先生的认识前后不断有所变化和修正，但始终关注文化或社会文教问题是他一贯之用心所在。前已指出，梁先生既认为孔子之教本非宗教，故想必是不赞成康有为欲将“孔教”宗教建制化并立为“国教”而走一条重建政教合一的

---

①陈独秀：《独秀文存》卷一《再论孔教问题》，见《民国丛书》第一编第92册，上海书店1989年版，第130—131页。

②陈独秀：《独秀文存》卷一《宪法与孔教》，见《民国丛书》第一编第92册，上海书店1989年版，第105页。

③梁漱溟：《中国建国之路》，见中国文化书院学术委员会编：《梁漱溟全集》第三卷，山东人民出版社1990年版，第370—371页。

“儒教国家”的老路的，因为作为一个思想家和社会改造运动者，梁先生一生的追求和志愿并号召的乃是“认识老中国，建设新中国”[①]；而对于单纯“模仿西洋近代人生”或简单“模仿西洋旧民主制度以建国”，梁先生又明确认识和感受到因“其不合于我民族固有精神，不能把中国人引导向上，只能把中国人引向堕落”，故而是“我们政治上第一个不通的路”[②]，所以自己尝试探索“要走乡村建设之路”，此路“没走通，而共产党的救国建国运动却有成效见于世”[③]。中国共产党领导全国人民进行社会主义革命和建设，把“老中国”建成一个社会主义的“新中国”，这一事业的成功赢得了梁先生的由衷赞赏，亦引发了他进一步的深刻反思，社会主义事业如果“只着眼政治经济方面，而于社会文教方面顾未及详”的话，其实是有缺陷的，因为“从人类心理发展言之，已往的历史均属人的身体势力强大，而心为身用的时代，今后则转入身为心用的时代。盖从社会主义取代资本主义便是社会发展史上从已往自发阶段转入今后自觉阶段了。正为人心抬头用事，在社会主义文化上道德将代宗教而兴”，“然为人们自觉自律之本的高尚品质、优美情感，却必有其涵养和扶持之道。否则，是不行的”。正唯如此，“此为人们行事自觉自律之本的优美感情、高尚品质，如何予以涵养和扶持的具体措施，且亦是在建设社会主义途程中定将逐渐出现的”[④]。引论至此，我们实不能不佩服梁先生极富预见性的远见卓识，从历史上来讲，诚如梁先生所言：“儒术自汉而定于一尊，成为中国思想之正统，汉室运祚亦以此绵远，不同于秦。是故开出此大一统之局者，不是儒家，而稳定此大一统之

① 梁漱溟：《中国文化要义》，见中国文化书院学术委员会编：《梁漱溟全集》第三卷，山东人民出版社1990年版，第6页。

② 梁漱溟：《中国建国之路》，见中国文化书院学术委员会编：《梁漱溟全集》第三卷，山东人民出版社1990年版，第371、372、378页。

③ 梁漱溟：《中国建国之路》，见中国文化书院学术委员会编：《梁漱溟全集》第三卷，山东人民出版社1990年版，第383页。

④ 梁漱溟：《人心与人生》，见中国文化书院学术委员会编：《梁漱溟全集》第三卷，山东人民出版社1990年版，第746、748—749页。

局者，则是儒家。事情虽不自它发之，却待它来收功。此后二千年便再不能舍儒者和儒术而求治。”[①] 历史的发展虽然不可能在简单的重复中展开和演进，但鉴古以知今，社会主义道德文化似亦不可能不借由社会文教来涵养和扶持，果如是言，则作为中国历史上风教文化之中心、拥有深厚悠久之渊源和根基的孔子儒家之文教传统和中华优秀传统文化，作为一种重要历史遗产和文化资源，便理应受到我们的重新重视，基于这一点，我们似亦可以说，开出社会主义的现代中国之局者，虽不是儒家，而能够有助于涵养和扶持社会主义道德文化而稳定此局者，却有待于孔子儒家之文教精神或中华优秀传统文化之发扬来收其功。

诚如上所言，如果说梁先生之前在其《东西文化及其哲学》和《中国文化要义》等书中孜孜于阐扬孔子人生哲学、周孔教化或中国文化之要义或真精神乃是“接着”五四新文化运动来讲的话，那么，在社会主义“新中国”建立之后，梁先生在其晚年名著《人心与人生》中则更是“接着”社会主义革命和建设事业来讲的，其中他念兹在兹而一以贯之的便是对于人生、人心、文化或社会文教（道德、礼乐、伦理）之价值和意义问题的深切关注和思考。综合梁先生所思所论，我们似可以合理地作出如下之推论，如果说“在社会主义文化上道德将代宗教而兴”[②] 的话，那么它须由社会文教来涵养和扶持之，而如果你承认“两千余年来中国之风教文化，孔子实为其中心”[③]，那么社会主义中国的文教事

①梁漱溟：《中国文化要义》，见中国文化书院学术委员会编：《梁漱溟全集》第三卷，山东人民出版社1990年版，第210—211页。

②梁漱溟：《人心与人生》，见中国文化书院学术委员会编：《梁漱溟全集》第三卷，山东人民出版社1990年版，第746页。

③梁漱溟：《中国文化要义》，见中国文化书院学术委员会编：《梁漱溟全集》第三卷，山东人民出版社1990年版，第103页。

业则仍须取资参考于孔子儒家之文教或中国早熟之文化[①]，否则只是无源之水、无本之木。但与此同时，梁先生之所以既不赞成简单模仿西洋近代人生和民主制度，亦不主张简单模仿中国古代习俗礼制，乃是因为在他看来问题的关键在于要“建造一新中国社会”，走出一条新的建国（包括政治、经济、文化在内）之路，还必须充分发挥人的创造性，而“凡创造都是生命中见精彩处，在个人如是，在民族如是。于此际，你要激发一民族的精神，打动一民族的心——他生命的深处——而后他的真力气、真智慧、真本领始得出来，而后乃能有所创造，有所成就”[②]。要之，继承和发扬中国“理性早启、文化早熟”之优良文教传统和孔子道德伦理之教的真精神，并加以创造性转化和创新性发展而使之融入建造“新中国社会”或建设“社会主义新中国”的事业之中，中国“理性早启、文化早熟”之优良文教传统和孔子道德伦理之教的真精神亦庶几由此而得以真正地发扬光大。我们似不必做过度的联想，亦可以想见到，今日所谓“弘扬中华优秀传统文化，培育和践行社会主义核心价值观”，想必应为梁先生所称许，甚或可说是其以文化或社会文教来涵养和扶持“自觉自律之本的高尚品质、优美感情”或社会主义道德这一卓越的先见之明所蕴含着的题中应有之义。

然而，大概大大出乎梁先生之期望的是，今日却又重新出现一股所谓“大陆新儒家”思潮，这股思潮的一些代表人物一方面极力反对和排斥西方化，而另一方面却又偏偏乐于将“儒教”宗教建制化，他们不是按照孔子之教的本真含义来思考儒学复兴或“儒教”重建的问题，而是要重新“回到康有为”，像康有为那样模仿“耶教”来重建“儒教”并极力主张将其立为“国教”；他们无视

① 梁先生说：“中国古礼是出于我夙来所说的理性早启，文化早熟，原为当时统治阶层而设者，却大可为今后人类新社会所需要的文化设施作参考。”“早熟的文化自难于传布，遂不久有‘礼崩乐坏’之叹，更且不适合国际竞争的近代；然却正可为今后新社会作参考。说参考，当然不是模仿采用。将来的事情留待后人为之，此不多言。”（《人心与人生》，见中国文化书院学术委员会编：《梁漱溟全集》第三卷，山东人民出版社1990年版，第745、746页）

② 梁漱溟：《中国建国之路》，见中国文化书院学术委员会编：《梁漱溟全集》第三卷，山东人民出版社1990年版，第370、372页。

梁先生所说吾人“生当世界大交通之世”“当全人类前途正需要有一种展望之际”[①]的事实，时代所要求于我们的是，应本着自身的文化自觉与自信，对东西文化既能辨其殊异而又能善观其通，并以此整体通达之见，一方面致力于继承和发扬中国文化或孔子伦理之精神，另一方面又要善于吸取西方文化之优长，而他们所鼓吹的却是“全面复兴儒学”“回到康有为”，通过将“儒教”宗教化和“国教化”的方式来重建政教合一的“儒教国家”，实现现代中国的民族认同与国族建构。他们急切追求一种政治化和宗教化的建制形式，而不知讲求孔子之教和儒家之学的本真含义。他们“全面复兴儒学”和“回到康有为”的极富政治化、宗教化和意识形态化色彩的口号和诉求，不仅笼统而不合事实，而且最易于在政治—宗教意识形态领域引发无谓的政争和教争。

所谓“全面复兴儒学”，究竟是指以儒学的“全能教义”来解决今日中国或全人类面临的一切问题，还是指将历史上的儒学所涵盖的一切思想、教义、礼俗和制度等等全部加以复兴？事实上，看他们的文章言论，似乎这两方面的意思都有，果真如此，则如此“全面复兴”恐怕只可以“荒唐”言之。欲“回到康有为”，但殊不知康有为的思想主张是何等的庞杂，维新改良和保守保皇，极端偏执与极端激进，极力尊崇孔子的太平大同之教，而又将孔孟经典直接作西式自由平等化的解读和诠释，那么，你究竟要回到哪一个“康有为”？其实，倡言“回到康有为”者是有高度选择性的，他们不可能回到、认同和接受极力主张人人自由平等、独立自主的“康有为”，因为他们不仅连孔子儒家对春秋霸主之霸功的肯定与法家单纯“以力服人”的、扩张性的霸道霸权主义主张之间的区别都分辨不清，而且甚至还抱持着这样一种信念：“父子之间”是“完全不能讲平等”的，“否则，会天下大乱的”[②]；他们“回到康有为”，其实最感兴趣和热衷的就是在形式上像康有为那样模仿“耶教”将“儒教”宗教建制化并立为“国

① 梁漱溟：《人心与人生》，见中国文化书院学术委员会编：《梁漱溟全集》第三卷，山东人民出版社1990年版，第760页。

② 参见曾亦等：“回到康有为”专题，《天府新论》2016年第6期，第78—79、68页。

教”，殊不知孔子儒家之教本非宗教，弄不好可能只是弄成对西式宗教的一种拙劣的“戏仿”而已。

说到底，在我看来，今日讲孔子之教或中国文化的复兴问题，不同于“大陆新儒家”的另外一种更好的选择，也许是应将孔子儒家之教看作一种文教来复兴，不一定非要简单模仿其他宗教而将之宗教建制化，而是应追随梁漱溟先生而思，考虑如何将孔子儒家启发人的道德理性和“互以对方为重”[①]的伦理之教的真精神落实为伦理化和理性化的人生、生命的形态和生活的方式，建构一种既发扬中国伦理精神而又吸取西方自由民主精神之优长的良好的团体生活，而不是“回到康有为”，天真地以为将“儒教”立为政治化的“国教”就能够轻易地实现“全面复兴儒学”、重建政教合一的“儒教国家”或对现代中国的民族认同与国族建构的目标。

五、孔子儒家之文教事业和理想的价值与意义

在历史上，孔子儒家之教本非宗教之教，而是教化之教、文教之教，那么，作为一种文教的“儒教”，它在今天究竟还能具有什么样的价值和意义，还能发挥什么样的功能和作用呢？这不是一个简单而容易作答的问题，需要从它历史上的存在形态、演进发展过程、发挥作用的方式、途径以及产生的实际影响和效果等诸多方面来讲起，并须结合今日中国和人类未来之需要来思考和申论，在此只能简略谈几点自己不成熟的粗浅想法和初步看法。

首先，孔子为儒家文教之“教宗”，亦为其源头活水之“本原”，我们只有深切体认和透彻理解孔子古典儒家之学之教的义理本质和真正精神，才能恰当把握和确立使儒家文教事业得以被重新激活和走向复兴的根本方向与正确道路。

孔子创办私学，终其一生皆以讲学传道、修德立教为志业，正如钱穆先生

① 梁漱溟：《择善而从》，见中国文化书院学术委员会编：《梁漱溟全集》第七卷，山东人民出版社 1993 年版，第 627 页。

所言，“孔子一生重在教，孔子之教重在学”[①]，而且，孔子是“中国历史上特立新创的第一个以教导为人大道为职业的教育家”[②]。要而言之，孔子之教是一种文德之教，正所谓“孔子之施教也，先之以《诗》《书》，而道之以孝悌，说之以仁义，观之以礼乐，然后成之以文德”（《孔子家语·弟子行》），而且，孔子一贯秉持“有教无类”“因材施教”和学为君子的开放式自由教育的原则、方法和目的理念，注重道德理性的启发、美好品行的涵养、健全人格的培育、人文经典的传习。在实际的教学实践活动中，孔子教人不仅不抹杀人的个性，而且在承认和尊重人的个性特点的基础上，努力以因材施教、扬长补短的方式方法，培养和成就德行、言语、政事和文学等各种方面的有用人才，这不仅使儒家的文教事业充满了内在的活力，所培养人才具有丰富的多样性，而且，也正是这样一种文教事业，又反过来为儒家学派在历史上生生不息的繁衍和传承、生存和延续提供了各种各样且不断更新的人才保障与智力支撑。

事实上，孔子儒家学派本身的发生、存在和延续正是与其文教事业紧密相关而密不可分的，我们甚至可以说，儒家之为儒家，与其对人的道德教育、人文教养乃是一而二、二而一的问题。就先秦时期的诸子百家来讲，把对人的道德教育和人文教养事业作为自己创宗立派之根基的学术思想流派，当首推孔子和儒家，此外还有墨家。但墨家的教育组织，有着自己明确的“墨者之法”来强制性地规制墨者个人的行为和墨者团体的行动，其政治和宗教组织的集体主义色彩太过强烈而易流于僵固，很难说是一种纯粹的注重个体道德自觉和自我完善成长的文教组织和学术团体；法家的政治色彩更浓，而其自身又缺乏相应自觉的可以持久维持其自我身份认同的学派属性和组织形式；道家则偏重于对自然之道和形上智慧的个人独特领悟，一般较为轻忽和缺乏有组织的学术传承建制（后来的道教另当别论）。唯有孔子和儒家，最为重视对人进行有组织、有系

①钱穆：《论语新解》，生活·读书·新知三联书店2012年版，第4页。

②钱穆：《孔子传》，生活·读书·新知三联书店2002年版，第12页。

统的学术教育传授，并特别注重对人进行道德人格培育和发展具有人文教养性质的文教事业，为此不仅需要具备一定的常规化的教学机构、活动场所和组织形式，还必须能够在师生之间建立起学术、心志和情感等诸多方面的联系纽带，甚至形成一种相对持久稳定的薪火相传的传承授受的文教学术谱系。

由上可见，不仅孔子儒家学派以文教事业作为自身学派生命的根基，从某种意义上讲，我们甚至可以说儒家本身事实上就体现为一种文教实践活动和事业，而且是一种特别注重人的道德品格培养或以人的人文教养为主的文教实践活动和事业。正因为如此，所以，孔子儒家之文教在历史上虽不免有被统治者利用来维护其统治的情况发生，但作为一个学派，其文教事业之所以在历史上拥有持续而长久的生命力和影响力，并非单纯依靠统治者或国家政权力量把它作为一种教条主义的意识形态去加以尊崇而造成的，这一点最值得我们深长思之。唯其如此，我们才有正当的理由去思考孔子儒家之文教在今日所可能具有的作用及其复兴的前景问题，就此而言，梁启超先生的说法仍然值得我们认真对待和重视，即“孔子教义第一作用，实在养成人格”，这既是“孔子之圣所以为大为至”而孔子教义“实际裨益于今日国民者”之所在，亦是吾人今日“诵法孔子”及“昌明孔子之教”[①]所由之道之所在。

当然，我们必须正确理解这一点，即孔子儒家之“尊德性而道问学”（《中庸》），以涵养德性、成圣成贤、培育富有人文精神和道义担当之情怀的士人君子为目标和归趋，其学术和文教事业显然不具有科学知识教育、自由民主教育和宗教信仰教育的性质，但在今日，欲发扬和复兴孔子儒家文教事业者，正不必以反对这些教育为鹄的，毋宁将这些教育善加包容、含化和融通，适足以使孔子儒家之文教事业在今日真能够发扬而光大，或者成就儒家文教事业之“致广大而尽精微”的目标。牟宗三先生对此有极精到的论述可资为鉴，其言道：

① 梁启超：《饮冰室文集》之三十三《孔子教义实际裨益于今日国民者何在欲昌明之其道何由》，见《饮冰室合集》第四册，中华书局1989年版，第65页。

现在有人谓儒家学术非科学、非民主、非宗教，然不反科学、不反民主，亦不反宗教。此说甚善。非科学，以其学问之用心不在此；不反科学，因儒者本主“明伦察物”，若能开出，正是善事，何须反之？非民主，因其在历史发展中，于政治形态上未开出民主制；不反民主，开出亦正善耳，何反之有？非宗教，因其摄宗教精神于人文；不反宗教，因其立人极而使神极与物极俱得其所，正所以善化宗教（西方宗教上之残酷愚昧正是恶化），何可反耶？是以吾人现在不必单看中国没什么，而须看西方所有的什么，其本质如何，其贡献如何；中国所没有而特有的，其本质如何，其贡献何在。如此拆而观之，则由西方之所有，正见其所缺的是什么，由中国之所无，正见其所备的是什么。如此而见其会通，则人类文化始有其前进之途径与向上一机之超转。是以吾常说：察业识莫若佛，观事变莫若道，而知性尽性，开价值之源，树立价值之主体，莫若儒。此即中国儒家学术之特色，足以善化一切消融一切之学也，故为人间之大本。①

其次，孔子儒家之文教事业，盖以教人如何做人和培养士人君子为教学之目标和宗旨，以文行忠信、人伦义理和经典研习为教学之内容和途径，以博学身正、修德明道、传道授业之师儒为教学之主体，以庠序学校书院为教学之机关，而其终极之理想和根本之目的则在经世致用、化民成俗和修齐治平，与其他宗教之启示性的教义、神圣性的经典和仪轨、系统性的教会组织架构以及以追求彼岸之信仰皈依或出世之精神解脱为终极理想和根本目标有着本质不同。但，对此亦须作正确恰当的理解，才能把握孔子儒家之文教事业的根本性质和真正精神。

孔子儒家教人如何做人，重在美德品性的涵养和健全人格的培育，而孔子

① 牟宗三：《从西方哲学进至儒家学术》，见《生命的学问》，广西师范大学出版社 2005 年版，第 27 页。

儒家文教所用以教人研习的五经六艺，亦根本不同于宗教神学之启示性的教义经典，而是本原于历史文化传统的人文经典。研习这些人文经典的根本目的，在于培养人的综合性的人文素质和"文化能力（教养）"[①]，或者涵养人人皆应具备的五种美好的道德品性，正所谓：

其为人也，温柔敦厚，《诗》教也；疏通知远，《书》教也；广博易良，《乐》教也；洁静精微，《易》教也；恭俭庄敬，《礼》教也；属辞比事，《春秋》教也。（《礼记·经解》）

经，常也。有五常之道，故曰"五经"。《乐》仁，《书》义，《礼》礼，《易》智，《诗》信也。人情有五性，怀五常不能自成，是以圣人象天五常之道而明之，以教人成其德也。（《白虎通·五经》）

另如当代新儒家的代表人物杜维明先生所说，"五经"亦可说分别代表和象征着五种视界，即《诗经》《礼记》《春秋》《书经》《易经》，它们分别代表和象征着诗艺的、社会的、历史的、政治的与形而上的五种视界，这五种视界可以说体现了孔子由对"人"的全面反思而形成的对人类状况的系统看法[②]。此说颇具启发性，恰可以帮助我们更好地理解孔子儒家文教之经典教育的价值和意义所在，它不像一神论宗教的启示性的教义经典那样只是使人接受一种排他性极强的单一的神谕视界，而是启发和引导人具备一种丰富而多元的人类视界。

作为一种具现世或入世性质的文教，其价值和意义还不止于涵养个人的德性，培养个人的"文化能力"，它还具有十分广泛的政治和社会方面的效用。因为在孔子儒家看来，只有受过人文教育、养成高尚美德和健全人格、具备"文化能力"和道义担当之精神和责任的士人君子，才真正拥有正当的资格并能够以德致位、领袖群伦、参与政治、治国安民乃至平治天下，而治理之道便是梁漱溟

① ［日］谷川道雄：《中国中世社会与共同体》，马彪译，中华书局2002年版，第96页。

②参见［美］杜维明：《东亚价值与多元现代性》，中国社会科学出版社2001年版，第182—186页。相关论述又见《道、学、政：论儒家知识分子》（上海人民出版社2000年版）一书第一部分《古典儒学中的道、学、政》。

先生所说的以伦理组织社会、以礼乐涵养理性或化民成俗。如梁先生说："孔子最初着眼的，与其说在社会秩序或社会组织，毋宁说是在个人——个人如何完成他自己；即中国老话'如何作人'。不过，人实是许多关系交织着之一个点，作人问题正发生在此，则社会组织社会秩序自亦同在着眼之中。"① 正唯如此，所以孔子儒家之文教所教的如何做人的道理着重于人与人彼此相与之种种伦理关系，并首重家庭生活和孝悌亲亲之伦理情谊，但孔子儒家之"伦理教"虽然始于家庭生活和孝悌亲亲之道，却又不止乎此，而是以此为根基而培养"互以对方为重"的伦理情谊，并进而将此家庭关系和伦理情谊扩充推广而使整个社会"辗转互相联锁起来，无形中成为一种组织"，此即梁先生所谓"以伦理组织社会"，而此一社会组织不仅"没有边界，不形成对抗"，而且，恰恰相反，"它由近以及远，更引远而入近"，乃至"泯忘彼此"而至于"天下一家""四海兄弟"②。另一方面，孔子儒家之文教"要实现一个'生活完全理性化的社会'，而其道则在礼乐制度"③，即以具体的礼乐涵养人的理性，使人生活在诗礼之中，或使人的生活艺术化。

信如上言，则孔子儒家之文教虽具有鲜明而强烈的"现世"性和"入世"性，但它并不是完全适应现实之"世俗化"的，它不仅是现世和入世的，而且更有其极崇高而优美的社会理想和转世化世的情怀，它要变天下无道为天下有道，它要以人与人相与之间富有诗意的礼乐揖让和真挚诚笃的伦理情谊转化现实功利化和卑俗化的人情世故，以实现天下一家、世界大同、四海兄弟的理想愿景。此终极理想和社会愿景虽与基督一神教信仰下所有人同为"上帝"之子女、同

① 梁漱溟：《中国文化要义》，见中国文化书院学术委员会编：《梁漱溟全集》第三卷，山东人民出版社1990年版，第119页。

② 梁漱溟：《中国文化要义》，见中国文化书院学术委员会编：《梁漱溟全集》第三卷，山东人民出版社1990年版，第82页。

③ 梁漱溟：《中国文化要义》，见中国文化书院学术委员会编：《梁漱溟全集》第三卷，山东人民出版社1990年版，第110页。

为兄弟之观念颇为相似但实不同，因为基督一神教信仰下人与人的关系只是人与神之关系的衍生品，而孔子儒家“伦理教”观念下人与人的关系直接就是根基于家庭关系和伦理情谊的人与人之关系本身，前者因共同的宗教信仰而结合为人与人的关系，后者因共同的伦理情谊而结合为人与人的关系，前者是超家庭甚至是反家庭的，佛教舍离伦理的出世精神亦属此例，后者则是重家庭关系和以家庭生活为根基的，但它又不止于家庭关系和家庭生活，孔子儒家之文教不离日用常行之道而自有其提撕上达、人生向上之社会理想和精神境界，宋明儒者所谓万物一体和民胞物与之仁道情怀即其显例，此又正是孔子儒家之文教不是宗教而胜似宗教之精神性的体现，难怪港台新儒家甚至要将孔子儒家之教径直命为“伦理”之“宗教”或“道德宗教”①。

复次，孔子儒家之文教政治理想乃是一种修己与安人、修身与治世、心性与政治、内圣与外王、明明德与亲民、为学与为政之两维一贯而不可分之道，分而割裂之，则失其本来意义上的完整性，非复孔子儒家之文教政治，而不免于偏失之病。若偏于两维之前者，则仅能成就个体自我之人格，虽然能“穷则独善其身”，但毕竟只是处穷受困之际无法实现其“达则兼善天下”或“得志，泽加于民”之政治理想和抱负的一种无奈选择，尽管如此，如孟子所言，儒家之士君子却仍须坚持“不得志，修身见于世”的道德理想和信念（参见《孟子·尽心上》），若自甘于做一个坚持避世主义的“自了汉”，恐已丧失孔子儒家修身立教、明道救世之理想和信念。反之，若偏于两维之后者，失其根本而徒务于外王之事功，则恐怕自甘于伪言伪行而不免于鲁莽灭裂之鄙陋，因为依孔子儒家

①如方东美先生说：“在中国，宗教的本质就是伦理，一开始便是以理性开明的伦理文化代替神秘宗教。”（《原始儒家道家哲学》，中华书局2012年版，第14页）牟宗三先生则说：“关于道德宗教方面，吾人必须知这是‘人道之尊’之总根源，价值所从出之总根源。人性之尊严，人格之尊严，俱由此立。人间的理想与光明俱由此发。宗教不是外在的迷信，乃是人生向上之情，期有以超越其形限之私之不容已。而此不容已也就是人之‘内在道德性’之发见处。”（《道德的理想主义》，吉林出版集团有限责任公司2010年版，第106页）此与梁漱溟先生辨析孔子之“伦理教”本非宗教而有宗教之用之意并无本质的不同。

之文教政治理想，唯正心诚意而慎修已身者斯足以安人治世，虽其成功受客观形势之影响而不可必期[①]，然而，若其身心不正、德性不修，已先失其领袖群伦、为政安民的正当性资格，又何以谈事功之成、外王事业呢？故宋儒程颐说："凡物有本末，不可分本末为两段事。"[②]又说："人之学莫大于知本末终始。致知在格物，则所谓本也，始也；治天下国家，则所谓末也，终也。治天下国家，必本诸身，其身不正而能治天下国家者无之。"[③]而牟宗三先生亦有言："凡宣传科学而必诟诋儒家内圣外王之教者，其人为无知；凡要求事功而反心性之学者，其人为鄙陋。"[④]

毋庸讳言，从理论上讲，孔子儒家内圣外王之文教政治理想具有一种圣王政教合一的特点，但是，有一点是绝对不容混淆的，即抱持这样一种文教政治理想并不等于说他们认为事实如此，对孔孟而言，尤其是如此，他们自觉地意识到自己生活在一个圣人不得而见或圣王没而远逝的时代状况下，所期望的只是士人君子"修身见于世"（《孟子·尽心上》）乃至以德致位、治世救民，或豪杰之士君子奋然兴起而"务引其君以当道"（《孟子·告子下》）。因此，我们切不可将孔孟古典儒家之文教政治理想混同于现实之政治状况，唯有在理想与现实之间严格维持一种必要的分际，才能使这一理想对现实政治产生一种良性的

①诚如劳思光先生所说："在政治层面讲，不可要求天下人成为圣贤；在道德层面讲，则必有此要求。此即涉及理论领域之划分问题。政治生活之领域，原以'众多主体之并立关系'为基本条件，故有其独立性。""人一言及'事功'，必涉及如何驾驭客观形势之'理'，而此'理'即'成败之理'。孔子以来，似无重视'成败之理'之说。宋代唯陈亮与朱熹之辨，似触及此问题，然亦无甚明确理论；而另一面'成德'之观念则一直为儒学思想之主脉。而'成德'与'成功'显然不能混为一事也。""故是否'成德之学'外另有'成功之学'，乃一大问题。探究此一问题时，吾人之思考实已越出儒学本身之范围，而对此问题之解答，亦必须诉之于另一层面之某种理论标准，而不可于儒学内部求之。"（《新编中国哲学史》三卷下，广西师范大学出版社2005年版，第484、496页）

② 程颢、程颐：《二程集》，王孝鱼点校，中华书局2004年版，第148页。

③ 程颢、程颐：《二程集》，王孝鱼点校，中华书局2004年版，第316页。

④牟宗三：《政道与治道》，广西师范大学出版社2006年版，序，第2页。

转化和提升之功。因此，在我看来，这一文教政治理想，既不同于许多学者所指出的后世以王为圣或将现实之王圣化的“王圣”事实，其所内含关涉的政教关系问题亦与西方所谓政教之关系有本质的不同。

而尤其值得我们思考的一大问题在于，孔孟古典儒家之文教政治理想从人类社会生活之根本源头处所揭提政治之道的根本之义究竟所指为何，用梁漱溟先生的说法，亦即人与人如何才能“成社会而共生活”，而政治又究竟于此可以通过什么样的方式和途径成就、能够发挥什么样的功能和作用。依梁先生之见：

> 必要在人生价值判断上有其共同点，而后才能成社会而共生活。①
>
> 人当有理性时，对于旁人的感情乃能相喻而关切之。而亦唯关切，乃能相喻。既相关且相喻，而彼此意志顾有出入，乃有人对人的问题发生。②
>
> 对于他心，只能影响之感召之，而且不可必得，说不到控制改造。……所谓人对人的问题，其实就是心对心的问题，彼此互相感召之间，全靠至诚能动。③
>
> 人与人之间，从乎身则分则隔，从乎心则分而不隔，然卒以身之故，此不隔之心却容易隔起来，故在文化上恒必有其相联相通之道，而后人类乃得成社会而共生活。④

那么，如何或通过什么方式和途径启发人的理性，才能使人们在人生价值

---

① 梁漱溟：《中国文化要义》，见中国文化书院学术委员会编：《梁漱溟全集》第三卷，山东人民出版社 1990 年版，第 215 页。

② 梁漱溟：《中国文化要义》，见中国文化书院学术委员会编：《梁漱溟全集》第三卷，山东人民出版社 1990 年版，第 262 页。

③ 梁漱溟：《中国文化要义》，见中国文化书院学术委员会编：《梁漱溟全集》第三卷，山东人民出版社 1990 年版，第 263 页。

④ 梁漱溟：《中国文化要义》，见中国文化书院学术委员会编：《梁漱溟全集》第三卷，山东人民出版社 1990 年版，第 302 页。

判断上有其共同点，在感情或情意上能够彼此相互关切、自喻共喻、融合相安，在文化上能够相联相通、自信共信，乃至真能“成社会而共生活”？依据孔子儒家之文教理想，不能简单地通过强制性的行政命令和刑法控制的方式来达到这一目的，而只能采取教化的方式，而“教化所以必要”，亦正“在启发理性，培植礼俗，而引生自力”，如梁先生所说，“这就是士人之事了”，而“士人居四民之首，特见敬重于社会者，正为他‘读书明理’主持风教，给众人作表率。有了他，社会秩序才是活的而生效。夫然后若农、若工、若商始得安其居乐其业。他虽不事生产，而在社会上却有其绝大功用”①。果如是言，则落实孔子儒家之文教政治理想、维持整个社会风教文化的真正主体，并不是国家的统治者——君主，而是他们心目中理想的士人君子，而士人君子之责正在其上而引导其君，下而教化其民，引导其君实行王道仁政之治，制民恒产，保障民生，为人民的生活创造必要的制度环境和经济条件，教化其民践修孝悌仁义之道，人人亲其亲、长其长而至于天下平。

然而，无论是引导其君，还是教化其民，启发其理性，又岂是急功近利所能够轻易奏效的？故孔孟古典儒家“互以对方为重”的五伦观念反不如汉宋儒者所鼓吹和强化的片面地要求臣、子、妇服从君、父、夫之绝对权威的“三纲”观念之影响、束缚人心的力量来得大，单纯依靠士人君子之引导其君、教化其民亦不如借助国家政权的力量和统治者的绝对权威来尊崇“儒术”“儒教”能够见效神速乃至产生深远影响，然而，正唯如此，孔子儒家太高之文教政治理想才会在历史上产生“不落实”之病，而随着片面性的纲常礼教观念的逐渐僵化和胶固，乃至“以日久慢慢机械化之故，其锢蔽之（按：不）通竟不亚于宗教，其钢硬冷酷或有过于法律”，“民国七八年间新思潮起来，诅咒为‘吃人的礼

① 梁漱溟：《中国文化要义》，见中国文化书院学术委员会编：《梁漱溟全集》第三卷，山东人民出版社1990年版，第206—207页。

教'"[①]。正唯如此，如果我们真心欲重新复兴和弘扬孔子儒家之文教理想的话，则不仅应在理想与现实之间维持一种必要的分际，亦须在孔孟古典儒家之文教理想与后世之已被歪曲利用而流于堕落和卑俗的世俗礼教之间作出明确的区分。然而，此非"大陆新儒家"之"儒教"宗教化或"国教化"论者之所知，他们更倾心于鼓吹帝制中国时代借助国家政权力量尊崇"儒术""儒教"而将之立为"王官学"或"国教"的政教传统和以"三纲"为中心的世俗礼教传统，他们之所以倡导"回到康有为"，亦不过是要恢复这一传统，此即他们所谓"复古更化"，他们对主张民贵君轻、君为民用、保障民生的孟子式的王道仁政（只是其"民本政治"和实现文教理想的一种方法和途径）不感兴趣，而热衷于帝制时代公羊学家的"为民而王"（既不以民为主，亦非以民为本）的"王道政治"（圣王合一为其追求的本质和目的），并自命为"政治儒学"，其实，其所谓"政治儒学"只是帝王统治之术，而与孔孟儒家真正的文教政治理想相去甚远。信如以上所论，如果我们对孔孟古典儒家之文教政治理想之本义或真精神理解不错的话，而且，如果今日之儒者还仍然承认孔孟为儒家文教之"宗主"的话，那么，我们实有必要为"政治儒学"辩诬正名以正视听，因为只有归宗或本原于孔孟古典儒家之文教理想的"政治儒学"才称得上是真正的"政治儒学"，而且，吾人深信"政治儒学"以及"儒教"宗教化和"国教化"之图或许会随时代发展而浮沉，但孔子儒家之文教理想与事业终将重光而久大，此本文之所由作也。

另外，我们必须明确指出的一点就是，复兴孔孟古典儒家之文教理想本身并不是目的，根本目的乃在于创造和建构一个好社会或一种好的共同体生活。就此而言，梁漱溟先生对"认识老中国，建设新中国"所作的探索和努力对我们仍然富有启发和教益。依梁先生之见，中国人受周孔教化的影响，在历史上虽能以伦理组织社会，但缺乏集团或团体生活。而在今日要想使中国人也过上一

---

①梁漱溟：《中国文化要义》，见中国文化书院学术委员会编：《梁漱溟全集》第三卷，山东人民出版社1990年版，第286页。

种优良的团体生活，必须发扬孔子儒家文教之“伦理本位”的精神，并吸纳西方文化之个人、自由、民主的有益资源，使两者能够实现具体的事实的沟通融合，以创造一种个人与团体“互以对方为重”的团体生活，即既以伦理精神建构一种人与人相与之情亲义重的团体秩序，而又让个人对团体生活作积极有力的参与，团体不压迫、压制个人，个人亦不散漫放任而能尽其对团体的责任和义务，团体之公共事务，由大家共同参与商议解决。此不须法律强制而靠道德礼俗便能自维持秩序的团体生活之理念构想，与美国学者阿米泰·伊兹欧尼所说的在社会秩序与个人自主之间能够维持一种平衡的“好的共同体与好社会”颇为近似或相通，如伊兹欧尼说：

全然依靠执法来强化价值并不能创造一个好社会。

与此相反，为了让一个社会成为好的，我们就不应当通过法律手段而应通过道德来“管制”大量的社会行为，并且法律自身也应当基本限制在道德所赞同的范围内。事实也确实如此，因为道德更能与高水平的自我尊重相匹配、与自主性相匹配，从而与一个好社会相匹配。①

好社会首要地不是一个法律与秩序的社会，而是一个以其成员所认同的共同的道德价值为基础的社会。②

从建构一种好的团体生活或创造一个好的共同体与好社会的意义上讲，善于综合运用和发挥各种有益的思想文化资源是非常必要的，这些有益的思想文化资源不仅为我们所需要，也是我们所应倍加珍惜的，像梁漱溟先生所阐扬的那样，我们也认为孔子儒家之文教理想正是这样的一种有益的思想文化资源，但复兴和弘扬这一思想文化资源，不必与其他有益的思想文化资源相敌对，或以牺牲其他有益的思想文化资源为代价，反之亦然。传承孔子儒家之文教理想，

① ［美］阿米泰·伊兹欧尼：《创造好的共同体与好社会》，见李义天主编：《共同体与政治团结》，社会科学文献出版社 2011 年版，第 358 页。

② ［美］阿米泰·伊兹欧尼：《创造好的共同体与好社会》，见李义天主编：《共同体与政治团结》，社会科学文献出版社 2011 年版，第 360 页。

弘扬中华优秀传统文化，培育社会主义核心价值观，共建中华民族共同精神家园，创造一个好的“新中国社会”，这才是时代赋予吾人的伟大使命。

最后，还有两点需要特别明确提出来说明：其一为兴文教是否就意味着一定可以化成天下，其二是儒之为用是否一定可以使国家得治而不用则乱。这两点是不可一概而论的，不过，关于这两点，古人已思之深切而辨之明当，姑引之以附于文末：

> 圣人之文，所以化成天下。是故法离之明，则以联天下之情；法艮之止，则以定天下之分。叙五典，秩五礼六德，所以培其根也；六艺，所以达其枝也。有本有文，行之必自其身，教之必由其道。礼乐百年而后兴，王者必世而后仁，不可躁也，不可伪也。后世人君，若汉武之求遗经，明帝之幸辟雍，唐文皇之兴太学，宋理宗之尊程朱，谓之为兴文教则可，谓之为化成天下之文则不可。①

> 儒者关治乱乎？曰：然。用则治，不用则乱乎？曰：非也。用儒而治者，有之矣；用儒而乱者，有之矣。故儒得其人则为福，不得其人则为贼。以小人之质而被圣贤之文，如虎斯翼，固攫人于都市耳。②

显然，在古人看来，我们不能简单地将历代统治者“兴文教”的事迹与作为视同“行之必自其身，教之必由其道”而以礼乐化成天下的“圣人之文”本身，这也就意味着仅仅“兴文教”并不必定能够直接达到化成天下的目的，要想实现化成天下的目的，必须能够循序渐进地将“圣人之文”真正地内化于心而外践于行，切不可急功近利而躁急冒进和作伪。同样地，儒之为儒，虽然关乎国家的治乱，但并非一定用儒则治，事实上，在历史上用儒而乱者亦有之，问题的关键在于儒得其人则为福，反之，不得其人则为贼。明乎此，我们才能真正对王者之化与圣人之文、儒者之用与国家治乱之间的实质关系具备一种理性而清

① 高宗弘历：《御制日知荟说》卷一，见《四库全书》第七一七册，上海古籍出版社 1987 年版，第 675 页。

② 李觏：《庆历民言 · 辨儒》，见《李觏集》，王国轩点校，中华书局 2011 年版，第 243 页。

醒的警觉意识。

以今日之情势言之，我们对于儒学复兴的现象也当作如是观，儒学之复兴、“儒教”之重建是否意味着人们就可以轻易地将儒家的真实信念（且不说对于儒家信念充满异见的各种各样的表述与看法）内化于心、外践于行，信用那些急于复古更化、一心要做“帝王师”和“立法者”而欲重建政教合一之“儒教国家”的儒者，是否就真的意味着用之则治、不用则乱，乃至才能真正成功地实现现代中华民族认同与国族建构的目标，而不会像汉家尊儒术而王莽之流反而假借儒术夺取了汉家政权进而又以全盘复古之儒术祸乱天下？这是需要我们今人必须审慎地加以审视、思考和认真对待的，天真地想当然是无济于事的，换言之，兹事体大，切不可躁也，尤不可伪也。

（本文写作完成于2017年1月11日，收入《论儒教作为一种文教——孔子、儒学与儒教问题评论集》一书，学习出版社2017年8月出版；删节稿以《儒教文教说》为题刊载于宋立林主编《洙泗——梁漱溟与孔学重光》，山东教育出版社2021年11月出版）

守望文明，阐扬文教
——孔子儒家如何赋能中华文明

人类经过千百万年的演化，由蒙昧而野蛮，再进而至于文明，实在是一场神奇的伟大飞跃。那么，人类究竟是如何实现文明的飞跃的呢？要而言之，世界诸文明可说是在人类生活之基本需要动机的促动下，各自在特定地理区域及其特殊生存境遇下成功应对生存挑战而历史地产生和起源，并不断发展和变迁的。诸文明皆是应人类生活之基本需要而产生，故有其普遍的共同性，同时各文明又是在特定地理环境下历史地产生和形成的，故又各有其殊异性，中华文明当然也不例外。正唯如此，我们只有在文明比较的基础上才能开展文明间的交流互鉴，而交流互鉴的要义即在于：通过平等交流以求同知异，求其同即探求文明间的共同性，以便增进相互理解或夯实相互理解的真实基础，知其异即认识文明间的殊异性，以便在相互了解或知己知彼的基础上相互学习，真诚互鉴，取长补短，鉴优去劣。在文明冲突的危机日趋严重、文明对话的必要更显紧迫的今天，全人类无疑正急需通过这样的交流互鉴方式，来探寻文明间求其同而美美与共、知其异而和而不同的和谐共生之道。不过，为了更好地开展文明间的交流互鉴，我们首先需要明确文明的真正含义以及我们自身独特的文化资源优势所在，特别是儒学对于中华文明的独特价值及其对于文明交流互鉴可能作出的贡献。兹尝试论述一二，以求教于博雅君子。

一、何谓文明?

那么，究竟何谓文明呢？不同的学者从不同的角度，可有不同的定义或界说。

根据现代西方学者的主流观点，概括地讲，文明可说是一个过程，一个由蒙昧而走向开化的动态演进过程，同时作为这一过程的结果，文明也是指与野蛮相对立的一种进步状态或发展趋向。正唯如此，文明自有其起源与开端，而根据目前的认识，文明时代大约“始于五千年前”，是从原始文化状态发展而来的一种更高水平的“在一个特定时代存在的一种特定文化或特定文化阶段”[①]。与此同时，文明也被看作一种历史研究和比较分析的“单位”，每一种文明也就是一个文明的“单位”或“文化实体”，如亨廷顿所言，文明可以说是“放大了的文化”，是“人类最高的文化归类”，一个文明也就是“一个最广泛的文化实体”，是“人类文化认同的最广范围”或“最大的‘我们’”，因此，作为一个包容广泛的整体，文明涉及一个民族全面的生活方式，而界定文明的文化核心因素主要是由语言、历史、宗教、习俗、体制等共同的客观因素和人们自我认同的主观因素所构成的[②]。其中，西方学者尤其强调宗教对文化价值观、集体心态或精神生活的影响，如布罗代尔所言：“宗教是文明中最强有力的特征，始终是过去

---

① [英]阿诺德·汤因比：《历史研究》(修订插图本)，刘北成、郭小凌译，上海人民出版社2000年版，第19页。

②参见[美]塞缪尔·亨廷顿：《文明的冲突与世界秩序的重建》，周琪、刘绯、张立平等译，新华出版社1998年版，第24—26页。

和今天的文明的中心问题。”[1] 亨廷顿亦如是说：“宗教是界定文明的一个主要特征，正如克里斯托弗·道森所说，‘伟大的宗教是伟大的文明赖以建立的基础。’”[2]

需要特别强调指出的是，古典希腊文明应是一个例外，诚如布罗代尔所指出的，“几乎所有的文明都被宗教、超自然和神秘现象渗透和淹没：它们始终浸淫其中，从中抽取出它们特定的心理的最强烈动机”，然而，“自希腊思想的发展开始，西方文明一直趋向于理性主义，并因此摆脱了宗教生活”，“这是西方文明的一个显著特征”，故而“除了极少的例外（中国的智者、12世纪的阿拉伯哲学家），在西方之外的世界历史上还没有发现过这样明显地摆脱宗教的事例”[3]。

作为极少的例外，中华文明的非宗教特征无疑也是值得我们特别重视和认真看待的，尽管在构成中华文明的各种文化要素中并不缺少宗教的因素和现象，但在中华文明的历史上也确曾发生过摆脱宗教或“以道德代宗教”[4] 的文化发展趋向，正如梁漱溟先生所说，“中国数千年风教文化之所由形成，周孔之力最大”，而“周孔教化”是“非宗教”[5] 的。自汉武帝“罢黜百家，表章‘六经’”以

① ［法］费尔南·布罗代尔：《文明史纲》，肖昶、冯棠、张文英等译，广西师范大学出版社2003年版，第42页。

② ［美］塞缪尔·亨廷顿：《文明的冲突与世界秩序的重建》，周琪、刘绯、张立平等译，新华出版社1998年版，第32页。

③ ［法］费尔南·布罗代尔：《文明史纲》，肖昶、冯棠、张文英等译，广西师范大学出版社2003年版，第43页。

④ 梁漱溟：《中国文化要义》，见中国文化书院学术委员会编：《梁漱溟全集》第三卷，山东人民出版社1990年版，第106页。

⑤ 梁漱溟：《中国文化要义》，见中国文化书院学术委员会编：《梁漱溟全集》第三卷，山东人民出版社1990年版，第103页。

来，孔子儒学或非宗教的“儒教”[①]更占据了中华文明的文化主体地位，可说真正构成了中华文明的主要基础，本土的道教和外来的佛教只能作为中华文明之精神生活的一种辅助性的文化因素，故如亨廷顿所言：“佛教实际上在印度绝种以及它之适应于和被结合进中国和日本的现存文化，意味着它虽然是一个主要宗教，但却一直不是一个主要文明的基础。”[②]尤有进者，如法国汉学家谢和耐在论及中国文明的基本特征时所指出的：“中国社会中政治功能的发展及其较所有其他领域（军事、宗教、经济）的功能所占的绝对优势，是中国最典型的特征之一。”[③]总而言之，在中华文明的历史发展进程中，宗教的影响和作用并未占据中心的位置，而政治和“儒教”却在塑造和界定其主要特征上发挥了关键性的核心作用。

---

①汉代儒生的方士化及其思维方式的阴阳五行化，特别是董仲舒对王权天命、天人感应、阴阳灾异之说的倡导导致宗教神秘观念和谶纬迷信思想在汉代的流行，这是毋庸讳言的，然而，其主要关怀仍然体现在对政治现实的治乱关切以及对人民的道德教化上，正所谓：“若夫君臣之义，父子之亲，夫妇之别，朋友之序，此儒者之所谨守，日切磋而不舍也。”（《韩诗外传》卷五）“入知亲其亲，出知尊其君，内有男女之别，外有朋友之际。此圣人之德教，儒者受之传之，以教诲于后世。”（《说苑·建本》）故汉代“儒教”的思维形式虽然具有浓厚的宗教性色彩且盛行一世，但其核心理念仍不外乎“忠孝”和“三纲五常”之“名教”而已，并对后世产生了极为深远的影响。另如冯友兰先生所说：“在纬书中，儒家成为儒教，成为一种真正的宗教，孔丘成为这个宗教的神圣的教主。”又说：“在两汉期间，官方的统治哲学是谶纬化了的儒家思想。经过谶纬化，原来的儒家思想已成为一种宗教，孔丘为其教主。”然而，在当时，“古文经学的运动对于今文经学的这种宗教成分，以及谶纬的宗教趋势，具有清除的作用。这就使中国的封建社会不同于欧洲的封建社会。中国的中古时期不同于西方的中古时期”（《中国哲学史新编》中卷，人民出版社1998年版，第229、349、247页）。钱穆先生亦尝言：我们不能说“中国文化里无宗教”，因为“中国文化体系内，亦并非无宗教，古代就有，直到今天还是有”，然而，宗教在中国文化结构中，并“不成一要项，没有它重要的意义与价值，它的地位并不重要”（《从中国历史来看中国民族性及中国文化》，中华书局2016年版，第107页）。

②［美］塞缪尔·亨廷顿：《文明的冲突与世界秩序的重建》，周琪、刘绯、张立平等译，新华出版社1998年版，第33页。

③［法］谢和耐：《中国社会史》，耿昇译，江苏人民出版社1995年版，第28页。

二、我们是谁：孔子儒家的回答

既然文明就是“最大的‘我们’”，那么，我们是谁？在中国历史上，这一意识究竟起于何时？孔子儒家对这一问题又是如何回答的呢？

历史地讲，我们大概可以把中国人的自我认同意识远溯至夏商周三代的时期，如《说文解字》即有“夏”字“中国之人”的释义。不过，目前所知，“中国”一词最早见于1963年在陕西宝鸡发现的西周初年周成王时期的青铜器何尊铭文“宅兹中国”一语。如所周知，西周乃是中华古典文明上升发展和华夏民族凝成的一个至关重要的历史时期，正如杨向奎先生所说：“宗周是夷夏合流，此后华夏民族形成，而‘郁郁乎文哉’的周，使夏商以来的传统文明发展到新的顶峰，为以后中华民族之灿烂文明建立下良好的基础。”[①] 正是经过周代的发展和完善，特别是经过周公“制礼作乐”的伟大创制，中华礼乐文明最终臻于系统完备而达于辉煌灿烂的顶峰。

不过，华夏民族最为明确的文明自觉意识却是在东周衰世的华夷之辨思潮中最终形成和奠立下来的。据于省吾先生的研究，“自商代以迄西周，中国与四夷还没有完全对称。自东周以来，才以南蛮、北狄、东夷、西羌相对为言”[②]。华夏、中夏、中华等是“中国”的不同名称。春秋以降，正是在四夷交侵而“中国不绝若线”的生存状况下，“华夷之辨”论发展起来。在这一历史过程中，孔子扮演了一个守望华夏文明特别是西周礼乐文明，维系、传承和弘扬中华文化优良传统的关键角色，发挥了承上启下的重要历史作用，作出了独一无二的卓越贡献。

中华古典文明经由夏、商、周三代不断继长增高的上升发展，特别是经过

①杨向奎：《宗周社会与礼乐文明》，人民出版社1992年版，序言，第2页。

②于省吾：《释中国》，见中华书局编辑部编：《中华学术论文集》，中华书局1981年版，第2页。

周代对夏、商二代文明的损益因革和发展完善而达于中华礼乐文明之繁盛灿烂，对这一历史过程，孔子“好古敏求”地进行了系统探求、全面考察和深入反省，并从中得出一个明确的结论，同时亦表达了自己坚定维护这一文明传统的人生立场，那就是：“周监于二代，郁郁乎文哉！吾从周。”（《论语·八佾》）而且，终其一生，孔子都想望复兴文王周公时代的优良政教和礼乐文明传统，虽颠连困苦、历尽艰辛而弦歌不辍、初心不改，故“畏于匡”而曰：“文王既没，文不在兹乎？天之将丧斯文也，后死者不得与于斯文也；天之未丧斯文也，匡人其如予何？”（《论语·子罕》）

毋庸讳言，孔子确有一种“信而好古”（《论语·述而》）的守旧情结，并立志守望和维护西周盛时文物典章、礼乐文明之斯文传统于不坠。然而，孔子绝不是一个简单的复古主义者，诚如美国汉学家顾立雅所说：“孔子不是一个不分青红皂白的盲目崇古者，而是一个有所选择的传统主义者。”[①]而且，孔子也深知“礼，时为大”的道理[②]，相传已久的礼制传统是不可能简单维系于不变的，故曰：“麻冕，礼也；今也纯，俭。吾从众。拜下，礼也；今拜乎上，泰也。虽违众，吾从下。”（《论语·子罕》）但周代礼乐文明的衰落亦即“礼崩乐坏”的春秋现实状况的确令孔子倍感痛心，他深感责无旁贷，不得不愤然兴作而意图挽救复兴之。

然而，孔子的所作所为，绝不只是为了维护传统而维护传统，而是因为礼乐文明关乎华夏民族的身份认同。因为对孔子儒家而言，实可以如是来回答“我们是谁”的问题，一言以蔽之曰：我们是华夏礼乐文明哺育熏陶下的中国人。正唯如此，孔子儒家在华夷之辨的思潮中始终坚守这样一种立场，即用夏变夷，而非变于夷。如子曰：“裔不谋夏，夷不乱华。”（《左传·定公十年》）而孟子

---

① ［美］顾立雅：《孔子与中国之道》，高专诚译，大象出版社2000年版，第173页。

②如朱子论古礼之繁缛难行曰：“‘礼，时为大。’有圣人者作，必将因今之礼而裁酌其中，取其简易易晓而可行，必不至复取古人繁缛之礼而施之于今也。古礼如此零碎繁冗，今岂可行！亦且得随时裁损尔。孔子从先进，恐已有此意。”（《朱子语类》卷第八十四《礼一》）

更有言曰："吾闻用夏变夷者，未闻变于夷者也。"（《孟子·滕文公上》）这究竟是出于一种狭隘的民族自我中心的认同意识，还是体现了一种对于本民族文化的倍加爱惜和充分文化自信基础上的文明自觉意识？在我看来，我们对此很难给予一个简单的回答和定性。问题的关键在于，孔子的时代中原华夏国家面临着华夷杂居共处而四夷交侵以及华夏文明自身"礼崩乐坏"的民族生存和文明维系的严重困境与挑战，生当斯世而为中国人，吾人不妨扪心自问：又当如何应战呢？当然需要首先筑牢华夏国家文化传统和文明共同体的认同意识。正唯如此，孔子才会如此赞赏管仲辅佐齐桓公之取得"尊王攘夷"的卓越霸功曰："管仲相桓公，霸诸侯，一匡天下，民到于今受其赐。微管仲，吾其被发左衽矣。"（《论语·宪问》）然而，周代礼乐文明盛极而衰的历史趋势日趋严重，孔子似乎并不认为仅仅靠管仲齐桓式的霸功就能够将此历史趋势彻底扭转，孔子对此趋势深感不安和痛心，故而矢志不渝地奋然兴作，致力于挽救复兴华夏民族自身之礼乐文明传统的宏伟事业，在我看来，不仅无可厚非，而且他在后世赢得人们无限的景仰亦是理所当然的。

不过，毋庸讳言的是，孔子同时代的人们所作的思考与选择并非完全一致，而是多元歧异的。尤其是继孔子之后，诸子百家纷然杂出，"皆自以为至极，而思以其道易天下"（《文史通义·原道中》）。他们基于对历史和现实的反思，提出了各自不同的社会改造和国家治理的文明方案。老庄道家有感于人类文明自身日趋堕落和华夏民族礼乐文明自身的自然道德丧失而薄于忠信的虚伪流弊[①]，故向往并希望人类重返前文明的"小国寡民"的原始生存状况，或者干脆回归到"同与禽兽居，族与万物并"的"至德之世"（《庄子·马蹄》）的自然"天放"状态。墨子虽然像孔子儒家那样同样崇尚三代圣王之道，但他选择性地"背周道而用夏政"（《淮南子·要略》），对自苦而利人、平水土而尚质朴的大

① 如老子曰："故失道而后德，失德而后仁，失仁而后义，失义而后礼。夫礼者，忠信之薄，而乱之首。"（《老子·第38章》）

禹之道大加褒扬，并继承传统的尊天事鬼的宗教信仰，不遗余力地宣扬以“兼相爱、交相利”为核心理念的天志主义主张，以便挽救争乱不已的时代生存状况。商韩法家则汲汲于适应他们所处列国纷争时代的生存需要，极力鼓吹国家富强之术，尊君权、尚法术、重耕战而亟欲以变法改革之举造就和开创一个与古代完全不同的文明新时代。

因此，与孔子儒家致力于守望卫护华夏礼乐文明传统而教人做一个堂堂正正的华夏礼乐传统教养下的文明有礼的中国人不同，老庄道家只希望人们做一个法天贵真而返道归朴的自然人，墨子只希望人们做一个信奉天志而兼爱天下的宗教人，商韩法家只希望人们做一个一心一意专务耕战而追求富国强兵的国家人。真的是人各有志，难以划一。此亦个人选择和时代情势使然。不过，有一点是毋庸置疑的，那就是所谓文明，既为一种文化实体，而文化习俗乃积习以久而成，因此，文化其实是可以改变的，文明亦是随世而有兴衰的，诸子各家亦不过希望华夏民族及其文明能够穷则思变以蜕变新生而已。然而，今天看来，孔子儒家维护华夏文明之文化大统于不坠，实可谓厥功至伟！

三、孔子儒家如何赋能中华文明

既然文明有兴衰，文化可改变，那么，孔子儒家何以能够将华夏文化传统与中华礼乐文明维系于永续而不坠？在一个急剧变革和传统流失的混乱时代里，仅仅采取一种简单维护或单纯恢复传统的立场和做法，就能使传统维持赓续永久吗？

孔子儒家充分认识到，华夏民族已有数千年的文明发展史，文化传统积累丰厚，尽管其在春秋之世已呈现出走向崩坏衰落的历史趋势，但是，他们深信一个民族的文明积习和文化传统是绝不可能像人们丢弃一件破旧衣裳那样简单地将其一下子扔掉就能完事的。回到前文明的生存状态或完全回归自然是不可能的，因为人类文明已有几千年的发展史；简单地将人们的“兼相爱、交相利”

的道德行为直接建立在对天志仪法的真诚信奉和强制践行基础之上，似乎与人类自身性近习远的复杂生存特性相去甚远；一味凭借君主强大的权势和严酷刑法强迫人们专心一意地从事耕战，虽在短期内能够达到富国强兵的实际效果，然而，“商韩之重耕战，几乎欲举一国之学术文化而摧毁扫荡之”[①]，从儒家的视角来看，亦不可避免地造成了败坏风俗而使世人“弃礼谊，捐廉耻”而“日甚”（《汉书·贾谊传》）的不良社会后果。

历史地讲，中华文明亦不外是长期历史发展的产物，对此，孔子儒家应该说采取了一种审慎而又满怀同情与敬意的历史态度，孔子编纂上古历史文献《尚书》而断自尧舜，实际是将中华文明的开端仅仅确定或溯源于尧舜时代，从目前中华文明起源的考古证据来看，在时间上似乎还是比较客观而合乎历史实情的。正如唐人杜佑所言，在此之前，上古之世，民风质朴，中华与夷狄事实上并没有什么不同，正所谓“古之人朴质，中华与夷狄同”（《通典》卷第四十八《礼八·立尸义》）。然而，华夏民族自尧舜三代而进入不断跃进的文明发展时代，从而逐渐超迈乎四夷之上，故在华夷之辨思潮中，孔子儒家正是基于对中华文明的这一历史演进历程及其所达到的水平与程度的系统探究和深入认知而采取了一种维系和捍卫自身文化传统和文明习俗的坚定立场，其中毋庸讳言地包含着一种强烈而鲜明的华夏民族之文化自信和文明优越的自我认同意识，要言之，华夏之为华夏，正如上引夫子之言“裔不谋夏，夷不乱华”的孔颖达疏所说：“夏，大也。中国有礼仪之大，故称夏；有服章之美，谓之华。”

然而，在华夷之辨中孔子儒家所抱持的坚定文化自信和文明优越意识并非仅仅出于一种狭隘的我族中心主义的心理，亦绝非表达了一种简单排斥异族、鄙视夷狄的狭隘的种族主义立场和态度。尽管他们始终认为华夷之间存在着一种文野雅陋之分或文明开化程度的差别，并始终坚守华夷之间的文化边际和文明分野而主张用夏变夷而非变于夷，但是，他们的民族观念和文明态度又是宽

---

①萧公权：《中国政治思想史》，新星出版社2005年版，第156页。

大包容而极富理性的，因为他们用以区分“华”“夷”之别的标准并非“血统”而是“文化”，他们坚持“诸侯用夷礼则夷之，夷狄进于中国则中国之”[①]的民族立场和文明态度，即凡是认同和采纳中国之礼乐文明和文化习俗者，虽然原为夷狄亦可被接受为中国之人，反之，凡是放弃而采用夷狄之礼俗习惯者，虽然原为中国人也将被认为其已成为夷狄之人。而且，任何族群的文化习性，都是后天人为教化的结果，正如荀子所言：“干、越、夷、貉之子，生而同声，长而异俗，教使之然也。”（《荀子·劝学》）因此，所谓“用夏变夷”，亦主要是指通过一种和平传播与教化学习的方式不断扩大中华礼乐文明和华夏文化的影响力，以便消除华夷之间的种族隔阂，从而实现民族融合的目的。这一文化主义的民族观念和文明态度，在中国历史上对于中华民族的和平融合和大一统国家的凝成无疑产生了极为深刻而难以估量的重要影响。诚如钱穆先生所说：“中国疆土至大”，而“远在有史以前”，中华诸族系（华夏、东夷、荆蛮、百越、三苗）“早已分布散居在中国各地”，而“无论他们最先的远祖，是否同出一源，但因山川之隔阂，风土之相异，他们相互间经历长时期之演变，生活习惯乃至语言风俗一切都相悬绝”，正唯如此，“若非中国的古人，尤其为之主干的华夏诸系，能抱甚为宽大的民族观念，不以狭义的血统界线自封自限，则民族融和一时不易完成，而国家凝成亦无法实现”，那么，势必造成的结果就是，“在中国疆土上，永远有许多民族和许多国家彼此斗争互相残杀”。[②]

正是由于抱持一种宽大包容而富于理性的民族观念和文明态度，故而当孔子面对华夏国家内部的混乱状况而深感失望和痛心疾首时，他亦不免想要到九夷之地去居住[③]，因为孔子深信，不管是在蛮夷之邦还是在华夏之州里，君子的忠信之德和笃敬之行都是可以化行一方而具有改良习尚、美化风俗的普世性意

①钱穆：《中国文化史导论》（修订本），商务印书馆1994年版，第41页。

②钱穆：《中国文化史导论》（修订本），商务印书馆1994年版，第43—44页。

③如子欲居九夷。或曰：“陋，如之何？”子曰：“君子居之，何陋之有？”（《论语·子罕》）

义的[1]。而且，孔子倍感失望和痛心疾首的只是华夏文明的“礼崩乐坏”状况和贵族阶级的僭越礼制行为，对于华夏礼乐文明本身却从未丧失信心，因为在他看来，离开礼乐对人的教养和熏陶，人类社会不可能实现其风俗美善、和谐有序的共同生活目标。当然，礼乐流于形式，也将使礼乐本身丧失其意义，从而导致礼乐文明本身的衰落，但不能因此便完全否定礼乐的文明教化意义。因此，对于相传已久、积习深厚、损益因革而日趋完备灿烂的华夏礼乐文明，孔子儒家所采取的立场就是见其衰落而努力复兴之，见其流弊而努力修正之，见其缺陷而想法弥补之，见其优长而发扬光大之，总之，一句话，即通过自己讲学立教的不懈努力来赋能中华文明，因为文明有兴衰，文化可变化，但人能弘道，化由教兴！

据《史记・孔子世家》，“孔子以诗书礼乐教”。然而，孔子所教者绝非仅仅传授讲习诗书字面的表层含义和礼乐僵化的外在形式，因为以诗书礼乐为载体的华夏古典文明和文化传统不可能仅仅通过这种方式被赓续传承下来。更何况孔子之前“礼不下庶人”的西周礼乐制度主要是专属于贵族统治阶级的文化传统和文明教养。那么，孔子及其后学究竟为何要维护和复兴它，又是如何来维护和复兴它的呢？要而言之：

其一，孔子的私学教育事业遵循“有教无类”（《论语・卫灵公》）的原则，不仅以培养士人君子为目标，而且向平民子弟充分开放。

孔子的私学教育以培养“君子”为目标，“君子”本指血统高贵的有身份的贵族，孔子将其创造性地转化为受教育的士人人人皆可努力实现的人格理想目标，而君子之为君子，说到底也就是在礼乐精神熏陶下通过好学修身的方式致力于自我道德完善而富有人文学识的文明人，这一理念在当时确乎引发了一场具有深远历史意义的道德革命和社会革命，诚如英国著名历史学家汤因比所说：

---

①子张问行。子曰：“言忠信，行笃敬，虽蛮貊之邦，行矣。言不忠信，行不笃敬，虽州里，行乎哉？……”子张书诸绅。（《论语・卫灵公》）

“他把‘君子’一词的涵义，从‘一位贵族的儿子’这一家系血统意义上的贵族，诠释为一个品行达到了贵族标准的人的真正意义上的贵族。这一解释并不是对过去的涵义的恢复，而是引进了一种新的意思。”“当他将‘高贵’解释为一种道德品质，而不是世袭特权的时候，他实际上是发动了一场道德上的革命。”① 另如陈荣捷先生说：“君子传统之关（按：观）念，意指血统高贵者，因为‘君子’一词，其字面乃指君王之子。孔子改之为人格高贵者。此一观念之急遽改变，实际达到一场社会革命，其对封建之日益式微，确有贡献（封建最后于纪元前第三世纪崩溃）。”②

孔子不仅树立了一种君子的人格理想作为私学的教育目标，而且突破阶级的界限而向平民子弟传授原属贵族阶级的诗书礼乐文明教养，从而使中华礼乐文明得以向平民阶级广泛传播，极大地推动了中华礼乐文化传统下移民间的历史运动。而且，孔子还主张治国为政者应以富民教民为职责，以礼义引导和道德教化的方式来提升人民的文明教养。很显然，孔子向往和追求的文化教育目标和文明共同体理想，远超贵族统治阶级的身份藩篱和有限范围，而是将所有人都纳入中华礼乐文明共同体之中，其目标和理想不可谓不宏大和高远。

其二，为了重新激活和复兴中华礼乐文明，孔子所作出的一项最为重要的历史贡献就是努力将仁道的精神原则贯彻注入礼乐的行为实践活动中去，如子曰：“礼云礼云，玉帛云乎哉？乐云乐云，钟鼓云乎哉？”（《论语·阳货》）又曰：“人而不仁，如礼何？人而不仁，如乐何？”（《论语·八佾》）也就是说，人无敬和之意，无仁爱之心，则所谓礼乐亦将流于无意义的虚伪涂饰之僵化形式而已，故孔子亟欲以仁济礼而复活之。钱穆先生曾如是评价孔子的这一贡献：

---

① ［英］阿诺德·汤因比：《人类与大地母亲》，徐波、徐钧尧、龚晓庄等译，上海人民出版社1992年版，第227、356页。

② 陈荣捷：《中国哲学之理论与实际——特论人本主义》，见刘小枫编：《中国文化的特质》，生活·读书·新知三联书店1990年版，第92页。

孔子的教训里，依然保留著政治意味的“阶级性的礼”，只在人道意味的“平等性的仁”的精神下面来推行，而宗教性与神道性的礼，则全变成教育性与人道性的礼了。孔子的教训，只在指点出人心中一种特有的境界和功能而加以训练。使之活泼流露，好让人自己认识。然后再根据此种心能来改进现世真实的人生，孔子拈出一个人心中“仁”的境界，便不啻为中国古代经典画龙点睛。从此古代经典皆有异样的活气了。[①]

以仁心仁道来重新激活或兴复日趋形式僵化的礼乐文明传统，这是孔子所做的一项最富有意义的、努力使礼乐文明传统重获新生的工作。至少在孔子儒家的心目中，被仁心仁道赋予和注入了“异样的活气”而再次被激活的华夏民族的礼乐文明传统，是能够在当时及后世重新焕发出一种教育性与人道性的永恒生命力的。

三是，为了更好地复兴和弘扬中华礼乐文明，孔子及其后学不断致力于深入挖掘和系统阐释中华礼乐之文化意蕴，赋予其一种普世性的人道内涵、人文教化价值和人禽之辨的文明标准意义。这一重要工作及其持续不懈的努力主要体现在以下几个方面：第一，区分礼之本末和义数。所谓礼之“本”或“义”乃是指礼的根本意义与内在精神实质，而所谓礼之“末”或“数”则是指礼的细枝末节或外在仪文形式，孔子儒家强调不能舍其本而求其末，正所谓“礼之所尊，尊其义也。失其义，陈其数，祝史之事也”（《礼记·郊特牲》）。正因为“礼之所尊，尊其义也”，故其数可变，而义不可变，如《礼记·大传》曰：“立权度量，考文章，改正朔，易服色，殊徽号，异器械，别衣服，此其所得与民变革者也。其不可得变革者则有矣，亲亲也，尊尊也，长长也，男女有别，此其不可得与民变革者也。”之所以不可变，是因为“亲亲，尊尊，长长，男女之有别，人道之大者也”（《礼记·丧服小记》）。第二，阐扬礼的制中贵和精神以及礼乐教

①钱穆：《中国文化史导论》（修订本），商务印书馆1994年版，第82页。

化之移风易俗的重要功能。如子曰："礼乎礼！夫礼所以制中也。"（《礼记·仲尼燕居》）有子曰："礼之用，和为贵。先王之道，斯为美；小大由之。"（《论语·学而》）所谓制中贵和，不外乎强调礼制之规范乃应乎人类性情之深刻需要而起，故曰："礼者，因人之情而为之节文。"（《礼记·坊记》）也就是说，礼的主要功能就在于很好地偕调和节制人的情感与欲望，使之合乎人类道德伦理之理性而中道的要求，诚如徐复观先生所言："礼乐的意义包罗广大，这里仅先指出它的意义的一端，乃在于对具体生命中的情欲的安顿，使情欲与理性能得到谐和统一，以建立生活行为的'中道'。"[①] 在孔子儒家看来，礼乐之用主要就在于教化、节制人之性情、欲望与好恶而使之归于平正，正所谓"先王之制礼乐也，非以极口腹耳目之欲也，将以教民平好恶而反人道之正也"（《礼记·乐记》）。职是之故，克己复礼或礼乐之"不可斯须去身"（《礼记·乐记》），不仅是个人修德的根本方式或君子富有德性教养的根本体现，而且礼教教化亦是治国为政的根本要道和移风易俗的必由之路，故子曰："移风易俗，莫善于乐。安上治民，莫善于礼。"（《孝经·广要道章》）《礼记·乐记》亦曰："乐也者，圣人之所乐也，而可以善民心。其感人深，其移风易俗，故先王著其教焉。"第三，强调礼义具有辨分人禽之别的文明标准含义，正所谓"凡人之所以为人者，礼义也"（《礼记·冠义》）。另如《礼记·曲礼上》曰："夫唯禽兽无礼，故父子聚麀。是以圣人作，为礼以教人，使人以有礼，知自别于禽兽。大（通'太'）上贵德，其次务施报。礼尚往来，往而不来，非礼也；来而不往，亦非礼也。人有礼则安，无礼则危。故曰，礼者不可不学也。夫礼者，自卑而尊人。虽负贩者，必有尊也，而况富贵乎！富贵而知好礼，则不骄不淫；贫贱而知好礼，则志不慑。"这可以说既是对礼之根本意义的最好诠释，亦是对孔子以礼为教之根本用意的最好诠释。礼关乎人际交往的良性互动与和谐，它的核心原则是尊重他人，不论人的身份地位是贫贱还是富贵，人人皆应受到礼遇与尊重，哪怕是负

①徐复观：《谈礼乐》，见《中国思想史论集》，上海书店出版社2004年版，第208页。

贩之人，亦当如此。这一点就直接而鲜明地体现在孔子本人以礼待人的行为举止上，他特别注意在各种不同的场合有礼貌地对待他人，尤其是礼敬那些丧服在身、身着礼服礼帽以及眼盲之人，即使是年少者和负贩之人亦不例外[①]。正因为礼以尊重他人和礼尚往来为原则，所以礼才能发挥这样一种维系人类共同体生活的功能与作用，即可以使人与人共同生活在一起而过一种不同于禽兽而富有人道意义的共同体文明生活。

综上所述，孔子儒家绝不仅仅是为维护传统而维护传统，而是尽其可能地拓展和扩大了华夏礼乐的意义范围、文化功能和文明疆界。对孔子儒家而言，我们是中国人，而中国是礼仪之邦，因此，我们理应做一个文明有礼的中国人。然而，礼乐化或礼义化的文明生活方式不仅是属于中国人的，而且也理应是属于全人类的。更进而言之，在孔子儒家之文教（人文教化或文德教化）的意义上，甚至中华文明也已不再仅仅局限于礼乐文明自身，而是发展成了一种更具普世意义的人类文明，因为我们不仅是华夏礼乐文明精神熏陶培育而成的中国人，而且更是具有共同人类性的人，我们不仅是一身之人，还是一家之人和一国之人，甚至是一天下之人。如果说“文化因素是文明的精髓”[②]，而儒家或中国“所谓文化者”就是“人文之化成于天下”[③]之义，那么，一种真正具有普世意义的人类文明生活必定是通过儒家式文教或人文化成的方式来实现的，换言之，阐扬和遵循儒家的文教，致力于修齐治平乃是通往人类文明生活的必由之路，而建立在儒家文教基础上的人类文明不仅是一种有着悠久历史传统的礼乐文明，而且还一定是一种贵仁尚义、见贤思齐、崇德向善、立志向上的道德文

---

①据《论语·子罕》载：“子见齐衰者、冕衣裳者与瞽者，见之，虽少，必作；过之，必趋。”另据《论语·乡党》载，孔子“见齐衰者，虽狎，必变。见冕者与瞽者，虽亵，必以貌。凶服者式之。式负版者”。

②［英］阿诺德·汤因比：《历史研究》（上卷），［英］D·C·萨默维尔编，郭小凌、王皖强、杜庭广等译，上海人民出版社 2010 年版，第 405 页。

③唐君毅：《中国文化之精神价值》，广西师范大学出版社 2005 年版，第 182 页。

明，一种孝悌亲亲、修己安人、成人之美、诚恕待人的伦理文明，一种制民恒产、以德化民、风俗美善、政教优良的政治文明，一种法天合德、参赞化育、万物一体、并育而不相害的生态文明。也许墨、道、法等非儒家学派的人并不认同儒家的民族观念和文化立场，但儒家所追求的具有上述多重文明意义维度的人类文明生活理想，在我看来，迄今仍然具有照亮世界和温暖人心的伟大力量，而儒学作为一种深厚的人文传统和有益的文明资源，也依然值得我们认真对待和鉴取，乃至经由创造性转化和创新性发展而更好地被用以赋能和构筑中华文明的未来发展道路和光明前景。而吾人今天首先弘扬中华优秀传统文化和铸牢中华民族共同体意识，进而努力去从事构建“人类命运共同体”的宏伟事业，也正是对孔子儒家以文教守望和赋能中华文明之优良传统的最好继承和最佳诠释。

（本文是笔者参加尼山世界儒学中心孔子研究院于2024年8月3—4日主办的“古代文明与中国儒学”学术研讨会提交的会议论文）

后　记

本书是鄙人所做2001年度国家社会科学基金资助项目青年项目“历史上的孔子形象”的结项成果，曾于2004年由齐鲁书社出版，2006年重印；后来经修订后，收入鄙人主编的“儒家政治哲学与政治文化论丛”中，于2019年由学习出版社再版。现在决定再次将其收入这套儒学著作集中，以示敝帚自珍之意。这次再版，以学习出版社出版的版本为底本，基本未作文字上大的修改，只是将之前被编辑合并到第三部分中的结束语再次独立了出来，另外又在书末增补了两篇新的附录文章。本书这次再版，要特别感谢山东省泰山学者人才工程专项经费的资助，感谢孔子研究院和山东友谊出版社的大力支持，尤其要感谢本书责编、好友赵锐为本书的精心编校、谬误订正和注释增补付出的大量心血与艰辛努力，令人感佩！另外，需要说明的是，本书虽为鄙人青年时期的作品，但其中的一得之见或许在今日依然还有些学术价值和启示意义，故不妨重新再版，以供读者朋友批评指正。当然，如东晋学者葛洪所言：“音为知者珍，书为识者传。”拙著若能更得识者之传，那可真是荣幸莫大焉！

说起“历史上的孔子形象”这个项目以及本书的写作出版，不能不讲讲鄙人与法大（中国政法大学）的缘分。阴差阳错，鄙人于2000年来到法大工作，倏忽间风风雨雨竟已历25载，而自己也已年近耳顺矣。总结一句话，此生无悔入法大。何以言之？一是，因人生没有回头路，悔之何用？故无须悔也。二是，因所历境遇无论顺逆，皆是人生最宝贵的经验和财富，故更无须悔也。不悔奈何？首先，此25载间将自己最富创造力的学术人生矢志不渝地奉献于军都山下，自觉俯仰无愧。其次，此间种种经历及其丰富多彩之况味，亦堪足令人品尝和领悟到人性的高尚与尊贵抑或凡庸与卑污，以及学术的尊严与神圣抑或媚俗与低贱。

2000年被调来法大后，鄙人积极申报国家社会科学基金资助项目，以“历史上的孔子形象”为题成功申请到2001年度国家社会科学基金资助项目青年项目，虽是青年项目，但据时任校科研处处长的郭成伟老师告知，这是法大非法学学科教师申请到的第一个国家社会科学基金资助项目，郭老师讲起这事时还显得特别激动和高兴，我本人亦甚感莫大荣幸焉。鄙人于2002年晋升副教授，次年将博士论文修改完善后交由齐鲁书社出版了《儒教中国的形成》一书，在2003年北京遭遇“非典”疫情期间，撰写完成了“历史上的孔子形象”项目成果，于2004年结项并同样联系齐鲁书社出版了项目同名著作《历史上的孔子形象》。

对鄙人来讲，2004年这一年非同一般，因为经过两年的不懈努力，除任职年限外，各项指标均已达到学校评聘教授的条件，故决定申评“破格教授”。全校只有两个“破格教授”名额，当年参加申评的有三位，只有鄙人完全达到正常评聘条件，但评审结果是我这达到正常评聘条件的被评委给刷掉了。这怎么可以？我虽然知道这是断无更改之可能的评审结果，但就是不服气也绝不相信一个口口声声讲法的学校竟然会这么不讲理，这是没道理和不应该的呀！所以我考虑再三，决定向徐显明校长提出我的申诉。说实话，鄙人并没抱多大的希望，但是，学校领导最后作出了一个完全出乎我意料的惊人决定，将这似乎断无更改之可能的评审结果给改变了，学校领导的决定可以说彻底改变了我个人的前途和命运。2004年，我顺利破格晋升为教授。当然，法大人关于“破格”的观念或对“破格”的界定也从此改变了。在之前，允许不够格者申请“破格”，所谓“不够格”即还未达到正常评聘的条件，而不是只未达到任职年限。这样说来，鄙人也许要算法大校史上第一位只突破任职年限的“破格”教授。接着，鄙人又很快顺利地获聘为博士生导师，并自2005年开始指导博士研究生。大概两年后，鄙人竟又被徐校长提名评聘晋升为三级教授，当有人将这一评审结果告诉我时，我还不知道这件事，那可是连做梦都没有想到的呀！

徐校长比鄙人晚一年来法大任职。徐校长和张桂林、朱勇副校长等新一届校领导班子主持法大工作后，大刀阔斧进行改革，大量引进学术人才，大力推动学科建设，以建设法学为特色的多科性大学为指引，快速引领法大进入中国高等教育的主流行列。可以说，法大由此进入了一个跨越式发展的“新时代”，这是法大校史上欣欣向荣、声誉日隆而振奋人心的“新时代”，是一个值得用浓墨重彩加以书写的“新时代”。鄙人曾经好有一比，徐显明校长之于法大，正犹如当年的蔡元培校长之于北大（北京大学）。谓予不信，试举一二小事证之。

2001年，徐校长任职法大之初，广开征求师生意见会。当时还没有什么“接诉即办”或“民有所呼，我有所应”之类的说法，但在一次征求意见会上，我曾提出一项建议，徐校长当即指示相关职能部门想办法解决。我提的什么意见和建议呢？就是法大两个校区的图书馆，各办各的图书借阅证，教师只能在一个校区图书馆办理借阅证，而且借阅证在两校区间互不通用，真可谓“一校两制”，这对教师借阅图书来讲非常不方便，我希望无论在哪个校区图书馆办理的借阅证，都能够在两校区图书馆使用。没想到徐校长还真的从谏如流，立即责成相关职能部门在会后快速打破两校区壁垒，从而解决了这个问题。

还有就是，法大人都知道，学生报考法大，大都是奔着法学专业而来，学生被分配到其他专业学习，是会深感郁闷的。但是，有一个法学专业的学生到我课堂上听课，而且向我咨询有没有办法从法学专业转到政治学专业，因为他很想学政治学，而且立志报考北大中国政治制度史专业的硕士研究生。我告诉他说，这我可没办法，你如果去找相关职能部门，你的想法应该也很难实现，因为没有先例，而遵照规矩办事的部门没有人会愿意给自己找麻烦，所以唯有一个办法，那就是你直接去找徐校长问问看学校是否允许你这样转专业。一个本科生要去面见一校之长，内心难免会有些发怵，但没想到，这个学生还真的听了我的建议，鼓起勇气去找了徐校长。过了一两周，这个学生再来上课的时候，竟非常高兴地对我说，学校领导已同意并责成相关职能部门为他办理了转专业的手续。在法大校史上，学生好不容易考到法大来学法学专业，竟然提出转到其他专业学习，这恐怕要算是“前无古人，后无来者”的奇谈，但学校领导开明大度，尊重学生的意愿和选择自由，竟然同意了他的申请。而这个学生也真的很争气，后来果真报考北大中国政治制度史专业的硕士研究生而且被录取了。

由上述两件小事，再加上我个人申评职称的经历，我敢说，徐显明校长是一位德量宏大、器识和能力超群脱俗、真的尊师爱生、一心想将法大办好而令人敬佩的“一代领袖型”大学校长。令我深感敬佩的还有张桂林副校长和朱勇副校长，我在项目申请和学生培养等问题上遇到难事时，曾试着向他们寻求帮助，他们虽然身居校领导职位，但对我这法大普通教师的请求却从来都毫不吝啬地伸出援助之手而给予无私帮助。张桂林老师曾经担任过法大政治与公共管理学院院长，我们所研究专业同属于政治学学科，所以交流较多，也比较熟识。数年前，在学院举办的张桂林老师荣休仪式上，我曾发自内心地对张桂林老师表达过我的看法，我认为张老师无愧为法大政治学学科的一代“领袖”人物，她为法大政治学学科的建设和发展作出了令人敬佩而无人可比的杰出贡献。但鄙人与徐校长、朱勇副校长打交道的机会其实并不多。鄙人不过是法大一普通教师，何以能够得到他们如此的善待呢？在我看来，除了他们宅心仁厚和德量宏大之外，别无可解。鄙人对于他们的恩德又何以为报呢？除了铭感在心、没齿不忘之外，他们又能从我这里得到什么呢？我想，他们是不会在意也从来不会想这么无聊的问题的。徐校长来法大后所立“校训”的第一个关键词就是“厚德”，厚德才能载物，信哉斯言！

总之，能够遇到像徐校长、张桂林副校长和朱勇副校长这样的校领导，可以说实乃鄙人人生中的一大幸事！在我心目中，他们绝不仅仅是法大校史上的一代校领导而已，我更愿意将他们视作既具有真才实学而又极富事业心、德量宏大而又器识超群的当之无愧的“大学领袖”。相比之下，有些身居要职的学者官僚，龂龂于一己之官位，患得患失而无所作为，真可谓“斗筲之人，何足算也”！很可惜，随着徐校长的调离，法大校史上那个辉煌而群星闪耀的时代也渐行渐远，一去不复返了。

在这世上，从来就不缺少美好的事物，如亲情、友谊、公民美德和领袖才能等，但也难免会有丑恶的现象发生。正如宋儒明道先生所说：“善固性也，然恶亦不可不谓之性也。”在大学里工作和生活，你与之打交道的肯定大都是受过高等教育的读书人，有着“学者”和为人“师者”的身份，但你也会发现，其实有些人与凡夫俗子也终究没有多大区别，只不过多读了些书而已，虽然学富五车，但所讲亦不过是无关乎个人德性修养的口耳之学而已。他们有着与凡夫俗子一样的好名、好利、好权、好胜之心，甚至于正像明儒阳明先生所说：“知识愈广而人欲愈滋，才力愈多而天理愈蔽。”在法大工作和生活久了，鄙人也着实见识和领教过人性的阴暗与卑劣：贪婪、妒忌、冷漠，德量狭小者有之，沽名钓誉者有之，热衷官位者有之，恃权横恣者有之，百般算计者有之，落井下石者有之，“讲的是政治学的真理，干的是厚黑学的勾当”者有之。但我本善良，重情重义，与人为善，所以许多年前鄙人就下定决心做一个闭门读书、远离是非而与世无争的法大普通人，正所谓“我本书生傲然立，闭门著述自逍遥”。然而，有些事总是躲也躲不掉，总会有一些令人不齿的烦心事找上门来。

老舍先生曾经写过一篇有关黑夜鬼和白日鬼的散文，他说，可怕的不是黑夜里的鬼，而是大白天里到处乱跑乱窜的鬼，因为前者只要你夜不出门就可以躲避，但后者“真没法儿防备”。为什么呢？因为“夜鬼拿人当人待，他至多不过希望拉个替身；白日鬼根本不拿人当人，你只是他的诡计中的一个环节，你永远逃不出他的圈儿”。而且，“在夜鬼的历史里，很少有大头鬼、吊死鬼等等联合起来做大规模运动的。白日鬼可就两样了，他们永远有团体，有计划，使你躲开这个，躲不开那个，早晚得落在他们的手中”。这鬼故事真是好精辟呀！不过，不知老舍先生遇没遇到过“学者官僚鬼”，这种鬼也是怪可怕的！因为他虽是“学者”，但“官僚主义”的习气又使他对“学术”能有什么真诚的信仰呢？徐复观先生说得好：“一个人在学术上的价值，不仅应由他研究的成果来决定，同时也要由他对学问的诚意及其品格之如何而加以决定。”而“在学术中能有所信，才能有所成”；反之，“对学术一无所信的人，结果一定是行尸走肉的混子”。正因为对学术一无所信，所以“行尸走肉的混子”对真正的学术人是会心怀忌恨而欲置之死地而后快的，毕竟“行尸走肉的混子”很可能也是有快感知觉的！不过，还是让鄙人引用中国的“和合二圣”寒山与拾得之间的精妙对话来自我安慰一下吧：

寒山问拾得：世间有人谤我，欺我，辱我，笑我，轻我，贱我，骗我，如何处治乎？

拾得曰：只是忍他，让他，由他，避他，耐他，敬他，不要理他，再待几年你且看他。

有道是：

历经2500多年的风风雨雨，孔老夫子依然还在，声名依旧！

历经25载的风风雨雨，我还是我，依然初心不改，一心向学求道！

林存光

2025年2月26日